Direito Processual do Trabalho
Processo do Trabalho:
como seria e como é

Claudio Alves Malgarin
Doutor Honoris Causa pela
Universidade Franciscana da Santa Maria, RS.

Direito Processual do Trabalho
Processo do Trabalho: como seria e como é

EDITORA LTDA.
© Todos os direitos reservados

Rua Jaguaribe, 571
CEP 01224-003
São Paulo, SP – Brasil
Fone: (11) 2167-1101
www.ltr.com.br
Junho, 2016

Projeto Gráfico e Editoração Eletrônica: Peter Fritz Strotbek
Projeto de Capa: Fabio Giglio
Impressão: Paym Gráfica e Editora

Versão impressa: LTr 5397.2 – ISBN 978-85-361-8716-7
Versão digital: LTr 8941.0 – ISBN 978-85-361-8845-4

Dados Internacionais de Catalogação na Publicação (CIP)
(Câmara Brasileira do Livro, SP, Brasil)

Malgarin, Claudio Alves

Direito processual do trabalho : processo do trabalho : como seria e como é / Claudio Alves Malgarin. — São Paulo : LTr, 2016.

Bibliografia.

1. Direito processual do trabalho 2. Justiça do trabalho I. Título.

16-02878   CDU-347.9:331(81)

Índice para catálogo sistemático:

1. Brasil : Direito processual do trabalho 347.9:331(81)

Dedicatória

*Dedico este segundo livro à minha esposa
Maria Lucia, pois sem seu incentivo e até
insistência ele não teria acontecido.*

Agradecimento

Sou muito grato a meus ex e atuais alunos, pois o convívio com os mesmos me rejuvenesce a cada encontro, e, me mantém na missão de permutar conhecimento. Em sinal desta gratidão, com muita honra, convidei ao ex-aluno, hoje brilhante colega, Professor Mestre Marcelo Barroso Kümmel para prefaciar este trabalho.

Sumário

Prefácio 17

Nota do Autor 19

Capítulo 1 — Introdução Crítica 21
   1. Introdução crítica 21
   2. Razão de sua existência 21
   3. Compreensão — Conceito 23
   4. A Teoria Geral do Processo e o Direito Processual do Trabalho 24
   5. Fontes do Direito Processual do Trabalho 24
   6. Princípios do Direito Processual do Trabalho 25
   7. Da autonomia do Direito Processual do Trabalho 28
   8. Critérios de aplicação do Direito Processual do Trabalho 28
   9. Da aplicação da Lei Processual Trabalhista no Tempo 30
  10. Da aplicação da Lei Processual Trabalhista no Espaço 30
  11. Formas de solução dos conflitos trabalhistas 31
  12. Peculiaridades do Direito e Processo do Trabalho 32

Capítulo 2 — Do Judiciário Trabalhista 34
   1. Origens e evolução da Justiça do Trabalho no mundo 34
   2. Justiça do Trabalho no Brasil 36
   3. Características peculiares 39

Capítulo 3 — Jurisdição e Competência (Da Justiça do Trabalho) 44
   1. Considerações preliminares 44
     1.1. Jurisdição 44
     1.2. Competência 44
   2. Espécie de Competência da Justiça do Trabalho 44
   3. Competência específica da Justiça do Trabalho 48
     3.1. Ampliação da Competência da Justiça do Trabalho 49
   4. Relações de trabalho excluídas da Competência da Justiça do Trabalho 60
     4.1. Relações de trabalho de natureza institucional ou administrativa 60
     4.2. Relações de consumo 60
     4.3. Relações de trabalho expressamente excluídas por lei 61
     4.4. Contratos de prestação de serviços entre pessoas jurídicas 62
   5. Critérios gerais de determinação da competência 62

6. Critérios peculiares de fixação da competência territorial na Justiça do Trabalho ... 63
   6.1. Em dissídios individuais ... 63
   6.2. Em dissídios coletivos ... 64

Capítulo 4 — Das Partes e dos Procuradores (No Processo do Trabalho) ... 65
1. Considerações Preliminares ... 65
2. Partes. Entendimento — Conceito ... 65
3. Denominação peculiar no Processo do Trabalho ... 65
4. Capacidade *ad causam* e *ad processum* ... 66
5. Capacidade processual na Justiça do Trabalho ... 66
6. *Jus postulandi* trabalhista ... 68
7. Legitimação ordinária e extraordinária ... 69
   7.1. Legitimação perante a Justiça do Trabalho ... 69
   7.2. Litisconsórcio no Processo do Trabalho ... 70
   7.3. Da substituição processual trabalhista ... 70
8. Da representação no Processo do Trabalho ... 77
9. Intervenção de Terceiros ... 79
10. Sucessão Processual ... 81
11. Da Assistência Judiciária ... 81
12. Da Sucumbência no Processo do Trabalho ... 84

Capítulo 5 — Dissídio Individual Trabalhista ... 89
1. Propedêutica ... 89
   1.1. Conflitos Trabalhistas e Formas de Solução ... 89
   1.2. Direito de Ação ... 89
   1.3. Natureza jurídica da ação ... 90
   1.4. Conceito de ação ... 91
   1.5. Elementos da ação ... 91
   1.6. Condições da Ação ... 92
   1.7. Questões peculiares relativas ao Direito de Ação (acesso à Justiça — art. 5º, XXXV) e ao interesse processual nos Conflitos Individuais Trabalhistas (Dissídios Individuais) ... 93
   1.8. Classificação das Ações Trabalhistas ... 97
2. Dos dissídios individuais *(reclamatória ou reclamação)* ... 97
3. Terminologia peculiar adotada ... 97
4. Classificação ou espécies de dissídios individuais ... 97
5. Fases do dissídio individual ... 101
6. Da reclamatória ou reclamação trabalhista ... 102
   6.1. Formas ... 102
   6.2. Requisitos ou elementos indispensáveis (art. 840, § 1º, da CLT) ... 102
   6.3. Da reclamação ou reclamatória ... 103
   6.4. Competência para julgar ... 107

    6.5. Propositura da reclamatória 108

    6.6. Da instrução da reclamatória (*da Petição Inicial*) 109

    6.7. Custas 109

    6.8. Tramitação 109

    6.9. Prazos relativos à reclamatória trabalhista 113

7. Formas de extinção do dissídio individual 114

8. Peculiaridades do dissídio individual 114

    8.1. Diferenças entre a reclamatória e o processo comum 115

Capítulo 6 — Dissídio Individual — Fase Contestatória (Resposta ou Defesa do Reclamado) 117

1. Considerações preliminares 117

2. Classificação: espécies, modos de defesa 118

3. Conteúdo/abrangência da defesa 127

4. Prazo de defesa 128

5. Momento da defesa 128

    5.1. Oportunidade ou local de defesa 129

6. Formas da defesa 129

7. Da instrução 129

8. Reconvenção 130

Capítulo 7 — Dissídio Individual — Fase Probatória 132

1. Considerações Preliminares 132

2. Princípios 132

3. Conceito 133

4. Objetivo da prova 133

5. Objeto de prova 133

6. Procedimento probatório 134

7. Momento da prova 135

8. Do ônus da prova no Processo do Trabalho 135

9. Espécies e meios 136

10. Apreciação da prova 145

Capítulo 8 — Dissídio Individual — Fase Decisória 147

1. Considerações preliminares 147

2. Alegações finais 147

3. Renovação da proposta de conciliação 147

4. Encerramento ou diligência 149

5. Decisão na reclamatória trabalhista 150

6. Decisão 153

7. Materialização da decisão (Instrumento — Sentença) 154

8. Sentença no Rito Sumaríssimo 166

9. Da Antecipação da Tutela 166

10. Do Cumprimento da Sentença 168

11. Ação Rescisória 168

Capítulo 9 — Execução no Processo do Trabalho 172

1. Considerações Preliminares 172

    1.1. Execução: Compreensão, Objetivos e Objeto 172

    1.2. Natureza Jurídica 173

    1.3. Títulos Executivos 173

    1.4. Objeto de execução 175

    1.5. Competência para processar e julgar 175

    1.6. Legitimidade para executar 175

    1.7. Espécies de Execução 176

2. Fase ou procedimento quantitativo (Da Liquidação da Sentença) 177

3. Fase de constrição 182

4. Embargos à Execução 183

Capítulo 10 — Do Dissídio Coletivo 192

1. Propedêutica (Considerações Preliminares) 192

2. Conceito 192

3. Legitimação para instaurar o Dissídio Coletivo 193

4. Partes 194

    4.1. Interessados ou Envolvidos 194

5. Competência 194

    5.1. Competência Normativa 195

6. Espécies e/ou Classificação 195

7. Da Instauração do Dissídio Coletivo 196

8. Da Representação (Petição Inicial) 196

9. Instrução da Representação 197

10. Processamento 200

11. Da Sentença Normativa 201

12. Recursos em Dissídio Coletivo 203

13. Efetividade da sentença normativa 204

14. Extensão das decisões normativas 205

15. Revisão da sentença normativa 205

Capítulo 11 — Do Sistema Recursal Trabalhista 206

1. Considerações Preliminares 206

2. Sistemas Recursais 206

    2.1. Sistema Recursal Trabalhista Brasileiro 207

3. Compreensão e Conceitos 207

4. Evolução do Sistema Brasileiro 208

5. Normas Legais Pertinentes 209

6. Recursos Admissíveis	209
7. Atos Recorríveis	210
8. Atos Não Recorríveis	210
9. Princípios:	212
10. Pressupostos	213
11. Juízo de admissibilidade (Exame dos pressupostos)	229
12. Efeitos em que são recebidos os Recursos	231
12.1. Efeito Devolutivo	231
12.2. Efeito Suspensivo	233
13. Forma do Recurso	234
14. Instrução dos Recursos	235
15. Competência para julgar	237

Capítulo 12 — Recurso Ordinário 247

1. Considerações Preliminares	247
2. Atos Recorríveis	247
3. Cabimento	247
4. Inadmissibilidade	248
5. Forma do Recurso	250
6. Pressupostos	250
7. Formas de interposição	255
8. Instrução do recurso	255
9. Juízo de admissibilidade	256
10. Efeito	256
11. Competência para julgar	257
12. Tramitação	258

Capítulo 13 — Recurso de Revista 260

1. Considerações Preliminares	260
2. Ato recorrível	260
3. Hipóteses de cabimento	261
4. Inadmissibilidade	262
5. Forma do recurso	263
6. Pressupostos	264
7. Formas de interposição	268
8. Instrução do recurso	270
9. Juízo de admissibilidade	270
10. Efeito	271
11. Competência para julgar	271
12. Procedimentos relativos à solução de demandas repetitivas	272
13. Tramitação do Recurso de Revista	273

Capítulo 14 — Recurso de Embargos no TST ... 276
1. Considerações Preliminares ... 276
2. Ato Recorrível ... 276
3. Cabimento ... 276
4. Inadmissibilidade ... 278
5. Forma do Recurso ... 278
6. Pressupostos: ... 279
7. Formas de Interposição ... 281
8. Instrução do Recurso ... 281
9. Juízo de admissibilidade ... 281
10. Efeito ... 282
11. Competência para Julgar ... 282
12. Tramitação ... 282

Capítulo 15 — Agravo de Petição ... 284
1. Propedêutica ... 284
2. Ato Recorrível ... 284
3. Cabimento ... 284
4. Forma do Recurso ... 284
5. Pressupostos ... 285
6. Formas de Interposição ... 286
7. Instrução do Recurso ... 287
8. Juízo de admissibilidade ... 288
9. Efeito ... 289
10. Competência para Julgar ... 289
11. Tramitação ... 290

Capítulo 16 — Agravo de Instrumento ... 292
1. Considerações Preliminares ... 292
2. Ato Recorrível ... 292
3. Cabimento ... 292
4. Forma do Recurso ... 293
5. Pressupostos ... 293
6. Formas de Interposição ... 296
7. Instrução do Agravo de Instrumento (§ 5º, I e II, art. 897, CLT) ... 297
8. Juízo de admissibilidade ... 299
9. Efeito ... 300
10. Competência para o julgamento ... 300
11. Tramitação ... 301

Capítulo 17 — Agravo Regimental ... 304
1. Considerações Preliminares ... 304
2. Ato Recorrível ... 304

3. Hipótese de Cabimento 304
4. Forma do Recurso 306
5. Pressupostos 306
6. Formas de Interposição 306
7. Instrução do Agravo Regimental 306
8. Efeito 306
9. Juízo de admissibilidade 307
10. Competência para Julgar 307
11. Tramitação 308

Capítulo 18 — Agravo ou Agravo Inominado ou Interno 310
1. Considerações Preliminares 310
2. Ato Recorrível 311
3. Hipóteses de Cabimento 311
4. Pressupostos 313
5. Formas de Interposição 313
6. Instrução do Agravo Regimental 314
7. Efeito 314
8. Juízo de admissibilidade 314
9. Competência para julgar 314
10. Tramitação 315
11. Recursos 315

Capítulo 19 — Jurisprudência Atual em Matéria Processual Trabalhista 316

Referências Bibliográficas 343

Prefácio

O direito processual do trabalho como o conhecemos hoje tem suas origens na Consolidação das Leis do Trabalho (CLT) aprovada pelo Decreto-lei n. 5.452, de 1º de maio de 1943, e que veio a entrar em vigor em 10 de novembro daquele mesmo ano. Portanto, o processo que rege cerca de cinco milhões de processos que tramitavam em 2014 na Justiça do Trabalho, segundo o Relatório Geral da Justiça do Trabalho, tem mais de setenta anos. A esta dificuldade de lidar com um instrumento criado há tanto tempo — enquanto o processo evoluiu tanto e a Justiça do Trabalho vem adotando o processo judicial eletrônico (PJe) — alia-se a falta de sistematização da legislação processual, decorrente da forma como foi organizada, por meio de uma *consolidação* e não de um *código*, e que não alberga apenas o direito adjetivo, mas também o objetivo, o que justifica a dificuldade de compreender o processo do trabalho.

Entretanto, as bases do processo do trabalho chegaram aos nossos tempos certamente por conta de um processo que desde a origem se propôs simples, célere e econômico; com predominância da oralidade e estímulo à conciliação; execução de ofício e irrecorribilidade das decisões interlocutórias.

Durante a virada do século o processo do trabalho não permaneceu inerte. Foi influenciado e influenciou o processo civil nesses setenta anos, por meio da porta de comunicação existente no art. 769 da CLT, que admite que o processo civil sirva como fonte subsidiária do processo do trabalho, quando omisso o ordenamento laboral e compatíveis com a legislação processual trabalhista as normas processuais comuns. Por esta porta o processo civil também recebeu influência do processo do trabalho, e por meio das reformas da década de noventa e início dos anos 2000 adotou certas soluções claramente inspiradas no processo do trabalho, sua simplicidade e celeridade.

Mais uma vez, às portas da vigência do novo Código de Processo Civil, aprovado pela Lei n. 13.105, de 16.3.2015, novos desafios serão lançados aos intérpretes da ciência processual no Brasil. Certamente novas discussões surgirão em torno da aplicação do art. 15 do novo CPC que, conectando-se ao art. 769 da CLT, prevê que na ausência de normas que regulem processos trabalhistas, suas disposições lhes serão aplicáveis supletiva e subsidiariamente. O norte interpretativo que deve prevalecer, entretanto, é a autonomia do processo do trabalho, a partir da observância de seus princípios próprios.

É nesse contexto que se insere a presente obra. O estudo metódico do processo do trabalho, valorizando sua própria principiologia e peculiaridades, tomando o processo civil como fonte somente nos momentos em que o processo laboral é omisso ou de fato se compatibiliza com suas normas, é virtude que pouco se encontra no dia a dia forense trabalhista e nas lições a serem compartilhadas com os jovens estudantes de graduação em direito. As recíprocas influências dos processos do trabalho e civil não podem dar lugar a uma "civilização" do processo laboral, uma vez que a relação jurídica de direito material por trás deste — a relação jurídica de emprego — traduz-se em vínculo diverso da típica relação de direito privado, uma vez que dentre o seu objeto está a própria força de trabalho humana, que não se desprende do sujeito-trabalhador, cujos direitos da personalidade devem ser respeitados. Não é à toa que as bases do processo do trabalho se encontram no mesmo diploma legal que regula a relação jurídica de direito material da qual ele é instrumento, influenciando-se mutuamente na realização da proteção ao trabalho e ao sujeito-trabalhador.

Nesse sentido, o estudo específico do direito processual do trabalho, de forma sistemática, metódica e histórica, como faz o texto que ora se prefacia, é necessário para compreender a evolução deste ramo da ciência processual e operar com eficiência um procedimento aplicado em um país de dimensões continentais. Não há como entender a CLT, que ainda utiliza a expressão *Juntas de Conciliação e Julgamento*, sem conhecer, por exemplo, a evolução da Justiça do Trabalho no Brasil, à luz da Constituição; não há como entender o significado da expressão *reclamatória*, sem conhecer a trajetória deste ramo do Poder Judiciário da União, cuja origem é o Poder Executivo, quando órgão praticamente acessório do Ministério do Trabalho e Emprego. Não há como entender o processo do trabalho atual sem se debruçar, como faz o autor, sobre a jurisprudência do Tribunal Superior do Trabalho, que tem por missão fundamental uniformizar a interpretação das leis trabalhistas no país, dentre elas suas normas processuais.

O autor da obra explora meticulosamente as características próprias do processo do trabalho, resgatando sua simplicidade que faz com que uma legislação com mais de setenta anos possa ser, ainda, a base de um processo que se complexificou, seja pela natureza das ações trabalhistas — envolvendo assédio moral, dano existencial, acidentes do trabalho etc., seja pela quantidade de pedidos que envolve cada "reclamatória" trabalhista.

O autor é talhado para a missão. Cláudio Alves Malgarin tem mais de quarenta anos de docência no ensino superior, tendo sido professor da Universidade Federal de Santa Maria, de cujo Curso de Direito foi Coordenador, por vinte e cinco anos. Professor de várias gerações de juristas gaúchos, em uma cidade que é um dos maiores polos jurídicos do Brasil, com seis cursos de Direito, é atualmente professor de Direito Processual do Trabalho do Curso de Direito do Centro Universitário Franciscano, curso que fundou, foi seu primeiro Coordenador e é o seu Decano.

Sua experiência docente é acompanhada do pleno exercício da advocacia, respeitado por todos pela sua inteligência, facilidade para resolver problemas e encontrar soluções, cordialidade e fazer do processo um instrumento ético de concretização do direito, e não um simples meio de vencer ao adversário. Em razão de sua atuação como advogado, foi conselheiro do Instituto dos Advogados do Rio Grande do Sul e conselheiro da Ordem dos Advogados do Brasil (OAB), Seção Rio Grande do Sul. E, aliando o desempenho profissional à carreira docente, foi Coordenador da Comissão de Ensino Jurídico da OAB, Seção Rio Grande do Sul, e da entidade máxima dos advogados gaúchos recebeu, em 2005, o prêmio Mestre Jurídico.

O autor e a obra dispensariam apresentações. O número de homenagens recebidas das turmas em que lecionou a matéria na Universidade Federal de Santa Maria, no Centro Universitário Franciscano e na Universidade da Região da Campanha, não cabe neste espaço. O número de discípulos que passaram pelas aulas do Professor Malgarin e que hoje encontram seu ganha-pão no direito é enorme. Em todos eles plantou a semente do estudo, da alegria, da dedicação, do respeito, da ética e da seriedade profissional. A inúmeros advogados e professores abriu as portas da profissão, como se o compromisso com cada aluno só terminasse quando a semente plantada germinasse e crescesse forte e altiva. As sementes encontraram solo fértil porque por ele cultivadas com zelo e dedicação.

Certamente o convite para prefaciar sua obra foi mais uma das suas gentilezas para encher de orgulho este discípulo, eterno aluno e, hoje, colega no Centro Universitário Franciscano. Também minha carreira docente foi marcada pela sua formação, pela ajuda nas primeiras aulas que preparei, pela oportunidade de trabalhar no Curso de Direito que fundou, e pela troca diária de conselhos e temas do direito que se a distância às vezes afasta a conversa sempre afável, o *e-mail* com uma decisão recente ou a ligação com uma palavra de carinho sempre mantém acesa uma amizade das que mais prezo na vida.

A obra é recomendada pelo seu caráter didático, enfrentando com destemor os temas difíceis e buscando no processo do trabalho as respostas para os casos a serem enfrentados no dia a dia forense da Justiça do Trabalho e para as dúvidas nascidas nas salas de aula.

O autor é recomendado pela sua vasta experiência profissional e docente, em que desenvolveu amplo conhecimento do objeto desta obra, orgulhando seus alunos, ex-alunos e colegas, advogados e professores, que com a Dona Lúcia, sua esposa, o Marcello, o Luciano e o Giovanni, seus filhos, suas noras e netos, tem o prazer de dividir suas lições, jurídicas e de vida.

Porto Alegre, primavera de 2015.

Marcelo Barroso Kümmel
Mestre em Integração Latino-americana (UFSM). Especialista em Direito do Trabalho (UNISINOS). Professor de Direito do Trabalho do Centro Universitário Franciscano de Santa Maria (RS). Analista Judiciário do Tribunal Regional do Trabalho da 4ª Região.

Nota do Autor

No momento em que o direito processual é colocado acima do direto material, em que a forma supera a essência, em que se pode afirmar que em regra no Brasil, os tribunais resolvem os processos e não os conflitos. No momento em que o processo do trabalho passa por uma metamorfose cedendo lugar nos pretórios trabalhistas a práticas do processo comum, resolvemos publicar este trabalho, tentando mostrar ao estudante e ao iniciante nas lides forenses trabalhistas o que determina o direito processual do trabalho e o que realmente ocorre nos processos trabalhistas.

Vamos mostrar, sem entrar no mérito da transformação, que a reclamatória ou reclamação trabalhista (o Dissídio Individual de que fala a CLT) passou a ser tratada nos formulários pré-elaborados usados pelas Varas do Trabalho nas audiências e demais atos processuais, a exemplo do que ocorre no processo comum, de ação trabalhista, que o reclamante e o reclamado passaram a figurar nos mesmos como autor e réu. Que o *jus postulandi*, que o legislador mantém, foi inviabilizado pelo pré-cadastramento de reclamatórias, que também inviabiliza a reclamação verbal.

A defesa, tradicionalmente já era feita por meio de contestação escrita entregue na audiência "inaugural", mas gradativamente está se usando a réplica e a tréplica. Sentença, disponibilizada *sine die*, fática e formalmente, tomou lugar da decisão que seria proferida na audiência.

Mostrar que a simplicidade, oralidade e informalidade, previstas nos arts. 765, 839, 840, 845, 847, 899, deram lugar em exageradas exigências formais.

A norma de direito processual em geral é uma norma de direito público, e, de regra, sob o prisma da incidência, cogente ou de ordem pública, e como tal, aplicável independentemente da vontade dos interessados, uma vez verificados os pressupostos determinantes da sua incidência, pelo que o direito processual do trabalho deve ser estudado, segundo a lição do insigne Vicente Rau (*apud* Saulo Ramos — in Código da Vida) *"Primeiro leia a lei de regência e verifique você mesmo o que a norma lhe diz. Reflita e tire suas próprias conclusões. A jurisprudência e doutrina ajudam, mas são subsídios que se agregam depois."*

Coerentemente com o afirmado no parágrafo anterior, e para facilitar o estudo e a imediata compreensão, de forma que nos parece didática, são transcritas as normas legais e regulamentares, assim como os entendimentos jurisprudenciais pertinentes, evitando o quanto possível as remissões a outros capítulos ou a compêndios legais. Salvo melhor juízo, o novo CPC não terá de imediato grande repercussão no processo do trabalho.

Por fim, resolvemos acrescentar um último capítulo mostrando o atual entendimento jurisprudencial sobre os temas abordados no livro, como subsídio para um estudo mais aprofundado ou utilização na prática profissional.

Santa Maria (RS), agosto de 2015.

Capítulo 1

Introdução Crítica

1. Introdução crítica

Na Grade Curricular dos cursos de direito, são contemplados de dez a doze semestres com direito processual: Teoria Geral do Processo; Processo Civil, Processo Penal; Processo do Trabalho, alguns oferecem ainda Processo Administrativo e/ou Processo Tributário e cogita-se agora de nova cadeira: Processo Eletrônico. Jurídicos.

Me atrevo a dizer que á uma exagerada ênfase ou valorização do direito processual. O Direito Processual deveria primar pela instrumentalidade das formas, pela simplicidade, pela efetividade. Mas devo admitir que a realidade é outra, prevalece a forma sobre a essência, como atesta a manifestação da Ministra Nancy, a seguir transcrita.

> *Com efeito, o Processo Civil muito comumente vem sendo distorcido de forma a prestar enorme desserviço ao Estado Democrático de Direito, deixando de ser instrumento da Justiça, para se tornar terreno incerto, recheado de armadilhas e percalços, onde só se aventuram aqueles que não têm mais nada a perder.* (Ministra NANCY ANDRIGHI – *in* REsp. N. 944.040 – RS (2007/0091038-0)

Neste contexto costumo afirmar, talvez exagerando um pouco, que no Brasil julgam-se os processos e não as causas. O rol de decisões inerentes, constantes deste título no capítulo 19 deste, dá bem uma ideia desta realidade.

Este fato, no entanto, antes de desmotivar, deve fazer crescer-nos afinco no estudo do Direito Processual do Trabalho, pois, como se demonstra a seguir, neste quadro sobram razões para justificar sua existência no currículo dos cursos jurídicos.

2. Razão de sua existência

Embora o Direito Processual e a Justiça do Trabalho não sejam mais restritos apenas à solução dos conflitos inerentes ao trabalho subordinado (relação de emprego) esse ramo do direito processual visa prioritariamente efetivar o direito material do trabalho.

Peculiaridades do direito material do trabalho

O Direito Material do Trabalho tem princípios, objetivos, fundamentos lógicos, jurídicos e filosóficos distintos dos que embasam os demais ramos do direito por tratar fundamentalmente da pessoa do trabalhador, da sua dignidade, da sua segurança, e até de sua sobrevivência, seus valores são próprios, distintos daqueles relativos aos bens materiais de que cuidam o direito comercial e o direito civil.

Ocorrência de conflitos trabalhistas

Nos primórdios das relações de trabalho (escravidão — servidão — aprendizado), impunha-se a vontade dos proprietários. No entanto, desde a implantação do salariato os conflitos entre o capital e o trabalho, além de frequentes, passaram e ser reconhecidos pelo mundo do direito, do que resultou a necessidade de mecanismos e órgãos capazes de oferecer uma solução jurídica adequada.

Natureza dos direitos envolvidos

Os direitos trabalhistas, em sentido estrito, são direitos personalíssimos, de ordem pública, indisponíveis, irrenunciáveis, de natureza alimentar ou pelo menos indispensáveis à subsistência digna do trabalhador.

Espécies de conflitos: individuais e coletivos

Nas relações trabalhistas (relações de trabalho subordinado) os conflitos podem ser individuais ou coletivos. **Os conflitos individuais** que ocorrem entre um empregado ou alguns empregados e seu empregador. Nesses busca-se assegurar direitos decorrentes da incidência de normas legais, convencionais ou contratuais, preexistentes. **Os conflitos coletivos** se estabelecem entre uma categoria profissional e uma categoria econômica ou partes dessas categorias e visam a criação de novas ou melhores condições de trabalho, em benefício da categoria profissional envolvida.

Estão sujeitos à incidência do Direito Processual do Trabalho os conflitos decorrentes ou relativos às relações do trabalho, conforme especificado no art. 114 da Constituição Federal.

Também são dirimidos na forma determinada pelo Direito Processual do Trabalho, os conflitos coletivos de Trabalho, não resolvidos pelas partes por meio da negociação, como se vê do § 2º do art. 114 da CF/88.

De *lege lata* compete à Justiça do Trabalho:

*Art. 114. Compete à Justiça do Trabalho **processar e julgar**: (Redação dada pela Emenda Constitucional n. 45, de 2004)*

*I – as **ações oriundas da relação de trabalho**, abrangidos os entes de direito público externo e da administração pública direta e indireta da União, dos Estados, do Distrito Federal e dos Municípios;*

II – as ações que envolvam exercício do direito de greve;

III – as ações sobre representação sindical, entre sindicatos, entre sindicatos e trabalhadores, e entre sindicatos e empregadores;

IV – os mandados de segurança, habeas corpus e habeas data, quando o ato questionado envolver matéria sujeita à sua jurisdição;

V – os conflitos de competência entre órgãos com jurisdição trabalhista, ressalvado o disposto no art. 102, I, "o";

VI – as ações de indenização por dano moral ou patrimonial, decorrentes da relação de trabalho;

VII – as ações relativas às penalidades administrativas impostas aos empregadores pelos órgãos de fiscalização das relações de trabalho;

VIII – a execução, de ofício, das contribuições sociais previstas no art. 195, I, "a", e II, e seus acréscimos legais, decorrentes das sentenças que proferir;

IX – outras controvérsias decorrentes da relação de trabalho, na forma da lei.

§ 1º Frustrada a negociação coletiva, as partes poderão eleger árbitros.

*§ 2º Recusando-se qualquer das partes à negociação coletiva ou à arbitragem, é facultado às mesmas, de comum acordo, ajuizar dissídio coletivo de natureza econômica, **podendo a Justiça do Trabalho decidir o conflito**, respeitadas as disposições mínimas legais de proteção ao trabalho, bem como as convencionadas anteriormente.*

§ 3º Em caso de greve em atividade essencial, com possibilidade de lesão do interesse público, o Ministério Público do Trabalho poderá ajuizar dissídio coletivo, competindo à Justiça do Trabalho decidir o conflito.

Atrelamento do Direito Processual ao Direito Material

O Direito Processual não cria, apenas declara o direito criado ou assegurado pelo direito material.

A despeito de se admitir no ordenamento jurídico um **Plano material,** em que estariam situadas **as** normas do Direito Material ou Substancial, que atribuem direitos subjetivos individuais ou coletivos em favor de seus destinatários e um **Plano Processual no qual repousariam as** normas do Direito Processual que estabelecem, criam e regulam instrumentos para que os direitos materiais sejam exercidos, se efetivem, as normas do Direito Processual estão comprometidas com o Direito Material que busca realizar.

Órgãos e procedimentos especializados para solucionar os conflitos

Estes conflitos, os litígios decorrentes das relações jurídicas reguladas por este ramo do direito (relação de emprego — contrato de trabalho), necessitam de instrumentos, procedimentos e de órgãos jurisdicionais próprios para solucioná-los.

*Art. 111 CF/88 – **Após a EC N. 24/99***

São órgãos da Justiça do Trabalho:

– O Tribunal Superior do Trabalho;

– Os Tribunais Regionais do Trabalho;

– Juízes do Trabalho.

Conclusão

As peculiaridades do Direito Material específico; a ocorrência, as espécies e características dos conflitos; o atrelamento do Direito Processual ao Direito Material e à necessidade de órgãos e procedimentos especializados para bem solucionar tais conflitos está a razão existir e ser estudado o Direito Processual do Trabalho e **justifica a existência do Direito**

Processual do Trabalho, como conjunto de princípios, regras e instituições destinado a regular as atividades dos órgãos jurisdicionais na solução dos dissídios, individuais ou coletivos, pertinentes à relação de trabalho.

3. Compreensão – Conceito

Com a maestria que lhe é peculiar, afirma Bezerra Leite:

> O processo não é um fim em si mesmo. Ao revés, o processo deve ser instrumento de Justiça. É por meio dele que o Estado presta a jurisdição, dirimindo conflitos, promovendo a pacificação e a segurança aos jurisdicionados.
>
> Nesse sentido é que se diz que o processo deve estar a serviço do Direito Material, e não o contrário. O processo é meio, é instrumento, é método de realização do Direito Material.
>
> Princípio da Instrumentalidade, também chamado de princípio da finalidade, é aquele segundo o qual, quando a lei prescrever ao ato determinada forma, sem cominar nulidade, o juiz considerará válido o ato se, realizado de outro modo, lhe alcançar a finalidade.
>
> O CPC, em seus arts. 154 e 244, consagra o princípio da instrumentalidade, nos seguintes termos:
>
> Art. 154. Os atos e termos processuais não dependem de forma determinada senão quando a lei expressamente a exigir, reputando-se válidos os que, realizados de outro modo, lhe preencham a finalidade essencial.
>
> Art. 244. Quando a lei prescrever determinada forma, sem cominação de nulidade, o juiz considerará válido o ato se, realizado de outro modo, lhe alcançar a finalidade.
>
> Essas normas do CPC são aplicáveis ao Direito Processual do Trabalho, por força do art. 769 da CLT." (BEZERRA LEITE, Carlos Henrique. *Curso de direito processual do trabalho*. 9. ed. São Paulo: LTr, 2011. p. 69-70)

A norma de Direito Processual, em geral, é uma norma de Direito Público, e, de regra, sob o prisma da incidência, cogente ou de ordem pública, como corretamente afirma Arruda Alvin, aplicável independentemente da vontade dos interessados, uma vez verificados os pressupostos autorizantes da sua aplicação, diferindo da norma dispositiva, que, ao contrário, permite a manifestação volitiva das partes, mesmo em sentido contrário ao estabelecido na norma legal.

Tal se dá porque neste (Direito Processual do Trabalho) as normas têm finalidade de reger a atuação da jurisdição e o exercício do direito de ação, matéria que pela sua natureza não está confiada à esfera administrativa dos particulares e é disciplinada de modo imperativo pelo Estado. (*apud* AMAURI, p. 59)

Processo Judiciário Trabalhista é o conjunto de Princípios, Leis e Regras Jurídicas, que permitem ou possibilitam a aplicação ou a efetivação das normas reguladoras das relações de trabalho, a fim de restabelecer a harmonia entre os envolvidos nos conflitos individuais ou coletivos de trabalho e em outras relações de trabalho e possibilitar uma convivência pacífica das classes envolvidas.

Direito Processual do Trabalho é o ramo do Direito Processual que visa estabelecer as formas e meios para solução judicial dos conflitos trabalhistas.

Assim, o Direito Processual do Trabalho é o sub-ramo do Direito Processual destinado a oferecer os meios para a solução dos conflitos trabalhistas.

> Direito Processual do Trabalho é o conjunto de princípios, regras e instituições destinado a regular as atividades dos órgãos jurisdicionais na solução dos dissídios, individuais ou coletivos, pertinentes à relação de trabalho (MARTINS, Sérgio Pinto, 29. ed., p. 19)

Bezerra Leite, após e em razão da ampliação da competência da Justiça do Trabalho pela EC n. 45/04, passou a conceituar o Processo do Trabalho como:

> Ramo da ciência jurídica, princípios, regras e instituições próprias, que tem por objeto promover a pacificação justa dos conflitos individuais, coletivos e difusos decorrentes direta ou indiretamente das relações de emprego e de trabalho, bem como regular o funcionamento dos órgãos que compõem a Justiça do Trabalho. (C.D.P T – 5. ed., p. 87)

Por oportuno, deve ser esclarecido que o Direito Processual do Trabalho não se confunde com processo, menos ainda com o procedimento:

Processo é uma série de atos coordenados, indispensáveis ao exercício da função jurisdicional.

Processo é uma direção no movimento. É o movimento em sua forma intrínseca.

Processo é uma diretriz, um caminhar rumo à provisão jurisdicional: procedimento é a forma e o modo dos atos processuais na ordem sequencial do processo. (SAAD, p. 54)

Procedimento: Constitui a maneira ou a forma de se desenvolver o processo. Procedimento consiste no modo de mover, é a forma como é movido. É o movimento em sua forma extrínseca. Modo de fazê-lo. Forma em que são feitos. (C. BATALHA, p. 370)

4. A Teoria Geral do Processo e o Direito Processual do Trabalho

A Teoria Geral do Processo teria por objetivo fundamental o trato dos princípios, conceitos, institutos, garantias, procedimentos, comuns a todos os ramos do Direito Processual.

Embora entre o Direito Processual Civil, penal de do trabalho existam diferenças históricas e cada um adote procedimentos peculiares, os três possuem e se realizam por meio de escopos, elementos, conceitos e princípios comuns explicitados pela Teoria Geral do Processo. Assim são comuns a todos os ramos do Direito Processual:

a) os **conceitos** de jurisdição, ação, defesa, processo, procedimento;

b) os **princípios** do juiz natural, do contraditório, da imparcialidade do juiz, do duplo grau de jurisdição, da persuasão racional e da publicidade;

c) as grandes **garantias** ligadas à defesa, aos recursos, à preclusão, à coisa julgada, à noção de competência.

Portanto, todos os ramos do sistema processual são susceptíveis aos princípios e diretrizes traçadas pela Teoria Geral do Processo, do que decorre uma harmonia de raciocínio lógico e de busca de soluções que levam à efetivação do respectivo direito, à distribuição da justiça e à paz social.

Embora com autonomia, com institutos e soluções próprias, o Direito Processual do Trabalho integra o sistema norteado pela Teoria Geral do Processo.

5. Fontes do Direito Processual do Trabalho

Divergem os autores sobre o sentido e classificação das fontes do Direito, não sendo aqui o local apropriado para tal discussão. Para os fins proposto, basta ter uma noção do instituto, de como ele é tratado e quais as fontes tidas como do Direito Processual do Trabalho.

No sentido etimológico é empregado para indicar de onde procede. Toma em direito para indicar no que se funda ou de onde provém a regra ou norma jurídica.

Classificações apresentadas:

a) primárias (lei)

   secundárias (costume, jurisprudência e doutrina).

b) mediatas (doutrina e jurisprudência);

   imediatas (princípios).

c) materiais (fato social)

   formais (lei, costume, jurisprudência, doutrina, analogia, equidade, princípios gerais do Direito).

Conforme Bezerra Leite, as fontes formais do Direito Processual do Trabalho, são as que lhe conferem o caráter de direito positivo. Dividem-se em:

a) **fontes formais diretas**, que abrangem a lei em sentido genérico (atos normativos e administrativos editados pelo Poder Público) e o costume;

b) **fontes formais indiretas**, que são extraídas da doutrina e da jurisprudência;

c) **fontes formais de explicitação**, que são fontes integrativas do direito processual, tais como analogia, princípios gerais do Direito e a equidade.

Principais Fontes Formais Diretas:

CONSTITUIÇÃO FEDERAL DO BRASIL — ARTS. 111 A 116;

CONSOLIDAÇÃO DAS LEIS DO TRABALHO — ARTS. 643 A 909;

LEI N. 7.701/88 — COMPOSIÇÃO — COMPETÊNCIA DOS TRIBUNAIS;

LEI N. 5.584/70 — SUMÁRIO — IRRECORRIB — PRAZOS REC — AST JUDIC. REMISSÃO;

DL N. 779/69 — PRIVILÉGIOS DOS **ENTES** PÚBLICOS NOS PROCESSOS PERANTE A JUSTIÇA DO TRABALHO;

LEI N. 6.830/80 — APLICAÇÃO SUBSIDIÁRIA NAS EXECUÇÕES;

LEI N. 1.060 — ASSIST. E JUST. GRAT. — APLIC. SUBSIDIÁRIA;

LEI N. 4.725 — DIS COLETIVO E NÃO RESTITUIÇÃO SALARIO;

LEI N. 10.192/2001 — DISSÍDIO COLETIVO — INSTRUÇÃO — SENTENÇA — EFEITO SUSPENSIVO;

LEI N. 7.316/85 — LEG. EM DISSÍDIO COLETIVO (CONF. NAC. PROF. LIBERAIS)

LEI N. 7.783/89 — ART. 5º — LEGITIMAÇÃO DIS COL. — COMISSÃO GREVISTAS

LEI COMPLEMENTAR N. 75/93 — MINIST. PÚBLICO DO TRABALHO;

LEI N. 7.347/85 — AÇÃO CIVIL PÚBLICA

REGIMENTO INTERNO DOS TST (E DOS TRTS);

SÚMULAS DO TST EM MATÉIRA PROCESSUAL;

ORIENTAÇÕES JURISPRUDENCIAIS DA SDI1 EM MAT. PROCESSUAL;

ORIENTAÇÕES JURISPR. TRANSITÓRIAS DA SDI I EM MATÉRIA PROCESSUAL;

ORIENTAÇÕES JURISPR. DA SDI II, EM MATÉRIA RECURSAL;

ORIENTAÇÕES JURISPRUDENCIAIS DA SDC EM MATÉRIA PROCESSUAL;

INSTRUÇÕES NORMATIVAS DO TST EM MATÉRIA PROCESSUAL;

PROVIMENTOS DO TST – CONSOLIDAÇÃO DOS PROVIMENTOS.

6. Princípios do Direito Processual do Trabalho

No sentido jurídico, significa normas elementares ou os requisitos primordiais instituídos como base, como alicerce de alguma coisa (instituto, sistema, ordenamento jurídico). E, assim, princípios revelam o conjunto de regras ou preceitos, que se fixaram para servir de norma a toda a espécie de ação jurídica, traçando, assim, a conduta a ser tida em qualquer operação jurídica. (PLÁCIDO E SILVA)

Assim, nem sempre os princípios se inscrevem nas leis. Mas, porque servem de base ao Direito, são tidos como preceitos fundamentais para a prática do Direito e proteção aos direitos.

Miguel Realle conceitua Princípios, nos termos seguintes: "São verdades fundamentais de um sistema de conhecimento, como tais admitidas, por serem evidentes ou por terem sido comprovadas, mas também como motivo de ordem prática de caráter operacional, isto é, com seus pressupostos exigidos pelas necessidades da pesquisa e da praxis."

"Princípio é uma proposição que se coloca na base das ciências, informando-as". (CRETELLA JR.)

Esclarece Bobio (*Teoria do Ordenamento Jurídico* — UNB, 1997. p. 158-159) "Princípios são normas fundamentais ou generalíssimas do sistema, as normas mais gerais".

E complementa: "Os princípios gerais são normas como todas as outras". E esclarece: Se originam ou decorrem de normas, e têm a mesma função destas. Logo, possuem a mesma natureza: "**normas**".

Uma vez que a concepção positivista da ciência do direito como um sistema fechado, previsto inteiramente na lei, cada vez mais perde espaço, se é que não está inteiramente ultrapassada, a discussão sobre os princípios ganha dimensão e interesse não só no meio acadêmico, como, principalmente entre os operadores do Direito.

Tanto é assim que o mestre Celso Antonio Bandeira de Mello afirma que o princípio "*é por definição, mandamento nuclear de um sistema, verdadeiro alicerce dele, disposição fundamental que se erradia sobre diferentes normas compondo-lhes o espírito e servindo de critério para a sua exata compreensão e inteligência, exatamente por definir a lógica e o raciocínio do sistema normativo no que lhe confere a tônica e lhe dá sentido humano. É o conhecimento dos princípios que preside a intelecção das diferentes partes componentes do todo unitário que há por nome sistema jurídico positivo. Violar um princípio é muito mais grave do que transgredir uma norma. É a mais grave forma de ilegalidade ou inconstitucionalidade, conforme o escalão do princípio atingido, porque representa insurgência contra todo o sistema, subversão de seus valores fundamentais, contumélia (injúria) irremissível a seu arcabouço e corrosão de sua estrutura mestra".*

Espécies:

Genericamente, os princípios podem ser:

ONIVALENTES: gerais, com incidência em áreas ou formas do saber;

PLURIVALENTES: aplicáveis em alguns campos do saber;

MONOVALENTES: aqueles relativos a uma ciência.

Classificação:

No sentido jurídico:

Princípios **Informativos**, que são axiomas de aceitação universal;

Princípios **Fundamentais** ou gerais, que são os adotados em ordenamentos jurídicos internos por razões ideológicas e políticas.

Discrepância doutrinária

Divergem os autores sobre quais os princípios do Direito Processual e do Direito Processual do Trabalho.

Bezerra Leite, depois de enumerar os princípios que entende comuns ao Direito Processual Civil e ao do Trabalho, arrola como Princípios peculiares do Direito Processual do Trabalho:

Princípio da proteção;

Princípio da finalidade social;

Princípio da busca da verdade real;

Princípio da indisponibilidade;

Princípio da conciliação;

Princípio da normatização coletiva (competência normativa)

Menciona ainda, como outros princípios do processo trabalhista:

Princípio da simplicidade das formas;

Princípio da despersonalização do empregador;

Princípio da extrapetição;

Wagner D. Giglio, classifica-os em:

Reais ou concretos

Ideais

Princípios concretos:

Protecionista;

Jurisdição normativa;

Despersonalização do empregador;

Simplificação.

Princípios ideais:

Extra-petita;

Iniciativa de *ex oficio*;

Coletivização das ações trabalhistas (SPT).

Amauri Mascaro Nascimento, em seu *Curso de Direito Processual do Trabalho* fala em Princípios Constitucionais do Direito Processual do Trabalho e arrola como tais:

Princípio da competência conciliatória e decisória;

Princípio do poder normativo;

Princípio do respeito às normas coletivas e legais mínimas;

Princípio da obrigatoriedade da fundamentação das sentenças.

Princípios predominantes no Direito Processual do Trabalho

Em atrelamento ao Direito Material que visa efetivar, se apresenta em primeiro plano:

Princípio protecionista ou da proteção.

— que se concretiza nestas três ideias:

a) *in dubio, pro operario*;

b) regra da aplicação da norma mais favorável; e

c) regra da condição mais benéfica.

... e estabelece um igualdade jurídica entre as partes.

Para Humberto Theodoro Junior o principal princípio do Direito Processual do Trabalho seria o **princípio da finalidade social**, de "*cuja observância decorre uma quebra do princípio da isonomia entre as partes, em favor da menos favorecida, até o momento de decidir o feito*". Dele resultaria a quebra do princípio da isonomia entres as partes, no processo, até o momento de proferir a decisão. Diz respeito à conduta "*parcial*" do Juiz.

Onde incide o princípio protecionista:

a) Inversão do ônus da prova e determinadas circunstâncias — art. 765 e Súmulas ns. 6, 68, 212 e 338;

b) Impulso processual em proveito do empregado, mormente na execução da sentença (art. 878);

c) Arquivamento do processo ao invés da revelia, quando do não comparecimento do empregado à primeira audiência (art. 844);

d) Facilidade de acesso à Justiça, possibilitando ao empregado optar pela Vara da do local da prestação dos serviços ou da contratação (art. 651 da CLT);

e) Rejeição ao foro de eleição (jurisprudência);

f) Maior autonomia do Juiz no andamento do processo e na produção e apreciação da prova (arts. 765 e 820);

g) Possibilidade de concessões "*extra* ou *ultra-petita*" — dobra do salário não depositado, indenização do seguro--desemprego, indenização por reintegração do estável e etc. (arts. 467, 496)

h) A assistência judiciária gratuita em favor do empregado patrocinado por seu sindicato (Lei n. 5.584/70);

i) A gratuidade do processo para o empregado; não pagamento de custas (Lei n. 5.584/70);

Outros princípios pertinentes:

Princípio da celeridade;

Princípio da oralidade;

Princípio da simplicidade;

Princípio da concentração;

Princípio da busca da verdade real;

Princípio do impulso oficial (ou Inquisitivo ou inquisitório)

Onde se manifestam estes princípios:

O princípio da Oralidade inspirou os arts.: **840**, (reclamatória verbal); **847** (defesa oral); **850** (razões finais orais)

O princípio da Concentração deu origem aos arts. 845 a 850 (audiência única), e o 893, § 1º (recursos só ao final)

O princípio da Celeridade os arts.: 765 (andamento rápido das causas) e 845 a 850 da CLT e salvo melhor juízo (Procedimento Sumaríssimo — Lei n. 9957/200)

Princípio da Informalidade (arts. 791 (*Jus Postulandi*), 840, (reclamatória verbal em secretaria); 899 (recurso por simples petição) — CLT

Princípio da Busca da Verdade Real inspirou os arts. 765 (determinação de diligências) e 9º (desconstituir ato dissimulado) da CLT;

Princípio do Impulso Oficial (ou Inquisitivo ou inquisitório), induziu os arts. 4º (impulso pelo juiz), da Lei n. 5.584/70, 765 (determinação de providências), 840 (notificação de plano) e 878 (iniciativa do juiz na execução), da CLT.

7. Da autonomia do Direito Processual do Trabalho

Para que um ramo do Direito Processual seja considerado autônomo, é preciso verificar se existe autonomia legislativa; Didática; doutrinária; científica; e autonomia jurisdicional.

Embora não tenhamos um Código de Direito Processual do Trabalho a exemplo do que ocorrer com o Direito Processual Civil e Penal, sem dúvida existe uma farta legislação processual trabalhista consolidada e extravagante. Além disso, muitas normas processuais trabalhistas são (legítima ou ilegitimamente) estabelecidas por meio dos Regimentos Internos dos Tribunais Laborais e das Súmulas (Súmulas, Precedentes, Orientações Jurisprudenciais) dos mesmos Tribunais. Para concluir-se pela autonomia legislativa do Direito Processual do Trabalho, deve ser destacada a regra do art. 769 da CLT segundo a qual **só** aplica, subsidiariamente, as regras do processo comum nas lacunas deste, quando compatíveis com o Processo Judiciário do Trabalho.

Hoje, não se pode mais negar a autonomia didática do Direito Processual do Trabalho, eis que a maioria dos cursos de bacharelado em Direito possuem tal cadeira independente do Direito Material do Trabalho, em um ou dois semestres, além dos inúmeros cursos de pós-graduação lato e estrito senso, neste ramo, preparatórios para concurso, etc.

O Brasil possui vasta bibliografia e excelentes doutrinadores de Direito Processual do Trabalho. Grandes e tradicionais editoras especializadas. Obras com inúmeras edições e tiragens, o que atesta a autonomia doutrinária.

O Direito Processual do Trabalho, como consequência do Direito Material que visa efetivar, deve possuir princípios, diretrizes, filosofia, fundamentos, institutos distintos dos que norteia ou demais ramos do Direito Processual, o que lhe atribui uma autonomia científica ou principiológica.

Com acento na Constituição Federal, existe um organismo judiciário trabalhista, com órgãos autônomos de jurisdição de primeiro, segundo e terceiro graus, com estrutura funcional, provimento e funcionamento soberano, como competência própria para normatizar sua estrutura, composição e funcionamento, o que demonstra a existência da autonomia jurisdicional ou judiciária.

Além disso, parece-me forçoso admitir a autonomia do Direito Processual do Trabalho como condição fundamental para bem servir o Direito Material especial que deve efetivar.

Para a melhor compreensão do tema, não basta admitir a autonomia do Direito Processual do Trabalho, mister se faz, também, situá-lo no sistema processual e principalmente em relação à Teoria Geral do Processo.

Os autores tradicionalmente indicados na bibliografia básica do Direito Processual do Trabalho, geralmente não enfrentam esta questão, limitam-se a discorrer sobre a relação do mesmo com os ramos afins.

8. Critérios de aplicação do Direito Processual do Trabalho

Como qualquer norma, as de Direito Processual do Trabalho, para sua aplicação precisam ser interpretadas, isto é, deve-se buscar a intencionalidade da norma, diante da situação fática às que se pretende aplicá-la.

§ 1º O juízo adotará em cada caso a decisão que reputar mais justa e equânime, atendendo aos fins sociais da lei e às exigências do bem comum (art. 852, I, CLT)

Nem sempre a lei apresenta a solução para o caso concreto que se pretende solucionar; neste caso, o aplicador deve procurar suprir as lacunas apresentadas mediante analogia, equidade e princípios gerais do Direito.

Pela inexistência de um Código de Direito Processual do Trabalho, a legislação processual trabalhista é pródiga em lacunas.

As lacunas poderão ser **de** norma (reais ou impróprias) ou **da** norma (ideológicas ou próprias). A lacuna de norma ou imprópria decorre da inexistência de norma e só pode ser suprida pelo legislador pela formulação de novas normas. Já as lacunas da norma ou própria, como falta de regulamentação, são completáveis pelo intérprete ou aplicador.

Quanto à completude ou integração, dispõe o artigo oitavo consolidado:

Art. 8º As autoridades administrativas e a Justiça do Trabalho, na falta de disposições legais ou contratuais, decidirão, conforme o caso, pela jurisprudência, por analogia, por equidade e outros princípios e normas gerais de direito, principalmente do direito do trabalho, e, ainda, de acordo com os usos e costumes, o direito comparado, mas sempre de maneira que nenhum interesse de classe ou particular prevaleça sobre o interesse público.

Parágrafo único — O direito comum será fonte subsidiária do direito do trabalho, naquilo em que não for incompatível com os princípios fundamentais deste.

Especificamente quanto ao Processo do Trabalho a regra de integração está contida no art. 769 da Consolidação das Leis do Trabalho:

Art. 769 — Nos casos omissos, o direito processual comum será fonte subsidiária do direito processual do trabalho, exceto naquilo em que for incompatível com as normas deste Título.

A respeito estabelece o Novo Código de Processo Civil:

Art. 15. *Na ausência de normas que regulem processos eleitorais, trabalhistas ou administrativos, as disposições deste Código lhes serão aplicadas supletiva e subsidiariamente.*

Segundo Maria Helena Diniz, três podem ser as espécies de Lacunas (*Compêndio de Introdução ao Estudo do Direito*. São Paulo: Saraiva):

a) **Lacuna normativa**, quando há ausência de norma sobre determinado caso;

b) **Lacuna ontológica**: quando existe a norma mas ela se apresenta inadequada ou obsoleta em razão do novo contexto em que o fato foi apreciado;

c) **Lacuna axiológica**: a norma não proporciona a solução mais justa, ou mais adequada aos objetivos buscados.

APLICAÇÃO SUBSIDIÁRIA DO PROCESSO COMUM — Art. 769 da CLT

Do entendimento dos juslaboralistas resultou o Enunciado n. 66, da 1ª Jornada de Direito Material e Processual do Trabalho do Tribunal Superior do Trabalho, *in verbis*:

A aplicação subsidiária de normas do processo comum ao processo trabalhista. Omissões ontológica e axiológica. Admissibilidade. ***Diante do atual estágio de desenvolvimento do processo comum e da necessidade de se conferir aplicabilidade à garantia constitucional da duração razoável do processo, os arts. 769 e 889 da CLT comportam interpretação conforme a Constituição Federal, permitindo a aplicação de normas processuais mais adequadas à efetivação do direito. Aplicação dos princípios da instrumentalidade, efetividade e não retrocesso social.*** (Mauro Schiavi. Aspectos polêmicos e atuais da Teoria Geral do Processo do Trabalho. In: *Revista LTr*, 74-09/1058)

A partir deste entendimento, algumas Varas têm assim decidido:

Dentre as alterações promovidas pela Lei n. 11.232/2005, destaca-se a que substitui a citação do devedor por intimação a teor do que dispõe o art. 475-J, do CPC. Considero aplicável ao processo do trabalho esse dispositivo específico, superando a literalidade do art. 880 da CLT. Há compatibilidade notória com os princípios basilares do direito processual do trabalho (art. 769 da CLT), porque existente omissão quanto à sanção que o art. 475-J do CPC estabelece e porque a alteração está em harmonia com os preceitos da razoável duração do processo e da celeridade processual. (art. 5º, LXXVIII, CF). (Processo: 0000605-24.2012.5.04.0701)

O entendimento do TST é mais conservador como se vê ***verbi gratia*** no acórdão abaixo.

Segundo a unânime doutrina e jurisprudência dois os requisitos para a aplicação de norma processual comum ao Processo do Trabalho: I) ausência de disposição na CLT — a exigir o esforço de integração da norma pelo intérprete —, II) compatibilidade da norma supletiva com os princípios do processo do trabalho. A ausência não se confunde com a diversidade de tratamento: enquanto na primeira não é identificável qualquer efeito jurídico a certo fato – a autorizar a integração do direito pela norma supletiva – na segunda se verifica que um mesmo fato gera distintos efeitos jurídicos, independentemente da extensão conferida à eficácia... (TST-RR 765/2003-008-13-41.8 – Ac. 3ª T., 5.12.07 – Rel. Min. Maria Cristina Irigoyen Peduzzi (In *Revista LTr*, São Paulo: v. 72 – fev. de 2008 – p. 239).

9. Da aplicação da Lei Processual Trabalhista no Tempo

A aplicação da lei processual trabalhista rege-se por dois princípios ou critérios fundamentais: **a)** o da irretroatividade de lei e **b)** o do efeito ou aplicação imediata da norma processual.

O primeiro tem assento na Constituição Federal:

A lei não prejudicará o direito adquirido, o ato jurídico perfeito e a coisa julgada; (art. 5º, XXXVI, CF/88)

Deve ser verificado também se a norma que se pretende aplicar, está vigendo, tem eficácia, pode ser validamente aplicável à situação *sub judice*. A norma processual trabalhista não pode em princípio ter efeito retroativo. Estando em curso o processo, a lei nova regula apenas os atos e procedimentos, praticados a partir de sua vigência.

O segundo está consagrado em norma trabalhista consolidada (art. 912 da CLT).

Os dispositivos de caráter imperativo terão aplicação imediata às relações iniciadas, mas não consumadas, antes da vigência desta Consolidação.

Vigora a norma vigente na data do fato determinante do ato ou procedimento. Portanto, a lei processual tem aplicação imediata em relação aos atos novos, admissíveis após sua promulgação.

Em relação aos atos processuais, na fase recursal, esta regra é especificada no art. 915 da CLT:

Não serão prejudicados os recursos interpostos com apoio em dispositivos alterados ou cujo prazo para interposição esteja em curso à data da vigência desta Consolidação.

10. Da aplicação da Lei Processual Trabalhista no Espaço

Tem como diretriz o Princípio da Territorialidade, complementado pelo **PRINCÍPIO DA *"LEX LOCI EXECUTIONIS"*** (Lei do lugar da execução).

Art. 11 – *As organizações destinadas a fins de interesse coletivo, como as sociedades e fundações, obedecem a lei do Estado em que se constituírem.* (LIC)

Art. 12 – *É competente a autoridade judiciária brasileira, quando for o réu domiciliado no Brasil ou aqui tiver de ser cumprida a obrigação.* (LIC)

Art. 651 – CLT – *A competência das Juntas de Conciliação e Julgamento é determinada pela **localidade onde o empregado, reclamante ou reclamado, prestar serviços ao empregador**, ainda que tenha sido contratado noutro local ou no estrangeiro.*

*§ 2º A competência das Juntas de Conciliação e Julgamento, estabelecida neste artigo, **estende-se aos dissídios ocorridos em agência ou filial no estrangeiro**, desde que o empregado seja brasileiro e não haja convenção internacional dispondo em contrário.* (CLT)

Tal competência, em matéria trabalhista, no território brasileiro, é exercida pela Justiça do Trabalho, por força do disposto no art. 114 da Constituição Federal.

Art. 114. Compete à Justiça do Trabalho processar e julgar: (Redação dada pela Emenda Constitucional n. 45, de 2004)

I – as ações oriundas da relação de trabalho, abrangidos os entes de direito público externo e da administração pública direta e indireta da União, dos Estados, do Distrito Federal e dos Municípios;

Prevalece, portanto, o princípio da territorialidade, independentemente de quem sejam as partes, **salvo na hipótese** de trabalhador brasileiro, contratado no Brasil para trabalhar no exterior (Leis ns. 7.064/82 e 11.962/2009). As normas de Direito processual do Trabalho, vigoram em todo o território nacional.

CONFLITOS DE LEIS TRABALHISTAS NO ESPAÇO NA JURISPRUDÊNCIA:

SÚMULA N. 207 – TST – *A relação jurídica trabalhista é regida pelas leis vigentes no país da prestação de serviço e não por aquelas do local da contratação.* (Res. n. 13/1985, DJ 11.7.1985 – **CANCELADA** pela Resolução n. 181/2012)

ACÓRDÃO

1ª TURMA – 1ª CÂMARA

RECURSO ORDINÁRIO

PROCESSO TRT/15ª REGIÃO N. 0142800-47.2006.5.15.0083

BRASILEIRO QUE PRESTA SERVIÇOS NO EXTERIOR.

RELAÇÃO REGIDA PELO DIREITO MATERIAL ESTRANGEIRO.

Quando brasileiro trabalha no exterior, a relação jurídica é regida pela lei material vigente no país da prestação de serviços e também pelas normas estabelecidas nas Convenções Internacionais pela OIT. Aplicação da diretriz estabelecida na Súmula n. 207 do C. TST.

APLICAÇÃO DA LEI MATERIAL ESTRANGEIRA NÃO AFASTA A LEI PROCESSUAL BRASILEIRA.

A aplicação da lei material estrangeira não afasta a incidência da lei processual brasileira, ante a competência da Justiça do Trabalho para conhecer e julgar a ação processada em território nacional. A preservação da efetividade do processo, como ferramenta institucional apta a garantir a reparação da lesão sofrida por cidadão brasileiro, legitima e justifica a aplicação do sistema jurídico processual brasileiro. Inteligência do art. 198 do Código Bustamante à luz dos arts. 1º, 5º, XXXV e 114 da CF/88.

CONFLITO DE LEIS TRABALHISTAS NO ESPAÇO.

EMPREGADO CONTRATADO NO BRASIL PARA LABORAR EM OUTRO PAÍS.

O texto primitivo da Lei n. 7.064/82 era direcionado tão somente aos trabalhadores de empresas de engenharia que prestassem serviços no exterior, pelo que tal norma regia de forma específica a contratação de trabalhadores no Brasil para prestar serviço no exterior, vinculados ao ramo de engenharia. Todavia, cabe referir que em 03 de julho de 2009 houve a edição da Lei n. 11.962, ocasião em que as regras da Lei n. 7.064/82 foram estendidas a todas as empresas que venham a contratar ou transferir trabalhadores para prestar serviço no exterior. Significa dizer que, atualmente, a Lei n. 7.064/82 se aplica a todos os trabalhadores contratados no Brasil, conforme se constata do art. 1º da Lei n. 11.962/2009. **Cabe consignar, ainda, que a Súmula/TST n. 207, em que se funda a tese recursal, que consagrava o princípio da territorialidade, foi cancelada pela Resolução n. 181/2012 deste Tribunal, publicada no DEJT divulgado em 19, 20 e 23.04.2012.** Mesmo antes do cancelamento da referida súmula, esta SBDI1 vinha perfilhando entendimento no sentido de admitir exceção à aplicação de tal princípio no caso de empregado contratado no Brasil e posteriormente transferido para prestar serviços no exterior. **Assim, com o efetivo cancelamento da referida Súmula n. 207, consolidou-se neste Tribunal o entendimento de que a Lei n. 7.064/82 assegura ao empregado brasileiro que labora no exterior a aplicação da legislação brasileira de proteção ao trabalho, sempre que ficar evidenciado ser esta mais favorável que a legislação territorial, nos termos do art. 3º, inciso II, da Lei n. 7.064/82.** Portanto, o princípio da norma mais favorável vigora no âmbito das relações contratuais aqui especificadas, considerando-se aplicável a legislação vigente do local da contratação, e não a da localidade da prestação dos serviços, caso aquela seja mais favorável ao empregado. E, na hipótese, não há controvérsia sobre qual norma é a mais favorável ao trabalhador, devendo incidir a lei brasileira. Precedentes deste Tribunal. Cumpre ressaltar que a referida Lei n. 7.064/82 socorreu-se da teoria da incindibilidade dos institutos jurídicos, ao contrapor a lei territorial estrangeira e a lei brasileira, segundo a qual os institutos jurídicos devem ser considerados em seu conjunto, sem a possibilidade de se aplicar, simultaneamente, disposições de um regime e de outro. Recurso de embargos conhecido e desprovido. (TST-E-RR-1003206-67.2003.5.01.0900)

11. Formas de solução dos conflitos trabalhistas

São apontados como forma de solução de conflitos: a) — Autocomposição; b) — Heterossolução: por meio da Jurisdição ou Arbitragem. Alguns autores ainda arrolam como forma de Heterossolução a Mediação. Com o devido respeito entendo que a mediação é um mero elemento da Autocomposição, que atua no sentido de levar as partes a um acordo. A legislação original sobre a participação nos lucros falava em mediação de últimas ofertas, que, no ocaso concreto, funcionava como um meio atípico de arbitragem.

Nas relações de emprego podem ocorrer dois tipos de conflitos a saber: conflitos individuais, tratados também, genericamente, como dissídios individuais e conflitos coletivos.

Os conflitos individuais só podem ser solucionados eficaz e definitivamente através de Heterossolução ou Heterocomposição, via Justiça do Trabalho. Só uma sentença transitada em julgado ou um acordo homologado em reclamatória trabalhista, tem natureza ou efeito definitivo com eficácia liberatória.

Por duas vezes o TST tentou estabelecer forma de solução extrajudicial eficaz (composição ou quitação com efeito definitivo). A primeira alterando a Súmula n. 330, atribuindo eficácia liberatória a Termo de Rescisão homologado pelo Sindicato e a segunda, por meio de projeto de lei, que se transformou nos arts. 625-A a 625-H, da CLT, atribuindo o efeito liberatório ao Termo de Conciliação firmado perante Comissão de Conciliação Prévia. Como se demonstrará ao tratarmos do direito de ação no Capítulo do Dissidio Individual.

Por sua vez a arbitragem como forma de solução validada de conflitos individuais é sistematicamente rejeitada pelo Tribunal Superior do Trabalho, como exemplificam ao seguintes acórdãos: RR 189600-42.2008.5.07.0001; RO 00471201207503-000 TRT3; RR 25900-67.2008.5.03.0075 – Ac. Disponibilizado em abril de 2015

O entendimento dos Tribunais Regionais é no mesmo sentido:

Arbitragem e que a Lei n. 9307/96 não se aplica às relações de emprego, já que estas envolvem direitos irrenunciáveis. (ACÓRDÃO N.: 20090941602 PROCESSO -TRT/2a/SP N.: 03360200338202009- 3a T).

Já nos Conflitos Coletivos, a solução judicial está em último lugar, só admitida, excepcionalmente, se houver comum acordo (§ 2º, art. 114, CF/88). A autocomposição é a forma preferencial, sugerida, inclusive, pela Organização Internacional do Trabalho; em segundo plano vem a arbitragem, como expressamente estabelecem os §§ 1º e 2º do art. 114, da CF/88.

A autossolução ou autocomposição extrajudicial se formaliza mediante Acordo ou Convenção Coletiva. O Conflito Coletivo levado à Justiça (Tribunal) também pode ser resolvido por Acordo Homologado pelo órgão competente.

A greve (Autodefesa) constitui um elemento de pressão na busca de uma solução, normalmente negociada (Autocomposição). O Locaute ou *Lockout* é repelido e proibido pelo direito pátrio.

12. Peculiaridades do Direito e Processo do Trabalho

Como peculiaridades do direito processual e do processo do trabalho podemos lembrar as seguintes:

— *a função normativa da Justiça do Trabalho, que tem o poder de estabelecer normas e condições de trabalho geralmente aplicado a toda a categoria (art. 114 da CF/88);*

a) a linguagem ou terminologia própria do processo do trabalho, justificando sua autonomia, ao se falar em: Dissídio Individual; (Reclamação ou Reclamatória Trabalhista; Reclamante e Reclamado; Reclamatória Plúrima, Ação de Cumprimento; Dissídio Coletivo, suscitante e suscitado (nos dissídios coletivos), Inquérito para a apuração de falta grave com partes denominadas requerente e requerido;

— Jus postulandi *do reclamante e reclamado (art. 791, CLT);*

— *Propositura da Reclamatória pela própria parte, verbalmente ou por escrito (art. 839, da CLT);*

— *Não exigência na Reclamatória (Petição Inicial) dos fundamentos jurídicos (art. 840, CLT);*

— *Processo dividido em fases "autônomas": Conciliatória, Arbitral (§ 2º, art. 764, CLT) no processo;*

b) o dissídio coletivo, que só existe no processo do trabalho, mais especificamente no Brasil;

b.1) prova da "frustração da negociação" e "comum acordo" como condição da ação coletiva;

c) as ações de cumprimento, que visam à cobrança das novas condições de trabalho ou novos salários estipulados no dissídio coletivo da categoria, e que são ações de competência originária das Varas do Trabalho;

d) as ações plúrimas, que são ações em que existem vários reclamantes no polo ativo da ação, cobrando, num mesmo processo, as verbas trabalhistas que entendem devidas;

e) a concentração dos atos na audiência, prestigiando o princípio da oralidade, da economia processual e da celeridade;

f) presença obrigatória das partes na audiência de instrução e julgamento: ausência do reclamante: arquivamento da reclamatória: ausência do reclamado: revelia e confissão;

f.1) Representação do reclamante por colega ou sindicato, do reclamado, por preposto;

g) previsão de recurso por simples petição: os recursos trabalhistas apenas no efeito devolutivo (art. 899 da CLT);

g.1) Garantia do juízo em recursos (depósito recursal, parágrafo único do art. 899 da CLT)

h) a tentativa obrigatória de conciliação em dois momentos, antes da contestação (art. 846 da CLT) e após as razões finais (art. 850 da CLT);

i) o número de testemunhas no dissídio individual de no máximo três para cada parte e seis no caso do inquérito para apuração de falta grave (art. 821 da CLT);

j) a execução começar por ato do juiz, de ofício, sem provocação de qualquer das partes (art. 878 da CLT);

k) do impulso de ofício do juiz nos processos de alçada da Vara, até dois salários mínimos, em que reclamante e reclamado exerçam pessoalmente o ius postulandi;

l) o mínimo de formalismo, visando o rápido andamento do feito;

m) a isenção das custas que só beneficia o empregado, se atendidos certos requisitos. A justiça gratuita também se aplica ao obreiro. (MARTINS, Sergio Pinto. *Direito Processual do Trabalho*, p. 64)

No Direito Processual do Trabalho	No Direito Processual Comum
Reclamação Reclamatória	Ação Petição Inicial
Reclamante Reclamado	Autor Réu
Propositura pela própria parte	Propositura por advogado
Reclamatória Verbal	Petição escrita
Inexigibilidade de fundamentação – art. 840	Exigência dos fundamentos legais – art. 282
Representação até os 18 anos (Relativamente incapaz)	Assistência
Jus Postulandi – art. 791	Privativo de advogado – art. 36
Mandato formal; apud acta e tácito – art. 791, § 3º – OJ SDI1 286 SUM 164	Mandato formal – art. 37
Jus Postulandi	Capacidade Postulatória
Reclamatória Plúrima	Litisconsórcio Ativo
Prazo comum no caso de Litisconsortes Passivos com procuradores Diferentes – OJ – SDI 1 n. 310	Prazo em dobro no caso de litisconsortes passivos com procuradores diferentes – art. 191 do CPC
Notificação Postal – art. 841	Citação
Sem exigência de fundamentação jurídica – art. 840, § 1º	Fundamentação jurídica é requisito essencial
Defesa em audiência – art. 847	Contestação protocolada – art. 297
Inexistência de prazo para contestar	Prazo de 15 dias para contestar
Defesa oral em audiência – art. 847	Contestação Escrita – art. 297
Menos testemunhas (03 ou 02) – arts. 821 e 852-H	Mais testemunhas (08)
Dispensada a apresentação de rol – arts. 845 e 825	Necessária a apresentação de rol – art. 407 CPC
Iniciativa do juiz na execução (Execução *ex officio* e inciativa – parágrafo único art. 876 e art. 878)	Iniciativa da parte na execução/cumprimento – arts. 471-A, § 1º e 475-I, § 2º
Duas tentativas obrigatórias de conciliação – arts. 846 e 850	Uma tentativa de conciliação – art. 125, IV – Conciliação a qualquer momento; 277 e 331. Audiência de conciliação – arts. 447 a 449 CPC
Presença obrigatória das partes na audiência – art. 844	Possibilidade de ausência das partes na audiência
Execução provisória até a penhora – art. 899	Permitida a expropriação (liberação de depósito na execução provisória – art. 475-O)
Não devolução do valor recebido – art. 6º; § 3º, da Lei n. 4.725/65	Caução e Reparabilidade – art. 575-O
Razões finais orais – art. 850	Razões Finais podem ser escritas (memoriais)
Decisão – arts. 850, 851, 852; 831 e 832	Sentença
Honorários em Reclamatória Trabalhista não decorrem da sucumbência – Súmulas ns. 219 e 329 – OJ SDI1 n. 305	Honorários decorrem da sucumbência – art. 20 CPC

Capítulo 2

Do Judiciário Trabalhista

1. Origens e evolução da Justiça do Trabalho no mundo

De forma unânime os autores apontam a França como berço da Justiça do Trabalho, onde teria nascido por meio do *Conseils de Prud'hommes*, criado, originariamente, em 1426, em Paris, para solucionar conflitos vinculados a indústria ou atividade têxtil. A maioria dos autores que tratam desta questão estabelecem uma certa cronologia que, em síntese, apresentamos a seguir:

FRANÇA:

— *Conseils de Prud'hommes*, Paris, 1426;

Restabelecidos em 18.3.1806, por Napoleão Bonaparte (**Lyon**)

ATUALIDADE:

Continuam até hoje. Membros não remunerados; eleitos por cinco anos;

Organização: Bureau de Conciliação;

Bureau de Julgamentos.

Não executam + de 13.000 francos;

Procedimentos: *Jus postulandi* das partes;

Questões jurídicas decididas por técnicos com formação em direito;

Recorribilidade: Câmara Social;

Corte de Cassação.

Conflitos Coletivos: Conciliação;

Arbitragem facultativa;

Decisões do Ministro do Trabalho

ITÁLIA:

1878 — Conselhos de "*Probiviri*", Itália;

1925 – Magistratura del Lavoro

HOJE:

Dissídios. Individuais:

Juiz do trabalho em 1ª instância;

Tribunal Comum de Apelação;

Corte di Cassazioni;

Tribunal Constitucional;

Dissídios Coletivos:

Negociação ou Greve;

ALEMANHA:

Origem: Tribunais industriais em 1908, na região do Reno;

Evolução: 1934: TRIBUNAIS DO TRABALHO:

Tribunais do Trabalho de 1ª Instância;

Tribunais do Trabalho de Apelação;

Tribunais do Trabalho do Reich.

ATUALIDADE:

Tribunais do Trabalho;

Tribunais Regionais do Trabalho;

Tribunal Federal do Trabalho;

Superior Tribunal Constitucional

ESPANHA:

Originariamente:

Tribunais Industriais de l908/1935 (Colegiado e Paritário)

Jurados Mistos;

1940 – Magistratura Trabalhista;

Juiz em primeira instância;

Tribunal Central do Trabalho em 2ª instância;

Tribunal Supremo – última instância.

Existem Juntas de Conciliação Sindical: composição e funcionamento semelhantes às Comissões de Conciliação Prévia do Brasil

PORTUGAL:

Solução pelo Poder Judiciário;

Órgãos Especializados: Tribunal de 1ª Instância composta por 2 juízes sociais;

2ª Inst.: Seção Social do Tribunal das Relações

3ª Inst.: Seção Especial do Supremo/Tribunal de Justiça

MÉXICO:

Iniciou com as Junta Municipais (colegiadas e paritárias). Decisão em única instância.

A partir de 1973: Juntas Locais e Juntas Federais de Conciliação e Arbitragem;

Dissídios Individuais e Coletivos;

A legislação atual (art. 816 do Código do Trabalho) prevê que as decisões das Juntas são irrecorríveis, no entanto, outros dispositivos tratam de recursos;

ARGENTINA: (sistema precário)

Inicialmente:

Funcionou por um período com as Comissões de Conciliação e Comissões de Arbitragem;

Posteriormente:

Juízes;

Comissões de Trabalho Doméstico;

Câmara Nacional de Apelação do Trabalho, formado por:

Tribunais Locais (provinciais);

Tribunais Nacionais – na capital;

Não há juízes classistas

Competência:

Solucionar conflitos decorrentes da relação de trabalho de qualquer natureza: individuais ou coletivos; trabalhistas, administrativos; fiscais e até penais. Registre-se a existência de órgãos para solucionar conflitos decorrentes do trabalho doméstico.

URUGUAI: (em implementação)

1ª Instância: Juizado Letrado de Primeira Instância do Trabalho;

Juizado Letrado do Interior.

2ª Instância: Tribunal de Apelação do Trabalho;

Última Instância: Suprema Corte de Justiça

INGLATERRA:

Tribunais de Primeira Instância (Três Juízes Temporários – Presidido por profissional jurídico);

Tribunais de Segunda Instância presidido por um membro da Corte de apelação;

Órgãos Temporários. Admite-se o *jus postulandi* das partes;

Só apreciam conflitos individuais.

ESTADOS UNIDOS:

Não há Justiça do Trabalho;

Predomina a Arbitragem particular custeada pelas partes ou pelos sindicatos;

Estímulo à negociação e arbitragem.

2. Justiça do Trabalho no Brasil

Embora haja algumas divergências na doutrina e dados históricos divulgados por alguns tribunais, podemos dizer que a Justiça do Trabalho no Brasil cumpriu a trajetória a seguir exposta:

Órgãos Embrionários

1907 – Conselhos Permanentes de Conciliação e Arbitragem, instituídos pela Lei n. 1.637, de 5.11.1907 – Para alguns autores, entre eles Wagner D. Giglio, Sergio Pinto Martins, não chegaram a ser implantados;

1922 — Tribunais Rurais:

Em razão do predomínio da atividade rural à época, pode-se dizer que visava, principalmente, resolver os conflitos ente os trabalhadores imigrantes e os donos de terra.

Composição Colegiada e Paritária:

Juiz de Direito;

Representante dos trabalhadores;

Representante dos fazendeiros;

1932 — Juntas de Conciliação e Julgamento

Foram instituídas pelo Decreto n. 22.132 de 25.11.1932, estabelecendo-se, por influência do que existiu na Itália, o modelo que perdurou até a Emenda Constitucional n. 24/1999.

Composição: Colegiada e Paritária:

Juiz Presidente (Nomeado — Pessoa Habilitada)

Vogais: (titular e suplente)

Representante dos empregados;

Representante dos empregadores;

Competência: Resolver Dissídios Individuais;

Instância Única.

Solucionavam os conflitos individuais, eis que possuíam ***notio***, mas não o ***imperium***, pelo que suas decisões quando não cumpridas espontaneamente, só podiam ser executadas perante a Justiça Comum. Sua natureza era de órgãos administrativos, vinculados, inicialmente ao Ministério do Comércio e posteriormente, a partir da sua criação, ao Ministério do Trabalho, sujeitos ao **Procedimento *Avocatório*.**

O Procedimento **Avocatório** para alguns equiparava-se em suas hipóteses e objetivos à Ação Rescisória; para outros, tratava-se de mero instrumento político. Se a parte tivesse influência, solicitava ao Ministro que avocasse o processo, para que, desconstituindo a decisão da Junta, o beneficiasse.

1932 — Comissões Mistas de Conciliação

Criadas pelo Decreto n. 21.346 de 4.5.1932, eram, assim como as Juntas de Conciliação, órgãos administrativos vinculados ao Ministério do Comércio e Indústria e posteriormente Ministério do Trabalho. As Comissões Mistas de Conciliação detinham competência para conciliar os eventuais conflitos coletivos, pelo que não funcionavam de forma permanente, só eram instalados quando surgisse a necessidade de atuação.

A competência cingia-se às partes sindicalizadas. Frustrada a conciliação, competia ao Ministério de Comércio e Indústria e mais tarde do Trabalho, decidir.

Composição: Colegiada e Paritária:

Juiz Presidente (Nomeado — Pessoa Habilitada)

Outros Membros:

Representante dos empregados;

Representante dos empregadores;

Competência: Conciliar os Dissídios Coletivos;

Decisão competia ao Ministério do Comércio e Indústria;

(Posteriormente Ministério do Trabalho).

Evolução no ordenamento constitucional brasileiro:

1934 — Constituição de **1934**, não a considerava integrante do poder Judiciário. Previa: a existência de Tribunais do Trabalho e Comissões de Conciliação; órgãos colegiados e paritários, dizendo no art. 122:

Art. 122 – Para dirimir questões entre empregadores e empregados, regidas pela legislação social, fica instituída a Justiça do Trabalho, à qual não se aplica o disposto no Capítulo IV do Título I.

Parágrafo único – A constituição dos Tribunais do Trabalho e das Comissões de Conciliação obedecerá sempre ao princípio da eleição de membros, metade pelas associações representativas dos empregados, e metade pelas dos empregadores, sendo o presidente de livre nomeação do Governo, escolhido entre pessoas de experiência e notória capacidade moral e intelectual.

OBS: O Capítulo IV tratava do Poder Judiciário; e estabelecia no art. 63: — São *órgãos do Poder Judiciário: a) a Corte Suprema; b) os Juízes e Tribunais federais; c) os Juízes e Tribunais militares; e, d) os Juízes e Tribunais eleitorais.*

1937

A Constituição de **1937**, não tratou da natureza e estrutura da Justiça do Trabalho, que continuava fora do Poder Judiciário, limitando-se a dizer no art. 139:

Art 139 – Para dirimir os conflitos oriundos das relações entre empregadores e empregados, reguladas na legislação social, é instituída a Justiça do Trabalho, que será regulada em lei e à qual não se aplicam as disposições desta Constituição relativas à competência, ao recrutamento e às prerrogativas da Justiça comum.

A greve e o *lock-out* são declarados recursos antissociais nocivos ao trabalho e ao capital e incompatíveis com os superiores interesses da produção nacional.

1940:

Decreto n. 6.596 de 12.12.1940, que regulamentou o Decreto-lei n. 1.237. de 2.5.1939, estruturou a Justiça do Trabalho, como tal. Segundo Sergio Pinto Martins, por força dessas normas a Justiça do Trabalho passou a ter autonomia em relação ao Executivo e a Justiça comum, exercendo função jurisdicional, embora não integrando, ainda, o Poder Judiciário.

Segundo Wagner D. Gíglio, tal dispositivo:

a) Deu a Justiça do Trabalho funções judiciárias;

b) Conferiu-lhe competência para executar suas próprias decisões;

c) Estabeleceu três instâncias, constituídas:

1ª Juntas de Conciliação e Julgamento;

2ª Conselhos Regionais do Trabalho;

3ª Conselho Nacional do Trabalho; e

d) Instituiu a Procuradoria da Justiça do Trabalho

A CLT, originariamente, previa:

Art. 644. A Justiça do Trabalho compõe-se dos seguintes órgãos:

a) Juntas de Conciliação e Julgamento ou Juízos de Direito;

b) Conselhos Regionais do Trabalho;

c) Conselho Nacional do Trabalho.

Estes dispositivos acabaram com o **procedimento avocatório** (GIGLIO, Wagner D. *Direito Processual do Trabalho*. 13. ed. São Paulo: Saraiva, 2003. p. 4).

1946

O **Decreto-lei n. 9.797, de 9.9.1946,** reorganizou a Justiça do Trabalho alçando-a à condição de Órgão do Judiciário, integrando, a partir daí, o Poder Judiciário. Foram mantidas na primeira instância as Juntas de Conciliação e Julgamento e transformando, respectivamente, os Conselhos Regionais do Trabalho e o Conselho Nacional do Trabalho em:

— Tribunais Regionais do Trabalho (TRTs);

— Tribunal Superior do Trabalho (TST).

Constituição de 1946:

A Constituição Federal de 16.9.1946 deu *status* constitucional à Justiça do Trabalho como órgão integrante do Poder Judiciário, em seu **art. 94, V.** O **art. 122,** especificou seus Órgãos (**TST; TRTs e JCJs**) mantendo, expressamente, a paridade.

CAPÍTULO IV

Do Poder Judiciário

SEÇÃO I

Disposições Preliminares

Art. 94 — *O Poder Judiciário é exercido pelos seguintes órgãos:*

I – Supremo Tribunal Federal;

II – Tribunal Federal de Recursos;

III – Juízes e Tribunais militares;

IV – Juízes e Tribunais eleitorais;

*V – **Juízes e Tribunais do trabalho.***

SEÇÃO VI

Dos Juízes e Tribunais do Trabalho

Art. 122 — Os órgãos da Justiça do Trabalho são os seguintes:

I – Tribunal Superior do Trabalho;

II – Tribunais Regionais do Trabalho;

III – Juntas ou Juízos de Conciliação e Julgamento.

§ 1º — O Tribunal Superior do Trabalho tem sede na Capital Federal.

§ 2º — A lei fixará o número dos Tribunais Regionais do Trabalho e respectivas sedes.

§ 3º — A lei instituirá as Juntas de Conciliação e Julgamento podendo, nas Comarcas onde elas não forem instituídas, atribuir as suas funções aos Juízes de Direito.

§ 4º — Poderão ser criados por lei outros órgãos da Justiça do Trabalho.

§ 5º — A constituição, investidura, jurisdição, competência, garantias e condições de exercício dos órgãos da Justiça do Trabalho serão reguladas por lei, ficando assegurada a paridade de representação de empregados e empregadores.

COMPETÊNCIA

Art. 123 — **Compete à Justiça do Trabalho** conciliar e julgar os dissídios individuais e coletivos entre empregados e empregadores, e, as demais controvérsias oriundas de relações do trabalho regidas por legislação especial.

§ 1º – Os dissídios relativos a acidentes do trabalho são da competência da Justiça ordinária.

§ 2º – A lei especificará os casos em que as decisões, nos dissídios coletivos, poderão estabelecer normas e condições de trabalho. (COMPETÊNCIA NORMATIVA)

A Constituição de 1967 fixou em **17** o número de Ministros do TST, mantendo, em todas as instâncias a participação paritária de empregados e empregadores.

Constituição de 1988:

A Constituição Federal de 1988 seguiu a linha da Constituição de **1946**, e ampliou a competência normativa, **mantendo-a como Órgão do Poder Judiciário, com composição colegiada e paritária**, estendendo sua competência e aumentando o número dos Tribunais Regionais (arts. 111 a 117).

Art. 111. São órgãos da Justiça do Trabalho:

I – o Tribunal Superior do Trabalho;

II – os Tribunais Regionais do Trabalho;

III – as Juntas de Conciliação e Julgamento.

Art. 113. A lei disporá sobre a constituição, investidura, jurisdição, competência, garantias e condições de exercício dos órgãos da Justiça do Trabalho, **assegurada a paridade de representação de trabalhadores e empregadores***.*

Art. 114 – Compete à Justiça do Trabalho conciliar e julgar os dissídios individuais e coletivos entre trabalhadores e empregadores, abrangidos os entes de direito público externo e da administração pública direta e indireta dos Municípios, do Distrito Federal, dos Estados e da União, e, na forma da lei, outras controvérsias decorrentes da relação de trabalho, bem como os litígios que tenham origem no cumprimento de suas próprias sentenças, inclusive coletivas.

Art. 112. Haverá pelo menos um Tribunal Regional do Trabalho em cada Estado e no Distrito Federal, e a lei instituirá as Juntas de Conciliação e Julgamento, podendo, nas comarcas onde não forem instituídas, atribuir sua jurisdição aos juízes de direito.

Extição da Participação Classista Paritária

Muitas críticas eram feitas à constituição classista e paritária, tais como : copiou o modelo italiano (Itália fascista), que nem sequer foi mantido pelo país de origem; Justiça imparcial, os classistas votavam a favor dos seus representados; os classistas leigos não estariam habilitados a julgar; esvaziamento fático da função dos vogais, que muitas vezes se limitavam a apregoar as partes; custo elevado, principalmente com vogais aposentados etc. Culminou com a extinção do vocalato a partir de 1999.

A Emenda Constitucional n. **24 de 9.12.1999** acabou com a paridade na Justiça do Trabalho e transformou a primeira instância em juízo monocrático (Juntas de Conciliação e Julgamento *x* Juízes do Trabalho ou **Varas do Trabalho** — denominação adotada pelas Resoluções TST ns. 655/99 e 708/2000).

Normas aplicáveis

Em âmbito infraconstitucional o Judiciário Trabalhista é normatizado pelos arts. 647 a 721, da CLT e Lei n. 7.701 de 21 de dezembro de 1988, que deu nova estrutura ao Tribunal Superior do Trabalho (TST), redefiniu a competência de seus órgãos, além de estabelecer algumas regras processuais, relativas a jurisdição, competência e recursos.

A partir da Emenda Constitucional n. 24/99, assim ficou composto o Judiciário Trabalhista:

Art. 111 – São órgãos da Justiça do Trabalho:

I – O Tribunal Superior do Trabalho;

II – Os Tribunais Regionais do Trabalho;

III – Juízes do Trabalho.

3. Características peculiares

— Surgiu com composição colegiado e paritária (que perdurou até 1.999);

— Competência restrita à matéria trabalhista (que foi ampliada pela EC n. 45/2004);

— Não possui entrâncias;

— Não tem Tribunal de Pequenas Causas ou Alçada;

— Não havia subdivisões por assunto (Com ampliação da Competência decorrente da EC n. 45/04), desaparecerá está característica, como atesta a criação, em Porto Alegre, da Vara especializada em causas relativas a dano moral decorrentes de acidentes do trabalho)

Dos Órgãos do Poder Juridiário Trabalhista

Como já se viu, até 1946, os órgãos da Justiça do Trabalho não integravam o Poder Judiciário, pelo que, neste tópico, vamos tratar do tema a partir da Constituição de 1946, primeira na qual figurou a Justiça do Trabalho, integrando tal poder.

Primeira Instância: Juízes do Trabalho — Varas do Trabalho

a) Originariamente:

(Da Constituição de 1946 até a Emenda Constitucional N. 24/99)

Composição:

As Juntas de Conciliação e Julgamento, que por disposição constitucional possuíam composição paritária, na forma normatizada pelos arts. 647 a 667 da Consolidação das Leis do Trabalho. Eram compostas por um Juiz Togado vitalício (arts. 654 a 659 da CLT) e por dois juízes leigos (classistas) temporários, um representando os empregados e um os empregadores e os respectivos suplentes, denominados de Vogais, escolhidos, nomeados e empossados na forma determinada pelos arts. 660 a 667 da mesma Consolidação.

Funcionamento — art. 649 CLT

Paridade exigida na composição não era imprescindível no funcionamento, como atesta o art. 649 da CLT, ao dizer que as Juntas de Conciliação e Julgamento poderão conciliar e julgar com qualquer número, sendo indispensável a presença do presidente (Juiz Togado).

Embora realidade, o funcionamento também era colegiado, pois no impedimento de um vogal era convocado o seu suplente, a regra do art. 649 acima transcrita era razoável e lógica, pois nas localidades fora de jurisdição da Justiça do Trabalho, os Juízes de Direito exerciam a jurisdição trabalhista monocraticamente (arts. 668 e 669 da CLT).

b) Situação atual

Após a Emenda Constitucional n. 24/99, a primeira instância da Justiça do Trabalho passou a ser monocrática ou singular. Ao invés da Junta de Conciliação e Julgamento, a jurisdição passou a ser exercida pelo Juiz do Trabalho (art. 111, III, da CF/88).

A partir de então, a Primeira Instância da Justiça do Trabalho é composta pelo Juiz do Trabalho Titular e/ou Juiz do Trabalho Substituto.

O órgão passou a ser denominado de Vara do Trabalho, para alguns, Vara da Justiça do Trabalho ou Vara Trabalhista. Havendo na localidade mais de uma Vara, um dos Juízes do Trabalho exercerá a função de Diretor do Foro Trabalhista.

O Juiz do Trabalho Substituto, quando no exercício, desempenha as mesmas funções do Juiz do Trabalho Titular, previstas no art. 659 da CLT e normas estabelecidas pelo Tribunal competente.

Juízes de Direito, nas localidades não compreendidas na jurisdição de qualquer Vara, possuem a mesma competência e atribuições dos Juízes do Trabalho (arts. 668 e 669 CLT).

b) Ingresso — Ascensão e Competência e Atribuições dos Juízes do Trabalho

Ingresso na magistratura do trabalho se dá no cargo de Juiz Substituto, por meio de concurso público de provas e títulos (art. 93, CF). Ascende ao cargo de Juiz Presidente ou Titular da Vara por meio de promoção por antiguidade ou merecimento. O Juiz do Trabalho é detentor das garantias constitucionais previstas no art. 95, CF/988.

Como estabelecido no art. 659 da Consolidação, ao Juiz do Trabalho, além das demais prerrogativas e encargos decorrentes de seu cargo constantes do TÍTULO VIII da CLT, compete privativamente: presidir às audiências das Varas do Trabalho; executar as suas próprias decisões, ou decisões da Vara e aquelas cuja execução lhes for deprecada; dar posse ao Secretário e aos demais funcionários da Secretaria; — despachar os recursos interpostos pelas partes; apresentar ao

Presidente do Tribunal Regional, no prazo legal, o relatório dos trabalhos do ano anterior; conceder medida liminar, até decisão final do processo, em reclamações trabalhistas que visem tornar sem efeito transferência disciplinada pelos parágrafos do art. 469 desta Consolidação; conceder medida liminar, até decisão final do processo, em reclamações trabalhistas que visem reintegrar no emprego dirigente sindical afastado, suspenso ou dispensado pelo empregador.

Os Juízes do Trabalho possuem os deveres e restrições pertinentes ao cargo, na forma da legislação de regência, entre eles os elencados no art. 658 da CLT.

A competência funcional e jurisdicional é estabelecida pelas regras constitucionais, legais e regulamentares próprias.

Na primeira instância funcional os órgãos auxiliares (Distribuição, Secretarias, Cartórios) e atuam os servidores (oficiais, oficiais de justiça, oficiais de justiça avaliadores, Contador, Assessores etc.), como previsto nos arts. 710 a 721 da CLT e normas extravagantes.

Segunda Instância

A segunda instância da Justiça do Trabalho e constituída pelos TRIBUNAIS REGIONAIS DO TRABALHO (TRTs), composta de no mínimo sete integrantes, hoje denominados Desembargadores do Trabalho, como elencado no art. 774 da CLT. Os menores TRTs possuem apenas oito integrantes.

Originariamente, previa a Constituição de 1988: "Art. 112. *Haverá pelo menos um Tribunal Regional do Trabalho em cada Estado e no Distrito Federal...*" Hoje existem vinte quatro Tribunais Regionais do Trabalho. O maior é o Tribunal Regional do Trabalho da 2ª Região (São Paulo), que possui (hoje — jan. 2015) **94** cargos de desembargador, 18 turmas e oito sessões especializadas em dissídios individuais, além de Sessão Especializada em Dissídios Coletivos, núcleos de conciliação, entre outras unidades.

Como situações peculiares, cabe referir: a 8ª Região com jurisdição no Estado do Pará e Território Federal do Amapá; 11ª Região, Estado do Amazonas e Território Federal de Roraima e 14ª Região, Estados de Rondônia e Acre. Em São Paulo existem dois TRTs, o da 2ª Região em São Paulo — capital e o da 15ª região em Campinas. Os demais Estados-Membros possuem um único TRT com sede nas respectivas capitais.

Como estabelecem os §§ 1º e 2º do art. 115 da Atual Constituição Federal:

§ 1º Os Tribunais Regionais do Trabalho instalarão a justiça itinerante, com a realização de audiências e demais funções de atividade jurisdicional, nos limites territoriais da respectiva jurisdição, servindo-se de equipamentos públicos e comunitários. (Incluído pela Emenda Constitucional n. 45, de 2004)

§ 2º Os Tribunais Regionais do Trabalho poderão funcionar descentralizadamente, constituindo Câmaras regionais, a fim de assegurar o pleno acesso do jurisdicionado à Justiça em todas as fases do processo. (Incluído pela Emenda Constitucional n. 45, de 2004)

A composição dos Tribunais Regionais é definida no art. 115 da Constituição Federal.

Art. 115. Os Tribunais Regionais do Trabalho compõem-se de, no mínimo, sete juízes, recrutados, quando possível, na respectiva região, e nomeados pelo Presidente da República dentre brasileiros com mais de trinta e menos de sessenta e cinco anos, sendo: (Redação dada pela Emenda Constitucional n. 45, de 2004)

I – um quinto dentre advogados com mais de dez anos de efetiva atividade profissional e membros do Ministério Público do Trabalho com mais de dez anos de efetivo exercício, observado o disposto no art. 94; (Redação dada pela Emenda Constitucional n. 45, de 2004)

II – os demais, mediante promoção de juízes do trabalho por antiguidade e merecimento, alternadamente. (Redação dada pela Emenda Constitucional n. 45, de 2004)

Da Organização dos Tribunais Regionais

A Lei n. 7.701, de dezembro de 2008 (art. 6º), permitiu que os Tribunais Regionais funcionassem divididos em Grupos de Turmas e promovessem a especialização de um deles no Julgamento de Dissídios Coletivos. Em face desta autorização legal, a jurisdição nos TRTs de médio e grande porte é exercida por meio de Turmas, Seções Especializadas em Dissídios Coletivos ou Cessão Normativa e Seções Especializadas em Dissídios Individuais. Os pequenos Regionais funcionam apenas por meio do Pleno.

Conforme acima explicitado, os tribunais de maior porte, normalmente, possuem a seguinte estrutura ou órgãos: o Tribunal Pleno; o Órgão Especial; as Seções Especializadas (uma em Dissídio Coletivo e uma ou mais em Dissídios Individuais); as Turmas; a Presidência; a Corregedoria.

A jurisdição e competência dos Tribunais Regionais são definidas na Constituição Federal, na legislação e normativa infraconstitucional, em especial nos art. 677 a 680 da CLT, na Lei n. 7.701/88 e Regimentos Internos dos Tribunais.

TST – Tribunal Superior do Trabalho

O Tribunal Superior do Trabalho (TST) constitui-se na última instância da Justiça do Trabalho. Sua composição é estabelecida pele Constituição Federal e sua estrutura e competência de seus órgãos pela Lei n. 7.701, de 21 de dezembro de 1988, detalhada em seu Regimento Interno. A jurisdição do TST abrange todo o território nacional.

Expressamente estabelece a Constituição Federal:

Art. 111-A. O Tribunal Superior do Trabalho compor-se-á de vinte e sete Ministros, escolhidos dentre brasileiros com mais de trinta e cinco e menos de sessenta e cinco anos, nomeados pelo Presidente da República após aprovação pela maioria absoluta do Senado Federal, sendo: (Incluído pela Emenda Constitucional n. 45, de 2004)

I – um quinto dentre advogados com mais de dez anos de efetiva atividade profissional e membros do Ministério Público do Trabalho com mais de dez anos de efetivo exercício, observado o disposto no art. 94; (Incluído pela Emenda Constitucional n. 45, de 2004)

II – os demais dentre juízes dos Tribunais Regionais do Trabalho, oriundos da magistratura da carreira, indicados pelo próprio Tribunal Superior. (Incluído pela Emenda Constitucional n. 45, de 2004)

Portanto, o TST é composto por **27 Ministros**, sendo:

— 21 oriundos da magistratura trabalhista de carreira;

— 3 representantes do Ministério Público do Trabalho;

— 3 representantes da classe dos advogados, indicados pela OAB.

Da organização atual do TST

Estabelece o Regimento Interno:

Art. 58. O Tribunal funciona em sua plenitude ou dividido em Órgão Especial, Seções e Subseções Especializadas e Turmas.

Art. 61. São órgãos do Tribunal Superior do Trabalho:

I – Tribunal Pleno (composto por todos os Ministros da Corte);

Art. 62. O Tribunal Pleno é constituído pelos Ministros da Corte.

II – Órgão Especial;

Art. 63. Integram o Órgão Especial o Presidente e o Vice-Presidente do Tribunal, o Corregedor-Geral da Justiça do Trabalho, os sete Ministros mais antigos, incluindo os membros da direção, e sete Ministros eleitos pelo Tribunal Pleno. Os Ministros integrantes do Órgão Especial comporão também outras Seções do Tribunal.

III – Seção Especializada em Dissídios Coletivos;

Art. 64. Integram a Seção Especializada em Dissídios Coletivos o Presidente e o Vice-Presidente do Tribunal, o Corregedor-Geral da Justiça do Trabalho e mais seis Ministros.

IV – Seção Especializada em Dissídios Individuais, dividida em duas subseções;

Art. 65. A Seção Especializada em Dissídios Individuais é composta de vinte e um Ministros, sendo: o Presidente e o Vice-Presidente do Tribunal, o Corregedor-Geral da Justiça do Trabalho e mais dezoito Ministros, e funciona em composição plena ou dividida em duas subseções para julgamento dos processos de sua competência.

Seção Especializada em Dissídios Individuais — Subseção 1

§ 2º Integram a Subseção I Especializada em Dissídios Individuais quatorze Ministros: o Presidente e o Vice-Presidente do Tribunal, o Corregedor-Geral da Justiça do Trabalho e mais onze Ministros, preferencialmente os Presidentes de Turma, sendo exigida a presença de, no mínimo, oito Ministros para o seu funcionamento.

§ 3º Haverá pelo menos um e no máximo dois integrantes de cada Turma na composição da Subseção I Especializada em Dissídios Individuais.

Seção Especializada em Dissídios Individuais — Subseção 2

§ 4º Integram a Subseção II da Seção Especializada em Dissídios Individuais o Presidente e o Vice-Presidente do Tribunal, o Corregedor-Geral da Justiça do Trabalho e mais sete Ministros, sendo exigida a presença de, no mínimo, seis Ministros para o seu funcionamento; e

V – Turmas.

***Art. 66.** As Turmas são constituídas, cada uma, por três Ministros, sendo presididas de acordo com os critérios estabelecidos pelos arts. 79 e 80 deste Regimento. (Redação dada pela Emenda Regimental n. 1/2011)*

De acordo com o art. 29 do Regimento Interno do TST, são cargos no Tribunal a Presidência, a Vice-Presidência e a Corregedoria-Geral da Justiça do Trabalho, cujos titulares possuem as atribuições e competência determinadas no mesmo Regimento Interno.

Despachos relativos ao recebimento e tramitação de recursos são de competência do Presidente, Vice-Presidente e Relator, conforme dispuser o Regimento Interno do Tribunal.

Capítulo 3

Jurisdição e Competência (Da Justiça do Trabalho)

1. Considerações preliminares

A compreensão destes institutos jurídicos (jurisdição e competência) é objeto da Teoria Geral do Processo, não competindo aqui grandes divagações. Em razão disso, serão aqui tratados sinteticamente, com objetivo de ajudar a compreender as eventuais peculiaridades do Direito Processual do Trabalho ou da Justiça do Trabalho.

1.1. Jurisdição

Segundo o Mestre De Plácido e Silva, JURISDIÇÃO: Derivado do latim *jurisdictio* (ação de administrar a justiça, judicatura), formado das expressões *jus dicere juris dictio*, é usada expressamente para designar atribuições conferidas aos magistrados encarregados de administrar a justiça. Exprime o poder de julgar. É o poder de julgar que, decorrente do *imperium*, pertencente ao Estado, é delegado ao Judiciário. (*Apud Vocabulário Jurídico*. 16. ed. Rio de Janeiro: Forense, 1999. p. 466)

Jurisdição é, portanto, o poder, dever ou função do Estado (juiz) de dizer o direito (*jus dicere*, isto é: de, a partir da norma aplicável, resolver, pelo meio próprio, as questões que lhe são apresentadas.

1.2. Competência

Já a **Competência** é o limite, a medida ou o grau de jurisdição de cada órgão do Poder Judiciário. É a medida do poder de julgar em razão do lugar, da pessoa ou da matéria.

Todos os órgãos do Poder Judiciário, Juízo, Vara, Tribunal possuem jurisdição, o poder de "dizer o direito" mas não em todo lugar, em relação a todas as pessoas ou matérias. A competência é, portanto, a delimitação da jurisdição que legal e legitimamente detém cada órgão ou autoridade integrante do Poder Judiciário.

2. Espécie de Competência da Justiça do Trabalho

a) Competência Jurisdicional

Consiste na competência para dirimir os conflitos (jurisdição), que todos os órgãos do Poder Judiciário possuem, estabelecida em razão da matéria, da pessoa e do local ou território (competência *racione materiae, racione personae e racione loci*). Todos os órgãos do Poder Judiciário a possuem, nos termos e limites legais.

b) Competência Funcional

Competência funcional diz respeito a existência, composição, funcionamento e hierarquia dos órgãos. Que atos e a quem (órgão, cargo ou autoridade judiciária) compete praticá-los no exercício da jurisdição. Neste aspecto a competência poderá ser: originária; recursal; em única instância e em última instância.

b.1) Da Primeira Instância

É de competência do Juiz do Trabalho ou Juiz de Direito investido de jurisdição trabalhista, conciliar ou instruir e julgar: dissídios individuais resultantes ou pertinentes à relação de emprego urbano, rural (econômico) e doméstico; dissídios resultantes de pequenas empreitadas; dissídios resultantes do trabalho avulso; julgar os embargos às suas próprias decisões; julgar as exceções de incompetência; processar as exceções de suspeição e impedimento (arts. 114, CF; 643, 652, 802 e 8.787, CLT). Conforme o art. 653 da CLT, compete, ainda, aos mesmos requisitar às autoridades competentes a realização das diligências necessárias ao esclarecimento dos feitos sob sua apreciação, representando contra aquelas que não atenderem a tais requisições; realizar as diligências e praticar os atos processuais ordenados pelos Tribunais Regionais do Trabalho ou pelo Tribunal Superior do Trabalho; julgar as exceções de incompetência que lhes forem opostas; expedir precatórias e cumprir as que lhes forem deprecadas; exercer, em geral, no interesse da Justiça do Trabalho, quaisquer outras atribuições que decorram da sua jurisdição.

b.2) Da Segunda Instância

Em síntese, pode-se dizer que de acordo com os arts. 667 a 680 da CLT, a competência funcional do Tribunais Regionais do Trabalho consiste em processar e julgar, na forma especificada na lei e/ou nos respectivos regimentos internos: **a)** — originariamente: Dissídios Coletivos; Ações Rescisórias e anulatórias; Mandados de Segurança; *Habeas corpus*; Exceção de Incompetência e Suspeição. **b)** — Como Segundo Grau ou Instância: Recursos Ordinários em Dissídios Individuais; Agravo de Petição; Agravo de Instrumento; Agravos Regimentais; Agravos ou Agravos Inominados; Recurso contra Imposição de Multas ou Penas pelo 1º grau. E **c)** — Em Última Instância: Impugnação ou Recursos contra multas; Conflito de Jurisdição; Processos Administrativos (sempre do Pleno, mesmo quando dividido em Grupos de Turmas ou Seções).

A competência para os julgamentos depende da estrutura de cada Regional, definida com base na legislação aplicável em seu regimento interno. Assim, tal competência pode ser do Pleno, Órgão Especial, Seções ou Turmas.

Os despachos relativos ao recebimento e tramitação de recursos são de competência do Presidente, Vice-Presidente e Relator, conforme dispuser o Regimento Interno do Tribunal.

b.3) Da Terceira (última) Instância

A partir da Lei n. 7.701/88 e conforme disposto no Regimento Interno da Corte a jurisdição trabalhista é exercida no TST pelos seguintes órgãos:

Pleno — Com competência e atribuições elencadas no art. 4º, Lei n. 7.701, de 21.12.1988, a seguir transcrito:

Art. 4º – É da competência do Tribunal Pleno do Tribunal Superior do Trabalho:

a) a declaração de inconstitucionalidade ou não de lei ou de ato normativo do Poder Público;

b) aprovar os enunciados da Súmula da jurisprudência predominante em dissídios individuais;

c) julgar os incidentes de uniformização da jurisprudência em dissídios individuais;

d) aprovar os precedentes da jurisprudência predominante em dissídios coletivos;

e) aprovar as tabelas de custas e emolumentos, nos termos da lei; e

f) elaborar o Regimento Interno do Tribunal e exercer as atribuições administrativas previstas em lei ou na Constituição Federal.

Seção Especializada em Dissídios Coletivos ou Seção Normativa, com as funções jurisdicionais previstas no art. 2º da Lei n. 7.701/88:

Art. 2º Compete à seção especializada em dissídios coletivos, ou seção normativa:

I – originariamente:

a) conciliar e julgar os dissídios coletivos que excedam a jurisdição dos Tribunais Regionais do Trabalho e estender ou rever suas próprias sentenças normativas, nos casos previstos em lei;

b) homologar as conciliações celebradas nos dissídios coletivos de que trata a alínea anterior;

c) julgar as ações rescisórias propostas contra suas sentenças normativas;

d) julgar os mandados de segurança contra os atos praticados pelo Presidente do Tribunal ou por qualquer dos Ministros integrantes da seção especializada em processo de dissídio coletivo; e

e) julgar os conflitos de competência entre Tribunais Regionais do Trabalho em processos de dissídio coletivo.

II – em última instância julgar:

a) os recursos ordinários interpostos contra as decisões proferidas pelos Tribunais Regionais do Trabalho em dissídios coletivos de natureza econômica ou jurídica;

b) os recursos ordinários interpostos contra as decisões proferidas pelos Tribunais Regionais do Trabalho em ações rescisórias e mandados de segurança pertinentes a dissídios coletivos;

c) os embargos infringentes interpostos contra decisão não unânime proferida em processo de dissídio coletivo de sua competência originária, salvo se a decisão atacada estiver em consonância com procedente jurisprudencial do Tribunal Superior do Trabalho ou da Súmula de sua jurisprudência predominante;

d) os embargos de declaração opostos aos seus acórdãos e os agravos regimentais pertinentes aos dissídios coletivos;

e) as suspeições arguidas contra o Presidente e demais Ministros que integram a seção, nos feitos pendentes de sua decisão; e

f) os agravos de instrumento interpostos contra despacho denegatório de recurso ordinário nos processos de sua competência.

Compete à Seção Especializada em Dissídios Individuais:

Art. 71. À Seção Especializada em Dissídios Individuais, em composição plena ou dividida em duas Subseções, compete:

I – em composição plena, julgar, em caráter de urgência e com preferência na pauta, os processos nos quais tenha sido estabelecida, na votação, divergência entre as Subseções I e II da Seção Especializada em Dissídios Individuais, quanto à aplicação de dispositivo de lei federal ou da Constituição da República. (RI/TST).

Seção Especializada em Dissídios Individuais — Subseção 1

Possui a competência especificada no art. 3º da Lei n. 7.701/88, especificada no art. 71, II, do Regimento Interno do TST, ou seja:

a) julgar os embargos interpostos contra decisões divergentes das Turmas, ou destas que divirjam de decisão da Seção de Dissídios Individuais, de Orientação Jurisprudencial ou de Súmula; e

b) julgar os agravos e os agravos regimentais interpostos contra despacho exarado em processos de sua competência.

Seção Especializada em Dissídios Individuais — Subseção 2

Conforme art. 3º da Lei n. 7.708/88, e inciso II, do art. 71 do RI/TST, compete a esta Subseção:

a) originariamente:

1. julgar as ações rescisórias propostas contra suas decisões, as da Subseção I e as das Turmas do Tribunal;

2. julgar os mandados de segurança contra os atos praticados pelo Presidente do Tribunal, ou por qualquer dos Ministros integrantes da Seção Especializada em Dissídios Individuais, nos processos de sua competência;

3. julgar as ações cautelares; e

4. julgar os habeas corpus.

b) em única instância:

1. julgar os agravos e os agravos regimentais interpostos contra despacho exarado em processos de sua competência; e

2. julgar os conflitos de competência entre Tribunais Regionais e os que envolvam Juízes de Direito investidos da jurisdição trabalhista e Varas do Trabalho em processos de dissídios individuais.

c) em última instância:

1. julgar os recursos ordinários interpostos contra decisões dos Tribunais Regionais em processos de dissídio individual de sua competência originária; e

2. julgar os agravos de instrumento interpostos contra despacho denegatório de recurso ordinário em processos de sua competência.

Turmas

O Tribunal Superior do Trabalho possui **oito** Turmas compostas de **três** Ministros cada uma. A competência das Turmas do TST é determinada pelo art. 5º da Lei n. 7.701/88, que dispõe:

Art. 5º As Turmas do Tribunal Superior do Trabalho terão, cada uma, a seguinte competência:

a) julgar os recursos de revista interpostos de decisões dos Tribunais Regionais do Trabalho, nos casos previstos em lei;

b) julgar, em última instância, os agravos de instrumento dos despachos de Presidente de Tribunal Regional que denegarem seguimento a recurso de revista, explicitando em que efeito a revista deve ser processada, caso providos;

c) julgar, em última instância, os agravos regimentais; e

d) julgar os embargos de declaração opostos aos seus acórdãos.

e) os recursos ordinários em ação cautelar, quando a competência para julgamento do recurso do processo principal for atribuída à Turma. (Art. 72, IV, do RI/TST).

c) Competência Normativa

A competência normativa é peculiar ou exclusiva da Justiça do Trabalho, exercida pelos Tribunais Trabalhistas quando, na solução de um conflito coletivo, posto perante os mesmos, estabelecem normas sobre condições de trabalho, que serão aplicadas, no futuro, às relações individuais de trabalho subordinado. Isto é: aos futuros contratos de trabalho dos integrantes das categorias envolvidas no respectivo conflito.

Competência Normativa *"É o poder que a Justiça do Trabalho tem de estabelecer regras e condições de trabalho."* (MARTINS, Sergio Pinto. *Direito Processual do Trabalho*. 33. ed., p. 117)

> *... a competência normativa confere à Justiça do Trabalho o poder de ditar normas gerais modificadoras das condições do trabalho, numa atribuições de poderes legislativos a um órgão jurisdicional.* (GIGLIO, Wagner D. *Direito Processual do Trabalho*. 13. ed., p. 40)

Por ser uma competência peculiar, é pertinente, para melhor compreensão, reproduzir o entendimento de outros autores:

> *A competência normativa ou poder normativo previsto no art. 114 da CF, que é exercido por meio de sentença normativa (rectius, acórdão normativo) proferido nos autos do dissídio coletivo.* (BEZERRA LEITE, op. cit., p. 248)

> *O Poder Normativo da Justiça do Trabalho consiste na competência constitucionalmente assegurada aos Tribunais Laborais de solucionar os conflitos coletivos do trabalho estabelecendo, por meio da denominada sentença normativa, normas gerais e abstratas de conduta, de observância obrigatória para as categorias profissionais e econômicas abrangidas pela decisão, repercutindo nas relações individuais de trabalho.* (SARAIVA, Renato. *Processo do Trabalho*. 6. ed. São Paulo: Método, 2010. p. 466)

> *Dá-se o nome de poder normativo à competência constitucional dos Tribunais do trabalho.* (NASCIMENTO, Amauri Mascaro. *Curso de Dir. Proc. do Trabalho*. 23. ed. São Paulo: Saraiva, p. 801)

Origem e evolução da competência normativa:

Origem:

*A lei especificará os casos em que as decisões, nos dissídios coletivos, **poderão estabelecer normas** e condições de trabalho.* (§ 2º, art. 123 – CF/1946)

Ampliação:

*Recusando-se qualquer das partes à negociação ou à arbitragem, é facultado aos respectivos sindicatos ajuizar dissídio coletivo, **podendo a Justiça do Trabalho <u>estabelecer normas e condições</u>**, respeitadas as disposições convencionais.* (§ 2º, art. 114, CF/88 – Redação original)

Restrição ou Extinção?

*Recusando-se qualquer das partes à negociação coletiva ou à arbitragem, é facultado às mesmas, de comum acordo, ajuizar dissídio coletivo de natureza econômica, **podendo a Justiça do Trabalho <u>decidir o conflito</u>**, respeitadas as disposições mínimas legais de proteção ao trabalho, bem como as convencionadas anteriormente.* (§ 2º, art. 114 CF/88 – Redação dada pela **EC n. 45/2004**)

A substituição da expressão original "*podendo a Justiça do Trabalho estabelecer normas e condições*", por "*podendo a Justiça do Trabalho decidir o conflito*" (EC n. 45/04), teria acabado com a competência normativa da Justiça do Trabalho?

A solução está numa interpretação contextual ou lógica e não apenas literal e restrita.

Se é admitido constitucionalmente, mesmo com restrições, o Dissídio Coletivo, se este é legalmente resolvido por um Tribunal Trabalhista, mediante uma Sentença Normativa, que estabelece ou modifica normas ou condições de trabalho, não há como negar a continuidade da existência da Competência Normativa da Justiça do Trabalho.

A extinção da Competência Normativa tornaria inócua a atuação da Justiça do Trabalho frente a um conflito coletivo e insolúveis tais conflitos, fatos que permitem concluir que remanesce a Competência Normativa da Justiça do Trabalho, exercida ao decidir um Dissídio Coletivo, externada ou materializada por meio da respectiva sentença normativa.

Em razão do acima exposto, podemos hoje conceituar a competência normativa como um poder anômalo da Justiça do Trabalho, por força da competência constitucional conferida para, ao dirimir conflitos coletivos de trabalho, estabelecer normas e condições aplicáveis, no futuro, aos contratos de trabalho celebrados pelos integrantes das respectivas categorias profissionais e econômicas.

A Competência Normativa é exclusiva dos Tribunais Trabalhistas (TST e TRTs); as Varas não possuem tal competência peculiar.

CLT – Art. 678 – Aos Tribunais Regionais, quando divididos em Turmas, compete: (Redação dada pela Lei n. 5.442, de 24.5.1968)

I – ao Tribunal Pleno, especialmente: (Incluído pela Lei n. 5.442, de 24.5.1968)

a) processar, conciliar e julgar originariamente os dissídios coletivos;

b) processar e julgar originariamente:

1) as revisões de sentenças normativas;

2) a extensão das decisões proferidas em dissídios coletivos;

Art. 2º da Lei n. 7.701, de 21.12.1988 – Compete à seção especializada em dissídios coletivos, ou seção normativa:

I – originariamente:

a) conciliar e julgar os dissídios coletivos que excedam a jurisdição dos Tribunais Regionais do Trabalho e estender ou rever suas próprias sentenças normativas, nos casos previstos em lei;

b) homologar as conciliações celebradas nos dissídios coletivos de que trata a alínea anterior;

c) julgar as ações rescisórias propostas contra suas sentenças normativas;

d) julgar os mandados de segurança contra os atos praticados pelo Presidente do Tribunal ou por qualquer dos Ministros integrantes da seção especializada em processo de dissídio coletivo; e

e) julgar os conflitos de competência entre Tribunais Regionais do Trabalho em processos de dissídio coletivo.

II – em última instância julgar:

a) os recursos ordinários interpostos contra as decisões proferidas pelos Tribunais Regionais do Trabalho em dissídios coletivos de natureza econômica ou jurídica;

b) os recursos ordinários interpostos contra as decisões proferidas pelos Tribunais Regionais do Trabalho em ações rescisórias e mandados de segurança pertinentes a dissídios coletivos;

c) os embargos infringentes interpostos contra decisão não unânime proferida em processo de dissídio coletivo de sua competência originária, salvo se a decisão atacada estiver em consonância com precedente jurisprudencial do Tribunal Superior do Trabalho ou da Súmula de sua jurisprudência predominante;

3. Competência específica da Justiça do Trabalho

CF 1934

Art. 122. *Para dirimir questões entre empregadores e empregados, regidas pela legislação social, fica instituída a Justiça do Trabalho...*

CF 1946

Art. 123. **Compete à Justiça do Trabalho** *conciliar e julgar os dissídios individuais e coletivos entre empregados e empregadores, e, as demais controvérsias oriundas de relações do trabalho regidas por legislação especial.*

§ 1º Os dissídios relativos a acidentes do trabalho são da competência da Justiça ordinária.

§ 2º A lei especificará os casos em que as decisões, nos dissídios coletivos, poderão estabelecer normas e condições de trabalho (CF/46)

CF 1967

Art 134. Compete à Justiça do Trabalho conciliar e julgar os dissídios individuais e coletivos entre empregados e empregadores e as demais controvérsias oriundas de relações de trabalho regidas por lei especial.

§ 1º A lei especificará as hipóteses em que as decisões nos dissídios coletivos, poderão estabelecer normas e condições de trabalho.

Na legislação infraconstitucional (CLT)

Previa originariamente a Consolidação das Leis do Trabalho, em consonância com a Constituição Federal vigente:

Art. 643. *Os dissídios, oriundos das relações entre empregadores e empregados reguladas na legislação social, serão dirimidos pela Justiça do Trabalho, de acordo com o presente título e na forma estabelecida pelo processo judiciário do trabalho.*

Posteriormente, ainda de acordo com os ditames constitucionais, estabeleceu-se na CLT:

*Art. 643. Os dissídios, oriundos das relações entre empregados e empregadores **bem como de trabalhadores avulsos e seus tomadores de serviços**, em atividades reguladas na legislação social, serão dirimidos pela Justiça do Trabalho, de acordo com o presente Título e na forma estabelecida pelo processo judiciário do trabalho. (Redação dada pela Lei n. 7.494, de 17.6.1986)*

§ 1º – As questões concernentes à Previdência Social serão decididas pelos órgãos e autoridades previstos no Capítulo V deste Título e na legislação sobre seguro social.

§ 2º – As questões referentes a acidentes do trabalho continuam sujeitas à justiça ordinária, na forma do Decreto n. 24.637, de 10 de julho de 1934, e legislação subsequente.

A partir da Nova Constituição Federal de 5.10.1988

Art. 114, CF/88 – Redação Original

Compete à Justiça do Trabalho conciliar e julgar os dissídios individuais e coletivos entre trabalhadores e empregadores, abrangidos os entes de direito público externo e da administração pública direta e indireta dos Municípios, do Distrito Federal, dos Estados e da União, e, na forma da lei, outras controvérsias decorrentes da relação de trabalho, bem como os litígios que tenham origem no cumprimento de suas próprias sentenças, inclusive coletivas.

§ 1º Frustrada a negociação coletiva, as partes poderão eleger árbitros.

§ 2º Recusando-se qualquer das partes à negociação ou à arbitragem, é facultado aos respectivos sindicatos ajuizar dissídio coletivo, podendo a Justiça do Trabalho estabelecer normas e condições, respeitadas as disposições convencionais.

Ampliou-se a competência da Justiça do Trabalho, inserindo-se o parágrafo terceiro no art. 652, determinando:

§ 3º A Justiça do Trabalho é competente, ainda, para processar e julgar as ações entre trabalhadores portuários e os operadores portuários ou o Órgão Gestor de Mão de Obra – OGMO decorrentes da relação de trabalho. (Incluído pela Medida Provisória n. 2.164-41, de 2001)

Assim, a competência da Justiça do Trabalho se limitava, basicamente, à resolução dos conflitos, ou litígios individuais ou coletivos entre empregados e empregadores do setor produtivo, urbano e rural privado.

Alguns conflitos envolvendo outros empregados ou trabalhadores eram também submetidos à Justiça do Trabalho (empregados celetistas do setor público, operários ou artífices, empregados domésticos, trabalhadores avulsos).

Em 1995, por força da Lei n. 8.984, de 7 de fevereiro de 1995, passou a ter a Justiça do Trabalho competência para conciliar e julgar os dissídios que tinham origem no cumprimento de convenções coletivas de trabalho, acordos coletivos de trabalho, mesmo quando estes ocorressem **entre sindicatos ou entre sindicatos de trabalhadores e empregador** (art. 1º).

3.1. Ampliação da Competência da Justiça do Trabalho

Art. 114 (Redação dada pela EC n. 45/04)

Compete à Justiça do Trabalho processar e julgar:

I – as ações oriundas da relação de trabalho, abrangidos os entes de direito público externo e da administração pública direta e indireta da União, dos Estados, do Distrito Federal e dos Municípios;

A partir da Emenda Constitucional n. 45/04, de forma expressa e inquestionável, a competência da Justiça do Trabalho deixou de ser restrita aos conflitos entre empregado e empregador (relação de emprego) ou trabalhador subordinado e tomador, para abranger todas as demandas decorrentes da relação de trabalho.

A partir de então, todas as demandas vinculadas direta ou indiretamente à relação de trabalho, passaram para a competência da Justiça do Trabalho, salvo as afastadas por decisão *erga omnes* do Supremo Tribunal Federal ou aquelas que, mesmo envolvendo a prestação de serviço, possuam por disposição de lei ou entendimento jurisprudencial outra natureza (consumo, mercantil) que não de trabalho.

Diante desta generalização constitucional (*ações oriundas da relação de trabalho*) as hipóteses ou situações descritas na legislação infraconstitucional passaram a ser meramente exemplificativas. São de competência da Justiça do Trabalho, além dos casos enumerados no comentado art. 114 da CF, 643 e 652 da CLT, aqueles contemplados no Projeto de Lei n. 6.542, de 2006, bem como, por força do inciso 11 do referido art. 114 da CF, qualquer outro conflito, mesmo não enumerado, que decorrer ou se vincular de relação de emprego ou trabalho.

Assim, *de lege lata* ou *de lege ferenda* entre outras situações, compete à Justiça do Trabalho processar e julgar: os dissídios, oriundos das relações entre empregados e empregadores bem como de trabalhadores avulsos e seus tomadores de serviços, em atividades reguladas na legislação social as ações entre trabalhadores portuários e os operadores portuários ou o Órgão Gestor de Mão de Obra — OGMO decorrentes da relação de trabalho. As ações entre os empregados rurais e domésticos e seus empregadores, as ações entre os empregados (celetistas) do setor público e o órgão ou instituição empregadora; compete ainda ao juiz do trabalho processar e julgar os litígios decorrentes de relações de trabalho que, não configurando vínculo empregatício, envolvam, dentre outras, as ações: de cobrança de crédito resultante de comissões do representante comercial ou de contrato de agenciamento e distribuição, quando o representante, agente ou distribuidor for pessoa física; de cobrança de quota-parte de parceria agrícola, pesqueira, pecuária, extrativa vegetal e mineral, em que o parceiro outorgado desenvolva seu trabalho direta e pessoalmente, admitida a ajuda da família; decorrentes de execução e de extinção de contratos agrários, entre o proprietário rural e o parceiro outorgado, quando este desenvolva seu trabalho direta e pessoalmente, ainda que com a ajuda dos membros da família; de cobrança de honorários decorrentes de exercício de mandato oneroso, exceto os que se qualifiquem como relação de consumo, nos termos da Lei n. 8.078, de 1990; de cobrança de créditos de corretagem, inclusive de seguro, em face da corretora, em se tratando de corretor autônomo; de cobrança de honorários de leiloeiros, em face da casa de leilões; entre trabalhadores portuários e operadores portuários ou o Órgão Gestor de Mão Obra — OGMO; entre empreiteiro e subempreiteiro, ou qualquer destes e o dono da obra, nos contratos de pequena empreitada, sempre que os primeiros concorrerem pessoalmente com seu trabalho para a execução dos serviços, ainda que mediante o concurso de terceiros; entre cooperativas de trabalho e seus associados; de conflitos envolvendo as demais espécies de trabalhadores autônomos, tais como encanador, eletricista, digitador, jardineiro, dentre outros; decorrentes de assédio moral, assédio processual, assédio social.

Do inciso I do art. 114 da Constituição de 1988, com a redação dada pela EC n. 45/04, **abrangidos os entes de direito público externo e da administração pública direta e indireta da União, dos Estados, do Distrito Federal e dos Municípios** surgem algumas questões relevantes quanto a sua aplicação.

A primeira: pode a Justiça do Trabalho brasileira julgar, validamente, uma demanda trabalhista contra um Estado Estrangeiro ou um Organismo Internacional?

Da Imunidade de Jurisdição

Salvo melhor juízo, não há nenhuma norma internacional instituindo expressamente a imunidade de jurisdição. Do convívio internacional, o "Direito das Gentes" o princípio da *comitas gentium,* resulta na aceitação de algumas diretrizes supranacionais. Entre elas o respeito à soberania e igualdade jurídica dos Estados estrangeiros e organismos internacionais.

Pode-se afirmar que a Imunidade de Jurisdição advém do estatuído no art. 27 da Convenção de Viena:

Nenhum Estado pode se subtrair a uma obrigação jurídica internacional invocando seu direito interno.

Esta norma decorre do princípio de que os iguais não podem submeter igual ao seu poder, (*par in parem nom habet imperium*).

Já a imunidade de jurisdição dos agentes diplomáticos decorre do estabelecido na Convenção de Viena sobre as relações diplomáticas, aprovado no Brasil, por meio do Decreto Legislativo n. 103, de 18 de novembro de 1964.

Da sinopse acima resultou o entendimento de que os Estados Estrangeiros gozavam de imunidade de jurisdição de forma absoluta, como exemplificam as decisões abaixo.

Como se sabe, a imunidade de jurisdição dos Estados estrangeiros derivava, originariamente, de um princípio básico — o princípio de *comitas gentium* — consagrado pela prática consuetudinária internacional, assentado em premissas teóricas e concepções políticas que, fundadas na essencial igualdade entre soberanias estatais, legitimavam o reconhecimento de que ***par in parem nom habet imperium vel judicium***, consoante enfatizado pelo magistério da doutrina (José Francisco Resek, "Direito internacional público", p. 173-178, itens ns. 96 e 97, 7. ed., 1998, Saraiva; Celso Duvier de Albuquerque Mello, "Direito Constitucional Internacional", p. 330-331, item n. 3, 1994, Renovar; Alfred Verdross, "Derecho Internacional Publico", p. 171-172, 1972, Madrid, Aguilar, Jacob Dolinger, "A Imunidade Estatal à Jurisdição Estrangeira", in "A Nova Constituição e o Direito Internacional", p. 195, 1987, Freitas Bastos; José Carlos de Magalhães, "Da Imunidade de Jurisdição do Estado Estrangeiro perante a Justiça Brasileira", *in* "A Nova Constituição e o Direito Internacional", p. 209-210, 1987, Freitas Bastos; Amílcar de Castro, "Direito Internacional Privado", p. 541-542, item n. 295, 4. ed., 1985, Forense, *v. g.*).

Tais premissas e concepções – que justificavam, doutrinariamente, essa antiga prática consuetudinária internacional — levaram a jurisprudência do Supremo Tribunal Federal, notadamente aquela que se formou sob a égide da revogada Carta Política de 1969, a emprestar, num primeiro momento, caráter absoluto à imunidade de jurisdição instruída em favor dos Estados estrangeiros (RTJ 66/727 – RTJ 104/990 – RTJ 116/474 – RTJ 123/29).

Nesse contesto, o insigne Wagner D. Giglio afirmava: *"Citado o ente de direito público externo, quatro são as reações possíveis a saber: a) não comparecia à audiência designada; b) comparece e se concilia; c) comparece e argui a imunidade de jurisdição; d) comparece e renuncia à imunidade."*

> *No primeiro caso, a imunidade de jurisdição deve ser declarada* ex officio, *porque não há renúncia tácita. No segundo a conciliação e válida, mas se não cumprida espontaneamente só poderá ser executada se houver renúncia expressa à imunidade de execução. No terceiro caso dever ser proclamada a imunidade de jurisdição e arquivado o processo. E no último caso, deve o feito ser instruído e julgado como qualquer outro."* (Direito Processual do Trabalho. 13. ed. São Paulo: Saraiva, 2009. p. 34)

Em razão do estatuído na **Convenção Europeia sobre Imunidade dos Estados, de 1972, e**ssa orientação, contudo, sofreu abrandamentos, que, na vigência da presente ordem constitucional, foram introduzidos pelo Supremo Tribunal Federal, quando do julgamento da Apelação Cível 9.696/SP, rel. Min. Sydney Sanches (RTJ 133/159) e do AI 139.671 – AgR/DF, Rel. Min. Celso de Mello (RTJ 161/643-644).

Em função dessa nova orientação, a jurisprudência firmada pelo Supremo Tribunal Federal, tratando-se de atuação do Estado estrangeiro em matéria de ordem privada, notadamente em conflitos de natureza trabalhista, consolidou-se no sentido de atribuir caráter meramente relativo à imunidade de jurisdição, tal como reconhecida pelo direito internacional público e consagrada na prática internacional.

Este entendimento jurisprudencial, formulado sob a égide da vigente Constituição, foi bem sintetizado pelo Supremo Tribunal Federal, quando do julgamento do AI 139.671-AgR/DF, Rel. Min. Celso Mello, ocasião em que esta corte proferiu decisão unânime, consubstanciada em acórdão assim ementado:

> *"A imunidade de jurisdição do Estado estrangeiro, quando se tratar de litígios trabalhistas, revestir-se-á de caráter meramente relativo e, em consequência, não impedirá que os juízes e Tribunais brasileiros conheçam de tais controvérsias e sobre elas exerçam o poder jurisdicional que lhes é inerente".*

O princípio ou axioma *"par in parem nom habet imperium"*, como já ressaltado, não tem mais uma aplicação absoluta, principalmente em matéria trabalhista. Após a Convenção Europeia de 1972 admite-se uma relativização da imunidade de jurisdição, em razão da prevalência dos direitos fundamentais do trabalhador. Exemplo elucidativo deste posicionamento está no Ac. STF.RE 222.368-4, de 30.04.2001, publicado na Revista LTr 67-02/171. Ementa abaixo transcrita:

> *Os Estados estrangeiros não dispõem de imunidade de jurisdição, perante o poder judiciário brasileiro, nas causas de natureza trabalhista, pois essa prerrogativa de direito internacional publico tem caráter meramente relativo. O Estado estrangeiro não dispõe de imunidade de jurisdição, perante órgãos do Poder Judiciário brasileiro, quando se tratar de causa de natureza trabalhista. Doutrina. Precedentes do STF (RTJ 133/159 e RTJ 161/643-644). Privilégios diplomáticos não podem ser invocados, em processos trabalhistas, para coonestar o enriquecimento sem causa de Estados estrangeiros, em inaceitável detrimento de trabalhadores residentes em território brasileiro, sob pena de essa prática consagrar censurável desvio ético-jurídico, incompatível com o princípio da boa-fé e inconciliável com os grandes postulados do direito internacional. O privilégio resultante da imunidade de execução não inibe a justiça brasileira de exercer jurisdição nos processos de conhecimento instaurados contra estados estrangeiros. A imunidade de jurisdição, de um lado, e a imunidade de execução, de outro, constituem categorias autônomas, juridicamente inconfundíveis, pois – ainda que guardem estreitas relações entre si – traduzem realidades independentes e distintas, assim reconhecidas quer no plano conceitual, quer, ainda, no âmbito de desenvolvimento das próprias relações internacionais. A eventual impossibilidade jurídica de ulterior realização prática do título judicial condenatório, em decorrência da prerrogativa da imunidade de execução, não se revela suficiente para obstar, só por si, a instauração, perante Tribunais brasileiros, de processos de conhecimento contra Estados estrangeiros, notadamente quando se tratar de litígio de natureza trabalhista. Doutrina. Precedentes.* (STF AgReg RE 222.368-4 (PE) – Ac. 2ª T., 30.4.2002, rel. Min. Celso Mello – Brasília, 30 de abril de 2002.).

Outras decisões no mesmo sentido:

> *1 – Não há imunidade de jurisdição para o Estado estrangeiro em causa de natureza trabalhista.*

> *2 – Em princípio, esta deve ser processada e julgada pela Justiça do Trabalho, se ajuizada depois do advento da Constituição Federal de 1988 (art. 114).*

3 – Na hipótese, porém, permanece a competência da Justiça Federal, em face do disposto no parágrafo 10 do art. 27 do A.D.C.T. da Constituição Federal de 1988, c/c art. 125, II, da EC n. 1/69.

4 – Recurso ordinário conhecido e provido pelo Supremo Tribunal Federal para se afastar a imunidade de jurisdição reconhecida pelo Juízo Federal de 1º Grau, que deve prosseguir no julgamento da causa, como de direito. STF-AC 9.696-3-SP-Ac. TP, 31.5.1989 - Rel. Min. Sydney Sanches. (in LTr 55-01/45)

STJ

– A moderna doutrina do direito Internacional Público não mais admite como absoluta a regra da imunidade jurisdicional de Estado estrangeiro. Execução dos feitos de natureza trabalhista, dentre outros. Apelação provida (STJ-AC-05-SP- 89.11635-5- AC. 3ª. T., 19-06-90- Rel. Min. Cláudio Santos) – in LTr 54-9/1.109

Entendimento do TST:

Consoante entendimento assente no Excelso Supremo Tribunal Federal, a imunidade de jurisdição dos Estados estrangeiros somente afigura-se passível de ser relativizada, quando tais entidades atuarem despidas da soberania que lhes é elementar. (RR – 33041-64.2008 de.09/06/2010).

IMUNIDADE DE JURISDIÇÃO. CONTROVÉRSIA DE NATUREZA TRABALHISTA. COMPETÊNCIA JURISDICIONAL DOS TRIBUNAIS BRASILEIROS.

– A imunidade de jurisdição do Estado estrangeiro, quando se tratar de litígios trabalhistas, revestir-se-á de caráter meramente relativo e, em consequência, não impedirá que os juízes e Tribunais brasileiros conheçam de tais controvérsias e sobre elas exerçam o poder jurisdicional que lhes é inerente. (AI 139.671-AgR/DF, Rel. Min. CELSO DE MELLO)

– O Estado estrangeiro não dispõe de imunidade de jurisdição, perante órgãos do Poder Judiciário brasileiro, quando se tratar de causa de natureza trabalhista. Doutrina. Precedentes do STF (RTJ 133/159 e RTJ 161/643-644).

Da Imunidade de Execução

Esta continua incólume, eis que os bens utilizados nas atividades diplomáticas são impenhoráveis. Para que se processe validamente a execução, faz-se necessária renúncia expressa dela pelo Estado estrangeiro.

Como destacou o Supremo Tribunal Federal, no acórdão acima referido: a imunidade de jurisdição de um lado, e a imunidade de execução de outro, constituem categorias autônomas, juridicamente inconfundíveis, pois – ainda que guardem estreitas relações entre si – traduzem realidades independentes e distintas, assim reconhecidas quer no plano conceitual, quer, ainda, no âmbito de desenvolvimento das próprias relações internacionais.

O Supremo Tribunal Federal, tratando-se de questão pertinente à imunidade de execução (matéria que não se confunde com o tema concernente à imunidade de jurisdição ora em exame), continua, quanto a ela (imunidade de execução), a entendê-la como prerrogativa institucional de caráter mais abrangente, ressalvadas as hipóteses excepcionais (a) de renúncia, por parte do Estado estrangeiro, à prerrogativa da intangibilidade de seus próprios bens (RTJ 167/761, Rel. Min. Ilmar Galvão – ACO 543/SP, Rel. Min. Sepúlveda Pertence) ou (b) de existência, em território brasileiro, de bens, que, embora pertencentes a Estado estrangeiro, não tenham qualquer vinculação com as finalidades essenciais inerentes às legações diplomáticas ou representações consulares mantidas em nosso País.

Por pertinente traz-se parte de acordo relativo ao tema.

Imunidade de jurisdição. Execução fiscal movida pela União contra a República da Coréia.

É da jurisprudência do Supremo Tribunal que, salvo renúncia, é absoluta a imunidade do Estado estrangeiro à jurisdição executória: orientação mantida por maioria de votos.

Precedentes: ACO 524-AgR, Velloso, DJ 9.5.2003; ACO 522-AgR e 634-AgR, Ilmar Galvão, DJ 23.10.98 e 31.10.2002; ACO 527-AgR, Jobim, DJ 10.12.99; ACO 645, Gilmar Mendes, DJ 17.3.2003." (grifei)

Consta do Acórdão:

Tenho para mim, no entanto, que, além da hipótese de renúncia por parte do Estado estrangeiro à imunidade de execução, também se legitimará o prosseguimento do processo de execução, com a consequente prática de atos de constrição patrimonial, se e quando os bens atingidos pela penhora, p. ex., não guardarem vinculação específica com a atividade diplomática e/ou consular desempenhada, em território brasileiro, por representantes de Estados estrangeiros.

Necessidade de expressa renúncia da imunidade de execução.

Na realidade, tais prerrogativas institucionais, fundadas em normas em que práticas de direito internacional público coexistem de modo independente, de tal forma que eventual renúncia à imunidade de jurisdição não importará, por si só, em renúncia à imunidade de execução, na linha do que reconhece o magistério da doutrina, como se vê da lição expendida por Luiz de Pinho Pereira da Silva ("A concepção relativista das imunidades de jurisdição e execução do Estado estrangeiro", in *Revista de Informação Legislativa*, vol. 140/227 –236, 231, 1998).

Destaque-se que a imunidade de jurisdição visa subtrair um Estado à competência de um tribunal de outro Estado, enquanto a imunidade de execução visa subtraí-la a medidas de penhora e outras medidas de constrição.

É por essa razão que o eminente Ex-ministro Francisco Resek, após reconhecer que não pode subsistir, em tema de conflito trabalhista, a imunidade de jurisdição em estados estrangeiros perante o Poder Judiciário nacional (a Justiça do Trabalho, no caso), assinala, com inteira correção, que a mera possibilidade teórica de invocação da imunidade de execução não deve constituir obstáculo ao exercício da atividade jurisdicional, de conhecimento ("A imunidade do Estado estrangeiro à jurisdição local. O problema da execução na Justiça do Trabalho", *in Ciclo de Estudos de Direito do Trabalho* p. 239/242, 241-242, IBCB, 1995).

Todavia, a execução pode materializar-se quando se consegue alcançar, dentro do domínio espacial da nossa soberania, incluindo mar territorial, o bem do Estado estrangeiro não coberto pela afetação diplomática ou consular.

Por fim, a nova redação do inciso I do art. 114, da CF/88, dizendo *Compete à Justiça do Trabalho processar e julgar: I – as ações oriundas da relação de trabalho, abrangidos os entes de direito público externo*...espanca qualquer dúvida sobre o órgão jurisdicional interno que detém a competência para o caso, afastando o antigo entendimento consubstanciado na Súmula n. 83 do extinto TFR.

SÚMULA N. 83 – TFR – *Compete à Justiça Federal processar e julgar reclamação trabalhista movida contra representação diplomática de país estrangeiro, inclusive para decidir sobre a preliminar de imunidade de jurisdição.*

Dos organismos internacionais:

Quanto aos Organismos Internacionais a posição dos tribunais é pela prevalência da imunidade absoluta de jurisdição e de execução (**Seção 2 da Convenção sobre Privilégios e Imunidades das Nações Unidas**), como demonstram, exemplificativamente, julgados do STF RE 67544, de 02.09.1970; RE 578543 e 597368, ambos de 7.5.2009; Ação Resc. N. 909, de 2.9.1974 e Apelação Cível n. 9.703, de 28.09.1988 e os acórdãos do e TST abaixo transcritos:

RECURSO DE REVISTA – INSTITUTO INTERAMERICANO DE COOPERAÇÃO PARA A AGRICULTURA – IICA –ORGANISMO INTERNACIONAL – IMUNIDADE DE JURISDIÇÃO. Consoante entendimento assente no Excelso Supremo Tribunal Federal, a imunidade de jurisdição dos Estados estrangeiros somente afigura-se passível de ser relativizada, quando tais entidades atuarem despidas da soberania que lhes é elementar. *Em relação aos organismos internacionais, por carecerem de tal atributo, a aludida imunidade decorre de tratados internacionais firmados pelo Presidente da República e ratificados pelo Congresso Nacional. Dessa forma, sem que haja previsão no compromisso internacional firmado pela República Federativa do Brasil, inviável o afastamento, via Poder Judiciário, da referida imunidade, sob pena de se vilipendiar o art. 60, § 4º, inciso III, da Constituição da República.*

Com a mesma redação **Processo:** RR — 33041-64.2008 de.5.10.0004 09/06/2010,

RECURSO DE REVISTA. IMUNIDADE DE JURISDIÇÃO. ORGANISMO INTERNACIONAL – ONU. *Após o julgamento pela Dt. SDI-1, em 3.9.2009, do E-ED-RR-900/2004-019-10-99.9, esta Corte tem firmado o entendimento de se reconhecer a imunidade absoluta de jurisdição de Organismos Internacionais. No entanto, faz-se mister ressalvar o entendimento pessoal deste Relator no sentido de que os Organismos Internacionais não deteriam imunidade de jurisdição em relação às demandas que envolvam atos de gestão, em que se debate o direito a parcelas decorrentes da relação de trabalho mantida entre as partes.* **Recurso de revista provido.** RR – 9140-68.2006.5.20.0001 23.6.2010, relator Ministro: Mauricio Godinho Delgado, 6ª Turma, DEJT 28.6.2010.

A imunidade de execução de Estados estrangeiros decorre do estabelecido no art. 32 da **CONVENÇÃO DE VIENA SOBRE RELAÇÕES DIPLOMÁTICAS,** promulgada pelo Decreto n. 56.435 de 8 de junho de 1965, ao dispor:

Art. 32

1. *O Estado acreditante pode renunciar à imunidade de jurisdição dos seus agentes diplomáticos e das pessoas que gozam de imunidade nos termos do art. 37.*

2. *A renúncia será sempre expressa.*

3. *Se um agente diplomático ou uma pessoa que goza de imunidade de jurisdição nos termos do art. 37 inicia uma ação judicial, não lhe será permitido invocar a imunidade de jurisdição no tocante a uma reconvenção ligada à ação principal.*

4. A renúncia à imunidade de jurisdição no tocante às ações civis ou administrativas não implica renúncia à imunidade quanto às medidas de execução da sentença, para as quais nova renúncia é necessária.

Efeito concreto da previsão constitucional (art. 114, CF/88):

Determinação expressa da competência "interna" da Justiça do Trabalho para processar e julgar demandas oriundas da relação de trabalho com Estados Estrangeiros, afastando o antigo entendimento jurisprudencial, consubstanciado na Súmula n. 83 do Extinto TFR.

SÚMULA N. 83 – TFR – *Compete à Justiça Federal processar e julgar reclamação trabalhista movida contra representação diplomática de país estrangeiro, inclusive para decidir sobre a preliminar de imunidade de jurisdição.*

Da Efetividade do Julgado:

A Sentença condenatória da Justiça do Trabalho Brasileira contra um Estado estrangeiro não se constitui como mera *vitória de pirro (o pupular "ganha mas não leva")*, pois a mesma poderá efetivar-se por várias formas ou nas seguintes hipóteses:

O Estado estrangeiro, em respeito ao princípio da boa-fé e em consonância com os grandes postulados éticos do direito internacional, pode e deve cumprir espontaneamente a sentença pagando o valor da condenação, pode ainda, em renunciando à imunidade de execução, ser compelido a saldar o débito.

Excepcionalmente a condenação será satisfeita por meio de Carta rogatória de acordo com procedimentos legais previstos em tratados bilaterais.

Finalmente, pode-se verificar a existência de bens que não estejam ao abrigo da imunidade/penhorabilidade. Bens do Estado estrangeiro que não estejam relacionados ou afetos à representação diplomática. Recentemente configurou-se esta hipótese em julgado do TRT da décima Região, assim ementado:

Ementa: ESTADO ESTRANGEIRO. BEM NÃO AFETO À MISSÃO DIPLOMÁTICA. POSSIBILIDADE DE CONSTRIÇÃO JUDICIAL. O imóvel penhorado não está sendo utilizado há muito pela missão. A juntada de mera proposta de projeto arquitetônico, datado de 2010, não tem força suficiente para demonstrar sua vinculante importância para a embaixada, ainda mais quando não há nos autos qualquer notícia de que a atual residência do embaixador do Reino da Arábia Saudita – muito bem incluída no Banco Nacional de Devedores Trabalhistas – seja a título precário, provisório, passageiro, até que se resolva a reforma da antiga residência oficial. O respeito à dignidade do trabalhador, no caso um brasileiro, é premissa constitucional que não admite limites. Agravo conhecido e provido. (TRT10 – AGRAVO DE PETIÇÃO Processo: 00186-2005-018-10-00-3-AP)

b) Competência em relação aos Entes Públicos Internos:

A subsunção ou não dos conflitos trabalhistas envolvendo funcionários públicos à competência da Justiça do Trabalho é questão controvertida desde a edição original do art. 114 da Constituição Federal de 1988, quando previa:

*Art. 114. Compete à Justiça do Trabalho conciliar e julgar os **dissídios individuais e coletivos entre trabalhadores** e empregadores, **abrangidos os entes de direito público** externo e **da administração pública direta e indireta dos Municípios, do Distrito Federal, dos Estados e da União**, e, na forma da lei, outras controvérsias decorrentes da relação de trabalho, bem como os litígios que tenham origem no cumprimento de suas próprias sentenças, inclusive coletivas.*

De forma sintética se afirma a interpretação combinada das expressões *trabalhadores e empregados* conclui-se que o termo empregador determina que a norma se restrinja ao trabalhador subordinado, pois só este estava vinculado ou subordinado ao empregador, por força da relação de emprego (contrato individual de trabalho), o que afastava as relações institucionais ou administrativas próprias do setor público.

A redação do inciso I, inserida pela EC n. 45/04, principalmente em razão da redação substitutiva do Senado Federal, abaixo reproduzida, recrudesceu a discussão pertinente, entendendo-se que a *mens* legislativa constitucional determina a inclusão dos conflitos entre funcionários e entes públicos internos na competência da Justiça do Trabalho.

Redação do Substitutivo

*"I – as ações oriundas da relação de trabalho, abrangidos os entes de direito público externo e da administração pública direta e indireta da União, dos Estados, do Distrito Federal e dos Municípios, **exceto os servidores ocupantes de cargos criados por lei, de provimento efetivo ou em comissão, incluídas as autarquias e fundações públicas dos referidos entes da federação.**"*

Evidentemente que de tal entendimento resultaria uma crise institucional que poderia redundar no esvaziamento da Justiça Federal e numa sobrecarga da Justiça do Trabalho, levando à inviabilidade de ambas.

Em face desta realidade, a ASSOCIAÇÃO DOS JUÍZES FEDERAIS DO BRASIL — Ação Direta de Inconstitucionalidade (IDI n. 3395-6), visando sustar os efeitos do Inciso I, do art. 114, em razão da inconstitucionalidade formal (não ter retornado à Câmara para apreciar a Emenda modificativa da sua redação) ou a declaração da inconstitucionalidade para lhe dar interpretação conforme a Constituição, reconhecendo a inconstitucionalidade da competência da Justiça do Trabalho, em relação aos servidores públicos, na acepção legal específica.

O então Ministro Nelson Jobim não acolheu a inconstitucionalidade formal, no entanto, deferiu o pedido liminar de interpretação conforme e decidiu:

> Suspendo, *ad referendum*, toda e qualquer interpretação dada ao inciso I do art. 114 da CF, na redação dada pela EC 45/2004, que inclua, na competência da Justiça do Trabalho, a '... apreciação... de causas que... sejam instauradas entre o Poder Público e seus servidores, a ele vinculados por típica relação de ordem estatutária ou de caráter jurídico-administrativo'.

A título de ilustração menciona-se que o Ministro Dalazen (TST), criticou concessão da liminar, sustentando, em resumo, que a mesma se baseou na decisão proferida na ADIn 492-1, (julgou inconstitucional as letras *"d"* e *"e"* do art. 240 da Lei n. 8112/90 que assegurava aos servidores públicos o a negociação coletiva e ao pleito individual e coletivo perante a Justiça do Trabalho, respectivamente) exarada em um quadro jurídico totalmente diverso do presente, pela não obrigatoriedade do *"regime jurídico único"*, e sustenta, em longo arrazoado, a pertinência da atribuição à Justiça do Trabalho da competência ampla, decorrente da literalidade do Inciso I, do atual art. 114. (*LTr* 69-03/267)

Se a natureza da relação é administrativa e não contratual, independentemente do regime, a competência não é da Justiça do Trabalho, como exemplificam os acórdãos abaixo.

Na análise da Reclamação n. 5381-4/AM, em nova discussão sobre o alcance da referida decisão, firmou a posição de que a Justiça do Trabalho é, também, **in**competente para processar e julgar a controvérsia decorrente de vínculo de natureza jurídico-administrativa, caso dos contratos de servidores para o atendimento de necessidade temporária de excepcional interesse público (art. 37, IX, da CR/1988).

> *O contrato de prestação de serviço temporário (art. 37, IX, da CF/1988) terá sempre caráter jurídico-administrativo (segue o regime jurídico único do município contratante), ainda que seja prorrogado de maneira irregular. A prolongação feita nesses moldes não transmuda o vínculo inicialmente estabelecido entre as partes para um liame celetista, tal como antes se entendia. Assim, deve ser afastada a competência da Justiça do Trabalho para fixar a do juízo de Direito. Precedentes citados do STF: RE 573.202-AM, DJe 5.12.2008; do STJ: CC 100.271-PE, DJe 6.4.2009. CC 106.748-MG, rel. Min. Jorge Mussi, julgado em 23.9.2009.*

O STF, ao julgar o Recurso Extraordinário n. 573.2002, entendeu que compete à Justiça Comum o julgamento de causas instauradas entre o Poder Público e seus servidores submetidos a regime especial disciplinado por lei local editada antes da Constituição Federal de 1988. (Ac. SDI 2 — RO — em Ação Rescisória 106300-65.2009.5.03.0000 – Divulgado NM 1251 de 28.10.2010)

Os conflitos decorrentes de contrato de trabalho com entes da Administração Pública, (relação contratual regida pela CLT), continuam sob a competência da Justiça do Trabalho.

> *É da Justiça do Trabalho a competência para o processamento e julgamento das ações envolvendo servidores submetidos ao regime jurídico da CLT e a Administração Pública, assim sendo antes mesmo da ampliação competencial promovida pela Emenda Constitucional n. 45/04, que deu nova redação ao art. 114 da Constituição Federal.* (RO 0000508-16.2011.5.03.0045 – TRT 3ª REGIÃO)

No mesmo sentido decidiu também o STJ no **CC 116308**. Nele decidiu-se que se há lei municipal determinando o regime celetista a competência é da Justiça do Trabalho.

II – as ações que envolvam exercício do direito de greve;

Súmula n. 189 – TST: *A Justiça do Trabalho é competente para declarar a abusividade, ou não, da greve.*

SÚMULA VINCULANTE – STF N. 25: *"A Justiça do Trabalho é competente para processar e julgar as ações possessórias ajuizadas em decorrência do exercício do direito de greve pelos trabalhadores da iniciativa privada".*

A Suprema Corte reconheceu que compete à Justiça do Trabalho julgar processos que tratem de casos de interdito proibitório relacionados a greves. (Recurso Extraordinário (RE) 579648 — teve repercussão geral reconhecida)

III – as ações sobre representação sindical, entre sindicatos, entre sindicatos e trabalhadores, e entre sindicatos e empregadores;

Compete à Justiça do Trabalho conciliar e julgar os dissídios que tenham origem no cumprimento de convenções coletivas de trabalho ou acordos coletivos de trabalho, mesmo quando ocorram entre sindicatos ou entre sindicato de trabalhadores e empregador. (art. 1º da Lei n. 8.984 de 7.2.1995)

IV – os mandados de segurança, habeas corpus e habeas data, quando o ato questionado envolver matéria sujeita à sua jurisdição;

Na ADI n. 3.684, por unanimidade, foi deferida a liminar na ADI, com efeitos *ex tunc* (retroativo), para atribuir interpretação conforme a Constituição aos incisos I, IV e IX de seu art. 114, declarando que, no âmbito da jurisdição da Justiça do Trabalho, não está incluída competência para processar e julgar ações penais.

A partir desta diretriz têm decidido as Altas Cortes do País:

COMPETÊNCIA. JUSTIÇA FEDERAL. ART. 149 CP. DELITOS CONTRA ORGANIZAÇÃO DO TRABALHO. *Compete à **Justiça Federal** processar e julgar os crimes de redução à condição análoga de escravo, uma vez que se enquadram na categoria de delitos contra a organização do trabalho nos termos do art. 109, VI, da CF/1988. Precedentes citados do STF: RE 398.041-PA, DJ 3.3.2005; do STJ: CC 62.156-MG, DJ 6.8.2007, e HC 43.384-BA, DJ 5.8.2005. REsp 909.340-PA, rela. Mina. Laurita Vaz, julgado em 25.9.2007.*

V – os conflitos de competência entre órgãos com jurisdição trabalhista, ressalvado o disposto no art. 102, I, "o";

Compete ao Supremo Tribunal Federal, precipuamente, a guarda da Constituição, cabendo-lhe:

Processar e julgar:

(...)

o) os conflitos de competência entre o Superior Tribunal de Justiça e quaisquer tribunais, entre Tribunais Superiores, ou entre estes e qualquer outro tribunal.

VI – as ações de indenização por dano moral ou patrimonial, decorrentes da relação de trabalho;

Controvérsia sobre a competência para apreciar o Dano Moral decorrente de Acidente do Trabalho:

§ 1º Os dissídios relativos a acidentes do trabalho são da competência da Justiça ordinária. (art. 123 da CF/46)

§ 2º As questões referentes a acidentes do trabalho continuam sujeitas à Justiça ordinária, na forma do Decreto n. 24.637, de 10 de julho de 1934, e legislação subsequente. (art. 643, da CLT)

Mesmo antes da Emenda Constitucional n. 45/04, o TST, já entendia ser da Justiça do Trabalho a competência para julgar as postulações de indenização por dano moral decorrente da relação de trabalho, como se vê da jurisprudência Sumulada.

OJ – SDI 1 N. 327. *Dano moral. Competência da justiça do trabalho. DJ 9.12.03 **(cancelada em decorrência da sua conversão na Súmula n. 392, DJ 20.4.05)**. Nos termos do art. 114 da CF/1988, a Justiça do Trabalho é competente para dirimir controvérsias referentes à indenização por dano moral, quando decorrente da relação de trabalho.*

SÚMULA N. 392 – *Nos termos do art. 114, inc. VI, da Constituição da República, a Justiça do Trabalho é competente para processar e julgar ações de indenização por dano moral e material, decorrentes da relação de trabalho, **inclusive as oriundas de acidente de trabalho e doenças a ele equiparadas**.*

Diversa era a posição do Superior Tribunal de Justiça, que assim decidia:

É da Justiça comum a competência para apreciar questões relativas a dano material e moral, decorrente de acidente do trabalho.

A divergência entre o entendimento do Tribunal Superior do Trabalho e o Superior Tribunal de Justiça, resolvida pelo Supremo Tribunal Federal, ao decidir:

DECISÃO: O Tribunal, por unanimidade, conheceu do conflito e, por maioria, definiu a competência da justiça trabalhistas, a partir da Emenda Constitucional, n. 45/2004, para julgamento das ações de indenização por danos morais e patrimoniais decorrentes de acidente do trabalha, vencido, no caso, o Senhor Ministro Marco Aurélio, na medida em que não estabelecia a edição da emenda constitucional como marco temporal para a competência da justiça trabalhistas. Votou a Presidente. Ausente, justificadamente, o Senhor Ministro Nelson Jobim (Presidente). Presidiu o julgamento a Senhora Ministra Ellen Gracie (Vice-Presidente). Plenário 29.6.2005

Entendimento corroborado pela Súmula Vinculante n. 22 da Corte Suprema:

Súmula VINCULANTE N. 22 – *"A Justiça do Trabalho é competente para processar e julgar as ações de indenização por danos morais e patrimoniais decorrentes de acidente de trabalho propostas por empregado contra empregador, inclusive aquelas que ainda não possuíam sentença de mérito em primeiro grau quando da promulgação da Emenda Constitucional n. 45/04".*

Persistia a controvérsia em relação à competência para apreciar postulação de dano moral, por herdeiros do trabalhador, pois o STJ entendia:

SÚMULA N. 366-STJ. *Compete à Justiça estadual processar e julgar ação indenizatória proposta por viúva e filhos de empregado falecido em acidente de trabalho. Rel. Min. Fernando Gonçalves, em 19.11.2008.* (Cancelada pela Corte Especial em 21.9.2009, em face da posição do STF)

A partir da posição do Supremo Tribunal Federal acerca da matéria, prevaleceu o entendimento do Tribunal Superior do Trabalho, exemplificado nos acórdãos abaixo.

RECURSO DE REVISTA. COMPETÊNCIA DA JUSTIÇA DO TRABALHO. ACIDENTE DO TRABALHO. DANOS MORAIS E MATERIAIS. AÇÃO AJUIZADA PELO HERDEIRO. *O art. 114, VI, da CF/88, acrescentado pela Emenda Constitucional n. 45/2004, estabelece expressamente o alcance da competência desta Justiça especializada para o processamento e julgamento de ações de indenização por dano moral ou patrimonial, decorrentes da relação de trabalho. Assim, tratando-se de discussão decorrente da relação do trabalho, em que a causa de pedir foi justamente o acidente de trabalho, decorrente da prestação dos serviços pelo empregado, a despeito da solução da controvérsia envolver normas de Direito Civil, por aplicação estrita do art. 114, VI, da Constituição Federal, a competência é da Justiça do Trabalho, ainda que a ação seja ajuizada pelos herdeiros do trabalhador falecido. Recurso de revista a que se nega provimento.* (Ac. 3ª T – RR – 74200-75.2005.5.12.0023 PUBLICAÇÃO: DEJT – 6.8.2010)

Consta do Acórdão:

Supremo Tribunal Federal, que, julgando o Conflito Negativo de Competência 7.204-1/MG, suscitado pela 5ª Turma deste Tribunal, reviu seu entendimento para declarar a competência da Justiça do Trabalho para processar e julgar pretensão de indenização por dano moral e material, decorrente de acidente de trabalho, e determinar o retorno daqueles autos a este Tribunal Superior, para julgamento do recurso de revista interposto pelo empregador.

Esse também é o entendimento desta Corte, preconizado na Súmula n. 392 da SBDI-1:

Dano moral. Competência da Justiça do Trabalho. Nos termos do art. 114 da CF/1988, a Justiça do Trabalho é competente para dirimir controvérsias referentes à indenização por dano moral, quando decorrente da relação de trabalho.

Acrescentem-se, por oportuno, os seguintes precedentes desta Corte:

COMPETÊNCIA DA JUSTIÇA DO TRABALHO. DANO MORAL. ACIDENTE DE TRABALHO. MORTE DO EMPREGADO. *Na hipótese, conquanto os reclamantes sejam dependentes do de cujus, buscam direito decorrente de fato – acidente de trabalho – cujo liame com a relação de emprego havida entre o empregado e a reclamada é indiscutível. Dessa forma, não há como afastar a competência da Justiça do Trabalho, porquanto o pedido é decorrente da relação de emprego, permanecendo, pois, inalterada a causa de pedir. Recurso de Embargos de que se conhece e a que se nega provimento.* (E-RR – 34200-88.2006.5.18.0101, relator Ministro: João Batista Brito Pereira, Data de Julgamento: 5.11.2009, SbDI-1, Data de Publicação: 13.11.2009)

RECURSO DE REVISTA – COMPETÊNCIA DA JUSTIÇA DO TRABALHO – ACIDENTE DO TRABALHO – ÓBITO – DANOS MORAIS E MATERIAIS – POSTULAÇÃO PELOS HERDEIROS EM NOME PRÓPRIO. *O Supremo Tribunal Federal, nos autos do Conflito de Competência n. 7.545, declarou a competência material da Justiça do Trabalho para processar e julgar ações que buscam reparação por danos morais e materiais decorrentes de acidente do trabalho, ajuizadas pelos herdeiros do falecido empregado. Recurso de Revista conhecido e provido para declarar a competência da Justiça do Trabalho.* (RR – 442800-32.2007.5.12.0047, relatora Ministra: Maria Cristina Irigoyen Peduzzi, Data de Julgamento: 10.2.2010, 8ª Turma, Data de Publicação: 19.2.2010)

RECURSO DE REVISTA DA RECLAMADA. COMPETÊNCIA DA JUSTIÇA DO TRABALHO. ACIDENTE DE TRABALHO. FALECIMENTO DO EMPREGADO. CAUSA DE PEDIR. ORIGEM. *Trata-se de ação de indenização por danos morais, ajuizada pelo espólio do empregado contra a empregadora, diante do falecimento em decorrência de acidente de trabalho ocorrido enquanto o eletricista fazia reparos em um poste de energia elétrica. Quando os dependentes da vítima atuam em nome próprio, perseguindo direito próprio, ou seja, o direito à indenização pelo sofrimento da perda do ente querido em decorrência de acidente de trabalho, retrata pretensão de natureza eminentemente civil, mas que tem origem na relação de emprego, posto que a indenização pretendida tem como fonte de origem a relação de emprego e fatos que decorreram durante essa relação. Nos termos do art. 114, IX, da Constituição Federal, é da competência da Justiça do Trabalho o julgamento de outras controvérsias decorrentes da relação de emprego-. Recurso de revista conhecido e desprovido. [...]* (RR – 108800-78.2005.5.05.0133, relator Ministro: Aloysio Corrêa da Veiga, Data de Julgamento: 3.3.2010, 6ª Turma, Data de Publicação: 19.3.2010)

RECURSO DE REVISTA. INDENIZAÇÃO POR DANOS MORAIS. ACIDENTE DE TRABALHO. FALECIMENTO DO OBREIRO. INCOMPETÊNCIA DA JUSTIÇA DO TRABALHO. *O Excelso STF, em julgado de relatoria do Ministro Carlos Ayres Britto, decidiu que compete a esta Justiça especializada o processamento e julgamento das ações de indenização por dano moral e patrimonial, decorrentes de acidente do trabalho mesmo se ajuizadas pelos dependentes do trabalhador falecido. A alteração constitucional, decorrente da publicação da Emenda Constitucional n. 45, em 31.12.2004, a competência para processar e julgar as ações de indenização por danos morais e materiais, decorrentes de acidente do trabalho, ainda que ajuizadas por terceiros, em nome próprio, é da Justiça do Trabalho. Destaca-se, inclusive, que o Superior Tribunal de Justiça, editou Súmula de n. 366, a qual dispunha: Compete à Justiça estadual processar e julgar ação indenizatória proposta por viúva e filhos de empregado falecido em acidente de trabalho.-* **Todavia, julgando o Conflito de Competência 101.977-SP, na sessão de 16.9.2009, a Corte Especial deliberou pelo cancelamento da mencionada Súmula, com fundamento nas decisões contrárias da Suprema Corte, conforme REPDJe 22.9.2009.** *(RR – 287840-59.2006.5.08.0114, relator Ministro: José Simpliciano Fontes de F. Fernandes, Data de Julgamento: 11.11.2009, 2ª Turma, Data de Publicação: 5.2.2010)*

Firmou-se também o entendimento que a competência em relação a tais processos em andamento também é da Justiça do Trabalho, salvo se já sentenciado no órgão de origem.

SÚMULA N. 367-STJ. *A competência estabelecida pela EC n. 45/2004 não alcança os processos já sentenciados.* Rela. Mina. Eliana Calmon, em 19.11.2008.

SÚMULA VINCULANTE – STF N. 22 *"A Justiça do Trabalho é competente para processar e julgar as causas relativas a indenizações por danos morais e patrimoniais decorrentes de acidente de trabalho propostas por empregado contra empregador, alcançando-se, inclusive, as demandas que ainda não possuíam, quando da promulgação da EC n. 45/2004, sentença de mérito em primeiro grau".*

VII – as ações relativas às penalidades administrativas impostas aos empregadores pelos órgãos de fiscalização das relações de trabalho;

As ações de anulação de multas ou embargos à execução visando desconstituir Certidão Negativa oriunda em crédito decorrente de multas aplicadas pelo Ministério do Trabalho e Emprego, passaram para a competência da Justiça do Trabalho a despeito de a questão ser resolvida à luz do Direito administrativo ou tributário.

Como já se disse, a atual competência desta Justiça especializada não se limita à aplicação do Direito do Trabalho.

VIII – a execução, de ofício, das contribuições sociais previstas no art. 195, I, a, e II, e seus acréscimos legais, decorrentes das sentenças que proferir;

A jurisprudência vem definindo o alcance do disposto neste inciso. Pode-se dizer, no entanto, que a competência da Justiça do Trabalho se limita às questões atinentes a contribuições previdenciárias resultantes de sentenças condenatórias ou homologatórias em Reclamatórias Trabalhistas e outras ações decorrentes da relação de trabalho. Continua sob a competência da Justiça Federal (excepcionalmente Justiça Estadual) controvérsias relativas a contribuições previdenciárias levantadas pela fiscalização.

Súmula Vinculante n. 53 – *"A competência da Justiça do Trabalho prevista no art. 114, inciso VIII, da Constituição Federal alcança a execução de ofício das contribuições previdenciárias relativas ao objeto da condenação constante das sentenças que proferir e acordos por ela homologados".*

Súmula n. 368, TST

I – *A Justiça do Trabalho é competente para determinar o recolhimento das contribuições fiscais. A competência da Justiça do Trabalho, quanto à execução das contribuições previdenciárias, limita-se às sentenças condenatórias em pecúnia que proferir e aos valores, objeto de acordo homologado, que integrem o salário-contribuição.'*

COMPETÊNCIA DA JUSTIÇA DO TRABALHO. EXECUÇÃO DE OFÍCIO. CONTRIBUIÇÃO SOCIAL REFERENTE AO SEGURO DE ACIDENTE DE TRABALHO (SAT). ARTS. 114, VIII, E 195, I, *"A"*, DA CONSTITUIÇÃO DA REPÚBLICA. (conversão da Orientação Jurisprudencial n. 414 da SBDI-1) *Compete à Justiça do Trabalho a execução, de ofício, da contribuição referente ao Seguro de Acidente de Trabalho (SAT), que tem natureza de contribuição para a seguridade social (arts. 114, VIII, e 195, I, "a", da CF), pois se destina ao financiamento de benefícios relativos à incapacidade do empregado decorrente de infortúnio no trabalho. (arts. 11 e 22 da Lei n. 8.212/1991)*

Esta colenda Corte Superior firmou entendimento no sentido de que a competência desta Justiça Especializada para determinar a execução de ofício das contribuições previdenciárias restringe-se apenas àquelas incidentes sobre as verbas deferidas em suas decisões, bem como aos valores objeto de acordo homologado, não se estendendo, portanto, aos salários pagos durante o vínculo de emprego reconhecido judicialmente. (TST-RR-105100-04.2007.5.15.0018 – 17.10.2012)

O STF, por unanimidade, negou provimento ao recurso, decidindo que a competência da Justiça do Trabalho prevista no art. 114, VIII, da Constituição, **alcança apenas a execução das contribuições previdenciárias referentes ao objeto da condenação que consta das sentenças que proferir.** *Nesse contexto, a cobrança incide somente sobre o valor em dinheiro já definido em condenação trabalhista ou em acordo quanto ao pagamento de verbas salariais que possam servir como base de cálculo para a contribuição previdenciária* (RE n. 569056-3 julgado em 11.92008).

A competência da Justiça do Trabalho, na espécie, não abrange a contribuições recolhidas pela previdência para terceiros.

RECURSO DE REVISTA.

1. EXECUÇÃO PREVIDENCIÁRIA. CONTRIBUIÇÕES SOCIAIS DEVIDAS A TERCEIROS. INCOMPETÊNCIA DA JUSTIÇA DO TRABALHO. PROVIMENTO.

Nos termos do art. 114, VIII, da Constituição Federal, com a redação conferida pela EC n. 45/2004, a Justiça do Trabalho é competente para executar, de ofício, as contribuições sociais previstas no art. 195, I, "a", e II, da Constituição Federal, decorrentes das sentenças que proferir.

Por sua vez, o art. 240 da Constituição Federal excepciona do rol previsto no art. 195 as contribuições de terceiros, consideradas como tais aquelas destinadas a entidades privadas de serviço social e de formação profissional.

Em vista disso, há que se concluir que a competência da Justiça do Trabalho não abrange as referidas contribuições. Precedentes desta Corte.

Recurso de revista de que se conhece e a que se dá provimento.

(TST-RR-69100-25.2009.5.05.0014)

IX – outras controvérsias decorrentes da relação de trabalho, na forma da lei.

Quais seriam as outras controvérsias decorrentes da relação de trabalho?

Poderíamos dizer que qualquer outro conflito que direta ou indiretamente decorra da relação de trabalho ou ainda aquelas hipóteses elencadas no Projeto de Lei n. 6542 de 2006; cobrança de crédito resultante de comissões do representante comercial ou de contrato de agenciamento e distribuição, quando o representante, agente ou distribuidor for pessoa física; cobrança de quota-parte de parceria agrícola, pesqueira, pecuária, extrativa vegetal e mineral, em que o parceiro outorgado desenvolva seu trabalho direta e pessoalmente, admitida a ajuda da família; decorrentes de execução e de extinção de contratos agrários, entre o proprietário rural e o parceiro outorgado, quando este desenvolva seu trabalho direta e pessoalmente, ainda que com a ajuda dos membros da família; de cobrança de honorários decorrentes de exercício de mandato oneroso, exceto os que se qualifiquem como relação de consumo, nos termos da Lei n. 8.078, de 1990; cobrança de créditos de corretagem, inclusive de seguro, em face da corretora, em se tratando de corretor autônomo; cobrança de honorários de leiloeiros, em face da casa de leilões; entre trabalhadores portuários e operadores portuários ou o Órgão Gestor de Mão de Obra – OGMO; entre empreiteiro e subempreiteiro, ou qualquer destes e o dono da obra, nos contratos de pequena empreitada, sempre que os primeiros concorrerem pessoalmente com seu trabalho para a execução dos serviços, ainda que mediante o concurso de terceiros; entre cooperativas de trabalho e seus associados; de conflitos envolvendo as demais espécies de trabalhadores autônomos, tais como encanador, eletricista, digitador, jardineiro, dentre outros.

Com a alusão dos acórdão abaixo, explicitam-se algumas hipóteses de outras controvérsias decorrentes da relação de trabalho.

— Justiça do Trabalho é competente para julgar ação contra cheque depositado indevidamente (RO 00289-2007-008-10-00-8 – TRT 10 — 14.09.2007);

— Risco na fabricação de maquina perigosa competência da JT – CC 118763 STJ.

— Competência da JT – conflito entre Médico e Plano de Saúde – RR. 1685.76.2010.5.09.0012

— JT é competente para julgar ação do MPT sobre políticas municipais contra o trabalho infantil – RO 32100-092009.516.0006

— JT é competente para julgar ação contra BB por abrir conta sem autorização do trabalhador – RR 122800-67.2009.5.15.0100

Que normas processuais seriam aplicáveis neste procedimentos novos? Ainda é cedo para um afirmação definitivas, mas já existem normas pertinentes. Entre elas:

Projeto de Lei n. 288/2001

§ 2º O juiz decidirá os litígios a que se refere o § 1º deste artigo com base no direito comum, observadas as normas processuais constantes desta Consolidação das Leis do Trabalho.

§ 3º Quando for controvertida a natureza da relação jurídica e o juiz não reconhecer a existência de contrato de emprego alegado pela parte, poderá ele decidir a lide com fulcro nas normas de direito comum, desde que, observados os princípios do contraditório e da ampla defesa, seja o provimento jurisdicional compatível com o pedido.

INSTRUÇÃO NORMATIVA – TST n. 27/2005

Art. 1º As ações ajuizadas na Justiça do Trabalho tramitarão pelo rito ordinário ou sumaríssimo, conforme previsto na Consolidação das Leis do Trabalho, excepcionando-se, apenas, as que, por disciplina legal expressa, estejam sujeitas a rito especial, tais como o Mandado de Segurança, *Habeas Corpus*, *Habeas Data*, Ação Rescisória, Ação Cautelar e Ação de Consignação em Pagamento.

Art. 2º A sistemática recursal a ser observada é a prevista na Consolidação das Leis do Trabalho, inclusive no tocante à nomenclatura, à alçada, aos prazos e às competências.

4. Relações de trabalho excluídas da Competência da Justiça do Trabalho

4.1. Relações de trabalho de natureza institucional ou administrativa

Interpretação conforme Liminar na **ADI n. 492-1**:

Suspendo, *ad referendum*, toda e qualquer interpretação dada ao inciso I do art. 114 da CF, na redação dada pela EC n. 45/2004, que inclua, na competência da Justiça do Trabalho, a "... apreciação... de causas que... sejam instauradas entre o Poder Público e seus servidores, a ele vinculados por típica relação de ordem estatutária ou de caráter jurídico-administrativo".

4.2. Relações de consumo

HONORÁRIOS ADVOCATÍCIOS

Inicialmente, os Tribunais trabalhistas inclinaram-se no sentido de reconhecer a competência da Justiça do Trabalho para julgar questões inerentes a honorários advocatícios, entendendo que a relação entre advogado e constituinte era de trabalho.

A 7ª Turma do TST reconheceu a competência da Justiça do Trabalho para julgar ação de cobrança de honorários movida por um advogado contra cooperativa que o contratou para representá-la judicialmente. O relator da matéria, Ministro Ives Gandra Martins Filho, baseou-se na ampliação da competência da Justiça do Trabalho promovida pela Emenda Constitucional n. 45/04 (Reforma do Judiciário).

A despeito do contido no projeto de lei acima referido, prevalece atualmente o entendimento de que a competência relativa a demandas atinentes a honorários profissionais, entre eles os advocatícios, continua a ser da Justiça Comum.

SÚMULA N. 363 – STJ – *Compete à Justiça estadual processar e julgar a ação de cobrança ajuizada por profissional liberal contra cliente.*

O Supremo Tribunal Federal, ao julgar o RE n. 607.520, com repercussão geral reconhecida, assentou que o vínculo que se forma entre o advogado dativo e a Administração Pública direta é de natureza administrativa, atraindo a competência da Justiça comum e não da Justiça do Trabalho. (RE n. 607.520-MG)

EMENTA: COMPETÊNCIA DA JUSTIÇA DO TRABALHO. HONORÁRIOS DE ADVOGADO. *O contrato de advogado e de honorários advocatícios não enseja a acepção de relação de trabalho da nova competência da jurisdição trabalhista, porque o mandato é preponderante e a relação de trabalho secundária ou acessória. E, no mister de advogar o profissional prestador do serviço está empreendendo uma atividade e não alcançando propriamente uma prestação de trabalho caracterizada pela energia despendida por uma pessoa natural. Recurso não provido.*

(...) O mandato sobrepõe-se à relação de trabalho pelo núcleo ou objeto, porque o que é o prestado r de trabalho é antes um representante.

EXECUÇÃO DE HONORÁRIOS ADVOCATÍCIOS. INCOMPETENCIA DA JUSTIÇA DO TRABALHO.- Não há como incluir na nova competência da Justiça do Trabalho, os litígios decorrentes dos serviços, objeto dos contratos firmados entre fornecedores e consumidores, ou seja, as relações de consumo, previstas no art. 1º do CDC (Lei n. 8.078/96). O § 2º do art. 3º da Lei n. 8.078/90 não deixa margem à dúvida quando delimita que o serviço, objeto do contrato de consumo, é aquele que não decorre de relações de caráter trabalhista. Assim, tratando-se de atividade executada pelo advogado a um cliente, materializa-se a relação de consumo, já que o consumidor utiliza os serviços do fornecedor para satisfazer a uma necessidade própria e não uma atividade produtiva. Embora possa conter prestação de serviços, a relação é de consumo, não configurando a relação de trabalho nos moldes do art. 114 da CF, mormente ante a total independência das partes. A relação de trabalho, mencionada no art.114-I da CF/88, existirá sempre que, na prestação de serviços, excluir-se a relação de consumo. Esta última refere-se às relações não permanentes, sem continuidade ou habitualidade na prestação de serviços. E, isto conforme definição do art. 2º do CDC. Portanto, se a lide trata de relação de consumo, impõe-se o reconhecimento da incompetência material desta Especializada, para apreciar a presente demanda, com a remessa dos autos, à Justiça Comum. (TRT/SP 15ª Região 51-2006-016-15-00-9. Ac. 1ªCâmara 57.851/06-PATR. Rel. Claudinei Sapata Marques. DOE 12 jan. 2007, p. 41)

Este entendimento vem sendo acolhido por diversos outros tribunais trabalhistas que vêm, equivocadamente, pronunciando a incompetência da Justiça Especializada e determinando a remessa dos autos para a Justiça Comum:

INCOMPETÊNCIA – AÇÃO DE COBRANÇA DE HONORÁRIOS ADVOCATÍCIOS – RELAÇÃO DE CONSUMO. A EC n. 45/04 não atribuiu à Justiça do Trabalho competência para julgar ação de cobrança de honorários advocatícios, já que não se trata de relação de trabalho, mas de relação de consumo. (TRT – 3ª R., AP 01006.2005.044.03.00-5. 3ª T., rel. Juiz José Eduardo de Resende Chaves Júnior, DJMG 11.2.2006, p. 7)

COMPETÊNCIA DA JUSTIÇA DO TRABALHO. ART. 114, I, DA CF/88. COBRANÇA DE CONTRATO CIVIL DE HONORÁRIOS ADVOCATÍCIOS. Diante da redação do inciso I do art. 114 da CF, conferida pela EC n. 45/2004, as demandas envolvendo relação de trabalho passaram à competência da Justiça do Trabalho. E o ponto nevrálgico da discussão diz respeito ao alcance dessa expressão, já que nas relações de consumo também há prestação de serviços. Neste sentido o parágrafo 2º do art. 3º do Código de Defesa do Consumidor conceitua: "Serviço é qualquer atividade fornecida no mercado de consumo, mediante remuneração, inclusive as de natureza bancária, financeira, de crédito e securitária, salvo as decorrentes das relações de caráter trabalhista". Doutrina e jurisprudência caminha na zona gris, tendo-se estabelecido que o traço delineador da relação de consumo e que a distingue da relação de trabalho é o fato de que nelas a prestação de serviços se esgota no próprio tomador, não estando inserida em qualquer sistema de produção. E a representação judicial serve tão somente ao titular do direito defendido em juízo, daí porque consubstancia-se em relação de consumo. Nesse passo, as ações de arbitramento e cobrança de honorários advocatícios inserem-se na seara consumerista, que possui jurisdição e sistema processual próprios, ficando com isso afastada a competência do Judiciário Trabalhista. (TRT 3ª R., AP 00887.1999.059.03.00-7, 8ª T., rela. Juíza Denise Alves Horta, DJMG 17.12.2005, p. 28)

A jurisprudência do TST se orienta no sentido de que, se a ação de cobrança objetiva o pagamento de honorários de sucumbência, em razão de vínculo contratual, a competência para processar e julgar a causa é da Justiça Comum Estadual. Precedentes. Recurso de Embargos conhecido e não provido. (E-RR – 907800-78.2006.5.12.0036)

Esta Corte Superior, por meio da SBDI-1, vem reiteradamente decidindo que a expressão -relação de trabalho- constante do inciso I do art. 114 da Constituição Federal **não abarca as relações de consumo de que deriva a cobrança de honorários advocatícios, por tratar-se de pleito de natureza estritamente civil** *e, pois, afeta a competência da Justiça Comum. Há precedentes. Recurso de revista não conhecido. (RR – 85000-89.2008.5.15.0051 – Data de Julgamento: 20.6.2012)*

A competência da Justiça do Trabalho, ampliada pela EC n. 45/2004 (art. 114, I, CF), abrange as relações de emprego e também as de trabalho, com suas lides conexas (art. 114, I a IX, CF). Não atinge, porém, relações de caráter público-administrativo, que envolvam servidores administrativos e entes de Direito Público (STF), **não abrangendo, ainda, relações de consumo.** *À medida que se enquadre nesta última exceção, a lide envolvendo honorários advocatícios refoge à competência ampliada do art. 114 da Constituição. Recurso de revista conhecido e provido. (RR – 87000-66.2009.5.05.0581, relator Ministro: Mauricio Godinho Delgado, Data de Julgamento: 3.4.2013)*

OUTRAS DECISÕES

— Justiça do Trabalho tem competência em ação de cobrança de honorários de advogado

— Não compete à Justiça do Trabalho apreciar honorários de advogado dativo — E-RR 1392008620085030081

— JT não é competente para julgar questões evolvendo honorários advocatícios – NM 01.03.2011

RELAÇÕES DE NATUREZA COMERCIAL: O transporte de carga, mesmo feita por transportador autônomo tem natureza comercial, pelo que os litígios dela decorrente estão fora da competência da Justiça do Trabalho, assim entendeu o TST no **RR-516-67.2012.5.04.0291**, divulgado em junho de 2014.

CORRETOR DE IMÓVEIS

1. *Incompetência da Justiça do Trabalho. Honorários de corretor de imóveis. O art. 114, I, da Constituição Federal é expresso em atribuir à Justiça do Trabalho a competência para processar e julgar – ações oriundas da relação de trabalho – O contrato de corretagem, por envolver um prestador de serviços e um consumidor final (arts. 2º e 3º da Lei n. 8.078/90, na modalidade – contrato de prestação de serviços –, típica relação jurídica de natureza civil. Logo,* **a lide deve ser solucionada pela Justiça Comum***. Recurso de revista conhecido e provido. TST-RR-117800-33.2005.22.0003 – (Ac. 4ª T.) – Rel. Min. Milton de Moura França. Dje/TST n. 752/11, 16.06.2011, p. 1.123. – Fonte: DVD Magister, versão 38, jun/julho/2011, ementa 12973889 – Editora Magister, Porto Alegre, RS.*

4.3. Relações de trabalho expressamente excluídas por lei

Art. 39. *Para julgamento das controvérsias que surgirem entre representante e representado é competente a Justiça Comum e o foro do domicílio do representante, aplicando-se o procedimento sumaríssimo previsto no art. 275 do Código de Processo Civil, ressalvada a competência do Juizado de Pequenas Causas.* (Lei n. 4886/65 – Redação dada pela Lei n. 8.420, de 8.5.1992)

— Justiça do Trabalho não julga ações que envolvam representação comercial típica. (8.5.2009)

Mesmo diante da expressa previsão legal acima demonstrada, há decisões entendendo que a competência relativa à representação comercial é da Justiça do Trabalho. Recentemente, o TRT 3 julgou ação proposta por representante comercial pleiteando indenização por rescisão unilateral do contrato de representação **TRT-RO-00906-2011-018-03-00-7**, Ac. Publicado em 26.2.2013. Embora nenhuma das decisões mencionadas faça expressa referência, pode-se entender que o art. 39 acima transcrito não fora recepcionado no novo ordenamento constitucional, por contrariar o atual art. 114 da Carta Constitucional vigente.

4.4. Contratos de prestação de serviços entre pessoas jurídicas

RO n. 01436-2012-008-03-00-2-TRT 3

EMENTA: INCOMPETÊNCIA ABSOLUTA.

CONTRATO ENTRE PESSOAS JURÍDICAS. A *Emenda Constitucional n. 45/2004, ao conferir nova redação ao art. 114 da Constituição Federal ampliou a competência material da Justiça do Trabalho, que passou a abranger os litígios decorrentes das relações de trabalho lato sensu, nas quais não se incluem os conflitos resultantes da contratação de serviços entre pessoas jurídicas.*

Decisões entende que algumas situações peculiares vinculadas a prestação de serviço permanecer fora da competência da Justiça do Laboral: *"Justiça do Trabalho não é competente para julgar reclamação de presidiário"* RR 1072/2007-011-06040.4 em 09.03.2009; – *Ação relativa a anúncios discriminatórios – Incompetência da Justiça do Trabalho* – RR 96000-63.2008.5.02.0014; *Retificação de Tempo de Serviço Previdenciário – Incompetência da Justiça do Trabalho* – RR 162900-79.2006.5.15.0032.

5. Critérios gerais de determinação da competência

Três são os critérios gerais de fixação da competência dos órgãos do Poder Judiciário. A saber: a) – Competência ou incompetência em razão da pessoa (*"ratione personae"*); b) – Competência ou incompetência em razão da matéria (*"ratione materie"*); e c) – Competência ou incompetência em razão do local ou territorial *("racione loci")*.

As duas primeiras são absolutas, a terceira é relativa.

A redação do § 1º do art. 795 da CLT pode levar o intérprete a um equívoco. Pois à primeira vista parece tratar da competência ou incompetência territorial. No entanto não se trata desta e sim da competência ou incompetência em razão da pessoa ou matéria e não territorial, como sê vê na melhor doutrina exemplificada nos trechos transcritos após a redação do dito artigo.

Ilustres jurisconsultos chamam a atenção para a correta interpretação que deve ser dada ao § 1º do art. 795 da CLT.

Art. 795 – As nulidades não serão declaradas senão mediante provocação das partes, as quais deverão argui-las à primeira vez em que tiverem de falar em audiência ou nos autos.

§ 1º Deverá, entretanto, ser declarada *ex officio* a nulidade fundada em incompetência de foro. Nesse caso, serão considerados nulos os atos decisórios.

> *Como já vimos (vide Capítulo IX) que a incompetência de foro diz respeito ao "foro trabalhista", isto é, concerne à incompetência absoluta em razão da matéria ou da pessoa, e não à incompetência territorial como pode parecer à primeira vista.* (Bezerra Leite, 11. ed., p. 535)

> *A incompetência de que fala o § 1º do art. 795 da CLT é a absoluta e não a relativa, em razão do lugar. .... A incompetência em razão do lugar é relativa e prorrogável. Se a parte não argúi, a Vara que era incompetente em razão do lugar passa a ser competente.* (Sérgio Pinto Martins, 30. ed., p. 1.730)

> *Entende-se que a incompetência a que se refere o artigo (795, § 1º) é a atinente à matéria.* (Wagner D. Giglio, p. 50)

A incompetência *ratione loci* é relativa pelo que só se sussitada impedirá o julgamento pelo juízo *exceptio*.

Art. 114. *Prorrogar-se-á a competência se dela o juiz não declinar na forma do parágrafo único do art. 112 desta Lei ou o réu não opuser exceção declinatória nos casos e prazos legais.* (CPC)

OJ-SDI2-149 – *Não cabe declaração de ofício de incompetência territorial no caso do uso, pelo trabalhador, da faculdade prevista no art. 651, § 3º, da CLT. Nessa hipótese, resolve-se o conflito pelo reconhecimento da competência do juízo do local onde a ação foi proposta.*

6. Critérios peculiares de fixação da competência territorial na Justiça do Trabalho

6.1. Em dissídios individuais

Busca a legislação assegurar ou facilitar o acesso do trabalhador à Justiça, usando como critério determinante o local da prestação do Serviço.

Art. 651. *A competência das Juntas de Conciliação e Julgamento* (Hoje: VARA DO TRABALHO OU JUIZ DO TRABALHO) *é determinada pela localidade onde o empregado, reclamante ou reclamado, prestar serviços ao empregador, ainda que tenha sido contratado noutro local ou no estrangeiro.*

§ 1º Quando for parte de dissídio agente ou viajante comercial, a competência será da Junta da localidade em que a empresa tenha agência ou filial e a esta o empregado esteja subordinado e, na falta, será competente a Junta da localização em que o empregado tenha domicílio ou a localidade mais próxima.

§ 2º A competência das Juntas de Conciliação e Julgamento, estabelecida neste artigo, estende-se aos dissídios ocorridos em agência ou filial no estrangeiro, desde que o empregado seja brasileiro e não haja convenção internacional dispondo em contrário.

§ 3º Em se tratando de empregador que promova realização de atividades fora do lugar do contrato de trabalho, é assegurado ao empregado apresentar reclamação no foro da celebração do contrato ou no da prestação dos respectivos serviços.

OJ-SDI2-149 *Não cabe declaração de ofício de incompetência territorial no caso do uso, pelo trabalhador, da faculdade prevista no art. 651, § 3º, da CLT. Nessa hipótese, resolve-se o conflito pelo reconhecimento da competência do juízo do local onde a ação foi proposta.*

Em relação ao Trabalho subordinado (relação de emprego) não se admite ou não prevalece (art. 9º, CLT) o foro de eleição; no entanto, em relação ao trabalho não subordinado (mera relação de trabalho), há precedentes admitindo.

FORO DE ELEIÇÃO. *Não há como se aplicar a regra do art. 651 da CLT, especialmente do seu parágrafo 3º, de modo que prevalece o foro de eleição outrora fixado pelos litigantes, a teor da cláusula décima quarta constante do contrato de prestação de serviços firmados pelos próprios (fl. 10). Incide, portanto, na espécie o comando do art. 111 do CPC. O art. 651 da CLT, que dispõe acerca das regras de competência da justiça do trabalho, é aplicável apenas aos casos que envolvem relações de emprego, nas quais há a interação entre empregado e empregador. (TRT 17ª R.; RO 01700.2006.014.17.00.5; Ac. 5719/2008; tel. Juiz Jailson Pereira da Silva; DOES 27.6.2008; p. 16)*

FORO DE ELEIÇÃO. AÇÃO DE COBRANÇA DE HONORÁRIOS DE ADVOGADO. *Havendo eleição de foro, o consentimento dos contratantes deve ser respeitado, aplicando-se a hipótese do art. 112, parágrafo único, do código de processo civil. Não incidem, pois, as restrições que regem a eleição de foro pelos empregados. Por outro lado, não se aplica a Instrução Normativa 27, do c. Tribunal superior do trabalho, porque diz respeito a normas procedimentais e não sobre competência; também, não é possível utilizar as hipóteses previstas no art. 651, da CLT, em virtude de se referirem, apenas, às relações de emprego. (TRT 17ª R.; RO 01731.2006.014.17.00.6; Ac. 5633/2008; rel. Juiz Cláudio Armando Couce de Menezes; DOES 26.6.2008; p. 6)*

Da *Perpetuatio jurisdictionis*

Perpetuatio jurisdictionis — Princípio segundo o qual o que determina a competência são os elementos de fato e de direito existentes no momento da propositura da ação. Uma vez fixada a competência, a alteração desses elementos não tem qualquer influência sobre a competência, salvo as exceções previstas no art. 87 do CPC.

Art. 87. *Determina-se a competência no momento em que a ação é proposta. São irrelevantes as modificações do estado de fato ou de direito ocorridas posteriormente, salvo quando suprimirem o órgão judiciário ou alterarem a competência em razão da matéria ou da hierarquia.*

Em consonância com o princípio do juízo natural, o dispositivo *supra* estabelece que se determina a competência no momento em que a ação é proposta (despachada ou distribuída), sendo irrelevantes as modificações do estado de fato ou de direito ocorridas posteriormente.

Em outros termos, uma vez distribuída a demanda para o juízo competente, qualquer alteração no estado de direito ou de fato dos litigantes não acarreta a mudança da competência, permanecendo o feito aos cuidados do juízo para quem inicialmente foi encaminhado, salvo as exceções expressamente consignadas.

SÚMULA N. 367 DO STJ – *A competência estabelecida pela EC n. 45/2004 não alcança os processo já sentenciados.*

SÚMULA N. 46 DO STJ – *Na execução por carta, os embargos do devedor serão decididos no juízo deprecante, salvo se versarem unicamente vícios ou defeitos da penhora, avaliação ou alienação dos bens.*

Art. 114 – CPC – *Prorrogar-se-á a competência se dela o juiz não declinar na forma do parágrafo único do art. 112 desta Lei ou o réu não opuser exceção declinatória nos casos e prazos legais.*

SÚMULA N. 33 DO STJ – *A incompetência relativa não pode ser declarada de ofício*

Exceção à regra da *perpetuatio jurisdictionis*

SÚMULA N. 10 DO STJ – *Instalada a Junta de Conciliação e Julgamento, cessa a competência do Juiz de Direito em matéria trabalhista, inclusive para a execução das sentenças proferidas.*

6.2. Em dissídios coletivos

A COMPETÊNCIA DO Tribunal é determinada pela área de abrangência do conflito. Se o conflito está circunscrito à área de jurisdição do um TRT a competência será deste. Se a área de abrangência do conflito extrapola a jurisdição do TRT, a competência será do TST (Seção Especializada em Dissídios Coletivos ou Seção Normativa, como se vê na legislação pertinente abaixo transcrita.

Art. 2º Compete à seção especializada em dissídios coletivos, ou seção normativa:

I – originariamente:

*a) conciliar e julgar os dissídios coletivos que **excedam a jurisdição** dos Tribunais Regionais do Trabalho e estender ou rever suas próprias sentenças normativas, nos casos previstos em lei;*

Assim:

a) Conflitos Coletivos: Determinada pela área de conflito. Se limitada à de jurisdição de um Tribunal Regional, este será competente. Se extrapolar esta área de jurisdição (competência territorial) do mesmo, a competência será do Tribunal Superior do Trabalho.

b) Conflitos Individuais: Local da prestação do serviço, conforme estabelece o art. 651da CLT, salvo as exceções previstas nos parágrafos do mesmo artigo.

Predomina o princípio de facilitação de acesso ao trabalhador, o que exclui o foro de eleição (Princípio Protecionista).

Em se tratando de Estado Estrangeiro, Organismo Internacional e Agente Diplomático, a regra da determinação da competência também se aplica, levando em conta as restrições ou limitações decorrentes da imunidade de jurisdição e de execução destes órgãos e pessoas.

O princípio ou axioma "***par in parem nom habet imperium***", como já ressaltado, não tem mais uma aplicação absoluta, principalmente em matéria trabalhista. Após a Convenção Europeia de 1972 admite-se uma relativização da imunidade de jurisdição, em razão da prevalência dos direitos fundamentais do trabalhador. Exemplo elucidativo deste posicionamento está no Ac. STF. RE n. 222.368-4, de 30.4.2002, publicado na *Revista LTr* 67-02/171.

Capítulo 4

Das Partes e dos Procuradores (No Processo do Trabalho)

1. Considerações Preliminares

O Direito Processual do Trabalho normatiza a atuação dos órgãos e a prática dos atos, destinados à solução dos conflitos trabalhistas e à efetivação do Direito Material do Trabalho. Dadas as peculiaridades do direito positivo a ser concretizado, o ordenamento efetivador também apresenta algumas peculiaridades.

A origem administrativa dos órgãos encarregados de solucionar os conflitos trabalhistas e a simplicidade, inicial, dos procedimentos, influíram no tratamento das questões relativas às partes e sua representação no processo do trabalho, refletindo-se tais particularidades ainda hoje, tanto na terminologia relativa às partes como na forma das mesmas atuarem em feitos perante a Justiça do Trabalho.

2. Partes. Entendimento – Conceito

Segundo De Plácido e Silva, genericamente e no sentido jurídico, "*parte é toda a pessoa que intervém ou participa de um ato jurídico ou processual, como interessado nele.*" (*Vocabulário Jurídico*, p. 589)

Em sentido específico, relativamente ao direito processual ou processualmente, vários são os conceitos apresentados. Assim, **parte**:

É toda pessoa que se acha no exercício de seus direitos.

Quem em nome próprio ou em cujo nome é formulada a pretensão.

É toda a pessoa capaz, no pleno gozo de seus direitos.

Parte é toda a pessoa que, com legítimo interesse, provoca demanda ou nela se defende.

Quem como autor ou réu pede a proteção de uma pretensão jurídica pelos órgãos jurisdicionais.

Neste sentido, também se considera parte o oponente ou o assistente ou todo aquele que, no exercício de legítimo e próprio direito vem intervir numa causa em curso.

Toda a parte é sujeito do processo, mas nem todo o sujeito é parte. O Juiz, o Ministério Público e serventuários da Justiça, também atuam (desinteressadamente) no processo, no entanto, não são partes.

3. Denominação peculiar no Processo do Trabalho

Diferentemente do Processo Comum, em que as partes são denominadas de Autor e Réu ou Demandante e Demandado, no Processo do Trabalho, as partes recebem uma denominação especial, decorrente das origens do Direito Processual do Trabalho e da forma originária de funcionamento da Justiça do Trabalho, como órgão administrativo, vinculado ao Ministério do Trabalho, em que as partes, em especial os empregados, formulavam ou apresentavam reclamações.

Os Dissídios Individuais (Ações) Trabalhistas, pelas razões acima, são tratados pelo Direito Processual do Trabalho positivado, como RECLAMAÇÃO ou RECLAMATÓRIA TRABALHISTA. Na práxis, muitas vezes se utiliza esta expressão "Reclamatória Trabalhista" em lugar de AÇÃO ou até mesmo de processo. No entanto, dos registros consta a expressão processo (Processo n. "x").

Coerentemente com a tradição, as partes são tratadas por **Reclamante**, quem propõe a reclamatória, e **Reclamado**(a), contra quem é proposta a reclamatória.

Também são peculiares a designação das partes e procedimentos especiais, assim, no Inquérito para Apuração de Falta Grave, quem instaura é denominado **Requerente** e o investigado ou acusado do ato caracterizador da justa causa é tratado por **Requerido**. No Dissídio Coletivo, Suscitante é quem propõe e Suscitado, contra quem é instaurado. Neste processo a peça inicial é denominada de **Representação**.

4. Capacidade *ad causam* e *ad processum*

Capacidade é a aptidão para ser sujeito de direitos e obrigações e exercer por si ou por outrem os atos da vida civil. Todo ser humano tem capacidade de ser parte em juízo, seja para propor ação, seja para se defender. Também têm a mesma capacidade outros a quem antes o direito reconhece personalidade jurídica e hoje também, entes não personalizados, na forma da lei.

Genericamente **capacidade** "*É a aptidão para ser sujeito de direitos e obrigações e exercer por si ou por outros atos da vida civil.*" *(W. M. de Barros)*

Além da capacidade civil, as pessoas poderão adquirir a capacidade de estar em Juízo.

No que tangem ao Direito Processual a capacidade deve ser entendida em seus diversos aspectos, Assim:

É a aptidão para ser sujeito de direitos e obrigações e exercer por si ou por outrem os atos da vida civil. Todo o ser humano tem capacidade de ser parte em juízo, seja para propor ação, seja para defender-se. Também tem a mesma capacidade outros antes a quem o direito reconhece personalidade jurídica e hoje também, entes não personalizados, na forma da lei.

Além da capacidade civil, as pessoas poderão adquirir a capacidade de estar em Juízo, ou seja **Capacidade Processual**.

Por capacidade processual entende-se a capacidade para estar em Juízo. "É a capacidade daquele que, estando no livre exercício de seus próprios direitos, possa agir em juízo, validamente, por si mesmo, na forma da lei" (De Plácido e Silva – *Voc.*, p. 146).

No que tange ao Direito Processual a capacidade deve ser entendida em seus diversos aspectos, assim:

a) Capacidade de ser Parte ou Legitimidade para a Causa (*Legitimatio ad causam*). Legitimidade de Parte. (Capacidade Civil, art. 2º e 45 do CC e 7º do CPC).

Toda a pessoa que se acha no exercício de seus direitos tem capacidade para estar em juízo. (art. 7º, CPC)

A capacidade de ser parte, ou melhor, a capacidade de ser sujeito da relação processual — *legitimatio ad causam* — decorre da norma insculpida no art. 1º do Código Civil, segundo a qual toda a pessoa é capaz de direitos e deveres na ordem civil.

Capacidade de ser parte constitui uma **condição da ação**.

Legitimatio ad causam: está vinculada à condição de parte (Autor/Reclamante ou Réu/Reclamado). Esta legitimidade para a causa pode ser **ordinária ou extraordinária, e para alguns, também autônoma** ou *sui generis*:

I) **Ordinária** quando o titular do pretenso direito material é também o titular da ação, parte no processo. A parte (diretamente — "*jus postulandi*" — ou por meio de representante), postula em seu nome, direito próprio;

II) **Extraordinária**, quando alguém em nome próprio postula direito alheio. É titular da ação, parte no processo, mas não é o titular do direito buscado.

III – **Autônoma** (*tertium genus* — Nelson Nery): que tem como titular ente coletivo (no caso do processo do trabalho as Entidades sindicais), para promoção em juízo direitos coletivos (dissídio coletivo).

b) Capacidade Processual ou mais propriamente, Legitimidade para o processo: (*Legitimatio ad processum*) Capacidade de gozo. A legitimidade para o processo é um **pressuposto processual.**

c) Capacidade Postulatória (*jus postulandi* — sentido amplo). Capacidade de postular, de requerer, de dirigir-se ao juiz, de defender os interesses nos próprios autos. Capacidade de Exercício.

5. Capacidade processual na Justiça do Trabalho

A respeito das alterações no tratamento da questão (capacidade) trazidas pelo novo Código Civil Brasileiro, o Direito Processual do Trabalho, bem ou mal trata expressamente da questão, o que em tese afastaria aplicação subsidiária das regras do direito comum (art. 769, CLT). Sobre a questão estabelecem os arts. 792 e 793 da CLT:

Art. 792. Os maiores de 18 (dezoito) e menores de 21 (vinte e um) anos e as mulheres casadas poderão pleitear perante a Justiça do Trabalho sem a assistência de seus pais, tutores ou maridos.

Art. 793. A reclamação trabalhista do menor de 18 anos será feita por seus representantes legais e, na falta destes, pela Procuradoria da Justiça do Trabalho, pelo sindicato, pelo Ministério Público estadual ou curador nomeado em juízo. (Redação dada pela Lei n. 10.288, de 2001)

Os maiores de 18 anos sempre detiveram a capacidade plena perante a Justiça do Trabalho. Já os trabalhadores com menos de 18 anos são tratados como incapazes, pelo que devem ser representados por quem de direito, na forma estabelecida no art. 793, acima transcrito.

Muitos autores criticam o critério adotado no Direito Processual consolidado, afirmando que deveria ser feita a distinção entre os incapazes e os relativamente incapazes para efeito de legitimação, devendo ser os primeiros representados e os segundos apenas assistidos, nos moldes do processo comum (art. 8º do CPC).

Não me parece importante esta discussão meramente acadêmica, pois faticamente não há qualquer repercussão procedimental grave, pois não será extinto o processo em razão da adoção de terminologia ou procedimento que o magistrado entende incorreto, e sim, se for o caso, sanado o vício no prazo de dez dias, prosseguindo o processo em razão da regra estabelecida na Súmula n. 263 do TST.

SÚMULA N. 263 – PETIÇÃO INICIAL – INDEFERIMENTO – *Salvo nas hipóteses do art. 295 do CPC, o indeferimento da petição inicial, por encontrar-se desacompanhada de documento indispensável à propositura da ação ou não preencher outro requisito legal, somente é cabível se, após intimada para suprir a irregularidade em 10 (dez) dias, a parte não o fizer.*

Aprofundando um pouco mais o tema, deve ser referido que tradicionalmente satisfação do requisito processual em tal caso (*legitimatio ad processum*) se dá mediante representação ou mediante assistência.

No Processo comum "*Os incapazes serão representados ou assistidos por seus pais, tutores ou curadores, na forma da lei civil*", conforme estabelece o art. 8º do CPC.

No entanto, a Legislação Processual Trabalhista sempre tratou da questão. Inicialmente estabelecendo: "*Tratando-se de maiores de 14 anos e menores de 18 anos, as reclamações poderão ser feitas pelos seus representantes legais ou, na falta destes, por intermédio da Procuradoria da Justiça do Trabalho. Nos lugares onde não houver procuradoria o juiz ou presidente nomeará pessoa habilitada para desempenhar o cargo de curador à lide*".

A partir da Lei n. 10.288 de 29.9.2001, o instituto da representação, ficou assim normatizado: "*A reclamação trabalhista, por menor de 18 anos será feita por seus representantes legais e na falta destes, pela Procuradoria da Justiça do Trabalho, pelo Sindicado, pelo Ministério Público estadual ou curador nomeado pelo juízo*".

Uma vez que a legislação processual trabalhista não regulava a representação, a doutrina, numa aplicação subsidiária da regra do CPC, art. 8º, dizia que o menor dos 14 aos 18 anos, seria assistido *por seus pais, tutores ou curadores (alguns referiam o tutor)*.

Divergem os autores quanto à natureza do instituto: se representação ou assistência. Alguns afirmam que a norma processual trabalhista era imprecisa usando a expressão **representação** em lugar da expressão **assistência,** concluindo que o trabalhador relativamente incapaz seria assistido nos processos.

Amauri sustenta que o instituto é de Direito Processual e como tal é tratado pela CLT, pelo que não há por que fazer a distinção entre representação e assistência.

Alguns autores afirmam que as disposições do novo Código Civil, em especial o contido no art. 5º, devem ser levadas em conta no estudo da questão pelo Direito Processual do Trabalho. Salvo melhor juízo, tal questão é meramente acadêmica e não traz repercussão importante no processo ou procedimento perante a Justiça do Trabalho, pois dizer que o trabalhador menor é assistido ou representado, desde que figure na causa quem de direito, não implicará na regularidade ou não processual. Quando muito implicará em emenda da inicial (Súmula n. 263, do TST).

Art. 3º São absolutamente incapazes de exercer pessoalmente os atos da vida civil:

I – os menores de dezesseis anos;

II – os que, por enfermidade ou deficiência mental, não tiverem o necessário discernimento para a prática desses atos;

III – os que, mesmo por causa transitória, não puderem exprimir sua vontade.

Art. 4º São incapazes, relativamente a certos atos, ou à maneira de os exercer:

I – os maiores de dezesseis e menores de dezoito anos;

II – os ébrios habituais, os viciados em tóxicos, e os que, por deficiência mental, tenham o discernimento reduzido;

III – os excepcionais, sem desenvolvimento mental completo;

IV – os pródigos.

Parágrafo único. A capacidade dos índios será regulada por legislação especial.

Art. 5º A menoridade cessa aos dezoito anos completos, quando a pessoa fica habilitada à prática de todos os atos da vida civil.

Parágrafo único. Cessará, para os menores, a incapacidade:

I – pela concessão dos pais, ou de um deles na falta do outro, mediante instrumento público, independentemente de homologação judicial, ou por sentença do juiz, ouvido o tutor, se o menor tiver dezesseis anos completos;

II – pelo casamento;

III – pelo exercício de emprego público efetivo;

IV – pela colação de grau em curso de ensino superior;

V – pelo estabelecimento civil ou comercial, ou pela existência de relação de emprego, desde que, em função deles, o menor com dezesseis anos completos tenha economia própria.

6. *Jus postulandi* trabalhista

Entende-se por *jus postulandi* (direito de postular) o direito, a faculdade ou a ou capacidade de agir em juízo, de se manifestar verbalmente ou por escrito em processos.

Em regra geral o *jus postulandi* é exercido na forma prevista no art. 36 do CPC, que prescreve:

"*A parte será representada em juízo por advogado legalmente habilitado*":

No entanto, o Direito Processual do Trabalho o *Jus Postulandi ("Trabalhista")* de forma peculiar foi delegado às da partes da relação de emprego (empregador e empregado).

Assim "*Jus Postulandi Trabalhista*" consiste no direito assegurado ao empregado e ao empregador de falar em nome próprio em juízo (agir processualmente), em reclamatórias trabalhistas.

> *No processo trabalhista,* ius postulandi *é o direito que a pessoa tem de estar em juízo, praticando pessoalmente todos os atos autorizados para o exercício do direito de ação, independentemente do patrocínio de advogado.* (Sérgio Pinto Martins, *Direito Processual do Trabalho*, 29. ed., 2007. p. 184)

Não se confunde com capacidade postulatória: Segundo o mesmo autor, na verdade a **capacidade postulatória** refere-se ao sujeito e o *jus postulandi* ao exercício do direito.

Jus postulandi: "coisa diversa da **capacidade processual** é o jus postulandi, *isto é, o direito de praticar todos os atos processuais necessários ao inicio e ao andamento do processo: capacidade de requerer em juízo*" (Délio Maranhão, *Instituições*, 10. ed., vol. 2. p. 1.197)

Origem e fundamento legal do *jus postulandi trabalhista* está no art. 791, CLT.

Portaria n. 791 – Os empregados e os empregadores poderão reclamar pessoalmente perante a Justiça do Trabalho e acompanhar suas reclamatórias até o final.

Por várias vezes se sustentou a extinção do *jus postulandi* trabalhista, pelas mais diversas razões, inconstitucionalizadas (não fora recepcionado no novo ordenamento constitucional), revogação da norma consolidada.

A primeira ameaça ao *Jus Postulandi* Trabalhista ocorreu com a publicação da Constituição de 1988, em razão do disposto no **art. 133 da** Carta Magna.

Art. 133 – O advogado é indispensável à administração da justiça, sendo inviolável por seus atos e manifestações no exercício da profissão, nos limites da lei.

A doutrina e a jurisprudência acabaram por concluir que a imprescindibilidade do advogado era a Justiça como instituição e não necessariamente nos processos ou procedimentos, e, que a parte final do dispositivo constitucional "*nos limites da lei*", permitiria a excepcionalidade, como exemplifica a decisão a seguir:

O *jus postulandi, do* processo trabalhista não conflita com a art. 133 da Constituição de 1988, pois ele apenas reconheceu a natureza de direito público da função do advogado, sem criar nenhuma incompatibilidade com as exceções legais que permitem à parte ajuizar, pessoalmente, pleitos perante os órgãos do Poder Judiciário. (TST-RO-AR- 468/84 – Ac. SDI 4.983/90, de 12.12.1989 – Rel. Min. Orlando Teixeira da Costa – *LTr* 54-4/447)

A segunda ameaça adveio do **art. 1º, I, da Lei n. 8.906** de 04 de julho de l994 que "Dispõe sobre o Estatuto da Advocacia e a Ordem dos Advogados do Brasil — OAB".

São atividades privativas de advocacia:

I – a postulação a qualquer órgão do Poder Judiciário e aos juizados especiais;

Estabelece a Lei de Introdução às normas do Direito Brasileiro,

§ 1º *A lei posterior revoga a anterior quando expressamente o declare, quando seja com ela incompatível ou quando regule inteiramente a matéria de que tratava a lei anterior.* (art. 2º)

Assim, em interpretação literal estaria revogado o art. 791 da CLT e consequentemente extinto o *jus postulandi trabalhista*. No entanto, acolhendo pedidos formulados na ADIn n. 1.127-8 DF, o então Ministro Relator Paulo Brossar de Souza Pinto, concedeu liminar, nos termos abaixo reproduzidos, confirmada pelo Pleno do STF.

suspendendo sua aplicação em relação aos Juizados de Pequenas Causas, Justiça do Trabalha e Juizado de Paz.

Com esta decisão, que ainda vigora, sobreviveu o dito *jus postulandi trabalhista*.

Nova revogação do art. 791 da CLT teria ocorrido com a edição da **Lei n. 10.288/2001,** que dera nova reação ao mencionado artigo da CLT, no seguinte teor:

A assistência de advogado será indispensável a partir da audiência de conciliação, se não houver acordo antes da contestação, inclusive em dissídios coletivos.

Tal dispositivo legal foi vetado pelo Presidente da República, mantendo-se incólume o "resistente art. 791 da Consolidação das Leis do Trabalho e em razão disso, persiste o *"jus postulandi trabalhista"* em seus termos.

Entre outros tramita no Congresso Federal o **Projeto de Lei de 2007 (Dep. Daniel Almeida)**, alterando vários dispositivos da CLT, entre eles o art. 791, tornando obrigatório o patrocínio de advogado em Ações Trabalhistas.

Como este projeto ou qualquer outro foi transformado em lei, vigora no Processo do Trabalho o *jus postulandi* assegurado exclusivamente ao empregador e ao empregado, isto é em reclamatória trabalhista em sentido estrito, ou seja a demanda decorrente de conflito na relação de emprego.

Nas ações inerentes à relação de trabalho não subordinado, hoje de competência da Justiça do Trabalho, em razão da EC n. 45/04, o *jus postulandi* é privilégio de advogado legalmente habilitado, como se depreende do estatuído na Instrução Normativa n. 27/2005 do Tribunal Superior do Trabalho.

O Tribunal Superior do Trabalho, por meio da Súmula n. 425, abaixo transcrita, limitou o *jus postulandi* trabalhista.

SÚMULA N. 425 – *JUS POSTULANDI* NA JUSTIÇA DO TRABALHO. ALCANCE. O *jus postulandi* das partes, estabelecido no art. 791 da CLT, limita-se às Varas do Trabalho e aos Tribunais Regionais do Trabalho, não alcançando a ação rescisória, a ação cautelar, o mandado de segurança e os recursos de competência do Tribunal Superior do Trabalho.

7. Legitimação ordinária e extraordinária

Segundo a Teoria Geral do Processo a legitimação pode ser ordinária ou extraordinária.

A **Legitimação Ordinária** ocorre quando titular do direito material postula em nome próprio perante o órgão jurisdicional. Há uma concomitância entre o titular do direito e da ação.

A **Legitimação Extraordinária** se verifica quando alguém, que não é titular do direito material, autorizado por lei, postula em nome próprio direito alheio. (art. 6º do CPC)

7.1. Legitimação perante a Justiça do Trabalho

No Processo do Trabalho a legitimação extraordinária se verifica sempre que a entidade sindical, com fundamento no art. 8º, III, da Constituição Federal e art. 3º da Lei n. 8.073, de 30 de julho de 1990, em nome próprio, postular direito em favor de integrante da categoria.

A partir dos dispositivos legais aplicáveis pode-se afirmar que a legitimação no processo do trabalho apresenta peculiaridades em relação ao que ocorre no processo civil.

Estabelece o art. 839 da Consolidação:

Art. 839. A reclamação poderá ser apresentada:

a) pelos empregados e empregadores, pessoalmente, ou por seus representantes, e pelos sindicatos de classe;

b) por intermédio das Procuradorias Regionais da Justiça do Trabalho.

Assim, nos temos da lei, possuem legitimação para propor ação trabalhista (Reclamação ou Reclamatória Trabalhistas): Empregado; empregador; trabalhador avulso; tomador do serviço; o Ministério Público do Trabalho e o Sindicato;

Os Sucessores do Empregado (Dependentes Habilitados na Previdência Social) nos termos dos arts. 1º, Lei n. 6.858, de 24 de novembro de 1980 e 25, Lei n. 8.036, de 11 de maio de 1990, também possuem legitimidade para reclamar (postular) perante a Justiça do Trabalho, direito do empregado falecido, independentemente de habilitação como inventariante.

EMENTA: EMPREGADO FALECIDO. DEPENDENTES. COMPROVAÇÃO. ABERTURA DE INVENTÁRIO. PRESCINDIBILIDADE. APLICAÇÃO ANALÓGICA DA LEI N. 6.858/80. *No Processo do Trabalho, por aplicação analógica do art. 1º da Lei n. 6.858/80, é inexigível a certificação da abertura de inventário para fins de comprovar a legitimidade ativa do herdeiro necessário que postula qualquer crédito trabalhista eventualmente transmitido com a herança do falecido empregado, mormente se o postulante estiver devidamente habilitado como seu dependente perante a Previdência Social.* (Processo: 1.0001242-68.2010.5.03.0055 RO(01242-2010-055-03-00-2 RO) TRT 3)

7.2. Litisconsórcio no Processo do Trabalho

Verifica-se o litisconsórcio quando duas ou mais pessoas físicas ou jurídicas figuram no polo ativo (autores/reclamantes) ou no polo passivo (demandados/réus/reclamados) de uma ação (reclamatória) trabalhista.

O Direito Processual do Trabalho não trata expressamente do litisconsórcio como tal, apenas o admite de forma implícita nos arts. 842 e 843 da CLT quando se refere à reclamatória plúrima.

Art. 842. Sendo várias as reclamações e havendo identidade de matéria, poderão ser acumuladas num só processo, se se tratar de empregados da mesma empresa ou estabelecimento.

Na omissão do direito processual aplicam-se ao litisconsórcio, no que compatível, as regras do Direito Processual Comum, quanto a seus resultados e em matéria recursal.

No Processo do Trabalho o litisconsórcio pode ser ativo (quando dois ou mais empregados postulam, na mesma reclamatória, direitos comuns contra o mesmo empregador) ou passivo (quando os mesmos direitos são postulados contra duas ou mais empresas na mesma reclamatória, normalmente em razão de responsabilidade solidária ou subsidiária — art. 2º e § 2º do art. 445 da LCT e Súmula n. 331 do TST).

Não se vislumbra em reclamatórias trabalhistas o litisconsórcio necessário, pelo que na esfera trabalhista o mesmo normalmente é facultativo. Talvez com a ampliação da competência da Justiça do Trabalho, em ações trabalhistas possa ocorrer o litisconsórcio necessário.

7.3. Da substituição processual trabalhista

A substituição processual (trabalhista) constitui um instituto processual de extrema importância no âmbito trabalhista, como única forma, na vigência do contrato de trabalho, de assegurar a garantia constitucional fundamental de acesso à Justiça, por isso merece um análise mais detalhada como se pretende fazer a seguir.

A substituição processual (legitimação extraordinária) de muito é admitida pelo Direito Processual, porém sem a relevância e objetivos que ela detém no Direito Processual do Trabalho ou Processo do Trabalho. Sempre foi tida como uma medida excepcional, para as hipóteses expressamente previstas na legislação, como se depreende do disposto no art. 6º do Código de Processo Civil.

Art. 6º "Ninguém poderá pleitear, em nome próprio, direito alheio, salvo quando autorizado por lei."

O Direito Processual do Trabalho consolidado ou extravagante não tratava expressamente do instituto, apenas mencionava hipóteses em que a substituição era admitida, pelo que, em razão do disposto no art. 769 da CLT a seguir transcrito, a substituição processual, legitimação extraordinária que é, era regida, subsidiariamente, pela regra do CPC acima reproduzida. Desta forma, assim como no processo comum, a substituição processual em demandas trabalhistas, só era admitida na hipótese autorizada por lei.

Art. 769. *Nos casos omissos, o direito processual comum será fonte subsidiária do direito processual do trabalho, exceto naquilo em que for incompatível com as normas deste Título.*

Conceito/entendimento

A Substituição Processual: "*Ato pelo qual, nas hipóteses admitidas legalmente, litiga em juízo em nome próprio em defesa de direito alheio*"(Valdemar Ferreira).

A Substituição processual consiste numa legitimação anômala, num legitimação ad causa extraordinária, em que, por exceção, alguém pleiteia direito alheio em nome próprio. (Wagner D. Giglio)

Substituição Processual Trabalhista: "*Consiste na possibilidade de a entidade sindical (geralmente o Sindicato), postular em nome próprio, direitos individuais de integrantes da categoria por ele representada.* (Claudio Malgarin)

O sindicato está atuando como substituto processual e não como mero representante. Quando atua como substituto processual (há substituição processual quando se propõe ação em nome próprio na defesa de direito alheio), o sindicato é o titular do direito da ação. (TRT/01283-2010-059-03-00-4-RO)

O substituto é parte no sentido formal

Na representação pelo Sindicato de associados, atua ele como simples mandatário em ação individual, indispensável sendo, por isso, a outorga do mandato por todos os empregados reclamantes. Na substituição, o Sindicato comparece na condição de parte, embora postulando direito alheio não mesclado com interesse seu, em exclusivo benefício, portanto, de associado. A substituição por envolver legitimação excepcional, só é admitida quando expressamente prevista em lei. (TST-E-RR-6139/84 Ac. SDI- 5043/89, 28-09-89, red. Desig. Min. Guimarães Falcão – LTr 55-01/81)

Requisitos de admissibilidade no Processo Civil:

A doutrina tradicional, a partir dos ensinamentos de Chiovenda, Liebman e Carnelutti, afirma que a Substituição Processual só se verifica se autorizada expressamente por lei e justifica-se quando:

a) houver comunhão de interesses quanto ao objeto da ação, e do resultado da demanda aproveitar o substituto;

b) a inércia do substituído afetar os interesses ou causar prejuízo ao substituto;

c) indisponibilidade do direito, exclusiva, do substituído que determine a ação do substituto;

Característica:

Por defender também interesse próprio, mesmo que indivisível, o substituto responde pela reconvenção.

Hipóteses de substituição processual no direito comum:

a) O gestor de negócio agindo em nome próprio em favor dos interesses do gerido;

b) Quem de direito postulando a anulação do casamento de menor;

c) Ação do marido quanto aos bens dotais do cônjuge;

d) Credor da falência, na omissão do síndico.

A substituição processual no processo do trabalho:

Uma vez que até a Constituição Federal de 1988, e posterior edição da Lei n. 8.073/90, não havia norma de Direito Processual do Trabalho regulamentando a legitimação extraordinária, esta, tratada como Substituição Processual só era admitida nas hipóteses expressamente previstas na legislação processual consolidada e extravagante, abaixo enumeradas.

Art. 513, letra "a" da CLT:

São prerrogativas dos sindicatos:

a) *representar, perante as autoridades administrativas e judiciárias, os interesses gerais da respectiva categoria ou profissão liberal ou os interesses individuais dos associados relativos à atividade ou profissão exercida;*

Art. 872, parágrafo único — Ação de Cumprimento:

(...)

PARÁGRAFO ÚNICO – *Quando os empregadores deixarem de satisfazer o pagamento de salários, na conformidade da decisão proferida, poderão os empregados ou seus sindicatos, independentes de outorga de poderes de seus associados, juntando certidão de tal decisão, apresentar reclamação à Junta ou Juízo competente, observando o processo previsto no Capítulo II deste Título, sendo vedado, porém, questionar a matéria de fato e de direito já apreciada na decisão.*

Art. 195, § 2º — Insalubridade/Periculosidade:

Art. 195. A caracterização e a classificação da insalubridade e da periculosidade ....

(...)

§ 2º *Arguida em juízo insalubridade ou periculosidade, seja por empregado* **seja por Sindicato**, *em favor de grupo de associados, o juiz designará perito habilitado na forma deste artigo, e, onde não houver, requisitará perícia ao órgão competente do Ministério do Trabalho.*

Lei n. 6.798 — de 30 de outubro de 1979 — Reajustes salariais:

Dispõe sobre a correção automática dos salários, modifica a política salarial e dá outras providências."

Art. 3º (...)

"§ 2º Será facultado aos Sindicatos, independente de outorga de poderes dos integrantes da respectiva categoria profissional, apresentar reclamação na qualidade de substituto processual de seus associados, com o objetivo de assegurar a percepção dos valores salariais corrigidos na forma do artigo anterior.

Lei n. 7.238 — de 20 de outubro de 1984 — Reajustes salariais:

Dispõe sobre a manutenção da correção automática semestral dos salários, de acordo com o Índice Nacional de Preços ao Consumidor – INPC, revoga dispositivos do Decreto-lei n. 2.065 de 26 de outubro de 1983.

Art. 3º (...)

§ 2º *Será facultado aos Sindicatos, independente de outorga de poderes dos integrantes da respectiva categoria profissional, apresentar reclamação na qualidade de substituto processual de seus associados, com o objetivo de assegurar a percepção dos valores salariais corrigidos na forma do artigo anterior.*

A jurisprudência da época também tratava da substituição processual como mera hipótese de legitimação extraordinária, como admitia (restritamente) no art. 6º do Código de Processo Civil, como se vê nas Súmulas hoje canceladas, abaixo transcritas:

Súmula n. 180 – *Nas ações de cumprimento, o substituto processual pode, a qualquer tempo, desistir da ação, desde que, comprovadamente, tenha havido transação.* (cancelada)

Súmula n. 255 – *O substituído processualmente pode, antes da sentença de primeiro grau, desistir da ação.* (cancelada)

Súmula n. 271 – *Legítima é a substituição processual dos empregados associados, pelo sindicato que congrega a categoria profissional, na demanda trabalhista cujo objetivo seja adicional de insalubridade e periculosidade.* (cancelada)

No mesmo diapasão a Súmula n. 286, desnecessariamente mantida pelas razões (substituição processual trabalhista ampla e irrestrita) que se verá adiante.

Súmula n. 286 – *A legitimação do Sindicato para propor ação de cumprimento estende-se também à observância de acordo ou convenção coletiva.*

Reitere-se que ante a ausência de norma processual específica na legislação trabalhista consolidada ou extravagante a Substituição Processual Trabalhista era norteada pelo regramento contido no art. 6º do CPC, aplicável subsidiariamente face ao comando do art. 769 da CLT, acima transcrito.

Ninguém poderá pleitear, em nome próprio, direito alheio, salvo quando autorizado por lei.

Nova a atual fase da *Substituição Processual Trabalhista*:

Estabelece o inciso III do art. 8º da Carta, neste sentido, com mais razão, **cidadã**.

Art. 8º É livre a associação profissional ou sindical, **observado o seguinte**:

(...)

III – ao sindicato cabe a defesa dos direitos e interesses coletivos ou individuais da categoria, inclusive em questões judiciais ou administrativas.

Podemos dizer que a legislação infraconstitucional passou a normatizar a legitimação extraordinária no processo do trabalho como uma espécie peculiar, não mais com o caráter de excepcionalidade *numerus clausus* do Processo Comum, mais como um instituto peculiar do Processo do Trabalho como objetivos e aplicação distintos da figura tradicional.

Lei n. 7.788, de 3 de julho de 1989:

Dispõe sobre a política salarial e dá outras providências.

Art. 8º Nos termos do inciso III do art. 8, da Constituição Federal, as entidades sindicais poderão atuar como substitutos processuais da categoria, não tendo eficácia a desistência, a renúncia e transação individuais.

Medida Provisória n. 190, de 31 de maio de 1990:

Dispõe sobre a suspensão da execução de sentenças em dissídios coletivos, e dá outras providências.

(...)

Art. 2º A alínea *"a"* do art. 513 da Consolidação das Leis do Trabalho passa a ter a seguinte redação:

Art. 513. (...)

a) representar, perante as autoridades administrativas e judiciárias, os interesses gerais da respectiva categoria ou profissão liberal ou os interesses individuais dos associados relativos à atividade ou profissão exercida, bem como atuar em juízo como substitutos processuais dos integrantes da categoria.

Lei n. 8.073, de 30 de julho de 1990:

Estabelece a política nacional de salários e dá outras providências.

Art. 3º As entidades sindicais poderão atuar como substitutos processuais dos integrantes da categoria.

O Tribunal Superior do Trabalho não tinha o mesmo entendimento e continuou tratando a substituição processual como instituto processual restrito nos moldes tradicional da legitimação extraordinária, como se vê na hoje cancelada Súmula n. 310, abaixo transcrita.

Súmula n. 310

I – O art. 8º, inciso III, da Constituição da República não assegura a substituição processual pelo sindicato.

II – A substituição processual autorizada ao sindicato pelas Leis ns. 6.708 de 30.10.79 e 7.238, de 29.10.84, limitada aos associados, restringe-se às demandas que visem aos reajustes salariais previstos em lei, ajuizadas até 3 de julho de 1989, data em que entrou em vigor a Lei n. 7.788.

III – A Lei n. 7788/89, em seu art. 8º, assegurou, durante a sua vigência, a legitimidade do sindicato como substituto processual da categoria.

IV – A substituição processual autorizada pela Lei n. 8.073, de 30 de julho de 1990, ao sindicato alcança a todos os integrantes da categoria e é restrita às demandas que visem à satisfação dos reajustes específicos, resultantes de disposições previstas em lei de política salarial.

Críticas foram feitas ao contido na Súmula n. 310, sobre os aspectos de competência, princípios ou regras de hermenêutica, princípio da razoabilidade, contextualidade da questão e etc., que não se justificam mais, tendo em vista a mudança de entendimento daquela Corte e que culminou no cancelamento da dita súmula.

Os acórdãos abaixo transcritos dão conta do novo entendimento do TST e da jurisprudência trabalhista de um modo geral sobre a Substituição Processual Trabalhista, que gradativamente vai sendo admitida também pelos tribunais pátrios, como um instituto peculiar distinto da legitimação extraordinária como normatizada no CPC, por ter aplicação ampla e irrestrita e não apenas nas hipóteses expressamente autorizadas pela lei, como mostram, exemplificativamente, os acórdãos abaixo.

Cancelado pelo Pleno o Enunciado n. 310, eis que já suplantado o seu entendimento, ao menos do seu item I, por vários julgados oriundos do Supremo Tribunal Federal; afetada ao plenário daquele Tribunal a decisão final sobre a matéria, está livre essa Seção de Dissídios Individuais para interpretar, em controle difuso da constitucionalidade, o art. 8º, III, da Lei Fundamental. A substituição processual prevista no art. 8º, inciso III, da Carta Magna não é ampla e irrestrita, limitando-se às ações decorrentes de direitos ou interesses individuais homogêneos, cujo procedimento consta da Lei n. 8.078/90 (Código de Defesa do Consumidor), plenamente aplicável à hipótese. (PROC. N. TST-E-RR-175.894/95.9)

EMENTA: "Processo civil. Sindicato. art. 8º, III da Constituição Federal. Legitimidade. Substituição processual. Defesa de direitos e interesses coletivos ou individuais. Recurso conhecido e provido.

O art. 8º, III, da Constituição Federal estabelece a legitimidade extraordinária dos sindicatos para defender em juízo os direitos e interesses coletivos ou individuais dos integrantes da categoria que representam. Essa legitimidade extraordinária é ampla, abrangendo a liquidação e a execução dos créditos reconhecidos aos trabalhadores.

Por se tratar de típica hipótese de substituição processual, é desnecessária qualquer autorização dos substituídos. (STF – RE n. 210.029-3).

RECURSO EXTRAORDINÁRIO N. 214.668

Decisão: Após o voto do Senhor Ministro Carlos Velloso, Relator, que, dando exegese ao inciso III do art. 8º da Constituição Federal, conheceu e deu provimento ao recurso extraordinário,

Decisão: o inciso III do art. 8º da Constituição Federal assegura ao sindicato como substituto processual nas ações coletivas de defesa de direitos e interesses individuais comuns ou homogêneos dos integrantes da categoria, dispensada qualquer autorização, 20.11.2003.

RECURSO EXTRAORDINÁRIO N. 202.063-0 PARANÁ

EMENTA: *O art. 8º, III, da Constituição, combinado com o art. 3º da Lei n. 8.073/90, autoriza a substituição processual ao sindicato, para atuar na defesa dos direitos e interesses coletivos ou individuais de seus associados (AGRAG 153.148-PR, DJ 17.11.95).*

STJ – LEGITIMIDADE DO SINDICATO. PROTESTO INTERRUPTIVO DA PRESCRIÇÃO DA PRETENSÃO EXECUTIVA.

O sindicato tem legitimidade para ajuizar protesto interruptivo do prazo prescricional da ação executiva de sentença proferida em ação coletiva na qual foram reconhecidos direitos da respectiva categoria. *Os sindicatos, de acordo com o art. 8º, III, da CF, possuem ampla legitimidade para defender em juízo os direitos da categoria tanto nas ações ordinárias quanto nas coletivas, pois agem na qualidade de substitutos processuais, sendo dispensável, para tanto, a autorização expressa dos substituídos. Essa legitimidade abrange, também, as fases de liquidação e execução de título judicial, portanto não há falar em ilegitimidade do sindicato para interpor protesto interruptivo do prazo prescricional da ação executiva. Precedente citado do STF: RE 214.668-ES, DJ 23/8/2007, e do STJ. (AgRg no AREsp 33.861-RS, DJe 23/5/2012. AgRg no Ag 1.399.632-PR, rel. Min. Arnaldo Esteves Lima, julgado em 4.12.2012)*

O art. 8º, III da Constituição Federal estabelece a legitimidade extraordinária paria dos sindicatos para defender em juízo os direitos e interesses coletivos ou individuais dos integrantes da categoria que representa. Essa legitimidade extraordinária é ampla abrangendo a liquidação e a execução dos créditos reconhecidos aos trabalhadores. Por se tratar de típica hipótese de substituição processual, é desnecessária qualquer autorização dos substituídos. (STF – RE 193.503/SP – Rel. Joaquim Barbosa – J 12.6.2006 – DJE -087, div. 23.8.2007. p. 00056 – AI 156338 AgR / PR – PARANA AG.REG.NO AGRAVO DE INSTRUMENTO – Relator(a): Min. ILMAR GALVÃO – Julgamento: 12/09/95 – DJ 27.10.1995)

EMENTA: RECURSO EXTRAORDINÁRIO FUNDADO EM ALEGAÇÃO DE AFRONTA, PELO ACÓRDÃO, AOS ARTS. 5º, XXXVI, E 8º, III, DA CONSTITUIÇÃO FEDERAL. *Não se pode ter por demonstrada a alegada afronta ao art. 8., III, da Constituição, pelo fato de haver o acórdão – com base em interpretação dada ao referido texto, consagrada pela Lei n. 8.073/90 –, reconhecido legitimidade a entidade sindical para a defesa de interesses da respectiva categoria profissional, por meio de ação trabalhista. Tratando-se, ademais, de lei de aplicação imediata, em face de sua natureza processual, não se pode falar em violação ao princípio da irretroatividade. Agravo regimental improvido.*

DECISÕES DE TRTs

Supremo Tribunal Federal já decidiu que o art. 8º, III, da Constituição da República, confere, por si só, legitimidade ativa para os sindicatos atuarem na defesa dos direitos e interesses coletivos e individuais da categoria, inclusive em questões judiciais ou administrativas. *Nesse contexto, não se aplica mais, nessas hipóteses, qualquer interpretação que limite a substituição processual no direito do trabalho, como era previsto no item I, da já cancelada Súmula n. 310, do* ***Tribunal Superior do Trabalho***(TRT3 – AIRR n. 0001626-57.2010.5.03.0014 Novembro 2011)

RECURSO DE REVISTA. LEGITIMIDADE ATIVA DO SINDICATO DA CATEGORIA PROFISSIONAL. SUBSTITUIÇÃO PROCESSUAL DE UM ÚNICO REPRESENTADO. DIREITOS INDIVIDUAIS. *O reconhecimento da legitimidade ativa do sindicato da categoria profissional para pleitear* **direitos individuais** *homogêneos guarda sintonia com a jurisprudência desta Corte Superior e do Supremo Tribunal Federal. O art. 8º, inciso III, da Constituição Federal assegura aos sindicatos* **a possibilidade de substituição processual ampla e irrestrita para agir no interesse de toda a categoria***. Ressalto que o fato de ser titular da pretensão de direito material apenas um empregado não impossibilita o sindicato de, no exercício de sua atribuição assegurada constitucionalmente, definir em que ocasiões vai exercitá-la, diante do interesse subjacente. Se a Constituição não a limita, não pode o magistrado restringi-la, sob pena de contrariar o princípio da máxima efetividade que caracteriza a sua hermenêutica. Recurso de revista de que se conhece e a que se dá provimento. (Recurso de Revista n. TST--RR-397-89.2010.5.03.0102 – disponibilizado em 30.5.2014)*

TRT/01283-2010-059-03-00-4-RO

EMENTA: Pouco importa se o sindicato se apresenta na condição de substituto processual para postular direitos de toda a categoria ou opte por ajuizar a ação apenas em nome de um substituído, porquanto em ambas as hipóteses se justifica a utilização do referido instituto processual, como forma de garantir o acesso à justiça e evitar o atraso no recebimento do crédito trabalhista.

EMENTA: SINDICATO. SUBSTITUIÇÃO PROCESSUAL AMPLA. É legitimado o Sindicato a atuar como substituto processual, mesmo que a ação verse sobre pedido de equiparação salarial. Inteligência do art. 8º, III, da CF/88 (RO-01619-2010-102-03-00-6 – TRT-3 – 28.05.2013)

Quanto às hipóteses de admissibilidade e abrangência da Substituição Processual Trabalhista, a partir do inciso III do art. 8º do CF/88, pode-se concluir:

Dispõe o art. 8º, III, da Constituição Federal:

Ao sindicato cabe a defesa dos direitos e interesses coletivos ou individuais da categoria, inclusive em questões judiciais ou administrativas.

Uma vez que o inciso XXI do art. 5º da Constituição Federal outorga às associações e como tal às entidades sindicais legitimidade para representar seus integrantes em juízo, não seria razoável pensar ou entender que o Inciso III do art. 8º estaria repetindo a mesma norma, pelo que, salvo melhor juízo, este último dispositivo constitucional trata de substituição e não de representação processual.

Corroboram a conclusão acima as decisões do Supremo Tribunal Federal transcritas neste capítulo.

Por outro lado, o inciso III do art. 8º, acima transcrito, não faz a restrição do art. 6º do CPC, "quando autorizado por lei". Tampouco o art. 3º da Lei n. 8.073 de 30 de julho de 1990, contém aquela ou qualquer outro restrição.

Art. 3º "As entidades sindicais poderão atuar como substitutos processuais dos integrantes da categoria."

Assim, a legitimação extraordinária do sindicato nesse caso é ampla e irrestrita, abrangendo todos os integrantes da categoria profissional, associados ou não e até mesmo aqueles cujos contratos de trabalho foram extintos, mas que tiveram o seu direito lesado, passível de reparação.

*Pouco importa se o sindicato se apresenta na condição de substituto processual para postular direitos de toda a categoria ou opte por ajuizar a ação apenas em favor de um substituído, **objetivando assim, melhor acompanhamento processual e facilidade na execução, evitando delongas que o crédito alimentar não deve se submeter**. (TRT/01283-2010-059-03-00-4-RO – 08.11.2011)*

Vantagens e desvantagens da Substituição Processual Trabalhista:

a) efetivação da garantia de acesso ao Judiciário (direito de ação) do empregado na vigência do contrato de trabalho, com a despersonalização do empregado reclamante;

b) evitaria ou diminuiria as represálias, decorrentes de reclamatórias propostas por empregado;

c) afastaria ou minimizaria os prejuízos decorrentes da prescrição no curso do contrato de trabalho;

d) desafogaria os órgãos da Justiça do Trabalho, porque, ao invés de milhares, tramitaria apenas uma ou algumas ações referentes à mesma matéria;

e) resultaria numa maior segurança aos jurisdicionados, diminuindo as decisões divergentes;

f) implicaria em maior efetividade das normas de proteção ao trabalhador.

A substituição processual em sua plenitude acabaria com o estigma de que a Justiça do Trabalho é a Justiça do desempregado.

Críticas e desvantagens apontadas a Substituição Processual:

Segundo Hugo Gueiros Bernardes, em artigo publicado na *LTr* 57-06/645, as principais críticas à Substituição Processual Trabalhista (SPT), como aqui entendida:

a) Atenta contra o instituto da conciliação;

b) Incompatível com o direito de transação ou acordo: "Se o empregado ou trabalhador não está impedido de negociar individualmente a matéria controvertida mediante transação (acordo), não pode subsistir a substituição processual";

c) A Substituição Processual Trabalhista é alienígena e/ou exótica ao Instituto pertinente, admitido na legislação pátria e/ou internacional, pois como previsto no Direito Processual do Trabalho, (Lei n. 8.073/90), o substituto não ostenta interesse em comum com o substituído, não lhe causando dano algum a inércia do titular do Direito Individual Trabalhista;

d) A SPT contraria toda a legislação brasileira pertinente à espécie;

e) A inexistência de fato do Direito de Ação, na vigência do CIT, não justificaria a substituição (SPT) e sim a prorrogação do prazo prescricional ou a celeridade processual;

f) A SPT afronta os direitos e/ou garantias individuais constitucionais, o que torna imprópria e ilegal a Lei Ordinária para tal fim.

Com o devido respeito que merece o ilustre autor e Ex-Ministro do TST, as únicas ressalvas que podem ser feitas à Substituição Processual Trabalhista e de nela estar inviabilizada a conciliação, pois o substituto não pode transigir com direitos indisponíveis de terceiros e que nos respectivos processos pode haver dificuldades na execução, o que não desmerece as grandes vantagens que o instituto traz.

Litispendência e Coisa Julgada

Divergem a doutrina e a jurisprudência sobre a questão. Alguns autores e alguns julgados, sugerem a aplicação do art. 104 do CDC, outros entendem que pode configurar-se a litispendência e coisa julgada entre a Ação proposta pelo Substituto Processual e a Reclamatória Individual proposta por empregado substituído singularmente, como se vê das ementas abaixo:

RECURSO DE REVISTA. LITISPÊNDENCIA. Art. 104 DO CÓDIGO DE DEFESA DO CONSUMIDOR. APLICABILIDADE AO PROCESSO DO TRABALHO. *A coletivização das ações tem como resultado pronunciamento judicial com autoridade para solucionar lesões de direito que se repetem, de modo que tenha ele força suficiente para se estender aos direitos individuais homogêneos e órgãos jurisdicionais. As ações coletivas têm a mesma natureza jurídica, quer sejam elas de origem trabalhista, quer sejam consumeristas. Deste modo, não há de se falar em litispendência, na medida em que o autor apenas será abrangido pela coisa julgada, que se formará na decisão coletiva, se buscar a suspensão do seu processo individual, com o fim de receber os efeitos daquela ação, o que não consta no presente caso. Aplica-se, portanto, o art. 104 do CDC ao processo do trabalho, que assegura a propositura de ações individuais e coletivas sem caracterização de litispendência. Recurso de Revista conhecido e desprovido...* (TST-RR-216700-91.2006.5.02.0029, 6ª T., rel. Min. Aloysio Corrêa da Veiga, DEJT 22.06.2011)

De acordo com a jurisprudência do Tribunal Superior do Trabalho, o ajuizamento pelo empregado de ação individual não implica a desistência de ação já proposta pelo sindicato a que pertence, na qualidade de substituto processual. **Nessas condições, o processo individual deve ser extinto, sem julgamento do mérito, pois ocorre litispendência, ou seja, duas ações com mesmo objeto e causa de pedir.** (E-RR-3900-67.2008.5.22.0003)

Ocorre litispendência, segundo a teoria da tríplice identidade no CPC quando duas causas são idênticas quanto as partes (mesmo partes sendo diferente prevalece a teoria da identidade da relação jurídica), ao pedido e a causa de pedir, ou quando seja ajuizada uma nova ação que repita o que já fora ajuizado, aspecto que acarreta a extinção do processo, sem julgamento de mérito. (RR 21300-91.5.22.0004)

RECURSO DE REVISTA. PROCESSO ELETRÔNICO – COISA JULGADA. SUBSTITUIÇÃO PROCESSUAL E AÇÃO INDIVIDUAL. NÃO CONFIGURAÇÃO. *O acórdão regional está em conformidade com a atual jurisprudência do TST, segundo a qual não há falar em litispendência ou coisa julgada na hipótese de repetição pelo empregado de pedidos formulados em ação movida pelo sindicato de sua categoria profissional na qualidade de substituto processual. Inteligência dos arts. 301, § 2º, do CPC e 103 e 104 do CDC. Recurso de Revista não conhecido.* (TST-RR-990-62.2010.5.09.0002 – Publicado em 14.11.2012)

AÇÃO CIVIL PÚBLICA. ACORDO JUDICIAL HOMOLOGADO. EFEITOS SOBRE A AÇÃO INDIVIDUAL. *A homologação judicial de acordo firmado em ação civil pública ajuizada pelo Ministério Público do Trabalho em face da reclamada gera indiscutíveis reflexos sobre a ação individual que tem como um dos pedidos o objeto daquele acordo. Eventual condenação pode gerar o recebimento em duplicidade da mesma verba, mormente porque comprovado o recebimento d primeira parcela do ajuste e configurar o enriquecimento ilícito da parte.* (TRT24 – PROCESSO N. 0000099-59.2013.5.24.0021-RO)

Súmula n. 56 TRT4 – LITISPENDÊNCIA. AÇÃO COLETIVA E AÇÃO INDIVIDUAL. SUBSTITUIÇÃO PROCESSUAL. A ação proposta pelo sindicato, como substituto processual, não induz litispendência em relação à ação individual, à luz do art. 104 do Código de Defesa do Consumidor.

Os acórdãos acima mostram estar com razão os autores que entendem não incidir os efeitos da coisa julgada e litispendência entre a demanda proposta pelo substituto e a postulação individual do substituído, desde que respeitados os princípios que vedam o *bis in idem*, a locupletação ilícita e o enriquecimento sem causa. Isto é: o trabalhador não pode receber duas vezes o mesmo direito.

Legitimidade Passiva do Substituto

Como o titular do direito é o substituído, muitos juristas criticam o entendimento do TST adotado no inciso II da Súmula n. 406 abaixo transcrito.

(...)

II – O Sindicato, substituto processual e autor da reclamação trabalhista, em cujos autos fora proferida a decisão rescindenda, possui legitimidade para figurar como réu na ação rescisória, sendo descabida a exigência de citação de todos os empregados substituídos, porquanto inexistente litisconsórcio passivo necessário.

8. Da representação no Processo do Trabalho

Compreensão:

O representante defende direito alheio em nome do representado e não em nome próprio.

O Direito Processual do Trabalho contém algumas peculiaridades abaixo apresentadas sobre a representação, mas não normatiza esta figura processual, pelo que, atentando-se as ditas peculiaridades, aplica-se subsidiariamente o disposto no art. 12 do Código de Processo Civil. Estabelece o referido artigo:

Art. 12. Serão representados em juízo, ativa e passivamente:

I – a União, os Estados, o Distrito Federal e os Territórios, por seus procuradores;

II – o Município, por seu Prefeito ou procurador;

III – a massa falida, pelo síndico;

IV – a herança jacente ou vacante, por seu curador;

Os três primeiros incisos aplicam-se, quando for o caso (polo passivo em demandas oriundas da relação de emprego — celetistas), ao Processo do Trabalho.

V – o espólio, pelo inventariante;

No Processo do Trabalho o espólio não é necessariamente representado pelo inventariante, uma vez que nos dispositivos abaixo transcritos admite-se a representação do trabalhador falecido pelos seus sucessores habilitados como dependentes perante a Previdência Social.

Art. 1º *Os **valores devidos pelos empregadores aos empregados** e os montantes das contas individuais do Fundo de Garantia do Tempo de Serviço e do Fundo de Participação PIS-PASEP, não recebidos em vida pelos respectivos titulares, serão pagos, em quotas iguais, **aos dependentes habilitados perante a Previdência Social** ou na forma da legislação específica dos servidores civis e militares, e, na sua falta, aos sucessores previstos na lei civil, indicados em alvará judicial, independentemente de inventário ou arrolamento.* (Lei n. 6.858/80)

Art. 25. *Poderá o próprio trabalhador, seus dependentes e sucessores, ou ainda o Sindicato a que estiver vinculado, acionar diretamente a empresa por intermédio da Justiça do Trabalho, para compeli-la a efetuar o depósito das importâncias devidas nos termos desta lei.* (Lei n. 8.036/90)

VI – as pessoas jurídicas, por quem os respectivos estatutos designarem, ou, não os designando, por seus diretores;

VII – as sociedades sem personalidade jurídica, pela pessoa a quem couber a administração dos seus bens;

VIII – a pessoa jurídica estrangeira, pelo gerente, representante ou administrador de sua filial, agência ou sucursal aberta ou instalada no Brasil (art. 88, parágrafo único);

O Direito Processual do Trabalho admite que as pessoas jurídicas sejam representadas por um preposto, que, salvo em relação à pequena empresa e ao empregador doméstico, dever ser empregado da mesma, como se vê do § 1º do art. 843, CLT; art. 54 da LC n. 123/2006 e Súmula n. 377 do TST.

§ 1º *É facultado ao empregador fazer-se substituir pelo gerente, ou qualquer outro preposto que tenha conhecimento do fato, e cujas declarações obrigarão o proponente* (art. 843-CLT).

Art. 54. *É facultado ao empregador de microempresa ou de empresa de pequeno porte fazer-se substituir ou representar perante a Justiça do Trabalho por terceiros que conheçam dos fatos, ainda que não possuam vínculo trabalhista ou societário.* (LC n. 123/2006)

SÚMULA N. 377 – *Exceto quanto à reclamação de empregado doméstico, ou contra micro ou pequeno empresário, o preposto deve ser necessariamente empregado do reclamado. Inteligência do art. 843, § 1º, da CLT e do art. 54 da Lei Complementar n. 123, de 14 de dezembro de 2006.*

Advogado não pode ser preposto e patrono no mesmo processo como já previsto no Provimento n. 60/87 da OAB, ratificado pelo art. 3º do Regulamento Geral da Advocacia.

Art. 3º É defeso ao advogado funcionar no mesmo processo, simultaneamente, como patrono e preposto do empregador ou cliente.

IX – o condomínio, pelo administrador ou pelo síndico.

Assim também o é na Justiça do Trabalho.

Outras peculiaridades quanto à representação no Processo do Trabalho, decorrentes da exigência de presença obrigatória das partes na audiência de instrução e julgamento prevista no art. 843 da Consolidação.

Art. 843. Na audiência de julgamento deverão estar presentes o reclamante e o reclamado, independentemente do comparecimento de seus representantes salvo, nos casos de Reclamatórias Plúrimas ou Ações de Cumprimento, quando os empregados poderão fazer-se representar pelo Sindicato de sua categoria.

O empregador, como já se disse, pode ser representado (presentado) na audiência e no processo por um preposto, como previsto no § 1º do art. 843, CLT; art. 54 da LC n. 123/2006 e Súmula n. 377 do TST, acima transcritos.

O empregado, na audiência inaugural, para evitar o arquivamento da reclamatória pode ser presentado por um colega ou pelo sindicato, como previsto no § 2º do art. 843 da CLT, a seguir reproduzido.

§ 2º Se por doença ou qualquer outro motivo poderoso, devidamente comprovado, não for possível ao empregado comparecer pessoalmente, poderá fazer-se representar por outro empregado que pertença à mesma profissão, ou pelo seu sindicato.

A representação técnica no processo é privativa do advogado legalmente habilitado e regularmente constituído como se vê das seguintes normas pertinentes:

Art. 1º São atividades privativas de advocacia:

I – a postulação a qualquer órgão do Poder Judiciário e aos juizados especiais; (Lei n. 8.906/94);

Art. 5º O advogado postula em juízo, ou fora dele, fazendo uso do mandato. (Lei n. 8.906/94);

Art. 36 – A parte será representada em juízo por advogado legalmente habilitado. Ser-lhe-á lícito, no entanto, postular em causa própria, quando tiver habilitação legal ou, não a tendo, no caso de falta de advogado no lugar ou recusa ou impedimento dos que houver. (CPC)

SÚMULA N. 164 – O não cumprimento das determinações dos §§ 1º e 2º do art. 5º da Lei n. 8.906, de 4.7.1994 e do art. 37, parágrafo único, do Código de Processo Civil importa o não conhecimento de recurso, por inexistente, exceto na hipótese de mandato tácito.

Observe-se, por extremamente relevante, que, em razão da exigência do art. 853 da CLT, acima reproduzido, a representação por advogado (presença) não dispensa a presença das partes na Audiência.

OJ – SDI 1 N. 122 – *A reclamada, ausente à audiência em que deveria apresentar defesa, é revel,* **ainda que presente seu advogado munido de procuração, podendo ser ilidida a revelia** *mediante a apresentação de atestado médico, que deverá declarar, expressamente, a impossibilidade de locomoção do empregador ou do seu preposto no dia da audiência.*

OJ SDI 1 N. 255 – *Desnecessária a juntada do Contrato Social.*

O art. 12, VI, do CPC não determina a exibição dos estatutos da empresa em juízo como condição de validade do instrumento de mandato outorgado ao seu procurador, salvo se houver impugnação da parte contrária.

Ausente o reclamante na audiência inaugural, a presença apenas do advogado, mesmo regularmente constituído pelo mesmo, não tem condão legal de evitar o arquivamento da reclamatória.

Quanto à regularidade do mandato diante do tratamento peculiar no Processo do Trabalho deve ser aduzido.

Opera-se o mandato quando alguém recebe de outrem poderes para, em seu nome praticar atos ou administrar interesses (art. 653 do CC 2002)

O Direito Processual do Trabalho admite tanto o mandato expresso (instrumento formal) ou, vamos chamar assim, informal ou registrado na ata (impropriamente também chamado "**apud acta,** § 3º do art. 793 da CLT) como também o **mandato tácito.**

O mandato expresso é aquele formalmente outorgado por meio de instrumento público ou particular, de procuração firmado pelo outorgante e juntado ao processo no momento próprio.

*Art. 37. Sem **instrumento** de mandato, o advogado não será admitido a procurar em juízo. Poderá, todavia, em nome da parte, intentar ação, a fim de evitar decadência ou prescrição, bem como intervir, no processo, para praticar atos reputados urgentes. Nestes casos, o advogado se obrigará, independentemente de caução, a exibir o instrumento de mandato no prazo de 15 (quinze) dias, prorrogável até outros 15 (quinze), por despacho do juiz.*

***Parágrafo único.** Os atos, não ratificados no prazo, serão havidos por inexistentes, respondendo o advogado por despesas e perdas e danos.* (CPC)

Art. 653. *A procuração é o instrumento do mandato* (Código Civil – 2002);

Requisitos:

O instrumento particular (de mandato) deve conter a indicação do lugar onde foi passado, a qualificação do outorgante e do outorgado, a data e o objetivo da outorga, com a designação expressa dos poderes conferidos (§ 1º do art. 654 CC 2002)

OJ SDI-1, N. 373 – IRREGULARIDADE DE REPRESENTAÇÃO. PESSOA JURÍDICA. *Não se reveste de validade o instrumento de mandato firmado em nome de pessoa jurídica **em que não haja a sua identificação e a de seu representante legal**, o que, a teor do art. 654, § 1º, do Código Civil, acarreta, para a parte que o apresenta, os efeitos processuais da inexistência de poderes nos autos.*

Por outro lado a jurisprudência não exige a prévia juntada do ato constitutivo da empresa:

OJ ADI 1 N. 255 – *Mandato. Contrato social. Desnecessária a juntada. O art. 12, VI, do CPC não determina a exibição dos estatutos da empresa em juízo como condição de validade do instrumento de mandato outorgado ao seu procurador, salvo se houver impugnação da parte contrária.* (13.3.2002)

Mandato informal ou ***apud acta*** ocorre quando registrado na ata está a condição de mandatário do advogado que está faticamente patrocinando a parte, nos termos previstos no § 3º do art. 791 – CLT.

§ 3º A constituição de procurador com poderes para o foro em geral poderá ser efetivada, mediante simples registro em ata de audiência, a requerimento verbal do advogado interessado, com anuência da parte representada. (Incluído pela Lei n. 12.437, de 2011).

Tácito é o mandato de estar registrado em ata o comparecimento do advogado como patrono da parte, independentemente de requerimento específico. Mesmo antes da inserção do parágrafo 3º ao art. 791 da CLT, pela Lei n. 12.437/11, consignada em ata a presença do advogado como procurador, estaria regular a representação, mesmo para matéria recursal, como decorre da Orientação Jurisprudencial 286 da SDI 1, abaixo reproduzida no que pertine.

OJ SDI 1 N. 286

I – *A juntada da **ata de audiência**, em que consignada a presença do advogado, desde que não estivesse atuando com mandato expresso, torna dispensável a procuração deste, porque **demonstrada a existência de mandato tácito**.*

II – Configurada a existência de mandato tácito fica suprida a irregularidade detectada no mandato expresso.

Em relação à admissibilidade do mandato tácito vale reproduzir novamente a Súmula n. 164 do TST.

SÚMULA N. 164 – O não cumprimento das determinações dos §§ 1º e 2º do art. 5º da Lei n. 8.906, de 04.07.1994 e do art. 37, parágrafo único, do Código de Processo Civil importa o não conhecimento de recurso, por inexistente, **exceto na hipótese de mandato tácito**.

OJ SDI 1 N.200 – É inválido o substabelecimento de advogado investido de mandato tácito.

A regularidade do mandato dos procuradores institucionais dos Entes Públicos independe da apresentação de instrumento de mandato.

OJ SDI 1 N. 52 – DISPENSA DE JUNTADA DE PROCURAÇÃO

A União, Estados, Municípios e Distrito Federal, suas autarquias e fundações públicas quando representadas em juízo, ativa e passivamente, por seus procuradores, estão dispensadas da juntada de instrumento de mandato.

9. Intervenção de Terceiros

A intervenção de terceiros, (Oposição, Nomeação à Autoria, Denunciação à Lide e Chamamento ao Processo) não é tratada pelo Direito Processual do Trabalho, pelo que, por força do art. 769 da CLT, a ela se aplicam as normas do processo comum, arts. 58 a 85 do Código de Processo Civil.

De forma sucinta, entende-se por:

Oposição: a faculdade de quem está sendo lesado ou quer evitar lesão a direito seu, de ingressar no processo em que não era parte, procurando afastar as partes originais, para se tornar o titular do bem ou direito controvertido. (arts. 56 a 61 do CPC)

Nomeação à Autoria: A nomeação a autoria ocorre quando o detentor de coisa em nome alheio é demandado em nome próprio, indica o proprietário ou possuidor para figurar como parte, visando sua exclusão da demanda, por não ser parte da relação de direito material. (arts. 62 a 69 do CPC)

Denunciação à Lide: Providência facultativa do demandado de exigir a participação de terceiro no processo (chamamento à autoria), como forma ou garantia de ressarcir-se deste, dos prejuízos decorrentes da procedência da ação. (arts. 70 a 76 do CPC)

Chamamento ao Processo: Consiste na faculdade que tem o demandado de trazer ao processo o corresponsável, para que também assuma a posição de réu e responda, na forma legal, pelo cumprimento da obrigação imposta na sentença.(arts. 77 a 80 do CPC)

Assistência: Embora entendida pela doutrina como hipótese de intervenção de terceiros, não integra o Capítulo VI, do DPC. Consiste no direito ou faculdade que qualquer pessoa (terceiro — não parte) tem para intervir em causa alheia, demonstrando interesse jurídico, próprio, em que a sentença seja favorável a uma das partes; neste aspecto, ante à lacuna do Direito Processual do Trabalho é regida pelo CPC, arts. 50 a 55. Não se confunde com a assistência ao trabalhador menor ou incapaz, na qual o interesse é do assistido.

Na forma daquele Código, a assistência pode ser: a) **simples** quando atua apenas como auxiliar da parte principal, porque o direito em litígio pertence apenas ao assistido; b) **litisconsorcial**: quando influir na relação processual, porque a solução da demanda afeta, também, direito seu (tiver também interesse próprio na solução da demanda).

Segundo entende o TST: "A intervenção assistencial, simples ou adesiva, só é admissível se demonstrado o interesse jurídico e não o meramente econômico perante a Justiça onde é postulada" (Súmula n. 82 TST).

Enquanto a competência da Justiça do Trabalho se limitava a solucionar os conflitos entre empregados e empregadores, decorrentes da relação de emprego, em face da limitação da competência deste órgão e da natureza dos direitos questionados (como regra irrenunciáveis e indisponíveis) dificilmente poderia se vislumbrar a ocorrência de intervenção de terceiros nas lides trabalhistas (reclamatórias trabalhistas), como exemplificam as decisões abaixo.

O instituto da denunciação da lide objetiva solucionar, dentro do mesmo processo, as relações entre o denunciante e o denunciado. Não existindo entre o denunciante e o denunciado relação decorrente da relação de trabalho, **refoge a competência da Justiça do Trabalho o exame da matéria**. *(TRT 15ª R – RO 762/98-0 – Ac. 5ª T., 008661/99, 9.3.99 – Rel. Juiz Luiz Carlos Cândido Martins Sotero da Silva – LTr 63-10/1407)*

Em se tratando de denunciação da lide, a sentença sob pena de nulidade, deve decidir não só a questão entre o autor e o réu, como entre este (denunciante) e o terceiro (denunciado), em face do que preconiza o art. 76 do CPC, aplicável subsidiariamente ao Processo do Trabalho. Destarte, se a prestação jurisdicional deve dispor sobre ambas as demandas, sob pena de se revelar incompleta, e como tal, nula, é imperativa a conclusão de que, na relação jurídica de natureza instrumental e material estabelecida entre empregado e empregador, não há lugar para terceiro, na condição de denunciado, quando sua pretensão é de natureza civil. Vê-se, portanto, que a discussão entre sucessor denunciante e o sucedido denunciado escapa totalmente à competência da Justiça do Trabalho, adstrita, por força do que disposto no art. 114 da Constituição Federal, tão somente à composição dos litígios entre trabalhadores e empregadores, **levando à inafastável conclusão a certa do não cabimento da denunciação da lide no âmbito do processo do Trabalho**. *Revista não conhecida. (TST RR 288.545/96.7 – LTr 63-05/652)*

Com a ampliação da competência da Justiça do Trabalho, decorrente da Emenda Constitucional n. 45/04, esta resistência por certo cedera, haja visto, que outras demandas envolvendo outras partes não integrantes da relação de emprego, regidas pelo direito comum tramitarão nesta justiça especializada, nas quais poderá ser compatível a intervenção de terceiro.

Conclusão precária: se da intervenção de terceiros resultar uma demanda entre trabalhadores ou decorrente da relação de trabalho, entre as partes, esta hipótese é viável no Processo do Trabalho em razão da competência restrita da Justiça do Trabalho.

10. Sucessão Processual

A Sucessão Processual ocorre quando pelo desaparecimento de uma das partes (morte do empregado ou empregador pessoa física ou extinção da empresa) o seu legítimo sucessor (continuador, beneficiário etc.) assume seu lugar no processo em andamento.

Art. 43. Ocorrendo a morte de qualquer das partes, dar-se-á a substituição pelo seu espólio ou pelos seus sucessores, observado o disposto no art. 265. (CPC)

Discordando de muitos autores, entendo que não havendo mudança na estrutura (transformação, fusão ou cisão) ou na propriedade da empresa empregadora (venda, incorporação), não ocorre a Sucessão Processual, apenas a regularização da representação, pois empregador é a empresa (teoria da despersonalização) e sua alteração não afeta os contratos de trabalho em vigor ou já extintos. (arts. 2º, 10 e 448 da CLT)

A morte do reclamante no curso da demanda não extingue o direito à indenização por invalidez prevista em norma coletiva. O que ocorre é a transmissão aos herdeiros do direito de receber os créditos resultantes da ação indenizatória ajuizada pelo trabalhador falecido. (RO n. 01398-2008-109-03-00-6 – TRT 3)

A peculiaridade está na forma mais simplificada de regularização da sucessão do empregado, em razão do previsto nos arts. 1º da Lei n. 6.850/80 e 25 da Lei n. 8.036/90, as quais legitimam os dependentes habilitados perante a Previdência Social (art. 16 da Lei n. 8213/91) a suceder processualmente o empregado falecido, independentemente de abertura de inventário e apresentação de compromisso de inventariante.

*Art. 1º – Os **valores devidos pelos empregadores aos empregados** e os montantes das contas individuais do Fundo de Garantia do Tempo de Serviço e do Fundo de Participação PIS-PASEP, não recebidos em vida pelos respectivos titulares, serão pagos, em quotas iguais, **aos dependentes habilitados perante a Previdência Social** ou na forma da legislação específica dos servidores civis e militares, e, na sua falta, aos sucessores previstos na lei civil, indicados em alvará judicial, independentemente de inventário ou arrolamento.*

Art. 25 da Lei n. 8.036/90

Art. 25. Poderá o próprio trabalhador, seus dependentes e sucessores, ou ainda o Sindicato a que estiver vinculado, acionar diretamente a empresa por intermédio da Justiça do Trabalho, para compeli-la a efetuar o depósito das importâncias devidas nos termos desta lei.

Parágrafo único. A Caixa Econômica Federal e o Ministério do Trabalho e da Previdência Social deverão ser notificados da propositura da reclamação.

A Sucessão Processual como prevista no CPC, arts. 41 a 45 até a Emenda Constitucional n. 45 de 2004, tinha pouca aplicação no Processo do Trabalho (reclamatórias trabalhistas em sentido estrito) em razão dos direitos geralmente postulados (remuneração, indisponibilidade e irrenunciabilidade); no entanto, agora, com a ampliação da competência da Justiça do Trabalho, nas Ações Trabalhistas, que podem envolver direitos disponíveis, por certo haverá uma maior incidência.

11. Da Assistência Judiciária

Neste tópico será tratada a Assistência Judiciária como benefício ao hipossuficiente e peculiar na Justiça do Trabalho (gratuidade relativa ao patrocínio por advogado e ônus processuais) e não no aspecto de legitimação ou de intervenção de terceiro, já tratados neste capítulo.

Como um elemento da garantia constitucional de acesso à Justiça, o Direito Processual libera de encargos financeiros aqueles que não possuem condições de custear os processos, proporcionando assistência judiciária (patrocínio) e isentando de despesas processuais (custas, emolumentos e depósitos judiciais).

Neste desiderato estabelece a Constituição Federal:

O Estado prestará assistência jurídica integral e gratuita aos que comprovarem insuficiência de recursos. *(art. 5º, LXXIV)*

Em relação a demandas trabalhistas, a questão é assim tratada pela legislação infraconstitucional:

Art. 1º O Sindicato da categoria profissional prestará assistência judiciária gratuita ao trabalhador desempregado ou que perceber salário inferior a cinco salários mínimos ou que declare, sob responsabilidade, não possuir, em razão dos encargos próprios e familiares, condições econômicas de prover à demanda. (Lei n. 10.288, de 20.09.2001)

A Lei n. 5.584 de 26 de junho de 1.970 detalha o que compreende a quem e como será prestada a assistência a quem dela faz jus, como se vê nos dispositivos abaixo transcritos.

Art 14. Na Justiça do Trabalho, a assistência judiciária a que se refere a Lei n. 1.060, de 5 de fevereiro de 1950, será prestada pelo Sindicato da categoria profissional a que pertencer o trabalhador.

§ 1º – A assistência é devida a todo aquele que perceber salário igual ou inferior ao dobro do mínimo legal, ficando assegurado igual benefício ao trabalhador de maior salário, uma vez provado que sua situação econômica não lhe permite demandar, sem prejuízo do sustento próprio ou da família.

(...)

Art 15. Para auxiliar no patrocínio das causas, observados os arts. 50 e 72 da Lei n. 4.215, de 27 de abril de 1963, poderão ser designados pelas Diretorias dos Sindicatos Acadêmicos de Direito, a partir da 4º Série, comprovadamente matriculados em estabelecimento de ensino oficial ou sob fiscalização do Governo Federal.

Art 16. Os honorários do advogado pagos pelo vencido reverterão em favor do Sindicato assistente.

Art 17. Quando, nas respectivas comarcas, não houver Juntas de Conciliação e Julgamento ou não existir Sindicato da categoria profissional do trabalhador, é atribuído aos Promotores Públicos ou Defensores Públicos o encargo de prestar assistência judiciária prevista nesta lei.

Parágrafo único. Na hipótese prevista neste artigo, a importância proveniente da condenação nas despesas processuais será recolhida ao Tesouro do respectivo Estado.

Art 18. A assistência judiciária, nos termos da presente lei, será prestada ao trabalhador ainda que não seja associado do respectivo Sindicato.

Complementam a CLT, a Lei n. 1.060/50 e a jurisprudência sumulada.

§ 3º É facultado aos juízes, órgãos julgadores e presidentes dos tribunais do trabalho de qualquer instância conceder, a requerimento ou de ofício, o benefício da justiça gratuita, inclusive quanto a traslados e instrumentos, àqueles que perceberem salário igual ou inferior ao dobro do mínimo legal, ou declararem, sob as penas da lei, que não estão em condições de pagar as custas do processo sem prejuízo do sustento próprio ou de sua família." (art. 789, CLT, com redação dada pela Lei n. 10.537 de 27.8.2002)

Quanto à comprovação da hipossuficiência estabelecia a Lei n. 5.584/70, no art. 14:

§ 2º A situação econômica do trabalhador será comprovada em atestado fornecido pela autoridade local do Ministério do Trabalho e Previdência Social, mediante diligência sumária, que não poderá exceder de 48 (quarenta e oito) horas.

§ 3º Não havendo no local a autoridade referida no parágrafo anterior, o atestado deverá ser expedido pelo Delegado de Polícia da circunscrição onde resida o empregado.

A legislação posterior e a jurisprudência flexibilizaram a comprovação da carência justificadora da Justiça gratuita, estabelecendo:

Art. 1º A declaração destinada a fazer prova de vida, residência, pobreza, dependência econômica, homonímia ou bons antecedentes, quando firmada pelo próprio interesse ou por procurador bastante, e sob as penas da Lei, presume-se verdadeira. (Lei n. 7.115/83)

Art. 4º A parte gozará dos benefícios da assistência judiciária, mediante simples afirmação, na própria petição inicial, de que não está em condições de pagar as custas do processo e os honorários de advogado, sem prejuízo próprio ou de sua família.

§ 1º Presume-se pobre, até prova em contrário, quem afirmar essa condição nos termos desta lei, sob pena de pagamento até o décuplo das custas judiciais. (Lei n. 1.060, de 05.02.1950)

OJ SDI 1 N. 331 – *Desnecessária a outorga de poderes especiais ao patrono da causa para firmar declaração de insuficiência econômica, destinada à concessão dos benefícios da justiça gratuita.*

OJ SDI 1 N. 269 – *O benefício da justiça gratuita pode ser requerido em qualquer tempo ou grau de jurisdição, desde que, na fase recursal, seja o requerimento formulado no prazo do alusivo recurso. (Ver § 3º do art. 789 da CLT)*

Sobre a Justiça gratuita e sua abrangência, duas questões ainda precisam ser pacificadas: a) Pessoa jurídica faz jus à Justiça gratuita? b) A Justiça gratuita abrange ou compreende o Depósito Recursal Trabalhista?

O § 1º do art. 14 da Lei n. 5.584/70 parece referir-se apenas a pessoa natural ao usar as expressões *"trabalhador"* ... *"seu sustento ou de sua família".*

A maioria dos autores quando trata da assistência judiciária só faz referência ao trabalhador. Decisões dos Tribunais Trabalhistas têm nos dois sentidos, como se vê no rol noticiado abaixo:

— Sindicato não tem direito a justiça gratuita AIRO 7844-17.2007.5.01.0000 – SDI 2

— Mantida decisão que rejeitou justiça gratuita à Pessoa Jurídica ROAG 478/20089090940 – SDI 2

— Justiça Gratuita é deferida a Pessoa Jurídica. Processo RO — 000869-51.2010.5.15.0104)

— Possibilidade de isenção de custas à Pessoa Jurídica – RR 25520067020440

— Pessoas Jurídicas Não Podem Ser Contempladas Com o Benefício da Justiça Gratuita TRT 2/SP N. 0002300-92.2014.5.02.0088 – Julho 2015

Penso que a Constituição Federal ao estabelecer *"O Estado prestará assistência jurídica integral e gratuita aos que comprovarem insuficiência de recursos"* (art. 5º, LXXIV), não fez distinção entre pessoas físicas ou jurídicas, objetivando garantir o acesso à Justiça e o devido processo legal, a quem não tem condições de custear o processo.

A norma foi instituída para beneficiar aquele que necessitar, logo não deve ser interpretada restritivamente, aliás neste sentido o grande hermeneuta Carlos Maximiliano, *"cumpre atribuir ao texto um sentido tal que resulte haver a lei regulado a espécie a favor, e não em prejuízo de quem ela evidentemente visa proteger"* (*Hermenêutica e Aplicação do Direito*, p. 156). Assim, provada formalmente a impossibilidade financeira da Pessoa Jurídica, a esta deve ser deferido o benefício da Justiça gratuita, até como forma de assegurar a ampla defesa.

Nesta direção parecem andar o Superior Tribunal de Justiça, o Supremo Tribunal Federal e o Tribunal Superior do Trabalho:

Corte Especial — SÚMULA n. 481

Faz jus ao benefício da justiça gratuita a pessoa jurídica com ou sem fins lucrativos que demonstrar sua impossibilidade de arcar com os encargos processuais. Rel. Min. Cesar Asfor Rocha, em 28/6/2012.

PROCESSUAL CIVIL. ASSISTÊNCIA JUDICIÁRIA GRATUITA. PESSOA JURÍDICA. NECESSIDADE DE COMPROVAÇÃO DE INSUFICIÊNCIA DE RECURSOS. 1. A pessoa jurídica necessita comprovar a insuficiência de recursos para arcar com as despesas inerentes ao exercício da jurisdição. Precedentes. 2. Agravo regimental improvido (STF – Segunda Turma, AI 652954 AgR/SP, rela. Mina. ELLEN GRACIE, DJ 18/08/2009).

§ 1º *A concessão da justiça gratuita a empregador, pessoa física, dependerá da comprovação de situação de carência que inviabilize a assunção dos ônus decorrentes da demanda judicial.* (art. 2º da Resolução n. 66/2010, do Conselho Superior da Justiça do Trabalho)

Quanto a segunda indagação acima: à Justiça gratuita abrange ou compreende o Depósito Recursal Trabalhista? O trecho do acórdão a seguir transcrito mostra bem os entendimentos defendidos.

A relatora, porém, lembrou que seu entendimento quanto ao benefício "só atingiria o pagamento de custas, não isentando o empregador do depósito recursal, cuja natureza difere da taxa processual, tendo como escopo a garantia do juízo, tratando--se, desse modo, de pressuposto recursal objetivo". Mas, observou a relatora, com a recente alteração promovida pela Lei Complementar 132/2009 na redação do art. 3º da Lei n. 1.060/1950, que se referiu expressamente aos depósitos judiciais, nos seguintes termos: "Art. 3º A assistência judiciária compreende as seguintes isenções: (...) VII – dos depósitos previstos em lei para interposição de recurso, ajuizamento de ação e demais atos processuais inerentes ao exercício da ampla defesa e do contraditório", ampliou-se o entendimento, e para "garantir o exercício da ampla defesa, a lei assegurou a todos a possibilidade de recorrer sem efetuar o depósito recursal. (RO – 000869-51.2010.5.15.0104)

Apesar da expressa dispensa do depósito ao beneficiário da Justiça gratuita prevista pelo inciso VII, do art. 6º da Lei n. 1060/50, a questão não está pacificada nos tribunais, como demonstra a decisão a seguir referida: Depósito Recursal — Deserção a despeito da Justiça. Gratuita — AIRR 98-15.2011.5.09.0651.

Onde o legislador não excepciona ou restringe não compete ao intérprete ou ao aplicador da norma fazê-lo, pelo que, ante aos expressos termos da lei e com base nos princípios da legalidade e tipicidade fechada, entendo que a assistência judiciária abrange também o depósito recursal trabalhista.

EFICÁCIA DA CONCESSÃO DE ASSISTÊNCIA JUDICIÁRIA GRATUITA.

Quando a assistência judiciária gratuita for deferida, a eficácia da concessão do benefício prevalecerá, independentemente de renovação de seu pedido, em todas as instâncias e para todos os atos do processo – alcançando, inclusive, as ações incidentais ao processo de conhecimento, os recursos, as rescisórias, assim como o subsequente processo de execução e eventuais embargos à execução –, somente perdendo sua eficácia por expressa revogação pelo Juiz ou Tribunal. Isso porque não há previsão legal que autorize a exigência de renovação do pedido de assistência judiciária gratuita em cada instância e a cada interposição de recurso, mesmo na instância extraordinária. Ao contrário, o art. 9º da Lei n. 1.060/1950 estabelece expressamente a eficácia da decisão deferitória do benefício em todas as instâncias e graus de jurisdição. Com efeito, a concessão do benefício, por compor a integralidade da tutela jurídica pleiteada, comporta eficácia para todos os atos processuais, em todas as instâncias, alcançando, inclusive, as ações incidentais ao processo de conhecimento, os recursos, as rescisórias, assim como o subsequente processo de execução e eventuais embargos à execução, sendo despicienda a constante renovação do pedido a cada instância e para a prática de cada ato processual. Essa é a interpretação mais adequada da legislação, especialmente da Lei n. 1.060/1950 (arts. 4º, 6º e 9º), e consentânea com os princípios constitucionais da inafastabilidade da tutela jurisdicional e do processo justo, com garantia constitucional de concessão do benefício da assistência judiciária gratuita ao necessitado (art. 5º, XXXV, LIV e LXXIV, da CF). Assim, desde que adequadamente formulado o pedido e uma vez concedida, a assistência judiciária gratuita prevalecerá em todas as instâncias e para todos os atos do processo, nos expressos termos assegurados no art. 9º da Lei n. 1.060/1950 (reiterado no parágrafo único do art. 13 da Lei n. 11.636/2007). Contudo, perderá eficácia a concessão do benefício em caso de expressa revogação pelo Juiz ou Tribunal, quando comprovada a mudança da condição econômico-financeira do beneficiário. Isso porque a decisão que concede a gratuidade está condicionada à cláusula rebus sic standibus, primando pela precariedade e não gerando preclusão pro judicato. Dessa maneira, a renovação do pedido de gratuidade da justiça somente se torna necessária quando houver anterior indeferimento do pleito ou revogação no curso do processo. Por fim, cabe ressaltar que não se faz necessário, para o processamento de eventual recurso, que o beneficiário faça expressa remissão na petição recursal acerca do anterior deferimento da assistência judiciária gratuita, embora seja evidente a utilidade dessa providência facilitadora. Basta, portanto, que constem dos autos os comprovantes de que já litiga na condição de beneficiário da justiça gratuita. (AgRg nos EAREsp 86.915-SP, rel. Min. Raul Araújo, julgado em 26/2/2015, DJe 4.3.2015)

12. Da Sucumbência no Processo do Trabalho

Sucumbência, termo derivado da palavra sucumbir, originária da expressão latina *succumbere* é empregada no direito processual para expressar os ônus do vencido no processo, agregados ou acrescidos ao resultado direto buscado na demanda.

Como se vê da legislação pertinente abaixo transcrita, normalmente a sucumbência, além do principal, compreende o valor devido pelo vencido a título de custas processuais e honorários advocatícios em favor do patrono da parte vencedora, e, se for o caso, honorários periciais.

A sentença condenará o vencido a pagar ao vencedor as despesas que antecipou e os honorários advocatícios. Esta verba honorária será devida, também, nos casos em que o advogado funcionar em causa própria. (art. 20 do CPC)

Os honorários de advogado e peritos, as custas do processo, as taxas e selos judiciários serão pagos pelo vencido, quando o beneficiário de assistência for vencedor na causa.

Os honorários do advogado serão arbitrados pelo juiz até o máximo de 15% (quinze por cento), sobre o líquido apurado na execução da sentença. (art. 11 e § 1º, da Lei n. 1.060/50)

O Direito Processual do Trabalho, quanto às custas estabelece:

§ 1º As custas serão pagas pelo vencido, após o trânsito em julgado da decisão. No caso de recurso, as custas serão pagas e comprovado o recolhimento dentro do prazo recursal. (art. 789, CLT)

Art. 789-A. *No processo de execução são devidas custas, sempre de responsabilidade do executado e pagas ao final, de conformidade com a seguinte tabela:*

§ 3º É facultado aos juízes, órgãos julgadores e presidentes dos tribunais do trabalho de qualquer instância conceder, a requerimento ou de ofício, o benefício da justiça gratuita, inclusive quanto a traslados e instrumentos, àqueles que perceberem salário igual ou inferior ao dobro do mínimo legal, ou declararem, sob as penas da lei, que não estão em condições de pagar as custas do processo sem prejuízo do sustento próprio ou de sua família (art. 790, CLT)

Art. 3º – Da Instrução Normativa TST n. 27/2005

§ 3º Salvo nas lides decorrentes da relação de emprego, é aplicável o princípio da sucumbência recíproca, relativamente às custas.

Em reclamatórias trabalhistas (conflitos decorrentes ou relativos à relação de emprego, que tem como partes empregado e empregador) a sucumbência não decorre simplesmente do resultado da demanda, eis que não serão pagas custas, honorários advocatícios e periciais, pelos beneficiários da Justiça gratuita como acima exposto. Mesmo o empregador não beneficiado pela assistência judiciaria só pagará honorários advocatícios se o advogado patrono do empregado reclamante for do sindicato ou por este credenciado, ou se o Sindicato da categoria atuar como substituto processual.

Em razão desta peculiaridade (assistência judiciária ser prestada por meio da entidade sindical), a Lei n. 5.584/70 estabelece.

Os honorários do advogado, pagos pelo vencido, reverterão em favor do sindicato. (art. 16)

A peculiaridade sobre o pagamento de honorários pelo empregador vencido está expressa na Súmula n. 219 do TST e OJ SDI 1 N. 305.

Súmula n. 219:

I – Na Justiça do Trabalho, a condenação ao pagamento de honorários advocatícios, nunca superiores a 15% (quinze por cento), não decorre pura e simplesmente da sucumbência, devendo a parte estar assistida por sindicato da categoria profissional e comprovar a percepção de salário inferior ao dobro do salário mínimo ou encontrar-se em situação econômica que não lhe permita demandar sem prejuízo do próprio sustento ou da respectiva família.

II – É incabível a condenação ao pagamento de honorários advocatícios em ação rescisória no processo trabalhista, salvo se preenchidos os requisitos da Lei n. 5.584/70. (ex-OJ n. 27 – inserida em 20.09.2000).

III – São devidos honorários advocatícios nas causas em que o ente sindical figure como substituto processual e nas lides que não derivem da relação de emprego.

Súmula N. 329:

Mesmo após a promulgação da CF/1988, permanece válido o entendimento consubstanciado no Súmula n. 219, do Tribunal Superior do Trabalho.

OJ SDI 1 N. 305 – Honorários advocatícios. Requisitos. Justiça do Trabalho. Na Justiça do Trabalho, o deferimento de honorários advocatícios sujeita-se à constatação da ocorrência concomitante de dois requisitos: o benefício da justiça gratuita e a assistência por sindicato.

A jurisprudência dos Tribunais Regionais, normalmente segue esta orientação.

HONORÁRIOS ADVOCATÍCIOS. INDEVIDOS. *Nesta Justiça Especializada prevalece o entendimento, acerca do deferimento dos honorários advocatícios somente nas hipóteses previstas nas Súmulas ns. 219 e 329 do C. TST. In casu, não obstante o reclamante seja beneficiário da Justiça Gratuita, não faz jus à verba honorária, pois não assistido por seu sindicato de classe, nos moldes exigidos pelo art. 14 da Lei n. 5.584/70.* (Decisão 014457/2011-PATR do Processo 0156800-06.2009.5.15.0032 RO, Rel. DFT Ana Paula Pellegrina Lockmann, publicado em 25/03/2011 – in RO TRT 15ª – 0103300-76.2009.5.15.0112, publicado em 11.04.2012)

HONORÁRIOS ADVOCATÍCIOS. REQUISITOS. *No Direito Processual do Trabalho, prevalece o entendimento de que a condenação ao pagamento dos honorários advocatícios se dá, unicamente, nos casos previstos na Lei n. 5.584/70, ou seja, pressupõe a ocorrência de dois requisitos cumulativamente, quais sejam assistência sindical e comprovação da miserabilidade jurídica. No caso dos autos, o reclamante está assistido por advogado particular e, portanto, não preenche um dos requisitos exigidos pela Súmula n. 219 do TST, ratificada pela Orientação Jurisprudencial n° 305 da SBDI-1 do TST.* **Recurso de revista conhecido e provido, no particular** (RR – 125300-72.2006.5.04.0018, Relatora Ministra: Dora Maria da Costa, Data de Julgamento: 18/08/2010, 8ª Turma, Data de Publicação: 20/08/2010)

Em relação ao *quantum* dos honorários, entende o TRT4:

Súmula n. 37 – TRT4 – HONORÁRIOS DE ASSISTÊNCIA JUDICIÁRIA. BASE DE CÁLCULO.

Os honorários de assistência judiciária são calculados sobre o valor bruto da condenação. Resolução Administrativa n. 15/2004 Publ. DOE-RS dias 15, 16 e 17 de dezembro de 2004.

HONORÁRIOS EM AÇÕES TRABALHISTAS (Relação de Trabalho)

Instrução Normativa TST N. 27/2005

Em relação às ações trabalhistas relativas a conflitos decorrente da relação de trabalho (hoje de competência da Justiça do Trabalho em face da ampliação da competência desta pela Emenda Constitucional n. 45/04), o TST estabeleceu, pela Resolução n. 27/2005, um tratamento diverso daquele estabelecido para as reclamatórias trabalhistas.

Art. 5º Exceto nas lides decorrentes da relação de emprego, os honorários advocatícios são devidos pela mera sucumbência."

HONORÁRIOS NA SUBSTITUIÇÃO PROCESSUAL

Quando o Sindicato atua como substituto processual o TST entende que os honorários advocatícios são devidos por simples sucumbência. Nesse sentido, decisões da SDI-1 do TST:

RECURSO DE REVISTA. HONORÁRIOS ADVOCATÍCIOS. SINDICATO. SUBSTITUTO PROCESSUAL. Nos termos da atual jurisprudência deste Tribunal Superior, consubstanciada no item III da Súmula n. 219, são devidos os honorários advocatícios ao sindicato nas causas em que atua como substituto processual. Recurso de revista conhecido e provido. (TST-RR-21200-66.2004.5.05.0161, publicado em 15.3.2013)

RECURSO DE EMBARGOS REGIDO PELA Lei n. 11.496/2007. HONORÁRIOS ADVOCATÍCIOS. AÇÃO PROPOSTA POR SINDICATO NA QUALIDADE DE SUBSTITUTO PROCESSUAL. SÚMULA 219, III, DO TST. Controvérsia acerca da necessidade de declaração de hipossuficiência econômica dos substituídos para fins de honorários advocatícios em ação proposta pelo sindicato na condição de substituto processual. Reconhecida a legitimidade ampla para atuar na defesa coletiva da categoria, como substituto processual, e, diante da sua constituição na forma de associação, à luz do art. 511 e seguintes da CLT, aplica-se ao sindicato, quando autor de demandas coletivas, as disposições do Código de Defesa do Consumidor e da Lei da Ação Civil Pública, que fazem remissão ao Código de Processo Civil, como norma subsidiária de aplicação às demandas coletivas quanto aos honorários advocatícios (arts. 19 e 21 da Lei n. 7.347/1985 e 90 da Lei n. 8.078/90). Com a inserção do item III na Súmula n. 219, pelo Tribunal Pleno, mediante a Resolução 174, de 24 de maio de 2011, este Tribunal Superior pacificou a matéria ao entendimento de que -são devidos os honorários advocatícios nas causas em que o ente sindical figure como substituto processual-. Não se exige, portanto, a observância dos requisitos do art. 14 da Lei n. 5.584/70, *in casu*, a declaração de insuficiência econômica de cada substituído processualmente. Há precedentes da SBDI-1. Recurso de embargos conhecido e provido. (E-ED-RR-76701-26.2006.5.05.0002, rel. Min. Augusto César Leite de Carvalho, SDI-1, DEJT 28.9.2012)

RECURSO DE EMBARGOS DO SINDICATO. SUBSTITUIÇÃO PROCESSUAL. HONORÁRIOS ADVOCATÍCIOS. DECISÃO DE TURMA QUE ENTENDE SER NECESSÁRIA COMPROVAÇÃO DE HIPOSSUFICIÊNCIA DOS SUBSTITUÍDOS. O entendimento desta c. Corte, consagrado no item III da Súmula n. 219, é o de que são devidos os honorários advocatícios nas causas em que o ente sindical figure como substituto processual e nas lides que não derivem da relação de emprego. Recurso de Embargos conhecido e provido. (E-ED-RR-50300-67.2005.5.03.0135, Rel. Min. Aloysio Corrêa da Veiga, SDI-1, DEJT 31.8.2012).

RECURSO DE EMBARGOS INTERPOSTOS SOB A ÉGIDE DA LEI N. 11.496/2007. EMBARGOS DE DECLARAÇÃO EM RECURSO DE REVISTA. HONORÁRIOS ADVOCATÍCIOS. SINDICATO. SUBSTITUIÇÃO PROCESSUAL. SÚMULA N. 219, III, DO TST. 1. Nos moldes da Súmula n. 219, III, do TST, são devidos os honorários advocatícios nas causas em que o ente sindical figure como substituto processual e nas lides que não derivem da relação de emprego. 2. *In casu*, o acórdão turmário entendeu que não havia como se deferir honorários advocatícios ao sindicato que atua como substituto processual, sem que se comprovasse a insuficiência econômica de cada substituído. 3. Por conseguinte, a decisão turmária merece reforma, no sentido de adequar-se à jurisprudência desta Corte Superior, consubstanciada no verbete Sumulado supramencionado, com consequente deferimento dos honorários pleiteados. Recurso de embargos conhecido e provido. (E-ED-RR-103900-23.2006.5.05.0002, Rel. Min. Dora Maria da Costa, SDI-1, DEJT 29.6.2012).

SINDICATO – SUBSTITUIÇÃO PROCESSUAL – HONORÁRIOS DE ADVOGADO – MERA SUCUMBÊNCIA. (...) 3) Recentemente, esta Corte pacificou sua jurisprudência a respeito da questão, mediante a edição do item III da Súmula/TST n. 219, segundo o qual 'São devidos os honorários advocatícios nas causas em que o ente sindical figure como substituto processual'. Portanto, nas hipóteses em que o sindicato atua como substituto processual, os honorários de advogado são devidos pela mera sucumbência, sendo desnecessária, até mesmo, a juntada de declaração de hipossuficiência de seus substituídos, seja genérica ou específica. Assim, nos termos do inciso II do art. 894 da Consolidação das Leis do Trabalho, não prospera a alegação de divergência jurisprudencial. Recurso de embargos não conhecido. (E-RR-83400-87.2006.5.03.0099, Rel. Min. Renato de Lacerda Paiva, SDI-1, DEJT 25.5.2012).

INDENIZAÇÃO ou RESSARCIMENTO DE HONORÁRIOS ADVOCATÍCIOS CONTRATUAIS — (arts. 389, 395 e 404 do CC 2002)

Art. 389. Não cumprida a obrigação responde o devedor por perdas e danos, mais juros e atualização monetária segundo índices oficiais regularmente estabelecidos, e honorários de advogado.(art. 389)

Art. 395. Responde o devedor pelos prejuízos a que sua mora der causa, mais juros, atualização dos valores monetários segundo índices oficiais regularmente estabelecidos, e honorários de advogado. (art. 395)

Art. 404. As perdas e danos, nas obrigações de pagamento em dinheiro, serão pagos com atualização monetária segundo índices oficiais, regularmente estabelecidos, abrangendo juros, custas e honorários de advogados, sem prejuízo da pena convencional. (art. 404)

A questão ainda não está pacificada nos Tribunais, como se vê dos arestos abaixo:

4. Os honorários convencionais integram o valor devido a título de perdas e danos, nos termos dos arts. 389, 395 e 404 do CC/02.

5. *O pagamento dos honorários extrajudiciais como parcela integrante das perdas e danos também é devido pelo inadimplemento de obrigações trabalhistas, diante da incidência dos princípios do acesso à justiça e da restituição integral dos*

danos e dos arts. 389, 395 e 404 do CC/02, que podem ser aplicados subsidiariamente no âmbito dos contratos trabalhistas, nos termos do art. 8º, parágrafo único, da CLT. (RECURSO ESPECIAL N. 1.027.797 – MG (2008/0025078-1 – RELATORA: MINISTRA NANCY ANDRIGHI

III. Recurso especial conhecido em parte e, nessa extensão, provido.

(4ª Turma, unânime, Rel. Min. Aldir Passarinho Junior)

CIVIL. INDENIZAÇÃO. RESPONSABILIDADE CIVIL. CONTRATAÇÃO DE ADVOGADO. JUSTIÇA DO TRABALHO. AUSÊNCIA DE ILICITUDE. REPARAÇÃO AFASTADA. RECURSO ESPECIAL. PROVIMENTO.

I. *O gasto com advogado da parte vencedora, em ação trabalhista, não induz por si só a existência de ilícito gerador de danos por parte do empregador vencido na demanda laboral. Precedente.*

II. Recurso especial conhecido e provido. Ação improcedente. (RECURSO ESPECIAL N. 1.084.084 – MG (2008/0188545-0)

CIVIL E PROCESSUAL CIVIL. NULIDADE DO ACÓRDÃO. CPC, ARTS. 165, 458 E 535. INOCORRÊNCIA. INDENIZAÇÃO. RESPONSABILIDADE CIVIL. CONTRATAÇÃO DE ADVOGADO. JUSTIÇA DO TRABALHO. AUSÊNCIA DE ILICITUDE. DANOS MORAIS E MATERIAIS AFASTADOS. RECURSO ESPECIAL. PROVIMENTO.

I. Resolvidas todas as questões devolvidas ao órgão jurisdicional, o julgamento em sentido diverso do pretendido pela parte não corresponde a nulidade.

II. O gasto com advogado da parte vencedora, em ação trabalhista, não induz por si só a existência de ilícito gerador de danos materiais e morais por parte do empregador vencido na demanda laboral. (RESP n. 1.027.897/MG, DJe de 10.11.2008)

ENUNCIADO N. 53 – Da Primeira Jornada de Direito Processual do Trabalho

Os arts. 389 e 404 do Código Civil autorizam o juiz do trabalho condenar o vencido em honorários contratuais, assegurando ao vencedor a integral reparação do seu prejuízo.

O TRT da 3ª Região tem deferido o reembolso dos honorários contratuais, no entanto, salvo melhor juízo, o TST não tem referendado tal entendimento.

EMENTA: AÇÃO DE INDENIZAÇÃO – GASTOS COM ADVOGADO EM AÇÃO TRABALHISTA – PREJUÍZO – RESSARCIMENTO – IMPOSTO DE RENDA. Tendo o apelado descumprido com suas obrigações trabalhistas, a Apelante possui pleno direito de eleger os meios adequados e eficazes de postular pelos seus direitos, viabilizando o recebimento de seu crédito, e, consequentemente, ser indenizado pelos gastos a que o apelado deu causa, em obediência ao princípio da causalidade. (TJ-MG – 2008/0188545-0)

HONORÁRIOS ADVOCATÍCIOS. INDENIZAÇÃO DE GASTOS DO RECLAMANTE COM ADVOGADO. *O eg. Regional afirmou indevida indenização de gastos do reclamante com honorários (perdas e danos), porque constitui, na verdade, disfarce para a condenação ao pagamento de honorários advocatícios, incabíveis na espécie em face de não se configurar a assistência sindical. Os arestos apresentados no recurso de revista refletem o que pensa este relator a propósito de ser necessária nova reflexão a propósito dos honorários advocatícios na Justiça do Trabalho, sobretudo após o advento do art. 389 do Código Civil, mas é certo que contêm entendimento superado pela jurisprudência Sumulada deste Tribunal (Súmula n. 219), o que faz incidir o obstáculo de que fala a Súmula n. 333 do TST. Ademais, a OJ 305 da SBDI-1/TST é explícita ao registrar que "na Justiça do Trabalho, o deferimento de honorários advocatícios sujeita-se à constatação da ocorrência concomitante de dois requisitos: o benefício da justiça gratuita e a assistência por sindicato", o que demonstra mais uma vez a superação das teses confrontadas, por evidente incompatibilidade. Recurso de revista não conhecido.* (RR 167500 43 2007 5 02 04620 – publicado em 05.07.2010)

HONORÁRIOS ADVOCATÍCIOS. PERDAS E DANOS. *A contratação de advogado particular para patrocinar a presente demanda decorreu da vontade da reclamante, o qual poderia ter se utilizado da faculdade do "jus postulandi", ou então, se socorrido da assistência sindical gratuita. Se optou pela contratação de profissional particular, sem que este fosse imprescindível à reivindicação judicial dos seus direito, deve arcar com as despesas daí resultantes. Não se há de falar, portanto, em perdas e danos, decorrentes de conduta da parte contrária. Incólume o art. 404 do Código Civil. Acórdão proferido em consonância com a Súmula n. 219 do TST. Incidência do óbice previsto no § 5º do art. 896 da CLT. Recurso de revista de que se conhece parcialmente e a que se dá provimento.* (RR 33200-68.2008.5.15.0068 – Publicado em 06.11.2012)

SITUAÇÃO PECULIAR

Postulação de **DANOS MORAIS iniciada na Justiça Comum.**

OJ – SDI 1 N. 421. Honorários advocatícios. Ação de indenização por danos morais e materiais decorrentes de acidente de trabalho ou de doença profissional. Ajuizamento perante a Justiça Comum antes da promulgação da Emenda Constitucional n. 45/2004. Posterior remessa dos autos à Justiça do Trabalho. art. 20 do CPC. Incidência. (Divulgada no DeJT 01/02/2013)

A condenação em honorários advocatícios nos autos de ação de indenização por danos morais e materiais decorrentes de acidente de trabalho ou de doença profissional, remetida à Justiça do Trabalho após ajuizamento na Justiça comum, antes da vigência da Emenda Constitucional n. 45/2004, decorre da mera sucumbência, nos termos do art. 20 do CPC, não se sujeitando aos requisitos da Lei n. 5.584/1970.

HONORÁRIOS PERICIAIS

Art. 790-B. – CLT – *A responsabilidade pelo pagamento dos honorários periciais é da parte sucumbente na pretensão objeto da perícia, salvo se beneficiária de justiça gratuita. (Incluído pela Lei n. 10.537, de 27.8.2002)*

INSTRUÇÃO NORMATIVA N. 27/2005 — TST

Art. 6º Os honorários periciais serão suportados pela parte sucumbente na pretensão objeto da perícia, salvo se beneficiária da justiça gratuita.

EMENTA: HONORÁRIOS PERICIAIS. PARTE SUCUMBENTE AO ABRIGO DE ASSISTÊNCIA JUDICIÁRIA GRATUITA. CREDENCIAL SINDICAL. *Os honorários periciais devem ser suportados pelo sindicato profissional quando o trabalhador foi sucumbente no objeto da perícia e houver sido juntada credencial sindical do procurador da parte autora nos autos. (TRT 4 – Processo 0113900-68.2009.5.04.0402)*

RESPONSABILIDADE DA UNIÃO

Quando o reclamante que atuou com benefício da Justiça gratuita for vencido no objeto da perícia e/ou na demanda, os honorários periciais serão suportados pela União, como previsto no art. 2º da Resolução n. 35/2007 – Conselho Superior da Justiça do Trabalho.

Art. 2º A responsabilidade da União pelo pagamento de honorários periciais, em caso de concessão do benefício da justiça gratuita, está condicionada ao atendimento simultâneo dos seguintes requisitos:

I – fixação judicial de honorários periciais;

II – sucumbência da parte na pretensão objeto da perícia;

III – trânsito em julgado da decisão.

ADIANTAMENTO DOS HONORÁRIOS PERICIAIS

Art. 6º, Instrução Normativa TST n. 27/2005

Parágrafo único. Faculta-se ao juiz, em relação à perícia, exigir depósito prévio dos honorários, **ressalvadas as lides decorrentes da relação de emprego.**

OJ SDI 2 – N. 98 – *Mandado de segurança. Cabível para atacar exigência de depósito prévio de honorários periciais. É ilegal a exigência de depósito prévio para custeio dos honorários periciais, dada a incompatibilidade com o processo do trabalho e com a Súmula n. 236 do TST, sendo cabível o mandado de segurança visando à realização da perícia independentemente do depósito.*

A C Ó R D Ã O – SBDI-2 – 16.10.2012

RECURSO ORDINÁRIO. MANDADO DE SEGURANÇA. HONORÁRIOS PERICIAIS. DEPÓSITO ANTECIPADO. ILEGALIDADE. É ilegal a exigência de depósito prévio para custeio dos honorários periciais, dada a incompatibilidade com o processo do trabalho, sendo cabível o mandado de segurança visando à realização da perícia independentemente do depósito (Orientação Jurisprudencial n. 98 da SBDI-2 desta Corte). Recurso ordinário a que se dá provimento.

Vistos, relatados e discutidos estes autos de Recurso Ordinário n. **TST-RO-471-70.2011.5.05.0000**, em que é Recorrente **ROBERT BOSCH LTDA.** e Recorrido **RITA DE CÁSSIA OLIVEIRA MOITINHO** e Autoridade Coatora **JUIZ TITULAR DA 2ª VARA DO TRABALHO DE SIMÕES FILHO.**

HONORÁRIOS DO ASSISTENTE TÉCNICO

SÚMULA 341 – A indicação do perito assistente técnico é faculdade da parte, a qual deve responder pelos respectivos honorários, ainda que vencedora no objeto da perícia.

Súmula n. 10 – TRT4 – ATUALIZAÇÃO MONETÁRIA DOS HONORÁRIOS PERICIAIS.

Os honorários periciais devem ser atualizados de acordo com a Lei n. 6.899/81, sendo inaplicáveis, dada a sua natureza, os índices de atualização dos débitos trabalhistas. Revisado. Resolução Administrativa n. 09/2000 Publ. DOE-RS dias 24, 25 e 26 de janeiro de 2001.

Procedimento em relação a outros feitos perante Justiça do Trabalho, Instrução Normativa TST 27/2005 – **art. 3º, § 3º e art. 5º.**

Capítulo 5

Dissídio Individual Trabalhista

1. Propedêutica
1.1. Conflitos Trabalhistas e Formas de Solução

Os conflitos trabalhistas podem ser: a) individuais, entre um empregado e seu empregador, vários empregados em face do empregador comum; um, ou vários empregados contra o empregador e demais responsáveis solidários ou subsidiários; b) **coletivos,** envolvendo uma categoria profissional ou parte dela e uma categoria econômica ou parte da mesma.

São apresentadas como formas de solução de conflitos: *a*) a autodefesa (no caso trabalhista: greve permitida pelo art. 9º da CF/88; e o *Lockout* (locaute) proibido pelo art. 17 da Lei n. 7.783/89); *b*) a autocomposição (Acordo e Convenção Coletiva resultante da negociação direta das partes ou por meio de mediação); *c*) heterocomposição ou heterossolução: arbitragem e jurisdição.

Embora recomendada ou defendida por vários doutrinadores a arbitragem não é aceita pelos tribunais pátrios como forma de solução dos conflitos individuais trabalhistas (dissídios individuais), como demonstram exemplificativamente os artigos e decisões abaixo noticiadas, pelo que até então os conflitos individuais trabalhistas só podem ser resolvidos definitivamente, com efeito liberatório geral, por meio da heterossolução, isto é por meio da ação (reclamatória ou reclamação ou ainda, como denomina a legislação, dissídio individual.

— Aplicabilidade da Arbitragem nas Relações de Trabalho — artigo de Verena Sapucaia da Silveira;

— Solução Extrajudicial dos Conflitos Trabalhistas — artigo de Alexandre Pimenta Batista Pereira;

— Ação para homologação de Acordo Extrajudicial na Justiça do Trabalho — artigo de Marcílio Florêncio Mota;

— 3ª T do TST restringe a aplicação do instituto da arbitragem — 13.4.2009;

— 6ª Turma — TST declara nula sentença arbitral — 19.5.2009;

— TST reafirma que arbitragem é inaplicável na relação de emprego de emprego — 6ª T TST, 20.6.2009;

— Invalidada a arbitragem para homologação de rescisão do C do Trab. — SDI 1, 26.3.2010;

— Arbitragem é incompatível com o Dir. do Trab. — RR 189600-42.2008.5.07.0001;

— Empresa é condenada por ajuizar reclamação para homologar rescisões fraudulentas — RR 200-20.2006.5.08.0011 e

Ação Rescisória. 0003386-85.2012.5.04.0000 2ª SDI/TRT4 03.2012;

— A existência da CCP (art. 625-CLT), afasta a arbitragem (Lei n. 9958/00) na J. Trab. – RO 00471201207503-000 TRT3.

Devemos enfatizar o que com muito propriedade preleciona Amauri Mascaro Nascimento (*Iniciação ao Processo do Trabalho*, São Paulo: Saraiva. 1. ed., p. 1.390: "Correlação de temas. Não nos parece viável conceber separadamente, apesar da autonomia conceitual, o estudo da ação, do processo e do procedimento, tendo em vista a correlação que existe entre as três figuras. Afinal, sendo a ação a garantia de provocar o exercício da jurisdição, o processo a relação jurídica que se instaura no órgão judicial para tornar possível o exercício dessa garantia constitucional e o procedimento a sequência de atos desenvolvidos no processo do início ao fim, sem a primeira não há o segundo, que, por sua vez, para operacionalizar-se se efetiva pelo terceiro, vinculação que deixa clara a relação entre as três figuras." Em razão disso, vamos estudar Ação e Processo Trabalhista numa única unidade.

1.2. Direito de Ação

A partir do momento que o Estado assumiu o dever de resolver os conflitos, por meio da jurisdição, a ação passou a ser o meio de exigir a atuação do "Estado Juiz" na solução dos conflitos a ele submetidos pelos interessados.

Mais do que um direito no ordenamento jurídico brasileiro o acesso à Justiça, pela Constituição Federal de 1988, ganhou o *status* de uma garantia fundamental do cidadão.

A Lei não excluirá da apreciação do Poder Judiciário lesão ou ameaça a direito (art. 5º, XXXV)

Aos litigantes, em processo judicial ou administrativo, e aos acusados em geral são assegurados o contraditório e a ampla defesa, como os meios e recursos a ela inerentes (art. 5º, **LV**)

1.3. Natureza jurídica da ação

A natureza da ação ou do direito da ação é estudada na Teoria Geral do Processo, que trata do instituto a partir de dois enfoques antagônicos.

a) **Teoria Privatista ou Civilista (imanentista):**

Ação atrelada ao direito material: *"atio autem nihil aliud est, quam ius persequendi iudicio quod sibi debeatur"*; (*A ação nada mais é do que o direito de perseguir em Juízo aquilo que nos é devido*);

b) **Teorias Publicistas:**

Estão baseadas no direito abstrato de agir ou de postular, desvinculado do resultado, consiste ou pode se revelar, portanto, como: direito de ação independente do direito material; direito de ação como um direito abstrato; direito autônomo — independe do direito material ou em face do tratamento constitucional acima referido, Garantia de Acesso ao Judiciário e devido processo legal.

Nesta concepção o direito de ação consiste no direto de exigir do "Estado Juiz" a solução de um conflito, independentemente da existência do direito material tido como violado. Constitui um direito autônomo e abstrato.

Assim considerado o direito de ação, pode haver: direito material sem ação: **prescrição**; ação sem direito material: **improcedência**.

Em razão do tratamento constitucional dado ao direito de ação a jurisprudência, em regra, tem afastado medidas ou procedimentos que afrontariam a garantia de livre ou amplo e irrestrito acesso à Justiça, como exemplificativamente demonstram a decisões do Supremo e do TST e Regionais quanto à exigência de **antecipada submissão do dissídio à Comissão de Conciliação Prévia** (art. 625-D da CLT).

*Art. 625-D. Qualquer demanda de natureza trabalhista **será submetida** à Comissão de Conciliação Prévia se, na localidade da prestação de serviços, houver sido instituída a Comissão no âmbito da empresa ou do sindicato da categoria.*

§ 2º Não prosperando a conciliação, será fornecida ao empregado e ao empregador declaração da tentativa conciliatória frustrada com a descrição de seu objeto, firmada pelos membros da Comissão, que deverá ser juntada à eventual reclamação trabalhista.

Questões pertinentes:

a) a Submissão prévia do conflito à Comissão de Conciliação Prévia é obrigatória?

b) a prova da tentativa de conciliação perante a Comissão de Conciliação Prévia, <u>constitui-se em uma nova condição da Ação</u> (Reclamatória Trabalhista)?

c) Tal exigência atenta contra a garantia constitucional de acesso ao Judiciário?

POSIÇÃO DOS TRIBUNAIS:

Nas ADIs 2139 e 2160, liminarmente foi entendido que a não submissão à CCP não impede o ajuizamento da Reclamatória. *"Por maioria de votos, o Supremo Tribunal Federal (STF) determinou nesta quarta-feira (13.08.09) que demandas trabalhistas podem ser submetidas ao Poder Judiciário antes que tenham sido analisadas por uma comissão de conciliação prévia. Para os ministros, esse entendimento preserva o direito universal dos cidadãos de acesso à Justiça."* (Sistema Pusch do STF 14.7.2009).

Voto condutor do Acórdão:

Ministro **Marco Aurélio** para — após discorrer sobre a mitigação do princípio do livre acesso ao Judiciário nos dissídios coletivos trabalhistas (CF, art. 114, S 2º) e na seara da Justiça Desportiva (CF, art. 217, S 10) **dar *interpretação conforme o texto constitucional, no sentido de que o art. 625-D não obriga a fase de conciliação prévia que disciplina*,** *"continuando os titulares de direito substancial a terem o acesso imediato ao Judiciário desprezando a fase que é a revelada pela atuação da Comissão de Conciliação Prévia".*

Posição majoritária:

*Assim, com as devidas vênias, acompanho o Ministro **Marco Aurélio** para deferir em parte a medida cautelar quanto ao art. 625-D da Consolidação das Leis do Trabalho – introduzido pela L. 9958/00, e assegurar, com relação aos dissídios individuais de trabalho, o livre acesso ao Judiciário, independentemente de instauração ou da conclusão do procedimento perante Comissão de Conciliação Prévia: é o meu voto.*

***A jurisprudência do Tribunal Superior do Trabalho**, com precedentes da SDI-1, "já sedimentou entendimento no sentido de que não é condição da ação a submissão da demanda à comissão de conciliação prévia". ..."a regra ofende o direito de ação e os princípios da inafastabilidade da jurisdição e mesmo o da separação de poderes, por se tratar de obstáculo ao acesso direto à Justiça. (E-ED-RR – 823/2005-054-02-00. – TST 11.12.2009)*

RECURSO DE REVISTA. **AUSÊNCIA DE SUBMISSÃO DA DEMANDA À COMISSÃO DE CONCILIAÇÃO PRÉVIA. PRESSUPOSTO PROCESSUAL E NÃO CONDIÇÃO DA AÇÃO.** FINALIDADE E UTILIDADE DO PROCESSO. PRINCÍPIOS FORMADORES DO PROCESSO DO TRABALHO (RR – 1857/2005-009-23-00 – DJ – 8.2.2008)

COMISSÃO DE CONCILIAÇÃO PRÉVIA. Art. 625-D, DA CONSOLIDAÇÃO DAS LEIS DO TRABALHO. EXIGÊNCIA DE SUBMISSÃO PRÉVIA DO CONFLITO TRABALHISTA À COMISSÃO. CERCEAMENTO DO DIREITO DE AÇÃO. OFENSA AO DISPOSTO NO Art. 5º, INCISO XXXV, DA CONSTITUIÇÃO FEDERAL. *Consubstancia ofensa ao disposto no art. 5º, inciso XXXV, da Constituição Federal a decisão que considera a previsão constante do art. 23 da Lei n. 8.630/93 pressuposto necessário ao ajuizamento de reclamação trabalhista. A exigência legal não pode ser interpretada de maneira a constituir obstáculo ao exercício do direito de ação. Recurso de revista patronal de que não se conhece.* (TST-RR-646194/2000.3, DJU de 23.9.2005, relator Ministro Lelio Bentes Corrêa).

Entendimento do TRT da 4ª Região

Súmula n. 35 — TRT4 — COMISSÃO DE CONCILIAÇÃO PRÉVIA.

A ausência de submissão de qualquer demanda de natureza trabalhista à Comissão de Conciliação Prévia, não autoriza a extinção do processo sem julgamento do mérito. Resolução Administrativa n. 09/2004 Publ. DOE-RS dias 2, 5 e 6 de julho de 2004.

1.4. Conceito de ação

a) Tradicional:

Direito que têm todas as pessoas (físicas ou jurídicas) de demandar ou pleitear em juízo, o que lhes pertence ou lhes é devido.

b) Moderno:

Direito subjetivo, público, constitucional, autônomo e abstrato de invocar a tutela jurisdicional do Estado.

Ação é o direito público, autônomo e abstrato, constitucionalmente assegurado à pessoa, natural ou jurídica, e a alguns entes coletivos, para invocar a prestação jurisdicional do Estado. (Carlos Henrique Bezerra Leite – Curso de Direito Processual do Trabalho, São Paulo: LTr, 2. ed., p. 179)

Ação, no processo trabalhista, é o direito de movimentar o órgão jurisdicional, a fim de obter um pronunciamento sobre uma pretensão resistida. (Amauri Mascaro Nascimento, *Curso de Direito Processual do Trabalho*, São Paulo: Saraiva, 27. ed., 2012. p. 363)

1.5. Elementos da ação

Elementos da ação são os dados individualizadores de cada ação, capazes de permitir solucionar as questões relativas a coisa julgada, litispendência, conexão, continência e etc. (Amauri)

A partir do que estabelece a Teoria Geral do Processo, também no Processo do Trabalho consideram-se elementos da Ação ou da Causa:

— Sujeito (partes);

— Objeto (pedido);

— Causa (ou causa de pedir).

1.5.1. Sujeito da Ação Trabalhista

Sujeito é toda a pessoa (Parte) que pode ingressar com o processo na Justiça do Trabalho.

Pode ser parte em um Dissídio Individual Trabalhista:

a) Empregado e Empregador (art. 839, combinado com o art. 791, da CLT);

b) A Entidade Sindical: (art. 8, III, CF/88 e art. 3º, Lei n. 8.073/90).

Ocorre a **carência da ação** quando não estão presentes suas condições (possibilidade jurídica do pedido, legitimidade, interesse de agir).

1.5.2. Objeto da Ação:

Imediato (primeiro): Pronunciamento do Estado (jurisdição-sentença) Solução do Conflito.

Mediato ou consequente — bem jurídico reconhecido pela decisão — Direito subjetivo reconhecido e assegurado.

1.5.3. Causa da Ação ou Causa de Pedir:

Motivos de fato ou de direito causadores do dissídio (conflito), configurando uma **pretensão resistida** (um direito e um fato a ele contrário — gera uma pretensão jurídica).

Direito subjetivo, conferido pela norma jurídica ou outras fontes, contrariado por um fato. (Amauri)

1.6. Condições da Ação

Condições da Ação são pressupostos (requisitos de admissibilidade) que se fazem necessários para a provocação e/ou obtenção da prestação jurisdicional.

São apontadas como condições da ação:

a) Possibilidade jurídica do pedido;

b) Legitimidade das partes;

c) Interesse processual.

Diferentemente do Processo comum (art. 282, III,CPC) no Processo do Trabalho (art. 840, § 1º, da CLT), não se exige o fundamento jurídico do pedido (causa de pedir próxima), basta "uma breve exposição dos fatos" (causa de pedir remota); no entanto, o objeto da demanda deve ser lícito.

Como esclarece a doutrinadora Alice Monteiro de Barros:

> *Para que haja a tutela do Direito do Trabalho é necessário que o objeto do contrato seja lícito (art. 104 do Código Civil de 2002), pouco importando a licitude ou ilicitude do empreendimento. A licitude do objeto refere-se à qualidade da mesma prestação de serviço ou, em outras palavras, à natureza dos serviços que constituem essa prestação.*

Assim, se o objeto do contrato é ilícito, tal condição impede o regular ajuizamento da Reclamatória. Por exemplo, o contrato de trabalho celebrado para o desempenho de atividade relacionada ao jogo do bicho, tipificada como contravenção, é nulo nos termos da OJ n. 199, da SDI-I, impedindo a regular tramitação da ação.

OJ n. 199 – SDI-I – TST. Jogo do bicho. Contrato de trabalho. Nulidade. Objeto Ilícito. É nulo o contrato de trabalho celebrado para o desempenho de atividade inerente à prática do jogo do bicho, ante a ilicitude de seu objeto, o que subtrai o requisito de validade para a formação do ato jurídico.

EMENTA: CONTRATO DE TRABALHO – OBJETO ILÍCITO – BINGO. *Quando a prova dos autos revela que a atividade desenvolvida pelo empregado configura ilícito criminal, não pode ser reconhecida a existência da relação de emprego, porque o contrato pressupõe objeto lícito ou não defeso em lei.* (TRT3 – 00053-2014-145-03-00-7-RO)

Quanto à possibilidade jurídica do pedido

Se verifica a impossibilidade jurídica do pedido, quando a postulação não possui suporte legal, isto é, a pretensão não está assegurada pelo Direito Material ou quando o direito postulado é vedado pelo ordenamento jurídico ou norma expressa.

Estabelece o art. 625-D e seus parágrafos:

Art. 625-D. *Qualquer demanda de natureza trabalhista será submetida à Comissão de Conciliação Prévia se, na localidade da prestação de serviços, houver sido instituída a Comissão no âmbito da empresa ou do sindicato da categoria.*

§ 1º *A demanda será formulada por escrito ou reduzida a tempo por qualquer dos membros da Comissão, sendo entregue cópia datada e assinada pelo membro aos interessados.*

§ 2º Não prosperando a conciliação, será fornecida ao empregado e ao empregador declaração da tentativa conciliatória frustrada com a descrição de seu objeto, firmada pelos membros da Comissão, **que deverá ser juntada à eventual reclamação trabalhista.**

A não submissão do conflito à Comissão de Conciliação Prévia (art. 625-D, CLT), afasta a possibilidade jurídica do pedido?

Como visto no item sobre o Direito de Ação Trabalhista, a prova da prévia submissão do litígio à Comissão de Conciliação Prévia (§ 2º do art. 625-D), não é considerada uma condição (*condição da ação*) para o ajuizamento da Reclamatória.

Do interesse processual:

1.7. Questões peculiares relativas ao Direito de Ação (acesso à Justiça – art. 5º, XXXV) e ao interesse processual nos Conflitos Individuais Trabalhistas (Dissídios Individuais)

A morosidade na solução dos conflitos individuais trabalhistas tem provocado iniciativas e procedimentos, visando dar maior celeridade na solução de dissídios individuais, por meio da adoção de meios eficazes de solução ou transações extrajudiciais.

A maioria dos institutos ou procedimentos esbarraram na garantia constitucional de acesso à Justiça e devido processo legal, como se demonstrará a seguir:

Primeira Tentativa: QUITAÇÃO COM ASSISTÊNCIA (HOMOLOGAÇÃO) SINDICAL — TRANSAÇÃO EXTRAJUDICIAL QUITAÇÃO. — **Súmula N. 330 do TST**

SÚMULA N. 330 – Redação Original:

A quitação passada pelo empregado, com a assistência da Entidade Sindical de sua categoria, ao empregador, com observância dos requisitos exigidos nos parágrafos do art. 477 da Consolidação das Leis do Trabalho, tem eficácia liberatória em relação às parcelas expressamente consignadas no recibo.

Nova Redação:

A quitação passada pelo empregado, com a assistência da Entidade Sindical de sua categoria, ao empregador, com observância dos requisitos exigidos nos parágrafos do art. 477 da Consolidação das Leis do Trabalho, **tem eficácia liberatória** em relação às parcelas expressamente consignadas no recibo, salvo se oposta ressalva expressa e especificada ao valor dado à parcela ou parcelas impugnadas.

I – A quitação não abrange parcelas não consignadas no recibo e, consequentemente, seus reflexos em outras parcelas ainda que estas constem do recibo.

II – Quanto aos direitos que deveriam ter sido satisfeitos durante a vigência do contrato de trabalho, a quitação é válida em relação ao período expressamente consignado no recibo de quitação.

QUESTÃO PERTINENTE: A quitação passada com assistência e homologação do sindicato impede a o ajuizamento da Reclamatória Trabalhista ou determina o extinção do processo sem julgamento do mérito?

Decisão do TRT2

O Tribunal Regional do Trabalho da 2ª Região decidiu no sentido de que **mesmo com a ressalva constante** *do Termo de Rescisão do Contrato de Trabalho,* **não se permite ao Reclamante o direito de reivindicar** *qualquer direito do contrato, sob pena de se considerar nulo o ato jurídico representado pelo documento de fls. 255. (RO-22812/2000.00 TRT 2ª Região)*

COMENTÁRIO

Tal entendimento contraria o disposto na Súmula n. 330, I, II e III, pois o empregado pode reclamar aquelas parcelas que não foram expressamente consignadas no recibo de quitação, principalmente quando consta ressalva quanto a eventual reclamação posterior.

Entendimento do TST

Não caracteriza renúncia de direitos a transação extrajudicial em que o empregado passa quitação de verbas trabalhistas ao empregador, principalmente quando há ressalva no acordo, nos termos da Súmula n. 330 do TST. De acordo com o verbete citado, somente as parcelas expressamente consignadas no recibo são abrangidas pela quitação do período também registrado.

Dessa forma, o Tribunal Regional contrariou a Súmula n. 330 desta Corte, ao não reconhecer o direito do Reclamante de pleitear as verbas não consignadas no recibo de quitação, mesmo com a presença de ressalva no termo de acordo, extinguindo o processo, nos termos do art. 267, V, do CPC. Recurso de revista conhecido e provido para se restabelecer a condenação imposta à Reclamada na sentença. (Recurso de Revista n° TST-RR-49719/2002-900-02-00.1 – Ac. publ. em 28.08.2009).

Quanto à abrangência ou extensão da quitação, assim decidiu o TRT17:

1.1. (...)

1.2. CARÊNCIA DE – AUSÊNCIA DE INTERESSE DE AGIR – SÚMULA n. 330 DO C. TST. *A Súmula n. 330, do TST, não tem a amplitude que quer fazer crer o recorrente, pois o termo rescisório quita apenas as verbas nele especificadas, não obstando a cobrança das ali não mencionadas, nem das eventuais diferenças das registradas.*

1.3. (...)

(...) (TRT 17ª R. – RO 4644/1999 – (9316/2000) – Relª Juíza Maria Francisca dos Santos – DOES 16.11.2000.

ACORDO PERANTE COMISSÕES DE COLCILIAÇÃO PRÉVIA

Duas controvérsias resultaram das disposições legais pertinentes à submissão e a seus efeitos.

Art. 625-E. *Aceita a conciliação, será lavrado termo assinado pelo empregado, pelo empregador ou seu proposto e pelos membros da Comissão, fornecendo-se cópia às partes. (Lei n. 9.958, de 12.1.2000)*

Parágrafo único. *O termo de conciliação é título executivo extrajudicial e* **terá eficácia liberatória geral**, *exceto quanto às parcelas expressamente ressalvadas.*

Questões pertinentes:

c) O acordo firmado perante a Comissão de Conciliação Prévia impede a propositura de Reclamatória Trabalhista ou leva à extinção do respectivo processo sem julgamento de mérito?

Posição Jurisprudencial (STF e TST)

Discute-se nos autos se possui eficácia geral o termo de rescisão contratual assinado perante a Comissão de Conciliação Prévia sem qualquer ressalva.

A questão está bem clara no art. 625-E da CLT, que dispõe:

(...)

Diante do que prevê o citado dispositivo, quando as partes procuram solucionar o conflito através de foro extrajudicial, **suas manifestações de vontade devem ser respeitadas**. *Nesse sentido é o parágrafo único do supracitado dispositivo, ao determinar que o termo de conciliação é título extrajudicial, com eficácia liberatória geral, exceto quanto às parcelas que forem expressamente ressalvadas.*

Vale destacar que no presente caso o próprio julgado revisando registrou que **o Reclamante não apôs qualquer ressalva** *quando da celebração do termo de conciliação (3º parágrafo de fl. 83). Portanto, bem andou o Tribunal Regional quando manteve a sentença que reconhecera a eficácia liberatória ampla do termo de quitação firmado pelas partes perante a CCP.*

Indene, portanto, o art. 5º, XXXV da CF/88.

Aliás, nessa linha vem se posicionando a jurisprudência desta Corte Superior, conforme se pode observar dos seguintes precedentes:

(...)

Incidência da Súmula n. 333/TST. Superados os arestos tidos por divergentes às fls. 93-94. (ED-RR – 6/2006-011-01-00 – PUBLICAÇÃO: DEJT – 13.3.2009)

Está escrito no art. 625-E da CLT:

Art. 625-E. *Aceita a conciliação, será lavrado termo assinado pelo empregado, pelo empregador ou seu proposto e pelos membros da Comissão, fornecendo-se cópia às partes.*

Parágrafo único. *O termo de conciliação é título executivo extrajudicial e* **terá eficácia liberatória geral**, *exceto quanto às parcelas expressamente ressalvadas. (Incluído pela Lei n. 9.958, de 12.1.2000)*

O **interesse processual** se configura quando a partes, via processo, buscam uma solução para o conflito. Se a lide já foi resolvida por outro meio válido e eficaz, **ausente estará** o interesse processual. O acordo, sem ressalva, celebrado perante a Comissão de Conciliação Prévia, assim como o Termo de Rescisão, firmado, sem ressalva, com assistência do sindicato, constituem um meio de prevenção ou solução de litígio trabalhista. Assim, quitado o contrato ou celebrado o acordo perante CCP, sem ressalva, impedem a instauração válida do processo trabalhista. Assim tem entendido a jurisprudência:

> COMISSÃO DE CONCILIAÇÃO PRÉVIA. *Hipótese na qual a demanda foi submetida à Comissão de Conciliação Prévia, constituindo, o termo de conciliação, título executivo extrajudicial com eficácia liberatória geral, exceto em relação às parcelas expressamente ressalvadas. art. 625-E da CLT.* **Mantida sentença que extinguiu o processo, sem resolução do mérito.** (PROCESSO TRT 4: 0000354-65.2010.5.04.0025 RO)

Do voto vale destacar:

> *Quanto à alegada inconstitucionalidade do dispositivo em questão, afasto tendo em vista que de tal somente se poderia cogitar na hipótese de obrigatória submissão prévia da demanda à CCP, o que implicaria restrição ao direito do trabalhador de livre acesso à justiça – ofendendo o quanto estabelecido no art. 5º, XXXV, da CF –, e não quando esta submissão, como no caso, decorre de ato volitivo das partes.*

Neste sentido vem entendendo o TRT 4, conforme se vê exemplificativamente, nas ementas a seguir transcritas:

> ACORDO FIRMADO PERANTE A COMISSÃO DE CONCILIAÇÃO PRÉVIA. INEXISTÊNCIA DE RESSALVA. AUSÊNCIA DE VÍCIO DE CONSENTIMENTO. VALIDADE DA QUITAÇÃO. *Havendo submissão de demanda à conciliação perante a Comissão de Conciliação Prévia, e havendo acordo com o empregador, o termo de conciliação constitui título executivo extrajudicial e tem eficácia liberatória geral, exceto em relação às parcelas expressamente ressalvadas, a teor do disposto no art. 625-E da CLT. (TRT 4ª Região, 10ª Turma – 0109000-82.2008.5.04.0012 RO – Red. Exmo. Des. Milton Varela Dutra, em 11.11.2010)*

Não é outro o entendimento do TST, como se vê da decisão da 5ª Turma, em acórdão de lavra da Juíza Convocada Kátia Magalhães Arruda, TST-RR TST-RR-720/2004-046-01-40.3, DJ de 23.11.2007, assim ementado:

> RECURSO DE REVISTA. COMISSÃO DE CONCILIAÇÃO PRÉVIA. TERMO DE QUITAÇÃO EFEITOS. *O termo de conciliação firmado perante a Comissão de Conciliação Prévia terá eficácia liberatória geral, exceto quanto às parcelas expressamente ressalvadas. Na presente hipótese, não consta no acórdão recorrido a existência de qualquer ressalva feita pela Reclamante, de modo que o termo de conciliação tem eficácia liberatória geral, abrangendo todas as parcelas oriundas do contrato de trabalho. Recurso de revista a que se dá provimento.*

> COMISSÃO DE CONCILIAÇÃO PRÉVIA. TERMO DE QUITAÇÃO. EFEITOS. *Não há como limitar os efeitos liberatórios do termo de conciliação firmado perante a comissão de conciliação prévia quando não há qualquer parcela expressamente ressalvada, sob pena de se negar vigência a dispositivo de lei (CLT, art. 625-E, parágrafo único). De tal forma, o termo de conciliação lavrado perante comissão regularmente constituída tem eficácia liberatória geral, excetuando-se apenas as parcelas ressalvadas expressamente. Embargos não conhecidos.* (E-RR-75/2003-751-04-00, Rel. Min. Aloysio Corrêa da Veiga, DJ de 30.3.2001)

> RECURSO DE REVISTA COMISSÃO DE CONCILIAÇÃO PRÉVIA ACORDO EFEITOS *Na espécie, além de constar, expressamente, do termo de conciliação a concordância da Reclamante quanto quitação geral, nenhuma ressalva foi aposta. Incide, portanto, a previsão contida no art. 625-E, parágrafo único, da CLT, quanto à eficácia liberatória geral. Precedentes. Recurso de Revista não conhecido.* (RR-473/2003-016-02-00, 3ª Turma, Rela. Mina. Maria Cristina Irigoyen Peduzzi, DJ de 13.4.2007)

> RECURSO DE REVISTA. EFICÁCIA LIBERATÓRIA DO TERMO DE CONCILIAÇÃO FIRMADO JUNTO À COMISSÃO DE CONCILIAÇÃO PRÉVIA. – *I – Esta Corte tem reiteradamente decidido pela eficácia liberatória geral do termo de conciliação firmado perante a Comissão de Conciliação Prévia, quando não há aposição de qualquer sessalva, como dispõe claramente o art. 625-E da CLT." II – Recurso desprovido.* (RR-431/2004-018-01-00, 4ª Turma, Rel. Min. Barros Levenhagen, DJ de 19.12.2006)

> RECURSO DE REVISTA. COMISSÃO DE CONCILIAÇÃO PRÉVIA. TERMO DE CONCILIAÇÃO. EFICÁCIA. *Segundo o art. 625-E da CLT e a jurisprudência desta Corte, o termo de conciliação firmado perante a Comissão de Conciliação Prévia terá eficácia liberatória geral, exceto quanto às parcelas expressamente ressalvadas. Recurso de Revista de que se conhece e a que se dá provimento.* (RR – 3323/2003-021-09-00, 5 Turma, relator Ministro Brito Pereira, DJ – 24.8.2007)

> RECURSO DE REVISTA. COMISSÃO DE CONCILIAÇÃO PRÉVIA. TERMO DE QUITAÇÃO. EFEITOS. *Não há como limitar os efeitos liberatórios do termo de conciliação firmado perante a comissão de conciliação prévia* **quando não há qualquer parcela expressamente ressalvada**, *sob pena de se negar vigência a dispositivo de lei (CLT, art. 625-E, parágrafo único). De tal forma, o termo de conciliação lavrado perante comissão regularmente constituída tem eficácia liberatória geral, excetuando-se apenas as parcelas ressalvadas expressamente. Recurso de revista conhecido e desprovido.* (RR – 1165/2002-305-04-00, 5 Turma, Relator Ministro Aloysio Correia da Veiga, DJ – 05.5.2006)

Conclusão:

O termo de conciliação firmado perante a Comissão de Conciliação Prévia **sem qualquer ressalva**, impede a tramitação da Reclamatória, determinando a extinção do processo sem julgamento de mérito, como previsto no art. 267, VI, do CPC.

No entanto, havendo expressa ressalva, não se vislumbra qualquer óbice à propositura da reclamatória posterior:

TERMO DE CONCILIAÇÃO PARCIAL FIRMADO PERANTE A COMISSÃO DE CONCILIAÇÃO PRÉVIA. VALIDADE. *O termo de conciliação parcial firmado perante a Comissão de Conciliação Prévia, com assistência dos representantes das partes e sem prova de qualquer vício de consentimento, atende o disposto no art. 625-E da CLT. Limitação do debate objeto da presente demanda às parcelas expressamente ressalvadas. (TRT 4ª Região, 2ª Turma – 0098600-37.2003.5.04.0027 RO – Red. Exmo. Des. João Pedro Silvestrin, em 27.6.2007)*

Reitere-se que no mesmo sentido é o entendimento dos tribunais trabalhistas quanto ao efeito do Termo de Rescisão do Contrato de Trabalho, homologado sem ressalva.

1.7.1. No procedimento sumaríssimo

É pertinente mencionar aqui as questões decorrentes do não atendimento dos requisitos constantes dos incisos II e III do art. 852-B da CLT: a) Pedido Líquido e Certo; e b) Endereço Completo e Correto das Partes.

Art. 852-B. *Nas reclamações enquadradas no* **procedimento sumaríssimo***:*

I – o pedido deverá ser certo ou determinado e indicará o valor correspondente;

II – não se fará citação por edital, incumbindo ao autor a correta indicação do nome e endereço do reclamado;

III – a apreciação da reclamação deverá ocorrer no prazo máximo de quinze dias do seu ajuizamento, podendo constar de pauta especial, se necessário, de acordo com o movimento judiciário da Junta de Conciliação e Julgamento

§ 1º ***O não atendimento, pelo reclamante, do disposto nos incisos I e II deste artigo importará no arquivamento da reclamação e condenação ao pagamento de custas sobre o valor da causa.***

§ 2º As partes e advogados comunicarão ao juízo as mudanças de endereço ocorridas no curso do processo, reputando-se eficazes as intimações enviadas ao local anteriormente indicado, na ausência de comunicação.

Logo que expedida a norma *supra*, a doutrina e a jurisprudência viam tais exigências como **condições** ou pressupostos peculiares da ações (Dissídios Individuais/Reclamatórias) trabalhistas que, se não atendidas, deveriam levar à extinção do processo, com fulcro no art. 267 do CPC.

Estando a postulação enquadrada nos limites estabelecidos pela lei, sua utilização é obrigatória diante do comando legal (ficam submetidos) e natureza das normas processuais, cogentes e indisponíveis à partes ou ao magistrado. Neste sentido, entre outros: Estevão Mallet, Mauro Schiavi, José Augusto Rodrigues Pinto, Amauri Mascaro Nascimento.

> ***Saliente-se o fato de a redação do art. 852-A ser imperativa:*** *as causas, no valor aí mencionado, ficam submetidas ao procedimento sumaríssimo. Como não se cuida de nenhuma faculdade, isso significa que nem a parte, nem o juiz, podem escolher procedimento diverso do previsto nessa norma legal. (Manoel Antonio Teixeira Filho, O* **procedimento sumaríssimo no processo do trabalho***: comentários à Lei n. 9.957/2000. São Paulo: LTr, 2000. p. 42)*

Gradativamente o entendimento foi se alterando e hoje, salvo melhor juízo, os tribunais admitem a emenda à inicial ou a tramitação pelo rito ordinário a requerimento do interessado ou até mesmo por ato (*ex officio*) do juízo, como mostram exemplificativamente os acórdãos abaixo:

RECURSO DE REVISTA. NULIDADE PROCESSUAL. CONVERSÃO DO RITO SUMARÍSSIMO EM ORDINÁRIO. INICIATIVA DO JUÍZO PRIMÁRIO. DEMONSTRAÇÃO DE NÃO OCORRÊNCIA DE PREJUÍZO PROCESSUAL. 1. O entendimento que tem prevalecido no âmbito desta Corte, é no sentido de que a conversão do rito processual sumaríssimo para o ordinário pode ser determinada ex officio pelo juiz desde que o procedimento não resulte prejuízo às partes, porquanto são de ordem pública as disposições processuais referentes ao procedimento, não estando sujeita essa alteração à vontade das partes. Isso porque, a norma contida no art. 852-B da CLT mostra-se incompleta quando em confronto com o art. 295, inciso V, do CPC, o qual contempla norma com idêntica finalidade maior amplitude, reclamado por isso, interpretação integrativa quanto à possibilidade da conversão do procedimento sumaríssimo ao ordinário, quando não acarretar prejuízo às partes, o que vem a atender aos princípios da utilidade dos atos processuais e da celeridade. Destaca-se, também, que o rito sumaríssimo, como delineado pelos arts. 852-A e seguintes da CLT, não impõe restrições ou limites à contestação, de forma que a alegação de prejuízo da defesa, por esse ângulo, mostra-se inconsistente. (Precedentes). **(TST-RR 805264/2001.3, j. 7.5.2008, Rel. Min. Guilherme Augusto Caputo Bastos, 7ª T., DJ 9.5.2008)**

RECURSO DE REVISTA. CONVERSÃO DO PROCEDIMENTO SUMARÍSSIMO EM ORDINÁRIO. INICIATIVA DO JUÍZO PRIMÁRIO. DEMONSTRAÇÃO DE NÃO OCORRÊNCIA DE PREJUÍZO PROCESSUAL. A disposição contida no art. 852-B e §1º da CLT deve ser complementada com a do art. 295, V, do CPC. Essa integração interpretativa da norma incompleta com outra de idêntica finalidade e maior amplitude tornou-se, no caso, imprescindível, em virtude do princípio constitucional do devido processo legal. Justifica-se, assim, a conversão do rito sumaríssimo em ordinário, já que, na petição inicial, havia também pedido ilíquido que, somado ao líquido, supera o montante de 40 vezes o salário mínimo. Ademais, o Regional demonstrou a não ocorrência de prejuízo na providência adotada pelo juízo de origem, o que torna imperativa a incidência do art. 794 da CLT, segundo o qual, 'nos processos sujeitos à apreciação da Justiça do Trabalho só haverá nulidade quando resultar dos atos inquinados manifesto prejuízo às partes litigantes'. Recurso de revista conhecido por conflito jurisprudencial e desprovido. (TST-RR 803560/2001.2, j. 27.6.2007, Rel. Min. Dora Maria da Costa, 1ª T., DJ 17.8.2007)

1.8. Classificação das Ações Trabalhistas

Quanto à natureza da relação jurídica da qual decorrem:

a) Relação de emprego: Reclamatória (Reclamação ou Dissídio) Trabalhista.

b) Relação de trabalho: Ação Trabalhista;

c) Relação administrativa ou tributária: Ação Anulatória e Executivo Fiscal;

d) Relação institucional ou sindical: Ação cominatória ou condenatória.

2. Dos dissídios individuais *(reclamatória ou reclamação)*

Arts. 840 e seguintes.

a) **Conceito**

Dissídio individual é um procedimento judicial, por meio do qual o Estado concilia ou decide os litígios entre o empregado e o empregador, singularmente considerados, decorrente da relação de emprego e mediante disposição expressa de lei, outras controvérsias decorrentes da relação de trabalho.

Ação Trabalhista é o direito que as partes da relação de emprego (e após a EC n. 45/04, da relação de trabalho) têm de movimentar o órgão jurisdicional trabalhista (Vara ou Tribunal) para obter um pronunciamento sobre uma pretensão resistida.

3. Terminologia peculiar adotada

A legislação processual trabalhista consolidada ao invés de empregar o termo Ação como o faz o processo comum, adota uma terminologia própria e peculiar para designar os diversos processos que tramitam perante a Justiça do Trabalho:

— Dissídio Individual;

— Reclamação Trabalhista;

— Reclamatória Trabalhista;

— Reclamatória Plúrima;

— Inquérito Para Apuração de Falta Grave;

— Dissídio Coletivo;

— Ação de Cumprimento.

4. Classificação ou espécies de dissídios individuais

(Reclamações ou Reclamatórias) Trabalhistas

c.2) Quanto às partes:

I – Dissídios individuais **simples**, unitários ou singulares (arts. 839), quando um empregado individual ou singularmente postula contra o seu empregador;

II – Dissídios individuais **plúrimos** (Litisconsórcio ativo, arts. 842 e 843, CLT), quando vários empregados de uma empresa postulam no mesmo processo, os mesmos direitos ante um reclamado comum (uma empresa ou estabelecimento);

III – Dissídio Individual **geral ou de categoria**, termos ou expressões que o autor usa para designar a reclamatória proposta pelo Sindicato, em seu nome, em proveito de empregados integrantes da respectiva categoria profissional. (*Substituição Processual Trabalhista* — Arts. 8º, III CF/88 e 3º, Lei n. 8073/90)

OBS: As **Ações de Cumprimento**, que nada mais são do que Reclamatórias nas quais se postula o adimplemento de norma coletiva (Acordo, Convenção Coletiva ou Sentença Normativa), também podem ser Singulares, Plúrimas ou Gerais — art. 872, § 1º, CLT).

II) Quanto ao Objetivo

Quanto ao objetivo os dissídios individuais se tipificam como:

a) Ações (Reclamatórias) de Conhecimento, que em razão do bem vindicado e natureza da sentença, que no sentido que o termo indica, poderão ser:

Condenatórias;

Constitutivas;

Declaratórias.

b) Ações Cautelares:

Preparatórias;

Incidentais.

c) Ações Executórias (relativas a título executivo extrajudicial, em especial, atinente à relação de emprego, o Termo de Ajustamento de Conduta e o Acordo celebrado perante a Comissão de Conciliação prévia.

d) Ações Mandamentais

d.1) Quanto ao processo:

Os conflitos decorrentes da relação de emprego podem ser solucionados pela Justiça do Trabalho como:

I) Processos Comuns;

II) Processos Especiais.

II.1) Processos Comuns:

Reclamação Trabalhista (Relação de Emprego);

Ações Trabalhistas (Relação de Trabalho).

II.2)- Processos Especiais:

Há um dissenso entre os autores sobre o rol de procedimentos especiais.

Bezerra Leite refere:

— o Inquérito para a Apuração de Falta Grave

— o Dissídio Coletivo.

Os autores referem ainda como procedimentos especiais:

Mandado de Segurança;

Ação Rescisória;

Habeas Corpus;

Ação Civil Pública;

Ação Civil Coletiva;

Ação Monitória;

Ações anulatórias.

Wagner D. Giglio

— Inquérito para apurar falta grave;

— Consignação em pagamento;

— Prestação de contas;

— Cominatória;

— Possessória;

— Mandado de Segurança;

— Ação Rescisória;

— Habilitação incidente;

— Restauração de autos.

c.1.1) Quanto ao Procedimento ou Rito:

As demandas oriundas das relações de emprego assim como as oriundas das relações de trabalho (Instrução Normativa -TST 27/2005 — Dispõe sobre normas procedimentais aplicáveis ao processo do trabalho em decorrência da ampliação da competência da Justiça do Trabalho pela Emenda Constitucional n. 45/2004)) poderão tramitar sob o rito ordinário, sumário (ou de alçada) e sumaríssimo.

Art. 1º *As ações ajuizadas na Justiça do Trabalho* **tramitarão pelo rito ordinário ou sumaríssimo, conforme previsto na** ***Consolidação das Leis do Trabalho****, excepcionando-se, apenas, as que, por disciplina legal expressa, estejam sujeitas a rito especial, tais como o Mandado de Segurança,* Habeas Corpus, Habeas Data*, Ação Rescisória, Ação Cautelar e Ação de Consignação em Pagamento.* (IN-TST 27/2005)

Portanto, só as ações especiais terão o rito próprio determinado pelas normas que regem cada uma delas.

Por outro lado, podemos afirmar que na esfera trabalhista o Processo Comum, quanto ao procedimento ou rito, pode ser classificado em:

c.3.1) Procedimento ou Rito Ordinário

Reclamatórias com valor superior a 40 salários mínimos (arts. 837 a 852 da CLT)

Neste rito há uma maior dilação probatória, admitindo toda espécie de procedimento necessária pertinentes ao contraditório e à ampla defesa.

Nele os pedidos não precisam ser líquidos, são admitidas até três testemunhas por partes, que se não comparecerem podem ser intimadas a requerimento das partes ou de ofício. É usual a concessão de prazo para a manifestação sobre documentos apresentar quesitos, impugnar laudos, juntar documentos etc.

Hoje, em razão de uma metamorfose pela qual passa o Processo do Trabalho é comum a apresentação de réplica e tréplica em reclamatória que tramita pelo rito ordinário.

c.3.2) Procedimento ou Rito Sumário ou "Processo de Alçada"

Este rito foi instituído pela Lei n. 5.584 de 26 de junho de 1970 e se aplica quando o valor atribuído à causa for igual ou inferior ao valor de dois salários mínimos, vigente na data do ajuizamento.

Para este rito são previstos procedimentos mais simples e céleres e um maior impulso oficial (princípio inquisitório — art. 4º da Lei n. 5.584/70). Sua maior peculiaridade, no entanto, está na irrecorribilidade da decisão, salvo em matéria constitucional.

Art. 2º *Nos dissídios individuais, proposta a conciliação, e não havendo acordo, o Presidente da Junta ou o Juiz, antes de passar à instrução da causa, fixar-lhe-á o valor para a determinação da alçada, se este for indeterminado no pedido.*

§ 1º *Em audiência, ao aduzir razões finais, poderá qualquer das partes, impugnar o valor fixado e, se o Juiz o mantiver, pedir revisão da decisão, no prazo de 48 (quarenta e oito) horas, ao Presidente do Tribunal Regional.*

§ 2º *O pedido de revisão, que não terá efeito suspensivo deverá ser instruído com a petição inicial e a Ata da Audiência, em cópia autenticada pela Secretaria da Junta, e será julgado em 48 (quarenta e oito) horas, a partir do seu recebimento pelo Presidente do Tribunal Regional.*

§ 3º *Quando o valor fixado para a causa, na forma deste artigo, não exceder de 2 (duas) vezes o salário mínimo vigente na sede do Juízo, será dispensável o resumo dos depoimentos, devendo constar da Ata a conclusão da Junta quanto à matéria de fato.*

§ 4º *Salvo se versarem sobre matéria constitucional, nenhum recurso caberá das sentenças proferidas nos dissídios da alçada a que se refere o parágrafo anterior, considerado, para esse fim, o valor do salário mínimo à data do ajuizamento da ação.*

Art 4º *Nos dissídios de alçada exclusiva das Juntas e naqueles em que os empregados ou empregadores reclamarem pessoalmente, o processo poderá ser impulsionado de ofício pelo Juiz.*

EMENTA: RECURSO ORDINÁRIO – INADMISSIBILIDADE – DISSÍDIO DE ALÇADA. Pelas regras dos §§ 3º e 4º do art. 2º da Lei n. 5.584/70, não cabe recurso contra a sentença proferida em dissídio de alçada, ou seja, aquele cujo valor da causa não excede duas vezes o salário mínimo, vigente na data da propositura da ação. Vistos os autos, relatado e discutido o presente Recurso Ordinário. (TRT- 00952-2011-051-03-00-0-RO)

A irrecorribilidade vinculada ao salário mínimo é tida como constitucional.

SÚMULA N. 356 – TST – *O art. 2º, § 4º, da Lei n. 5.584, de 26.6.1970 foi recepcionado pela CF/1988, sendo lícita a fixação do valor de alçada com base no salário mínimo.*

Discute-se se no caso de matéria constitucional o recurso deve ser o ordinário ou o extraordinário. Apesar do disposto na Súmula n. 640 do STF, entendo que, em razão do controle difuso ou incidental da constitucionalidade, deve ser seguida a ordem regular dos recursos trabalhistas (ordinário, revista, se for ocaso embargos no TST) e só por fim o Recurso Extraordinário.

Súmula n. 640 –STF – *É cabível recurso extraordinário contra decisão proferida por juiz de primeiro grau nas causa de alçada, ou por turma recursal de juizado cível e criminal.*

c.3.3) Procedimento ou Rito Sumaríssimo

Da combinação do disposto no art. 2º da Lei n. 5.584/70, como estabelecido no art. 852-A, da CLT, podemos concluir que tramitarão pelo rito sumaríssimo (processo de alçada) as reclamatórias cujo valor da causa se situa entre **2 e 40** salários mínimos.

Art. 852-A. Os dissídios individuais cujo valor não exceda a quarenta vezes o salário mínimo vigente na data do ajuizamento da reclamação ficam submetidos ao procedimento sumaríssimo. (Incluído pela Lei n. 9.957, de 12.1.2000)

Parágrafo único. Estão excluídas do procedimento sumaríssimo as demandas em que é parte a Administração Pública direta, autárquica e fundacional.

Determinação do Rito:

Estando a postulação enquadrada nos limites estabelecidos pela lei, sua utilização é obrigatória diante do comando legal (ficam submetidos) e natureza das normas processuais, cogentes e indisponíveis à partes ou ao magistrado. Neste sentido, entre outros Estevão Mallet, Mauro Schiavi, José Augusto Rodrigues Pinto, Amauri Mascaro Nascimento.

> *Saliente-se o fato de a redação do art. 852-A ser imperativa: as causas, no valor aí mencionado, ficam submetidas ao procedimento sumaríssimo. Como não se cuida de nenhuma faculdade, isso significa que nem a parte, nem o juiz, podem escolher procedimento diverso do previsto nessa norma legal.* (Manoel Antonio Teixeira Filho. *O procedimento sumaríssimo no processo do trabalho:* comentários à Lei n. 9.957/2000. São Paulo: LTr, 2000. p. 42)

A jurisprudência do TST flexibiliza a interpretação como demonstram exemplificativamente as seguintes decisões:

RECURSO DE REVISTA. NULIDADE PROCESSUAL. CONVERSÃO DO RITO SUMARÍSSIMO EM ORDINÁRIO. INICIATIVA DO JUÍZO PRIMÁRIO. DEMONSTRAÇÃO DE NÃO OCORRÊNCIA DE PREJUÍZO PROCESSUAL. *1. O entendimento que tem prevalecido no âmbito desta Corte, é no sentido de que a conversão do rito processual sumaríssimo para o ordinário pode ser determinada ex officio pelo juiz desde que o procedimento não resulte prejuízo às partes, porquanto são de ordem pública as disposições processuais referentes ao procedimento, não estando sujeita essa alteração à vontade das partes. Isso porque, a norma contida no art. 852-B da CLT mostra-se incompleta quando em confronto com o art. 295, inciso V, do CPC, o qual contempla norma com idêntica finalidade maior amplitude, reclamado por isso, interpretação integrativa quanto à possibilidade da conversão do procedimento sumaríssimo ao ordinário, quando não acarretar prejuízo às partes, o que vem a atender aos princípios da utilidade dos atos processuais e da celeridade. Destaca-se, também, que o rito sumaríssimo, como delineado pelos arts. 852-A e seguintes da CLT, não impõe restrições ou limites à contestação, de forma que a alegação de prejuízo da defesa, por esse ângulo, mostra-se inconsistente. (Precedentes). 2. Recurso de revista conhecido e não provido.* (TST-RR 805264/2001.3, j. 7.5.2008, Rel. Min. Guilherme Augusto Caputo Bastos, 7ª T., DJ 9.5.2008)

RECURSO DE REVISTA. CONVERSÃO DO PROCEDIMENTO SUMARÍSSIMO EM ORDINÁRIO. INICIATIVA DO JUÍZO PRIMÁRIO. DEMONSTRAÇÃO DE NÃO OCORRÊNCIA DE PREJUÍZO PROCESSUAL. *A disposição contida no art. 852-B e §1º da CLT deve ser complementada com a do art. 295, V, do CPC. Essa integração interpretativa da norma incompleta com outra de idêntica finalidade e maior amplitude tornou-se, no caso, imprescindível, em virtude do princípio constitucional do devido processo legal. Justifica-se, assim, a conversão do rito sumaríssimo em ordinário, já que, na petição inicial, havia também pedido ilíquido que, somado ao líquido, supera o montante de 40 vezes o salário mínimo. Ademais, o Regional demonstrou a não ocorrência de prejuízo na providência adotada pelo juízo de origem, o que torna imperativa a incidência do art. 794 da CLT, segundo o qual, 'nos processos sujeitos à apreciação da Justiça do Trabalho só haverá nulidade quando resultar dos atos inquinados manifesto prejuízo às partes litigantes'. Recurso de revista conhecido por conflito jurisprudencial e desprovido.* (TST-RR 803560/2001.2, j. 27.6.2007, Rel. Min. Dora Maria da Costa, 1ª T., DJ 17.8.2007)

Complementando os privilégios processuais estabelecidos em favor dos entes públicos pelo Decreto-lei n. 779/69, estabelece o parágrafo único do art. 852-A que este rito não se aplica quando é parte a Administração Pública direta, autárquica ou fundacional.

O rito sumaríssimo instituído pela Lei n. 9.957, de 12 de janeiro de 2.000, que inseriu os arts. 852-A a 852-I, na CLT, traz como características diferenciadoras do rito ordinário, a necessidade de constar da reclamatória (petição inicial) o valor certo (líquido) de cada pedido e o endereço certo e completo do reclamado, eis que não se fará citação por edital.

Em razão deste pressupostos especiais, se estabelecem duas novas hipóteses de extinção do feito sem julgamento do mérito, pois segundo o parágrafo primeiro do art. 852-B, não satisfeitos o pressupostos acima mencionados a reclamatória será arquivada, com a condenação ao pagamento das custas.

Determina a legislação (art. 852-C, da CLT), que neste rito a reclamatória será instruída e julgada em audiência una, havendo maior liberdade do Juiz na condução do processo neste desiderato, flexibilizando-se, inclusive, o procedimento conciliatório (arts. 852-D e 852-E).

Os registros processuais e a formalização da decisão (sentença), podem ser mais simples (arts. 852-F e 852-I, *caput*).

O procedimento probatório seria mais célere, em razão da limitação em duas testemunhas por parte, e restrições na intimação das testemunhas faltantes e deferimento da prova pericial. Os prazos pertinentes à perícia são menores (Parágrafos do art. 852-H).

5. Fases do dissídio individual

Nos termos das normas constitucionais e infraconstitucionais específicas, era função (competência específica) da Justiça do Trabalho conciliar e julgar os conflitos entre empregados e empregadores, portanto os conflitos estavam sujeitos a duas fases distintas: a **conciliatória** e a **arbitral,** como expressamente decorre dos termos do § 2º do art. 764, da CLT.

Art. 764. *Os dissídios individuais ou coletivos submetidos à apreciação da Justiça do Trabalho serão sempre sujeitos à conciliação.*

§ 1º Para os efeitos deste artigo, os juízes e Tribunais do Trabalho empregarão sempre os seus bons ofícios e persuasão no sentido de uma solução conciliatória dos conflitos.

§ 2º Não havendo acordo, o juízo conciliatório converter-se-á obrigatoriamente em arbitral, proferindo decisão na forma prescrita neste Título.

§ 3º É lícito às partes celebrar acordo que ponha termo ao processo, ainda mesmo depois de encerrado o juízo conciliatório.

Art. 846. *Aberta a audiência, o juiz ou presidente proporá a conciliação.*

Art. 847. *Não havendo acordo, o reclamado terá vinte minutos para aduzir sua defesa.*

Para efeitos didáticos e na sequência dos atos estabelecida pela CLT, tratamos o Dissídio Individual em sete fases a seguir enumeradas:

a) Fase Postulatória (arts. 839 a 841 da CLT):

Que consiste na preparação, elaboração, protocolo da Reclamatória, inclusão na pauta e notificação das partes a comparecerem na audiência de instrução e julgamento.

b) Fase Conciliatória (art. 846 da CLT):

Compreende a primeira tentativa de conciliação e se for o caso a formalização e homologação do acordo.

c) Fase da Defesa (art. 847 da CLT):

Fase da defesa ou contestatória abrange a apresentação em audiência da defesa (exceções, preliminares, contestação de mérito e se for o caso reconvenção.

d) Fase Instrutória (art. 848 da CLT):

Nela ouvem-se as partes, testemunhas, requerem-se e produzem-se outras provas materiais ou técnicas além das trazidas ou requeridas na inicial (reclamatória) ou na defesa.

e) Fase Decisória (arts. 850 a 852 DA CLT):

Abrange as razões finais, a renovação da proposta de conciliação (e se for o caso, formalização e homologação do acordo) e a decisão e ciência às partes de acordo com a disposições legais e conforme o procedimento adotado pelo julgador.

f) Fase Recursal (arts. 893 a 899, da CLT):

Na qual ocorrem os ataques à sentença por meio dos recursos cabíveis até o transito em julgado da decisão.

g) Fase Liquidatória (art. 879 da CLT):

Que vai desde a notificação das partes para apresentar os cálculos até a homologação dos mesmos pela sentença de liquidação.

h) Fase Executória (arts. 876 a 892 da CLT):

Que inicia com a citação do devedor para pagar, compreendendo, além disso, a garantia do juízo, embargos ou impugnação à execução, julgamento e recursos pertinentes e finalmente a satisfação do credor pela expropriação dos bens dados em garantia ou pagamento e a extinção do processo.

6. Da reclamatória ou reclamação trabalhista

O Texto consolidado do Direito Processual Trabalhista, usa alternadamente as denominações Reclamação ou Reclamatória. A Expressão Reclamatória Trabalhista é multifária, ou seja, empregado em vários sentidos. É empregada como sinônimo de Dissídio Individual, Ação Trabalhista, Petição Inicial da Ação Trabalhista decorrente de litígio na relação de emprego, até mesmo no sentido de processo ou autos.

Assim, podemos **conceituar a Reclamatória Trabalhista como** procedimento judicial, por meio do qual o Estado concilia ou decide os litígios entre o empregado e o empregador, singularmente considerados, decorrente da relação de emprego e mediante disposição expressa de lei, outras controvérsias decorrentes da relação de trabalho.

Instrumento (ato processual) pelo qual o Reclamante exercita seu direito de ação, requerendo do Judiciário a proteção, a declaração ou a constituição de um pretenso direito.

Nesse sentido, mais adequado seria denominá-la de Ação Trabalhista ou, se quisermos preservar sua origem, Ação Trabalhista na relação de emprego. Aliás, na informatização hoje já generalizada a reclamatória consta na tela dos monitores utilizados nas audiências como Ação trabalhista pelo rito ordinário ou sumaríssimo.

Como sinônimo de Petição Inicial seria o "meio material de buscar uma manifestação do órgão competente do Poder Judiciário sobre uma pretensão trabalhista resistida. (meio, instrumento, ou documento utilizado para tal — Petição 840, § 1º, ou Termo — art. 786 da CLT)."

6.1. Formas

Segundo a previsão legal, art. 940, *caput*, da CLT, a Reclamação ou Reclamatória poderia ser feita: a) escrita ou b) verbal.

Na realidade, a Reclamatória em regra é escrita, por várias razões a saber: *a)* a reclamatória, normalmente será mais completa e dela resultarão maiores benefícios ao reclamante; *b)* os sindicatos colocam advogados, especializados, à disposição dos integrantes da respectiva categoria; por tal razão é recomendável e mais fácil aos serventuários indicar o advogado do sindicato do que tomar a termo a reclamatória; *c)* o Peticionamento eletrônico, o pré-cadatramento (Provimento TRT4 n. 02, de 28.6.2009), inviabiliza a reclamação verbal.

6.2. Requisitos ou elementos indispensáveis (art. 840, § 1º, da CLT)

Sendo escrita, a reclamação deverá conter: *a designação do presidente da Vara, ou do juiz de Direito, a quem é dirigida; a qualificação do reclamante e do reclamado; uma breve exposição dos fatos de que resulte o dissídio; o pedido; a data e a assinatura do reclamante ou de seu representante.*

Portanto, pelo menos teoricamente, a petição inicial da reclamatória (ação) trabalhista seria mais simples do que a do processo comum, uma vez que não se exigem fundamentos jurídicos do pedido (art. 282, III, do CPC). Tal fato se deve, entre outras causas: a) à natureza de ordem pública, impositiva e irrenunciável dos direitos do empregado, que decorrem, automaticamente, da relação de emprego, independentemente da vontade das partes; a) da existência do *jus postulandi* trabalhista (possibilidade de o empregado atuar diretamente em juízo, sem a assistência técnica (patrocínio) de advogado; c) do princípio da simplicidade.

Emenda da inicial:

Art. 284 – CPC – Verificando o juiz que a petição inicial não preenche os requisitos exigidos nos arts. 282 e 283, ou que apresenta defeitos e irregularidades capazes de dificultar o julgamento de mérito, determinará que o autor a emende, ou a complete, no prazo de 10 (dez) dias.

Parágrafo único. Se o autor não cumprir a diligência, o juiz indeferirá a petição inicial.

Especificamente no processo do trabalho estabelece a Súmula n. 263 do TST.

SÚMULA N. 263 – PETIÇÃO INICIAL – INDEFERIMENTO – Salvo nas hipóteses do art. 295 do CPC, o indeferimento da petição inicial, por encontrar-se desacompanhada de documento indispensável à propositura da ação ou não preencher outro requisito legal, somente é cabível se, após intimada para suprir a irregularidade em 10 (dez) dias, a parte não o fizer.

6.3. Da reclamação ou reclamatória

6.3.1. Da Peça Inicial (Reclamatória ou Petição Inicial)

Os requisitos ou elementos indispensáveis à elaboração da Reclamatória Trabalhista (Petição Inicial) estão elencados, como já se viu, nos arts. 840, § 1º, e 852-B, I e II, da CLT). Para efeitos didáticos, vamos dividir a peça da Reclamatória em quatro partes a saber: Cabeçalho; Preâmbulo, Corpo e Fecho.

a) Cabeçalho (a quem é dirigida ou endereçada a reclamatória trabalhista):

Juiz do Trabalho ou

Vara do Trabalho

b) Preâmbulo:

O preâmbulo deve ser elaborado, com observância no disposto nos arts. 840 (a qualificação do reclamante e do reclamado) 841 (§ 1º — A notificação será feita em registro postal com franquia) e 852-B (Nas reclamações enquadradas no procedimento sumaríssimo: ... II — não se fará citação por edital, incumbindo ao autor a correta indicação do nome e endereço do reclamado; — § 1º O não atendimento, pelo reclamante, do disposto nos incisos I e II deste artigo importará no arquivamento da reclamação e condenação ao pagamento de custas sobre o valor da causa), contendo:

Art. 32. O juiz zelará pela precisa identificação das partes no processo, a fim de propiciar o cumprimento das obrigações fiscais e previdenciárias, o levantamento dos depósitos de FGTS, o bloqueio eletrônico de numerário em instituições financeiras e o preenchimento da guia de depósito judicial trabalhista.

Art. 33. Salvo impossibilidade que comprometa o acesso à justiça, o juiz do trabalho determinará às partes a apresentação das seguintes informações:

a) no caso de pessoa física, o número da CTPS, RG e órgão expedidor, CPF e PIS/PASEP ou NIT (Número de Inscrição do Trabalhador);

b) no caso de pessoa jurídica, o número do CNPJ e do CEI (Cadastro Específico do INSS), bem como cópia do contrato social ou da última alteração feita no contrato original, constando o número do CPF do(s) proprietário(s) e do(s) sócio(s) da empresa demandada.

Parágrafo único. Não sendo possível obter das partes o número do PIS/PASEP ou do NIT, no caso de trabalhador, e o número da matrícula no Cadastro Específico do INSS – CEI, relativamente ao empregador pessoa física, o juiz determinará à parte que forneça o número da CTPS, a data de seu nascimento e o nome da genitora. (CONSOLIDAÇÃO DOS PROVIMENTOS DA CORREGEDORIA-GERAL DA JUSTIÇA DO TRABALHO).

Assim, quanto à qualificação do Reclamante, pessoa física, deve o quanto possível, constar além do nome, nacionalidade, estado civil e/ou capacidade, profissão: *o número da CTPS, RG e órgão expedidor, CPF e PIS/PASEP ou NIT (Número de Inscrição do Trabalhador)*; e **principalmente** o endereço correto e completo.

c) Para efeitos didáticos chamo as expressões destacadas abaixo de Indicação do Pretendido — Tipo de pretensão: *Vem (pessoalmente ou por seu procurador)* **propor RECLAMATÓRIA TRABALHISTA) contra ou ante...** (Quando representado por procurador acrescentar: *infra ou abaixo assinado, procuração anexa*). O endereço completo do procurador pode vir aqui no cabeçalho, como é recomendável, no entanto, pode constar da só procuração.

d) Qualificação completa **do Reclamado** (Réu).

Se pessoa física: se possível os dados arrolados em relação ao Reclamante;

Se pessoa jurídica: individualização o mais completa e precisa possível, indicando quando factível: o nome (Firma, Razão ou Denominação Social), natureza (pessoa jurídica de direito privado), número dos registros (arquivamento do contrato social no órgão competente, número do CNPJ). Em ambos os casos o endereço correto e completo. Recomenda a Corregedoria que conste: "*o número do CNPJ e do CEI (Cadastro Específico do INSS), bem como cópia do contrato social ou da última alteração feita no contrato original, constando o número do CPF do(s) proprietário(s) e do(s) sócio(s) da empresa demandada*".

Como já dito alhures a jurisprudência não exige a prévia juntada do ato constitutivo da empresa:

OJ ADI 1 N. 255. *Mandato. Contrato social. Desnecessária a juntada. O art. 12, VI, do CPC não determina a exibição dos estatutos da empresa em juízo como condição de validade do instrumento de mandato outorgado ao seu procurador, salvo se houver impugnação da parte contrária.* (13.3.02)

e) Também, meramente para efeitos didáticos, trato a parte final do preâmbulo destacado a seguir, como pretexto, razão ou causa da reclamatória ou postulação: "*pelos motivos de fatos e de direitos passa a expor*".

f) **Corpo**: Exposição dos fatos (lógica — clara — simples - fatos pertinentes — art. 840, § 1º, da CLT)

Devem constar: os dados da contratualidade (data de admissão, função, remuneração); condições especiais da execução do contrato (turno noturno, sobrejornada, ambiente insalubre ou perigoso, condições especiais de remuneração, trajeto e forma de acesso ao trabalho etc.; direito ou vantagens normativas ou contratuais; atos ou fatos jurídicos relevantes e pertinentes; direitos infringidos (causa ou razão do conflito, pretensão resistida);

Embora a lei (art. 840 da CLT) não exija, não é vedado ou impróprio à fundamentação jurídica (doutrina e jurisprudência) de pedidos peculiares, como dano moral, direitos decorrentes de assédio moral, assédio social, discriminação, desrespeito à dignidade humana, responsabilidade solidária ou subsidiária etc.

g) **Fecho**:

Do fecho constam o pedido ou pedidos decorrentes dos fatos narrados e os demais requerimentos pertinentes.

PEDIDO

O pedido diz respeito diretamente à pretensão do reclamante. Refere-se aos direitos ou rubricas postuladas. Já o requerimento tem um caráter mais processual, diz respeito ao procedimento.

Pretensão do Autor: a postulação ou providência jurisdicional desejada que pode consistir em dissídio ou reclamatória (ação) de natureza: — condenatória; — constitutiva; — declaratória; — cautelar; — executória (tratando-se de título extrajudicial: Acordo firmado perante a comissão de Conciliação Prévia) ou mandamental.

O pedido pode se constituir em uma: *a)* obrigação de dar; *b)* obrigação de fazer ou não fazer e *c)* cominação de obrigação (praticar ou abster-se de praticar determinado ato).

Por outro lado, os pedidos podem ser: a) simples; b) cumulativos; c) alternativos; d) sucessivos; e) líquidos ou ilíquidos. (Certo ou determinado quanto aos direitos ou rubricas; valor a ser apurado em liquidação de sentença.

Nos conflitos decorrentes da relação de emprego, certos pedidos podem ser reflexos, implícitos, decorrentes de imposição legal.

Compreendem-se no pedido, independentemente de postulação expressa, os juros e correção: (art. 1º, § 1º, Decreto-lei n. 75/66)

Súmula n. 211 – *Os juros e correção monetária incluem-se na liquidação, ainda que omisso o pedido inicial ou a condenação.*

Não existe uma forma obrigatória de elaboração dos pedidos. Eles devem decorrer dos fatos narrados e serem claros e precisos, e quando possível ou imposto pela legislação, líquidos.

Cada pedido pode ser formulado após o respectivo tópico. Assis, após falar da sobrejornada, pedir as correspondentes horas extras e reflexos. Quando tratar das condições de trabalho, pedido, os respectivos adicionais e reflexos e assim por diante. Ou se pode reunir os pedidos ao final da Reclamatória (peça inicial), por exemplo:

A partir do que foi exposto é devido ao Reclamante:

a) "x" horas extras diárias ou semanais, no período "y", e seus reflexos;

b) Adicional de insalubridade em grau..., durante toda a contratualidade.

(...)

A forma pode variar de acordo com a técnica ou vontade do profissional que elabora a peça inicial.

Valor da causa:

Obrigatoriedade ou não?

Nos dissídios individuais, proposta a conciliação, e não havendo acordo o Presidente da Junta ou o Juiz, antes de passar a instrução, fixar-lhe-á o valor para determinar a alçada, se este for indeterminado no pedido. (art. 2º, caput, da Lei n. 5.584/70)

Do teor do dispositivo acima descrito poderia se concluir que a reclamatória não precisaria trazer expresso o valor da causa. No entanto, até por economia processual (evitar a necessidade de emendar a inicial ou até mesmo o indeferimento da mesma), deve vir expresso o valor da causa, pois dele decorrerá o rito (ordinário, sumário ou sumaríssimo) e até mesmo recorribilidade ou não da sentença. (art. 2º, § 4º, da Lei n. 5.584/70)

O valor atribuído à causa pode ser impugnado pela reclamado. A decisão do Juiz que fixou ou alterou o dito valor enseja pedido de revisão ao Presidente do Tribunal Regional (Recurso Revisional, no prazo de 48 horas. (§§ 1º e 2º, art. 2º, Lei n. 5.584/70)

d.2) Requerimentos

a) Requerimento relativo às provas que pretende produzir e/ou instrução:

Estabelece a legislação aplicável:

Art. 787 – A reclamação escrita deverá ser formulada em 2 (duas) vias e desde logo acompanhada dos documentos em que se fundar.

Art. 825 – As testemunhas comparecerão à audiência independentemente de notificação ou intimação.

Art. 845 – O reclamante e o reclamado comparecerão à audiência acompanhados das suas testemunhas, apresentando, nessa ocasião, as demais provas.

Art. 852-H. Todas as provas serão produzidas na audiência de instrução e julgamento, ainda que não requeridas previamente.

§ 1º Sobre os documentos apresentados por uma das partes manifestar-se-á imediatamente a parte contrária, sem interrupção da audiência, salvo absoluta impossibilidade, a critério do juiz.

§ 2º As testemunhas, até o máximo de duas para cada parte, comparecerão à audiência de instrução e julgamento independentemente de intimação.

§ 3º Só será deferida intimação de testemunha que, comprovadamente convidada, deixar de comparecer. Não comparecendo a testemunha intimada, o juiz poderá determinar sua imediata condução coercitiva.

§ 4º Somente quando a prova do fato o exigir, ou for legalmente imposta, será deferida prova técnica, incumbindo ao juiz, desde logo, fixar o prazo, o objeto da perícia e nomear perito. (Incluído pela Lei n. 9.957, de 12.1.2000)

§ 5º (VETADO) (faculta-se às partes, no prazo comum de setenta e duas horas, a apresentação de quesitos, vedada a indicação de assistente técnico)

§ 6º As partes serão intimadas a manifestar-se sobre o laudo, no prazo comum de cinco dias. (Incluído pela Lei n. 9.957, de 12.1.2000)

Requerer ou protestar pela produção de prova por todos os meios em direito admitidos. Embora usual não se faz necessário (não constitui requisito da reclamação/inicial) na Reclamatória Trabalhista.

b) Pedido de notificação (citação) do Reclamado

Art. 841. Recebida e protocolada a reclamação, o escrivão ou secretário, dentro de 48 (quarenta e oito) horas, remeterá a segunda via da petição, ou do termo, ao reclamado, notificando-o ao mesmo tempo, para comparecer à audiência do julgamento, que será a primeira desimpedida, depois de 5 (cinco) dias.

§ 1º A notificação será feita em registro postal com franquia. Se o reclamado criar embaraços ao seu recebimento ou não for encontrado, far-se-á a notificação por edital, inserto no jornal oficial ou no que publicar o expediente forense, ou, na falta, afixado na sede da Junta ou Juízo.

§ 2º O reclamante será notificado no ato da apresentação da reclamação ou na forma do parágrafo anterior.

Art. 843. Na audiência de julgamento deverão estar presentes o reclamante e o reclamado, independentemente do comparecimento de seus representantes salvo, nos casos de Reclamatórias Plúrimas ou Ações de Cumprimento, quando os empregados poderão fazer-se representar pelo Sindicato de sua categoria.

Art. 844 – O não comparecimento do reclamante à audiência importa o arquivamento da reclamação, e o não comparecimento do reclamado importa revelia, além de confissão quanto à matéria de fato.

Das normas acima transcritas resulta que, apesar de ser usual, seria desnecessário tal reuerimento.

Assinatura do Advogado ou da Parte:

Como se conclui dos dispositivos abaixo, a Reclamatória poderá ser assinada:

a) Pelo empregado ou seu responsável no caso *de jus postulandi* (art. 791 c/c 792, CLT);

b) Pelo sindicato (quem o represente) quando atua como substituto processual (Letra *"a"*, art. 839, CLT, c/c art. 3º da Lei n. 8.073/90);

c) Por advogado constituído pelo reclamante, seu representante legal ou pelo sindicato.

Art. 839 – A reclamação poderá ser apresentada:

a) pelos empregados e empregadores, pessoalmente, ou por seus representantes, e pelos sindicatos de classe;

b) por intermédio das Procuradorias Regionais da Justiça do Trabalho.

Art. 3º As entidades sindicais poderão atuar como substitutos processuais dos integrantes da categoria. (Lei n. 8.073/90)

Art. 791 – Os empregados e os empregadores poderão reclamar pessoalmente perante a Justiça do Trabalho e acompanhar as suas reclamações até o final.

§ 1º Nos dissídios individuais os empregados e empregadores poderão fazer-se representar por intermédio do sindicato, advogado, solicitador, ou provisionado, inscrito na Ordem dos Advogados do Brasil.

Art. 792 – Os empregados e os empregadores poderão reclamar pessoalmente perante a Justiça do Trabalho e acompanhar as suas reclamações até o final.

§ 1º – Nos dissídios individuais os empregados e empregadores poderão fazer-se representar por intermédio do sindicato, advogado, solicitador, ou provisionado, inscrito na Ordem dos Advogados do Brasil.

§ 2º – Nos dissídios coletivos é facultada aos interessados a assistência por advogado.

§ 3º A constituição de procurador com poderes para o foro em geral poderá ser efetivada, mediante simples registro em ata de audiência, a requerimento verbal do advogado interessado, com anuência da parte representada. (Incluído pela Lei n. 12.437, de 2011)

Art. 793 – *A reclamação trabalhista do menor de 18 anos será feita por seus representantes legais* e, *na falta destes, pela Procuradoria da Justiça do Trabalho, pelo sindicato, pelo Ministério Público estadual ou curador nomeado em juízo.*

Rol de Testemunhas:

Não é necessário, nem aconselhável, arrolar testemunhas na reclamatória (inicial) como demonstram as normas legais abaixo transcritas.

Art. 825 – *As testemunhas comparecerão a audiência independentemente de notificação ou intimação.*

Parágrafo único – As que não comparecerem serão intimadas, *ex officio* ou a requerimento da parte, ficando sujeitas a condução coercitiva, além das penalidades do art. 730, caso, sem motivo justificado, não atendam à intimação.

Art. 845 – *O reclamante e o reclamado comparecerão à audiência acompanhados das suas testemunhas, apresentando, nessa ocasião, as demais provas.*

Art. 408 – CPC – Depois de apresentado o rol de que trata o artigo antecedente a parte só pode substituir a testemunha:

I – que falecer;

II – que, por enfermidade, não estiver em condições de depôs;

III – que, tendo mudado de residência, não for encontrada pelo oficial de justiça.

Indeferimento (inépcia) da Inicial (extinção do processo sem resolução de mérito).

Em razão do *jus postulandi*, da incidência do princípio da simplicidade, não comum no Processo do Trabalho o indeferimento, pelo mesmo, de plano, da reclamatória (petição inicial).

No processo comum a petição inicial será indeferida:

I – quando for inepta;

II – quando a parte for manifestamente ilegítima;

III – quando o autor carecer de interesse processual;

IV – quando o juiz verificar, desde logo, a decadência ou a prescrição;

V – quando o tipo de procedimento, escolhido pelo autor, não corresponder a natureza da causa, ou ao valor da ação; caso em que só não será indeferida, se puder adaptar-se ao tipo de procedimento legal;

VI – quando não atendidas as prescrições dos arts. 39, § único, primeira parte e 284;

Parágrafo único: Considera-se inepta a petição inicial quando:

I – lhe faltar pedido ou causa de pedir;

II – da narração dos fatos não decorrer logicamente a conclusão;

III – o pedido for juridicamente impossível;

IV – contiver pedidos incompatíveis entre si.

Estas disposições aplicam-se ao Processo do Trabalho com flexibilidade, como decorre do entendimento constante da Súmula n. 263 do TST.

SÚMULA N. 263 – PETIÇÃO INICIAL – INDEFERIMENTO – *Salvo nas hipóteses do art. 295 do CPC, o indeferimento da petição inicial, por encontrar-se desacompanhada de documento indispensável à propositura da ação ou não preencher outro requisito legal, somente é cabível se, após intimada para suprir a irregularidade em 10 (dez) dias, a parte não o fizer.*

Pode-se dizer que o art. 852-B da CLT comtempla hipóteses peculiares de inépcia ou ensejadores do indeferimento da inicial.

CLT – art. 852-B. – *Nas reclamações enquadradas no* **procedimento sumaríssimo:**

I – o pedido deverá ser certo ou determinado e indicará o valor correspondente;

II – não se fará citação por edital, incumbindo ao autor a correta indicação do nome e endereço do reclamado;

§ 1º O não atendimento, pelo reclamante, do disposto nos incisos I e II deste artigo importará no arquivamento da reclamação e condenação ao pagamento de custas sobre o valor da causa.

Por outro lado, a jurisprudência entende que, por não ser compatível, não se aplica ao Processo do Trabalho a regra do Processo comum (art. 285-A), que permite a decisão de plano, antes da defesa.

Art. 285-A. Quando a matéria controvertida for unicamente de direito e no juízo já houver sido proferida sentença de total improcedência em outros casos idênticos, poderá ser dispensada a citação e proferida sentença, reproduzindo-se o teor da anteriormente prolatada. (Incluído pela Lei n. 11.277, de 2006)

§ 1º Se o autor apelar, é facultado ao juiz decidir, no prazo de 5 (cinco) dias, não manter a sentença e determinar o prosseguimento da ação. (Incluído pela Lei n. 11.277, de 2006)

§ 2º Caso seja mantida a sentença, será ordenada a citação do réu para responder ao recurso. (Incluído pela Lei n. 11.277, de 2006)

6.4. Competência para julgar

A Reclamatória será processada e julgada por uma Vara do Trabalho ou um Juiz do Trabalho, como resulta da combinação dos arts. 114 da CF/88, 643 e 652 da CLT. Nas localidades fora da jurisdição de qualquer Vara do Trabalho, a competência será do Juiz de Direito da Justiça Estadual, como previsto nos arts. 668 e 669 da CLT.

A competência territorial será determinada pelo local da prestação do serviço, como preceitua o art. 651 da CLT. Quando houver mais de uma Vara do Trabalho no local a competência poderá ser determinada entre os órgãos em razão da matéria e pessoa: por distribuição (arts. 783 a 788, 837 e 838, CLT); continência e conexão (arts. 102 a 105, CPC — 769, CLT).

A incompetência territorial é relativa, se não arguida prorrogação à competência do órgão originariamente incompetente, como previsto nos arts. 113 e art. 114 do CPC.

6.5. Propositura da reclamatória

Art. 839 – *A reclamação poderá ser apresentada:*

a) pelos empregados e empregadores, pessoalmente, ou por seus representantes, e pelos sindicatos de classe;

Art. 791 – *Os empregados e os empregadores poderão reclamar pessoalmente perante a Justiça do Trabalho e acompanhar as suas reclamações até o final.*

Art. 786 – *A reclamação verbal será distribuída antes de sua redução a termo.*

Parágrafo único – *Distribuída a reclamação verbal, o reclamante deverá, salvo motivo de força maior, apresentar-se no prazo de 5 (cinco) dias, ao cartório ou à secretaria, para reduzi-la a termo, sob a pena estabelecida no art. 731.*

Dos dispositivos acima transcritos conclui-se que a reclamatória pode ser proposta pessoalmente pelo reclamante ou por meio de representante habilitado (advogado). O Sindicato da Categoria poderá propor como substituto processual. Quando proposta por advogado na condição de procurador do reclamante, somente por escrito.

A Reclamação Pessoal poderá ser verbal ou escrita.

Art. 840 – A reclamação poderá ser escrita ou verbal.

a.1) – Reclamatória Escrita;

a.2) – Reclamação Verbal

b) – **Com Assistência Judiciária** (patrocínio de Advogado, Lei n. 5.584/70)

b.1) – Reclamatória (Petição Inicial) Escrita

b.2) – Peticionamento Eletrônico (Lei n. 11.419/2006 e IN-TST n. 30/2007

Certificação Digital;

Assinaturas Digitais,

Pré-Cadastramento de Petições (arts. 18 a 25 do Provimento TRT4, 02, de 28.06.2009

PRÉ-CADASTRO DE PETIÇÕES INICIAIS – **TRT4**

RECLAMATÓRIAS TRABALHISTAS

AÇÕES TRABALHISTAS

PROCEDIMENTO:

ENTRA NO *SITE* <*trt4.jus.br*>

Abrir Ícone: **Pré-Cadastro**

Petições Iniciais

Clicar em **Novo Cadastro**

Vai gerar **Número do Pré-cadastramento**

Em seguida abre-se **uma janela – Ficha**

Lançar Dados:

Do Procurador

Autor (ou Reclamante)

Réu (ou Reclamado)

Da ação

Tipo de Ação

Rito ou Procedimento (Ordinário, Sumário ou Especial)

Pedidos

6.6. Da instrução da reclamatória *(da Petição Inicial)*

Art. 787 – CLT – *A reclamatória escrita deverá ser formulada em duas vias e* **desde logo acompanhada dos documentos em que se fundar.**

Art. 830. *O documento em cópia oferecido para prova poderá ser declarado autêntico pelo próprio advogado, sob sua responsabilidade pessoal.*

Parágrafo único. Impugnada a autenticidade da cópia, a parte que a produziu será intimada para apresentar cópias devidamente autenticadas ou o original, cabendo ao serventuário competente proceder à conferência e certificar a conformidade entre esses documentos. (Incluído pela Lei n. 11.925, de 2009)

Art. 845. O reclamante e o reclamado comparecerão à audiência acompanhados das suas testemunhas, **apresentando, nessa ocasião, as demais provas.** (CLT)

6.7. Custas

Deve ser destacado inicialmente que nas reclamatórias trabalhistas, como decorre do parágrafo primeiro do art. 789 da CLT, não se exige o pagamento antecipado de custas.

Nos termos dos parágrafos segundo a quarto dos mesmo artigo, as custas, pagas ao final (ou no prazo recursal) incidem sobre o valor da causa ou valor arbitrado pelo juiz, conforme o resultado ou natureza do dissídio.

O pagamento de custa pode ser dispensado em razão da concessão de justiça gratuita, nas hipóteses contempladas na legislação específica (Lei n. 5.584/70, Lei n. 1.060/50, arts. 790 e 790-A da CLT e Súmulas do TST).

Há uma grande resistência dos tribunais trabalhistas em conceder o benefício da Justiça gratuita a pessoas jurídicas, mesmo em se tratando de entidade filantrópica, como exemplifica o acordão abaixo.

EMENTA: JUSTIÇA GRATUITA. ENTIDADE FILANTRÓPICA. IMPOSSIBILIDADE. *Tratando-se de pessoa jurídica, ainda que entidade filantrópica, não há como enquadrar-lhe a tipificação legal daquele que não tem condição de arcar com as custas e despesas do processo sem prejuízo do sustento próprio ou da sua família (art. 4.º da Lei n. 1.060/50). Nesse sentido, a Orientação Jurisprudencial n. 05 das Turmas deste TRT. Assim, ausente o pressuposto objetivo de admissibilidade do recurso, o mesmo não desafia conhecimento, por deserto. (00810-2011-147-03-00-2-RO)*

6.8. Tramitação

6.8.1. Reclamatória escrita

I – **Pré-cadastramento da Inicial** (art. 841, CLT e Provimento. N. 02/2009 – TRT4)

II — Distribuição (se for o caso, como previsto nos arts. 783 a 788) arts. 837 e 838, CLT;

III — Designação da data da audiência inaugural (art. 841);

IV — Expedição da Notificação às Partes (ou só para o Reclamado, se o reclamante foi cientificado da audiência no momento do protocolo da reclamatória — art. 841 CLT).

Quanto à notificação do reclamado (citação inicial) e contagem do prazo mínimo para defesa, estabelecem a legislação e a jurisprudência:

Art. 841 – Recebida e protocolada a reclamação, o escrivão ou secretário, dentro de 48 (quarenta e oito) horas, remeterá a segunda via da petição, ou do termo, ao reclamado, notificando-o, ao mesmo tempo, para comparecer à audiência do julgamento, que será a primeira desimpedida, depois de 5 (cinco) dias.

§ 1º – A notificação será feita em registro postal com franquia. Se o reclamado criar embaraços ao seu recebimento ou não for encontrado, far-se-á a notificação por edital, inserto no jornal oficial ou no que publicar o expediente forense, ou, na falta, afixado na sede da Junta ou Juízo.

§ 2º – O reclamante será notificado no ato da apresentação da reclamação ou na forma do parágrafo anterior.

Art. 852-B. Nas reclamações enquadradas no procedimento sumaríssimo:

II – não se fará citação por edital, incumbindo ao autor a correta indicação do nome e endereço do reclamado; (Incluído pela Lei n. 9.957, de 12.1.2000).

Par os entes públicos sem fins econômicos, é quádruplo o prazo previsto na parte final do *caput* do art. 841, *retro*, como estabelecido no Inciso I, do art. 1º, do Decreto-lei n. 779/69.

SÚMULA TST N. 16 – *Presume-se recebida a notificação 48 (quarenta e oito) horas depois de sua postagem. O seu não recebimento ou a entrega após o decurso desse prazo constitui ônus de prova do destinatário.*

A Súmula n. 429 **STJ**: *"A citação postal, quando autorizada por lei, exige o aviso de recebimento".*

Para os ministros do STF, não se pode ter como presumida a citação dirigida a uma pessoa física quando a carta citatória é simplesmente deixada em seu endereço, com qualquer pessoa, seja o porteiro ou qualquer outra que não efetivamente o citando.

6.8.2. Reclamação verbal, arts. 840 e 787

Em se tratando de reclamação (reclamatória trabalhista) verbal assim será sua tramitação inicial: Protocolo; Distribuição; Lavratura e assinatura do Termo pelo Reclamante (art. 786, CLT) e Notificação do Reclamado, com designação da Audiência — (art. 841, CLT).

6.8.3. Audiência

Art. 813. As audiências dos órgãos da Justiça do Trabalho serão públicas e realizar-se-ão na sede do Juízo ou Tribunal em dias úteis previamente fixados, entre 8 (oito) e 18 (dezoito) horas, não podendo ultrapassar 5 (cinco) horas seguidas, salvo quando houver matéria urgente.

Art. 849. ***A audiência de julgamento será contínua****; mas, se não for possível, por motivo de força maior, concluí-la no mesmo dia, o juiz ou presidente marcará a sua continuação para a primeira desimpedida, independentemente de nova notificação.*

A mesma regra, audiência única, com possibilidade de interrupção e prosseguimento ou data próxima, no Procedimento Sumaríssimo, (art. 852-C e § 7º do art. 852-H).

Art. 852-C. *As demandas sujeitas a rito sumaríssimo serão instruídas e julgadas em audiência única, sob a direção de juiz presidente ou substituto, que poderá ser convocado para atuar simultaneamente com o titular.*

§ 7º Interrompida a audiência, seu prosseguimento e a solução do processo dar-se-ão no prazo máximo de trinta dias, salvo motivo justificado nos autos pelo juiz da causa. (art. 852-H)

6.8.3.1. Práxis (realidade dos pretórios)

6.8.3.1.1. Audiência Inaugural

Art. 849. *A audiência de julgamento será contínua; mas, se não for possível, por motivo de força maior, concluí-la no mesmo dia, o juiz ou presidente marcará a sua continuação para a primeira desimpedida, independentemente de nova notificação.*

Art. 852-C. *As demandas sujeitas a rito sumaríssimo serão instruídas e julgadas em audiência única, sob a direção de juiz presidente ou substituto, que poderá ser convocado para atuar simultaneamente com o titular.*

6.8.3.1.2. Presença obrigatória das partes, independentemente de seus procuradores, art. 843

Art. 843 – *Na audiência de julgamento deverão estar presentes o reclamante e o reclamado, independentemente do comparecimento de seus representantes salvo nos casos de Reclamatórias Plúrimas ou Ações de Cumprimento, quando os empregados poderão fazer-se representar pelo Sindicato de sua categoria. (Redação dada pela Lei n. 6.667, de 3.7.1979)*

§ 1º É facultado ao empregador fazer-se substituir pelo gerente, ou qualquer outro preposto que tenha conhecimento do fato, e cujas declarações obrigarão o proponente.

§ 2º Se por doença ou qualquer outro motivo poderoso, devidamente comprovado, não for possível ao empregado comparecer pessoalmente, poderá fazer-se representar por outro empregado que pertença à mesma profissão, ou pelo seu sindicato.

6.8.3.1.3. Ausência na audiência inaugural:

Do Reclamante: arquivamento da Reclamatória, art. 844, CLT;

Do Reclamado: revelia, e confissão ficta quanto à matéria de fato, art. 844, da CLT (Ver OJs SDI 1 ns. 245 e 152 e Súmulas ns. 74 e 122).

Art. 844. O não comparecimento do reclamante à audiência importa o arquivamento da reclamação, e o não comparecimento do reclamado importa revelia, além de confissão quanto à matéria de fato.

Parágrafo único – Ocorrendo, entretanto, motivo relevante, poderá o presidente suspender o julgamento, designando nova audiência.

... O não comparecimento da parte reclamada, na audiência e consequente ausência de defesa, importa revelia, além de confissão quanto à matéria de fato (art. 844 da CLT). Com efeito, no processo laboral a revelia decorre da ausência da parte ré na audiência designada, pois é nesta oportunidade que lhe é facultado apresentar defesa. Desta forma, o processo deve ser julgado à revelia da parte ré com aplicação da pena de confissão quanto à matéria de fato, nos termos dos arts. 843 e 844 da CLT. ... (Ac. RO TRT 15 – disponibilizado em 04.2015)

SÚMULA N. 122 – *A reclamada, ausente à audiência em que deveria apresentar defesa, é revel,* **ainda que presente seu advogado munido de procuração, podendo ser ilidida a revelia** *mediante a apresentação de atestado médico, que deverá declarar, expressamente, a impossibilidade de locomoção do empregador ou do seu preposto no dia da audiência.*

OJ – SDI 1 N. 152. Revelia. Pessoa jurídica de direito público. Pessoa jurídica de direito público sujeita-se à revelia prevista no art. 844 da CLT.

OJ – SDI 1 N. 245. *Revelia. Atraso. Audiência. Inexiste previsão legal tolerando atraso no horário de comparecimento da parte à audiência.*

OBS: 1) O Reclamado poderá fazer-se representar (na audiência e no processo) por um preposto, art. 843, § 1º, CLT.

Art. 843 CLT

§ 1º – É facultado ao empregador fazer-se substituir pelo gerente, ou qualquer outro preposto que tenha conhecimento do fato, e cujas declarações obrigarão o proponente.

Art. 54. – Lei Complementar N. 123/2006

É facultado ao empregador de microempresa ou de empresa de pequeno porte fazer-se substituir ou representar perante a Justiça do Trabalho por terceiros que conheçam dos fatos, ainda que não possuam vínculo trabalhista ou societário.

Súmula N. 377 – *Exceto quanto à reclamação de empregado doméstico,* **ou contra micro ou pequeno empresário***, o preposto deve ser necessariamente empregado do reclamado. Inteligência do art. 843, § 1º, da CLT e do art. 54 da Lei Complementar n. 123, de 14 de dezembro de 2006.*

Estagiário não é empregado e não pode ser preposto – representante do empregador em audiência trabalhista. A representação em juízo por um preposto estagiário implica em revelia e confissão. O preposto deve ser necessariamente empregado do empregador. As únicas exceções da Súmula n. 377 são quanto às reclamações de empregado doméstico, ou contra micro ou pequeno empresário. (Processo: RR – 216800-68.2006.5.18.0007)

OBS: 2) O Reclamado, **na audiência**, para evitar o arquivamento da Reclamatória, (pedir adiamento da audiência), poderá se fazer representar por um colega de profissão ou pelo Sindicato da categoria (art. 843, § 2º);

§ 2º – Se por doença ou qualquer outro motivo poderoso, devidamente comprovado, não for possível ao empregado comparecer pessoalmente, poderá fazer-se representar por outro empregado que pertença à mesma profissão, ou pelo seu sindicato.

OBS: 3) Nas Reclamatórias Plúrimas os Reclamantes poderão ser representados, na audiência e no processo, pelo Sindicato da Categoria (art. 843, *caput*, CLT)

6.8.4. Tentativa de conciliação

Como já se disse, a conciliação é ínsita no processo do trabalho, como decorre dos termos das Constituições de 1946 e 1988, na legislação processual trabalhista consolidada (arts. 643 e 764). Alguns autores chegam a tratá-lo como um princípio do Direito Processual do Trabalho.

No rito ordinário o procedimento conciliatório constitui uma imposição, estabelecida nos arts. 846 e 850, da CLT. Em razão do caráter impositivo, a jurisprudência entende anulável o processo na falta de registro da tentativa de conciliação.

NULIDADE POR AUSÊNCIA DA PROPOSTA DE CONCILIAÇÃO NA AUDIÊNCIA INAUGURAL. *Nos termos do art. 846 da CLT, no processo do trabalho, é imperativo de ordem pública a sujeição dos dissídios individuais à prévia proposta de conciliação. Pelo menos em duas oportunidades definidas por lei, o Juiz é obrigado a propor e a renovar a proposta de conciliação. Ademais, a proposta de conciliação é obrigatória, pela própria natureza do processo do trabalho, conforme se extrai do art. 114 da Constituição Federal que disciplina a competência da Justiça do Trabalho para conciliar e julgar os dissídios individuais. Portanto, a ausência na proposta de conciliação constitui nulidade absoluta, podendo ser arguida a qualquer tempo. Revista conhecida e provida.* (TST – RR 335588/1997 – 3ª T. – Rel. Min. Francisco Fausto – DJU 22.10.1999 – p. 204)

RECURSO ORDINÁRIO. NULIDADE PROCESSUAL. CERCEAMENTO DE DEFESA. NÃO REALIZAÇÃO DE AUDIÊNCIA. PROPOSTA CONCILIATÓRIA. A designação de audiência no processo do trabalho, além de prevista na lei, é indispensável como instrumento eficaz para que as partes possam vir a conciliar o feito, ainda que parcialmente. No caso dos autos, nenhuma audiência foi determinada, o que impossibilitou, inclusive, a proposta conciliatória sob a gestão judicial. Recurso da primeira reclamada provido para declarar a nulidade do processo e o retorno dos autos à origem para a reabertura da instrução e designação de audiência de prosseguimento, como de direito. (TRT 4ª Região – Processo 0000584-89.2011.5.04.0731 – 4ª Turma, relator Lenir Heinen – 24.5.2012)

EMENTA: NULIDADE PROCESSUAL. AUSÊNCIA DE PROPOSTA CONCILIATÓRIA. A ausência de propostas conciliatórias viola as regras próprias do processo do trabalho, consubstanciadas nos arts. 846, 850 e 764 da CLT. Nulidade que se reconhece. (TRT 4ª Região – Processo 0000202-14.2010.5.04.0802 – 6ª Turma, relatora Maria Cristina Schaan Ferreira – 7.12.2011).

Estabelece a norma específica (art. 852-E) que no rito sumaríssimo se empenhe o magistrado na obtenção de uma solução conciliatória.

O Acordo homologado celebrado e formalizado na forma determinada pela lei (art. 846) acarretará no fim do processo, produzindo tal acordo, para as partes, o efeito de decisão definitiva ("*sentença transitada em julgado*"), conforme o parágrafo único do art. 831 da CLT.

§ 1º Se houver acordo lavrar-se-á termo, assinado pelo presidente e pelos litigantes, consignando-se o prazo e demais condições para seu cumprimento.

§ 2º Entre as condições a que se refere o parágrafo anterior, poderá ser estabelecida a de ficar a parte que não cumprir o acordo obrigada a satisfazer integralmente o pedido ou pagar uma indenização convencionada, sem prejuízo do cumprimento do acordo. (Incluído pela Lei n. 9.022, de 5.4.1995)

Parágrafo único – *No caso de conciliação, o termo que for lavrado valerá como decisão irrecorrível, salvo para a Previdência Social, quanto às contribuições que lhe forem devidas.*

Em razão da natureza e efeito atribuído pelo parágrafo único do art. 831, ao termo de acordo homologado, este só poderá ser atacado pelas partes por meio de ação rescisória.

SÚMULA N. 259 – TST – "*Só por ação rescisória é atacável o termo de conciliação previsto no parágrafo único do art. 831 da Consolidação das Leis do Trabalho.*"

OJ-SDI 2 – N. 154. *A sentença homologatória de acordo prévio ao ajuizamento de reclamação trabalhista, no qual foi conferida quitação geral do extinto contrato, sujeita-se ao corte rescisório tão somente se verificada a existência de fraude ou vício de consentimento.*

EMENTA: AÇÃO RESCISÓRIA – FUNDAMENTO PARA INVALIDAR TRANSAÇÃO. *A análise do pedido de corte rescisório, sob o enfoque do fundamento para invalidar transação (art. 485, VIII, do CPC), exige prova robusta acerca do vício de consentimento, capaz de invalidar a manifestação de vontade do autor, externada no ato de celebração do acordo. Pela avaliação do acervo processual, deflui-se que o autor não provou a existência de coação ou de qualquer vício de vontade para que ele assinasse o termo de acordo. Pedido de corte rescisório indeferido.* (PROCESSO n. 0010146-09.2014.5.03.0000 – AR)

Já a Previdência Social (a União), na defesa de seu interesse, poderá atacar o acordo homologado, por meio do recurso adequado (Recurso Ordinário, na fase de conhecimento e Agravo de Petição, na fase de execução).

§ 4º A União será intimada das decisões homologatórias de acordos que contenham parcela indenizatória, na forma do art. 20 da Lei n. 11.033, de 21 de dezembro de 2004, facultada a interposição de recurso relativo aos tributos que lhe forem devidos.

§ 5º Intimada da sentença, a União poderá interpor recurso relativo à discriminação de que trata o § 3º deste artigo.

§ 6º O acordo celebrado após o trânsito em julgado da sentença ou após a elaboração dos cálculos de liquidação de sentença não prejudicará os créditos da União.

§ 8º Quando o agravo de petição versar apenas sobre as contribuições sociais, o juiz da execução determinará a extração de cópias das peças necessárias, que serão autuadas em apartado, conforme dispõe o § 3º, parte final, e remetidas à instância superior para apreciação, após contraminuta. (art. 897, CLT, parágrafo incluído pela Lei n. 10.035, de 25.10.2000)

O acordo homologado (sentença homologatória do acordo) constitui Título Executivo Judicial (art. 876, CLT)

Art. 876 – *As decisões passadas em julgado ou das quais não tenha havido recurso com efeito suspensivo;* **os acordos**, *quando não cumpridos; os termos de ajuste de conduta firmados perante o Ministério Público do Trabalho e os termos de conciliação firmados perante as Comissões de Conciliação Prévia serão executados pela forma estabelecida neste Capítulo.*

Por fim, quanto à fase conciliatória, frustração da Conciliação, o juízo conciliatório se transformará em arbitral (art. 764, CLT), com prosseguimento do processo, com a apresentação da defesa do reclamado, que seria aduzida oralmente (art. 847); no entanto, consiste na entrega de contestação escrita, acompanhada dos documentos em que se fundar.

§ 2º – Não havendo acordo, o juízo conciliatório converter-se-á obrigatoriamente em arbitral, proferindo decisão na forma prescrita neste Título.

Art. 847 – *Não havendo acordo, o reclamado terá vinte minutos para aduzir sua defesa, após a leitura da reclamação, quando esta não for dispensada por ambas as partes.*

6.8.5. Sequência do procedimento

Uma vez que o reclamado já recebeu a cópia da reclamatória, com a notificação para a audiência (art. 841, CLT), o procedimento previsto no art. 847, acima transcrito, é substituído pela entrega da contestação com os documentos que a instruiram, e a oportunização de manifestação do reclamante sobre o aspecto formal dos documentos que acompanham a contestação.

Costumeiramente, é concedido prazo (10 dias) para a manifestação do reclamante sobre o conteúdo dos documentos, o que resulta, via de regra, em uma réplica. Marcada a data para o seu prosseguimento (art. 849, CLT), registrada a ciência das partes. Em seguida, é concluída ata, que será assinada pelas partes e procuradores, é suspensa a audiência (inaugural) que prosseguirá na data aprazada, por meio da chamada audiência de prosseguimento.

Neste interregno, tem-se oportunizada a tréplica ao reclamado e, se determinada e deferida pelo juiz, será produzida a prova técnica, isto é, realizada a perícia, oportunizada manifestação das partes sobre o laudo (impugnação da perícia).

Uma vez que a audiência é una, no prosseguimento devem estar presentes as partes. A ausência do reclamante não importa em arquivamento da reclamatória e o não comparecimento do reclamado não acarreta a revelia, mas poderá acarretar a confissão (ficta), como decorre dos arts. 849 e 843 da CLT, e Súmulas ns. 09 e 74 do TST.

Art. 849. *A audiência de julgamento será contínua;* **mas, se não for possível, por motivo de força maior, concluí-la no mesmo dia, o juiz ou presidente marcará a sua continuação para a primeira desimpedida**, *independentemente de nova notificação.*

Art. 843. *Na audiência de julgamento deverão estar presentes o reclamante e o reclamado, independentemente do comparecimento de seus representantes salvo, nos casos de Reclamatórias Plúrimas ou Ações de Cumprimento, quando os empregados poderão fazer-se representar pelo Sindicato de sua categoria.*

Súmula n. 09 – TST – *A ausência do reclamante, quando adiada a instrução após contestada a ação em audiência, não importa arquivamento do processo.*

Súmula n. 74 – CONFISSÃO

I – Aplica-se a pena de confissão à parte que, expressamente intimada com aquela cominação, não comparecer à audiência em prosseguimento, na qual deveria depor.

II – A prova pré-constituída nos autos pode ser levada em conta para confronto com a confissão ficta (art. 400, I, CPC), não implicando cerceamento de defesa o indeferimento de provas posteriores.

III – A vedação à produção de prova posterior pela parte confessa somente a ela se aplica, não afetando o exercício, pelo magistrado, do poder/dever de conduzir o processo.

Na referida audiência de prosseguimento ocorrerá a instrução, com depoimento de partes e testemunhas, outros procedimentos probatórios, razão finais (art. 850), renovação da renovação da tentativa de conciliação (art. 850), exitosa, uma vez formalizada produzirá os mesmos efeitos atribuídos à conciliação original (arts. 847 e 831); inexitosa, prosseguimento com a decisão, formalização desta e ciência das partes (arts. 851, 852 e 852-H, da CLT).

Em relação à decisão, poderá ocorrer que o juiz decida na audiência e formalize a decisão no ato, lançando-a na ata ou juntando à sentença no prazo de 48 horas. Neste caso, as partes são cientificadas da decisão na própria audiência (arts. 851, 852). Poderá designar uma data para a publicação da decisão, ou decidir *sine die*. Nestas duas hipóteses as partes deverão ser notificadas da decisão na forma usual.

A reclamatória prossegue com a fase recursal e/ou pela liquidação, cumprimento espontâneo ou execução.

6.9. Prazos relativos à reclamatória trabalhista

Embora o Direito Processual do Trabalho estabeleça prazos peculiares em relação à Reclamatória Trabalhista, na sequência da tramitação estes são os prazos mencionados na legislação processual consolidada e extravagante e jurisprudência:

a) Cinco dias para tomar a termo a reclamação verbal, sob pena de perder, pelo prazo de seis meses, o direito de reclamar perante a Justiça do Trabalho (arts. 786, parágrafo único, e 731 da CLT);

b) Quarenta e oito (48) horas para enviar ao Reclamado a segunda via da reclamatória e notificá-lo para comparecer à audiência de conciliação e julgamento, na qual, não havendo a conciliação, deverá apresentar sua defesa e provas (art. 841, combinado com arts. 847 e 845 da CLT). Disso decorre que o Reclamado terá um prazo mínimo de cinco dias para preparar sua defesa (interregno entre a Notificação e a realização da Audiência). Já para os entes públicos sem fins lucrativos este prazo será de vinte dias (art. 1º, Decreto-lei n. 779/69).

c) Quarenta e oito (48) horas e o prazo presumido de recebimento da notificação postal, a que se refere o art. 841 (Súmula n. 16 do TST);

d) Quarenta e oito (48) horas para impugnar o valor da causa fixado pelo Juiz na forma prevista no art. 2º e parágrafos, da Lei n. 5.584/70;

e) Para se manifestar sobre os documentos juntados com a defesa, indicar assistente técnico, apresentar quesitos à legislação não fixa prazo. É praxe a concessão do prazo de dez dias;

f) Cinco (5) dias para se manifestar sobre o laudo pericial no rito sumaríssimo (§ 6º, art. 852-H, CLT);

g) Quarenta e oito (48) horas, para o juiz juntar ao processo decisão proferida na audiência (§ 2º, art. 852, CLT);

h) Trinta (30) dias para solucionar o dissídio que tramita pelo rito sumaríssimo (§ 7º do art. 852-H);

i) Oito (8) dias para interpor e contra-arrazoar recurso em relação às decisões terminativas ou definitivas (art. 6º, Lei n. 5.584/79), exceto Embargos de Declaração, cujo prazo é de cinco (5) dias;

j) Dez (10) dias para impugnar os cálculos de liquidação da sentença (§§ 2º e 3º, art. 879, CLT);

l) Quarenta e oito (48) horas para pagar o valor imposto na condenação ou garantir a execução (art. 880, CLT);

m) Trinta (30) dias para opor Embargos ou Impugnação na execução (*caput* e § 3º, art. 884, CLT).

7. Formas de extinção do dissídio individual

O Dissídio Individual, ou Reclamação ou Reclamatória Trabalhista poderá ser extinto pelo arquivamento em razão do não comparecimento do Reclamante à Audiência, (art. 844), ou informar o valor certo de cada pedido, ou ainda o endereço completo e correto do Reclamado, no rito sumaríssimo (Incisos I e II do § 1º, do art. 852-B, CLT).

Pode ser extinto pelo indeferimento da reclamatória (petição inicial), o acolhimento de exceção ou preliminar em decisão de natureza terminativa.

A Reclamatória Trabalhista pode ser extinta ainda por acordo homologado ou decisão de mérito, transitada em julgado.

8. Peculiaridades do dissídio individual

a) Quanto à Legitimação (*ad causam*)

Para fins didáticos classificada em Ordinária, Especial, Peculiar e Extraordinária.

a.1) Ordinária:

a) Partes da relação de emprego;

— Normalmente exercida pelo empregado;

— Excepcionalmente pelo empregador (cobrança A. Prévio);

b) Outros trabalhadores na forma da lei (art. 114 CF/88 – EC n. 45/04).

a. 2) Especial:

— Procurador Regional do Trabalho (art. 839, "b");

a.3) Peculiar:

— Sindicato (art. 839, "a", e 843, da CLT)

a.4) Extraordinária:

— Sindicado — Substituição Processual;

b) Quanto à Habilitação (*Legitimatio ad processum*).

Possuem legitimidade para propor e atuar na reclamatória trabalhista:

I) As partes da relação de emprego (Reclamante e Reclamado — arts. 791 e 839 da CLT);

I.1) Representante legal (arts. 793 e 839)

II) Advogado constituído (Lei n. 5.584/70; art. 37 CPC e 1º, Lei n. 8.906/1994);

III) Sindicatos (art. 839, "a");

IV) Ministério Público do Trabalho (art. 839, "b", CLT).

c) Quanto à forma de proposição:

A Reclamatória Trabalhista pode ser proposta verbalmente ou por escrito (art. 840, *caput*).

Legitimação/Habilitação;

8.1. Diferenças entre a reclamatória e o processo comum

a) Terminologia adotada (Capítulos III, CLT – arts. 837 e seguintes):

Reclamatória — Reclamação x Ação;

Reclamante e Reclamado x Autor e Réu;

Reclamatória Plúrima x Litisconsórcio Ativo;

Decisão x sentença (arts. 850 a 852 e 832, CLT);

Ação de cumprimento de decisão coletiva x execução;

b) Forma Escrita e Verbal (art. 841);

d) Dispensa da fundamentação jurídica (§ 1º, art. 840);

e) *Jus postulandi* — Partes e Sindicato (art. 791);

f) Custas ao Final (art. 789);

g) Inexistência de Despacho Saneador (art. 841);

h) Notificação (citação inicial) Postal de plano (art. 841);

i) presença obrigatória das partes nas audiências (arts. 845 e 844, CLT);

i.1) Efeitos diferentes da ausência (Arquivamento e revelia — art. 844)

j) formas de **presentação** peculiar:

(presentar = estar presente no lugar de)

j.1) No processo: Empregador por um preposto (§ 1º, art. 843, CLT)

j.2) Na audiência inaugural, colega ou sindicato (§ 2º, art. 843 da CLT);

k) Sucessão pelos dependentes habilitados perante a Previdência Social (Leis ns. 6.858/80, 8.036/80 e 8.213/91);

l) Espólio representado (e presentado) pelos dependentes habilitados perante a Previdência Social (Leis ns. 6.858/80, 8.036/80 e 8.213/91).

m) Inexistência de prazo para contestar x prazo mínimo para preparar defesa (art. 841, *caput*);

n) Defesa oral em Audiência (art. 847);

o) Número limitado de testemunhas (arts. 821 e 852-H, § 2º);

p) Testemunhas apresentadas em audiência x intimação (art. 845, 825 e 852-H);

q) Perito do Juízo (art. 3º da Lei n. 5.584/70)

r) Maior iniciativa do Juiz — Procedimentos de ofício (art. 765, 878 e 4º Lei n. 5.584/70):

— na busca da solução conciliatória (art. 764 – 852-H)

— na direção da prova (art. 765, CLT)

— no ordenamento e andamento (art. 4º da Lei n. 5.584/70)

— na determinação de diligências (art. 765)

— na execução (art. 878, CLT)

s) Ritos determinados pelo valor da causa (art. 2º, Lei n. 5.484/70 e art. 852-A, CLT);

t) Exigência de dupla tentativa de conciliação (arts. 846 e 850);

u) Decisão em Audiência (arts. 850 e 851, CLT);

v) Ciência da decisão na própria audiência (art. 852 e 852-H, CLT);

x) Perda do direito de postular por 6 meses (arts. 731 e 732, CLT);

z) Critério peculiar de sucumbência (Lei n. 5.584/70, Súmula n. 219 – OJ-SDI1 n. 305 e Instrução Normativa n. 27/2005).

Capítulo 6

Dissídio Individual – Fase Contestatória
(Resposta ou Defesa do Reclamado)

1. Considerações preliminares

Assim como o direito de ação o direito à defesa (ampla defesa), constitui também uma garantia constitucional, como se vê no inciso LV, do art. 5º da Constituição Federal de 1988, abaixo transcrito.

Aos litigantes, em processo judicial ou administrativo, e aos acusados em geral são assegurados o contraditório e ampla defesa, com os meios e recursos a ela inerentes. (art. 5º, LV, CF/88)

A garantia da ampla defesa se efetiva por meio da resposta do demandado (tratada por contestação no processo comum e por defesa no Processo do Trabalho). Podemos afirmar que a defesa é o gênero que compreende as exceções, preliminares, defesa indireta e defesa direta de mérito. Como resposta do demandado, pode compreender, ainda, a reconvenção ou o pedido contraposto.

O CPC, assim como a Legislação Processual Trabalhista, não definem ou conceituam a contestação. A CLT, no art. 846, limita-se a dizer, "lida a reclamação ou dispensada a leitura, ... *o reclamante terá vinte minutos para aduzir sua defesa*".

Conforme o mestre Amauri Mascaro Nascimento (*Curso de Direito Processual do Trabalho*, p. 394), "**Contestação**" provém da *litis contestatio* do Processo Romano, que representava o momento no qual alguém, o réu, diante do magistrado e acompanhado das suas testemunhas, opunha-se à pretensão do autor.

Esta colocação é pertinente ao Processo do Trabalho uma vez que o reclamado deve comparecer "*à audiência, acompanhado de suas testemunhas*" (art. 845 CLT), na qual, "*não havendo acordo, aduzirá sua defesa*" (art. 847, CLT).

A defesa em sentido genérico ou geral consiste na contraposição, resposta, oposição a um fato ou ofensa. Em sentido processual, entende-se a dedução em juízo dos fatos ou argumentos que refutam as pretensões do opositor.

Na técnica processual, **por defesa** entende-se toda produção de fatos ou dedução de argumentos apresentada por uma pessoa em oposição ao pedido ou alegado por outrem, quando investem contra o direito, numa causa ou acusação.

A contestação apresenta-se como a primeira defesa do réu, feita de modo direto às pretensões do autor, indicando-se a *negação* ou a *refutação* ao pedido formulado contra si. (De Plácido e Silva. *Vocabulário Jurídico*. 16 ed. Rio de Janeiro: Forense, 1999. p. 214 e 244).

Conceitos

Defesa (contestação). Meio pelo qual o réu, com suporte fático e/ou legal, se opõe às pretensões do autor, visando, por meio das razões invocadas, provas trazidas ou requeridas, convencer ao Julgador da improcedência do pedido contra si formulado.

Contestação é o instrumento formal de defesa do réu. (Moacir Amaral dos Santos)

Contestação é instrumento, através do qual o réu, com suporte fático e/ou legal, se opõe às pretensões do autor, visando, através das razões invocadas, provas trazidas ou requeridas, convencer o Julgador da improcedência do pedido contra si formulado.

A legislação processual trabalhista consolidada não se refere a contestação e sim a defesa (arts. 847 e 848). Como tal a defesa, como já se disse, é o gênero do qual fazem parte:

a) — As exceções;

b) — As preliminares;

c) - A contestação (defesa de mérito).

A **reconvenção e o pedido contraposto**, que consistem em um contra-ataque do demandado ao demandante, oposto juntamente com a defesa pelos seus diversos modos, integram no caso do processo do trabalho a resposta do Reclamado.

2. Classificação: espécies, modos de defesa

Pelo menos didaticamente podemos dizer que são modos ou espécies de defesa:

a) **Defesa indireta:**

Defesa indireta constitui em uma oposição do demandado relativa às condições da ação ou elementos ou pressupostos do processo.

A defesa indireta quanto ou contra a ação ou o processo é feita por meio de exceções em sentido amplo ou por meio de exceções em sentido estrito e preliminares.

A defesa indireta contra o processo ocorre nas hipóteses em que o Reclamado, sem negar os fatos alegados pelo reclamante, opõe-lhe outros fatos relativos às condições da ação ou ao desenvolvimento válido do processo, extintivos ou impeditivos, com o intuito de ilidir a reclamatória ou paralisar-lhe os efeitos. Esta defesa indireta está vinculada a condições da ação ou aos pressupostos processuais.

b) **Defesa de Mérito:**

Embora despida de embasamento jurídico científico, podemos, também para efeitos meramente didáticos, subdividir a defesa de mérito em duas subespécies, a saber:

b.1) **Defesa de mérito direta**, que consistiria num ataque direto ou simplesmente negação dos fatos alegados pelo Reclamante. Exs.: nunca trabalhou para o reclamado; não trabalha horas extras; as atividades que desenvolve não são insalubres etc.

b.2) **Defesa de mérito indireta** ou consequente, que consistiria na negativa dos efeitos dos fatos. Isto é, não podendo negar ou refutar os fatos, apresenta elementos que elidem os efeitos ou as postulações. Por exemplo: trabalhou, mas de forma autônoma ou eventual, não se constituindo a relação de emprego. Trabalha em sobrejornada, mas havia acordo válido de prorrogação e compensação de horários, de forma a não se tipificarem horas extras; as atividades podem ser insalubres, mas o uso de equipamentos individuais de proteção impede os efeitos nocivos e consequentemente afasta o direito à percepção do respectivo adicional etc.

Na defesa de mérito, direta ou indireta, alegam-se fatos impeditivos, modificativos ou extintivos do direito postulado, capazes de determinar a improcedência do pedido.

DAS EXCEÇÕES NO PROCESSO DO TRABALHO

Compreensão

Embora possa ser tomado como sinônimo de defesa, a legislação processual atual restringiu-lhe o sentido e especifica as hipóteses de defesa, ao estabelecer o art. 304 do CPC que "É lícito a qualquer das partes arguir, por meio de exceção, a incompetência (art. 112), o impedimento (art. 134) ou a suspeição (art. 135).

Para Alcina, a exceção consiste em "*defesa dirigida à paralisação do exercício da ação ou destinada a destruir sua eficácia jurídica, fundada em uma omissão processual ou de uma norma substancial*".

No Processo Trabalhista, a exemplo do processo comum, com algumas peculiaridades adiante destacadas, a defesa indireta é feita mediante exceções e preliminares, pois o art. 799 da CLT estabelece:

Art. 799 – Nas causas da jurisdição da Justiça do Trabalho, somente podem ser opostas, com suspensão do feito, as exceções de suspeição ou incompetência.

§ 1º – As demais exceções serão alegadas como matéria de defesa.

Ensina mestre Wagner D. Giglio, em *Direito Processual do Trabalho* (Saraiva, 13. ed., p. 183) que no direito processual antigo considerava-se exceção toda a defesa indireta.

Nesta concepção, as exceções eram classificadas:

a) Quanto à natureza do direito:

a.1) Exceções materiais ou de Direito Material

— pagamento

— compensação

— prescrição

a.2) Exceções de Direito Processual:

— ilegitimidade de parte

— falta de representação

— litispendência

— coisa julgada

— suspeição

— incompetência

b) Quanto ao Efeito:

b.1) Dilatórias — Suspeição — Falta de Representação

b.2) Peremptórias — Coisa Julgada — Prescrição

A legislação processual trabalhista consolidada admite serem opostas com suspensão do feito, no sentido de que exigem a apreciação imediata, antes de adentrar no mérito da demanda, as exceções de suspeição e incompetência (art. 799). A doutrina sustenta que a exceção de impedimento inserida no CPC de 1973, posterior ao texto consolidado, também deve ser admitida com suspensão do feito, em face do permissivo contido no art. 769 da CLT.

Moderna doutrina processualista laboral diverge a quanto às exceções, em sentido estrito, admitidas, como tal, nos feitos trabalhistas.

Para Wagner D. Giglio podem ser opostas as exceções de incompetência e suspeição (desdobrada pelo Código de Processo Civil de 1973 em suspeição e impedimento). As demais antigas exceções serão alegadas como preliminares, matéria de defesa direta, a serem examinadas conjuntamente com o mérito, embora antes dele, na sentença final. (ob. cit., p. 183)

Para Amauri Mascaro Nascimento, no Processo Trabalhista podem ser opostas as exceções de suspeição, incompetência, litispendência e coisa julgada (*Curso de Direito Processual do Trabalho*, São Paulo: Saraiva, 27. ed., 2012. p. 611).

Concreta ou expressamente estabelece o art. 799 da CLT:

Art. 799. Nas causas da jurisdição da Justiça do Trabalho, somente podem ser opostas, com suspensão do feito, as exceções de suspeição ou incompetência.

§ 1º As demais exceções serão alegadas como matéria de defesa.

§ 2º Das decisões sobre exceções de suspeição e incompetência, salvo, quanto a estas, se terminativas do feito, não caberá recurso, podendo, no entanto, as partes alegá-las novamente no recurso que couber da decisão final.

Preceitua a Legislação Processual Trabalhista consolidada (art. 799, CLT), que no Processo do Trabalho somente são admitidas, com suspensão do feito (apreciação antes mesmo da instrução relativa ao mérito), apenas as exceções de **incompetência** e **suspeição**. Por aplicação subsidiária do CPC também deve ser admitida, com o mesmo efeito processual, a exceção de **impedimento**.

Desse modo, devem ser processadas e decididas antes da instrução do processo, as exceções de:

a) SUSPEIÇÃO, que pode ser declarada *ex officio*, ou ser apreciada por provocação das partes.

Art. 801. *O juiz, presidente ou vogal, é **obrigado a dar-se por suspeito**, e **pode ser recusado**, por algum dos seguintes motivos, em relação à pessoa dos litigantes:*

a) inimizade pessoal;

b) amizade íntima;

c) parentesco por consanguinidade ou afinidade até o terceiro grau civil;

d) interesse particular na causa.

Quando de iniciativa das partes deve ser arguida no início, isto é, "*na primeira vez que tiverem de falar em audiência ou nos autos*" (art. 795, CLT), sob pena de preclusão, ou logo após o evento se este for superveniente, ocorreu ou se teve conhecimento no andamento do feito.

Parágrafo único – Se o recusante houver praticado algum ato pelo qual haja consentido na pessoa do juiz, não mais poderá alegar exceção de suspeição, salvo sobrevindo novo motivo. A suspeição não será também admitida, se do processo constar que o recusante deixou de alegá-la anteriormente, quando já a conhecia, ou que, depois de conhecida, aceitou o juiz recusado ou, finalmente, se procurou de propósito o motivo de que ela se originou. (art. 801, CLT)

Portanto, não será acolhida quando requerida pela parte que, voluntariamente, deu causa.

b) IMPEDIMENTO que, assim como a suspeição, pode ser declarada *ex officio*, ou ser apreciada por provocação das partes.

Como na hipótese de suspeição, quando a exceção de Impedimento for de iniciativa das partes deve ser arguida no início, isto é, "*na primeira vez que tiverem de falar em audiência ou nos autos*" (art. 795, CLT), sob pena de preclusão, ou logo após o evento se este for superveniente, ocorreu ou se teve conhecimento no andamento do feito.

O processamento está normatizado no art. 802 da CLT.

Art. 802. Apresentada a exceção de suspeição, o juiz ou Tribunal designará audiência dentro de 48 (quarenta e oito) horas, para instrução e julgamento da exceção.

§ 1º Nas Juntas de Conciliação e Julgamento e nos Tribunais Regionais, julgada procedente a exceção de suspeição, será logo convocado para a mesma audiência ou sessão, ou para a seguinte, o suplente do membro suspeito, o qual continuará a funcionar no feito até decisão final. Proceder-se-á da mesma maneira quando algum dos membros se declarar suspeito.

§ 2º Se se tratar de suspeição de Juiz de Direito, será este substituído na forma da organização judiciária local.

No entanto, com a extinção das Juntas, pela Emenda Constitucional n. 24/99, passando a primeira instância a ser monocrática ou singular (Juiz do Trabalho — art. 111, III, da CF/88) o procedimento deverá ser o previsto no **art. 313 do CPC**: "*Despachando a petição, o juiz, se reconhecer o impedimento ou a suspeição, ordenará a remessa a seu substituto legal; em caso contrário, dentro de 10 (dez) dias, dará as suas razões, acompanhadas de documentos e de rol de testemunhas, se houver, ordenando a remessa dos autos ao tribunal.*"

Se declarada a suspeição ou o impedimento de ofício pelo Juiz, o mesmo será substituído no processo, na forma legal.

Se arguida pelas partes, não se abrirá prazo para oposição. Deverá o Juiz designar audiência, dentro de 48 horas, para a instrução e julgamento. Acolhida, o Juiz será substituído. Não acolhida, prosseguirá a reclamatória com o mesmo juiz.

No rito sumaríssimo, por determinação do art. 852-G, as exceções serão decididas de plano.

Por se tratar de decisão interlocutória (não terminativa, pois o feito continuará a tramitar no mesmo juízo, com o exceto ou substituto) não cabe recurso de imediato, podendo, entretanto, ser atacada quando do recurso da decisão principal, como preliminar ou no corpo deste. (§ 2º do art. 799, combinado com o § 1º do art. 893 da LCT e Enunciado n. 214 do TST)

Mesmo não havendo previsão legal, para evitar a preclusão é recomendável o protesto "antipreclusivo".

c) **Incompetência:**

A incompetência poderá ser :

absoluta

"*ratione materiae*"

"*ratione personae*" — vinculada à matéria.

— relativa — "*ratione loci*"

A incompetência, portanto, pode ser absoluta ou relativa. A absoluta (em relação a matéria ou pessoa, ou do Foro Trabalhista, em razão da pessoa, ou matéria envolvida no conflito — como visto no Capítulo 3º —, art. 795, § 1º), pode ser decretada de ofício.

Art. 795. As nulidades não serão declaradas senão mediante provocação das partes, as quais deverão argui-las à primeira vez em que tiverem de falar em audiência ou nos autos.

§ 1º Deverá, entretanto, ser declarada ex officio a nulidade fundada em incompetência de foro. Nesse caso, serão considerados nulos os atos decisórios.

O pronunciamento ou declaração da incompetência relativa (competência territorial da Vara) depende de requerimento do interessado. Se não alegada, passa a Vara a ser competente, pela prorrogação da competência. Aplicação subsidiária, com base no art. 769 da CLT e do art. 114, do CPC. (*"Prorroga-se a competência, se o réu não opuser exceção declinatória do foro e de juízo, no caso e prazo legais"*)

Deve ser chamada a atenção para o fato de que o § 1º do art. 795 não trata de incompetência territorial (*rationi loci*) e sim de incompetência em razão da matéria ou da pessoa, incompetência de foro trabalhista, absoluta, portanto, como atestam ilustres juslaboralistas.

> *Como já vimos (vide Capítulo IX) que a incompetência de foro diz respeito ao "foro trabalhista", isto é, concerne à incompetência absoluta em razão da matéria ou da pessoa, e não à incompetência territorial como pode parecer à primeira vista.* (Bezerra, 11. ed., p. 535)

> *A incompetência de que fala o § 1º do art. 795 da CLT é a absoluta e não a relativa, em razão do lugar... A incompetência em razão do lugar é relativa e prorrogável. Se a parte não argúi, a Vara que era incompetente em razão do lugar passa a ser competente.* (Sérgio Pinto Martins, 30. ed., p. 1.730)

> *Entende-se que a incompetência a que se refere o art. 795, § 1º, é a atinente à matéria.* (Wagner D. Giglio, p. 50)

Oposta a exceção de incompetência, instaura-se o contraditório específico, oportunizando a manifestação do exceto, no prazo de 24 horas, sendo a exceção decidida na primeira audiência (art. 800, CLT), salvo no procedimento sumaríssimo, no qual a resposta e decisão devem ocorrer na própria audiência como preceitua o art. 852-G, da mesma Consolidação.

O efeito da exceção em relação ao processo é variável de acordo com a natureza da exceção e seu acolhimento ou não como se demonstrará a seguir.

Estabelece o art. 795 da CLT em seu § 2º:

(...)

§ 2º O juiz ou Tribunal que se julgar incompetente determinará, na mesma ocasião, que se faça remessa do processo, com urgência, à autoridade competente, fundamentando sua decisão.

Se a incompetência acolhida for a em razão do local (*ratione loci*), poderemos ter duas situações distintas a saber:

a) Remessa para outra Vara ou Juiz do Trabalho vinculado ao mesmo Tribunal Regional do juízo excepcionado ou exceto; esta decisão por não ser terminativa, ou definitiva não é recorrível de imediato.

*§ 2º Das decisões sobre exceções de suspeição e incompetência, salvo, quanto a estas, se terminativas do feito, **não caberá recurso**, podendo, no entanto, as partes alegá-las novamente no recurso que couber da decisão final.* (art. 799, CLT)

b) Se a decisão que acolher a exceção de incompetência territorial determinar a remessa do processo para juízo trabalhista vinculado a outro Tribunal Regional, tal decisão enseja recurso imediato, como previsto na letra "c" da Súmula n. 214 do TST.

SÚMULA N. 214 — Na Justiça do Trabalho, nos termos do art. 893, § 1º, da CLT, as decisões interlocutórias não ensejam recurso imediato, salvo nas hipóteses de decisão:

(...)

c) *que acolhe exceção de incompetência territorial, com a remessa dos autos para Tribunal Regional distinto daquele a que se vincula o juízo excepcionado, consoante o disposto no art. 799, § 2º, da CLT.*

Se a exceção for de incompetência em razão da matéria ou da pessoa (incompetência absoluta — § 1º do art. 795, CLT), a recorribilidade ou não depende de ser acolhida ou não a exceção:

a) **Se acolhida**, esta decisão implicará no encerramento ("extinção") do processo perante a Justiça do Trabalho, pela remessa do processo à Justiça Federal ou Estadual, caracterizando uma decisão terminativa, caberá recurso imediato.

DIREITO PROCESSUAL DO TRABALHO • 121

§ 2º Das decisões sobre exceções de suspeição e incompetência, salvo, quanto a estas, se terminativas do feito, não caberá recurso, podendo, no entanto, as partes alegá-las novamente no recurso que couber da decisão final. (art. 799, CLT)

Decisões terminativas ou definitivas das varas ou juízo do trabalho ensejam Recurso Ordinário. (art. 895, CLT).

b) Se **Desacolhida** a exceção de incompetência absoluta, o feito prossegue no juízo excepcionado. Decisão meramente interlocutora (não terminativa), irrecorrível de imediato, como expressamente estabelece o § 2º do art. 799, complementado ou corroborado pelo § 1º do art. 893, ambos da CLT e Súmula n. 214 do TST.

§ 1º Os incidentes do processo são resolvidos pelo próprio Juízo ou Tribunal, admitindo-se a apreciação do merecimento das decisões interlocutórias somente em recursos da decisão definitiva. (art. 893, CLT)

SÚMULA N. 214 – *Na Justiça do Trabalho, nos termos do art. 893, § 1º, da CLT, as decisões interlocutórias não ensejam recurso imediato, salvo nas hipóteses de decisão:*

a) de Tribunal Regional do Trabalho contrária à Súmula ou Orientação Jurisprudencial do Tribunal Superior do Trabalho;

b) suscetível de impugnação mediante recurso para o mesmo Tribunal;

*c) **que acolhe exceção de incompetência territorial, com a remessa dos autos para Tribunal Regional distinto daquele a que se vincula o juízo excepcionado**, consoante o disposto no art. 799, § 2º, da CLT.*

Das Preliminares no Processo do Trabalho

De forma muito lacônica a Legislação Processual Trabalhista, inserida na Consolidação das Leis do Trabalho, quanto à defesa do reclamado ou à contestação, limita-se a dizer:

Não havendo acordo, **o reclamado terá vinte minutos para aduzir sua defesa,** *após a leitura da reclamação, quando esta não for dispensada por ambas as partes.* (art. 847, CLT)

A mesma legislação processual trabalhista, estabelece:

Nos casos omissos, o direito processual comum será fonte subsidiária do direito processual do trabalho, exceto naquilo que for incompatível com as normas deste Título. (art. 769, CLT)

Respeitadas as peculiaridades do Processo do Trabalho (restrições às exceções, forma e oportunidade da defesa), aplicam-se ao instituto as normas ditadas pela Teoria Geral do Processo e as do Direito Processual Comum. Assim, podemos reafirmar que no Processo do Trabalho a defesa do reclamante poderá ser indireta e direta.

A defesa indireta, como já se mencionou, embora tratada, genericamente, por exceções, pode ser aduzida por meio de exceções, em sentido estrito, e preliminares. A exceções já foram estudas acima, pelo que passaremos a debater sobre as preliminares, no contesto do Processo do Trabalho, como matéria de defesa em reclamatórias trabalhistas.

A apresentação de preliminares, tratadas pelo § 1º do art. 799 da CLT, como demais exceções, não implica em suspensão do feito. Estas serão decididas com a sentença final. Isto é, após a instrução, antes do enfrentamento das questões de fundo (decisão de mérito).

Por falta de previsão legal no Direito Processual do Trabalho e tendo em vista a subsidiariedade acolhida no art. 769 da CLT, admite-se a invocação daquelas previstas no **art. 301 do CPC**, compatíveis com o Processo do Trabalho. São admitidas, portanto:

— inexistência ou nulidade de citação (Notificação);

Como já se viu, ao estudar a propositura e tramitação da Reclamatória Trabalhista, nesta (na fase de conhecimento) não há citação inicial. O contencioso se instaura com a Notificação do reclamado expedida na forma do art. 841 da CLT, qual presume-se recebida, como entende o TST, pela Súmula n. 16.

SÚMULA N. 16 – *Presume-se recebida a notificação 48 (quarenta e oito) horas depois de sua postagem. O seu não recebimento ou a entrega após o decurso desse prazo constitui ônus de prova do destinatário.*

O acolhimento da preliminar de inexistência de notificação válida poderá levar à nulidade da sentença que cominou a revelia e confissão ficta.

—inépcia da inicial;

Súmula n. 263 – *Salvo nas hipóteses do art. 295 do CPC, o indeferimento da petição inicial, por encontrar-se desacompanhada de documento indispensável à propositura da ação ou não preencher outro requisito legal, somente é cabível se, após intimada para suprir a irregularidade em 10 (dez) dias, a parte não o fizer.*

Art. 295. A petição inicial será indeferida:

I – quando for inepta;

II – quando a parte for manifestamente ilegítima;

III – quando o autor carecer de interesse processual;

IV – quando o juiz verificar, desde logo, a decadência ou a prescrição (art. 219, § 5º);

V – quando o tipo de procedimento, escolhido pelo autor, não corresponder à natureza da causa, ou ao valor da ação; caso em que só não será indeferida se puder adaptar-se ao tipo de procedimento legal;

VI – quando não atendidas as prescrições dos arts. 39, parágrafo único, primeira parte, e 284.

Parágrafo único. Considera-se inepta a petição inicial quando:

I – lhe faltar pedido ou causa de pedir;

II – da narração dos fatos não decorrer logicamente a conclusão;

III – o pedido for juridicamente impossível;

IV – contiver pedidos incompatíveis entre si.

A jurisprudência tem rejeitado a aplicação subsidiária do procedimento previsto no art. 285-A do CPC, por entendê-lo incompatível com o Processo do Trabalho.

Art. 285-A. Quando a matéria controvertida for unicamente de direito e no juízo já houver sido proferida sentença de total improcedência em outros casos idênticos, poderá ser dispensada a citação e proferida sentença, reproduzindo-se o teor da anteriormente prolatada. (Incluído pela Lei n. 11.277, de 2006)

§ 1º Se o autor apelar, é facultado ao juiz decidir, no prazo de 5 (cinco) dias, não manter a sentença e determinar o prosseguimento da ação. (Incluído pela Lei n. 11.277, de 2006)

§ 2º Caso seja mantida a sentença, será ordenada a citação do réu para responder ao recurso. (Incluído pela Lei n. 11.277, de 2006)

PROCEDIMENTO SUMARÍSSIMO TRABALHISTA

Art. 852-B. Nas reclamações enquadradas no procedimento sumaríssimo:

I – o pedido deverá ser certo ou determinado e indicará o valor correspondente;

II – não se fará citação por edital, incumbindo ao autor a correta indicação do nome e endereço do reclamado;

III – a apreciação da reclamação deverá ocorrer no prazo máximo de quinze dias do seu ajuizamento, podendo constar de pauta especial, se necessário, de acordo com o movimento judiciário da Junta de Conciliação e Julgamento.

§ 1º O não atendimento, pelo reclamante, do disposto nos incisos I e II deste artigo importará no arquivamento da reclamação e condenação ao pagamento de custas sobre o valor da causa. (Lei n. 9.957, de 12.1.2000)

Como se viu no capítulo anterior a jurisprudência vem, gradativamente, flexibilizando, admitindo ora a emenda da inicial ora a transformação do rito sumaríssimo em ordinário, ao invés de determinar o arquivamento (extinção do processo sem julgamento de mérito):

— perempção;

— litispendência;

— coisa julgada;

— conexão;

— incapacidade da parte, defeito de representação ou falta de autorização;

– carência de ação (de ação trabalhista).

Estas preliminares são admitidas nas mesmas situações ou hipóteses e com os mesmos efeitos que produzem no processo comum, com as ressalvas feitas no capítulo anterior em relação a litispendência e coisa julgada na substituição processual trabalhista, como demonstra a Súmula abaixo.

Súmula n. 56 TRT4 – LITISPENDÊNCIA. AÇÃO COLETIVA E AÇÃO INDIVIDUAL. SUBSTITUIÇÃO PROCESSUAL.

A ação proposta pelo sindicato, como substituto processual, não induz litispendência em relação à ação individual, à luz do art. 104 do Código de Defesa do Consumidor.

— convenção de arbitragem;

— falta de caução ou de outra prestação, que a lei exige como preliminar.

Em princípio impróprias em reclamatórias trabalhistas que, no entanto, podem ser admitidas em outras ações trabalhistas que agora, por força da EC n. 45/04, são de competência da Justiça do Trabalho.

Quanto à prescrição, falta legítimo interesse e falta de condições da ação em dissídio individual trabalhista, é pertinente apontar as peculiaridades destes institutos, como matéria de defesa, em reclamatórias trabalhistas (conflitos oriundos da relação de emprego).

É concernente destacar que no Processo do Trabalho há restrições à arguição da compensação e retenção eis que só podem ser arguidas com a contestação e é restrita a dívidas de natureza trabalhista, como estabelecem os Enunciados 18 e 48 do TST e art. 767 da CLT.

A compensação, ou retenção, só poderá ser arguida como matéria de defesa. (art. 767, CLT)

A compensação, na Justiça do Trabalho, está restrita a dívida de natureza trabalhista. (Súmula n. 18 do TST)

a) Da Prescrição

Art. 11. O direito de ação quanto a créditos resultantes das relações de trabalho prescreve:

I – em cinco anos para o trabalhador urbano, até o limite de dois anos após a extinção do contrato;

II – em dois anos, após a extinção do contrato de trabalho, para o trabalhador rural.

§ 1º – O disposto neste artigo não se aplica às ações que tenham por objeto anotações para fins de prova junto à Previdência Social. (redação dada pela Lei n. 9.658, de 5.6.1998)

SÚMULA N. 153 – PRESCRIÇÃO – OPORTUNIDADE PARA SUA ARGUIÇÃO(*)

Não se conhece de prescrição não arguida na instância ordinária.

O JURISPR-TRT4 N. 33 – PRESCRIÇÃO. ARGUIÇÃO NA FASE DE EXECUÇÃO.

Não se conhece, na fase de execução, da prescrição não pronunciada na fase de conhecimento.

Prescrição de ofício.

Art. 219, do CPC

§ 5º "O juiz pronunciará de ofício a prescrição".

No Processo Civil a declaração de ofício da prescrição pelo julgado, como prevista no dispositivo acima transcrito, é admitida de forma pacífica, sob o fundamento de que a norma prestigia a segurança das relações sociais consolidadas com o tempo, ensejadoras do direito adquirido.

No entanto, no Processo do Trabalho tal procedimento, sob o fundamento de incompatibilidade, a despeito de admissão por alguns Tribunais Regionais, não é admitida pelo Tribunal Superior do Trabalho, como se vê, exemplificativamente dos acórdãos abaixo reproduzidos:

Não se aplica ao processo do trabalho a prescrição ex officio, nos termos do art.219, § 5º do CPC, pois incompatível com o próprio Direito do Trabalho. Isso porque a prescrição é a perda, pelo decurso do tempo, da pretensão atribuída pela lei ao titular de exigir pelas vias judiciais o cumprimento de determinado direito. Os direitos trabalhistas são visceralmente irrenunciáveis; são indisponíveis, constituindo a prescrição uma espécie de exceção ao mencionado princípio. A CLT é omissa a respeito da possibilidade de o juiz, de ofício, conhecer da prescrição e decretá-la de imediato. Assim, o § 5º do art. 219, do CPC, para ser aplicado no processo do trabalho, tem de passar pelo crivo da compatibilidade, conforme arts. 769 e 8º da CLT. Considerando-se que a prescrição é a perda da pretensão, que fulmina, ainda que indiretamente, o direito material sobre o qual está alicerçada toda a dignidade do trabalhador não se verifica aquela a subsidiariedade, pois se exige uma aguda e serena harmonia interior e intrínseca. Assim, a persistência da omissão é melhor do que a aplicação subsidiária, porque o intérprete disporá de outras fontes de Direito do Trabalho, mais aptas a realizar a justiça que é a principal finalidade do Direito. Neste contexto, a prescrição trabalhista somente deve ser conhecida e decretada, quando suscitada por quem a beneficia. Enfim, a prescrição é matéria de defesa e se não foi suscitada pelas reclamadas não pode ser declarada ex officio. TRT-01511-2009-129-03-00-9-RO Belo Horizonte, 22 de fevereiro de 2011.

RECURSO DE REVISTA. PRESCRIÇÃO. DECLARAÇÃO DE OFÍCIO. INCOMPATIBILIDADE COM O PROCESSO DO TRABALHO. *A prescrição consiste em meio de extinção da pretensão, em virtude do esgotamento do prazo para seu exercício. Nesse contexto, não se mostra compatível com o processo do trabalho a nova regra processual inserida no art. 219, § 5º, do*

CPC. Segundo a jurisprudência que se pacificou no TST, torna-se clara a incompatibilidade do novo dispositivo com a ordem justrabalhista (arts. 8º e 769 da CLT). É que, ao determinar a atuação judicial em franco desfavor dos direitos sociais laborativos, a novel regra civilista entra em choque com vários princípios constitucionais, como da valorização do trabalho e do emprego, da norma mais favorável e da submissão da propriedade à sua função socioambiental, além do próprio princípio da proteção. **Recurso de revista conhecido e provido.**

Vistos, relatados e discutidos estes autos de Recurso de Revista n. **TST-RR-597-77.2010.5.11.0004**, Ac. 3ª T., publicado em **Fevereiro de 2013**.

... PRESCRIÇÃO. Não se mostra compatível com o processo do trabalho, a nova regra processual inserida no art. 219, § 5º, do CPC, que determina a aplicação da prescrição, de ofício, em face da natureza alimentar dos créditos trabalhistas. Recurso de revista não conhecido... (TST-RR 484/2003-005-02-00.9, 6ª T., rel. Min. Aloysio Corrêa da Veiga, DJe 4.6.2009)

RECURSO DE REVISTA. PRESCRIÇÃO. DECRETAÇÃO DE OFÍCIO. INAPLICABILIDADE DO ART. 219, § 5º, DO CPC NO PROCESSO DO TRABALHO.

1. A estrutura normativa do Direito do Trabalho parte do pressuposto da diferenciação social, econômica e política entre os partícipes da relação de emprego, empregados e empregadores, o que faz emergir direito protetivo, orientado por normas e princípios que trazem o escopo de reequilibrar, juridicamente, a relação desigual verificada no campo fático. Esta constatação medra já nos esboços do que viria a ser o Direito do Trabalho e deu gestação aos princípios que orientam o ramo jurídico. O soerguer de desigualdade favorável ao trabalhador compõe a essência do princípio protetivo, vetor inspirador de todo o seu complexo de regras, princípios e institutos.

2. O art. 7º, inciso XXIX, da Constituição Federal, para muito além de fixar prazos prescricionais, assegura direito de ação.

3. Ainda que se possa vincular à garantia de duração razoável do processo (Constituição Federal, art. 5º, LXXVIII), a autorização para incidência do art. 219, § 5º, do CPC, no Processo do Trabalho, representaria corte de maior outorga constitucional, fazendo-se, pela via ordinária, apara de texto hierarquicamente superior.

4. O objetivo de pacificação social, atribuído à Justiça do Trabalho, -pari passu- ao caráter eminentemente tuitivo das regras que orientam o Direito Material correlato, rejeitam a compatibilidade do quanto disposto no art. 219, § 5º, do CPC com o Processo do Trabalho. Precedentes. Recurso de revista conhecido e provido." (RR – 164400-58.2009.5.12.0019 – 3ª Turma – Relator Ministro Alberto Luiz Bresciani de Fontan Pereira – Data de Publicação: DEJT 9.9.2011).

AGRAVO DE INSTRUMENTO. RECURSO DE REVISTA. PRESCRIÇÃO. DECLARAÇÃO DE OFÍCIO. INCOMPATIBILIDADE COM O PROCESSO DO TRABALHO. Demonstrado no agravo de instrumento que o recurso de revista preenchia os requisitos do art. 896 da CLT, em face da evidência de violação, em tese, dos art. 5º, LV, da CF e 8º, da CLT, impõe-se o provimento do agravo de instrumento. Agravo de instrumento provido. RECURSO DE REVISTA. PRESCRIÇÃO. DECLARAÇÃO DE OFÍCIO. INCOMPATIBILIDADE COM O PROCESSO DO TRABALHO. A prescrição consiste na perda da ação (no sentido material) para o titular de um direito, em virtude do esgotamento do prazo para seu exercício. Não se mostra compatível com o processo do trabalho a nova regra processual inserida no art. 219, § 5º, do CPC, que determina a aplicação da prescrição, de ofício, em face da natureza alimentar dos créditos trabalhistas. É manifesta a incompatibilidade do novo dispositivo com a ordem justrabalhista (arts. 8º e 769 da CLT). É que, ao determinar a atuação judicial em franco desfavor dos direitos sociais laborativos, a novel regra civilista entra em choque com vários princípios constitucionais, como o da valorização do trabalho e do emprego, o da norma mais favorável e o da submissão da propriedade à sua função socioambiental, além do próprio princípio da proteção. Recurso de revista conhecido e provido. (RR – 81040-22.2006.5.15.0011 – 6ª Turma – Relator Ministro Mauricio Godinho Delgado – Data Publicação: DEJT 30.9.2011)

b) Falta de legítimo interesse

Devem ser apresentadas aqui algumas situações peculiares que podem decorrer de institutos, normas ou procedimentos atinentes à cessação da relação de empregado.

b.1) Quitação Perante o Sindicato — Súmula n. 330 do TST

SÚMULA N. 330 – "A quitação passada pelo empregado, com a assistência da Entidade Sindical de sua categoria, ao empregador, com observância dos requisitos exigidos nos parágrafos do art. 477 da Consolidação das Leis do Trabalho, **tem eficácia liberatória** *em relação as parcelas expressamente consignadas no recibo, salvo se oposta ressalva expressa e especificada ao valor dado à parcela ou parcelas impugnadas."*

1.2. CARÊNCIA DE AÇÃO – **AUSÊNCIA DE INTERESSE DE AGIR** *– SÚMULA n. 330 DO C. TST. A Súmula n. 330, do TST, não tem a amplitude que quer fazer crer o recorrente, pois o termo rescisório quita apenas as verbas nele especificadas, não obstando a cobrança das ali não mencionadas, nem das eventuais diferenças das registradas (...).* (TRT 17ª R. – RO 4644/1999 – (9316/2000) – Relª Juíza Maria Francisca dos Santos – DOES 16.11.2000).

b.2) Acordo celebrado perante Comissão de Conciliação Prévia

Art. 625-E. Aceita a conciliação, será lavrado termo assinado pelo empregado, pelo empregador ou seu proposto e pelos membros da Comissão, fornecendo-se cópia às partes.

Parágrafo único – *O termo de conciliação é título executivo extrajudicial e terá eficácia liberatória geral, exceto quanto às parcelas expressamente ressalvadas.* (Lei n. 9.958, de 12.1.2000)

COMISSÃO DE CONCILIAÇÃO PRÉVIA. *Hipótese na qual a demanda foi submetida à Comissão de Conciliação Prévia, constituindo, o termo de conciliação, título executivo extrajudicial com eficácia liberatória geral, exceto em relação às parcelas expressamente ressalvadas. art. 625-E da CLT.* **Mantida sentença que extinguiu o processo, sem resolução do mérito** (PROCESSO TRT 4: 0000354-65.2010.5.04.0025 RO).

Segundo o art. 625-E da CLT e a jurisprudência desta Corte, o termo de conciliação firmado perante a Comissão de Conciliação Prévia terá eficácia liberatória geral, exceto quanto às parcelas expressamente ressalvadas. Recurso de Revista de que se conhece e a que se dá provimento. (RR – 3323/2003-021-09-00, 5ª Turma, relator Ministro Brito Pereira, DJ – 24.8.2007)

Como já se demonstrou no capítulo anterior, prevalece na jurisprudência trabalhista o entendimento segundo o qual a quitação sem ressalva perante o Sindicato ou Comissão de Conciliação Prévia tipifica a falta de legítimo interesse para posterior reclamatória trabalhista, vinculada ao mesmo direito ou mesma contratualidade, o que, por tal razão, leva extinção do processo sem resolução ode mérito.

c) Falta de Condição da Ação (art. 625, *caput*, e § 2º)

Também sobre as condições da ação se vislumbram situações particulares a serem enfrentadas no julgamento de dissídio individual.

Art. 625-D. Qualquer demanda de natureza trabalhista será submetida à Comissão de Conciliação Prévia se, na localidade da prestação de serviços, houver sido instituída a Comissão no âmbito da empresa ou do sindicato da categoria.

(...)

§ 2º Não prosperando a conciliação, será fornecida ao empregado e ao empregador declaração da tentativa conciliatória frustada com a descrição de seu objeto, firmada pelos membros da Comissão, que deverá ser juntada à eventual reclamação trabalhista. (Lei n. 9.958, de 12.1.2000)

Nas ADIs ns. 2.139 e 2.160, liminarmente foi entendido que a não submissão à CCP não impede o ajuizamento da Reclamatória. "**Por maioria de votos, o Supremo Tribunal Federal (STF) determinou nesta quarta-feira (13.08.09) que demandas trabalhistas podem ser submetidas ao Poder Judiciário antes que tenham sido analisadas por uma comissão de conciliação prévia. Para os ministros, esse entendimento preserva o direito universal dos cidadãos de acesso à Justiça.**" (Sistema Pusch do STF 14.7.009)

Consubstancia ofensa ao disposto no art. 5º, inciso XXXV, da Constituição Federal a decisão que considera a previsão constante do art. 23 da Lei n. 8.630/93 pressuposto necessário ao ajuizamento de reclamação trabalhista. A exigência legal não pode ser interpretada de maneira a constituir obstáculo ao exercício do direito de ação. Recurso de revista patronal de que não se conhece. (TST-RR-646194/2000.3, DJU de 23/9/2005, Relator Ministro Lelio Bentes Corrêa).

Além das arroladas no CPC, também são arguidas em preliminar:

A **carência da ação trabalhista**, de pertinência discutível hoje, em face da ampliação da competência da Justiça do Trabalho, pelo Emenda Constitucional n. 45 de 2004, inexistência da relação de emprego;

Por pertinentes, devem ser ressaltadas algumas peculiaridades do Processo do Trabalho (reclamatória trabalhista).

A possibilidade jurídica do pedido, legalidade ou licitude do contrato ou relação de emprego, não pode ser interpretada de forma literal, mas contextual, por não ser possível na relação de trabalho retornar ao *status quo ante*. A despeito do estabelecido na Orientação Jurisprudencial SDI 1 N. 199, são comuns decisões concedendo direitos trabalhistas a empregados que trabalham em jogos de azar e outras atividades ilícitas.

DA DEFESA DE MÉRITO:

Como se disse na introdução deste capítulo, mesmo despida de embasamento jurídico científico, podemos, também para efeitos meramente didáticos, estudá-la como defesa indireta de mérito ou como defesa direta de mérito.

A defesa indireta de mérito ocorreria quando não for possível negar os fatos imputados, negar os seus efeitos, opondo fatos impeditivos, restritivos ou até extintivos de seus efeitos. No dizer do mestre De Placido e Silva, "*contesta-se o direito, quando não se reconhece que seja próprio de outrem*". (*Vocabulário Jurídico*)

Assim, não podendo negar que o reclamante trabalhou mais que oito (8) horas diárias, pode ser alegadoa e comprovada a existência de acordo válido de prorrogação e compensação de horário, afastando assim os efeitos da sobrejornada.

Inegável que a atividade é insalubre, pode se opor a fornecimento e uso de equipamentos de proteção que eliminam os efeitos da insalubridade e elidem o direito à percepção do respectivo adicional.

A defesa ou contestação direta de mérito consiste na alegação e demonstração da inocorrência dos fatos ou condições alegadas como fundamento dos direitos postulados.

Contesta-se o fato, quando se nega ou se contradiz o evento que nele se contem. (De Plácido, *Vocabulário Jurídico*, Rio de Janeiro: Forense, 16. ed., p. 215)

Assim, genericamente, a Defesa Direta (de mérito) é aquela dirigida contra os fatos ou fundamentos jurídicos da pretensão do Reclamante.

Em razão do princípio da preclusão e em face da aplicação subsidiária do CPC, art. 300, a defesa de mérito (materializada, em regra, na contestação escrita) deve abranger todos os fatos e questões arrolados na Reclamatória, negando a sua ocorrência ou demonstrando sua impertinência com a postulação, ou seja, que não produzem os efeitos pretendidos pelo Reclamante.

Assim, devem ser refutados, um a um, todos os itens do pedido. Não basta negar. É preciso demonstrar ou fundamentar a oposição (Exemplo: Horas Extras: é necessário demonstrar e provar a jornada efetivamente cumprida). "*Cabe também ao réu manifestar-se precisamente sobre os fatos narrados na petição inicial*". (parte inicial do art. 302 do CPC)

Deve ser dada especial atenção para o valor atribuído à causa pelo reclamante, em razão da irrecorribilidade da decisão proferida em processo de alçada (reclamatória para a qual foi atribuído valor igual ou inferior a 2 salários mínimos (§ 4º do art. 2º da Lei n. 5.584/70, tido como constitucional pelo Enunciado n. 356 do TST).

Verificar se existe nexo causal entre os fatos e o pedido, isto é se os pedidos decorrem dos fatos alegados na Reclamatória.

Não correr riscos, buscar todos os meios de defesa possíveis, conforme o caso. Quando da negativa da relação de emprego, por exemplo, *ad argumentandum*, opor o que for possível quanto ao mérito e requerer compensação de valores pagos pela prestação de serviços;

Como já se disse, não basta negar. A simples negação geral é tida como ausência de contestação, importa em confissão ficta ("*Presumem-se verdadeiros os fatos não impugnados*". Parte final do *caput* do art. 302 do CPC).

Art. 844 – O não comparecimento do reclamante à audiência importa em arquivamento da reclamação, e o não comparecimento do reclamado importa em revelia, além de confissão quanto à matéria de fato. (CLT)

Art. 319. Se o réu não contestar a ação, reputar-se-ão verdadeiros os fatos afirmados pelo autor. (CPC)

3. Conteúdo/abrangência da defesa

Diante da lacuna do Direito Processual do Trabalho que, em relação à resposta do Reclamado, limita-se a dizer "*Não havendo acordo, o reclamado terá vinte minutos para aduzir sua defesa, ...*"(art. 847, CLT), devemos, naquilo que for pertinente, buscar subsídios no processo comum. Quanto à abrangência de defesa, é compatível o disposto no art. 300 do Código de Processo Civil.

*Compete ao réu **alegar na contestação toda a matéria de defesa, expondo as razões de fato e de direito, com que impugna o pedido do autor** e especificando as provas que pretende produzir.* (art. 300, CPC)

Evidentemente que a contestação (defesa) trabalhista, não é entregue em cartório no prazo de quinze dias da citação inicial, como previsto no art. 297 do CPC, mas apresentada, verbalmente ou por escrito, na audiência (inaugural), como decorre do comando insculpido no art. 847 da Consolidação.

Como se vê do art. 1º da Instrução Normativa TST n. 27, de 16 de fevereiro de 2005, pelo menos por enquanto, mesmo outras ações agora de competência da Justiça do Trabalho (EC/45/04), seguirão este procedimento.

Em face da omissão da Legislação Processual Trabalhista, consolidada e extravagante, aplica-se a regra do Processo Comum.

Compete ao réu alegar, na contestação, toda a matéria de defesa, expondo as razões de fato e de direito, com que impugna o pedido do autor e especificando as provas que pretende produzir. (art. 300 do CPC)

Mais uma vez a regra do processo comum, arts. 302 e 303 do CPC:

Art. 302. Cabe também ao réu manifestar-se precisamente sobre os fatos narrados na petição inicial. Presumem-se verdadeiros os fatos não impugnados, salvo:

I – se não for admissível, a seu respeito, a confissão;

II – se a petição inicial não estiver acompanhada do instrumento público que a lei considerar da substância do ato;

III – se estiverem em contradição com a defesa, considerada em seu conjunto.

Art. 303. Depois da contestação, só é lícito deduzir novas alegações quando:

I – relativas a direito superveniente;

II – competir ao juiz conhecer delas de ofício;

III – por expressa autorização legal, puderem ser formuladas em qualquer tempo e juízo.

A contestação, portanto, deve refutar, individualizadamente, todas as postulações do Reclamante, demonstrando as razões de fato e de direito da insubsistência ou improcedência das mesmas, sob pena de preclusão e confissão ficta.

A contestação pela negativa geral é tida como inexistente e implicará em confissão ficta.

A regra contida no parágrafo único do art. 302 do CPC (*Parágrafo único. Esta regra, quanto ao ônus da impugnação especificada dos fatos, não se aplica ao advogado dativo, ao curador especial e ao órgão do Ministério Público.*) não se aplica ao Processo do Trabalho, como entende a jurisprudência pertinente.

REVELIA – *Pessoa jurídica de direito público. Aplicável. (art. 844, da CLT)* (Orientação Jurisprudencial 152, da SDI1 do TST).

4. Prazo de defesa

Da combinação dos arts. 841 da CLT, que determina que o Escrivão notifique o reclamado "para comparecer à audiência de julgamento, que será a primeira desimpedida, depois de cinco dias", com os arts. 845 e 847, que exigem a presença do mesmo na audiência, para produzir sua defesa nesta audiência, conclui-se que o prazo mínimo será de cinco dias.

Para a União, Estados, Distrito Federal, Municípios e autarquias ou fundações de direito público federais, estaduais ou municipais, que não explorem atividades econômicas, este prazo mínio de defesa será de vinte dias, por força do disposto no inciso II, do art. 1º do Decreto-lei n. 779, de 21 de agosto de 1969.

O disposto no art. 29 da A RESOLUÇÃO CSJT N. 136, DE 25 DE ABRIL DE 2014 que instituiu o Sistema Processo Judicial Eletrônico da Justiça do Trabalho – PJe-JT, poderá evoluir para a fixação de um prazo para a defesa.

Art. 29. Os advogados credenciados deverão encaminhar eletronicamente contestação, reconvenção ou exceção, e respectivos documentos, antes da realização da audiência designada para recebimento da defesa.

5. Momento da defesa

No Processo do Trabalho, diferentemente do que ocorre com o processo comum (rito ordinário) a contestação não é protocolada ou juntada ao processo antes da audiência de instrução e julgamento. Como já se viu, pelo comando do art. 846 da CLT, a **defesa** (só a contestação ou exceções e contestação), será aduzida (apresentada, exposta) na audiência. O PJe poderá alterar esse procedimento.

A expressão "*aduzir*", até por decorrência do princípio da oralidade, determinaria que a defesa fosse feita ou apresentada oralmente. Aduzida, dita, exposta, na audiência, no entanto a *práxis* é a entrega da contestação escrita, que é juntada e não transcrita no processo.

Nos termos da lei (art. 846 da CLT) a defesa será apresentada na audiência inaugural, após leitura da reclamatória (ou dispensa de leitura), aduzida em até 20 minutos. Na realidade, o que ocorre é a entrega, neste momento, da contestação escrita, acompanhada dos documentos em que se fundar.

No litisconsórcio passivo, mesmo tendo as partes litigadas procuradores distintos, o prazo de defesa não será em dobro. "*A regra contida no art. 191 do CPC é inaplicável ao processo do trabalho, em face de sua incompatibilidade com o princípio da celeridade inerente ao processo trabalhista*". (Orientação Jurisprudencial n. 310 da SDI 1 do TST)

Havendo litisconsórcio Ativo (cumulação subjetiva), sendo os litisconsortes considerados litigantes distintos é razoável entender-se que o Reclamado terá 20 minutos para aduzir sua defesa em relação a cada um dos autores, será considerado, salvo se os pedidos decorrerem do mesmo fato e forem idênticos, quando poderá ser apresentada uma única defesa.

A **defesa** compreende a defesa indireta (exceções e preliminares) e a contestação (defesa de mérito – indireta ou direta). Uma vez que a legislação trabalhista determina que a defesa deve ser aduzida na audiência, após a frustração da tentativa de conciliação, neste momento deverão ser apresentadas tantos as exceções, como a contestação, podendo inclusive vir no mesmo instrumento.

5.1. Oportunidade ou local de defesa

A Notificação (Citação Inicial) no Processo do Trabalho é para comparecer à Audiência inaugural e, nesta, se não houver acordo, apresentar a defesa. Assim, o local para apresentar a defesa será sempre no Juízo (Vara) onde tramita a reclamatória, por ocasião da realização da audiência.

Uma vez que a defesa compreende exceções, as preliminares e a contestação de mérito, toda à defesa deve ser apresentada neste momento, logo após a frustração da tentativa de conciliação na audiência inaugural, de forma verbal ou escrita. Sendo escrita, como é usual, pode ser em uma única peça ou em peças separadas, por exemplo: exceções, impugnação do valor da causa e defesa de mérito com preliminares em peças distintas.

A reconvenção, ou pedido contraposto, se for o caso também deverá ser apresentada nesta oportunidade, na mesma ou em peça separada.

Já no Processo comum, a parte é citada para apresentar, no prazo legal (15 ou 5 dias, ordinário, cautelar), querendo a contestação. A Citação poderá ser por oficial de Justiça, pelo Correio (excepcionalmente) ou por precatória, quando o Demandado tem domicílio fora da Comarca. Neste caso resta dúvida acerca do local onde deve ser apresentada a contestação, se no Juízo Deprecante ou se no Juízo Deprecado.

Na leitura do art. 297 do CPC "O réu poderá oferecer, no prazo de quinze (15) dias, em petição escrita, dirigida **ao juiz da causa**, contestação, exceção, e reconvenção", a expressão "ao juiz da causa", leva a concluir que é no Juízo Deprecado.

A Doutrina é vacilante. "O réu citado por precatória também pode apresentar a contestação no juízo deprecado, para ser junta aos autos da carta, antes de sua devolução"; mas "o risco de que isso não aconteça corre por sua conta". (RT 671/171) *Código de Processo Civil* — Theotônio Negrão e José Roberto Gouvêa – 36. ed., p. 409)

6. Formas da defesa

Pelos termos do art. 846 da CLT (aduzir sua defesa) e face ao princípio da oralidade, ORAL é a forma da contestação trabalhista. No entanto tem-se admitido tanto a forma oral como a escrita, e normalmente é adotada a forma escrita.

Algumas Varas fazem constar da Notificação, a recomendação para que a contestação venha escrita. Naturalmente esta é a forma recomendada, a não ser que se trate de processo de alçada de extrema simplicidade e com grandes possibilidades de acabar em acordo na audiência inaugural.

A RESOLUÇÃO CSJT N. 136, DE 25 DE ABRIL DE 2014 que instituiu o Sistema Processo Judicial Eletrônico da Justiça do Trabalho – PJe-JT como sistema de processamento de informações e prática de atos processuais e estabelece os parâmetros para sua implementação e funcionamento, quanto à contestação estabelece em seu art. 29:

Art. 29. Os advogados credenciados deverão encaminhar eletronicamente contestação, reconvenção ou exceção, e respectivos documentos, antes da realização da audiência designada para recebimento da defesa.

§ 1º A parte reclamada poderá, justificadamente, atribuir sigilo à contestação, reconvenção ou exceção e aos respectivos documentos juntados.

§ 2º Fica facultada a apresentação de defesa oral, por 20 (vinte) minutos, conforme o disposto no art. 847 da CLT.

7. Da instrução

Art. 787. A reclamação escrita deverá ser formulada em 2 (duas) vias e desde logo acompanhada dos documentos em que se fundar.

*Art. 845. O reclamante e o reclamado comparecerão à audiência acompanhados das suas testemunhas, **apresentando, nessa ocasião, as demais provas**.*

Art. 396. Compete à parte instruir a petição inicial (art. 283), ou a resposta (art. 297), com os documentos destinados a prová-lhe as alegações.

Da combinação dos arts. 787, 845 da CLT e 396 do CPC, conclui-se, num sentido amplo, que a defesa (contestação) deve ser acompanhada com os documentos em que se fundar. Devendo o reclamado, na mesma, requerer as demais provas que pretende ver apreciadas.

Assim, a defesa será constituída pelo Instrumento da Contestação ou peças distintas com as exceções, contestação e reconvenção ou pedido contraposto (art. 847 CLT); Instrumento procuratório, salvo quando exercido o *jus postulandi* (arts. 791, CLT e 37, CPC); Instrumento de preposição (se for o caso — art. 843, § 1º CLT) e Prova Documental (art. 845 — art. 830, CLT).

8. Reconvenção

Apesar de respeitáveis opiniões em contrário (Russomano, Süssekind, entre outros) opinarem pelo incabimento, a maioria da doutrina admite a Reconvenção no Processo do Trabalho. Portanto, satisfeitos os pressupostos processuais e atendidas as condições da ação, em relação a esta "ação" proposta pelo demandado, no mesmo processo, contra o autor, é cabível a mesma no foro trabalhista.

Penso que a reconvenção deverá ser processada pelo rito da ação (reclamatória) original.

Ante a omissão da legislação processual consolidada e extravagante, aplicam-se (art. 769 da CLT) ao instituto as normas do Processo comum, insculpidas nos arts. 315 a 318 do CPC, que trata matéria dispondo:

Art. 315. O réu pode reconvir ao autor no mesmo processo, toda vez que a reconvenção seja conexa com a ação principal ou com o fundamento da defesa.

Parágrafo único. Não pode o réu, em seu próprio nome, reconvir ao autor, quando este demandar em nome de outrem.

Art. 316. Oferecida a reconvenção, o autor reconvindo será intimado, na pessoa do seu procurador, para contestá-la no prazo de 15 (quinze) dias.

Art. 317. A desistência da ação, ou a existência de qualquer causa que a extinga, não obsta ao prosseguimento da reconvenção.

Art. 318. Julgar-se-ão na mesma sentença a ação e a reconvenção.

Em razão da simplicidade que norteia o Processo do Trabalho, a Reconvenção poderá ser proposta na mesma peça que materializa a defesa, ou seja, na contestação. Esta peça poderá ser formada pelas exceções, preliminares, defesa direta de mérito e, se for o caso, a reconvenção.

A sentença que admite apresentação da contestação e da reconvenção numa única peça processual não viola o art. 299 do Código de Processo Civil, em razão dos princípios da instrumentalidade das formas, da celeridade e da economia processual (...). (TST-ROA 691/2007-000-12-00.0 0 SDBI 2 do TST. Rel. Min. Pedro Paulo Manus – Dje 4.6.2009)

RECONVENÇÃO NO PROCEDIMENTO SUMARÍSSIMO

RECONVENÇÃO x PEDIDO CONTRAPOSTO

"*Pedido contraposto*" é, pois, a pretensão deduzida pelo réu, na contestação, e fundada nos mesmos fatos que servem de fundamento da inicial. Basicamente, a diferença entre reconvenção e pedido contraposto é que o pedido contraposto não precisa ser deduzido em peça autônoma, como na reconvenção.

Nas ações sujeitas ao procedimento sumaríssimo, contudo, não se admite reconvenção, mas admite-se o pedido contraposto (art. 31 da Lei n. 9.099/95).

O previsto na Lei n. 9.957/2000 não admite reconvenção, mas admite pedido contraposto. A Lei n. 9.957/2000 que estabeleceu o procedimento sumaríssimo na Justiça do Trabalho (arts. 852-A a 852-I da CLT), não proíbe, expressamente, a reconvenção no procedimento sumaríssimo. Se entendermos que a reconvenção é vedada, pela aplicação subsidiária da Lei n. 9.099/95 neste rito especial trabalhista, devemos concluir também que, pela mesma analogia, no sumaríssimo trabalhista cabe o pedido contraposto.

Diz-se que não seria admitida a reconvenção no sumaríssimo trabalhista porque sendo a reconvenção ação do réu em face do autor, e devendo ser apresentada em audiência, no mesmo momento da contestação, sua admissão implicaria retardamento do procedimento sumaríssimo porque obrigaria o juiz a bipartir a audiência, abrindo ao autor-reconvindo prazo para contestação ao pedido reconvencional.

Na prática, como anota alhures TEIXEIRA FILHO, "*a única diferença entre os pedidos reconvencional e contraposto é que a reconvenção é ação autônoma, conexa com a principal, que deve ser autuada em separado, e o pedido contraposto é deduzido na própria contestação. No processo do trabalho, contudo, já que a reconvenção não precisa ser autuada em separado, a distinção é, tecnicamente, nenhuma".*

A jurisprudência ainda não é uniforme:

A sentença que admite apresentação da contestação e da reconvenção numa única peça processual não viola o art. 299 do Código de Processo Civil, em razão dos princípios da instrumentalidade das formas, da celeridade e da economia processual (...). (TST-ROA 691/2007-000-12-00.0 0 SDBI 2 do TST. Rel. Min. Pedro Paulo Manus – Dje 4.6.2009)

1 – PROCESSO SUMARÍSSIMO – RECONVENÇÃO – *Mercê do próprio princípio da conciliação que inspira o rito sumaríssimo, descabe ação reconvencional nesse processo.* (TRT 2ª – RS 00840 – (20030350632) – 10ª T. Relª Juíza Vera Marta Publio Dias – DOESP 5.8.2003)

2 – 93006089 – RECONVENÇÃO – PROCEDIMENTO SUMARÍSSIMO – *É admissível o pedido contraposto no rito sumaríssimo trabalhista.* (CPC, 278, § 1º; Lei n. 9.099/95, 31). (TRT 2ª R. – RS 20000375882 – (20000411862) – 6ª T. – Rel. Juiz Rafael E. Pugliese Ribeiro – DOESP 25.8.2000)

Sendo o valor da causa inferior a vinte salários mínimos, um dos requisitos ao rito sumaríssimo comum, não é cabível a reconvenção. Da mesma forma ocorrera no processo trabalhista por omissão da lei e aplicação subsidiária do CPC na matéria compatível. (TST, Tribunal Pleno. Proc: ROMS n. 10. Rel. Min. Fernando Franco. DJ 16.6.1982)

As excludentes do rito sumaríssimo estão taxativamente previstas na lei e se não há vedação de reconvenção em procedimento sumaríssimo no processo do trabalho está credenciada a reconvenção a ser apresentada em ações sujeitas ao procedimento citado. Recurso Ordinário conhecido e não provido. (TRT 21ª Região, Proc: RO n. 0053-2002-003-21-00-5. Rel. Min. Eridson João Fernandes Medeiros, DJE 31.10.2003)

Em razão do princípio da simplicidade que norteia o Direito Processual do Trabalho e inspirou a Súmula n. 263, pode-se reconvir em qualquer rito (ordinário, sumário e sumaríssimo), inclusive na mesma peço processual. A peça defensiva (contestação), poderá conter exceções, preliminares, refutação de mérito e reconvenção ou pedido contraposto — no sumaríssimo).

Se preferirmos, podemos apresentar em peças separadas as exceções, a contestação (preliminares e mérito) e a reconvenção ou pedido contraposto, o que importa é que a resposta do reclamado, em sua totalidade, seja apresentada na audiência, ou, se preferir, na audiência inaugural.

Capítulo 7

Dissídio Individual – Fase Probatória

1. Considerações Preliminares

A palavra prova, ou provar, tem sentido multifário, tanto no uso cotidiano das pessoas como no campo jurídico. No aspecto jurídico prova ou provar, tanto pode ser entendida como prova produzida (trazida aos autos ou produzida na instrução) no sentido de procedimento, como meio ou espécie de prova, prova oral, prova documental etc.

O instituto da prova é comum em todos os sub-ramos do Direito Processual, pelo que os aspectos de propedêutica podem, no Direito Processual do Trabalho, ser apresentados de forma simples e sintética.

Divergem os autores quanto à natureza do instituto. Várias teorias procuram esclarecer a natureza da prova ou das normas probatórias. Amauri Mascaro Nascimento, em seu *Curso de Direito Processual do Trabalho*, Saraiva, p. 403-404, enumera as seguintes teorias:

a) Fenômeno de direito material;

b) Fenômeno de natureza mista — material e processual;

c) Natureza unicamente processual;

d) Natureza própria, material ou processual;

e) Fenômeno de direito judicial (*relação jurídica entre a Justiça Estatal e o indivíduo*)

2. Princípios

Os autores divergem quanto aos princípios orientadores do instituto. A maioria arrola os seguintes princípios da prova explicitados sucintamente:

— Princípio da necessidade da prova: os fatos devem ser provados. Não bastam meras alegações. Este princípio está ligado ao ônus da prova, regido no Processo do Trabalho pelo art. 818 CLT, complementado pela aplicação subsidiária do critério de distribuição do art. 333 CPC;

— Princípio da unidade da prova: mesmo utilizando-se de mais de um meio, a prova é única formando um conjunto probatório que como tal deve ser apreciada;

— Princípio da lealdade ou probidade da prova: decorre do princípio da boa-fé e preservação da realidade, e norteado pela regra insculpida no inciso LVI, do art. 5º da CF/88 (*são inadmissíveis, no processo, as provas obtidas por meios ilícitos*);

— Princípio da contradição ou contraditório, que consiste na possibilidade de impugnação ou contraprova. "*Não há prova secreta*" (Amauri);

— Princípio da igualdade de oportunidade de prova: o nome esclarece. Equilíbrio processual, quanto aos atos probatórios, que em reclamatórias trabalhistas é relativizado pelo princípio protecionista ou da finalidade social;

— Princípio da legalidade da prova. Se a lei prevê uma forma para a realização do ato, só por esta forma o mesmo pode ser válida e eficazmente provado, exemplificado no Processo do Trabalho pela prova do pagamento de salário, pedido de demissão, concessão de férias;

— Princípio da imediação, a prova é produzida em juízo e para o juiz, com a participação, direção, delimitação deste;

Amauri Mascaro Nascimento, in: *Curso de Direito Processual do Trabalho*, Saraiva, p. 405, fala no:

— Princípio da obrigatoriedade da prova: "*sendo a prova de interesse não só das partes mas também do Estado, que quer o esclarecimento da verdade, as partes podem ser compelidas pelo Juiz a apresentar no processo determinada prova, sofrendo sanções no caso de omissão, especialmente as presunções que passam a militar contra aquele que se omitiu e a favor de quem solicitou*". O entendimento consagrado no Enunciado n. 338 do TST exemplifica os efeitos da aplicação deste princípio.

Bezerra Leite, em *Curso de Direito Processual do Trabalho*, LTr, 3. ed., p. 359 e seguintes, arrola os seguintes princípios:

a) princípio do contraditório e da ampla defesa;

b) Princípio da necessidade da prova;

c) Princípio da unidade da prova;

d) Princípio da proibição da prova obtida ilicitamente;

e) Princípio do livre convencimento e da persuasão racional;

f) Princípio da oralidade;

g) Princípio da imediação;

h) Princípio da aquisição processual;

i) Princípio "*in dubio pro misero*".

3. Conceito

A partir das normas constitucionais inerentes à ampla defesa (*Aos litigantes, em processo judicial ou administrativo, e aos acusados em geral são assegurados o contraditório e a ampla defesa, com os meios e recursos a ela inerentes.* (art. 5º, LV) e licitude da prova, LVI — **são inadmissíveis, no processo, as provas obtidas por meios ilícitos**; (art. 5º CF/88), vários são os conceitos de prova que podem ser utilizados ou admitidos pelo Direito Processual do Trabalho. Entre elas:

PROVA: "*É a soma dos fatos produtores da convicção do juiz apurados no processo.*" (Amaral dos Santos)

Prova "é o **meio lícito** de demonstrar a veracidade ou não de determinado fato, com a finalidade de convencer o juiz acerca da sua existência ou inexistência". (Bezerra Leite, ob. cit., p. 359)

Prova é a série de elementos constantes dos autos de um processo que, em conjunto ou individualmente, conduzem ao conhecimento dos fatos, objetos da ação ou defesa, afirmando-lhes a veracidade e dando procedência às alegações das partes".

Provar é demonstrar por qualquer meio lícito a ocorrência, a certeza de um fato ou a veracidade de uma afirmação.

4. Objetivo da prova

A finalidade da prova "*é evidenciar que determinados fatos ocorreram e assim formar a convicção do Juiz*". (Tostes Malta, p. 19).

Busca-se, com a prova, demonstrar a efetividade, a certeza ou não de certos fatos e com isso formar a convicção do julgador.

Portanto, a prova é dirigida ao Juiz, por isso ela deve ser produzida ou trazida ao processo (princípio da imediação).

5. Objeto de prova

Em regra, são objeto de prova os **fatos** necessários e/ou úteis à formação da convicção do julgador. Portanto provam-se os fatos relevantes, pertinentes, controvertidos.

Art. 331 — CPC

*§ 2º Se, por qualquer motivo, não for obtida a conciliação, o juiz fixará os pontos controvertidos, decidirá as questões processuais pendentes e **determinará as provas a serem produzidas**, designando audiência de instrução e julgamento, se necessário.*

O Juiz deve indeferir provas irrelevantes ou inúteis a teor do art. 765 consolidado. (RO TRT 15ª Proc. N. 0103300-76.2009.5.15.0112, publicado em 11.04.2012)

O direito, como regra, não precisa ser provado.

"narra mihi factum dabo tibi jus"

"Iura novit curia" – O juiz conhece a lei.

No entanto, o Estadual — municipal — estrangeiro; Consuetudinário; Convencional – Regulamentos, devem ser provados, salvo se o juiz dispensar.

A parte que alegar o direito municipal, estadual, estrangeiro ou consuetudinário, provar-lhe-á o teor e a vigência, se assim determinar o juiz. (art. 337 do CPC)

Por ser peculiar ao Processo do Trabalho, deve ser ressaltado que, salvo quando dispensado pelo Juízo (por estar arquivada em secretaria), a Sentença Normativa, o instrumento de Convenção ou Acordo Coletivo, de Regulamento de Empresa, Quadro de Carreira, deverão vir ao processo, sob pena de extinção (sem julgamento de mérito) dos pedidos neles fundados ou extinção do processo (inépcia da inicial), quando respaldar toda a pretensão. Para alguns tal circunstância acarretaria no indeferimento do pedido (mérito).

Note-se que a extinção do processo não será de plano, pois a Súmula n. 263 do TST, estabelece:

Salvo nas hipóteses do art. 295 do CPC, o indeferimento da petição inicial, por encontrar-se desacompanhada de documento indispensável à propositura da ação ou não preencher outro requisito legal, somente é cabível se, após intimada para suprir a irregularidade em 10 (dez) dias, a parte não o fizer.

Acrescente-se o que estabelece a Súmula n. 408 do TST:

SÚMULA N. 408 — Não padece de inépcia a petição inicial de ação rescisória apenas porque omite a subsunção do fundamento de rescindibilidade no art. 485 do CPC ou o capitula erroneamente em um de seus incisos. Contanto que não se afaste dos fatos e fundamentos invocados como causa de pedir, **ao Tribunal é lícito emprestar-lhes a adequada qualificação jurídica (*iura novit curia*)**. No entanto, fundando-se a ação rescisória no art. 485, inc. V, do CPC, é indispensável expressa indicação, na petição inicial da ação rescisória, do dispositivo legal violado, por se tratar de causa de pedir da rescisória, não se aplicando, no caso, o princípio *iura novit curia*.

Do acima exposto, conclui-se que não necessitam ser provados ou dispensam prova, o direito geral (federal, constitucional ou infraconstitucional), os fatos notórios, confessados, incontroversos, presumíveis (presunção absoluta ou legal), usos e costumes, objeto de coisa julgada.

6. Procedimento probatório

O procedimento probatório no Processo do Trabalho, mais especificamente em reclamatórias trabalhistas é regido pelo disposto nos arts. 818 a 839 da CLT, complementados pelo art. 675 da mesma Consolidação e subsidiariamente pelos arts. 130 e 466 do CPC; estes, para facilitar o estudo, são abaixo transcritos.

Art. 765. Os Juízos e Tribunais do Trabalho terão ampla liberdade na direção do processo e velarão pelo andamento rápido das causas, podendo determinar qualquer diligência necessária ao esclarecimento delas. (CLT)

CPC

Art. 130. Caberá ao juiz, de ofício ou a requerimento da parte, determinar as provas necessárias à instrução do processo, indeferindo as diligências inúteis ou meramente protelatórias.

Art. 466 — CPC

(...)

II – Compete ao Juiz proceder direta e pessoalmente à colheita das provas.

Portanto, compete ao Juiz dirigir e direcionar a prova, para o que lhe parece pertinente, relevante e controvertido.

RECURSO DE REVISTA. CERCEAMENTO DE DEFESA. INDEFERIMENTO DO DEPOIMENTO PESSOAL DO AUTOR.

A determinação ou o indeferimento da produção de prova constituem prerrogativas do Juízo, com esteio nos arts. 130 e 131 do CPC e 765 da CLT. Logo, não há nulidade a ser declarada. Recurso de revista conhecido e desprovido. (TST-RR-304-45.2012.5.06.0241)

EMENTA: Direito Processual do Trabalho. Cerceamento de defesa. Inexistência. *Não ocorre cerceamento de defesa quando o Autor reconhece em seu depoimento pessoal a correta anotação dos controles magnéticos, inclusive o horário noturno, quando pretendia provar por via de testemunhas o alegado trabalho noturno. O Juiz deve indeferir provas irrelevantes ou inúteis a teor do art. 765 consolidado. ... Provar o trabalho noturno por meio de testemunhas em tal circunstância é providência totalmente inócua, não ocorrendo qualquer violação ao art. 5º, LV, da Constituição Federal de 1988. Preliminar que se nega provimento.* (RO TRT 15ª Proc. N. 0103300-76.2009.5.15.0112, publicado em 11.4.2012)

7. Momento da prova

Do contido no art. 787 da CLT "*a reclamatória ... e desde logo acompanhada dos documentos em que se fundar*" e no art. 845 da mesma Consolidação "*O reclamante e o reclamado comparecerão à audiência acompanhados das suas testemunhas, apresentando, nesta ocasião, as demais provas*", podemos concluir que o momento da apresentação das provas é a audiência inaugural.

Aliás, esta a regra do Processo comum, como se vê no art. 336 do CPC:

Art. 336. Salvo disposição especial em contrário, as provas devem ser produzidas em audiência.

Evidentemente, o Processo do Trabalho, mesmo afeito ao princípio da celeridade, não impõe a obrigatoriedade absoluta da prova pré-constituída, pelo que a mesma pode ser produzida ou requerida nesta audiência. Formal e expressamente, requerida na reclamatória ou na contestação ou verbalmente no momento da apresentação destas.

Ante a deficiência normativa do Processo do Trabalho, podemos recorrer ao estabelecido para o Processo comum. No Código de Processo Civil a produção da prova está assim normatizada:

Art. 396. Compete à parte instruir a petição inicial (art. 283), ou a resposta (art. 297), com os documentos destinados a provar-lhe as alegações.

Art. 397. É lícito às partes, em qualquer tempo, juntar aos autos documentos novos, quando destinados a fazer prova de fatos ocorridos depois dos articulados, ou para contrapô-los aos que foram produzidos nos autos.

Art. 355. O juiz pode ordenar que a parte exiba documento ou coisa, que se ache em seu poder.

Art. 360. Quando o documento ou a coisa estiver em poder de terceiro, o juiz mandará citá-lo para responder no prazo de 10 (dez) dias.

Art. 398. Sempre que uma das partes requerer a juntada de documento aos autos, o juiz ouvirá, a seu respeito, a outra, no prazo de 5 (cinco) dias.

Art. 399. O juiz requisitará às repartições públicas em qualquer tempo ou grau de jurisdição:

I – as certidões necessárias à prova das alegações das partes;

II – os procedimentos administrativos nas causas em que forem interessados a União, o Estado, o Município, ou as respectivas entidades da administração indireta.

Parágrafo único. Recebidos os autos, o juiz mandará extrair, no prazo máximo e improrrogável de 30 (trinta) dias, certidões ou reproduções fotográficas das peças indicadas pelas partes ou de ofício; findo o prazo, devolverá os autos à repartição de origem.

O Tribunal Superior do Trabalho ao entender que a juntada de documentos na fase recursal é um excepcionalidade, leva a conclui-se que no Processo do Trabalho a prova deve ser produzida na fase de conhecimento, devendo vir com a reclamatória e com a contestação, ou ser produzida e/ou apresentada durante a instrução, sob pena de preclusão. No entanto, excepcionalmente, pode ser carreada fora deste momento ou fase, como admite o TST, na Súmula n. 08.

SÚMULA N. 08 – *A juntada de documentos na fase recursal só se justifica* **quando provado o justo impedimento para sua oportuna apresentação ou se referir a fato posterior à sentença.** (RA 28/1969, DO-GB 21.8.1969)

Evidentemente que esta restrição não se aplica em relação aos documentos que provam a satisfação dos pressupostos subjetivos e objetivos do respectivo recurso.

8. Do ônus da prova no Processo do Trabalho

O ônus da prova está precariamente regulado no art. 818 da Consolidação das leis do Trabalho, que afirma:

A prova das alegações incumbe à parte que as fizer.

Em razão desta precariedade e em face do disposto no art. 769 da CLT, tem-se entendido ser aplicável, subsidiariamente, a regra do CPC, consubstanciada no art. 333, que tem o seguinte teor:

Art. 333. O ônus da prova incumbe:

I – ao autor, quanto ao fato constitutivo do seu direito;

II – ao réu, quanto à existência de fato impeditivo, modificativo ou extintivo do direito do autor.

Parágrafo único. É nula a convenção que distribui de maneira diversa o ônus da prova quando:

I – recair sobre direito indisponível da parte;

II – tornar excessivamente difícil a uma parte o exercício do direito.

Da aplicação combinada das normas legais acima transcritas, conclui-se que ao **Reclamante** compete provar o fato constitutivo e ao **Reclamado** os fatos impeditivos, restritivos, modificativos e extintivos.

Ao analisar e aplicar as regras pertinentes ao ônus da prova é preciso ter-se presente que:

a) Os direitos trabalhistas, de um modo geral, decorrem da lei, e são indisponíveis e irrenunciáveis;

b) O contrato de trabalho é um contrato realidade, não se submetendo a aspectos formais e não se sujeitando a formalidades que desvirtuem a relação ou afastam direito (art. 9º CLT);

c) A aceitação de condições adversas pelo trabalhador presume (presunção legal) a fraude à lei (art. 468 da CLT);

d) As obrigações formais pertinentes à relação de emprego são de responsabilidade do empregador;

e) Os efeitos decorrentes da incidência dos princípios protecionistas e do "*in dubio pro misero*", em matéria probatória.

Assim, o fato (constitutivo) que deve ser provado pelo reclamante ou autor é o trabalho ou prestação do serviço, do qual resultarão suas pretensões. Por vezes podem ser fatos constitutivos, condições especiais da execução do contrato ou da prestação de serviço, que, como tal, devem também ser provados pelo emprego.

Demonstrada a prestação de serviços, ainda que de forma tênue, sob qualquer modalidade, passa a ser do empregador o ônus de demonstrar a existência de fato impeditivo do direito do autor, a teor dos arts. 818, consolidado e 333, II do CPC, qual seja, a prestação de serviços por meio não celetista. (TRT15)

Os fatos impeditivos, modificativos e extintivos devem ser provados pelo reclamado, não só em decorrência da norma pertinente, como acima demonstrado, mas também porque, faticamente, compete ao empregador ou tomador do serviço a elaboração e guarda pelo prazo prescricional dos documentos relativos ao cumprimento das obrigações trabalhistas, fundiárias, sociais e fiscais.

DA INVERSÃO DO ÔNUS DA PROVA:

As regras quanto ao ônus da prova são as do art. 818 da CLT complementadas pela do art. 333 do CPC, acima transcritas; no entanto, as peculiaridades das relações de trabalho subordinado, os princípios e objetivos e a natureza protecionista do Direito Material do Trabalho, que se transmitem ao Direito Processual do Trabalho, efetivador deste, permitem que ante a hipossuficiência do trabalhador se estabeleçam presunções, se admitam indícios e ocorra a inversão do ônus da prova, em favor do empregado. Algumas súmulas do TST, abaixo, dão exemplo desta possibilidade:

SÚMULA N. 16 – Presume-se recebida a notificação quarenta e oito horas depois de sua regular expedição. **O seu não recebimento ou a entrega após o decurso desse prazo constituem ônus de prova do destinatário.**

SÚMULA N. 6

VIII – É do empregador o ônus da prova do fato impeditivo, modificativo ou extintivo da equiparação salarial (Res. Adm. n. 9/77, de 7.2.77, DJ 11.2.77).

SÚMULA N. 212 – O ônus de provar o término do contrato de trabalho, quando negados a prestação de serviço e o despedimento, é do empregador, pois o princípio da continuidade da relação de emprego constitui presunção favorável ao empregado (Res. n. 14/85, 12.9.85, DJ 19.9.85).

SÚMULA N. 338

I – *É ônus do empregador que conta com mais de 10 (dez) empregados o registro da jornada de trabalho na forma do art. 74, § 2º, da CLT. A não apresentação injustificada dos controles de frequência gera presunção relativa de veracidade da jornada de trabalho, a qual pode ser elidida por prova em contrário.*

II – *A presunção de veracidade da jornada de trabalho, ainda que prevista em instrumento normativo, pode ser elidida por prova em contrário.*

III – *Os cartões de ponto que demonstram horários de entrada e saída uniformes são inválidos como meio de prova,* **invertendo-se o ônus da prova**, *relativo às horas extras, que passa a ser do empregador, prevalecendo a jornada da inicial se dele não se desincumbir.*

9. Espécies e meios

Constituem meios de prova os elementos, ou documentos necessários à demonstração da verdade nas alegações sobre a os fatos controvertidos narrados pelas partes, dos quais, face a convicção do julgador, resultarão a prevalência ou deferimento das pretensões das mesmas. Portanto, meios de prova são os instrumentos utilizados para formar entendimento do julgador sobre a questão em litígio.

Ante a omissão da CLT, pelo permissivo do art. 769, para estabelecer os meios de prova, recorremos novamente ao CPC. Diz o art. 332 do CPC:

> Art. 332. Todos os meios legais, bem como os moralmente legítimos, ainda que não especificados neste Código, são hábeis para provar a verdade dos fatos, em que se funda a ação ou a defesa.

Esta regra deve ser aplicada com a limitação imposta pela Constituição Federal: (art. 5º CF/88)

LVI – *são inadmissíveis, no processo, as provas obtidas por meios ilícitos*;

Podemos dizer que existem dois meios de prova, quais sejam: a prova direta e a prova indireta.

A prova direta é constituída pela atestação dos fatos por documentos ou depoimentos ou outro meio lícito em direito admitido.

A prova indireta se dá por meio de indícios ou presunções, eis que não constituem os fatos determinadores da convicção, mas os meios, as circunstâncias que evidenciam os fatos.

Meios consistem nas modalidades ou maneiras como ou pelo quais as provas podem ser produzidas.

Consta do art. 332 do CPC: "*Todos os meios legais, bem como os moralmente legítimos, ainda que não especificados neste Código, são hábeis para provar a verdade dos fatos, em que se funda a ação ou a defesa*".

Da aplicação combinada dos arts. 818 e seguintes da CLT com o art. 332 do CPC, acima transcrito, podemos concluir que no Processo do Trabalho as provas poderão ser orais, materiais, técnicas ou judiciais, ou seja:

a) prova material ou documental;

b) prova oral ou testemunhal;

c) prova pericial;

d) prova inspecional.

a) Da Prova Documental (formal ou material):

É constituída pelos documentos (instrumentos) públicos e particulares relativos aos fatos e pertinentes à controvérsia, trazidos ao processo ou requerida sua apresentação, no momento oportuno.

I) **Compreensão**

É constituída pelos documentos públicos ou particulares relativos aos fatos e pertinentes à controvérsia, trazidos ao processo, ou requerida sua apresentação ou produção, no momento oportuno.

II) **Momento:**

Os documentos devem ser apresentados com a inicial, art. 787, CLT ou com a defesa (contestação) art. 845, CLT). Podem ser, ainda, produzidos e/ou apresentados durante a instrução, como se conclui do estabelecido no art. 397 do CPC e Súmula n. 74 do TST. O Processo do Trabalho, salvo as exceções que aponta, não admite a juntada de documentos na fase recursal, como estabelecido na Súmula n. 74 do TST;

> Art. 787. A reclamação escrita deverá ser formulada em 2 (duas) vias e desde logo acompanhada dos documentos em que se fundar.

> Art. 845. O reclamante e o reclamado comparecerão à audiência acompanhados das suas testemunhas, apresentando, nessa ocasião, as demais provas.

SÚMULA 74 — TST

> II – *A prova pré-constituída nos autos pode ser levada em conta para confronto com a confissão ficta (art. 400, I, CPC), não implicando cerceamento de defesa o indeferimento de provas posteriores.* (ex-OJ n. 184 da SBDI – 1 inserida em 8.11.2000)

> III – *A vedação à produção de prova posterior pela parte confessa somente a ela se aplica, não afetando o exercício, pelo magistrado, do poder/dever de conduzir o processo.*

> SÚMULA N. 08 – A juntada de documentos na fase recursal só se justifica quando provado o justo impedimento para sua oportuna apresentação ou se referir a fato posterior à sentença. (RA 28/1969, DO-GB 21.8.1969)

III) **Espécies:**

— Documentos Públicos e Particulares;

— Obrigatório: exigida em lei ou forma estabelecida pela legislação;

— Facultativo: de interesse da parte.

IV) **Requisitos** Legais e Formais:

Os documentos devem ser idôneos, não devendo apresentar vícios de origem, conteúdo ou forma. Em tese são idôneos os documentos originais ou as cópias, autenticados ou declaradas autênticas por pessoa habilitada, no caso do Processo do Trabalho o advogado. (art. 830 da CLT)

Art. 830. O documento em cópia oferecido para prova poderá ser declarado autêntico pelo próprio advogado, sob sua responsabilidade pessoal.

Parágrafo único. Impugnada a autenticidade da cópia, a parte que a produziu será intimada para apresentar cópias devidamente autenticadas ou o original, cabendo ao serventuário competente proceder à conferência e certificar a conformidade entre esses documentos. (Incluído pela Lei n. 11.925, de 2009).

Presunção de autenticidade:

OR JURISPR SDI 1 N. 134. Autenticação. Pessoa jurídica de direito público. Dispensada. Medida Provisória n. 1.360, de 12.3.96. São válidos os documentos apresentados, por pessoa jurídica de direito público, em fotocópia não autenticada, posteriormente à edição da Medida Provisória n. 1.360/1996 e suas reedições.

Peculiaridades jurisprudenciais:

OR JURISPR SDI 2 N. 21. Agravo de instrumento. Traslado. Certidão. IN n. 6/1996 do TST. Certidão do Regional afirmando que o AI está formado de acordo com IN n. 6/96 do TST não confere autenticidade às peças. (inserido 6/96 em 13.2.01)

OR JURISPR SDI 2 N. 287. Autenticação. Documentos distintos. Despacho denegatório do recurso de revista e certidão de publicação. Distintos os documentos contidos no verso e anverso, é necessária a autenticação de ambos os lados da cópia. (DJ 11.8.03)

OR JURISPR SDI 2 N. 23. Autenticação. Documento único. Cópia. Verso e anverso. Inexistindo impugnação da parte contrária, bem como o disposto no art. 795 da CLT, é válida a autenticação aposta em uma face da folha que contenha documento que continua no verso, por constituir documento único. (inserido em 13.2.01)

OR JURISPR SDI 1 N. 36 – *instrumento normativo. Cópia não autenticada. Documento comum às partes. Validade. O instrumento normativo em **cópia não autenticada possui valor probante**, desde que não haja impugnação ao seu conteúdo, eis que se trata de documento comum às partes.*

SÚMULA N. 338 — INIDONEIDADE

III – *Os cartões de ponto que demonstram horários de entrada e saída uniformes **são inválidos** como meio de prova, invertendo-se o ônus da prova, relativo às horas extras, que passa a ser do empregador, prevalecendo a jornada da inicial se dele não se desincumbir.* (ex-OJ n. 306 – DJ 11.8.03)

Eventuais omissões serão resolvidas pela aplicação das normas compatíveis do CPC, insculpidas nos arts. 365 a 387, abaixo transcritos:

Art. 365. Fazem a mesma prova que os originais:

I – as certidões textuais de qualquer peça dos autos, do protocolo das audiências, ou de outro livro a cargo do escrivão, sendo extraídas por ele ou sob sua vigilância e por ele subscritas;

II – os traslados e as certidões extraídas por oficial público, de instrumentos ou documentos lançados em suas notas;

III – as reproduções dos documentos públicos, desde que autenticadas por oficial público ou conferidas em cartório, com os respectivos originais;

IV – as cópias reprográficas de peças do próprio processo judicial declaradas autênticas pelo próprio advogado sob sua responsabilidade pessoal, se não lhes for impugnada a autenticidade; (Incluído pela Lei n. 11.382, de 2006)

V – os extratos digitais de bancos de dados, públicos e privados, desde que atestado pelo seu emitente, sob as penas da lei, que as informações conferem com o que consta na origem; (Incluído pela Lei n. 11.419, de 2006)

VI – as reproduções digitalizadas de qualquer documento, público ou particular, quando juntados aos autos pelos órgãos da Justiça e seus auxiliares, pelo Ministério Público e seus auxiliares, pelas procuradorias, pelas repartições públicas em geral e por advogados públicos ou privados, ressalvada a alegação motivada e fundamentada de adulteração antes ou durante o processo de digitalização. (Incluído pela Lei n. 11.419, de 2006)

§ 1º Os originais dos documentos digitalizados, mencionados no inciso VI do *caput* deste artigo, deverão ser preservados pelo seu detentor até o final do prazo para interposição de ação rescisória. (Incluído pela Lei n. 11.419, de 2006)

§ 2º Tratando-se de cópia digital de título executivo extrajudicial ou outro documento relevante à instrução do processo, o juiz poderá determinar o seu depósito em cartório ou secretaria. (Incluído pela Lei n. 11.419, de 2006)

Art. 383. Qualquer reprodução mecânica, como a fotográfica, cinematográfica, fonográfica ou de outra espécie, faz prova dos fatos ou das coisas representadas, se aquele contra quem foi produzida lhe admitir a conformidade.

Parágrafo único. Impugnada a autenticidade da reprodução mecânica, o juiz ordenará a realização de exame pericial.

Art. 384. As reproduções fotográficas ou obtidas por outros processos de repetição, dos documentos particulares, valem como certidões, sempre que o escrivão portar por fé a sua conformidade com o original.

Art. 385. A cópia de documento particular tem o mesmo valor probante que o original, cabendo ao escrivão, intimadas as partes, proceder à conferência e certificar a conformidade entre a cópia e o original.

§ 1º Quando se tratar de fotografia, esta terá de ser acompanhada do respectivo negativo.

§ 2º Se a prova for uma fotografia publicada em jornal, exigir-se-ão o original e o negativo.

Art. 386. O juiz apreciará livremente a fé que deva merecer o documento, quando em ponto substancial e sem ressalva contiver entrelinha, emenda, borrão ou cancelamento.

Art. 387. Cessa a fé do documento, público ou particular, sendo-lhe declarada judicialmente a falsidade.

Documentos obtidos pela Internet

Art. 541 do CPC

Parágrafo único. *Quando o recurso fundar-se em dissídio jurisprudencial, o recorrente fará a prova da divergência mediante certidão, cópia autenticada ou pela citação do repositório de jurisprudência, oficial ou credenciado, inclusive em mídia eletrônica, em que tiver sido publicada a decisão divergente, ou ainda pela reprodução de julgado disponível na Internet, com indicação da respectiva fonte, mencionando, em qualquer caso, as circunstâncias que identifiquem ou assemelhem os casos confrontados.*

Os documentos apresentados como prova poderão ser impugnados quanto a forma, conteúdo, autenticidade e quanto à idoneidade.

Em razão da omissão da legislação processual trabalhista, o **incidente ou a arguição de falsidade** no processo do trabalho é regido pelos arts. 390 e seguintes do CPC.

Art. 390. O incidente de falsidade tem lugar em qualquer tempo e grau de jurisdição, incumbindo à parte, contra quem foi produzido o documento, suscitá-lo na contestação ou no prazo de 10 (dez) dias, contados da intimação da sua juntada aos autos.

Art. 391. Quando o documento for oferecido antes de encerrada a instrução, a parte o arguirá de falso, em petição dirigida ao juiz da causa, expondo os motivos em que funda a sua pretensão e os meios com que provará o alegado.

Art. 392. Intimada a parte, que produziu o documento, a responder no prazo de 10 (dez) dias, o juiz ordenará o exame pericial.

Parágrafo único. Não se procederá ao exame pericial, se a parte, que produziu o documento, concordar em retirá-lo e a parte contrária não se opuser ao desentranhamento.

Art. 393. Depois de encerrada a instrução, o incidente de falsidade correrá em apenso aos autos principais; no tribunal processar-se-á perante o relator, observando-se o disposto no artigo antecedente.

Art. 394. Logo que for suscitado o incidente de falsidade, o juiz suspenderá o processo principal.

Art. 395. A sentença, que resolver o incidente, declarará a falsidade ou autenticidade do documento.

b) Da prova oral

A prova oral consiste no depoimento pessoal das partes, que pode ser determinado de ofício ou em razão do deferimento do requerimento das partes, procedendo-se na forma estabelecida nos arts. 820 e 848 da CLT.

Art. 848. *Terminada a defesa, seguir-se-á a instrução do processo,* **podendo o presidente,** ex officio *ou a requerimento de qualquer juiz temporário, interrogar os litigantes.*

Art. 820. *As partes e testemunhas serão inquiridas pelo juiz ou presidente, podendo ser reinquiridas, por seu intermédio, a requerimento dos vogais, das partes, seus representantes ou advogados.*

No processo do trabalho, não há lugar para o rol prévio de testemunhas, e tampouco para intimação de testemunhas previamente arroladas, salvo o caso de comprovada recusa de atendimento ao convite da própria parte, explicou o relator. No caso, porém, a empresa se limitou a apresentar uma lista de nomes para futura inquirição. Não havia a necessidade de adoção de tal providência, pois lhe bastava se fazer acompanhar das testemunhas. (Ministro Dalazen — Processo: E-ED--ARR-346-42.2012.5.08.0014)

RECURSO DE REVISTA. 1. CERCEAMENTO DO DIREITO DE DEFESA. NÃO CONFIGURAÇÃO. Não há falar em cerceio do direito de defesa pelo fato de não ter havido a oitiva do depoimento da reclamante, uma vez que, na esteira dos arts. 820 e 848 da CLT, o interrogatório das partes é uma faculdade, e não uma imposição ao juiz condutor do processo. Recurso de revista não conhecido. (TST-RR-52000-82.2008.5.03.0035, 8ª T, Relª. Dora Maria da Costa, pub. DEJT 3.12.2010)

Nos termos do art. 765 da CLT, o Juiz tem ampla liberdade na condução do processo, conforme disposto no art. 765 da Consolidação das Leis do Trabalho. A opção pela dispensa do depoimento pessoal das partes tem respaldo nesse dispositivo, sendo certo, ainda, que as normas insertas nos arts. 820 e 848 da CLT encerram faculdade do Juízo, o qual, satisfeito com as provas produzidas, pode indeferir as que considerar desnecessárias, a partir do princípio do livre convencimento. Agravo de instrumento desprovido. (TST-AIRR-364/2007-051-15-40.0, 1ª, rel. Luiz Philippe Vieira de Mello Filho, pub. 27.11.2009)

Em primeiro lugar deve ser ouvido o Reclamante, em seguida o Reclamado. Salvo quando está exercendo *o jus postulandi* (art. 793 da CLT), o Reclamado não deve ouvir o depoimento do Reclamante.

O juiz interroga e, a seu critério, faz as perguntas formuladas pela outra parte, pessoalmente ou por seu procurador.

O objetivo principal do depoimento das partes é obter a prova confessional.

Art. 348. *Há confissão quando a parte admite a verdade de um fato, contrário ao seu interesse e favorável ao adversário.*

A confissão poderá ser real ou fática. Quando a parte declara ou confirma expressamente, o fato será real. Quando não o refutar ou se omitir ou não responder será fática.

A confissão real, salvo vício de consentimento ou outra nulidade será, em tese, definitiva. A fática poderá ser desconstituída por outra prova constante dos autos ou regularmente produzida.

Deve ser destacado que em razão da indisponibilidade e irrenunciabilidade dos direitos trabalhistas a confissão do reclamante empregado pode não surtir efeitos.

Art. 351. *Não vale como confissão a admissão, em juízo, de fatos relativos a direitos indisponíveis.* (CPC).

Súmula — O art. 485, VIII, do CPC, ao tratar do fundamento para invalidar a confissão como hipótese de rescindibilidade da decisão judicial, refere-se à confissão real, fruto de erro, dolo ou coação, e não à confissão ficta resultante de revelia. (ex-OJ n. 108 da SBDI-2 — DJ 29.4.2003)

Podemos dizer que se admite a confissão do empregado em relação a certos fatos, no entanto não em relação à renúncia de direitos.

A confissão ficta ou resumida pode ocorrer da ausência da parte quando deveria depor.

SÚMULA N. 74 — TST

I — Aplica-se a confissão à parte que, expressamente intimada com aquela cominação, não comparecer à audiência em prosseguimento, na qual deveria depor. (ex-Súmula n. 74 — RA 69/78, DJ 26.9.1978)

Poderá o revel, no entanto, intervir no processo em qualquer fase posterior ao evento (revelia), recebendo-o no estado em que se encontra. (art. 322 do CPC)

A confissão ficta, por ser relativa, poderá ser infirmada ou desconstituída por outros elementos que já existam nos autos (Documentos, Depoimentos, contraprova — resultado de perícia etc.).

SÚMULA N. 74 — TST

I – (...)

II — *A prova pré-constituída nos autos pode ser levada em conta para confronto com a confissão ficta (art. 400, I, CPC), não implicando cerceamento de defesa o indeferimento de provas posteriores.* (ex-OJ n. 184 — Inserida em 8.11.2000)

II) Depoimento das Testemunhas

De forma peculiar o Direito Processual do Trabalho limita o número de testemunhas em razão do rito ou natureza do feito (reclamatória).

Nas reclamatórias pelo rito ordinário sumário (Lei n. 5.584/70) são admitidas até três testemunhas por parte (art. 821 da CLT). Já no rito sumaríssimo o número máximo é de duas testemunhas por parte. (reclamante e reclamado — art. 852-H, da CLT).

No Inquérito para Apuração de Falta Grave (que é considerado procedimento especial), admitem-se até seis (**6**) testemunhas por parte, como se vê no final do art. 821 da CLT.

Em se tratando de litisconsórcio, denominado no Processo do Trabalho de reclamatória plúrima, o número de testemunhas por polos pode variar em razão da necessidade de prova a critério do juiz.

II.2) Procedimento:

As testemunhas serão apresentadas em Audiência pelas partes (art. 845, CLT). Não precisam ser arroladas previamente. Ante a existência de expressa previsão no Direito Processual do Trabalho consolidado, não se aplica a regra do art. 407 do CPC.

Em consequência, as testemunhas não são intimadas (art. 825, CLT), salvo no caso de não comparecimento (art. 825, parágrafo único) no rito ordinário e sumário. A intimação só será deferida no sumaríssimo, quando comprovado pelo interessado que convidou a testemunha. (852-H, § 3º, da CLT)

A presença de testemunha funcionário público poderá ser requisitada a pedido da parte. (art. 823, da CLT)

Para a testemunha empregado a ausência para depor será considerada mera interrupção do contrato de trabalho, não lhe acarretando, quando comprovado o fato por atestado do juízo, qualquer prejuízo. (art. 822, CLT)

As testemunhas antes de depor deverão ser identificadas e qualificadas. (art. 828, CLT). Podem ser contraditadas em caso de parentesco com a parte até terceiro grau civil, amigo ou inimigo de qualquer das partes. (art. 829)

No que for compatível aplica-se subsidiariamente o previsto no art. 414, § 1º e 405, CPC.

Sobre esta questão (suspeição da testemunha), assim entendem os Tribunais Trabalhistas:

SÚMULA N. 357 – TST (*Não torna suspeita a testemunha o simples fato de estar litigando ou ter litigado contra o mesmo empregador*);

DECISÃO TST de 13.4.2007 – *Trabalhista. Dano moral. Prova testemunhal. Pessoas que litigam contra o mesmo empregador e pelo mesmo fato. Suspeição. Súmula n. 357/TST. Inaplicabilidade.*

O simples fato de uma testemunha mover ou ter movido ação trabalhista contra o mesmo empregador não a torna suspeita. Quando, porém, as testemunhas participam de ações diferentes baseadas num mesmo fato, e todas depõem em todos os processos sobre aquilo que pretendem provar naquele em que são autoras, é razoável que sejam consideradas suspeitas. Este entendimento norteou decisão da Justiça do Trabalho que indeferiu pedido de indenização por dano moral de um trabalhador baiano.

No TST, o caso foi analisado pela 3ª Turma, sob a relatoria da Min. MARIA CRISTINA PEDUZZI.

Para a relatora, na hipótese, trata-se de situação diversa da prevista na Súmula n. 357/TST, em que as testemunhas, além de litigarem contra a mesma empresa, aduzem nos respectivos processos os mesmos fatos e formulam pedidos idênticos. "***A prova, portanto, é indivisível, revelando a falta de isenção de cada testemunha***, concluiu, ao rejeitar o recurso." (RR n. 31/2005).

Por outro lado, "*O exercício de cargo de confiança da testemunha da empresa, por si só, não caracteriza interesse na causa a justificar a suspeição*". (RR 136700-33.2005.5.101.0073, disponibilizado em setembro 2015)

As testemunhas que ainda não depuseram não podem ouvir tomar conhecimento do depoimento das que os antecederam (art. 824 da CLT). Em razão disso, as testemunhas aguardam fora da sala de audiência e as que depuseram ficam nesta até se concluir a coleta ou produção da prova oral.

Nas reclamatórias que tramitam pelos ritos ordinários a norma pertinente (§ único do art. 828), determina que os depoimentos devem ser registrados na ata da audiência.

No rito sumário de que trata o art. 2º, da Lei n. 5.584/70, seria dispensável o registro dos depoimentos ou seu resumo (parágrafo único do art. 851 da CLT). A norma pertinente no rito sumaríssimo (art. 852-H), não trata da questão. No entanto, é usual, tanto no rito sumário quanto no sumaríssimo o registro do resumo dos depoimentos, feito (ditado) pelo Juiz. Este procedimento se justifica em razão da não aplicabilidade ao Processo do Trabalho do princípio da identidade física do juiz, a despeito do cancelamento da Súmula n. 136 do TST.

No dia a dia dos pretórios trabalhistas, em razão da existência de juiz titular e juiz substituto e da sobrecarga de trabalho dos magistrados, pode ocorrer que um juiz presida a audiência inaugural, outro a audiência de prosseguimento e um deles ou um terceiro profira a decisão.

b.1) Ordem dos depoimentos e inquirição:

Como regra, em primeiro lugar serão ouvidas as testemunhas do reclamante, em seguida as do reclamado. As testemunhas poderão ser reinquiridas pelo juiz. (arts. 820 e 765 da CLT)

Do contido no art. 765 da CLT, pode-se concluir que, se necessário ou útil, o Juiz poderá inverter a ordem dos depoimentos. Também em razão de medida cautelar (produção antecipada de prova) poderá não ser obedecida a mencionada ordem.

c) Da Prova Pericial:

A prova pericial pode ser relativa às condições de trabalho (trabalho insalubre ou perigoso — art. 195, CLT); quanto à idoneidade de documentos e quanto à correção e regularidade de registros em documentos ou contabilidade.

A prova pericial tanto pode ser requerida pelas partes ou sindicato, como substituto processual (na inicial, na contestação ou na audiência de instrução e julgamento) ou determinada *ex officio* pelo juiz (arts. 195, 852-H, § 4º, e 765 da CLT e 3º da Lei n. 5.584/70).

Art. 195 – CLT – *A caracterização e a classificação da insalubridade e da periculosidade, segundo as normas do Ministério do Trabalho, far-se-ão através de perícia a cargo de Médico do Trabalho ou Engenheiro do Trabalho, registrados no Ministério do Trabalho.*

§ 2º Arguida em juízo insalubridade ou periculosidade, seja por empregado, seja por Sindicato em favor de grupo de associado, o juiz designará perito habilitado na forma deste artigo, e, onde não houver, requisitará perícia ao órgão competente do Ministério do Trabalho.

Art. 852-H — CLT (RITO SUMARÍSSIMO)

§ 4º Somente quando a prova do fato o exigir, ou for legalmente imposta, será deferida prova técnica, incumbindo ao juiz, desde logo, fixar o prazo, o objeto da perícia e nomear perito.

Art. 765 – *Os Juízos e Tribunais do Trabalho terão ampla liberdade na direção do processo e velarão pelo andamento rápido das causas, podendo determinar qualquer diligência necessária ao esclarecimento delas.* (CLT)

Art. 3º – *Os exames periciais serão realizados por perito único designado pelo Juiz, que fixará o prazo para entrega do laudo.*

Parágrafo único. *Permitir-se-á a cada parte a indicação de um assistente, cujo laudo terá que ser apresentado no mesmo prazo assinado para o perito, sob pena de ser desentranhado dos autos.*

No Processo comum a prova técnica tem tratamento semelhante, senão vejamos:

Art. 145. *Quando a prova do fato depender de conhecimento técnico ou científico, o juiz será assistido por perito, segundo o disposto no art. 421.* (CPC)

Art. 131. *O juiz apreciará livremente a prova, atendendo aos fatos e circunstâncias constantes dos autos, ainda que não alegados pelas partes; mas deverá indicar, na sentença, os motivos que lhe formaram o convencimento. (Redação dada pela Lei n. 5.925, de 1973)*

Procedimento:

A perícia poderá decorrer do deferimento de requerimento das partes ou de ato *ex officio* do juiz. Deferida ou determinada o procedimento será:

Determinada ou deferida a realização da perícia o juiz nomeará o perito (dentro dos peritos credenciados perante o órgão processante ou Tribunal Regional), fixando prazo para firmar o termo de compromisso e apresentar laudo.

Pertinentemente estabelece o § 4º do art. 852-H da CLT.

§ 4º Somente quando a prova do fato o exigir, ou for legalmente imposta, será deferida prova técnica, incumbindo ao juiz, desde logo, fixar o prazo, o objeto da perícia e nomear perito.

Conforme o rito (ordinário, sumário ou sumaríssimo) decide sobre a apresentação de quesitos.

Em face do veto do § 5º, do art. 852-H da CLT, é omissa a legislação processual trabalhista quanto à questão. No processo civil, a matéria é assim tratada:

c) Quesitos pelas partes:

Art. 421 – CPC – *O juiz nomeará o perito, fixando de imediato o prazo para a entrega do laudo.*

§ 1º Incumbe às partes, **dentro em 5 (cinco) dias***, contados da intimação do despacho de nomeação do perito:*

I – indicar o assistente técnico;

II – **apresentar quesitos***.*

Reiterando, na práxis a questão via de regra é assim tratada: nas reclamatórias, pelo rito ordinário e sumário, após a nomeação do Perito, normalmente é deferido o prazo de dez (10) dias, sucessivos para a apresentação dos quesitos e indicação de Assistente Técnico. No sumaríssimo, os quesitos poderão ser formulados em audiência e registrados de imediato na ata ou apresentados em prazo breve deferido pelo juiz.

Quando deferido prazo, em algumas Varas tem-se determinado que os quesitos sejam remetidos por meio eletrônico diretamente ao perito.

Sobre o perito, assim dispõem a legislação e a jurisprudência:

Art. 3º *Os exames periciais serão realizados por perito único, designado pelo juiz, que fixará o prazo para a entrega do laudo.*

Parágrafo único – *Permitir-se-á a cada parte a indicação de um assistente, cujo laudo terá que ser apresentado no mesmo prazo assinado para o perito, sob pena de ser desentranhado dos autos.* (Lei n. 5.584 – 26.06.1970)

Art. 145 — CPC

§ 1º Os peritos serão escolhidos entre profissionais de nível universitário, devidamente inscritos no órgão de classe competente, respeitado o disposto no Capítulo VI, seção VII, deste Código.

§ 2º Os peritos comprovarão sua especialidade na matéria sobre que deverão opinar, mediante certidão do órgão profissional em que estiverem inscritos.

Habilitação Técnica:

OJ –SDI 1 N. 165 – *O art. 195 da CLT não faz qualquer distinção entre o médico e ou engenheiro para o efeito de caracterização e classificação da insalubridade e periculosidade, bastando para a elaboração do Laudo seja o profissional devidamente qualificado.*

I) Realização da Perícia:

II) O perito definirá e dará ciência às partes e ao perito assistente do local e horário da realização da verificação para que estes, querendo, possam acompanhar. Normalmente a perícia é realizada no local do trabalho, na sede da reclamada.

Art. 431-A – CPC – *As partes terão ciência da data e local designados pelo juiz ou indicados pelo perito para ter início a produção da prova.*

d) Empresa desativada ou extinta:

Esta situação foi enfrentada pelo TST através da OJ-SDI 1 n. 278. Pode a perícia, quanto as condições do trabalho ser realizada em empresa ou idêntica ou similar. Pode o juiz utilizar-se de perícia realizada em outro processo (a chamada prova emprestada) relativa a mesma empresa e condições.

OJ 278 SDI 1 – *A realização de perícia é obrigatória para a verificação de insalubridade. Quando não for possível sua realização como em caso de fechamento de empresa, poderá o julgador utilizar-se de outros meios de prova.*

e) Apresentação do Laudo:

O Laudo Pericial deve ser apresentado no prazo determinado pelo juízo. O Laudo do assistente técnico, quando houver, deverá ser juntado ao processo no mesmo prazo. O prazo do perito do Juízo poderá ser prorrogado expressa ou tacitamente, quando o perito não conseguir concluir o Laudo no prazo fixado.

O atraso imotivado ou exagerado poderá, a critério do Juízo, determinar a destituição e substituição do perito.

Art. 421 – CPC – *O juiz nomeará o perito, fixando de imediato o prazo para a entrega do laudo.*

§ (...)

f) Manifestação das partes sobre o Laudo:

No Procedimento ordinário, por falta de previsão legal, normalmente é deferido o prazo, sucessivo, de dez dias.

No procedimento Sumaríssimo (art. 852-H, CLT):

§ 6º *As partes serão intimadas a manifestar-se sobre o laudo, no prazo comum de cinco dias.*

g) Complementação... Esclarecimentos ou prosseguimento do feito:

O Juiz, *ex officio* ou a requerimento das partes (na manifestação sobre o Laudo ou impugnação), poderá determinar que o Perito preste esclarecimentos ou complemente o Laudo. Poderá determinar a feitura de nova perícia pelo mesmo ou outro perito.

Art. 435. *A parte, que desejar esclarecimento do perito e do assistente técnico, requererá ao juiz que mande intimá-lo a comparecer à audiência, formulando desde logo as perguntas, sob forma de quesitos.*

Parágrafo único – *O perito e o assistente técnico só estarão obrigados a prestar os esclarecimentos a que se refere este artigo, quando intimados 5 (cinco) dias antes da audiência.*

Art. 431. *O juiz poderá determinar, de ofício ou a requerimento da parte, a realização de nova perícia, quando a matéria não lhe parecer suficientemente esclarecida.*

h) Apreciação da prova pericial:

Embora relevante, por tratar-se de uma prova técnica, a prova pericial integra o conjunto probatório, como qualquer outro dos meios de prova (princípio da unidade da prova). Não obriga o juízo.

Art. 436. *O juiz não está adstrito ao laudo pericial, podendo formar a sua convicção com outros elementos ou fatos provados nos autos.* (CPC)

i) Dos honorários periciais:

Art. 790-B. *A responsabilidade pelo pagamento dos honorários periciais é da parte sucumbente na pretensão objeto da perícia, salvo se beneficiária de justiça gratuita.* (Incluído pela Lei n. 10.537, de 27.8.2002)

Art. 6º *Os honorários periciais serão suportados pela parte sucumbente na pretensão objeto da perícia, salvo se beneficiária da justiça gratuita.*

Súmula n. 236 – *A responsabilidade pelo pagamento dos honorários periciais é da parte sucumbente na pretensão relativa ao objeto da perícia. (Res. 15/1985, DJ 9.12.1985) [Cancelada pela Res. Adm. do TST (PLENO) n. 121, de 28.10.03, DJ 19.11.03, Rep. DJ 25.11.03]*

i.1) Sucumbente Beneficiário de Assistência Judiciária:

OJ-SDI 1 N. 387 – HONORÁRIOS PERICIAIS.. RESPONSABILIDADE DA UNIÃO 10 e 11.06.2010)

A União é responsável pelo pagamento dos honorários de perito quando a parte sucumbente no objeto da perícia for beneficiária da assistência judiciária gratuita, observado o procedimento disposto nos arts. 1º, 2º e 5º da Resolução n. 35/2007 do Conselho Superior da Justiça do Trabalho – CSJT.

i.2) Momento do pagamento dos Honorários Periciais:

Art. 6º da Instrução Normativa TST n. 27/2005

Parágrafo único. Faculta-se ao juiz, em relação à perícia, exigir depósito prévio dos honorários, ressalvadas as lides decorrentes da relação de emprego.

OJ SDI 2 – N. 98 – *É ilegal a exigência de depósito prévio para custeio dos honorários periciais, dada a incompatibilidade com o processo do trabalho e com Em 236 do TST, sendo cabível o Mandado de segurança visando à realização da perícia independentemente do depósito.*

i.3) Honorários do Assistente Técnico

SÚMULA N. 341

A indicação do perito assistente é faculdade da parte, a qual deve responder pelos respectivos honorários, ainda que vencedora no objeto da perícia. (Res. n. 44/1995, DJ 22.3.1995)

DA PROVA EMPRESTADA

É cabível a prova emprestada quando em outro processo ocorre uma prova técnica que é aproveitável em razão das circunstâncias fáticas do presente processo.

A despeito de eventual divergência doutrinária, salvo melhor juízo, prevalece no TST o entendimento no sentido da aceitação da prova emprestada, como se vê das Ementas abaixo transcritas:

> ADICIONAL DE INSALUBRIDADE. CARACTERIZAÇÃO. **PROVA EMPRESTADA.** *A jurisprudência desta Corte tem admitido a utilização de prova emprestada, desde que haja demonstração de identidade dos fatos, como no caso, conforme ressaltado pelo Regional. O fato de a reclamada não ter consentido na produção da prova pericial emprestada, não lhe retirou o direito de impugná-la ou contestá-la especificamente, o que não ocorreu no caso concreto. Assim, para se chegar a conclusão contrária à do TRT, de que o reclamante não trabalhava em condições de exposição a agentes insalubres, seria necessário o revolvimento do conjunto probatório. Incidência da Súmula n. 126 do TST. Recurso de revista de que não se conhece.* (TST- RR 14980/2000-006-09-00.5)

> ADICIONAL DE PERICULOSIDADE – **PROVA EMPRESTADA ADMISSIBILIDADE.** *Ante a diretriz traçada pelo art. 195 da CLT, quer a doutrina, quer a jurisprudência têm se manifestado no sentido de ser admissível, no Processo de Trabalho, a prova pericial emprestada, desde que reste caracterizada a identidade dos fatos. Na ausência de tal premissa, contudo, impõe-se a realização da perícia, sendo inadmissível, nesta hipótese, a prova emprestada, ainda mais quando, requerida e deferida, quedou silente a parte quanto à realização da prova pericial. Recurso de Revista desprovido* (RR-406.596/97, 3ª Turma, Ministro Carlos Alberto Reis de Paula, DJ 16.06.2000)."

> **PROVA PERICIAL EMPRESTADA** – PRINCÍPIO DO CONTRADITÓRIO
>
> *Não há falar em ofensa ao princípio do contraditório pela utilização de prova pericial emprestada, se o laudo produzido em outro processo trata da mesma questão fática em debate nestes autos, qual seja, a doença profissional do Reclamante.*

a) Inspeção Judicial:

A prova inspecional pode decorrer da iniciativa da parte ou do juízo. Isto é, pode ser requerida pela parte ou sindicato, na condição de assistente, ou determinada de ofício pelo Juiz, com fundamento nos arts. 765 da CLT e 4º da Lei n. 5.584/70.

Uma vez que o Direito Processual do Trabalho não trata especificamente da prova inspecional, em razão do permissivo do art. 769 da CLT, ela se rege pelas disposições pertinentes do Direito Processual Comum, contemplados nos arts. 440 a 443 do CPC.

Art. 440. O juiz, de ofício ou a requerimento da parte, pode, em qualquer fase do processo, inspecionar pessoas ou coisas, a fim de se esclarecer sobre fato, que interesse à decisão da causa.

Art. 441. Ao realizar a inspeção direta, o juiz poderá ser assistido de um ou mais peritos.

Art. 442. O juiz irá ao local, onde se encontre a pessoa ou coisa, quando:

I – julgar necessário para a melhor verificação ou interpretação dos fatos que deva observar;

II – a coisa não puder ser apresentada em juízo, sem consideráveis despesas ou graves dificuldades;

III – determinar a reconstituição dos fatos.

Parágrafo único. As partes têm sempre direito a assistir à inspeção, prestando esclarecimentos e fazendo observações que reputem de interesse para a causa.

Art. 443. Concluída a diligência, o juiz mandará lavrar auto circunstanciado, mencionando nele tudo quanto for útil ao julgamento da causa.

Parágrafo único. O auto poderá ser instruído com desenho, gráfico ou fotografia. (Redação dada pela Lei n. 5.925, de 1973)

10. Apreciação da prova

A prova é dirigida ao Juiz e tem por objetivo formar a convicção do julgador, portanto, este deve ter ampla liberdade na sua apreciação.

Art. 131. *O juiz apreciará livremente a prova, atendendo aos fatos e circunstâncias constantes dos autos, ainda que não alegados pelas partes; mas deverá indicar, na sentença, os motivos que lhe formaram o convencimento.*(CPC)

A desigualdade jurídica das partes na Reclamatória Trabalhista é um elemento a ser considerado pelo julgado, no momento da apreciação da prova.

O Princípio da Finalidade Social do Direito Processual do Trabalho oferece respaldo ao julgador trabalhista para uma quebra no princípio da isonomia das partes na busca da solução justa para o litígio levado à apreciação do Estado Juiz.

Se não bastasse isso, a legislação pertinentes dá respaldo a esta liberdade, como se vê nos textos a seguir transcritos:

Art. 765 CLT – *Os Juízos e Tribunais do Trabalho terão ampla liberdade na direção do processo e velarão pelo andamento rápido das causas, podendo determinar qualquer diligência necessária ao esclarecimento delas.*

Art. 131. CPC – *O juiz apreciará livremente a prova, atendendo aos fatos e circunstâncias constantes dos autos, ainda que não alegados pelas partes; mas deverá indicar, na sentença, os motivos que lhe formaram o convencimento.*

Art. 436. *O juiz não está adstrito ao laudo pericial, podendo formar a sua convicção com outros elementos ou fatos provados nos autos.* (CPC)

OR JURISPR SDI 1 N. 233. A decisão que defere horas extras com base em prova oral ou documental não ficará limitada ao tempo por ela abrangido, **desde que o julgador fique convencido** de que o procedimento questionado superou aquele período.

Capítulo 8

Dissídio Individual – Fase Decisória

1. Considerações preliminares

Rejeitada a proposta de conciliação, apresentada a defesa (contestação), produzida a prova (instruído o processo), é oportunizado às partes aduzirem razão finais, com o que a Reclamatória estará apta a ser decidida.

2. Alegações finais

O art. 850 da CLT prevê que terminada a instrução as partes poderão aduzir razões finais. Na verdade trata-se de debates orais. Nas alegações finais compete às partes destacar os principais elementos de fato e de direito que constam dos autos, para formar a convicção do julgador. Deve-se pinçar o que constou dos documentos, dos depoimentos e manifestações; o que for mais relevante em favor da pretensão da respectiva parte.

São três espécies ou formas usuais das "razões finais". A primeira, dita remissiva (razões remissivas), que consiste formalmente ou presumidamente em a parte, como razões finais se reportar ou ratificar o que já foi alegado ou ressaltado no processo. É praxe ouvir o magistrado ao final da instrução perguntar: razões remissivas doutores?

A segunda espécie ou forma é a oral, como determina a legislação consolidada (art. 850). Na realidade, é um dos poucos institutos em que a teoria e a prática coincidem. Ao contrário da defesa que normalmente é apresentada por meio de contestação escrita, as razões finais, quando apresentadas, em regra, o são verbalmente.

> **CERCEAMENTO DE DEFESA** – Prazo para manifestação no processo do trabalho. Cerceamento de prova. O fato de a junta (atualmente, Vara do Trabalho) não dar prazo para o reclamante se manifestar não implica nulidade. Em primeiro lugar, o reclamante não requereu prazo para manifestação, concordando com o encerramento da instrução. Em segundo lugar, foram feitas alegações finais remissivas. **Em terceiro lugar, se o reclamante quisesse, poderia apresentar razões finais orais, como determina o art. 850 da CLT. Em quanto lugar, no processo do trabalho não existe prazo para manifestação, mas possibilidade de se fazer razões finais, desde que a parte o faça.** Não se aplica, portanto o CPC nesse ponto. O prazo legal é o contido no art. 850 da CLT, que é razões finais orais e não escritas. O momento da parte falar no processo do trabalho é em razões finais. Cerceamento de prova inexistente. (TRT2ª R – Ac. 19990501052 – 3ª T. – Rel. Juiz Sergio Pinto Martins – DOESP 5.10.1999)

Quando o processo tramitou por muitos anos, é formado por muitos volumes ou tenha passado por vários magistrados, a critério e por mera liberalidade do juiz as razões finais podem ser apresentadas por meio de memoriais escritos, juntados ao processo no prazo deferido pelo julgador.

> **Memorial.** *"Memorialis"*. É tudo o que é feito como lembrança. Na técnica jurídica *se entende como a petição dirigida a uma autoridade, na qual, em apoio da pretensão que nela se contém, fazem-se lembranças de fatos ocorridos, mencionando-os e os descrevendo. E, muitas vezes, justificando a sua menção com a juntada ou a anexação de documentos que os provam.*

Ressalte-se que trata-se de liberalidade do julgador e não de direito das partes, ante a expressa determinação legal *"aduzir (apresentar, expor, dizer) razões finais"* em audiência ao final da instrução.

3. Renovação da proposta de conciliação

> Art. 850. Terminada a instrução, poderão as partes aduzir razões finais, em prazo não excedente de 10 (dez) minutos para cada uma. **Em seguida, o juiz ou presidente renovará a proposta de conciliação**, e, não se realizando esta, será proferida a decisão.

Como já se ressaltou, a conciliação é ínsita ao Processo do Trabalho. Alguns autores e decisões chegam a lhe atribuir o *status* de princípio. A legislação ressalta importância e necessidade da tentativa de conciliação.

> Art. 652. Compete às Juntas de Conciliação e Julgamento:
>
> a) conciliar e julgar:
>
> Art. 764 – Os dissídios individuais ou coletivos submetidos à apreciação da Justiça do Trabalho serão sempre sujeitos à conciliação.

§ 1º Para os efeitos deste artigo, os juízes e Tribunais do Trabalho empregarão sempre os seus bons ofícios e persuasão no sentido de uma solução conciliatória dos conflitos.

§ 2º **Não havendo acordo, o juízo conciliatório converter-se-á obrigatoriamente em arbitral**, *proferindo decisão na forma prescrita neste Título.*

§ 3º É lícito às partes celebrar acordo que ponha termo ao processo, ainda mesmo depois de encerrado o juízo conciliatório.

Art. 846 – Aberta a audiência, o juiz ou presidente proporá a conciliação.

No procedimento sumaríssimo a importância da solução conciliatória é expressamente ressaltada.

Art. 852-E. *Aberta a sessão, o juiz esclarecerá as partes presentes sobre as vantagens da conciliação e usará os meios adequados de persuasão para a solução conciliatória do litígio, em qualquer fase da audiência.*

Assim, encerrada a instrução e aduzidas as razões finais, por imposição legal (art. 850 *supra*) será renovada a proposta de conciliação. Pensamos que este momento é mais propício à realização da conciliação ou acordo, eis que o litígio já está claramente definido ou conhecido pelas partes e juízo.

Evidentemente a ausência das partes neste momento inviabilizará a conciliação.

Findo o interrogatório, poderá qualquer dos litigantes retirar-se, prosseguindo a instrução com o seu representante. (art. 848, § 1º, CLT);

SÚMULA N. 9 – *A ausência do reclamante, quando adiada a instrução após contestada a ação em audiência, não importa arquivamento do processo.* (RA 28/1969, DO-GB 21.8.1969)

Súmula n. 74 do TST – **CONFISSÃO**

I – *Aplica-se a pena de confissão à parte que, expressamente intimada com aquela cominação, não comparecer à audiência em prosseguimento, na qual deveria depor.* (ex-Súmula n. 74 – RA n. 69/78, DJ 26.9.1978)

Também não pode ser celebrado o acordo pelo Substituto Processual, uma vez que este não está autorizado a transacionar (renunciar) sobre direitos dos substituídos.

Aceito ou celebrado o acordo, o mesmo será formalizado e uma vez homologado pelo juiz, produzirá os mesmos efeitos que se celebrado no início da audiência, antes da defesa.

Formalização (art. 846, CLT)

§ 1º Se houver acordo lavrar-se-á termo, assinado pelo presidente e pelos litigantes, consignando-se o prazo e demais condições para seu cumprimento.

§ 2º Entre as condições a que se refere o parágrafo anterior, poderá ser estabelecida a de ficar a parte que não cumprir o acordo obrigada a satisfazer integralmente o pedido ou pagar uma indenização convencionada, sem prejuízo do cumprimento do acordo.

SÚMULA N. 418 – *A concessão de liminar ou a* **homologação de acordo constituem faculdade do Juiz**, *inexistindo direito líquido e certo tutelável via mandado de segurança.*

Efeitos:

Parágrafo único. *No caso de conciliação, o termo que for lavrado valerá como decisão irrecorrível*, salvo para a Previdência Social quanto às contribuições que lhe forem devidas. (art. 831)

OJ SDI 2 N. 132 – *Acordo celebrado – homologado judicialmente – em que o empregado dá plena e ampla quitação, sem qualquer ressalva, alcança não só objeto da inicial, como também todas as demais parcelas referentes ao extinto contrato de trabalho,* **violando, a coisa julgada, a propositura de nova reclamação trabalhista.**

§ 4º A União será intimada das decisões homologatórias de acordos que contenham parcela indenizatória, na forma do art. 20 da Lei n. 11.033, de 21 de dezembro de 2004, facultada a interposição de recurso relativo aos tributos que lhe forem devidos. (art. 832)

§ 5º Intimada da sentença, a União poderá interpor recurso relativo à discriminação de que trata o § 3º deste artigo.

§ 6º O acordo celebrado após o trânsito em julgado da sentença ou após a elaboração dos cálculos de liquidação de sentença não prejudicará os créditos da União.

§ 7 O Ministro de Estado da Fazenda poderá, mediante ato fundamentado, dispensar a manifestação da União nas decisões homologatórias de acordos em que o montante da parcela indenizatória envolvida ocasionar perda de escala decorrente da atuação do órgão jurídico." (art. 832).

Ataque ao Acordo Homologado:

a) Pelas Partes (Súmula TST n. 259)

Súmula N. 259 do TST — Só por ação rescisória é atacável o termo de conciliação previsto no parágrafo único do art. 831 da Consolidação das Leis do Trabalho.

b) Pelo Ministério Público do Trabalho.

Processo: 00305-2011-000-10-00-8-AR

Acórdão do(a) Exmo(a) Desembargador(a) Federal do Trabalho MARIA REGINA MACHADO GUIMARÃES

Ementa: AÇÃO RESCISÓRIA. COLUSÃO. INCISO III DO Art. 485 DO CPC. CARACTERIZAÇÃO. Dispõe o inciso III do art. 485 do CPC que a sentença pode ser rescindida quando resultar de colusão entre as partes, a fim de fraudar a lei. A verificação do intento fraudatório e ilícito perpetrado pelas partes é obtida pela análise de elementos indiciários, presunções e máximas da experiência, segundo o senso comum do homem médio. Havendo nos autos evidências irrefutáveis no sentido de que a colusão foi levada a efeito pelas partes autora e réu no processo originário; de que o pronunciamento judicial decorreu da atuação simulada posta em Juízo e de que a intenção dos envolvidos era fraudar a lei, impõe-se o reconhecimento da hipótese tipificada no inciso III do art. 485 do CPC como causa de rescindibilidade da sentença homologatória do acordo entabulado entre as partes, com a consequente decretação de extinção do feito sem resolução do mérito com fulcro no inciso IV do art. 267 c/c art. 129, ambos do CPC.

Relatório

Trata-se de ação rescisória **ajuizada pelo Ministério Público do Trabalho** em face de Regina Celia de Abreu Neves e Centro de Ensino Minas Gerais SC Ltda, com fulcro no inciso III do art. 485 do CPC, colusão, na qual requer o autor a desconstituição de decisão homologatória de acordo entabulado nos autos da RT n. 651-2009-015-10-00-0.

ACORDO FRAUDULENTO:

ASSÉDIO PROCESSUAL. CARACTERIZADO. INDENIZAÇÃO.

Viabilidade da configuração de ofício do reconhecimento de ato de improbidade processual caracterizador de assédio processual, fundamento da indenização respectiva em favor dos trabalhadores lesados com prática predatória das empresas. (TRT4 – RO 0001265-61.2012.5.04.0331)

Do acórdão destaque-se:

A sentença enquadra a conduta da primeira ré (Vidax) como de improbidade processual por formalizar acordos judiciais e não os cumprir, assim como a exigência da quitação integral do contrato de trabalho e desistência da ação em relação à segunda ré, como condição daquele, com intuito de obter objetivo diverso da solução do conflito, razão da condenação das rés solidariamente ao pagamento da indenização no valor de R$ 90.000,00 em benefício do autor, por ter como configurado assédio processual.

c) Pela União (§§ 4º e 5º, do art. 832).

*§ 4º A União será intimada das decisões homologatórias de acordos que contenham parcela indenizatória, na forma do art. 20 da Lei n. 11.033, de 21 de dezembro de 2004, **facultada a interposição de recurso** relativo aos tributos que lhe forem devidos.* **(art. 832)**

§ 5º Intimada da sentença, a União poderá interpor recurso relativo à discriminação de que trata o § 3º deste artigo.

Art. 897. Cabe agravo, no prazo de 8 (oito) dias:

a) de petição, das decisões do Juiz ou Presidente, nas execuções;

§ 8º Quando o agravo de petição versar apenas sobre as contribuições sociais, o juiz da execução determinará a extração de cópias das peças necessárias, que serão autuadas em apartado, conforme dispõe o § 3º, parte final, e remetidas à instância superior para apreciação, após contraminuta. (Parágrafo incluído pela Lei n. 10.035, de 25.10.2000)

d) Não cumprimento do acordo.

Execução:

*Art. 876 – As decisões passadas em julgado ou das quais não tenha havido recurso com efeito suspensivo; **os acordos, quando não cumpridos**; ... serão executados pela forma estabelecida neste Capítulo.*

4. Encerramento ou diligência

*Art. 765. Os Juízos e Tribunais do Trabalho **terão ampla liberdade na direção do processo** e velarão pelo andamento rápido das causas, **podendo determinar qualquer diligência necessária ao esclarecimento delas**.*

Art. 4º Nos dissídios de alçada exclusiva das Juntas e naqueles em que os empregados ou empregadores reclamarem pessoalmente, o processo poderá ser impulsionado de ofício pelo Juiz. (Lei n. 5.584 – 26.6.1970).

Art. 822. *As testemunhas serão inquiridas pelo juiz, **podendo ser reinquiridas** por seu intermédio.*

5. Decisão na reclamatória trabalhista

É peculiar o procedimento decisório no Processo do Trabalho, como se vê dos dispositivos consolidados pertinentes:

*§ 2º Não havendo acordo, o juízo conciliatório converter-se-á obrigatoriamente em arbitral, **proferindo decisão na forma prescrita neste Título.** (art. 764).*

Art. 831. A decisão será proferida depois de rejeitada pelas partes a proposta de conciliação.

*Art. 850. Terminada a instrução, poderão as partes aduzir razões finais, em prazo não excedente de 10 (dez) minutos para cada uma. Em seguida, o juiz ou presidente renovará a proposta de conciliação, e, não se realizando esta, **será proferida a decisão**.*

I – **Procedimentos possíveis:**

a) Juiz decide na Audiência:

Registra a decisão na ata e cientifica as partes;

Junta ao processo a ata contendo a decisão em 48 horas.

b) Juiz decide posteriormente:

Hipóteses Possíveis:

a) O Juiz decide na audiência e a decisão (sentença) é lançada na respectiva Ata;

b) o Juiz decide, no entanto, não lança, na hora a sentença, mas o faz em quarenta e oito (48) horas (§ 2º art. 851);

c) O juiz decide, no entanto não junta a ata em 48 horas;

d) O juiz não decide no encerramento da instrução, suspende a audiência e marca data para a promulgação da sentença;

e) O magistrado não decide, nem fixa data para a publicação da decisão (sentença *sine die*);

f) uma parte ou ambas não comparecem à audiência de encerramento, em razão de revelia.

b) Competência para decidir:

Quem decide a reclamatória?

A competência originária é do juízo de primeiro grau ou instância. Os Tribunais (TRTs e TST) só decidem originariamente Dissídios Coletivos e Ações especiais, não dissídios individuais (Reclamatórias Trabalhistas).

Até a Emenda Constitucional n. 24 de 9.12.1999, a competência para decidir era das Juntas de Conciliação e Julgamento, como expresso no art. 852 da CLT:

Art. 652 – Compete às Juntas de Conciliação e Julgamento:

a) conciliar e julgar:

I – os dissídios em que se pretenda o reconhecimento da estabilidade de empregado;

II – os dissídios concernentes a remuneração, férias e indenizações por motivo de rescisão do contrato individual de trabalho;

III – os dissídios resultantes de contratos de empreitadas em que o empreiteiro seja operário ou artífice;

IV – os demais dissídios concernentes ao contrato individual de trabalho;

b) processar e julgar os inquéritos para apuração de falta grave;

c) julgar os embargos opostos às suas próprias decisões;

d) impor multas e demais penalidades relativas aos atos de sua competência;

V – as ações entre trabalhadores portuários e os operadores portuários ou o Órgão Gestor de Mão de Obra – OGMO decorrentes da relação de trabalho;

Como já foi dito nesta obra a paridade era exigida na composição, mas não necessariamente no funcionamento das Juntas de Conciliação e Julgamento.

Art. 649. *As Juntas poderão conciliar, instruir ou julgar com qualquer número, sendo, porém, indispensável a presença do Presidente, cujo voto prevalecerá em caso de empate.*

§ 1º No julgamento de embargos deverão estar presentes todos os membros da Junta.

§ 2º Na execução e na liquidação das decisões funciona apenas o Presidente.

Mesmo no julgamento das reclamatórias, normalmente as Juntas funcionavam com a composição plena, pois havia o interessa da classe, os suplentes e hipótese da perda do cargo por faltas injustificadas, que determinava a estarem presentes os dois vogais.

Antes e mesmo após a Emenda Constitucional n. 24/99, nas localidades não abrangidas pela jurisdição de qualquer Junta e hoje Vara do Trabalho, a competência será do Juiz de Direito da Justiça Comum estadual.

Art. 668. Nas localidades não compreendidas na jurisdição das Juntas de Conciliação e Julgamento, os Juízos de Direito são os órgãos de administração da Justiça do Trabalho, com a jurisdição que lhes for determinada pela lei de organização judiciária local.

Art. 669. A competência dos Juízos de Direito, quando investidos na administração da Justiça do Trabalho, é a mesma das Juntas de Conciliação e Julgamento.

c) Forma de decidir:

Segundo a CLT decisão seria assim proferida:

Art. 850

Parágrafo único – O Presidente da Junta, após propor a solução do dissídio, tomará os votos dos vogais e, havendo divergência entre estes, poderá desempatar ou proferir decisão que melhor atenda ao cumprimento da lei e ao justo equilíbrio entre os votos divergentes e ao interesse social.

Determinava (se é que podemos usar o verbo no passado, ante a não adaptação das normas consolidadas pertinentes à nova realidade) (juízo monocrático – Vara do Trabalho) que o Juiz ouve os classistas, acata ou propõe solução adequada, jurídica;

No entanto a forma corrente, ou fática era: :

— Juiz elabora e/ou propõe decisão;

— Elabora a sentença;

— Colhe os votos dos Vogais;

— Conclui a parte Dispositiva;

— Formaliza a decisão cf. art. 851, CLT.

Hoje o juiz colhe os votos dos vogais sobre a sentença, muita vez já formulada e redigida. (Wagner. D. Giglio, *Direito Processual do Trabalho*, p. 227)

APÓS A EMENDA CONSTITUCIONAL N. 24/99:

Com a extinção dos classistas, decorrente da Emenda Constitucional n. 24/99, a transformação da primeira instância em órgão ou juízo monocrático (Vara ou Juiz do Trabalho), hoje a competência legal e fática para decidir reclamatória trabalhista é do juiz do trabalho (titular ou substituto).

Art. 111. *São Órgãos da Justiça do Trabalho* (EC n. 24 de 8.12.2004):

(...)

III – *Juízes do Trabalho.*

Art. 116 CF/88 – *Nas Varas do Trabalho, a jurisdição será exercida por um juiz singular.*

Art. 668. *Nas localidades não compreendidas na jurisdição das Juntas de Conciliação e Julgamento, os Juízos de Direito são os órgãos de administração da Justiça do Trabalho, com a jurisdição que lhes for determinada pela lei de organização judiciária local.* (CLT)

Mesmo após o cancelamento da Súmula n. 136, (*Não se aplica às Varas do Trabalho o princípio da identidade física do juiz*), segundo o entendimento majoritário jurisprudencial e doutrinário não se exige a vinculação do juiz do trabalho ao processo.

Sentença proferida por juiz diverso do que presidiu a audiência não anula decisão

A sentença dada por juiz diferente do que presidiu a audiência de instrução, por si só, não é motivo para anulação do julgamento. Com esse entendimento, a Terceira Turma do Superior Tribunal de Justiça (STJ) rejeitou agravo de instrumento da Ford Motor Company Brasil Ltda. A empresa buscava a admissão e análise de um recurso especial e a anulação da sentença na primeira instância.

Para a relatora do agravo, ministra Nancy Andrighi, o Tribunal de Justiça de São Paulo (TJSP), ao negar o recurso da empresa, alinhou-se ao entendimento do STJ. A Corte não considera como absoluto o princípio da identidade física do juiz, sendo que a ausência do juiz natural só gera nulidade do acórdão se houver violação ao contraditório e à ampla defesa. (Ag 1315383 – Sistema Puch, 1º.12.2010)

Como demonstram exemplificativamente, as citações abaixo, a doutrina corrobora este entendimento:

> "*Este princípio, segundo entendimento jurisprudencial majoritário, não é aplicável no direito processual do trabalho, mesmo após a extinção da representação classista nas Varas do trabalho (TST, Súmula n. 136)* – (BEZERRA LEITE, Carlos Henrique. Curso de Direito Processual do Trabalho, 10. ed. São Paulo: LTr, 2012. p. 77).

> *Com a extinção dos classistas, em decorrência da Emenda Constitucional n. 24/99, entendo que não vige no processo do trabalho a identidade física do juiz. Essa regra vale para juízes que ficam fixos nas Varas, como na Justiça Estadual, em que há o juiz auxiliar. No processo do trabalho, isso não ocorre. Se o juiz substituído julgar os processos que instituiu, ficará vinculado a muitos processos, além dos novos para a Vara para a qual foi designado.* (MARTINS, Sergio Pinto. Direito Processual do Trabalho, 34. ed. São Paulo: Atlas, 2013. p. 377)

Formalização da decisão

Segundo a norma consolidada, a decisão seria lavrada na Ata da Audiência de instrução e julgamento. Na realidade, salvo raras exceções, a decisão (sentença) é elaborada e posteriormente juntada ao processo, como parte da referida ata.

Art. 851. *Os trâmites de instrução e julgamento da reclamação serão resumidos em ata, de que constará, na íntegra, a decisão.* (art. 851 CLT)

Art. 712. *Compete especialmente aos secretários das Juntas de Conciliação e Julgamento.....secretariar as audiências da Junta, lavrando as respectivas atas.* (art. 712, letra g, da CLT)

§ 2º *A ata será, pelo presidente ou juiz, junta ao processo, devidamente assinada, no prazo improrrogável de 48 (quarenta e oito) horas, contado da audiência de julgamento, e assinada pelos juízes classistas presentes à mesma audiência.*

Conteúdo da Decisão

Art. 832 – *Da decisão deverão constar o nome das partes, o resumo do pedido e da defesa, a apreciação das provas, os fundamentos da decisão e a respectiva conclusão.*

§ 1º *Quando a decisão concluir pela procedência do pedido, determinará o prazo e as condições para o seu cumprimento.*

§ 2º *A decisão mencionará sempre as custas que devam ser pagas pela parte vencida.*

§ 3º *As decisões cognitivas ou homologatórias deverão sempre indicar a natureza jurídica das parcelas constantes da condenação ou do acordo homologado, inclusive o limite de responsabilidade de cada parte pelo* **recolhimento da contribuição previdenciária, se for o caso.**

Ciência da decisão

Art. 834. *Salvo nos casos previstos nesta Consolidação, a publicação das decisões e sua notificação aos litigantes, ou a seus patronos, consideram-se realizadas nas próprias audiências em que forem as mesmas proferidas.*

Art. 852 – CLT

§ 3º *Da decisão serão os litigantes notificados, pessoalmente, ou por seu representante, na própria audiência. No caso de revelia, a notificação far-se-á pela forma estabelecida no § 1º do art. 841.* (art. 852, § 3º CLT – Procedimento Ordinário)

Art. 852-I, CLT

§ 3º *As partes serão intimadas da sentença na própria audiência em que prolatada.* (art. 852, I, CLT – Procedimento Sumaríssimo)

Art. 832

§ 4º A União será intimada das decisões homologatórias de acordos que contenham parcela indenizatória, na forma do art. 20 da Lei n. 11.033, de 21 de dezembro de 2004, facultada a interposição de recurso relativo aos tributos que lhe forem devidos. (Redação dada pela Lei n. 11.457, de 2007)

Hoje, a ciência das decisões se efetiva mediante disponibilização eletrônica, como previsto na legislação pertinente (Lei n. 11.419, de 19 de dezembro de 2006).

Art. 4º Os tribunais poderão criar Diário da Justiça eletrônico, disponibilizado em sítio da rede mundial de computadores, para publicação de atos judiciais e administrativos próprios e dos órgãos a eles subordinados, bem como comunicações em geral.

§ 1º O sítio e o conteúdo das publicações de que trata este artigo deverão ser assinados digitalmente com base em certificado emitido por Autoridade Certificadora credenciada na forma da lei específica.

§ 2º A publicação eletrônica na forma deste artigo substitui qualquer outro meio e publicação oficial, para quaisquer efeitos legais, à exceção dos casos que, por lei, exigem intimação ou vista pessoal.

§ 3º Considera-se como data da publicação o primeiro dia útil seguinte ao da disponibilização da informação no Diário da Justiça eletrônico.

§ 4º Os prazos processuais terão início no primeiro dia útil que seguir ao considerado como data da publicação.

§ 5º A criação do Diário da Justiça eletrônico deverá ser acompanhada de ampla divulgação, e o ato administrativo correspondente será publicado durante 30 (trinta) dias no diário oficial em uso.

Art. 5º As intimações serão feitas por meio eletrônico em portal próprio aos que se cadastrarem na forma do art. 2º desta Lei, dispensando-se a publicação no órgão oficial, inclusive eletrônico.

§ 1º Considerar-se-á realizada a intimação no dia em que o intimando efetivar a consulta eletrônica ao teor da intimação, certificando-se nos autos a sua realização.

6. Decisão

a) Entendimento:

Ato ou efeito de decidir. Deliberação, solução que se toma ou dá diante de uma questão proposta ou que se apresenta. Na acepção jurídica significa a solução que é dada a uma controvérsia, pondo fim à mesma por meio de um despacho ou sentença (*apud* De Plácido e Silva).

Por decisão, no sentido jurídico ou forense, entende-se a solução que é dada à controvérsia levada a juízo. Consiste na efetivação ou concretização da jurisdição. O Julgador declara o direito decorrente da subsunção dos fatos à Lei.

Genericamente, toda a deliberação do Juiz em um processo é uma decisão. Alguns autores dizem que a decisão é o gênero, do qual são espécies a sentença, a decisão interlocutória e o despacho, assim definidos no art 162 do CPC:

De acordo com a redação original do art. 162 do CPC de 1973: *Sentença "é ato pelo qual o juiz põe termo ao processo, decidindo ou não o mérito da causa".* Este conceito era inapropriado, pois a decisão extingue a instância ou fase processual (de conhecimento), mas não o processo, pois após a sentença poderão advir recursos e/ou a execução, que no dissídio trabalhista transcorre no mesmo processo.

Na nova redação o mesmo artigo define a sentença dizendo:

SENTENÇA é o ato do juiz que implica alguma das situações previstas nos arts. 267 e 269 desta lei; (Lei n. 11.232, de 22.12.05).

Art. 267. Extingue-se o processo, sem resolução de mérito:

I – quando o juiz indeferir a petição inicial;

II – quando ficar parado durante mais de 1 (um) ano por negligência das partes;

III – quando, por não promover os atos e diligências que lhe competir, o autor abandonar a causa por mais de 30 (trinta) dias;

IV – quando se verificar a ausência de pressupostos de constituição e de desenvolvimento válido e regular do processo;

V – quando o juiz acolher a alegação de perempção, litispendência ou de coisa julgada;

VI – quando não concorrer qualquer das condições da ação, como a possibilidade jurídica, a legitimidade das partes e o interesse processual;

VII – pela convenção de arbitragem;

VIII – quando o autor desistir da ação;

IX – quando a ação for considerada intransmissível por disposição legal;

X – quando ocorrer confusão entre autor e réu;

XI – nos demais casos prescritos neste Código.

Art. 269. **Haverá resolução de mérito:**

I – quando o juiz acolher ou rejeitar o pedido do autor;

II – quando o réu reconhecer a procedência do pedido;

III – quando as partes transigirem;

IV – quando o juiz pronunciar a decadência ou a prescrição;

V – quando o autor renunciar ao direito sobre que se funda a ação.

Com a adoção do sincretismo processual, o Juiz, mesmo após a sentença, continua atuando no processo, nos atos pertinentes ao cumprimento da decisão prolatada.

DECISÃO INTERLOCUTÓRIA é o ato pelo qual o juiz, no curso do processo, resolve questão incidente.

São **DESPACHOS** todos os demais atos do juiz praticados no processo, de ofício ou a requerimento da parte, a cujo respeito a lei não estabelece outra forma.

e) Espécies de Decisões:

— **Interlocutórias** — Decidem incidentes no processo sem lhe pôr fim. (Enunciado n. 214 TST)

— **Terminativas** — Põe fim ao processo, sem, no entanto, apreciar o mérito da causa, objeto do pedido.

— **Definitivas ou Finais** — São as que julgam o mérito da controvérsia.

A importância ou relevância da classificação acima, para o Processo do Trabalho, está na recorribilidade imediata ou não da decisão (genericamente), eis que estabelece a legislação de regência.

Art. 893, CLT

§ 1º Os incidentes do processo são resolvidos pelo próprio Juízo ou Tribunal, admitindo-se a apreciação do merecimento das decisões interlocutórias somente em recursos da decisão definitiva. (Parágrafo único renumerado pelo Decreto-lei n. 8.737, de 19.1.1946)

Art. 799 CLT

§ 2º Das decisões sobre exceções de suspeição e incompetência, salvo, quanto a estas, se terminativas do feito, não caberá recurso, podendo, no entanto, as partes alegá-las novamente no recurso que couber da decisão final. (Redação dada pelo Decreto-lei n. 8.737, de 19.1.1946)

Súmula N. 214 DO TST — *Na Justiça do Trabalho, nos termos do art. 893, § 1º, da CLT, as decisões interlocutórias não ensejam recurso imediato, salvo nas hipóteses de decisão:*

a) de Tribunal Regional do Trabalho contrária à Súmula ou Orientação Jurisprudencial do Tribunal Superior do Trabalho;

b) suscetível de impugnação mediante recurso para o mesmo Tribunal;

c) que acolhe exceção de incompetência territorial, com a remessa dos autos para Tribunal Regional distinto daquele a que se vincula o juízo excepcionado, consoante o disposto no art. 799, § 2º, da CLT.

7. Materialização da decisão (Instrumento – Sentença)

O Direito Processual do Trabalho consolidado não se refere a sentença e sim a decisão. A sua materialização é determinada pelo art. 851 da CLT, abaixo transcrito.

Art. 851 – Os trâmites de instrução e julgamento da reclamação serão resumidos em ata, **de que constará, na íntegra, a decisão.**

§ 1º – Nos processos de exclusiva alçada das Juntas, será dispensável, a juízo do presidente, o resumo dos depoimentos, devendo constar da ata a conclusão do Tribunal quanto à matéria de fato.

DA SENTENÇA:

a) Entendimento:

a.1) Tradicional:

Sentença é um silogismo onde os fatos estabelecem a premissa menor, as normas jurídicas funcionam como premissa maior e a parte dispositiva da decisão corresponde à conclusão. (Wagner D. Giglio, p. 222)

SILOGISMO — Dedução formal da análise de duas premissas, para se chegar a uma conclusão.

Nesta concepção, SENTENÇA: "**é o ato de tutela jurídica, considerado em relação á vontade da lei que sobre ela atua**". (De Plácido e Silva – *Comentários ao Código de Processo Civil*)

a.2) Moderno:

O juiz não é mais a boca da lei, como queria Montesquieu, mas sim o projetor de um direito que toma em consideração a lei à luz da Constituição e, assim, faz os devidos ajustes para suprir as suas imperfeições... Luiz Guilherme Marinoni

O juiz adotará em cada caso a decisão que reputar mais justa e equânime, atendendo aos fins sociais da lei e as exigências do bem comum. (parágrafo único do art. 852-I, da CLT — Procedimento Sumaríssimo e art. 6º da Lei n. 9.099/95 — Juizados Especiais)

b) Conceito de Sentença:

É o ato pelo qual o Juiz põe fim ao processo, decidindo ou não o mérito da causa (art. 162, CPC).

Sentença é o ato pelo qual o juiz extingue o processo no primeiro grau de jurisdição. (Bezerra Leite, p. 460)

c) Classificação das sentenças (decisões):

As *sentenças*, tratadas por decisões no processo do trabalho podem ser:

c.1) Quanto à Natureza:

— Declaratórias;

— Condenatórias.

Obrigação de fazer:

(conceder intervalo intrajornada, reintegração de empregado estável; conceder férias etc.)

Obrigação de não fazer:

não transferir empregado (art. 469 CLT);

Obrigação de fazer por terceiros

I) a liberação dos depósitos efetuados na conta do FGTS;

II) as anotações, na CTPS do empregado, pela secretaria da Vara, quando o empregador se recusar a efetuá-las;

— Constitutivas.

c.2) Quanto ao Procedimento:

— Terminativa;

— Definitiva ou de mérito.

c.3) Quanto ao Mérito

— Procedência;

— Improcedência;

— Procedência ou Improcedência parcial;

— Carência de Ação.

e) Conteúdo e Estrutura: (art. 832, CLT)

Como já se mencionou, a Legislação Processual Trabalhista consolidada, em relação ao procedimento ordinário e sumário, não adota a termo sentença, usando a expressão decisão, tanto no sentido de solução dada pelo julgador, como instrumento que materializa esta decisão, tanto que no art. 832 estabelece:

Art. 832. Da decisão deverão constar o nome das partes, o resumo do pedido e da defesa, a apreciação das provas, os fundamentos da decisão e a respectiva conclusão.

§ 1º Quando a decisão concluir pela procedência do pedido, determinará o prazo e as condições para o seu cumprimento.

§ 2º A decisão mencionará sempre as custas que devam ser pagas pela parte vencida.

§ 3º As decisões cognitivas ou homologatórias deverão sempre indicar a natureza jurídica das parcelas constantes da condenação ou do acordo homologado, inclusive o limite de responsabilidade de cada parte pelo recolhimento da contribuição previdenciária, se for o caso. (Incluído pela Lei n. 10.035, de 25.10.2000) (CLT)

Assim, a decisão (sentença, peça autônoma, texto registrado na ata), deverá conter: — Nome e qualificação das partes; — Relato dos atos e fatos processuais; — Análise e apreciação e fundamentação; — Conclusão (dispositivo); — Valor da Condenação; — Valor das Custas.

Decisão (Sentença) no Procedimento Sumaríssimo:

Já em relação ao procedimento sumaríssimo utiliza o termo sentença, no sentido que lhe é dado pelo Processo Comum, simplificando sua estrutura e conteúdo, como se vê do comando do art. 852 da CLT:

*Art. 852-I. A **sentença** mencionará os elementos de convicção do juízo, com resumo dos fatos relevantes ocorridos em audiência, dispensado o relatório. (Incluído pela Lei n. 9.957, de 12.1.2000)*

§ 1º O juízo adotará em cada caso a decisão que reputar mais justa e eqüânime, atendendo aos fins sociais da lei e às exigências do bem comum. (Incluído pela Lei n. 9.957, de 12.1.2000)

§ 2º Não se admitirá sentença condenatória por quantia ilíquida. (VETADO)

Estrutura da Decisão:

Embora não haja omissão na legislação processual trabalhista, podemos dizer que a norma pertinente do processo comum, complementa, ao menos no aspecto estrutural, a decisão trabalhista, ao estabelecer no art. 458 do CPC:

Art. 458. São requisitos essenciais da sentença:

I – o relatório, que conterá os nomes das partes, a suma do pedido e da resposta do réu, bem como o registro das principais ocorrências havidas no andamento do processo;

II – os fundamentos, em que o juiz analisará as questões de fato e de direito;

III – o dispositivo, em que o juiz resolverá as questões, que as partes lhe submeterem.

Diante disso podemos afirmar que a decisão no Processo do Trabalho também é composta por:

I – Relatório;

II – Fundamentação — (art. 93, IX, CF/88);

III – Dispositivo.

f) Pressupostos:

Das disposições legais correlatas ou concernentes pode-se concluir que a sentença deve ser clara, precisa, completa, certa e, quando possível, líquida.

*Art. 832. Da **decisão** deverão constar o nome das partes, o resumo do pedido e da defesa, a apreciação das provas, os fundamentos da decisão e a respectiva conclusão.*

§ 1º Quando a decisão concluir pela procedência do pedido, determinará o prazo e as condições para o seu cumprimento.

§ 2º A decisão mencionará sempre as custas que devam ser pagas pela parte vencida.

§ 3º As decisões cognitivas ou homologatórias deverão sempre indicar a natureza jurídica das parcelas constantes da condenação ou do acordo homologado, inclusive o limite de responsabilidade de cada parte pelo recolhimento da contribuição previdenciária, se for o caso. (Incluído pela Lei n. 10.035, de 25.10.2000) (CLT)

O inciso IX do art. 93 da Constituição Federal determina "*Todos os julgamentos dos Órgãos do Pode Judiciário serão públicos e **fundamentadas todas as decisões** ....*"

O Direito Processual do Trabalho ao estabelecer no *art. 832 — Da **decisão** deverão constar o nome das partes, o resumo do pedido e da defesa, a apreciação das provas, **os fundamentos da decisão** e a respectiva conclusão*, seguindo a regra constitucional, exige a fundamentação das decisões.

Enfática é a regra pertinente do novo Código de Processo Civil, que, salvo melhor juízo, absolutamente compatível com o Processo Trabalhista.

Art. 489. São elementos essenciais da sentença:

(...)

§ 1º Não se considera fundamentada qualquer decisão judicial, seja ela interlocutória, sentença ou acórdão, que:

I – se limitar à indicação, à reprodução ou à paráfrase de ato normativo, sem explicar sua relação com a causa ou a questão decidida;

II – empregar conceitos jurídicos indeterminados, sem explicar o motivo concreto de sua incidência no caso;

III – invocar motivos que se prestariam a justificar qualquer outra decisão;

IV – não enfrentar todos os argumentos deduzidos no processo capazes de, em tese, infirmar a conclusão adotada pelo julgador;

V – se limitar a invocar precedente ou enunciado de súmula, sem identificar seus fundamentos determinantes nem demonstrar que o caso sob julgamento se ajusta àqueles fundamentos;

VI – deixar de seguir enunciado de súmula, jurisprudência ou precedente invocado pela parte, sem demonstrar a existência de distinção no caso em julgamento ou a superação do entendimento.

Uma vez que foi vetado o parágrafo segundo do art. 852-I, da CLT, que havia sido incluído pela Lei n. 9.957, de 12.1.2000, pode-se afirmar que não se aplica ao Processo do Trabalho a norma do Processo comum, que exige sentença líquida em relação ao *quantum*, prevista no parágrafo único, art. 459 do CPC abaixo transcrita.

Parágrafo Único – Não se admitirá sentença condenatória por quantia ilíquida. (art. 852-I, CLT – Vetado)

Razões do veto

O § 2º do art. 852-I não admite sentença condenatória por quantia ilíquida, o que poderá, na prática, atrasar a prolação das sentenças, já que se impõe ao juiz a obrigação de elaborar cálculos, o que nem sempre é simples de se realizar em audiência. Seria prudente vetar o dispositivo em relevo, já que a liquidação por simples cálculo se dará na fase de execução da sentença, que, aliás, poderá sofrer modificações na fase recursal.

Parágrafo único. Quando o autor tiver formulado pedido certo, é vedado ao juiz proferir sentença ilíquida.(art. 459 – CPC)

SENTENÇA LÍQUIDA – NÃO OBRIGATORIEDADE NO PROCESSO DO TRABALHO – *Inaplicável o parágrafo único do art. 459 ao CPC ao processo do trabalho. Não há determinação legal, no âmbito do processo do trabalho, para que seja proferida sentença líquida, ainda que o pedido seja certo ou líquido.* (TRT-PR 00023-2002-025-09–00-1 (RO)

No entanto é aplicável a regra do parágrafo único do art. 460 do mesmo Código.

Parágrafo único. A sentença deve ser certa, ainda quando decida relação jurídica condicional. (Incluído pela Lei n. 8.952, de 13.12.1994) (art. 460 – CPC)

Da não satisfação dos pressupostos:

A sentença que não satisfizer um ou mais dos pressupostos acima referidos, deverá ter decretada sua nulidade?

O princípio da razoabilidade aponta a solução. Prevalência dos princípios da instrumentalidade das formas; da transcendência — ausência do prejuízo — e do princípio da economia processual. A nulidade da sentença por afronta ao art. 459, poderá trazer um prejuízo maior, pelo atraso na prestação jurisdicional. Assim, por vício formal, só excepcionalmente deve ser decretada a nulidade da sentença.

g) Abrangência:

Apreciar, integralmente o litígio;

Dirimir todas as questões;

Limitar-se às questões propostas.

Decisão (Sentença) *ultra ou extra petita* nulidade?

Art. 128. O juiz decidirá a lide nos limites em que foi proposta, sendo-lhe defeso conhecer de questões, não suscitadas, a cujo respeito a lei exige a iniciativa da parte.

Art. 460. *É defeso ao juiz proferir sentença, a favor do autor,* **de natureza diversa da pedida, bem como condenar o réu em quantidade superior ou em objeto diverso do que lhe foi demandado.** (CPC)

RECURSO DE REVISTA. LIMITAÇÃO DA CONDENAÇÃO AOS VALORES CONSTANTES DA PETIÇÃO INICIAL. ARTS. 128 E 460 DO CPC.

Consignado pelo Eg. Tribunal Regional que o autor indicou o valor da pretensão na exordial, a condenação deve se ater aos limites do pedido. Trata-se do princípio da adstrição do juiz ao pedido da parte, expresso no art. 128 do CPC, que estabelece que o juiz decidirá a lide nos limites em que foi proposta, sendo lhe defeso conhecer de questões não suscitadas, a cujo respeito a lei exija a iniciativa da parte. Tal regra vem complementada pela disposição contida no art. 460 do CPC, que proíbe o juiz de proferir sentença a favor do autor de natureza diversa da pedida, bem como condenar o réu em quantidade superior ou em objeto diverso do que lhe foi demandado.

Recurso de revista não conhecido. (TST – RR: 17821782/2005-042-15-00.7, relator: Aloysio Corrêa da Veiga, Data de Julgamento: 18.11.2009, 6a Turma, Data de Publicação: 27.11.2009) RECURSO DE REVISTA. VALOR DA CONDENAÇÃO.

LIMITAÇÃO AOS VALORES ATRIBUÍDOS AOS PEDIDOS. CPC, ARTS. 128 E 460. Restando clara a existência de pedidos líquidos e certos na petição inicial, correta a decisão regional que limitou o montante da condenação aos valores ali especificados. Na esteira do que preceituam os arts. 128 e 460 do CPC, não havendo dúvidas quanto às restrições aplicadas aos pedidos, fixados em valores exatos, impossível o deferimento de parcelas que os superem. Recurso de revista conhecido e desprovido. (TST – RR: 338005720045150027 33800-57.2004.5.15.0027, relator: Alberto Luiz Bresciani de Fontan Pereira, Data de Julgamento: 3.10.2011, 3ª Turma Data de Publicação: DEJT 7.10.2011).

— Peculiaridades decorrentes da natureza protecionista, de ordem pública do direito material do trabalho;

O princípio da extrapetição, permitindo-se que o juiz, nos casos expressamente previstos em lei, condene o réu em pedidos não contidos na petição inicial, ou seja, autoriza o julgador a conceder mais do que o pleiteado, ou mesmo vantagem diversa da que foi requerida.

— Hipóteses em que a legislação autoriza a Decisão *extra petita*:

a) Transformação da reintegração em indenização, art. 496 CLT:

Art. 496. *Quando a reintegração do empregado estável for desaconselhável, dado o grau de incompatibilidade resultante do dissídio, especialmente quando for o empregador pessoa física, o tribunal do trabalho poderá converter aquela obrigação em indenização devida nos termos do artigo seguinte.*

b) Transformação da Reintegração provisória em Remuneração: Súmula n. 396:

Súmula n. 396

I – Não há nulidade por julgamento extra petita *da decisão que deferir salário quando o pedido for de reintegração, dados os termos do art. 496 da CLT. (ex-OJ n. 106 – Inserida em 20.11.1997)*

— **Juros e correção monetária** (D — Lei n. 75/66, Lei Lei n. 8.177/91)

Art. 1º *Os débitos de salários, indenizações e outras quantias devidas a qualquer título, pelas empresas abrangidas pela Consolidação das Leis do Trabalho e pelo Estatuto do Trabalhador Rural, aos seus empregados, quando não liquidados no prazo de 90 (noventa) dias contados das épocas próprias,* **ficam sujeitas à correção monetária, segundo os índices fixados trimestralmente pelo Conselho Nacional de Economia.** (Decreto-lei n. 75/66)

Art. 39. Os débitos trabalhistas de qualquer natureza, quando não satisfeitos pelo empregador nas épocas próprias assim definidas em lei, acordo ou convenção coletiva, sentença normativa ou cláusula contratual, **sofrerão juros de mora** *equivalentes à TRD acumulada no período compreendido entre a data de vencimento da obrigação e o seu efetivo pagamento.*

§ 1º Aos débitos trabalhistas constantes de condenação pela Justiça do Trabalho ou decorrentes dos acordos feitos em reclamatória trabalhista, quando não cumpridos nas condições homologadas ou constantes do termo de conciliação, serão acrescidos, **nos juros de mora previstos no** caput **juros de um por cento ao mês, contados do ajuizamento da reclamatória** *e aplicados pro rata die, ainda que não explicitados na sentença ou no termo de conciliação.* (Lei n. 8.177/91)

Súmula N. 200 – TST – Os juros de mora incidem sobre a importância da condenação já corrigida monetariamente. (Res. n. 6/1985, DJ 18.06.1985)

Súmula n. 211 TST – JUROS DE MORA E CORREÇÃO MONETÁRIA.

Os juros de mora e a correção monetária incluem-se na liquidação, ainda que omisso o pedido inicial ou a condenação. (Res. n. 14/1985 DJ 19.09.1985 – Referência: CLT, art. 883 – CPC, arts. 293 e 610 – Decreto-lei n. 75/1966, art. 1º)

Incide a correção monetária do débito salarial trabalhista a partir do mês subsequente ao da prestação de labor quando se reputa legalmente exigível. (TST RR 421.803/98.0)

Descontos previdenciários e Imposto de Renda (Lei n. 8.212/91).

Súmula N. 25 – TRT4 – DESCONTOS PREVIDENCIÁRIOS E FISCAIS. *São cabíveis, **independentemente de sua previsão no título judicial**, resguardada a coisa julgada.*

Não pagamento na primeira Audiência:

— Salário Incontroverso, art. 467:

Art. 467. *Em caso de rescisão de contrato de trabalho, havendo controvérsia sobre o montante das verbas rescisórias, o empregador é obrigado a pagar ao trabalhador, à data do comparecimento à Justiça do Trabalho, a parte incontroversa dessas verbas, sob pena de pagá-las acrescidas de cinquenta por cento". (Redação dada pela Lei n. 10.272, de 5.9.2001)*

*Parágrafo único. O disposto no **caput** não se aplica à União, aos Estados, ao Distrito Federal, aos Municípios e as suas autarquias e fundações públicas. (Incluído pela Medida provisória n. 2.180-35, de 2001)*

— Verbas Rescisória — Súmula n. 69

SÚMULA N. 69 – *A partir da Lei n. 10.272, de 5.9.2001, havendo rescisão do contrato de trabalho e sendo revel e confesso quanto à matéria de fato, deve ser o empregador condenado ao pagamento das verbas rescisórias, não quitadas na primeira audiência, com acréscimo de 50% (cinquenta por cento).*

Também deve ser relativizada a regra da extrapetição em face a reflexos de natureza remuneratória (reflexo de horas extras em férias, 13º salário, FGTS), verba honorária assistencial, honorários periciais a cargo do beneficiário da justiça gratuita, a concessão de justiça gratuita.

Art. 790, § 3º.

§ 3º É facultado aos juízes, órgãos julgadores e presidentes dos tribunais do trabalho de qualquer instância conceder, a requerimento ou de ofício, o benefício da justiça gratuita, inclusive quanto a traslados e instrumentos, àqueles que perceberem salário igual ou inferior ao dobro do mínimo legal, ou declararem, sob as penas da lei, que não estão em condições de pagar as custas do processo sem prejuízo do sustento próprio ou de sua família. (Redação dada pela Lei n. 10.537, de 27.8.2002)

Art. 883. *Não pagando o executado, nem garantindo a execução, seguir-se-á penhora dos bens, tantos quantos bastem ao pagamento da importância da condenação, **acrescida de custas e juros de mora, sendo estes, em qualquer caso, devidos a partir da data em que for ajuizada a reclamação inicial**. (Redação dada pela Lei n. 2.244, de 23.6.1954)*

Súmula n. 187 – CORREÇÃO MONETÁRIA. INCIDÊNCIA.

A correção monetária não incide sobre o débito do trabalhador reclamante. (Res. n. 9/1983 DJ 09.11.1983)

Art. 940 do Código Civil não é aplicável em relações de emprego.

Em julgamento recente, a Seção I Especializada em Dissídios Individuais do Tribunal Superior do Trabalho firmou entendimento de que o art. 940 do novo Código Civil (art. 1.531 do Código de 1916) não é aplicável subsidiariamente nas relações de emprego. Esse dispositivo prevê o pagamento de indenização em dobro quando a parte cobrar dívida já paga. (RR-187900-45.2002.5.02.0465 – *Newsletter Lex Magister* – ed. 1.273 – 1º.12.2010)

HIPOTECA JUDICIÁRIA – art. 466 do CPC

Frise-se, mais uma vez, que a hipoteca judiciária é um efeito da sentença. Tem natureza pública. É medida do legislador em defesa da jurisdição, para garantir a eficácia das decisões judiciais. Portanto, independe de pedido ou requerimento das partes, pois se trata de um "agregado da sentença" na expressão de Pontes de Miranda, ou seja, um efeito que o legislador, por questões de política judiciária, a ela faz agregar em razão do interesse público, tais como custas, correção monetária, honorários de perito, descontos previdenciários e de imposto de renda. (RR 33300-332008.5.3.0108 – Publ. Em 19.4.2010)

Sentença *infra ou citra petita*.

A decisão deve resolver todas as questões levadas ao processo, sob pena de considerar-se *citra petita*. A decisão *citra petita* enseja Embargos de Declaração e até mesmo a arguição de nulidade por meio de Recurso ordinário.

ORIENTAÇÃO JURISPRUDENCIAL SDI 2 – N. 41 – *Revelando-se a sentença citra petita, o vício processual vulnera os arts. 128 e 460 do CPC, tornando-a passiva de desconstituição, ainda que não opostos embargos declaratórios.*

h) Vícios da sentença:

A sentença poderá apresentar vícios em sua elaboração ou no seu conteúdo. Erros materiais (enganos de escrita, cálculos, dados) e/ou erros de natureza jurídica, atentando contra a sua clareza e precisão;

Formas de Solução:

Os primeiros, erros ou enganos de escrita, de datilografia ou de cálculos, nos termos do art. 833, e Parágrafo Único do art. 897-A consolidado, poderão ser sanados *ex officio*. No Processo comum, idêntico procedimento, com fundamento no inciso I do art. 463 do CPC.

No entanto, se a sentença for omissa, dúbia, obscura, contraditória, o remédio são os EMBARGOS DE DECLARAÇÃO.

h.1) Embargos de Declaração:

Cabimento:

Art. 897-A. Caberão embargos de declaração da sentença ou acórdão, no prazo de cinco dias, devendo seu julgamento ocorrer na primeira audiência ou sessão subsequente a sua apresentação, registrado na certidão, admitido efeito modificativo da decisão nos casos de omissão e contradição no julgado e manifesto equívoco no exame dos pressupostos extrínsecos do recurso. (Incluído pela Lei n. 9.957, de 2000)

§ 1º Os erros materiais poderão ser corrigidos de ofício ou a requerimento de qualquer das partes. (Redação dada pela Lei n. 13.015, de 2014)

§ 2º Eventual efeito modificativo dos embargos de declaração somente poderá ocorrer em virtude da correção de vício na decisão embargada e desde que ouvida a parte contrária, no prazo de 5 (cinco) dias. (Incluído pela Lei n. 13.015, de 2014)

§ 3º Os embargos de declaração interrompem o prazo para interposição de outros recursos, por qualquer das partes, salvo quando intempestivos, irregular a representação da parte ou ausente a sua assinatura.

Prazo:

— Cinco (5) dias da ciência do ato a ser embargado (art. 997-A). Tal prazo constitui uma exceção à regra de uniformidade do prazos recursais, estabelecida no art. 6º da Lei n. 5.584/70.

OJ SDI 1 N.192. *Embargos declaratórios. Prazo em dobro. Pessoa jurídica de direito público. Decreto-lei n. 779/69. **É em dobro o prazo para a interposição de embargos declaratórios por Pessoa Jurídica de Direito Público.***

Competência para julgar os Embargos de Declaração:

Até a Emenda Constitucional n. 24/99, era da Junta de Conciliação e Julgamento, em sua composição plena (Juiz Togado e os dois classistas), conforme o § 1º do art. 649 e letra "c" do art. 652, ambos da CLT.

A partir da Emenda Constitucional n. 24/99, a competência para apreciar os Embargos de Declaração é do próprio Juiz (presidente ou Substituto) prolator da sentença (monocraticamente).

Quanto a Natureza:

Divergem os jurisconsultos sobre a natureza dos Embargos de Declaração. Para uns não seriam recursos, pois são dirigidos ao próprio prolator e não visam à reforma da decisão; outros entendem que esses fatos não lhe retiram a condição de recurso. A jurisprudência trabalhista pertinente leva a concluir que no Processo do Trabalho ele deve ser tido como recurso.

ORIENTAÇÃO JURISPRUDENCIAL SDI 1 N. 192 – *"Decreto-lei n. 779/69. É em dobro o prazo para a interposição dos embargos declaratórios por Pessoa Jurídica de Direito Público."*

Efeitos dos Embargos de Declaração:

a). — **Quando a Decisão:**

a.1 — Esclarecer, complementar, elucidar a decisão embargada, no caso de:

Omissão;

Obscuridade;

Contradição.

a.2) Modificar a decisão (Efeito Modificativo), no caso de:

Erros;

Omissões que influam no resultado do julgado.

... admitido efeito modificativo da decisão nos casos de omissão e contradição no julgado e manifesto equívoco no exame dos pressupostos extrínsecos do recurso. (art. 897-A – CLT)

A Súmula n. 278 do TST já admite o efeito modificativo no julgado objeto do agravo, em decorrência da natureza da omissão.

Súmula n. 278 – TST – *"A natureza da omissão suprida pelo julgamento de embargos declaratórios pode ocasionar efeito modificativo no julgado."*

OJ SDI 1 – N. 142 – *Embargos declaratórios. Efeito modificativo. Vista à parte contrária. E-rr 91.599/93, SDI-plena. Em 10.11.97, a SDI-Plena decidiu, por maioria, que é passível de nulidade decisão que acolhe embargos declaratórios com efeito modificativo sem oportunidade para a parte contrária se manifestar.*

b) Quanto ao prazo recursal:

b.1) INTERRRUPÇÃO DO PRAZO:

Os embargos de declaração interrompem o prazo para a interposição de outros recursos, por qualquer das partes." (art. 538 do CPC)

Interrompe o prazo recursal, portanto conta-se novo prazo integral, a partir da ciência da decisão dos Embargos de Declaração. (art. 538 do CPC)

Art. 538 – CPC *"Os embargos de declaração interropem o prazo para a interposição de outros recursos, por qualquer da partes."*

O Enunciado n. 213 do TST, que estabelecia *"Os embargos de declaração suspendem o prazo do recurso principal, para ambas as partes, não se computando o dia da sua interposição"*, foi cancelado.

INTEMPESTIVIDADE. *Os embargos declaratórios* não conhecidos por **incabíveis não tem o condão de interromper o prazo para a interposição de outros recursos**, *nos termos do art. 538 do CPC, afigurando-se inviável o conhecimento do agravo de instrumento interposto, porquanto intempestivo.* (TRT 4 – PROCESSO: 0001402-61.2011.5.04.0401 AIRO)

b.2) EXTEMPORANEIDADE:

OJ-SDI 1 N. 357 RECURSO. INTERPOSIÇÃO ANTES DA PUBLICAÇÃO DO ACÓRDÃO IMPUGNADO. EXTEMPORANEIDADE. NÃO CONHECIMENTO. DJ 14.3.2008. *É extemporâneo recurso interposto antes de publicado o acórdão impugnado.*

Acórdão TRT 4 – Processo 0219100-89.2009.5.04.0232 (RO)

RECURSO ORDINÁRIO INTERPOSTO ANTES DA PUBLICAÇÃO DA SENTENÇA **QUE JULGOU OS EMBARGOS DE DECLARAÇÃO** OPOSTOS PELA MESMA PARTE. NÃO CONHECIMENTO. *É extemporâneo o recurso ordinário interposto antes da publicação da sentença que julgou os embargos de declaração opostos pela mesma parte, sem posterior ratificação, motivo pelo qual não merece ser conhecido. Aplicação da OJ n. 357 da SDI-1 do TST.*

EMBARGOS PARA A SDI. INTERPOSTOS ANTES DA PUBLICAÇÃO DA DECISÃO QUE APRECIOU OS EMBARGOS DE DECLARAÇÃO É EXTEMPORÂNEO. Não CONHECIMENTO. *A finalidade dos embargos de declaração é integrativa e sua interposição provoca a imediata interrupção do prazo para outros recursos, nos termos do art. 538 do Código de Processo Civil. Sendo assim, não poderia a mesma parte que opôs embargos de declaração apresentar embargos para exame da c. SBDI-1, pois o prazo deste recurso somente teve início após a publicação da decisão que julgou os aludidos embargos de declaração. O recurso de embargos mostra-se, assim, prematuro, nos exatos termos em que vem decidindo o Pleno desta Corte Superior, conforme se depreende da certidão de julgamento do EDROAR 11607/2002-000-02-00.4. Embargos não conhecidos.* (Processo TST-E-ED-RR-593.804/1999.2, Ac. SBDI-1, relator Ministro Aloysio Corrêa da Veiga, DJ de 30.3.2007)

... EXTEMPORANEIDADE... Assim, se a parte interpôs embargos de declaração pleiteando efeito modificativo ao julgado, só poderia interpor embargos à SBDI-1 após a publicação do julgamento destes declaratórios, quando se aperfeiçoaria a prestação jurisdicional. Agravo desprovido. (Processo TST-A-E-ED-RR-576.985/1999.2, Ac. SBDI-1, relator Ministro Vantuil Abdala, DJ de 29.6.2007)

Deve ser ressaltado que o TST tem dado interpretação literal à Orientação Jurisprudencial n. 357, da SDI 1, não aplicando a extemporaneidade em recursos contra sentença, por entender que, em face dos termos expressos na orientação, a extemporaneidade só ocorre em relação a acórdão, como pode ser constatado nos acórdãos a seguir mencionados.

— Extemporaneidade – Inadmissível em Recurso contra Sentença de 1º Grau – RR 219800-11.2003.5.15.0122 – Ac. de 21.08.2012 — Cita vários precedentes

— Extemporaneidade só se aplica em relação a Acórdão — RR 219800-11.5.15.0122

— Turma considera válido recurso interposto antes da publicação da sentença — RR-177-03.2012.5.04.0811

No mesmo sentido: TST-RR-383500-16.2007.5.09.0018 — e EDS RR 583/2003-064-03-40.7 — 21.9800-11.2003.5.15.0122 e RR 50-21.2010.5.03.0146

a) Quanto ao Objetivo dos Embargos:

Embargos meramente protelatórios acarretarão em multa de **1%**, sobre o valor da causa.

A reiteração dos Embargos protelatórios, multa de **10%**, cujo depósito constituir-se-á em pressuposto para o ajuizamento de qualquer outro recurso. (§ 1º, art. 538 CPC)

i) Ciência da Sentença:

Quanto a decisão e ciência da mesma, seis situações distintas podem ocorrer a saber:

a) O Juiz decide e lança a sentença na Ata, dando ciência às partes;

b) O Juiz decide, no entanto, não lança, na hora, a sentença, mas o faz em quarenta e oito (48) horas (§ 2º art. 851);

c) O Juiz decide, no entanto, não junta a ata em 48 horas;

d) O Juiz não decide no encerramento da instrução, suspende a audiência e marca data para a promulgação da sentença;

e) O Magistrado não decide, nem fixa data para a publicação da decisão (sentença *sine die*); e,

f) Uma parte ou ambas não comparecem à audiência de encerramento, em razão de revelia.

Nos dois primeiros casos, a ciência ocorrerá na própria audiência e o prazo recursal começa a fluir desta data.

No quarto caso, sentença com data marcada, a ciência será na audiência de publicação, ou no dia e hora marcados para a publicação (publicação pela secretaria).

Art. 852. Da decisão os litigantes serão notificados, pessoalmente ou por seu representante, na própria audiência.

Súmula n. 197 – TST. O prazo para recurso à parte que intimada não comparece à audiência em prosseguimento para a prolação da sentença, conta-se de sua publicação.

Nos demais casos (decisão não juntada em 48 horas ao processo, sentença *sine die* ou ausência das partes), a ciência será dada por Notificação Postal, ou no caso de revelia, por edital.

Art. 834. Salvo nos casos previstos nesta Consolidação, a publicação das decisões e sua notificação aos litigantes, ou a seus patronos, consideram-se realizadas nas próprias audiências em que forem as mesmas proferidas.

Art. 852. *Da decisão serão os litigantes notificados, pessoalmente, ou por seu representante, na própria audiência.* **No caso de revelia, a notificação far-se-á pela forma estabelecida no § 1º do art. 841.**

Art. 852-I. *A sentença mencionará os elementos de convicção do juízo, com resumo dos fatos relevantes ocorridos em audiência, dispensado o relatório. (Incluído pela Lei n. 9.957, de 12.1.2000)*

§ 1º O juízo adotará em cada caso a decisão que reputar mais justa e equânime, atendendo aos fins sociais da lei e às exigências do bem comum. (Incluído pela Lei n. 9.957, de 12.1.2000)

§ 2º (VETADO) (Incluído pela Lei n. 9.957, de 12.1.2000)

§ 3º As partes serão intimadas da sentença na própria audiência em que prolatada. *(Incluído pela Lei n. 9.957, de 12.1.2000)*

Súmula n. 30 – TST – Quando não juntada a ata ao processo em 48 horas, contadas da audiência de julgamento (art. 851, § 2º, da CLT), o prazo para recurso será contado da data em que a parte receber a intimação da sentença. (RA 57/1970, DO-GB 27.11.1970)

Deve ser ressaltado o que já foi acima mencionado. Hoje, a ciência das decisões se efetiva mediante disponibilização eletrônica, como previsto na legislação pertinente (Lei n. 11.419, de 19 de dezembro de 2006).

Ausência autorizada das Partes

b) Ausência das Partes — Dispensadas — Revelia (art. 848, § 1º, CLT);

§ 1º Findo o interrogatório, poderá qualquer dos litigantes retirar-se, prosseguindo a instrução com o seu representante.

No caso de dispensado o comparecimento das partes, após o depoimento pessoal ou na dispensa deste, o que só poderá acontecer se a parte estiver patrocinada por advogado, a ciência será dada ao procurador, por uma das formas acima referidas.

Quando a intimação tiver lugar na sexta-feira, ou a publicação com efeito de intimação for feita nesse dia, o prazo judicial será contado da segunda-feira imediata, inclusive, salvo se não houver expediente, caso em que fluirá no dia útil que se seguir. (RA 28/1969, DO-GB 21.08.1969)

Critérios para a contagem dos Prazos

Art. 774. *Salvo disposição em contrário, os prazos previstos neste Título contam-se, conforme o caso, a partir da data em que for feita pessoalmente, ou recebida a notificação, daquela em que for publicado o edital no jornal oficial ou no que publicar o expediente da Justiça do Trabalho, ou, ainda, daquela em que for afixado o edital na sede da Junta, Juízo ou Tribunal.*

Art. 775. *Os prazos estabelecidos neste Título contam-se com exclusão do dia do começo e inclusão do dia do vencimento, e são contínuos e irreleváveis, podendo, entretanto, ser prorrogados pelo tempo estritamente necessário pelo juiz ou tribunal, ou em virtude de força maior, devidamente comprovada.*

Parágrafo único – *Os prazos que se vencerem em sábado, domingo ou dia feriado, terminarão no primeiro dia útil seguinte.*

SÚMULA N. 1- TST – *Quando a intimação tiver lugar na sexta-feira, ou a publicação com efeito de intimação for feita nesse dia, o prazo judicial será contado da segunda-feira imediata, inclusive, salvo se não houver expediente, caso em que fluirá no dia útil que se seguir.*

SÚMULA N. 262 – PRAZO JUDICIAL. NOTIFICAÇÃO OU INTIMAÇÃO EM **SÁBADO**. RECESSO FORENSE.

I – Intimada ou notificada a parte no **sábado**, o início do prazo se dará no primeiro dia útil imediato e a contagem, no subsequente.

II – O recesso forense e as férias coletivas dos Ministros do Tribunal Superior do Trabalho (art. 177, § 1º, do RITST) suspendem os prazos recursais.

Sobre a Disponibilização Eletrônica (Lei n. 11.419, de 19 de dezembro de 2006), reitere-se:

Art. 4º Os tribunais poderão criar Diário da Justiça eletrônico, disponibilizado em sítio da rede mundial de computadores, para publicação de atos judiciais e administrativos próprios e dos órgãos a eles subordinados, bem como comunicações em geral.

§ 1º (...)

§ 2º *A publicação eletrônica na forma deste artigo substitui qualquer outro meio e publicação oficial, para quaisquer efeitos legais, à exceção dos casos que, por lei, exigem intimação ou vista pessoal.*

§ 3º *Considera-se como data da publicação o primeiro dia útil seguinte ao da disponibilização da informação no Diário da Justiça eletrônico.*

§ 4º *Os prazos processuais terão início no primeiro dia útil que seguir ao considerado como data da publicação.*

A publicação oficial de um ato ocorre no dia seguinte à veiculação da informação no Diário da Justiça Eletrônico, iniciando-se a contagem dos prazos no dia subsequente.

Processo 01335-2007-232-04-00-9 RO – TRT4

j) Efeitos da Sentença:

O que as partes buscam por meio do processo é uma solução completa e definitiva para o litígio; no caso para o dissídio individual trabalhista, levado à juízo, por meio de uma reclamatória trabalhista.

Esta solução definitiva é atingida ou obtida por meio do instituto da **Coisa Julgada** que é "*a eficácia que torna imutável e indiscutível a sentença, não mais sujeita a recurso ordinário ou extraordinário*" — (**art. 467 CPC**).

Em se tratando de **ente público**, sem fins econômicos, ultrapassando a condenação a sessenta (60) salários mínimos, impõe-se a revisão necessária (remessa *ex officio*), como se vê no Decreto-lei n. 779/69, art. 475, do CPC e Súmula n. 303 do TST.

Conforme o art. 303 do CPC "*configura-se a coisa julgada quando se repete a ação que já foi decidida por sentença, de que não caiba mais recurso*".

No Processo do Trabalho a imutabilidade da decisão é referida no art. 836 da Consolidação das Leis do Trabalho.

Art. 836. É vedado aos órgãos da Justiça do Trabalho conhecer de questões já decididas, excetuados os casos expressamente previstos neste Título e a ação rescisória, que será admitida na forma do disposto no Capítulo IV do Título IX da Lei n. 5.869, de 11 de janeiro de 1973 – Código de Processo Civil, sujeita ao depósito prévio de 20% (vinte por cento) do valor da causa, salvo prova de miserabilidade jurídica do autor. (NR) (Redação dada pela Lei n. 11.495, de 22 de junho de 2007)

Parágrafo único: *A execução da decisão proferida em ação rescisória fa-se-á nos próprios autos da ação que lhe deu origem, e será instruída com o acórdão da rescisória e a respectiva certidão de trânsito em julgado.*

— Pode ocorrer sob dois aspectos: **formal e material**:

a) Coisa Julgada **Formal**, ocorre quando não foram interpostos recursos ou não foram recebidos, inclusive nas hipóteses de extinção do processo sem julgamento de mérito. Configura-se pela preclusão dos remédios; refere-se, pois, à questão processual.

No Processo do Trabalho **não constitui coisa julgada**:

— Sentença determinando o arquivamento do feito por ausência do reclamante na audiência inaugural, ou por desistência voluntária do processo;

— Sentença que extingue o processo por ausentes as normativas em que se sustenta;

b) Coisa julgada **Material** se verifica quando, além da ocorrência da coisa julgada formal, o dissídio foi julgado de modo definitivo. Quando foi apreciado o mérito da questão.

Os efeitos da coisa julgada se produzem em relação a quem foi parte do processo. Em relação a direitos homogêneos (Ações coletivas — Substituição Processual) a procedência faz coisa julgada em proveito dos interessados. A improcedência não faz coisa julgada em relação a pleitos individuais. Aplicação subsidiária do art. 10-3 do Código de Defesa do Consumidor (**Limite subjetivo** da Coisa Julgada)

Art. 472 – *A sentença faz coisa julgada às partes entre as quais é dada, não beneficiando, nem prejudicando terceiros.* (CPC)

A coisa julgada refere-se à parte dispositiva da sentença. "*Não fazem coisa julgada: os motivos da sentença, a verdade dos fatos, nem a apreciação de questão prejudicial decidida incidentalmente no processo*" (art. 469 CPC). Salvo quanto a esta última se a parte requerer e satisfizer os requisitos do art. 470 do mesmo Código. A Sentença criminal, quanto ao mérito, não obriga o juízo trabalhista (**Limite objetivo** da Coisa Julgada).

Também não faz coisa julgada, a sentença proferida em relação a condição ou cláusula resolutiva (***Rebus sic stantibus***), com pode ocorrer nas decisões que deferem: adicional de insalubridade, o turno e extraordinários (Súmulas ns. 80, 265 e 291 do TST, oj SDI 1 277)

Art. 471 – *Nenhum juiz decidirá novamente as questões já decididas, relativas à mesma lide, salvo:*

I – se, tratando-se de relação jurídica continuativa, sobreveio modificação no estado de fato ou de direito; caso em que poderá a parte pedir a revisão do que foi estatuído na sentença;

II – nos demais casos prescritos em lei.

Súmula N. 80 – INSALUBRIDADE

A eliminação da insalubridade mediante fornecimento de aparelhos protetores aprovados pelo órgão competente do Poder Executivo exclui a percepção do respectivo adicional.

Súmula N. 265 – ADICIONAL NOTURNO – ALTERAÇÃO DE TURNO DE TRABALHO – POSSIBILIDADE DE SUPRESSÃO.

A transferência para o período diurno de trabalho implica a perda do direito ao adicional noturno. (Res. n. 13/1986, DJ 20.1.1987)

Súmula N. 291 – HORAS EXTRAS

A supressão, pelo empregador, do serviço suplementar prestado com habitualidade, durante pelo menos 1 (um) ano, assegura ao empregado o direito à indenização correspondente ao valor de 1 (um) mês das horas suprimidas para cada ano ou fração igual ou superior a seis meses de prestação de serviço acima da jornada normal. O cálculo observará a média das horas suplementares efetivamente trabalhadas nos últimos 12 (doze) meses, multiplicada pelo valor da hora extra do dia da supressão.

OJ SDI 1 N. 277 – *Ação de cumprimento fundada em decisão normativa que sofreu posterior reforma, quando já transitada em julgado a sentença condenatória. Coisa julgada. Não configuração. A coisa julgada produzida na ação de cumprimento é atípica, pois dependente de condição resolutiva, ou seja, da não modificação da decisão normativa por eventual recurso.* **Assim, modificada a sentença normativa pelo TST, com a consequente extinção do processo, sem julgamento do mérito, deve-se extinguir a execução em andamento, uma vez que a norma sobre a qual se apoiava o título exequendo deixou de existir no mundo jurídico.**

RECURSO ORDINÁRIO. MANDADO DE SEGURANÇA. AÇÃO DE CUMPRIMENTO. EXTINÇÃO DO DISSÍDIO COLETIVO QUE LHE SERVIU DE FUNDAMENTO. *Ato impugnado consistente na determinação de prosseguimento da execução trabalhista, apesar da extinção do Dissídio Coletivo que embasou a ação de cumprimento. Incidência da Orientação Jurisprudencial n. 277 do TST. Recurso Ordinário a que se dá provimento. TST-ROMS-10.796/2006-000-02-00.1*

Consta do Acórdão:

Ressalte-se, que a coisa julgada proferida no âmbito da ação de cumprimento é atípica, pois dependente de uma condição resolutiva, ou seja, da não modificação do acórdão normativo por eventual recurso ou em decorrência de cláusula **rebus sic stantibus.**

Da aplicação subsidiária das normas do Processo Comum:

Art. 769. *Nos casos omissos, o direito processual comum será fonte subsidiária do direito processual do trabalho, exceto naquilo em que for incompatível com as normas deste Título.*

Art. 836. *É vedado aos órgãos da Justiça do Trabalho conhecer de questões já decidas, excetuados os casos expressamente previstos neste Título e a ação rescisória, que será admitida na forma do disposto no* **Capítulo IV do Título IX da Lei n. 5.869, de 11 de janeiro de 1973 – Código de Processo Civil***, sujeita ao depósito prévio de 20% (vinte por cento) do valor da causa, salvo prova de miserabilidade jurídica do autor. (NR) (Redação dada pela Lei n. 11.495, de 22 de junho de 2007)*

Ante a exiguidade do Direito Processual do Trabalho em relação ao instituto, convém reproduzir as normas que regem-no no Processo comum.

Art. 467. Denomina-se coisa julgada material a eficácia, que torna imutável e indiscutível a sentença, não mais sujeita a recurso ordinário ou extraordinário.

Art. 468. A sentença, que julgar total ou parcialmente a lide, tem força de lei nos limites da lide e das questões decididas.

Art. 469. Não fazem coisa julgada:

I – os motivos, ainda que importantes para determinar o alcance da parte dispositiva da sentença;

II – a verdade dos fatos, estabelecida como fundamento da sentença;

III – a apreciação da questão prejudicial, decidida incidentemente no processo.

Art. 470. Faz, todavia, coisa julgada a resolução da questão prejudicial, se a parte o requerer (arts. 5º e 325), o juiz for competente em razão da matéria e constituir pressuposto necessário para o julgamento da lide.

Art. 5º Se no curso do processo se tornar litigiosa a relação jurídica de cuja existência ou inexistência depender o julgamento da lide, qualquer das partes poderá requerer que o juiz a declare por sentença.

Art. 325. Contestando o réu o direito que constitui fundamento do pedido, o autor poderá requerer, no prazo de 10 (dez) dias, que sobre ele o juiz profira sentença incidente, se da declaração de existência ou inexistência do direito depender, no todo ou em parte, o julgamento da lide.

Art. 471. Nenhum juiz decidirá novamente as questões já decididas, relativas à mesma lide, salvo:

I – se, tratando-se de relação jurídica continuativa, sobreveio modificação no estado de fato ou de direito; caso em que poderá a parte pedir a revisão do que foi estatuído na sentença;

II – nos demais casos prescritos em lei.

Art. 472. A sentença faz coisa julgada às partes entre as quais é dada, não beneficiando, nem prejudicando terceiros. Nas causas relativas ao estado de pessoa, se houverem sido citados no processo, em litisconsórcio necessário, todos os interessados, a sentença produz coisa julgada em relação a terceiros.

Art. 473. É defeso à parte discutir, no curso do processo, as questões já decididas, a cujo respeito se operou a preclusão.

Art. 474. Passada em julgado a sentença de mérito, reputar-se-ão deduzidas e repelidas todas as alegações e defesas, que a parte poderia opor assim ao acolhimento como à rejeição do pedido.

Art. 475. Está sujeita ao duplo grau de jurisdição, não produzindo efeito senão depois de confirmada pelo tribunal, a sentença: (Redação dada pela Lei n. 10.352, de 26.12.2001)

I – proferida contra a União, o Estado, o Distrito Federal, o Município, e as respectivas autarquias e fundações de direito público;

II – que julgar procedentes, no todo ou em parte, os embargos à execução de dívida ativa da Fazenda Pública (art. 585, VI).

§ 1º Nos casos previstos neste artigo, o juiz ordenará a remessa dos autos ao tribunal, haja ou não apelação; não o fazendo, deverá o presidente do tribunal avocá-los.

§ 2º Não se aplica o disposto neste artigo sempre que a condenação, ou o direito controvertido, for de valor certo não excedente a 60 (sessenta) salários mínimos, bem como no caso de procedência dos embargos do devedor na execução de dívida ativa do mesmo valor.

§ 3º Também não se aplica o disposto neste artigo quando a sentença estiver fundada em jurisprudência do plenário do Supremo Tribunal Federal ou em súmula deste Tribunal ou do tribunal superior competente.

8. Sentença no Rito Sumaríssimo

Art. 852-I. *A sentença mencionará os elementos de convicção do juízo, com resumo dos fatos relevantes ocorridos em audiência, dispensado o relatório.*

§ 1º – *O juízo adotará em cada caso a decisão que reputar mais justa e equânime, atendendo aos fins sociais da lei e às exigências do bem comum.*

§ 2º *(VETADO) (Parágrafo incluído pela Lei n. 9.957, de 12.1.2000)*

§ 3º *As partes serão intimadas da sentença na própria audiência em que prolatada. (Parágrafo incluído pela Lei n. 9.957, de 12.1.2000)*

9. Da Antecipação da Tutela

O Direito Processual do Trabalho consolidado prevê duas hipóteses de tutela antecipada.

Art. 659 – Competem privativamente aos Presidentes das Juntas, além das que lhes forem conferidas neste Título e das decorrentes de seu cargo, as seguintes atribuições:

IX – conceder medida liminar, até decisão final do processo, em reclamações trabalhistas que visem a tornar sem efeito transferência disciplinada pelos parágrafos do art. 469 desta Consolidação. *(Inciso incluído pela Lei n. 6.203, de 17.4.1975)*

X – conceder medida liminar, até decisão final do processo, em reclamações trabalhistas que visem reintegrar no emprego dirigente sindical afastado, suspenso ou dispensado pelo empregador. *(Inciso incluído pela Lei n. 9.270, de 17.4.1996)*

Oposição ou Ataque à Antecipação de Tutela

Súmula n. 414

I – A antecipação da tutela concedida na sentença não comporta impugnação pela via do mandado de segurança, por ser impugnável mediante recurso ordinário. A ação cautelar é o meio próprio para se obter efeito suspensivo a recurso. (ex-OJ n. 51 – inserida em 20.9.00)

II – No caso da tutela antecipada (ou liminar) ser concedida antes da sentença, cabe a impetração do mandado de segurança, em face da inexistência de recurso próprio. (ex-OJs ns. 50 e 58 – ambas inseridas em 20.9.00)

III – A superveniência da sentença, nos autos originários, faz perder o objeto do mandado de segurança que impugnava a concessão da tutela antecipada (ou liminar). (ex-OJs n. 86 – inserida em 13.3.02 e n. 139 – DJ 4.5.04).

SUM-405 – AÇÃO RESCISÓRIA. LIMINAR. ANTECIPAÇÃO DE TUTELA (conversão das Orientações Jurisprudenciais ns. 1, 3 e 121 da SBDI-2) – Res. n. 137/2005, DJ 22, 23 e 24.8.2005

I – Em face do que dispõe a MP 1.984-22/2000 e reedições e o art. 273, § 7º, do CPC, é cabível o pedido liminar formulado na petição inicial de ação rescisória ou na fase recursal, visando a suspender a execução da decisão rescindenda.

II – O pedido de antecipação de tutela, formulado nas mesmas condições, será recebido como medida acautelatória em ação rescisória, por não se admitir tutela antecipada em sede de ação rescisória. (ex-OJs n. 1 e 3 da SBDI-2 – inseridas em 20.9.2000 – e 121 da SBDI-2 – DJ 11.8.2003)

Normas do Processo Comum aplicáveis subsidiariamente:

DA ANTECIPAÇÃO DA TUTELA

Art. 273. O juiz poderá, a requerimento da parte, antecipar, total ou parcialmente, os efeitos da tutela pretendida no pedido inicial, desde que, existindo prova inequívoca, se convença da verossimilhança da alegação e: (Redação dada pela Lei n. 8.952, de 13.12.1994)

I – haja fundado receio de dano irreparável ou de difícil reparação; ou (Incluído pela Lei n. 8.952, de 13.12.1994)

II – fique caracterizado o abuso de direito de defesa ou o manifesto propósito protelatório do réu. (Incluído pela Lei n. 8.952, de 13.12.1994)

§ 1º Na decisão que antecipar a tutela, o juiz indicará, de modo claro e preciso, as razões do seu convencimento. (Incluído pela Lei n. 8.952, de 13.12.1994)

§ 2º Não se concederá a antecipação da tutela quando houver perigo de irreversibilidade do provimento antecipado. (Incluído pela Lei n. 8.952, de 13.12.1994)

§ 3º A efetivação da tutela antecipada observará, no que couber e conforme sua natureza, as normas previstas nos arts. 588, 461, §§ 4º e 5º, e 461-A. (Redação dada pela Lei n. 10.444, de 7.5.2002)

§ 4º A tutela antecipada poderá ser revogada ou modificada a qualquer tempo, em decisão fundamentada. (Incluído pela Lei n. 8.952, de 13.12.1994)

§ 5º Concedida ou não a antecipação da tutela, prosseguirá o processo até final julgamento. (Incluído pela Lei n. 8.952, de 13.12.1994)

§ 6º A tutela antecipada também poderá ser concedida quando um ou mais dos pedidos cumulados, ou parcela deles, mostrar-se incontroverso. (Incluído pela Lei n. 10.444, de 7.5.2002)

§ 7º Se o autor, a título de antecipação de tutela, requerer providência de natureza cautelar, poderá o juiz, quando presentes os respectivos pressupostos, deferir a medida cautelar em caráter incidental do processo ajuizado. (Incluído pela Lei n. 10.444, de 7.5.2002)

Art. 461. Na ação que tenha por objeto o cumprimento de obrigação de fazer ou não fazer, o juiz concederá a tutela específica da obrigação ou, se procedente o pedido, determinará providências que assegurem o resultado prático equivalente ao do adimplemento. (Redação dada pela Lei n. 8.952, de 13.12.1994)

§ 1º A obrigação somente se converterá em perdas e danos se o autor o requerer ou se impossível a tutela específica ou a obtenção do resultado prático correspondente. (Incluído pela Lei n. 8.952, de 13.12.1994)

§ 2º A indenização por perdas e danos dar-se-á sem prejuízo da multa (art. 287). (Incluído pela Lei n. 8.952, de 13.12.1994)

§ 3º Sendo relevante o fundamento da demanda e havendo justificado receio de ineficácia do provimento final, é lícito ao juiz conceder a tutela liminarmente ou mediante justificação prévia, citado o réu. A medida liminar poderá ser revogada ou modificada, a qualquer tempo, em decisão fundamentada. (Incluído pela Lei n. 8.952, de 13.12.1994)

§ 4º O juiz poderá, na hipótese do parágrafo anterior ou na sentença, impor multa diária ao réu, independentemente de pedido do autor, se for suficiente ou compatível com a obrigação, fixando-lhe prazo razoável para o cumprimento do preceito. (Incluído pela Lei n. 8.952, de 13.12.1994)

§ 5º Para a efetivação da tutela específica ou a obtenção do resultado prático equivalente, poderá o juiz, de ofício ou a requerimento, determinar as medidas necessárias, tais como a imposição de multa por tempo de atraso, busca e apreensão, remoção de pessoas e coisas, desfazimento de obras e impedimento de atividade nociva, se necessário com requisição de força policial. (Redação dada pela Lei n. 10.444, de 7.5.2002)

§ 6º O juiz poderá, de ofício, modificar o valor ou a periodicidade da multa, caso verifique que se tornou insuficiente ou excessiva. (Incluído pela Lei n. 10.444, de 7.5.2002)

Art. 461-A. Na ação que tenha por objeto a entrega de coisa, o juiz, ao conceder a tutela específica, fixará o prazo para o cumprimento da obrigação. (Incluído pela Lei n. 10.444, de 7.5.2002)

§ 1º Tratando-se de entrega de coisa determinada pelo gênero e quantidade, o credor a individualizará na petição inicial, se lhe couber a escolha; cabendo ao devedor escolher, este a entregará individualizada, no prazo fixado pelo juiz. (Incluído pela Lei n. 10.444, de 7.5.2002)

§ 2º Não cumprida a obrigação no prazo estabelecido, expedir-se-á em favor do credor mandado de busca e apreensão ou de imissão na posse, conforme se tratar de coisa móvel ou imóvel. (Incluído pela Lei n. 10.444, de 7.5.2002)

§ 3º Aplica-se à ação prevista neste artigo o disposto nos §§ 1º a 6º do art. 461. (Incluído pela Lei n. 10.444, de 7.5.2002)

10. Do Cumprimento da Sentença

Art. 835. *O cumprimento do acordo ou da decisão far-se-á no prazo e condições estabelecidas.*

Art. 846.

§ 1º Se houver acordo lavrar-se-á termo, assinado pelo presidente e pelos litigantes, consignando-se o prazo e demais condições para seu cumprimento. (Incluído pela Lei n. 9.022, de 5.4.1995)

§ 2º Entre as condições a que se refere o parágrafo anterior, poderá ser estabelecida a de ficar a parte que não cumprir o acordo obrigada a satisfazer integralmente o pedido ou pagar uma indenização convencionada, sem prejuízo do cumprimento do acordo.

Hipóteses:

a) Cumprimento Espontâneo: Satisfação do direito, Extinção do feito;

b) Não Cumprimento: Execução (art. 876 CLT), o feito prossegue.

11. Ação Rescisória

O Direito Processual do Trabalho não normatiza o procedimento rescisório. Quanto ao mesmo, limita-se a estabelecer no art. 836 da CLT:

Art. 836. *É vedado aos órgãos da Justiça do Trabalho conhecer de questões já decididas, exceutados os casos expressamente previstos neste Título e a ação rescisória,* **que será admitida na forma do disposto no Capítulo IV do Título IX da Lei n. 5.869,** *de 11 de janeiro de 1973 – Código de Processo Civil, sujeita ao depósito prévio de 20% (vinte por cento) do valor da causa, salvo prova de miserabilidade jurídica do autor.* (Redação dada pela Lei n. 11.495, de 2007)

Parágrafo único. *A execução da decisão proferida em ação rescisória far-se-á nos próprios autos da ação que lhe deu origem, e será instruída com o acórdão da rescisória e a respectiva certidão de trânsito em julgado.* (Incluído pela Medida Provisória n. 2.180-35, de 2001)

Enunciados: 144 – 259

SÚMULA N. 144 – *É cabível a ação rescisória no âmbito da Justiça do Trabalho.*

SÚMULA N. 259 – *Só por ação rescisória é impugnável o termo de conciliação previsto no parágrafo único do art. 831 da CLT.* (Res. n. 7/1986, DJ 31.10.1986)

No Processo do Trabalho cabe ação rescisória nas mesmas hipóteses admitidas no Processo comum, elencadas no art. 485 do CPC.

Art. 485. A sentença de mérito, transitada em julgado, pode ser rescindida quando:

I – se verificar que foi dada por prevaricação, concussão ou corrupção do juiz;

II – proferida por juiz impedido ou absolutamente incompetente;

III – resultar de dolo da parte vencedora em detrimento da parte vencida, ou de colusão entre as partes, a fim de fraudar a lei;

IV – ofender a coisa julgada;

V – violar literal disposição de lei;

VI – se fundar em prova, cuja falsidade tenha sido apurada em processo criminal ou seja provada na própria ação rescisória;

VII – depois da sentença, o autor obtiver documento novo, cuja existência ignorava, ou de que não pôde fazer uso, capaz, por si só, de lhe assegurar pronunciamento favorável;

VIII – houver fundamento para invalidar confissão, desistência ou transação, em que se baseou a sentença;

IX – fundada em erro de fato, resultante de atos ou de documentos da causa;

§ 1º Há erro, quando a sentença admitir um fato inexistente, ou quando considerar inexistente um fato efetivamente ocorrido.

§ 2º É indispensável, num como noutro caso, que não tenha havido controvérsia, nem pronunciamento judicial sobre o fato.

Ressalvada as peculiaridades constantes da jurisprudência trabalhista predominante (súmulas abaixo reproduzidas), são compatíveis com o Processo do Trabalho as normas do CPC relativas a legitimidade, procedimentos e formalidades constantes dos artigos a seguir reproduzidos.

Art. 486. Os atos judiciais, que não dependem de sentença, ou em que esta for meramente homologatória, podem ser rescindidos, como os atos jurídicos em geral, nos termos da lei civil.

Art. 487. Tem legitimidade para propor a ação:

I – quem foi parte no processo ou o seu sucessor a título universal ou singular;

II – o terceiro juridicamente interessado;

III – o Ministério Público:

a) se não foi ouvido no processo, em que lhe era obrigatória a intervenção;

b) quando a sentença é o efeito de colusão das partes, a fim de fraudar a lei.

Art. 488. A petição inicial será elaborada com observância dos requisitos essenciais do art. 282, devendo o autor:

I – cumular ao pedido de rescisão, se for o caso, o de novo julgamento da causa;

II – depositar a importância de 5% (cinco por cento) sobre o valor da causa, a título de multa, caso a ação seja, por unanimidade de votos, declarada inadmissível, ou improcedente.

Parágrafo único. Não se aplica o disposto no n. II à União, ao Estado, ao Município e ao Ministério Público.

Art. 489. A ação rescisória não suspende a execução da sentença rescindenda.

Art. 490. Será indeferida a petição inicial:

I – nos casos previstos no art. 295;

II – quando não efetuado o depósito, exigido pelo art. 488, II.

Pressupostos e Peculiaridades no Processo do Trabalho:

SÚMULA N. 298 – A conclusão acerca da ocorrência de violação literal de lei pressupõe pronunciamento explícito na sentença rescindenda, sobre a matéria veiculada.

SÚMULA N. 194 – Ação rescisória. Justiça do Trabalho. Depósito prévio.

As ações rescisórias ajuizadas na Justiça do Trabalho serão admitidas, instruídas e julgadas conforme os arts. 485 usque 495 do Código de Processo Civil de 1973, sendo, porém, desnecessário o depósito prévio a que aludem os arts. 488, II, e 494 do mesmo Código.

SÚMULA N. 299 – *É indispensável ao processamento da demanda rescisória a prova do trânsito em julgado da decisão rescindenda. Verificando o relator que a parte interessada não juntou à inicial o documento comprobatório, abrirá prazo de dez dias para que o faça, sob pena de indeferimento.*

397 – AÇÃO RESCISÓRIA. ART. 485, IV, DO CPC. AÇÃO DE CUMPRIMENTO. OFENSA À COISA JULGADA EMANADA DE SENTENÇA NORMATIVA MODIFICADA EM GRAU DE RECURSO. INVIABILIDADE. CABIMENTO DE MANDADO DE SEGURANÇA. (CONVERSÃO DA ORIENTAÇÃO JURISPRUDENCIAL N. 116 DA SDI-II – RES. N. 137/05 – DJ 22.8.2005)

Não procede ação rescisória calcada em ofensa à coisa julgada perpetrada por decisão proferida em ação de cumprimento, em face de a sentença normativa, na qual se louvava, ter sido modificada em grau de recurso, porque em dissídio coletivo somente se consubstancia coisa julgada formal. Assim, os meios processuais aptos a atacarem a execução da cláusula reformada são a exceção de preexecutividade e o mandado de segurança, no caso de descumprimento do art. 572 do CPC. (ex-OJ n. 116 – DJ 11.8.03)

398 – AÇÃO RESCISÓRIA. AUSÊNCIA DE DEFESA. INAPLICÁVEIS OS EFEITOS DA REVELIA. (CONVERSÃO DA ORIENTAÇÃO JURISPRUDENCIAL N. 126 DA SDI-II – RES. 137/05 – DJ 22.08.05)

Na ação rescisória, o que se ataca na ação é a sentença, ato oficial do Estado, acobertado pelo manto da coisa julgada. Assim sendo, e considerando que a coisa julgada envolve questão de ordem pública, a revelia não produz confissão na ação rescisória. (ex-OJ no 126 – DJ 9.12.03).

399 – AÇÃO RESCISÓRIA. CABIMENTO. SENTENÇA DE MÉRITO. DECISÃO HOMOLOGATÓRIA DE ADJUDICAÇÃO, DE ARREMATAÇÃO E DE CÁLCULOS. (CONVERSÃO DAS ORIENTAÇÕES JURISPRUDENCIAIS NS. 44, 45 E 85, PRIMEIRA PARTE, DA SDI-II – RES. 137/05 – DJ 22.8.05)

I – É incabível ação rescisória para impugnar decisão homologatória de adjudicação ou arrematação. (ex-OJs ns. 44 e 45 – ambas inseridas em 20.9.00)

II – A decisão homologatória de cálculos apenas comporta rescisão quando enfrentar as questões envolvidas na elaboração da conta de liquidação, quer solvendo a controvérsia das partes quer explicitando, de ofício, os motivos pelos quais acolheu os cálculos oferecidos por uma das partes ou pelo setor de cálculos, e não contestados pela outra. (ex-OJ n. 85, primeira parte – inserida em 13.3.02 e alterada em 26.11.02).

400 – AÇÃO RESCISÓRIA DE AÇÃO RESCISÓRIA. VIOLAÇÃO DE LEI. INDICAÇÃO DOS MESMOS DISPOSITIVOS LEGAIS APONTADOS NA RESCISÓRIA PRIMITIVA. (CONVERSÃO DA ORIENTAÇÃO JURISPRUDENCIAL N. 95 DA SDI-II – RES. N. 137/05 – DJ 22.8.05)

Em se tratando de rescisória de rescisória, o vício apontado deve nascer na decisão rescindenda, não se admitindo a rediscussão do acerto do julgamento da rescisória anterior. Assim, não se admite rescisória calcada no inciso V do art. 485 do CPC para discussão, por má aplicação dos mesmos dispositivos de lei, tidos por violados na rescisória anterior, bem como para arguição de questões inerentes à ação rescisória primitiva. (ex-OJ n. 95 – inserida em 27.9.02 e alterada DJ 16.4.04)

401 – AÇÃO RESCISÓRIA. DESCONTOS LEGAIS. FASE DE EXECUÇÃO. SENTENÇA EXEQUENDA OMISSA. INEXISTÊNCIA DE OFENSA À COISA JULGADA. (CONVERSÃO DA ORIENTAÇÃO JURISPRUDENCIAL N. 81 DA SDI-II – RES. N. 137/05 – DJ 22.8.05)

Os descontos previdenciários e fiscais devem ser efetuados pelo juízo executório, ainda que a sentença exequenda tenha sido omissa sobre a questão, dado o caráter de ordem pública ostentado pela norma que os disciplina. A ofensa à coisa julgada somente poderá ser caracterizada na hipótese de o título exequendo, expressamente, afastar a dedução dos valores a título de imposto de renda e de contribuição previdenciária. (ex-OJ n. 81 – inserida em 13.3.02)

402 – AÇÃO RESCISÓRIA. DOCUMENTO NOVO. DISSÍDIO COLETIVO. SENTENÇA NORMATIVA. (CONVERSÃO DA ORIENTAÇÃO JURISPRUDENCIAL N. 20 DA SDI-II – RES. N. 137/05 – DJ 22.8.05)

Documento novo é o cronologicamente velho, já existente ao tempo da decisão rescindenda, mas ignorado pelo interessado ou de impossível utilização, à época, no processo. Não é documento novo apto a viabilizar a desconstituição de julgado:

a) sentença normativa proferida ou transitada em julgado posteriormente à sentença rescindenda;

b) sentença normativa preexistente à sentença rescindenda, mas não exibida no processo principal, em virtude de negligência da parte, quando podia e deveria louvar-se de documento já existente e não ignorado quando emitida a decisão rescindenda. (ex-OJ n. 20 – inserida em 20.9.00)

403 – AÇÃO RESCISÓRIA. DOLO DA PARTE VENCEDORA EM DETRIMENTO DA VENCIDA. ART. 485, III, DO CPC. (CONVERSÃO DAS ORIENTAÇÕES JURISPRUDENCIAIS NS. 111 E 125 DA SDI-II – RES. N. 137/05 – DJ 22.8.05)

I – Não caracteriza dolo processual, previsto no art. 485, III, do CPC, o simples fato de a parte vencedora haver silenciado a respeito de fatos contrários a ela, porque o procedimento, por si só, não constitui ardil do qual resulte cerceamento de defesa e, em consequência, desvie o juiz de uma sentença não condizente com a verdade. (ex-OJ n. 125 – DJ 9.12.03)

II – Se a decisão rescindenda é homologatória de acordo, não há parte vencedora ou vencida, razão pela qual não é possível a sua desconstituição calcada no inciso III do art. 485 do CPC (dolo da parte vencedora em detrimento da vencida), pois constitui fundamento de rescindibilidade que supõe solução jurisdicional para a lide. (ex-OJ n. 111 – DJ 29.4.03)

404 – AÇÃO RESCISÓRIA. FUNDAMENTO PARA INVALIDAR CONFISSÃO. CONFISSÃO FICTA. INADEQUAÇÃO DO ENQUADRAMENTO NO ART. 485, VIII, DO CPC. (Conversão da Orientação Jurisprudencial n. 108 da SDI-II – Res. n. 137/05 – DJ 22.8.05)

O art. 485, VIII, do CPC, ao tratar do fundamento para invalidar a confissão como hipótese de rescindibilidade da decisão judicial, refere-se à confissão real, fruto de erro, dolo ou coação, e não à confissão ficta resultante de revelia. (ex-OJ n. 108 – DJ 29.4.03)

405 – AÇÃO RESCISÓRIA. LIMINAR. ANTECIPAÇÃO DE TUTELA. (Conversão das Orientações Jurisprudenciais ns. 1, 3 e 121 da SDI-II – Res. n. 137/05 – DJ 22.8.05)

I – Em face do que dispõe a MP 1.984-22/00 e reedições e o art. 273, § 7º, do CPC, é cabível o pedido liminar formulado na petição inicial de ação rescisória ou na fase recursal, visando a suspender a execução da decisão rescindenda.

II – O pedido de antecipação de tutela, formulado nas mesmas condições, será recebido como medida acautelatória em ação rescisória, por não se admitir tutela antecipada em sede de ação rescisória. (ex-OJs n. 1 – Inserida em 20.9.00, n. 3 – inserida em 20.9.00 e n. 121 – DJ 11.8.03)

406 – AÇÃO RESCISÓRIA. LITISCONSÓRCIO. NECESSÁRIO NO Polo PASSIVO E FACULTATIVO NO ATIVO. INEXISTENTE QUANTO AOS SUBSTITUÍDOS PELO SINDICATO. (Conversão das Orientações Jurisprudenciais ns. 82 e 110 da SDI-II – Res. n. 137/05 – DJ 22.8.05)

I – O litisconsórcio, na ação rescisória, é necessário em relação ao polo passivo da demanda, porque supõe uma comunidade de direitos ou de obrigações que não admite solução díspar para os litisconsortes, em face da indivisibilidade do objeto. Já em relação ao polo ativo, o litisconsórcio é facultativo, uma vez que a aglutinação de autores se faz por conveniência e não, pela necessidade decorrente da natureza do litígio, pois não se pode condicionar o exercício do direito individual de um dos litigantes no processo originário à anuência dos demais para retomar a lide. (ex-OJ n. 82 – inserida em 13.3.02)

II – O Sindicato, substituto processual e autor da reclamação trabalhista, em cujos autos fora proferida a decisão rescindenda, possui legitimidade para figurar como réu na ação rescisória, sendo descabida a exigência de citação de todos os empregados substituídos, porquanto inexistente litisconsórcio passivo necessário. (ex-OJ n. 110 – DJ 29.4.03)

407 – AÇÃO RESCISÓRIA. MINISTÉRIO PÚBLICO. LEGITIMIDADE AD CAUSAM PREVISTA NO ART. 487, III, "A" E "B", DO CPC. AS HIPÓTESES SÃO MERAMENTE EXEMPLIFICATIVAS. (Conversão da Orientação Jurisprudencial n. 83 da SDI-II – Res. n. 137/05 – DJ 22.8.05)

A legitimidade *ad causam* do Ministério Público para propor ação rescisória, ainda que não tenha sido parte no processo que deu origem à decisão rescindenda, não está limitada às alíneas "a" e "b" do inciso III do art. 487 do CPC, uma vez que traduzem hipóteses meramente exemplificativas. (ex-OJ n. 83 – inserida em 13.3.02)

408 – AÇÃO RESCISÓRIA. PETIÇÃO INICIAL. CAUSA DE PEDIR. AUSÊNCIA DE CAPITULAÇÃO OU CAPITULAÇÃO ERRÔNEA NO ART. 485 DO CPC. PRINCÍPIO IURA NOVIT CURIA. (Conversão das Orientações Jurisprudenciais ns. 32 e 33 da SDI-II – Res. n. 137/05 – DJ 22.8.05)

Não padece de inépcia a petição inicial de ação rescisória apenas porque omite a subsunção do fundamento de rescindibilidade no art. 485 do CPC ou o capitula erroneamente em um de seus incisos. Contanto que não se afaste dos fatos e fundamentos invocados como causa de pedir, ao Tribunal é lícito emprestar-lhes a adequada qualificação jurídica (*iura novit curia*). No entanto, fundando-se a ação rescisória no art. 485, inc. V, do CPC, é indispensável expressa indicação, na petição inicial da ação rescisória, do dispositivo legal violado, por se tratar de causa de pedir da rescisória, não se aplicando, no caso, o princípio *iura novit curia*. (ex-OJs ns. 32 e 33 – ambas inseridas em 20.9.00)

409 – AÇÃO RESCISÓRIA. PRAZO PRESCRICIONAL. TOTAL OU PARCIAL. VIOLAÇÃO DO ART. 7º, XXIX, DA CF/88. MATÉRIA INFRACONSTITUCIONAL. (Conversão da Orientação Jurisprudencial n. 119 da SDI-II – Res. n. 137/05 – DJ 22.8.05)

Não procede ação rescisória calcada em violação do art. 7º, XXIX, da CF/88 quando a questão envolve discussão sobre a espécie de prazo prescricional aplicável aos créditos trabalhistas, se total ou parcial, porque a matéria tem índole infraconstitucional, construída, na Justiça do Trabalho, no plano jurisprudencial. (ex-OJ n. 119 – DJ 11.8.03)

410 – AÇÃO RESCISÓRIA. REEXAME DE FATOS E PROVAS. INVIABILIDADE. (Conversão da Orientação Jurisprudencial n. 109 da SDI-II – Res. n. 137/05 – DJ 22.8.05)

A ação rescisória calcada em violação de lei não admite reexame de fatos e provas do processo que originou a decisão rescindenda. (ex-OJ n. 109 – DJ 29.4.03)

411 – AÇÃO RESCISÓRIA. SENTENÇA DE MÉRITO. DECISÃO DE TRIBUNAL REGIONAL DO TRABALHO EM AGRAVO REGIMENTAL CONFIRMANDO DECISÃO MONOCRÁTICA DO RELATOR QUE, APLICANDO A SÚMULA N. 83 DO TST, INDEFERIU A PETIÇÃO INICIAL DA AÇÃO RESCISÓRIA. CABIMENTO. (Conversão da Orientação Jurisprudencial n. 43 da SDI-II – Res. n. 137/05 – DJ 22.8.05)

Se a decisão recorrida, em agravo regimental, aprecia a matéria na fundamentação, sob o enfoque das Súmulas ns. 83 do TST e 343 do STF, constitui sentença de mérito, ainda que haja resultado no indeferimento da petição inicial e na extinção do processo sem julgamento do mérito. Sujeita-se, assim, à reforma pelo TST, a decisão do Tribunal que, invocando controvérsia na interpretação da lei, indefere a petição inicial de ação rescisória. (ex-OJ n. 43 – inserida em 20.9.00)

412 – AÇÃO RESCISÓRIA. SENTENÇA DE MÉRITO. QUESTÃO PROCESSUAL. (conversão da Orientação Jurisprudencial n. 46 da SDI-II – Res. n. 137/05 – DJ 22.8.05)

Pode uma questão processual ser objeto de rescisão desde que consista em pressuposto de validade de uma sentença de mérito. (ex-OJ n. 46 – inserida em 20.9.00)

413 – AÇÃO RESCISÓRIA. SENTENÇA DE MÉRITO. VIOLAÇÃO DO ART. 896, "A", DA CLT. (Conversão da Orientação Jurisprudencial n. 47 da SDI-II – Res. n. 137/05 – DJ 22.8.05)

É incabível ação rescisória, por violação do art. 896, "a", da CLT, contra decisão que não conhece de recurso de revista, com base em divergência jurisprudencial, pois não se cuida de sentença de mérito (art. 485 do CPC). (ex-OJ n. 47 – inserida em 20.9.00)

414 – MANDADO DE SEGURANÇA. ANTECIPAÇÃO DE TUTELA (OU LIMINAR) CONCEDIDA ANTES OU NA SENTENÇA. (Conversão das Orientações Jurisprudenciais ns. 50, 51, 58, 86 e 139 da SDI-II – Res. n. 137/05 – DJ 22.8.05)

I – A antecipação da tutela concedida na sentença não comporta impugnação pela via do mandado de segurança, por ser impugnável mediante recurso ordinário. A ação cautelar é o meio próprio para se obter efeito suspensivo a recurso. (ex-OJ n. 51 – inserida em 20.9.00)

II – No caso da tutela antecipada (ou liminar) ser concedida antes da sentença, cabe a impetração do mandado de segurança, em face da inexistência de recurso próprio. (ex-OJs ns. 50 e 58 – ambas inseridas em 20.9.00)

III – A superveniência da sentença, nos autos originários, faz perder o objeto do mandado de segurança que impugnava a concessão da tutela antecipada (ou liminar). (ex-OJs n. 86 – inserida em 13.3.02 e n. 139 – DJ 4.5.04).

Capítulo 9

Execução no Processo do Trabalho

1. Considerações Preliminares

1.1. Execução: Compreensão, Objetivos e Objeto

Execução compreende o conjunto de atos judiciais (ou procedimentos), visando ao cumprimento da conclusão (dispositivo) de uma decisão, compelindo ou obrigando o vencido a realizar ou concretizar o objeto do *decisio*.

> Art. 646. A execução por quantia certa tem por objeto expropriar bens do devedor, a fim de satisfazer o direito do credor (art. 591).

> Art. 591. O devedor responde, para o cumprimento de suas obrigações, com todos os seus bens presentes e futuros, salvo as restrições estabelecidas em lei.

1.1.1. Normas de Regência

Nos casos omissos o Direito Processual comum será fonte subsidiária do Direito Processual do Trabalho, exceto naquilo em que for incompatível comum as normas deste Título.

O CAPÍTULO V (arts. 876 a 892) da Consolidação das Leis do Trabalho, sob o título DA EXECUÇÃO, juntamente com o art. 13 da Lei n. 5.584/70 regem a matéria. Aplicando-se subsidiária e preferencialmente (art. 889, CLT) as normas pertinentes dos Executivos Fiscais (Lei n. 6.830/80) e complementarmente alguns artigos do CPC, compatíveis com o Processo do Trabalho.

Segundo o entendimento predominante do TST a execução no Processo do Trabalho se processa de acordo com as normas da CLT (arts. 872 a 892), e não pela aplicação do CAPÍTULO X do CPC (DO CUMPRIMENTO DA SENTENÇA), como se vê nas ementas abaixo transcritas:

> *Segundo a unânime doutrina e jurisprudência dois os requisitos para a aplicação de norma processual comum ao Processo do Trabalho: I) ausência de disposição na CLT – a exigir o esforço de integração da norma pelo intérprete –, II) compatibilidade da norma supletiva com os princípios do processo do trabalho. A ausência não se confunde com a diversidade de tratamento: enquanto na primeira não é identificável qualquer efeito jurídico a certo fato – a autorizar a integração do direito pela norma supletiva – na segunda se verifica que um mesmo fato gera distintos efeitos jurídicos, independentemente da extensão conferida à eficácia. O fato juridicizado pelo art. 475-J do CPC – não pagamento espontâneo da quantia certa advinda de condenação judicial – possui disciplina própria ao âmbito do Processo do Trabalho. A fixação de penalidade não pertinente ao Processo do Trabalho importa em ofensa ao princípio do devido processo legal, nos termos do art. 5º, inciso LIV, da Constituição da República. Recurso de Revista conhecido e provido.* TST-RR 765/2003-008-13-41.8 – Ac. 3ª T., 5.12.07 – Rela. Mina. Maria Cristina Irigoyen Peduzzi (In Revista LTr, São Paulo: v. 72 – fev. de 2008, p. 239)

Alguns Regionais também entendem assim:

> *A Consolidação das Leis do Trabalho não é omissa quanto ao procedimento a ser observado na execução dos valores devidos,...* (**TRT 2ª Região**, Processo 00147.2003.052.02.00-9, Juíza Rela. Odete Silveira Moraes)

No entanto, alguns juízes e tribunais entendem aplicáveis as regras do CPC, como exemplifica o trecho do despacho a seguir transcrito:

> ... Entendo aplicável ao processo do trabalho o art. 475-J, do CPC, superando a literalidade do art. 880 da CLT. Há compatibilidade notória com os princípios basilares do direito processual do trabalho (art. 769 da CLT), porque existente omissão quanto à sanção que o art. 475-J do CPC estabelece e porque a alteração está em harmonia com os preceitos da razoável duração do processo e da celeridade processual (art. 5º, LXXVIII, CF). Assim, determino a intimação do devedor, na pessoa de seu procurador, de que a dívida deverá ser paga em 15 dias, sob pena de acréscimo de 10% a título de multa, sem prejuízo de outras sanções. Tal prazo foi definido, estritamente, como oportunidade que se oferece ao devedor de pagar a dívida sem acréscimos. Não está relacionado aos prazos de recurso ordinário ou de impugnação à liquidação de sentença. Eventuais impugnações, quando houver alegação de excesso de execução, deverão observar o disposto no art. 475-L, § 2º, do CPC, discriminando os valores relativos ao principal e juros e informando os descontos previdenciários e fiscais cabíveis, ou seja, declarar de imediato os valores que entende corretos em relação a cada um dos tópicos impugnados... Processo: 0000327-86.2013.5.04.0701)

A questão ainda não está pacificada nos Tribunais Regionais. No corrente mês de setembro de 2015, os TRTs da 3ª e 4ª Região, sumularam entendimentos divergentes:

EMENTA: MULTA DO ART. 475-J DO CPC. EXECUÇÃO TRABALHISTA. **Em face do disposto nos arts. 769 e 880 da CLT, a multa prevista no art. 475-J do CPC não se aplica à execução trabalhista.** (ACÓRDÃO – 10367-2014-167-03-00-5-IUJ)

RELATÓRIO Trata-se de Incidente de Uniformização de Jurisprudência suscitado nos autos do Processo TST-RR-10367-73.2014.5.03.0167, que teve por tema: "Multa do art. 475-J do CPC. Aplicabilidade ao Processo Trabalhista", conforme ofício de fls. 2/3 e despacho de fls. 4/6.

Súmula n. 75 – TRT 4 — MULTA DO ART. 475-J DO CPC.

A multa de que trata o art. 475-J do CPC é compatível com o processo do trabalho, e a definição quanto à sua aplicação efetiva deve ocorrer na fase de cumprimento da sentença.

Resolução Administrativa n. 32/2015 Disponibilizada no DEJT dias 02, 03 e 04 de setembro de 2015, considerada publicada dias 3, 4 e 8 de setembro de 2015

Precedentes:
0001401-97.2011.5.04.0006 (RO)
0001096-94.2013.5.04.0701 (RO)
0000209-77.2012.5.04.0012 (RO)

Deve ser destacado que hoje tramita o PROJETO DE LEI DO SENADO N. 606, DE 2011.

Altera e acrescenta dispositivos à Consolidação das Leis do Trabalho, aprovada pelo Decreto-lei n. 5.452, de 1º de maio de 1943, para disciplinar o cumprimento das sentenças e a execução de títulos extrajudiciais na Justiça do Trabalho.

1.2. Natureza Jurídica

Até a edição da Lei n. 9.958/2000, a execução trabalhista limitava-se às decisões transitadas em julgado e aos acordos homologados pela Justiça do Trabalho, sem dúvida a execução não passava de mera fase do processo visando à efetivação da sentença condenatória ou homologatória.

Com a inserção pela lei acima referida, o Termo de Ajuste de Conduta e os termos de conciliação firmados perante as Comissões de Conciliação Prévia, entre os títulos exequíveis perante a Justiça do Trabalho a execução trabalhista pode caracterizar-se, também, como uma ação autônoma de execução. Com mais ênfase após a ampliação da competência desta justiça especializada pelo Emenda Constitucional n. 45/2004.

1.3. Títulos Executivos

1.3.1. Em Reclamatória Trabalhista

Poder-se-ia dizer que originariamente a partir da leitura do *caput* do art. 876, abaixo transcrito, em Reclamatórias Trabalhistas (decorrentes de conflitos oriundos de relação de emprego), seriam títulos executivos a sentença transitada em julgado, o acordo homologado ou sentença homologatória do acordo, e o termo de conciliação firmado perante a CCP.

Art. 876 – *As decisões passadas em julgado ou das quais não tenha havido recurso com efeito suspensivo; os acordos, quando não cumpridos; os termos de ajuste de conduta firmados perante o Ministério Público do Trabalho e os termos de conciliação firmados perante as Comissões de Conciliação Prévia serão executadas pela forma estabelecida neste Capítulo.*

1.3.2. Em outras Ações Trabalhistas (EC n. 45/04)

Com a alteração do art. 876 e principalmente em razão da ampliação da competência (EC n. 45/05), além dos referidos no parágrafo anterior, os Termos de Ajuste de Conduta, firmados perante o MPT, sentenças condenatórias, acordos homologados em Ações Trabalhistas decorrentes ou vinculadas direta ou indiretamente às relações de trabalho e outros títulos extrajudiciais, entre eles:

Art. 475-N. *São títulos executivos judiciais: (Incluído pela Lei n. 11.232, de 2005)*

I – a sentença proferida no processo civil que reconheça a existência de obrigação de fazer, não fazer, entregar coisa ou pagar quantia; (Incluído pela Lei n. 11.232, de 2005)

II – (...)

III – a sentença homologatória de conciliação ou de transação, ainda que inclua matéria não posta em juízo; (Incluído pela Lei n. 11.232, de 2005)

IV – a sentença arbitral; (Incluído pela Lei n. 11.232, de 2005)

V – o acordo extrajudicial, de qualquer natureza, homologado judicialmente; (Incluído pela Lei n. 11.232, de 2005)

VI – (...)

VII – (...)

Art. 585. *São títulos executivos extrajudiciais:*

I – a letra de câmbio, a nota promissória, a duplicata, a debênture e o cheque; (Redação dada pela Lei n. 8.953, de 13.12.1994)

II – a escritura pública ou outro documento público assinado pelo devedor; o documento particular assinado pelo devedor e por duas testemunhas; o instrumento de transação referendado pelo Ministério Público, pela Defensoria Pública ou pelos advogados dos transatores; (Redação dada pela Lei n. 8.953, de 13.12.1994)

III – os contratos de hipoteca, de penhor, de anticrese e de caução, bem como de seguro de vida e de acidentes pessoais de que resulte morte ou incapacidade; (Redação dada pela Lei n. 5.925, de 1º.10.1973)

IV – (...)

V – o crédito de serventuário de justiça, de perito, de intérprete, ou de tradutor, quando as custas, emolumentos ou honorários forem aprovados por decisão judicial; (Redação dada pela Lei n. 5.925, de 1º.10.1973)

VI – (...)

VII – todos os demais títulos, a que, por disposição expressa, a lei atribuir força executiva. (Redação dada pela Lei n. 5.925, de 1º.10.1973)

Projeto de Lei n. 606/2011

Art. 878-B. Os títulos executivos extrajudiciais serão executados mediante prévia citação do devedor, prosseguindo-se na forma prevista para o cumprimento de sentença.

Parágrafo único. São títulos executivos extrajudiciais:

a) os termos de ajuste de conduta firmados com o Ministério Público do Trabalho;

b) os termos de compromisso firmados com a fiscalização do trabalho;

c) os temos de conciliação firmados perante as Comissões de Conciliação Prévia;

d) os acordos realizados perante o sindicato;

e) o cheque ou outro título que corresponda inequivocamente a verbas trabalhistas;

f) qualquer documento no qual conste o reconhecimento de dívida trabalhista, inclusive o termo de rescisão do contrato do trabalho.

Requisito para a execução:

Certeza e liquidez do título exequendo.

Art. 879. *Sendo ilíquida a sentença exequenda, ordenar-se-á, previamente, a sua liquidação, que poderá ser feita por cálculo, por arbitramento ou por artigos.*

Art. 832. *Da decisão deverão constar o nome das partes, o resumo do pedido e da defesa, a apreciação das provas, os fundamentos da decisão e a respectiva conclusão.*

§ 1º Quando a decisão concluir pela procedência do pedido, determinará o prazo e as condições para o seu cumprimento.

§ 2º A decisão mencionará sempre as custas que devam ser pagas pela parte vencida.

Art. 852-I. *A sentença mencionará os elementos de convicção do juízo, com resumo dos fatos relevantes ocorridos em audiência, dispensado o relatório.*

§ 1º (...)

§ 2º Não se admitirá sentença condenatória por quantia ilíquida. (VETADO)

SENTENÇA LÍQUIDA – NÃO OBRIGATORIEDADE NO PROCESSO DO TRABALHO – *Inaplicável o parágrafo único do art. 459 ao CPC ao processo do trabalho. Não há determinação legal, no âmbito do processo do trabalho, para que seja proferida sentença líquida, ainda que o pedido seja certo ou líquido.* (TRT-PR 00023-2002-025-09–00-1 (RO)

1.4. Objeto de execução

Em Reclamatória Trabalhista;

Direitos trabalhistas deferidos;

Outros direitos decorrentes ou inerentes à relação de emprego;

Correção Monetária e Juros;

Custas;

Honorários Advocatícios;

Honorários Periciais;

Contribuições Previdenciárias e Tributos;

Em outras Ações Trabalhistas (EC n. 45/04);

Créditos ou direitos oriundos ou vinculados à relação de trabalho.

1.5. Competência para processar e julgar

Execução de Título Judicial

Art. 877 – É competente para a execução das decisões o Juiz ou Presidente do Tribunal que tiver conciliado ou julgado originariamente o dissídio.

Execução de Título Extrajudicial

Art. 877-A – É competente para a execução de título executivo extrajudicial o juiz que teria competência para o processo de conhecimento relativo à matéria.

Art. 20 – Na execução por carta, os embargos do executado serão oferecidos no Juízo deprecado, que os remeterá ao Juízo deprecante, para instrução e julgamento.

Parágrafo único – Quando os embargos tiverem por objeto vícios ou irregularidades de atos do próprio Juízo deprecado, caber-lhe-á unicamente o julgamento dessa matéria. (Lei n. 6.830/80)

CONFLITO DE COMPETÊNCIA. AÇÃO COLETIVA. DECISÃO COM EFEITOS ERGA OMNES. EXECUÇÃO INDIVIDUAL. *A previsão constante do art. 877 da CLT, surgida ainda sob a influência de estremado individualismo processual, não se mostra adequada e aplicável à hipótese das ações coletivas, cujo procedimento é específico e regulamentado na Lei de Ação Civil Pública, combinada com o Código de Defesa do Consumidor, ambos plenamente compatíveis com o Processo do Trabalho. Execução Individual que deve ser procedida no domicílio da exequente. Entendimento em contrário acaba por violar toda a principiologia do Direito Processual do Trabalho, impingindo aos beneficiários da ação coletiva um ônus processual desarrazoado, tornando ineficaz todo o arcabouço construído com enfoque no pleno, rápido e garantido acesso à jurisdição, violando a garantia constitucional do Devido Processo Legal Substancial. Conflito negativo de competência que se julga procedente, para declarar que a competência para apreciar e julgar a execução individual, em relação à exequente Candida Maria Sales Leal, é da 4ª Vara do Trabalho de Fortaleza/CE.*

Vistos, relatados e discutidos estes autos de Conflito de Competência n. **TST-CC-1421-83.2012.5.00.0000**, em que é Suscitante **JUIZ TITULAR DA 1ª VARA DO TRABALHO DE ARAUCÁRIA** e Suscitado **JUIZ TITULAR DA 4ª VARA DO TRABALHO DE FORTALEZA**.

TST-CC-1421-83.2012.5.00.0000 – SBDI 2

1.6. Legitimidade para executar

Como já se disse, a execução da sentença no Processo do Trabalho sempre foi promovida na própria reclamatória e não em processo autônomo, quando a legitimidade estabelece a CLT desde sua origem:

Art. 878. A execução poderá ser promovida por **qualquer interessado**, *ou ex officio pelo próprio Juiz ou Presidente ou Tribunal competente, nos termos do artigo anterior.*

Parágrafo único – Quando se tratar de decisão dos **Tribunais Regionais**, *a execução poderá ser promovida pela Procuradoria da Justiça do Trabalho.*

Embora o art. 878 da CLT estabeleça que qualquer interessado possui legitimidade para executar, enquanto limitada a competência da Justiça do Trabalho a resolver "*os dissídios entre empregadores e empregados, regulados pela legislação social*", dada a intransferibilidade dos direitos do empregado, a legitimidade era restrita, limitada às partes da relação de emprego e, excepcionalmente, seus sucessores.

Com a ampliação da competência da Justiça do Trabalho concretamente qualquer interessado poderá promover a execução, com isso o rol de legitimados aumentou. Neste quadro cabe a aplicabilidade suplementar da regra pertinente do Processo comum:

> Art. 567. *Podem também promover a execução, ou nela prosseguir:*
>
> *I – o espólio, os herdeiros ou os sucessores do credor, sempre que, por morte deste, lhes for transmitido o direito resultante do título executivo;*
>
> *II – o cessionário, quando o direito resultante do título executivo lhe foi transferido por ato entre vivos;*
>
> *III – o sub-rogado, nos casos de sub-rogação legal ou convencional.*

Portanto, hoje pode promover a execução:

a) Vencedor (credor empregado, trabalhador, empregador);

b) Vencido (devedor, empregador, empregado, tomador ou trabalhador);

c) União (Previdência Social — Procuradoria da Fazenda Pública).

d) Qualquer outro interessado como os sucessores, cessionários, sub-rogados.

No polo passivo da execução podem figurar:

O vencido no processo (devedor: empregador ou empregado);

Sucessores ou sucessão do empregador;

Responsáveis solidários ou subsidiários;

Massa falida ou recuperando.

1.7. Espécies de Execução

Em relação a título executivo judicial a execução, conforme a condição do título executivo (sentença transitada em julgado ou não, poderá ser provisória ou definitiva.

Quanto à questão, a legislação processual trabalhista limita-se a dizer no art. 899 da CLT "admitida a execução provisória até a penhora", pelo que devemos nos socorrer das normas do Processo comum. Esclarecendo, estabelecem os arts. 471-I e 587 do CPC:

> Provisória
>
> Art. 475-I. – CPC (...)
>
> § 1º (...) ***provisória quando*** *se tratar de sentença impugnada mediante recurso ao qual não foi atribuído efeito suspensivo.*
>
> Art. 587. *A* ***execução*** *(...); é* ***provisória****, quando a sentença for impugnada mediante recurso, recebido só no efeito devolutivo.*

A jurisprudência elucida alguma questão específica ou peculiar:

> **OJ SDI 2 – N. 56.** *Mandado de segurança. Execução. Pendência de recurso extraordinário. Não há direito líquido e certo à execução definitiva na pendência de recurso extraordinário, ou de agravo de instrumento visando a destrancá-lo.*

O que se entende por **execução definitiva** também é definido pelo Código de Processo Civil, regra aplicável ao Processo do Trabalho:

> Art. 475-I. – CPC (...)
>
> § 1º ***É definitiva a execução*** *da sentença transitada em julgado e (...)*
>
> § 2º *Quando na sentença houver uma parte líquida e outra ilíquida, ao credor é lícito promover simultaneamente a execução daquela e, em autos apartados, a liquidação desta. (Incluído pela Lei n. 11.232, de 2005)*
>
> Art. 587. *A* ***execução é definitiva****, quando fundada em sentença transitada em julgado ou em título extrajudicial; (...)*

A legislação processual do trabalho consolidada, mesmo sem definir a execução definitiva, corrobora as normas do Processo comum, ao estabelecer no art. 876:

> Art. 876. *As decisões passadas em julgado ou das quais não tenha havido recurso com efeito suspensivo; os acordos, quando não cumpridos; os termos de ajuste de conduta firmados perante o Ministério Público do Trabalho e os termos de conciliação firmados perante as Comissões de Conciliação Prévia serão executados pela forma estabelecida neste Capítulo.*

A jurisprudência sumulada complementa:

SÚMULA N. 416 – *Devendo o agravo de petição delimitar justificadamente a matéria e os valores objeto de discordância, não fere direito líquido e certo o prosseguimento da execução quanto aos tópicos e valores não especificados no agravo.*

2. Fase ou procedimento quantitativo (Da Liquidação da Sentença)

Considerações Preliminares:

A execução só será possível se houver liquidez e certeza quanto ao seu objeto. No Processo do Trabalho, como já se disse e demonstra a normas pertinentes abaixo reproduzidas, em hipótese alguma se exige sentença líquida.

Art. 832. *Da decisão deverão constar o nome das partes, o resumo do pedido e da defesa, a apreciação das provas, os fundamentos da decisão e a respectiva conclusão.*

§ 1º *Quando a decisão concluir pela procedência do pedido, determinará o prazo e as condições para o seu cumprimento.*

§ 2º *A decisão mencionará sempre as custas que devam ser pagas pela parte vencida.*

Art. 852-I. *A sentença mencionará os elementos de convicção do juízo, com resumo dos fatos relevantes ocorridos em audiência, dispensado o relatório.*

§ 1º *O juízo adotará em cada caso a decisão que reputar mais justa e equânime, atendendo aos fins sociais da lei e às exigências do bem comum.*

§ 2º *Não se admitirá sentença condenatória por quantia ilíquida (VETADO)*

SENTENÇA LÍQUIDA – NÃO OBRIGATORIEDADE NO PROCESSO DO TRABALHO – *Inaplicável o parágrafo único do art. 459 ao CPC ao processo do trabalho. Não há determinação legal, no âmbito do processo do trabalho, para que seja proferida sentença líquida, ainda que o pedido seja certo ou líquido.* (TRT-PR 00023-2002-025-09–00-1 (RO))

Nestas circunstâncias, antes da execução faz-se necessária a liquidação da sentença, em relação ao procedimento próprio estabelece a legislação processual trabalhista, novamente complementada pelas normas do Processo comum.

Art. 879. *Sendo ilíquida a sentença exequenda, ordenar-se-á, previamente, a sua liquidação, que poderá ser feita por cálculo, por arbitramento ou por artigos.*

Art. 475-A. *Quando a sentença não determinar o valor devido, procede-se à sua liquidação.* (CPC)

Compreensão/natureza jurídica e objetivo da liquidação

Liquidação é *a fase preparatória da execução, em que um ou mais atos são praticados, por uma ou por ambas as partes, com a finalidade de estabelecer o valor da condenação ou individuar o objeto da obrigação, mediante a utilização, quando necessário, dos diversos modos de prova admitidos em lei.* (Manoel Antonio Teixeira Filho. *Execução no Processo do Trabalho*. São Paulo: LTr, 1979)

A "liquidação da sentença constitui atividade jurisdicional cognitiva destinada a produzir declaração do quantum debeatur *ainda não revelado quanto à obrigação a que o título executivo se refere.*" (Cândido Rangel Dinamarco — *Apud* Bezerra Leite)

Manoel Antonio Teixeira Filho, justificando, a nosso ver acertadamente, a natureza jurídica e o objetivo da liquidação, leciona ter sido ela "*instituída, finalisticamente, para tornar possível a execução da obrigação expressa no título executivo judicial; daí o sentido preparatório de que ela se reveste. A liquidação, em muitos casos, é pressuposto essencial à execução.*"

Legitimidade/iniciativa.

Atentando-se para a legitimidade, a iniciativa na liquidação vai depender da espécie de execução. Na execução definitiva a iniciativa poderá ser de qualquer interessado ou do juízo (art. 879, CLT): na execução a liquidação só ocorrerá se o interessado, *spont própria*, a promover.

Como já referido, o Processo do Trabalho admite a execução provisória até a penhora (art. 899, CLT). No entanto não trata do procedimento, o que exige a aplicação subsidiária das normas compatíveis do Processo comum.

Art. 475-O. *A execução provisória da sentença far-se-á, no que couber, do mesmo modo que a definitiva, observadas as seguintes normas: (Incluído pela Lei n. 11.232, de 2005)*

*I – **corre por iniciativa, conta e responsabilidade do exequente**, que se obriga, se a sentença for reformada, a reparar os danos que o executado haja sofrido; (Incluído pela Lei n. 11.232, de 2005)*

II – fica sem efeito, sobrevindo acórdão que modifique ou anule a sentença objeto da execução, restituindo-se as partes ao estado anterior e liquidados eventuais prejuízos nos mesmos autos, por arbitramento; (Incluído pela Lei n. 11.232, de 2005)

§ 1º No caso do inciso II do caput deste artigo, se a sentença provisória for modificada ou anulada apenas em parte, somente nesta ficará sem efeito a execução. (Incluído pela Lei n. 11.232, de 2005)

Instrumento/carta de sentença

§ 3º Ao requerer a execução provisória, o exequente instruirá a petição com cópias autenticadas das seguintes peças do processo, podendo o advogado valer-se do disposto na parte final do art. 544, § 1º: (Incluído pela Lei n. 11.232, de 2005)

I – sentença ou acórdão exequendo; (Incluído pela Lei n. 11.232, de 2005)

II – certidão de interposição do recurso não dotado de efeito suspensivo; (Incluído pela Lei n. 11.232, de 2005)

III – procurações outorgadas pelas partes; (Incluído pela Lei n. 11.232, de 2005)

IV – decisão de habilitação, se for o caso; (Incluído pela Lei n. 11.232, de 2005)

V – facultativamente, outras peças processuais que o exequente considere necessárias. (Incluído pela Lei n. 11.232, de 2005)

Uma vez que o Direito Processual do Trabalho, ao contrário do Processo comum, tem como regra a não repetição, é questionável a aplicação na seara trabalhista do disposto no inciso III do art. 475-O e incisos I e II do § 1º do mesmo artigo, que estabelece:

Do **art. 475-O** do CPC (redação dada pela Lei n. 11.232/2005)

Art. 475-O. **A execução provisória** da sentença far-se-á, no que couber, do mesmo modo que a definitiva, observadas as seguintes normas:

I – *corre por iniciativa, conta e responsabilidade do exequente, que se obriga, se a sentença for reformada, a reparar os danos que o executado haja sofrido*;

II – fica sem efeito, sobrevindo acórdão que modifique ou anule a sentença objeto da execução, restituindo-se as partes ao estado anterior e liquidados eventuais prejuízos nos mesmos autos, por arbitramento;

III – *o levantamento de depósito em dinheiro e a prática de atos que importem alienação de propriedade ou dos quais possa resultar grave dano ao executado dependem de caução suficiente e idônea, arbitrada de plano pelo juiz e prestada nos próprios autos*.

§ 1º No caso do inciso II deste artigo, se a sentença provisória for modificada ou anulada apenas em parte, somente nesta ficará sem efeito a execução.

§ 2º A caução a que se refere o inciso III do *caput* deste artigo poderá ser dispensada:

I – quando, nos casos de crédito de natureza alimentar ou decorrente de ato ilícito, até o limite de sessenta vezes o valor do salário mínimo, o exequente demonstrar situação de necessidade;

II – nos casos de execução provisória em que penda agravo de instrumento junto ao Supremo Tribunal Federal ou ao Superior Tribunal de Justiça (art. 544), salvo quando da dispensa possa manifestamente resultar risco de grave dano, de difícil ou incerta reparação.

Determina o art. 769 consolidado:

Art. 769. *Nos casos omissos, o direito processual comum será fonte subsidiária do direito processual do trabalho, exceto naquilo em que for incompatível com as normas deste Título.*

Assim, para a aplicação subsidiária do Processo comum dois são os pressupostos concomitantes: existência de lacuna e compatibilidade. Pertinentemente prevê o Direito Processual do Trabalho:

Art. 899 – *Os recursos serão interpostos por simples petição e terão efeito meramente devolutivo, salvo as exceções previstas neste Título, permitida a execução provisória* **até a penhora**.

LEI N. 4.725, DE 13 DE JULHO DE 1965

Art. 6º Os recursos das decisões proferidas nos dissídios coletivos terão efeito meramente devolutivo.

(...)

(...)

§ 3º O provimento do recurso não implicará na restituição dos salários ou vantagens pagos, em execução do julgado. (redação dada pela Lei n. 4.903/65)

Art. 893. Das decisões são admissíveis os seguintes recursos: *(Redação dada pela Lei n. 861, de 13.10.1949)*

I – (...)

§ 1º Os incidentes do processo são resolvidos pelo próprio Juízo ou Tribunal, admitindo-se a apreciação do merecimento das decisões interlocutórias somente em recursos da decisão definitiva. *(Parágrafo único renumerado pelo Decreto-lei n. 8.737, de 19.1.1946)*

JURISPRUDÊNCIA SUMULADA:

Súmula N. 214 – Na Justiça do Trabalho, nos termos do art. 893, § 1º, da CLT, as decisões interlocutórias não ensejam recurso imediato, salvo nas hipóteses de decisão:

a) de Tribunal Regional do Trabalho contrária à Súmula ou Orientação Jurisprudencial do Tribunal Superior do Trabalho;

b) suscetível de impugnação mediante recurso para o mesmo Tribunal;

c) que acolhe exceção de incompetência territorial, com a remessa dos autos para Tribunal Regional distinto daquele a que se vincula o juízo excepcionado, consoante o disposto no art. 799, § 2º, da CLT.

Assim, estabelecendo o art. 899 que a execução provisória vai até a penhora, existe um tratamento diverso e não lacuna. Por outro lado, a não devolutividade prevista no § 3º, art. 6º, da Lei n. 4.725/75, a inadmissibilidade de recurso imediato de decisão interlocutória, salvo melhor juízo, torna incompatível a regra do processo comum como as normas do Direito Processual do Trabalho.

Remédio

Com o devido respeito aos que pensam ao contrário, o remédio referido na Súmula n. 414, não altera o entendimento.

Súmula N. 414

II – No caso de a tutela antecipada (ou liminar) ser concedida antes da sentença, cabe a impetração do mandado de segurança, em face da inexistência de recurso próprio. (ex-OJs ns. 50 e 58 – ambas inseridas em 20.9.00)

Formas de Liquidação

Art. 879. *Sendo ilíquida a sentença exequenda, ordenar-se-á, previamente, a sua liquidação,* **que poderá ser feita por cálculo, por arbitramento ou por artigos.**

Novamente o procedimento é o previsto no Processo comum, compatível que é com os primados do Processo do Trabalho.

a) Por cálculos

Art. 475-B. Quando a determinação do valor da condenação depender apenas de cálculo aritmético, o credor requererá o cumprimento da sentença, na forma do art. 475-J desta Lei, instruindo o pedido com a memória discriminada e atualizada do cálculo.

§ 1º Quando a elaboração da memória do cálculo depender de dados existentes em poder do devedor ou de terceiro, o juiz, a requerimento do credor, poderá requisitá-los, fixando prazo de até trinta dias para o cumprimento da diligência.

§ 2º Se os dados não forem, injustificadamente, apresentados pelo devedor, reputar-se-ão corretos os cálculos apresentados pelo credor, e, se não o forem pelo terceiro, configurar-se-á a situação prevista no art. 362.

§ 3º Poderá o juiz valer-se do contador do juízo, quando a memória apresentada pelo credor aparentemente exceder os limites da decisão exequenda e, ainda, nos casos de assistência judiciária.

§ 4º Se o credor não concordar com os cálculos feitos nos termos do § 3º deste artigo, far-se-á a execução pelo valor originariamente pretendido, mas a penhora terá por base o valor encontrado pelo contador.

b) Por arbitramento

Art. 475-C. Far-se-á a liquidação por arbitramento quando:

I – determinado pela sentença ou convencionado pelas partes;

II – o exigir a natureza do objeto da liquidação.

Art. 475-D. Requerida a liquidação por arbitramento, o juiz nomeará o perito e fixará o prazo para a entrega do laudo.

Parágrafo único. Apresentado o laudo, sobre o qual poderão as partes manifestar-se no prazo de dez dias, o juiz proferirá decisão ou designará, se necessário, audiência.

c) Por artigos

Art. 475-E. Far-se-á a liquidação por artigos, quando, para determinar o valor da condenação, houver necessidade de alegar e provar fato novo.

Art. 475-F. Na liquidação por artigos, observar-se-á, no que couber, o procedimento comum (art. 272).

Na grande maioria das vezes a liquidação no Processo do Trabalho se dá por cálculos, só excepcionalmente poderá ser por arbitramento ou por artigos, como exemplifica o acórdão abaixo.

À míngua de qualquer elemento nos autos acerca dos dias efetivamente viajados, da quilometragem percorrida e dos pedágios pagos, remeto à liquidação por artigos. (Processo: 00224-2008-007-04-00-0 – 7ª Vara – POA)

Objeto de liquidação e sua abrangência:

Estabelecem as normas legais e o entendimento jurisprudencial aplicável:

Art. 879, CLT:

§ 1º Na liquidação, não se poderá modificar, ou inovar, a sentença liquidanda nem discutir matéria pertinente à causa principal.

§ 1º-A. A liquidação abrangerá, também, o cálculo das contribuições previdenciárias devidas.

Súmula n. 211 – TST – JUROS DE MORA E CORREÇÃO MONETÁRIA.

Os juros de mora e a correção monetária incluem-se na liquidação, ainda que omisso o pedido inicial ou a condenação. (Res. n. 14/1985 DJ 19.09.1985 – Referência: CLT, art. 883 – CPC, arts. 293 e 610 – Decreto-lei n. 75/1966, art. 1º)

OJ SDI 1 n. 262 – *Coisa julgada. Planos econômicos. Limitação à base na fase de execução. Não ofende a coisa julgada a limitação à data-base da categoria, na fase executória, da condenação ao pagamento de diferenças salariais decorrentes de planos econômicos, quando a decisão exequenda silenciar sobre a limitação, uma vez que a limitação decorre de norma cogente. Apenas quando a sentença exequenda houver expressamente afastado a limitação à data-base é que poderá ocorrer ofensa à coisa julgada.* (27.9.02)

Assim, devem ser apurados (tornados líquidos):

a) Em Reclamatória Trabalhista

Direitos trabalhistas deferidos;

Outros direitos decorrentes ou inerentes à relação de emprego;

Correção monetária e juros;

Custas;

Honorários advocatícios;

Honorários periciais;

Contribuições previdenciárias e tributos.

Em outras Ações Trabalhistas (EC n. 45/04)

Créditos ou direitos oriundos ou vinculados à relação de trabalho, deferidos na sentença, independentemente de sua natureza.

Procedimento na liquidação:

A legislação processual trabalhista consolidada limita-se a estabelecer o procedimento relativo à liquidação por cálculos, determinando no art. 879, da respectiva CLT:

§ 1º-B. *As partes deverão ser previamente intimadas para a apresentação do cálculo de liquidação, inclusive da contribuição previdenciária incidente.* (Incluído pela Lei n. 10.035, de 25.10.2000)

§ 2º *Elaborada a conta e tornada líquida, o* **Juiz poderá abrir às partes** *prazo sucessivo de 10 (dez) dias para impugnação fundamentada com a indicação dos itens e valores objeto da discordância, sob pena de preclusão.* (Incluído pela Lei n. 8.432, 11.6.1992)

§ 3º *Elaborada a conta pela parte ou pelos órgãos auxiliares da Justiça do Trabalho, o juiz procederá à intimação da União para manifestação, no prazo de 10 (dez) dias, sob pena de preclusão.* (Redação dada pela Lei n. 11.457, de 2007)

§ 4º A atualização do crédito devido à Previdência Social observará os critérios estabelecidos na legislação previdenciária. (Parágrafo incluído pela Lei n. 10.035, de 25.10.2000)

§ 5º O Ministro de Estado da Fazenda poderá, mediante ato fundamentado, dispensar a manifestação da União quando o valor total das verbas que integram o salário-de-contribuição, na forma do **art. 28 da Lei n. 8.212, de 24 de julho de 1991**, ocasionar perda de escala decorrente da atuação do órgão jurídico. (Incluído pela Lei n. 11.457, de 2007)

EMENTA: CÁLCULOS – NÃO CONCESSÃO DE VISTA PELO JUÍZO CERCEIO DE DEFESA – NÃO CARACTERIZADO – *O art. 879, parágrafo segundo, da CLT, determina que, elaborada a conta liquidatória e tornada líquida, o magistrado poderá e não deverá, frise-se, abrir às partes prazo sucessivo de dez dias para impugnação fundamentada, com a indicação dos itens e valores objeto da discordância, sob pena de preclusão. Trata-se de mera faculdade atribuída ao Julgador, e não imposição legal. Se o juiz optar por não conceder vista, homologando de pronto o cálculo de liquidação, não haverá qualquer ilegalidade ou cerceio de defesa, porque as partes poderão apontar todas as incorreções que julgarem existir depois de garantido o Juízo, em sede de embargos à execução ou impugnação à sentença de liquidação (art. 884 e parágrafos, da CLT).*

EMENTA: CÁLCULOS – PRAZO PARA EMBARGOS À EXECUÇÃO – *O art. 879, parágrafo segundo, da CLT, determina que, elaborada a conta e tornada líquida, o magistrado **poderá e não deverá**, frise-se, **abrir às partes prazo sucessivo de dez dias para impugnação fundamentada**. Trata-se de mera faculdade atribuída ao Julgador, e não imposição legal. Se o juiz optar por não conceder vista, homologando de pronto o cálculo de liquidação, não haverá qualquer ilegalidade ou cerceio de defesa, porque as partes poderão apontar todas as incorreções que julgarem existir a partir daí, em sede de embargos à execução (art. 884 e parágrafos, da CLT).* (TRT3 – 00284-2012-098-03-00-6-AP – 12.12.2013)

Do Acórdão consta:

*Em execução trabalhista, há duas oportunidades para as partes se manifestarem quanto aos cálculos de liquidação. A **primeira**, prevista no § 2º do art. 879 da CLT, ocorre quando, elaborada e tornada líquida a conta, o Juiz tem a faculdade de conceder às partes prazo para manifestação sobre os valores apurados em liquidação de sentença, sob pena de preclusão. A **segunda** está prevista no "caput" do art. 884 da CLT que dispõe:*

Garantida a execução ou penhorados os bens, terá o executado 5 (cinco) dias para apresentar embargos, cabendo igual prazo ao exequente para impugnação.

Porém, não está obrigado o julgador a proceder à intimação das partes logo após o ato de homologação dos cálculos (1ª oportunidade), podendo deixar de abrir vista aos litigantes para manifestar sobre os cálculos, hipótese em que as impugnações ao cálculo deverão ser expostas no prazo a que alude o art. 884, da CLT, ou seja, no prazo de 05 dias para oferecimento dos embargos à execução (2ª oportunidade).

No caso, poderá ocorrer tanto a preclusão **temporal** (não se manifestar no prazo concedido para tal) ou a preclusão **consumativa** (se manifestar de forma irregular, não atendendo aos requisitos § 2º supra (*indicação dos itens e valores objeto da discordância*).

Considero genérica a manifestação do reclamante, fls. 525-6, pois apresentada sem identificação de períodos, rubricas e valores, em desacordo com o previsto no art. 879, § 2º, da CLT. (Pro.: 0000813-08.2012.5.04.0701)

Se oportunizado pelo Juiz a parte poderá impugnar os cálculos apresentados pela outra ou pelo perito nomeado para tal. Se não oportunizado ou rejeitada a impugnação regularmente apresentada poderão discutir ou rediscutir os valores na fase de execução (§ 3º, art. 884)

EMENTA: LIQUIDAÇÃO – IMPUGNAÇÃO AOS CÁLCULOS – PRAZO – ART. 884 DA CLT – *O art. 884,caput, da CLT dispõe que "garantida a execução ou penhorados os bens, terá o executado cinco dias para apresentar embargos, cabendo igual prazo ao exequente para impugnação". Na hipótese em apreço, observa-se que, embora a reclamada tenha deixado transcorrer in albis o prazo para apresentação dos cálculos de liquidação, o Juízo da execução não adotou o procedimento do art. 879, § 2º, da CLT, vez que não abriu vista à executada da conta apresentada pelo exequente, não havendo, desse modo, a advertência de que sua inércia poderia acarretar pena de preclusão. Assim, tem-se que o contraditório foi diferido para o momento de apresentação dos embargos à execução, os quais devem ser apreciados. Agravo a que se dá provimento.* (TRT/AP/00018-2012-093-03-00-1)

A liquidação por arbitramento nas hipóteses acima previstas, nas raras vezes que acontece, ante a omissão da legislação processual trabalhista será processada na forma estabelecida no art. 475-D, do CPC acima transcrito.

A liquidação por artigos se assemelha a um procedimento comum, pois devem ser demonstrados fatos dos quais resultarão o *quantum debetur* admitindo o contraditório e a instrução. Exemplificando, numa sentença que condena uma instituição de ensino a pagar horas extras ao professor no período de matrícula. Os artigos de liquidação (a petição) apresentada devem demonstrar o número de processos de matrícula que ocorreram na contratualidade, o número de dias em que se processa a matrícula em cada ano ou semestre. A parte contrária pode refutar os dados por meio de impugnação, e, também, fazer prova de suas alegações.

Salvo melhor juízo, prevalece na jurisprudência o entendimento de que, se a situação concreta determinar, pode ser alterada a forma de liquidação originariamente determinada, sem ofensa à coisa julgada.

Encerramento da Liquidação/Sentença de Liquidação;

Dá-se pela sentença homologatória dos cálculos ou da liquidação. Esta sentença declara o valor certo e líquido da condenação para ser pago ou executado.

NATUREZA DA SENTENÇA DE LIQUIDAÇÃO:

Trata-se de Decisão ou Sentença **declaratória** com efeito **interlocutório**. O Direito Processual do Trabalho consolidado (§ 3º do art. 884 da LCT) a trata por sentença.

Tal decisão ou sentença, por ter natureza interlocutória não enseja recurso imediato. Poderá ser atacada, no entanto, nos Embargos à Execução pelo devedor ou por meio de Impugnação, no prazo dos embargos, pelo credor.

Art. 884

(...)

§ 3º *Somente nos embargos à penhora poderá o executado impugnar **a sentença de liquidação**, cabendo ao exequente igual direito no mesmo prazo.*

Súmula n. 196 – Ex-TFR – *Cabem **embargos** e não Agravo de Petição, da sentença de liquidação no processo de execução trabalhista.*

No Processo comum a natureza jurídica do ato do juiz que resolve a liquidação, sem dúvida é também de decisão interlocutória, eis que enseja Agravo de Instrumento e não Apelação.

Art. 475-H – *Da decisão de liquidação caberá agravo de instrumento.*

3. Fase de constrição

(GARANTIA DA EXECUÇÃO/PENHORA)

A fase de constrição compreende os atos de penhora e avaliação de bens oferecidos pelo devedor ou indicados pelo credor; para garantir a execução, ela inicia com a citação do devedor para pagar.

Art. 880. Requerida a execução, (Leia-se: tornada líquida a condenação) o juiz ou presidente do tribunal mandará expedir mandado de citação do executado, a fim de que cumpra a decisão ou o acordo no prazo, pelo modo e sob as cominações estabelecidas ou, quando se tratar de pagamento em dinheiro, inclusive de contribuições sociais devidas à União, para que o faça em 48 (quarenta e oito) horas ou garanta a execução, sob pena de penhora.

§ 1º O mandado de citação deverá conter a decisão exequenda ou o termo de acordo não cumprido.

§ 2º A citação será feita pelos oficiais de diligência.

§ 3º Se o executado, procurado por 2 (duas) vezes no espaço de 48 (quarenta e oito) horas, não for encontrado, far-se-á citação por edital, publicado no jornal oficial ou, na falta deste, afixado na sede da Junta ou Juízo, durante 5 (cinco) dias.

Na sequência poderá ocorrer qualquer uma das seguintes situações distintas, na forma e consequências estabelecidas na legislação específica, abaixo transcrita.

Citado, o devedor comparece à secretaria da Vara, obtém a Guia própria e paga o valor (na Caixa Econômica Federal — CEF) e juntando ao processo o respectivo comprovante, encerrando a execução, com a prática dos atos formais ulteriores (expedição de alvará, comprovação de recolhimento de contribuições e tributos, arquivamento etc.).

Citado, o devedor comparece e por meio da Guia própria de depósito, com o código específico, garante a execução com o depósito integral junto à CEF, prosseguindo a execução, com a abertura do prazo para os Embargos e Impugnação.

Citado, o devedor comparece e oferece bens em garantia da execução. Aceitos, penhorados e avaliados bens, lavra-se o termo de penhora e prossegue a execução. Com a ciência de penhora inicia o prazo para os Embargos e Impugnação.

Citado o vencido executado, este não paga, não deposita e não oferece bens à penhora. Neste caso serão penhorados bens encontrados, obedecida a ordem estabelecida no art. 655 do CPC. Como na situação anterior, penhorados e avaliados bens, lavra-se o termo de penhora e prossegue a execução. Com a ciência de penhora inicia o prazo para os Embargos e Impugnação.

Como *"dinheiro, em espécie ou em depósito ou aplicação em instituição financeira"* está em primeiro lugar na ordem de preferência estabelecida pelo referido art. 655 do CPC, sempre que possível é realizada a chamada **penhora on line,** que consiste em ordens judiciais de bloqueio de valores disponíveis em contas de depósito à vista (contas correntes), de investimento e de poupança, depósito a prazo, aplicações financeiras e outros ativos passíveis de bloqueio, de pessoas físicas ou jurídicas, na forma estabelecida no CONVÊNIO BACEN/TST — 2005, que instituiu o sistema BACEN JUD, que é regulamentado na Justiça do Trabalho pelos arts. 85 a 105 da Consolidação dos Provimentos da Corregedoria-Geral da Justiça do Trabalho.

A regra do art. 620 do CPC, *"Quando por vários meios o credor puder promover a execução, o juiz mandará que se faça pelo modo menos gravoso para o devedor"* não socorre o devedor na execução definitiva, no sentido de oferecer outros bens em substituição aos valores em moeda corrente.

DO PAGAMENTO

Art. 881. No caso de pagamento da importância reclamada, será este feito perante o escrivão ou secretário, lavrando-se termo de quitação, em 2 (duas) vias, assinadas pelo exequente, pelo executado e pelo mesmo escrivão ou secretário, entregando-se a segunda via ao executado e juntando-se a outra ao processo.

ORDEM DE NOMEÇÃO DOS BENS – ART. 655, CPC

Art. 882 – O executado que não pagar a importância reclamada poderá garantir a execução mediante depósito da mesma, atualizada e acrescida das despesas processuais, ou nomeando bens à penhora, observada a ordem preferencial estabelecida no **art. 655 do Código Processual Civil.** (Redação dada pela Lei n. 8.432, 11.6.1992)

Art. 655. A penhora observará, preferencialmente, a seguinte ordem: (Redação dada pela Lei n. 11.382, de 2006).

I – dinheiro, em espécie ou em depósito ou aplicação em instituição financeira;

II – veículos de via terrestre;

III – bens móveis em geral;

IV – bens imóveis;

V – navios e aeronaves;

VI – ações e quotas de sociedades empresárias;

VII – percentual do faturamento de empresa devedora;

VIII – pedras e metais preciosos;

IX – títulos da dívida pública da União, Estados e Distrito Federal com cotação em mercado;

X – títulos e valores mobiliários com cotação em mercado;

XI – outros direitos. (Incluído pela Lei n. 11.382, de 2006).

PENHORA COACTA

Art. 883. Não pagando o executado, nem garantindo a execução, seguir-se-á penhora dos bens, tantos quantos bastem ao pagamento da importância da condenação, acrescida de custas e juros de mora, sendo estes, em qualquer caso, devidos a partir da data em que for ajuizada a reclamação inicial. (Redação dada pela Lei n. 2.244, de 23.6.1954)

4. Embargos à Execução

Embora a CLT empregue os termos Embargos à Execução e Embargos à Penhora no mesmo sentido, tratam-se de institutos distintos. Os Embargos à Execução têm por objetivo tornar insubsistente o título executivo, eximindo o embargante do pagamento total ou parcial; os Embargos à Penhora destinam-se a torná-la sem efeito em relação a bens impenhoráveis ou regularizar a penhora delimitando-a nos termos e valores da execução.

Embora haja alguma divergência sobre a natureza dos Embargos à Execução, a doutrina, majoritariamente, entende que sua natureza é de Ação Cognitiva Incidental à ou na Execução, podendo ser vista como Ação Constitutiva Negativa ou, ainda, Ação ou procedimento desconstitutivo do título executivo, como se vê nas citações a seguir.

> *A natureza jurídica dos embargos do executado, consoante a esmagadora doutrina, incluindo a alienígena, é de que o referido instituto é mesmo uma ação incidental à execução, nos mesmos moldes do modelo germânico, e não somente uma mera resposta do executado com funções análogas à da contestação existente no processo de conhecimento.* (ABELHA, Marcelo. *Manual de Execução Civil.* 3. ed. Rio de Janeiro: Forense, 2008. p. 534).

Sua natureza jurídica é a de uma ação de cognição incidental de caráter constitutivo, conexa à execução por estabelecer, como ensina Chiovenda, uma "relação de causalidade entre a solução do incidente e o êxito da execução". (THEODORO JÚNIOR, Humberto. *Curso de Direito Processual Civil*: Processo de Execução e Cumprimento de Sentença, Processo Cautelar e Tutela de Urgência. Rio de Janeiro: Forense, 2009. p. 394)

Embargos do Executado ... ação incidente do executado visando anular, ou reduzir a execução ou tirar ao título a sua eficácia executória. (Enrico Túlio Liebman – *Processo de execução*, 3. ed. RJ, Forense. p. 216)

Natureza da Impugnação:

A impugnação à sentença de Liquidação oposta pelo exequente tem a natureza de um incidente processual, que será resolvido na sentença terminativa ou definitiva que julgar os Embargos à Execução. Seu objetivo geralmente consiste em atacar a sentença de liquidação quanto ao valor atribuído ao crédito exequendo.

A impugnação na execução trabalhista difere, portanto, da impugnação prevista no art. 475-L do CPC, quanto à legitimidade, matéria e objetivo.

Prazo dos Embargos

O *caput* do art. 884 da CLT fixa em cinco (5) dias o prazo para a interposição de Embargos à Execução.

Art. 884 – CLT – *Garantida a execução ou penhorados os bens, terá o executado 5 (cinco) dias para apresentar embargos, cabendo igual prazo ao exequente para impugnação.*

No entanto, a Medida Provisória 2.180-35, de 24.08.2001, que inseriu o art. 1º-B, alterou o referido prazo para trinta (30) dias.

Art. 1º-B – *O prazo a que se refere o* caput *dos arts. 730 do Código de Processo Civil, e 884 da Consolidação das Leis do Trabalho, aprovada pelo Decreto-lei n. 5.452, de 1º de maio de 1943, passa a ser de trinta dias. (art. 1º B da Lei n. 9.494/97, com redação dada pela MP 2.180-35, de 24.8.2001)*

Com base no art. 62 da Constituição Federal, doutrinadores e tribunais trabalhistas se opuseram à alteração de prazo acima referida por se tratar de matéria processual e por não vislumbrarem urgência e relevância na questão para justificar o uso de Medida Provisória para tal.

Estabelece dito artigo:

Art. 62. *Em **caso de relevância e urgência**, o Presidente da República poderá adotar medidas provisórias, com força de lei, devendo submetê-las de imediato ao Congresso Nacional.*

§ 1º *É vedada a edição de medidas provisórias sobre matéria:*

(...)

b) *direito penal, processual penal e **processual civil**;*

Assim, tal dispositivo estaria eivado de inconstitucionalidade formal (falta de urgência e relevância) e inconstitucionalidade material, por tratar de matéria processual.

Como a Lei n. 9.494/97 disciplina a aplicação da tutela contra a Fazenda Pública, alguns autores entenderam que a alteração do prazo beneficia apenas os entes públicos. Não nos parece viável tal entendimento, pois a lei não faz qualquer distinção. Neste caso, além da inconstitucionalidade acima referida tal dispositivo seria inconstitucional, ainda, por afrontar o art. 5º, *caput*, da Constituição, eis que todos são iguais perante a lei.

O TST, pelo Pleno, no incidente de uniformização jurisprudencial RR 7000-66.1992.5.04.0011 entendeu ser inconstitucional a dilação do prazo dos embargos por Medida Provisória, seguindo o decidido pelo Supremo em relação à dilação do prazo da Rescisória para os Entes Públicos.

O TRT da 4ª região sumulou tal entendimento:

SÚMULA TRT-4 N. 44 – FAZENDA PÚBLICA – EMBARGOS À EXECUÇÃO – PRAZO. – *O prazo para a propositura de embargos à execução pelos entes públicos, no Processo do Trabalho, é de cinco dias, nos termos do art. 884 da CLT.* Resolução Administrativa n. 12/2006 Publ. DOE-RS dias 10, 13 e 14 de novembro de 2006. – **Cancelada** em 2.10.2009.

A questão foi levada ao Supremo, por meio da ADC 11 proposta pelo Governo do Distrito Federal. O STF posicionou-se pela constitucionalidade precária do dispositivo em questão:

Em Ação Declaratória de Constitucionalidade o Governador do Distrito Federal (ADC 11/DF) pretende que o Supremo declare constitucional o dispositivo que ampliou para 30 dias o prazo concedido à Fazenda Pública para oferecimento de embargos à execução. Conforme o Código de Processo Civil (art. 730) e a Consolidação das Leis do Trabalho (art. 884), esse prazo era de 5 dias.

Por unanimidade, o Plenário do Supremo Tribunal Federal (STF) deferiu cautelar na Ação Declaratória de Constitucionalidade (ADC) 11, ajuizada pelo governador do Distrito Federal. Com isso, ficam suspensos quaisquer julgamentos que envolvam a aplicação do art. 1º-B, da Lei n. 9.494/97, acrescentado pelo art. 4º da Medida Provisória (MP) n. 2.180/01.

A SDI 1, no julgamento do E-RR 110200-18.2003.5.21.0921, seguindo a posição do STF, contrariando a posição do Pleno do TST, que teria efeito vinculante naquele Tribunal, entendeu tempestivo Embargos à Execução interpostos em 30 dias. Como várias Turmas já haviam decidido no mesmo sentido, o Pleno suspendeu a declaração incidental de inconstitucionalidade do art. 1º B da Lei n. 9.494/97, com redação dada pela MP n. 2.180-35, de 24.8.2001, até a decisão definitiva da matéria pelo Supremo.

Diante destas marchas e contramarchas o prazo dos Embargos à Execução no Processo do Trabalho é de trinta (30) dias, até que se decida ou disponha ao contrário. Assim tem decidido agora o TST, como exemplificam as decisões abaixo transcritas:

A questão trazida a este Supremo Tribunal Federal encontra-se pacificada, pois "*a decisão que deixa de receber embargos à execução trabalhista opostos no prazo legal, afastando a aplicação do art. 1º-B da Lei n. 9.494/1997, descumpre a decisão proferida na Ação Declaratória de Constitucionalidade n. 11-MC/DF.*" (Rcl n. 5.758/SP, Tribunal Pleno, Relatora a Ministra **Cármen Lúcia**, julgado em 13/5/09, DJe-148 de 7/8/09).

No mesmo sentido: Rcl 5.669/RS, Rcl 6.186/RS, Rcl 6.173/RS, Rcl 6.221/DF,; Rcl 6.187/PR, Rcl 6.151/PR, Rcl 5.759/RS, Rcl 5.758-MC/SP, e Rcl 5.665-MC/RS, Rcl 5.669/RS, Relatora a Ministra **Cármen Lúcia**, decisão monocrática, DJ 1º.2.2008; Rcl 6.186/RS, Relatora a Ministra Ellen Gracie, decisão monocrática, DJ 19.8.2008; Rcl 6.221/DF, Relator o Ministro Joaquim Barbosa, decisão monocrática, DJ 1º.8.2008; Rcl 6.187/PR, Relator o Ministro Ricardo Lewandowski, decisão monocrática, DJ 25.6.2008; Rcl 6.151/PR, Relator o Ministro Eros Grau, decisão monocrática, DJ 18.6.2008; Rcl 5.759/RS, Relator o Ministro Celso de Mello, decisão monocrática, DJ 24.3.2008; Rcl 5.758-MC/SP, Relatora a Ministra Ellen Gracie, decisão monocrática, DJ 7.2.2008; e Rcl 5.665-MC/RS, Relator o Ministro Menezes Direito, decisão monocrática, DJ 27.11.2007.

Esse é o entendimento do Plenário do STF, o qual deixou assentado que a autoridade do decidido na ADC n. 11/DF-MC é vinculante e, por esse fato, ter-se-ia de imprimir o imediato processamento dos embargos à execução opostos sob a regência dos prazos previstos no art. 730, CPC, e no art. 884, CLT, com as modificações introduzidas pela Medida Provisória n. 2.180-35/2001, que acrescentou o art. 1º-B à Lei n. 9.494/97.

O TRT4, após o cancelamento da Súmula n. 44, mudou seu entendimento estabelecendo:

O JURISPR N. 15 – EMBARGOS À EXECUÇÃO. FAZENDA PÚBLICA.

O prazo para oposição de embargos à execução pela Fazenda Pública é de 30 (trinta) dias.

INÍCIO DO PRAZO

Lei n. 6.830/80

Art. 16 – O executado oferecerá embargos, no prazo de 30 (trinta) dias, contados:

I – do depósito;

II – da juntada da prova da fiança bancária;

III – da intimação da penhora.

§ 1º Não são admissíveis embargos do executado antes de garantida a execução.

O início do prazo para ajuizamento de embargos à execução fiscal é a data da efetiva intimação da penhora. (Resp n. 1126307 DJ 30.3.2011)

Assim, o prazo será contado a partir da ciência da garantia da execução, pelo depósito ou pela penhora.

Para os Entes Públicos e Massas Falidas o prazo inicial da citação para pagar ou embargar.

Matéria dos Embargos:

O art. 884 da CLT, no parágrafo primeiro estabelece, de forma restritiva a matéria que pode ser oposta nos Embargos à Execução.

§ 1º *A matéria de defesa será restrita às alegações de cumprimento da decisão ou do acordo, quitação ou prescrição da dívida.*

A Doutrina é uníssona em admitir a oposição de matéria processual, sendo, portanto, por compatível, aplicável o estabelecido no art. 475-L do CPC.

Art. 475-L. A impugnação somente poderá versar sobre:

I – falta ou nulidade da citação, se o processo correu à revelia;

II – inexigibilidade do título;

III – penhora incorreta ou avaliação errônea;

IV – ilegitimidade das partes;

*V – **excesso de execução**;*

VI – qualquer causa impeditiva, modificativa ou extintiva da obrigação, como pagamento, novação, compensação, transação ou prescrição, desde que superveniente à sentença.

(...)

§ 2º Quando o executado alegar que o exequente, em excesso de execução, pleiteia quantia superior à resultante da sentença, cumprir-lhe-á declarar de imediato o valor que entende correto, sob pena de rejeição liminar dessa impugnação. (Incluído pela Lei n. 11.232, de 2005)

Corrobora este entendimento a jurisprudência sumulada do Tribunal Regional do Trabalho da 4ª Região.

O JURISPR – TRT4 N. 41 – ART. 475-L, § 2º DO CPC. COMPATIBILIDADE COM O PROCESSO DO TRABALHO.

O disposto no art. 475-L, § 2º do CPC, é compatível com o processo do trabalho.

Prescrição Intercorrente

Controvertida é a admissibilidade da prescrição intercorrente como matéria de oposição nos Embargos à Execução, como se vê na simples leitura dos dispositivos legais pertinentes e das súmulas do STF E TST, abaixo trasncritas.

Art. 884 – Garantida a execução ou penhorados os bens, terá o executado 5 (cinco) dias para apresentar embargos, cabendo igual prazo ao exequente para impugnação.

*§ 1º – A matéria de defesa será restrita às alegações de cumprimento da decisão ou do acordo, quitação ou **prescrição da dívida**.*

§ 4º – Se da decisão que ordenar o arquivamento tiver transcorrido o prazo prescricional, o juiz, depois de ouvida a Fazenda Pública, poderá, de ofício, reconhecer a prescrição intercorrente e decretá-la de imediato. (§ 4º, art. 40, Lei n. 6.830/80)

Súmula n. 150 do STF – *Prescreve a execução no mesmo prazo da prescrição da ação.*

Art. 11 – CLT – *O direito de ação quanto a créditos resultantes da relação de trabalho prescreve:*

I – (...)

II – ... até o limite de dois anos após a extinção do contrato.

Súmula n. 327 do STF

O direito trabalhista admite a prescrição intercorrente.

Súmula n. 114 do TST

É inaplicável na Justiça do Trabalho a prescrição intercorrente.

Tribunais Regionais, a exemplo do TRT$, Súmularam entendimento a respeito.

O JURISPR – TRT 4 – N. 11 – PRESCRIÇÃO INTERCORRENTE. INAPLICABILIDADE.

No Processo trabalhista, a execução é regida pelo impulso oficial, não se aplicando a prescrição intercorrente.

Recente Decisão do TST

Viola o art. 5º, XXXVI, da Constituição Federal, a decisão que extingue a execução trabalhista, aplicando a prescrição intercorrente. A despeito do período pelo qual o processo fora arquivado, a previsão de impulso oficial do art. 878 da CLT afasta qualquer necessidade de iniciativa do exequente para o efetivo cumprimento da sentença transitada em julgado. Razão pela qual, a prescrição intercorrente não se aplica, nos moldes da Súmula n. 114 do TST. Precedentes. (TST-RR-104800-93.1995.5.02.0254 – em 15.7.2014)

A combinação do § 1º do art. 884 da CLT, com o § 4º do art. 40 da Lei n. 6.830/80, este posterior à Súmula n. 114 do TST, permite concluir pela aplicação da prescrição intercorrente no Processo do Trabalho, em decorrência da inércia injustificada do exequente.

Neste sentido:

PRESCRIÇÃO INTERCORRENTE. EXECUÇÃO. APLICAÇÃO AO PROCESSO DO TRABALHO. De acordo com a Súmula n. 327 do C. STF: 'O direito do trabalho admite a prescrição intercorrente'. Autoriza a aplicação da prescrição intercorrente no processo do trabalho a inércia do exequente que deixa de atender atos processuais por mais de 2 anos. Assim, a partir do momento em que os atos a serem realizados dependem exclusivamente do autor e ele abandona a causa por mais de dois anos, há que se extinguir a execução pelo decurso da prescrição intercorrente. Agravo de Petição inicial provido. (TRT- 2ªR.- 11ª T. AP 01381-2000-073-02-00-Relª Rita Maria Silvestre- DOESP 13.2.2007)

Sobre a controvérsia afirma Bezerra Leite:

> *Parece-nos com razão o STF, desde que o exequente, intimado para a prática de ato que só a ele incumbe, permanecer inerte por mais de dois anos. Nesse caso, poderá o juiz da execução, mediante requerimento do devedor nos embargos por este opostos, pronunciar a prescrição intercorrente e julgar extinto o processo de execução. Há quem entenda que, neste caso, juiz deveria julgar extinta a execução por abandono da causa (CPC, art. 267, III).* (BEZERRA LEITE, Carlos Henrique. *Curso de Direito Processual do Trabalho*, 10. ed. São Paulo: LT, 2012, p. 1127)

Também a nulidade do título judicial pode ser arguida nos Embargos à Execução, como em exceção de pre-executividade.

Art. 884 da CLT

§ 5º Considera-se inexigível o título judicial fundado em lei ou ato normativo declarados inconstitucionais pelo Supremo Tribunal Federal ou em aplicação ou interpretação tidas por incompatíveis com a Constituição Federal.

Efeito dos Embargos

A legislação processual trabalhista não trata dos efeitos dos embargos. Da interpretação literal de dispositivos legais correlatos resulta a conclusão de que aos Embargos à Execução não é atribuído efeito suspensivo.

Art. 897, CLT

§ 1º O agravo de petição só será recebido quando o agravante delimitar, justificadamente, as matérias e os valores impugnados, permitida a execução imediata da parte remanescente até o final, nos próprios autos ou por carta de sentença.

SÚMULA N. 416 – AGRAVO DE PETIÇÃO – SOBRESTAMENTO DA EXECUÇÃO

Devendo o agravo de petição delimitar justificadamente a matéria e os valores objeto de discordância, não fere direito líquido e certo o prosseguimento da execução quanto aos tópicos e valores não especificados no agravo. (ex-OJ n. 55 – inserida em 20.9.00)

Art. 739, CPC.

§ 1º Os embargos serão sempre recebidos com efeito suspensivo. (**Revogado** pela Lei n. 11.382, de 2006)

Art. 739-A. *Os embargos do executado não terão efeito suspensivo.* (Incluído pela Lei n. 11.382, de 2006).

§ 1º O juiz poderá, a requerimento do embargante, atribuir efeito suspensivo aos embargos quando, sendo relevantes seus fundamentos, o prosseguimento da execução manifestamente possa causar ao executado grave dano de difícil ou incerta reparação, e desde que a execução já esteja garantida por penhora, depósito ou caução suficientes. (Incluído pela Lei n. 11.382, de 2006).

§ 2º A decisão relativa aos efeitos dos embargos poderá, a requerimento da parte, ser modificada ou revogada a qualquer tempo, em decisão fundamentada, cessando as circunstâncias que a motivaram. (Incluído pela Lei n. 11.382, de 2006).

§ 3º Quando o efeito suspensivo atribuído aos embargos disser respeito apenas a parte do objeto da execução, essa prosseguirá quanto à parte restante. (Incluído pela Lei n. 11.382, de 2006).

§ 4º A concessão de efeito suspensivo aos embargos oferecidos por um dos executados não suspenderá a execução contra os que não embargaram, quando o respectivo fundamento disser respeito exclusivamente ao embargante. (Incluído pela Lei n. 11.382, de 2006).

§ 5º Quando o excesso de execução for fundamento dos embargos, o embargante deverá declarar na petição inicial o valor que entende correto, apresentando memória do cálculo, sob pena de rejeição liminar dos embargos ou de não conhecimento desse fundamento. (Incluído pela Lei n. 11.382, de 2006).

§ 6º A concessão de efeito suspensivo não impedirá a efetivação dos atos de penhora e de avaliação dos bens. (Incluído pela Lei n. 11.382, de 2006).

*Art. 475-M. A impugnação **não terá efeito suspensivo**, podendo o juiz atribuir-lhe tal efeito desde que relevantes seus fundamentos e o prosseguimento da execução seja manifestamente suscetível de causar ao executado grave dano de difícil ou incerta reparação. (Incluído pela Lei n. 11.232, de 2005)*

§ 1º Ainda que atribuído efeito suspensivo à impugnação, é lícito ao exequente requerer o prosseguimento da execução, oferecendo e prestando caução suficiente e idônea, arbitrada pelo juiz e prestada nos próprios autos. (Incluído pela Lei n. 11.232, de 2005)

§ 2º Deferido efeito suspensivo, a impugnação será instruída e decidida nos próprios autos e, caso contrário, em autos apartados. (Incluído pela Lei n. 11.232, de 2005)

A despeito da inexistência de previsão legal específica os Embargos à Execução acarretam se não formalmente a suspensão da execução, faticamente determinam um sobrestamento nesta até que os Embargos e os recursos pertinentes sejam julgados definitivamente.

Pode-se dizer que esta conclusão resulta, também, do disposto na parte final do § 1º do art. 897 *"permitida a execução imediata da parte remanescente até o final, nos próprios autos ou por carta de sentença"*, pois se só a parte que não foi objeto dos Embargos e do consequente Agravo de Petição pode ser executada até o final, é porque os Embargos e Agravo de petição, determinam a suspensão em relação a partes atacadas pelos mesmos.

EXTINÇÃO DA EXECUÇÃO:

A extinção da execução pode se dar pelo pagamento; pela remição; pela adjudicação; por acordo ou pela decretação da prescrição intercorrente.

Em três hipóteses pode ocorrer o pagamento, a saber:

Primeira: o Executado exercita o direito de remir, na forma prevista no art. 13 da Lei n. 5.584/70, e paga integralmente em moeda corrente o crédito do exequente. Esta parece ser a forma elegida em primeiro lugar, uma fez que moeda corrente ou em espécie é a forma legal preferencial de satisfazer os direitos trabalhistas (art. 463,CLT).

Segunda: O Executado tem satisfeito seu crédito com o produto da Arrematação.

Terceiro: O credor Exequente recebe o valor ajustado em acordo, eis que este pode se dar nesta fase do processo.

Extinção pela remissão

Estabelece o art. 13 da Lei n. 5.584, de 26 de junho de 1970: *"Em qualquer hipótese, a remição só será deferível ao executado se este oferecer preço igual ao valor da condenação."*

Exercendo tal faculdade, o executado pagando integralmente a condenação, principal e acessório, encerrar-se-á a execução e terá liberado os bens penhorados na mesma.

Extinção pela Adjudicação

Ao assim dispor *"A arrematação far-se-á em dia, hora e lugar anunciados e os bens serão vendidos pelo maior lance, tendo o exequente preferência para a adjudicação."* o parágrafo primeiro do art. 888 da CLT assegura ao credor o direito de ter a satisfação de seu crédito por meio dos bens penhorados em detrimento de terceiros eventuais arrematantes.

Extinção por Acordo

O acordo pode ser celebrado a qualquer momento, inclusive com finalidade de extinguir o crédito exequendo.

Art. 764 – CLT – *o dissídio individual estará sempre sujeito a conciliação.*

Art. 884 – CLT

*§ 1º – A matéria de defesa será restrita às alegações de cumprimento da decisão **ou do acordo**, quitação ou prescrição da dívida.*

Art. 832, CLT

§ 6º O Acordo celebrado após o trânsito em julgado da sentença ou após a elaboração dos cálculos de liquidação da sentença não prejudicará os créditos da União.

OJ -SDI 1 - n. 376 – *É devida a contribuição previdenciária sobre o valor do* **acordo celebrado e homologado após o trânsito em julgado de decisão judicial***, respeitada a proporcionalidade de valores entre as parcelas de natureza salarial e indenizatória deferidas na decisão condenatória e as parcelas objeto do acordo.*

Pela Decretação da Prescrição/extinção

Como já referido quanto à matéria de defesa nos Embargos à Execução, a combinação do § 1º do art. 884 da CLT com o § 4º do art. 40 da Lei n. 6.830/80, este posterior à Súmula n. 114 do TST, permite concluir pela aplicação da prescrição intercorrente no Processo do Trabalho, em decorrência da inércia injustificada do exequente.

§ 4º Se da decisão que ordenar o arquivamento tiver transcorrido o prazo prescricional, o juiz, depois de ouvida a Fazenda Pública, poderá, de ofício, reconhecer a **prescrição intercorrente** *e decretá-la de imediato.* (§ 4º, art. 40, Lei n. 6.830/80)

Salvo melhor juízo, a forma de extinção que melhor atende aos princípios norteadores do Direito Material e Processual do Trabalho e das normas positivadas aplicáveis, seria a remição, pois ela, se eleita pelo devedor, corresponderia à forma menos gravosa (art. 620 doCPC) e determinaria a satisfação plena do credor em espécie.

Questões Peculiares:

Ao encerrar este capítulo é pertinente destacar algumas situações peculiares relativas à execução no Processo do Trabalho.

Na execução contra ente público:

Na execução contra a Fazenda Pública não há penhora e a satisfação dos direitos se dará por meio de precatórios, com recursos orçamentários.

Tratando-se de direitos de natureza alimentar, os precatórios serão pagos preferencialmente em ralação aos demais, na ordem sequencial destes.

Condenações de até 60 (sessenta) salários mínimos serão pagos mediante a requisição do respectivo valor (RPV, § 1º do art. 17 da Lei n. 10.259/01)

OJ – SDI 1 – N. 343. Penhora. Sucessão. art. 100 da CF/88. Execução. É válida a penhora em bens de pessoa jurídica de direito privado, realizada anteriormente à sucessão pela União ou por Estado-membro, não podendo a execução prosseguir mediante precatório. A decisão que a mantém não viola o art. 100 da CF/1988.

Em se tratando de empresa pública com atividade econômica, a execução se processa normalmente contra o patrimônio da mesma.

OJ – SDI 1 – N. 87. Entidade pública. Exploração de atividade eminentemente econômica. Execução. art. 883, da clt. É direta a execução contra a appa e MINASCaixa (§ 1º do art. 173, da cf/88). (Nova redação – DJ 16.4.2004) – Parágrafo único do art. 168 do Regimento Interno do TST.

Os entes públicos externos possuem imunidade de execução (impenhorabilidade dos bens); neste caso a execução só se processará se houver expressa renúncia à imunidade ou na existência de bens não protegidos pela impenhorabilidade.

a) – Na execução face à Recuperação de Empresa ("Massa Falida") Liquidação Extrajudicial:

Lei n. 6.830, de 20.09.1980.

Art. 5º A competência para processar e julgar a execução da Dívida Ativa da Fazenda Pública **exclui a de qualquer outro Juízo, inclusive o da falência***, da concordata, da liquidação, da insolvência ou do inventário.*

Art. 29. A cobrança judicial da Dívida Ativa da Fazenda Pública não é sujeita a concurso de credores ou habilitação em falência, concordata, liquidação, inventário ou arrolamento

SÚMULA N. 227 – STF – A concordata do empregador não impede a execução do crédito nem a reclamação do empregado na Justiça do Trabalho.

O juízo universal da falência atrai os créditos trabalhistas, que após a liquidação, na Justiça do Trabalho, lá deverão ser habilitados. No entanto, na recuperação judicial as execuções continuarão na Justiça do Trabalho. Finda a suspensão decorrente do regime de recuperação judicial, prosseguirão as execuções trabalhistas.

OJ SDI 1 N. 143. Empresa em liquidação extrajudicial. Execução. Créditos trabalhistas. Lei n. 6.024/74. A execução trabalhista deve prosseguir diretamente na Justiça do Trabalho mesmo após a decretação da liquidação extrajudicial. Lei n. 6.830/1980, arts. 5º e 29, aplicados supletivamente (CLT, art. 889 e CF/1988, art. 114). (27.11.98)

OJ – SDI 2 N. 53 – Mandado de segurança. Cooperativa em liquidação extrajudicial. Lei n. 5.764/71, art. 76. Inaplicável. Não suspende a execução. A liquidação extrajudicial de sociedade cooperativa não suspende a execução dos créditos trabalhistas existentes contra ela.

STJ – EXECUÇÃO TRABALHISTA. EMPRESA. RECUPERAÇÃO JUDICIAL.

A Seção deu provimento ao agravo regimental para não conhecer do conflito de competência. Essa decisão possibilita que prossiga a execução de dívidas trabalhistas de empresa em recuperação judicial fora do juízo da falência e recuperações judiciais. No caso dos autos, trata-se de execução referente à fazenda adjudicada em reclamação trabalhista para indenizar ex-funcionários de sociedade empresária de aviação comercial em recuperação judicial. O Min. Relator acolheu argumento do Ministério Público do Trabalho (agravante), afirmando que, ultrapassado o prazo de 180 dias previstos no art. 6º, §§ 4º e 5º, da Lei n. 11.101/2005 (Lei de Recuperação Judicial, Extrajudicial e Falências), caso não tenha sido aprovado o plano de recuperação, deve ser restabelecido o direito de os credores prosseguirem nas execuções contra a sociedade empresária devedora. Dessa forma, apesar de o juízo da recuperação judicial ser competente para decidir sobre o patrimônio de sociedade devedora em recuperação, mesmo quando já realizada a penhora de bens no juízo trabalhista, na hipótese de os bens terem sido adjudicados em data anterior (em 27/8/2008) ao deferimento do processamento de recuperação judicial (em 13.11.2008) e de o prazo de 180 dias previsto na citada lei ter-se esgotado em 11.5.2008, a execução deve prosseguir na Justiça trabalhista. AgRg no CC 105.345-DF, rel. Min. Fernando Gonçalves, julgado em 28.10.2009.

c) Quanto à Execução pelo meio menos gravoso (art. 620 CPC);

O art. 620 do CPC, (*Quando por vários meios o credor puder promover a execução, o juiz mandará que se faça pelo modo menos gravoso para o devedor*) seria compatível como os primados do Direito Processual do Trabalho.

SÚMULA TST N. 417

III – Em se tratando de execução provisória, fere direito líquido e certo do impetrante a determinação de penhora em dinheiro, quando nomeados outros bens à penhora, pois o executado tem direito a que a execução se processe da forma que lhe seja menos gravosa, nos termos do art. 620 do CPC.

Se admitido este princípio ou critério, ele deve ser relativizado na execução trabalhista, como bem demonstra o acórdão abaixo transcrito:

ACÓRDÃO N. 20050270286

PROCESSO TRT/SP N.º 03098199804902005

EMENTA

EXECUÇÃO TRABALHISTA. PRINCÍPIO DA MENOR GRAVOSIDADE (ART. 620, CPC). APLICAÇÃO RESTRITA. *Ainda que se aceite, em tese, a incidência no processo trabalhista do princípio da menor onerosidade, sua aplicação há de estar em harmonia com a prelação legal explicitada no art. 655 do Código de Processo Civil e desde que esteja em jogo a constrição de bens de mesma classe.* **Ademais, menor gravosidade ao devedor não pode implicar prejuízo ara o credor, com a transferência para este dos riscos inerentes à atividade empresarial. Nesta Justiça, a execução deve processar-se da forma rápida e objetiva com vistas à satisfação do crédito do trabalhador e não para proteger o patrimônio do devedor, inadimplente.** *Desse modo, mesmo se aceita sua compatibilidade com o processo trabalhista, o princípio do menor gravame consubstanciado no art. 620 do CPC não pode sobrepor-se ao interesse do credor, ante a natureza alimentar dos créditos perseguidos, e nem contrapor-se à atuação da Justiça porque a esta interessa ver o quanto antes cumprido o comando sancionatório contido em suas decisões. Agravo de petição a que se nega provimento.*

d) Relativamente à alegação de preço vil

Art. 692 CPC: "*Não será aceito lanço que, em segunda praça, ofereça preço vil.*"

Art. 888 CLT:

§ 1º *A arrematação far-se-á em dia, hora e lugar anunciados e* **os bens serão vendidos pelo maior lance**, *tendo o exequente preferência para a adjudicação.*

É regida pelo Direito Processual do Trabalho, pelo que não haveria omissão determinadora da aplicação subsidiária da regra do Processo comum. Neste sentido o Acórdão do TRT4, assim ementado:

Não se aplicam ao processo trabalhista as normas processuais civis, ante a existência de norma trabalhista expressa sobre a matéria, A alienação é pelo maior lance, conforme determina o art. 888, § 1ª da CLT, sendo impertinente a discussão pela executada quanto a preço vil. (AP 00533.373/99-9 – 1ª T. Rela. Juíza Maria Inês Cunha Dornelles – J. 1º.2.2001)

Por outro lado, o dispositivo seria incompatível com o Processo do Trabalho, eis que neste não há previsão de segunda praça e afrontaria o princípio protecionista, pois protegendo o devedor inadimplente, estar-se-ia prejudicando o hipossuficiente, que a legislação trabalhista visa proteger.

A jurisprudência não é pacífica nesse sentido, alguns julgados enfrentam a questão concreta.

e) Quanto à Expropriação na Execução. Provisória (art. 475-O CPC)

III – o levantamento de depósito em dinheiro e a prática de atos que importem alienação de propriedade ou dos quais possa resultar grave dano ao executado dependem de caução suficiente e idônea, arbitrada de plano pelo juiz e prestada nos próprios autos.

§ 1º No caso do inciso II do *caput* deste artigo, se a sentença provisória for modificada ou anulada apenas em parte, somente nesta ficará sem efeito a execução.

§ 2º A caução a que se refere o inciso III do *caput* deste artigo poderá ser dispensada:

I – quando, nos casos de crédito de natureza alimentar ou decorrente de ato ilícito, até o limite de sessenta vezes o valor do salário mínimo, o exequente demonstrar situação de necessidade;

II – nos casos de execução provisória em que penda agravo de instrumento junto ao Supremo Tribunal Federal ou ao Superior Tribunal de Justiça (art. 544), salvo quando da dispensa possa manifestamente resultar risco de grave dano, de difícil ou incerta reparação.

Como já salientado no item relativo às Normas aplicáveis, o contido no art. 899, parte final (***até a penhora***) e no § 3º do art. 6º da Lei n. 4.725/65.(*O provimento do recurso não importará na restituição dos salário ou vantagens pagos, em execução do julgado*), afastam a aplicação das regras contidas no art. 475-O do CPC.

Capítulo 10

Do Dissídio Coletivo

1. Propedêutica (Considerações Preliminares)

Como já se disse no início desta obra, duas são as espécies de conflitos que podem resultar da relação de emprego. Conflitos Individuais (Dissídios Individuais) e Conflitos Coletivos (Dissídios Coletivos).

Nos conflitos coletivos, diferentemente do que ocorre nos individuais, são interessados trabalhadores não individualizados, buscando a criação ou o estabelecimento de melhores condições de trabalho, para o futuro e não a reparação de dano ou lesão a direito praticada no passado, na vigência do contrato de trabalho. Buscam-se normas autônomas que incidirão no futuro nos contratos individuais dos integrantes das categorias envolvidas no dissenso.

Os meios e procedimentos para a solução de conflitos individuais singulares e plúrimos já foram estudados. Neste capítulo vamos estudar as formas de solução dos conflitos coletivos, em especial a heterossolução promovida pelo Poder Judiciário Trabalhista por meio da Ação Coletiva Trabalhista denominada de Dissídio Coletivo.

Antes de tratar diretamente do Dissídio Coletivo, devemos salientar que os conflitos coletivos trabalhistas podem (e devem) ser solucionados por meio da negociação (autocomposição), por meio de Acordo ou Convenção Coletiva e frustrada a negociação (autocomposição) a Constituição Federal (art. 114), sugere que antes de acorrer ao Judiciário, as partes deveriam recorrer à arbitragem.

2. Conceito

Dissídio Coletivo é uma espécie peculiar de Ação Coletiva constitutiva, que tem como titular (legitimação autônoma) as Entidades Sindicais e por objeto a criação ou modificação de normas abstratas em favor das categorias profissionais representadas.

> *É um processo destinado à solução de conflitos coletivos de trabalho, por meio de pronunciamentos normativos constitutivos de novas condições de trabalho, equivalentes a uma regulamentação para grupos conflitante.* (Amauri, obra citada, 13. ed., p. 377)

Na lição de Bezerra Leite, entende-se por Dissídio Coletivo *"uma espécie de ação coletiva conferida a entes coletivos, geralmente os sindicatos, para a defesa de interesses coletivos cujos titulares materiais não são as pessoas individualmente consideradas, mas sim grupos ou categorias econômicas, profissionais ou diferenciadas, visando à criação ou interpretação de normas que irão incidir no âmbito dessas mesmas categorias.* (Obra citada p. 938)

Ou ainda, como com maestria explicita Amauri Mascaro Nascimento *"Dissidio coletivo é um processo judicial de solução dos conflitos coletivos econômicos e jurídicos quem no Brasil ganhou a máxima expressão como importante mecanismo de criação de normas e condições de trabalho por meio dos tribunais trabalhistas, que proferem sentenças denominadas normativas quando as partes que não se compuseram na negociação coletiva acionam a jurisdição".* (*Curso de Direito Processual do Trabalho*, 22. ed., SP, Saraiva, 2007. p. 679)

Pode-se se dizer que o Dissídio Coletivo, é um instituto em extinção em razão de sua rejeição pela Organização Internacional do Trabalho, que prega a livre negociação direta; pelo Estado brasileiro, pois o resultado do mesmo pode afetar a política econômica; pretensamente pelas Entidades Sindicais, pois ele lhes retira a importância e pelo empregador, pois o dissídio pode impor condições insuportáveis. Neste sentido a exigência do comum acordo para sua regular propositura, como previsto no § 2º do atual art. 114 da Constituição Federal.

Da rejeição resultou o revogação ou cancelamento de normas processuais que a ele eram aplicáveis, em especial do Regimento Interno do TST a as que constavam na Instrução Normativa TST n. 04/93, cancelada. Mesmo canceladas estas normas, os procedimentos que previam continuam sendo aplicados como se vê, inclusive, nas Orientações Jurisprudênciais da Seção Especializada em Dissídios Coletivos. Por tal razão e para melhor elucidar, algumas destas normas serão reproduzidas nos momentos pertinentes.

3. Legitimação para instaurar o Dissídio Coletivo

A legitimação (ordinária, ou própria) para a instauração (propositura desta Ação Coletiva Trabalhista) é das Entidades Sindicais (Sindicato, Federação ou Confederação) como decorre dos artigos art. 114, § 2º, da Constituição Federal de 1988, e 856 da Consolidação das Leis do Trabalho, complementadas pelas Orientações Jurisprudênciais abaixo transcritas.

*§ 2º Recusando-se qualquer das partes à negociação coletiva ou à arbitragem, é facultado às mesmas, de comum acordo, ajuizar dissídio coletivo de natureza econômica, podendo a Justiça do Trabalho **decidir o conflito**, respeitadas as disposições mínimas legais de proteção ao trabalho, bem como as convencionadas anteriormente.*

Art. 857 – A representação para instaurar a instância em dissídio coletivo constitui prerrogativa das associações sindicais, excluídas as hipóteses aludidas no art. 856, quando ocorrer suspensão do trabalho. (Redação dada pelo Decreto-lei n. 7.321, de 14.2.1945)

Parágrafo único. Quando não houver sindicato representativo da categoria econômica ou profissional, poderá a representação ser instaurada pelas federações correspondentes e, na falta destas, pelas confederações respectivas, no âmbito de sua representação.

OJ SDC N. 15 – A comprovação da legitimidade *"ad processum"* da entidade sindical se faz por seu registro no órgão competente do Ministério do Trabalho, mesmo após a promulgação da Constituição Federal de 1988.

OJ SDC N. 22 – Legitimidade *ad causam* do Sindicato. Correspondência entre as atividades exercidas pelos setores profissional e econômico envolvidos no conflito. **Necessidade**.

OJ SDC N. 23 – Legitimidade *ad causam*. Sindicato representativo de seguimento profissional ou patronal. Impossibilidade. A representação sindical abrange toda a categoria, não comportando separação fundada na maior ou menor dimensão de cada ramo ou empresa.

OJ SDC N. 19 DISSÍDIO COLETIVO CONTRA EMPRESA. LEGITIMAÇÃO DA ENTIDADE SINDICAL. AUTORIZAÇÃO DOS TRABALHADORES DIRETAMENTE ENVOLVIDOS NO CONFLITO.

Inserida em 25.05.1998

FALTA DE LEGITIMAÇÃO

OJ SDC N. 12 – Não se legitima o Sindicato profissional a requerer judicialmente a qualificação legal de movimento paredista que ele próprio fomentou.

Confederação Nacional das Profissões Liberais.

*Nas ações individuais e coletivas de competência da Justiça do Trabalho, as **entidades sindicais que integram a Confederação Nacional das Profissões Liberais** terão o mesmo poder de representação dos trabalhadores empregados atribuído, pela legislação em vigor, aos sindicatos representativos das categorias profissionais diferenciadas. (art. 1º da Lei n. 7.326/85)*

Empresas:

*No caso de persistir a recusa à negociação coletiva, ... ou se malograr a negociação entabulada, **é facultada** aos Sindicatos **ou empresas interessadas**, a **instauração de dissídio coletivo**. (§ 2º do art. 616 – CLT)*

OJ SDC N. 19 DISSÍDIO COLETIVO CONTRA EMPRESA. LEGITIMAÇÃO DA ENTIDADE SINDICAL. AUTORIZAÇÃO DOS TRABALHADORES DIRETAMENTE ENVOLVIDOS NO CONFLITO.

Inserida em 25.05.1998

Comissão de empregados em greve:

A entidade sindical ou comissão especialmente eleita representará os interesses dos trabalhadores nas negociações ou na Justiça do Trabalho (art. 5º da Lei n. 7.783, de 28.06.1089 – Lei de Greve).

Ministério Público do Trabalho

Em caso de greve em atividade essencial, com possibilidade de lesão do interesse público, o Ministério Público do Trabalho poderá ajuizar dissídio coletivo, competindo à Justiça do Trabalho decidir o conflito. (§ 3º do art. 114, CF/88)

Uma vez que a Constituição Federal atribui ao Ministério Público a legitimação para instaurar o Dissídio Coletivo em caso de greve, entende-se estar derrogado o art. 856 *caput*, da CLT, não podendo mais o Presidente do Tribunal instaurar o Dissídio, nas hipóteses de suspensão do trabalho, como previa o referido dispositivo, a seguir transcrito.

Art. 856. *A instância será instaurada mediante representação escrita ao presidente do Tribunal.* **Poderá ser também instaurada por iniciativa do presidente** *ou, ainda, a requerimento da Procuradoria da Justiça do Trabalho, sempre que ocorrer suspensão do trabalho.*

4. Partes

Como regra são partes nos Dissídios Coletivos Entidade Sindical Profissional e Entidade Sindical Econômica. No entanto, do que acima foi exposto, verifica-se que a legislação prevê ainda a possibilidade de o Ministério Público do Trabalho; de Entidades Sindicais dos Profissionais Liberais (Lei n. 7.316/85); Empresa ou Estabelecimento (§ 2º do art. 616 – CLT) e Comissão de Grevistas, figurarem como parte em Dissídio Coletivo.

Alguns autores sustentam que em razão do disposto no art. 5º, inciso LXX, *"b"*; no inciso III do art. 8º e no § 3º do art. 114, da Constituição Federal, só as entidades sindicais e o Ministério Público do Trabalho, possuem legitimidade após a nova Carta Constitucional. Por outro lado, há autores que sustentam que o Ministério Público ao instaurar o Dissídio em caso de greve em atividade essencial, estaria agindo no interesse público e, portanto, como *custos legis* e não como parte.

4.1. Interessados ou Envolvidos

Diferentemente do que ocorre em um Dissídio Individual, os efeitos da sentença (no caso Sentença Normativa), não se limitam às partes, portanto, interessados ou demais interessados no Dissídio Coletivo são os integrantes das categorias profissionais e patronais envolvidas no conflito levado ao Tribunal do Trabalho, em relação a quem produzirão efeitos as normas e condições *erga omnes* (e *extra partes*) resultantes do Dissídio Coletivo.

4.1.1. Excluídos

A Lei N. 2.112, de 11 de dezembro de 1.990, no art. 240, letras *"d"* e *"e"*, previa:

Art. 240. Ao servidor público civil é assegurado, nos termos da Constituição Federal, o direito à livre associação sindical e os seguintes direitos, entre outros, dela decorrentes:

d) de negociação coletiva; (Mantido pelo Congresso Nacional) (Revogado pela Lei n. 9.527, de 10.12.97)

e) de ajuizamento, individual e coletivamente, frente à Justiça do Trabalho, nos termos da Constituição Federal. (Mantido pelo Congresso Nacional) (Revogado pela Lei n. 9.527, de 10.12.97)

Com a revogação destes dispositivos em razão da natureza jurídica administrativa ou institucional do vínculo entre o funcionário e o ente público, esta categoria está impedida de ajuizar dissídio coletivo;

OJ SDC N. 05 – Aos servidores públicos não foi assegurado o direito ao reconhecimento de acordos e convenções coletivos de trabalho, pelo que, por conseguinte, também não lhes é facultada a via do dissídio coletivo, à falta de previsão legal.

b) **Empregados de Sindicatos:**

Os empregados das entidades sindicais, pelas razões constantes da Orientação Jurisprudencial n. 37 da SDC abaixo transcrita, também estão impedidos da via do Dissídio Coletivo.

OJ SDC N. 37 – O art. 10 da Lei n. 4.725/65 assegura, para os empregados de entidades sindicais, as mesmas condições coletivas de trabalho fixadas para os integrantes das categorias que seus empregadores representam. Assim, a previsão legal expressa constitui óbice ao ajuizamento de dissídio coletivo com vistas a estabelecer para aqueles profissionais regramento próprio.

5. Competência

Compete exclusivamente ao Tribunal Superior do Trabalho ou aos Tribunais Regionais do Trabalho, por intermédio do Pleno ou Seção Especializada, julgar Dissídio Coletivo, conforme a área de abrangência do conflito. Se o conflito se limitar à área de jurisdição de um Tribunal Regional, este será competente para julgar o correspondente Dissídio Coletivo. Se a área de conflito extrapolar a área de jurisdição de um Regional, a competência será do TST, como atestam as normas pertinentes (arts. 678, 677 da CLT e 2º da Lei n. 7.701/88) a seguir transcritas.

Art. 678. Aos Tribunais Regionais, quando divididos em Turmas, compete:

I – ao Tribunal Pleno, especialmente:

a) processar, conciliar e julgar originariamente os dissídios coletivos;

(...)

*Art. 677. A competência dos **Tribunais Regionais** determina-se pela forma indicada no art. 651 e seus parágrafos e, **nos casos de dissídio coletivo, pelo local onde este ocorrer**.*

Art. 2º Compete à seção especializada em dissídios coletivos, ou seção normativa:

I – originariamente:

conciliar e julgar os dissídios coletivos que excedam a jurisdição dos Tribunais Regionais do Trabalho e estender ou rever suas próprias sentenças normativas, nos casos previstos em lei.

(...)

> Os dissídios coletivos de trabalhadores avulso são da competência do TST (SDC RODE 2.141/90.0 – Apud Dir. Proc. do Trabalho – Martins, p. 664, 29. ed., Saraiva).

As Varas (ou Juízes) do Trabalho não possuem competência para julgar Dissídios Coletivos, mesmo que a área de conflito fique restrita à jurisdição da Vara. Estas, por delegação do Tribunal competente, poderão realizar a audiência de tentativa de conciliação e instruir o processo, devolvendo-o para a decisão do órgão competente (art. 866 da LCT).

5.1. Competência Normativa

No julgamento de Dissídio Coletivo o Tribunal do Trabalho competente exerce a competência normativa, assim entendida:

> **Competência normativa** *compreende o poder de estabelecer normas gerais modificadoras das condições de trabalho, numa verdadeira delegação de poderes legislativos a um Órgão Judiciário* (Wagner D. Giglio, *Direito Processual do Trabalho*, p. 57).

Como já se disse, a origem formal da competência normativa está no art. 132, § 2º, da Constituição de 1946;

*§ 2º **A lei especificará os casos em que as decisões, nos dissídios coletivos, poderão estabelecer normas e condições de trabalho.***

Esta competência peculiar dos Tribunais trabalhistas foi ampliada pelo § 2º do art. 114, CF/88 em sua redação original.

*§ 2º Recusando-se qualquer das partes à negociação ou à arbitragem, é facultado aos respectivos sindicatos ajuizar dissídio coletivo, **podendo a Justiça do Trabalho estabelecer normas e condições**, respeitadas as disposições convencionais e legais mínimas de proteção ao trabalho.*

Com o advento da Emenda Constitucional n. 45/2004, que substituiu a expressão *podendo a Justiça do Trabalho* **estabelecer normas e condições,** por, *podendo a Justiça do Trabalho* **decidir o conflito,** alguns autores susentaram a extinção da competência normativa, o que não ocorreu como se demonstrou no Capítulo 03 deste.

*§ 2º Recusando-se qualquer das partes à negociação coletiva ou à arbitragem, é facultado às mesmas, de comum acordo, ajuizar dissídio coletivo de natureza econômica, **podendo a Justiça do Trabalho <u>decidir o conflito,</u>** respeitadas as disposições mínimas legais de proteção ao trabalho, bem como as convencionadas anteriormente.*

Competência Normativa, no entanto, não é absoluta, como certificam as decisões abaixo:

Súmula n. 190 TST: *"Decidindo ação coletiva ou homologando acordo nela havido, o TST exerce o poder normativo constitucional, não podendo criar ou homologar condições do trabalho que o STF julgue iterativamente inconstitucionais".*

O Supremo Tribunal Federal (RE 19.799911-9-PE, j. 24-9-1996, Rel. Min. Otávio Gallotti) reduziu a amplitude do poder normativo dos Tribunais do Trabalho ao decidir, interpretando o art. 114 da Constituição, que a Justiça do Trabalho *"pode criar obrigações para as partes envolvidas nos dissídios desde que atue no vazio deixado pelo legislador e não se sobreponha ou contrarie a legislação em vigor, sendo-lhe vedado estabelecer normas e condições vedadas pela Constituição ou dispor sobre matéria cuja disciplina seja reservada pela Constituição ao domínio da lei formal".* (NASCIMENTO, Amauri Mascaro. *Compêndio de Direito Sindical*, São Paulo: LTr, 4. ed., 2005. p. 378)

OJ SDC N. 10 – incompatível com a declaração de abusividade de movimento grevista o estabelecimento de quaisquer vantagens ou garantias a seus partícipes, que assumiram os riscos inerentes à utilização do instrumento de pressão máximo.

6. Espécies e/ou Classificação

Segundo a classificação tradicional, os Dissídio Coletivos podem ser de natureza Econômica ou de Interesse (Constitutivos) ou de natureza Jurídica ou de Direito (Declaratórios).

Os Dissídios Coletivos de natureza econômica têm por objetivo estabelecer novas e/ou melhores condições de trabalho para os integrantes da categoria profissional envolvida no conflito, por meio de cláusulas relativas a jornada de trabalho, remuneração, adicionais, estabilidade e outras vantagens ou garantias.

Os Dissídios Coletivos de natureza jurídica, por sua vez, têm por objetivo a interpretação de norma ou cláusula constante em Acordo, Convenção Coletiva ou mesmo Sentença Normativa. Como esclarece o insigne Amauri M. Nascimento, *"Visam, mediante interpretação do órgão jurisdicional próprio, aclarar o sentido de norma coletiva vigente: legalidade ou ilegalidade de greve"*. (*Curso de direito processual do trabalho*. 27. ed. São Paulo: Saraiva, 2012)

Por outro lado, *"Não se presta o dissídio coletivo de natureza jurídica à interpretação de normas de caráter genérico, a teor do disposto no art. 313, II, do RITST"*. (OJ SCD n. 07)

Em relação ao tema estabelece o Tribunal Superior do Trabalho. Os dissídios coletivos podem ser de Natureza Econômica, de Natureza Jurídica, Originários, de Revisão e de Declaração sobre a paralisação do trabalho (art. 216 do RI/TST). Na verdade os dissídios coletivos de natureza econômica podem ser originários ou revisionais.

São pertinentes à matéria as Orientações Jurisprudenciais abaixo reproduzidas:

OJ SDC N. 12 – Não se legitima o Sindicato profissional a requerer judicialmente a qualificação legal de movimento paredista que ele próprio fomentou.

OJ SDC N. 10 – incompatível com a declaração de abusividade de movimento grevista o estabelecimento de quaisquer vantagens ou garantias a seus partícipes, que assumiram os riscos inerentes à utilização do instrumento de pressão máximo.

7. Da Instauração do Dissídio Coletivo

Ressalte-se inicialmente que o Dissídio Coletivo poderá ser instaurado de comum acordo pelas partes (voluntário) ou por iniciativa do Ministério Público do Trabalho (coacto). Pela derrogação do *caput* do art. 856 da CLT, pelo atual § 3º do art. 114 da Constituição Federal, não se fala mais em Dissídio Coletivo instaurado *ex officio*:

O Dissídio Coletivo é instaurado mediante representação (petição Inicial) dirigida ao Presidente do Tribunal competente, como previsto na parte inicial do *caput* do art. 857 da CLT. (art. 856 – *A instância será instaurada mediante representação escrita ao Presidente do Tribunal*)

Os Dissídios Coletivos podem ser originários ou de revisão. Os originários, ou seja, o primeiro dissídio de uma categoria pode ser instaurado em qualquer data e seus efeitos produzir-se-ão a partir da publicação da respectiva Sentença Normativa. Já o dissídio de revisão, para que as normas e condições dele resultantes vigorem a partir do dia subsequente ao término de vigência do ato normativo (Acordo, Convenção ou Sentença Normativa) anterior, ou seja, a partir da chamada data-base, precisa ser instaurado nos sessenta dias que antecedem aquela data, como previsto no § 3º do art. 616, da Consolidação das Leis do Trabalho.

Prazo:

§ 3º Havendo convenção, acordo ou sentença normativa em vigor, o dissídio coletivo deverá ser instaurado dentro dos 60 (sessenta) dias anteriores ao respectivo termo final, para que o novo instrumento possa ter vigência no dia imediato a esse termo.

Embora cancelada a Instrução Normativa TST 4/93, é possível resguardar a data-base mediante protesto judicial, como previsto nos itens I e II da referida Instrução e nos §§ 1º e 2º do art. 213 do Regimento Interno do TST.

§ 1º Na impossibilidade real de encerramento da negociação coletiva em curso antes do termo final a que se refere o art. 616, § 3º, da CLT, a entidade interessada poderá formular protesto judicial em petição escrita dirigida ao Presidente do Tribunal, a fim de preservar a data-base da categoria.

§ 2º Deferida a medida prevista no item anterior, a representação coletiva será ajuizada no prazo máximo de 30 (trinta) dias, contados da intimação, sob pena de perda da eficácia do protesto. (art. 213 do RI – TST)

8. Da Representação (Petição Inicial)

Quanto à forma da Representação (Petição Inicial) o art. 858 da CLT sucintamente estabelece:

Art. 858. A representação será apresentada em tantas vias quantos forem os reclamados e deverá conter:

a) designação e qualificação dos reclamantes e dos reclamados e a natureza do estabelecimento ou do serviço;

b) os motivos do dissídio e as bases da conciliação.

A revogada Instrução Normativa n. 4/94, explicitava o conteúdo da Representação, proporcionando ao interessado a possibilidade de se orientar na elaboração desta peça processual.

VI – A representação para instauração da instância judicial coletiva formulada pelos interessados será apresentada em tantas vias quantas forem as entidades suscitadas mais uma e deverá conter:

a) a designação e qualificação da(s) entidade(s) suscitante(s) e suscitada(s), sindical ou empregadora(s);

b) a indicação da delimitação territorial de representação das entidades sindicais, bem assim das categorias profissionais e econômicas envolvidas no dissídio coletivo e, ainda, do *quorum* estatutário para deliberação da assembleia;

c) a exposição das causas motivadoras do conflito coletivo e/ou da greve, se houver, e indicação das pretensões coletivas, aprovadas em assembleia da categoria profissional, quando for parte entidade sindical de trabalhadores de primeiro grau, ou pelo conselho de representantes, quando for suscitante entidade sindical de segundo grau ou de grau superior;

d) a comprovação da tentativa de negociação ou das negociações realizadas e indicação das causas que impossibilitaram o êxito da composição direta do conflito coletivo;

e) a apresentação em forma clausulada de cada um dos pedidos, acompanhados de uma síntese dos fundamentos a justificá-los;

Diversamente da inicial (Reclamatória) do dissídio individual, a representação (inicial do dissídio coletivo), só pode ser escrita e deve ser fundamentada fática ou juridicamente.

As postulações em dissídio coletivo de interesse podem ser de natureza econômica, sociais, sindicais ou obrigacionais, desde que fundamentadas.

Art. 12. *No ajuizamento do dissídio coletivo as partes deverão apresentar, fundamentadamente, suas propostas finais, que serão objeto de conciliação ou deliberação do Tribunal, na sentença normativa.* (Lei n. 12.192, de 14 de fevereiro de 2001)

A jurisprudência corrobora esta exigência.

OJ SDC N. 32 – *É pressuposto indispensável à constituição válida e regular da ação coletiva a apresentação em forma clausulada e fundamentada das reivindicações da categoria, conforme orientação do item VI, letra "e", da Instrução Normativa n. 4/93.*

OJ SDC N. 7 – *Não se presta o dissídio coletivo de natureza jurídica à interpretação de normas de caráter genérico, a teor do disposto no art. 313, II, do RITST.*

9. Instrução da Representação

Ante a omissão da legislação sobre a instrução da Representação, a IN n. 4/94, arrolava os documentos que deveriam acompanhá-la, sendo corroborada e complementada por Orientações Jurisprudenciais da SDC, como abaixo detalhado com base na referida Norma cancelada, jurisprudência e legislação pertinentes.

Art. 859. *A representação dos sindicatos para instauração da instância fica subordinada à aprovação de assembleia, da qual participem os associados interessados na solução do dissídio coletivo, em primeira convocação, por maioria de 2/3 (dois terços) dos mesmos, ou, em segunda convocação, por 2/3 (dois terços) dos presentes.*

a) Edital de Convocação da A G da Categoria

OJ SDC N. 29 – *Edital de convocação e ata da assembleia geral. Requisitos essenciais para a instauração de dissídio coletivo. O edital de convocação da categoria e a respectiva ata da AGT constituem peças essenciais à instauração do processo de dissídio coletivo.*

OJ SDC N. 28 – *O edital de convocação para a AGT deve ser publicado em jornal que circule em cada um dos municípios componentes da base territorial.*

OJ SDC N. 35 – *Se os estatutos da entidade sindical contam com norma específica que estabeleça prazo mínimo entre a data de publicação do edital convocatório e a realização da assembleia correspondente, então a validade desta última depende da observância desse interregno.*

b) Ata da Assembleia Geral

OJ SDC N. 06 – *O dissídio coletivo de natureza jurídica não prescinde da autorização da categoria, reunida em assembléia, para legitimar o sindicato próprio, nem da etapa negocial prévia para buscar solução de consenso.*

OJ SDC N.º 08 – *Dissídio coletivo. Pauta reivindicatória não registrada em ata. Causa de extinção. A ata da assembleia de trabalhadores que legitima a atuação da entidade sindical respectiva em favor de seus interesses deve registrar, obrigatoriamente, a pauta reivindicatória, produto da vontade expressa da categoria.*

OJ SDC N. 14 – *Se a base territorial do Sindicato representativo da categoria abrange mais de um Município, a realização de assembleia deliberativa em apenas um deles inviabiliza a manifestação de vontade da totalidade dos trabalhadores envolvidos na controvérsia, pelo que conduz à insuficiência de "quorum" deliberativo, exceto quando particularizado o conflito.*

b.1) Autorização da Categoria com Pauta de Negociação

Art. 859 – CLT – A representação dos sindicatos para a instauração da instância fica subordinada à aprovação da assembleia.

c) cópia autenticada da ata da assembleia da categoria que aprovou as reivindicações e concedeu poderes para a negociação coletiva e para o acordo judicial, ou, ainda, de aprovação das cláusulas e condições acordadas, observado o quorum legal; (Letra "c", item VII, IN – TST 04/93)

2. Sem a prévia autorização da categoria reunida em assembleia geral regular, carece o sindicato de legitimidade para a causa. A irregularidade contamina todo o processo, nada podendo ser ressalvado. Processo extinto sem julgamento do mérito (art. 267, item VI, do CPC). (TST-RO-DC-109.035/94.6 – Ac. SDC 1.421/94, 22.11.94 – Rel. Min. Manoel Mendes de Freitas)

OJ SDC N. 8 – *A ata da assembleia de trabalhadores que legitima a atuação da entidade sindical respectiva em favor de seus interesses deve registrar, obrigatoriamente, a pauta reivindicatória, produto da vontade expressa da categoria.*

OJ SDC N. 19 – *Dissídio Coletivo Contra Empresa. Legitimação da Entidade Sindical. Autorização dos Trabalhadores Diretamente Envolvidos No Conflito.*

c) Lista de Presença da A G — *Quorum*

Art. 859, CLT – *Aprovação em primeira convocação por maioria de 2/3 dos associados... em segunda, 2/3 dos presentes...*

d) Registro de Frustração da Negociação Coletiva

Recusando-se qualquer das partes à negociação coletiva ou à arbitragem. (§ 2º, art. 114,CF/88)

§ 4º Nenhum processo de dissídio coletivo de natureza econômica será admitido sem antes se esgotarem as medidas relativas à formalização da Convenção ou Acordo correspondente. (art. 616 – CLT)

Frustrada a negociação entre as partes, promovidas diretamente ou através de mediador, poderá ser ajuizada a ação de dissídio coletivo. (Caput, art. 11, Lei n. 10.192/01)

d.1) Prova da Tentativa de Conciliação

Não alcançando o entendimento entre as partes ou recusando qualquer delas a mediação, lavrar-se-á ata contendo as causas motivadoras do conflito e as reivindicações de natureza econômica, documento que instruirá a representação para o ajuizamento do dissídio coletivo. (§ 4º, art. 11, Lei n. 10.192/01)

d) a comprovação da tentativa de negociação ou das negociações realizadas e indicação das causas que impossibilitaram o êxito da composição direta do conflito coletivo; (Item VI – I N – TST 04-1993)

1. Acarretam a extinção do processo sem julgamento do mérito, nos termos doa art. 267, IV, do Código de Processo Civil: (...) a não comprovação de que tenham as partes, efetivamente, exaurido as possibilidades de composição do conflito, o que deve preceder ao ajuizamento do dissídio coletivo. (TST RODC 626.096/2000.0 – Ac. SDC, 28.6.01 – Rel. Min. Ronaldo Leal)

e) Norma Anterior

Tratando-se de Dissídio de Revisão, deve vir com a instrução o Acordo Coletivo, Convenção Coletiva ou a Sentença Normativa anterior, para se aferir a tempestividade do novo dissídio (§ 3º, art. 616, CLT) e, consequentemente, determinar a data inicial de vigência da nova Sentença Normativa (art. 867, CLT).

f) Instrumento de Mandato

O instrumento de procuração outorgado a advogado habilitado, para elaborar e assinar a representação. Do disposto no § 2º do art. 791 (*§2º Nos dissídios coletivos é facultado aos interessados a assistência por advogado*), pode-se concluir que o dirigente das entidades sindicais, quer como suscitante, quer como suscitado, pode exercer o *jus postulandi* trabalhista.

A Súmula n. 425 do TST, se não veda o *jus postulandi* em dissídio coletivo, ao menos o restringe, como se vê de seu conteúdo abaixo transcrito.

SÚMULA N. 425 – *JUS POSTULANDI* NA JUSTIÇA DO TRABALHO. ALCANCE – *O jus postulandi das partes, estabelecido no art. 791 da CLT, limita-se às Varas do Trabalho e aos Tribunais Regionais do Trabalho, não alcançando a ação rescisória, a ação cautelar, o mandado de segurança e os recursos de competência do Tribunal Superior do Trabalho.*

g) Comprovante ou prova do Comum Acordo

A comprovação deste requisito (prova do comum acordo para o ajuizamento do Dissídio Coletivo de natureza econômica ou de interesse) pressuposto (tido como condição da ação), passou a ser exigido a partir da nova redação dada ao parágrafo 2º do art. 114 da Constituição Federal, pela Emenda Constitucional n. 45/2004.

IV) Oposição à exigência: Inconstitucionalidade

A doutrina e várias entidades se posicionaram contra a exigência do comum acordo, alegando sua inconstitucionalidade sob os argumentos, exemplificativamente, abaixo arrolados:

Cleber Almeida afirma que a exigência do Comum acordo é de discutível constitucionalidade:

> *Primeiro*, porque o art. 114, § 2º, da Constituição Federal deve ser interpretado em sintonia com o disposto no art. 5º, XXXV, da Constituição Federal, o qual impede que seja excluída da apreciação do Poder Judiciário lesão ou ameaça de lesão a direito, assegurado, com isso, o direito de ação, com o caráter de direito fundamental.
>
> *Segundo*, porque o art. 60, § 4º, IV, da Constituição Federal dispõe que não será objeto de deliberação a proposta de emenda tendente a abolir os direitos e garantias fundamentais e o art. 5º XXXV, da Carta Magna contém verdadeira cláusula pétrea, que não poderia ser desrespeitada pela Emenda Constitucional n. 45/2004.
>
> *Terceiro*, porque a exigência de comum acordo para a instauração do dissídio fere o art. 8º, III, da Constituição Federal, na medida em que impede o sindicato de realizar em prejuízo da defesa do interesse da categoria profissional que representa e de alcançar melhorias nas condições de trabalho.
>
> *Quarto*, porque fere o razoável atribuir a um dos titulares dos interesses contrapostos o poder de decidir sobre o acesso do outro ao Poder Judiciário.
>
> *Quinto*, porque o acesso ao Judiciário já é limitado pela exigência de prévia negociação coletiva, não se justificando mais uma restrição a ele.
>
> A valorização da negociação coletiva não pode significar violência ao direito fundamental de recorrer ao Poder Judiciário. (Fonte: ALMEIDA, Cleber Lúcio de. *Direito processual do trabalho*. 2 ed., ver. e atual. Belo Horizonte: Del Rey, 2008. p. 676-677)

A Confederação Nacional das Profissões Liberais (CNPL) ajuizou Ação Direta de Inconstitucionalidade (ADI n. 3.392), contra a parte do § 2º que exige *o comum acordo*, argumentando que a exigência afronta:

a) ao princípio da razoabilidade;

b) à garantia do devido processo legal (CF art. 5º, inciso LIV);

c) à garantia de acesso indistinto aos organismos judiciários e consequente direito à obtenção de regular prestação jurisdicional (CF/88 art. 5º inc. XXXV);

d) ao reconhecimento estatal das convenções coletivas de trabalho (art. 7º, inc. 26 da CF);

e) ao preâmbulo da Carta Magna, na parte em que consagra a solução pacífica das controvérsias;

f) ao princípio do Estado de Direito Democrático (CF ART. 1º)

O Ministério Público do Trabalho se manifestou na ADIN n. 3432-4/DF, concluindo pela constitucionalidade da exigência.

> *O poder normativo da Justiça do Trabalho, por não ser atividade substancialmente jurisdicional, não está abrangido pelo âmbito normativo do art. 5º, inciso XXXV da Constituição da República. Assim sendo, sua restrição pode ser levada a efeito por meio de reforma constitucional, sem que seja violada cláusula pétrea que estabelece o princípio da inafastabilidade do Poder Judiciário.*

O Supremo, ao não conceder liminar nesta e em outras ADINs, com o mesmo objetivo, pelo menos implicitamente ou por ora, aponta pelo reconhecimento da constitucionalidade.

A Associação Nacional dos Magistrados Trabalhistas — ANSMATRA, posicionou-se pela constitucionalidade da exigência do *comum acordo*, ao aprovar a SÚMULA N. 35, na Primeira Jornada de Direito Material e Processual do Trabalho.

Súmula n. 35: *"Dadas as características das quais se reveste a negociação coletiva, não fere o princípio do acesso à Justiça o pré-requisito do comum acordo (§ 2º, art. 114, da CRFB) previsto como necessário para a instauração da instância em dissídio coletivo, tendo em vista que a exigência visa fomentar o desenvolvimento da atividade sindical, possibilitando que os entes sindicais ou a empresa decidam sobre a melhor forma de solução dos conflitos."*

No Dissídio Coletivo busca-se a criação de novas ou melhores condições do trabalho e não resolver um caso concreto pela aplicação de norma preexistente. Ao se exigir o comum acordo, não se está impedindo de levar ao Judiciário uma pretensão resistida, uma ameaça ou lesão a direitos concretos, logo, não incide na hipótese, dissídio coletivo, a garantia do art. 5º, inciso XXXV, da Constituição Federal.

Posição Jurisprudencial Trabalhista — Divergência:

A celeuma atingiu também os Tribunais Trabalhistas, no entanto, salvo melhor juízo, o entendimento do TST hoje é pela constitucionalidade da exigência e consequente extinção do processo (art. 267, CPC), caso não atendida esta nova condição da ação (ou pressuposto processual) na instauração do dissídio coletivo, como exemplificam os acórdãos abaixo:

EMENTA: REVISÃO DE DISSÍDIO COLETIVO. PRELIMINARMENTE. AJUIZAMENTO DE AÇÃO COLETIVA. NECESSIDADE DE 'COMUM ACORDO'.. Na hipótese em que é buscada a conciliação entre as partes (negociação prévia), mas esta não é alcançada, é possível o ajuizamento do dissídio coletivo de natureza econômica por quaisquer das entidades sindicais, sob pena de se eliminar o direito constitucional de ação previsto como norma pétrea no inciso XXXV do art. 5º da Constituição Federal. **Preliminar de extinção do feito, sem julgamento do mérito, que se rejeita.** (TRT 4ª Região Proc. 00398.2005.000.04.00.5 - Relatora Juíza Denise Pacheco, Publicado em 20.10.2005)

4. Não demonstrado o comum acordo, exigido para o ajuizamento do Dissídio Coletivo, consoante a diretriz constitucional, evidencia-se a inviabilidade do exame do mérito da questão controvertida, por ausência de condição da ação, **devendo-se extinguir o processo, sem resolução do mérito,** *à luz do art. 267, inciso VI, do CPC. Preliminar que se acolhe.* (TST DC 165049/2005-000-00-00.4 – Ac. SDC, 21.9.06 – Rel. Min. Carlos Alberto Reis de Paula)

EMENTA: REVISÃO DE DISSÍDIO COLETIVO. ALTERAÇÃO INTRODUZIDA PELA EMENDA CONSTITUCIONAL N.º 45-2004. REVISÃO DE CLÁUSULAS ECONÔMICAS NO PERÍODO JÁ SOB O NOVO MANTO CONSTITUCIONAL. EXIGÊNCIA DE COMUM ACORDO PARA A ADOÇÃO DE SOLUÇÃO POR PARTE DA JUSTIÇA DO TRABALHO. AUSÊNCIA DE INCONSTITUCIONA-LIDADE POR OFENSA À CLÁUSULA PÉTREA. **RECUSA EXPRESSA PELA PARTE ENVOLVIDA. EXTINÇÃO DO PROCESSO SEM JULGAMENTO DO MÉRITO POR AUSÊNCIA DE UMA DAS CONDIÇÕES DA AÇÃO COLETIVA.** (Publicado no DJPR em 20-01-2006 – TRT-PR-32001-2005-909-09-00-8 – ACO-01251-2006 Seção Especializada TRT 9ª – Relatora: Juíza Rosalie Michaele Bacila Batista)

A manifestação expressa da empresa em contrário ao ajuizamento do Dissídio Coletivo torna inequívoca a ausência do **comum acordo**, *condição da ação prevista no § 2º do art. 114 da Constituição da República. Preliminar que se acolhe para extinguir o processo sem resolução do mérito, à luz do art. 267, VI, do CPC.* (TST-AG-DC 167901/2006-000-00-00-00.9 – Ac.SDC, DJU 27.10.2006)

... A jurisprudência desta Corte consagra o entendimento segundo o qual **o comum acordo** *exigido para se ajuizar dissídio coletivo de natureza econômica, conforme previsto no § do art. 114 da Constituição da República, constitui-se pressuposto processual cuja inobservância acarreta a extinção do processo sem resolução do mérito, nos termos do inc. VI do art. 267 do CPC.* (TST – RODC 244/2006.000.12-00, SDC – DJU 30.11.2007)

Alguns autores sustentam que a exigência do comum acordo para o ajuizamento do dissídio coletivo transformaria o "Juízo Normativo" em "Juízo Arbitral. Estaríamos diante de uma Arbitragem Pública Facultativa. Afirmam também que em consequência a Sentença Normativa passaria a ser uma Sentença Arbitral, o que não ocorre, pois como sentença arbitral ela seria irrecorrível e configuraria título executivo. A decisão proferida no Dissídio Coletivo enseja recurso (Ordinário, quando do TRT ou Embargos Infringentes, quando do TST) e continua sendo concretizada por meio de Ação de Cumprimento.

10. Processamento

Cumpridas as formalidades preparatórias (Assembleia Geral da Categoria; Autorização para a entidade propor o dissídio; Aprovação da pauta de reivindicações; Lavratura da ata da Assembleia; formalização da prova da tentativa de conciliação frustrada e do comum acordo; tentativa e elaboração da Representação), será instaurado o Dissídio Coletivo, mediante o protocolo da Representação no setor próprio do órgão competente para processá-lo e julgá-lo.

Distribuído na forma regimental, o primeiro passo é a verificação da satisfação ou não dos pressupostos exigidos para a regular instauração do Dissídio Coletivo. Não satisfeitos, baixará em diligência para que em dez dias o interessado regularize, emendando a Representação ou juntando documento faltante. Não regularizado, será extinto sem julgamento de mérito.

Regular a representação, será designada a audiência de conciliação e notificadas as partes (suscitante e suscitado(s). Não há imposição legal sobre a presença das partes na audiência de conciliação. Logo, diversamente do que pode ocorrer no dissídio individual, não há arquivamento, revelia ou confissão ficta.

Embora não sendo imprescindível, é usual e recomendável a expressa e fundamentada oposição (contestação) por parte do(s) suscitado(s). A contestação pode vir acompanhada ou ser complementada com pareceres, estatísticas, laudos, capazes ou úteis para demonstrar a inviabilidade econômica e/ou jurídica das postulações do suscitante.

Presentes as partes na audiência será tentada a conciliação. A conciliação poderá ser rejeitada, celebrada em relação a alguns ou a todos os itens da representação (conciliação parcial ou total).

Se não houver qualquer acordo, depois de instruído, e se for o caso, da manifestação do Ministério Público do Trabalho, o Dissídio Coletivo será decidido pelo órgão competente do respectivo Tribunal. Termos neste caso uma Sentença Normativa (constitutiva) na sua integralidade.

Se houver acordo sobre a integralidade das reivindicações da categoria profissional, a sentença (ainda normativa – fruto da competência normativa), será homologatória na sua integralidade.

Se ocorrer conciliação parcial, a sentença será mista, parte homologatória, parte decisória constitutiva (normativa).

11. Da Sentença Normativa

A Sentença Normativa constitui-se em um ato de jurisdição híbrido, uma fusão ou misto de ato jurisdicional (pois oriundo de um órgão do Poder Judiciário e constitui um instituto jurídico de Direito Processual) e ato normativo, pois estabelece normas com amparo na competência normativa do respectivo tribunal. Como muitos autores referem, Carnelutti afirma que a sentença normativa "*tem alma de lei, e corpo de sentença*".

No dissídio coletivo de natureza econômica ou de interesse a sentença normativa classifica-se como constitutiva, já no dissídio coletivo jurídico ou de interpretação tal sentença será meramente declaratória.

Por imposição da regra constitucional específica e do disposto no § 1º do art. 12, da Lei n. 10.192/2001, a sentença normativa deve ser fundamentada.

Inciso IX – art. 93/CF/88

Todos os julgamentos dos órgãos do Poder Judiciário serão públicos e fundamentadas todas as decisões, sob pena de nulidade, ...

§ 1º, art. 12, Lei n. 10.192/2001

A decisão que puser fim ao dissídio será fundamentada, sob pena de nulidade, devendo traduzir, em seu conjunto, a justa composição do conflito de interesse das partes, e guardar adequação com o interesse da coletividade.

De forma peculiar, a sentença normativa produz efeitos extrapartes, *erga omnes*. As normas e condições estabelecida na sentença normativa, proferida em dissídio coletivo do qual são partes Entidade Sindical Profissional e Entidade Sindical Patronal (geralmente sindicato), se aplicam, produzem efeitos, em relação aos integrantes das respectivas categorias, que são "interessados" mas não partes no processo de dissídio coletivo (na ação coletiva).

SÚMULA N. 374 – Empregado integrante de categoria profissional diferenciada não tem o direito de haver de seu empregador vantagens previstas em instrumento coletivo no qual a empresa não foi representada por órgão de classe de sua categoria.

OJ SDC N. 37 – O art. 10 da Lei n. 4.725/65 assegura, para os empregados de entidades sindicais, as mesmas condições coletivas de trabalho fixadas para os integrantes das categorias que seus empregadores representam. Assim, a previsão legal expressa constitui óbice ao ajuizamento de dissídio coletivo com vistas a estabelecer para aqueles profissionais regramento próprio.

OJ SDC N. 02 – É inviável aplicar condições de acordo homologado nos autos de dissídio coletivo, extensivamente, às partes que não o subscreveram, exceto se observado o procedimento previsto no art. 868 e seguintes, da CLT (extensão).

SÚMULA N. 375 – Os reajustes salariais previstos em norma coletiva de trabalho não prevalecem frente à legislação superveniente de política salarial.

OJ SDI 1 N. 188 – Decisão normativa que defere direitos. Falta de interesse de agir para ação individual. Falta interesse de agir para a ação individual, singular ou plúrima, quando o direito já foi reconhecido através de decisão normativa, cabendo, no caso, ação de cumprimento.

Do instrumento decisório (sentença normativa) deve constar o nome, qualificação das partes (suscitante e suscitado) o rol das reivindicações, fazendo parte do relatório postulações (normas e condições) deferidas, com a respectiva fundamentação e o valor das custas.

Como ato processual que é, a sentença normativa deve ser publicada para os devidos efeitos. A legislação estabelece forma e prazo para tal publicação.

Art. 867. *Da decisão do Tribunal serão notificadas as partes, ou seus representante, em registro postal, com franquia, fazendo-se outrossim, a sua publicação no jornal oficial, para a ciência dos demais interessados.* (CLT)

A sentença normativa deverá ser publicada no prazo de quinze dias da decisão do Tribunal (§ 2º, art. 12, Lei n. 10.192/01)

Da Vigência da Sentença Normativa

Mesmo fazendo coisa julgada, a Sentença Normativa é condicional, *rebus sic stantibus*, seus efeitos possuem vigência. A legislação estabelece critérios para definir o início de sua vigência, os prazos mínimo e máximo de seus efeitos.

Estabelece o art. 867 da Consolidação das Leis do Trabalho em seu parágrafo único:

Parágrafo único – A sentença normativa vigorará:

a) a partir da data de sua publicação, quando ajuizado o dissídio após o prazo do art. 616, § 3º, ou, quando não existir acordo, convenção ou sentença normativa em vigor, da data do ajuizamento;

b) a partir do dia imediato ao termo final de vigência do acordo, convenção ou sentença normativa, quando ajuizado o dissídio no prazo do art. 616, § 3º.

Esta regra deve ser interpretada e aplicada em combinação com o disposto no parágrafo terceiro da mesma Consolidação.

§ 3º Havendo convenção, acordo ou sentença normativa em vigor, o dissídio coletivo deverá ser instaurado dentro dos 60 (sessenta) dias anteriores ao respectivo termo final, para que o novo instrumento possa ter vigência no dia imediato a esse termo.

O prazo mínimo para a revisão e consequentemente o período mínimo de vigência (um ano) é consequência do estabelecido no art. 873 da LCT.

Art. 873. **Decorrido mais de 1 (um) ano de sua vigência**, *caberá revisão das decisões que fixarem condições de trabalho, quando se tiverem modificado as circunstâncias que as ditaram, de modo que tais condições se hajam tornado injustas ou inaplicáveis.*

O prazo máximo de vigência, quatro anos, decorre do disposto no parágrafo único do art. 868, consolidado:

*Parágrafo único: O Tribunal fixará a data em que a decisão deve entrar em execução, bem como prazo de sua vigência, **o qual não poderá ser superior a quatro anos**.*

No mesmo sentido o precedente Normativo n. 120

Precedente n. 120. SENTENÇA NORMATIVA. DURAÇÃO. POSSIBILIDADE E LIMITES.

A sentença normativa vigora, desde seu termo inicial até que sentença normativa, convenção coletiva de trabalho ou acordo coletivo de trabalho superveniente produza sua revogação, expressa ou tácita, respeitado, porém, o prazo máximo legal de quatro anos de vigência.

São pertinentes as disposições legais e jurisprudenciais abaixo transcritas.

§ 2º Recusando-se qualquer das partes à negociação coletiva ou à arbitragem, é facultado às mesmas, de comum acordo, ajuizar dissídio coletivo de natureza econômica, podendo a Justiça do Trabalho decidir o conflito, respeitadas as disposições mínimas legais de proteção ao trabalho, bem como as convencionadas anteriormente. (art. 114 – CF/88 Redação dada pela Emenda Constitucional n. 45, de 2004)

Lei n. 10.192 de 14.02.2001

Art. 10. *Os salários e as demais condições referentes ao trabalho continuam a ser fixados e revistos, na respectiva data-base anual, por intermédio da livre negociação coletiva.*

Estabelecia a Súmula n. 277, do TST:

SÚMULA 277 – SENTENÇA NORMATIVA. REPERCUSSÃO NOS CONTRATOS DE TRABALHO.

I – As condições de trabalho alcançadas por força de sentença normativa, convenção coletiva ou acordos coletivos vigoram no prazo assinado, não integrando, de forma definitiva, os contratos individuais de trabalho.

II – Ressalva-se da regra enunciada no item I o período compreendido entre 23.12.1992 e 28.07.1995, em que vigorou a Lei n. 8542, revogada pela Medida Provisória n. 1709, convertida na Lei n. 10192, de 14.02.2001.

Esta súmula recebeu nova redação, que exclui a sentença normativa de seu contesto.

SÚMULA N. 277 – *As cláusulas normativas dos acordos coletivos ou convenções coletivas integram os contratos individuais de trabalho e somente poderão ser modificadas ou suprimidas mediante negociação coletiva de trabalho.*

SÚMULA N. 375 – Os reajustes salariais previstos em norma coletiva de trabalho não prevalecem frente à legislação superveniente de política salarial.

Trânsito em Julgado da Sentença Normativa:

Embora os efeitos da Sentença Normativa sejam *rebus sic stantibus*, e prazo máximo de vigências das normas e condições por ela estabelecida, das disposições legais e entendimento jurisprudencial abaixo, devemos concluir que tais sentenças peculiares, produzem coisa julgada material.

Art. 2º Compete à seção especializada em dissídios coletivos, ou seção normativa:

I – originariamente:

c) julgar as ações rescisórias propostas contra suas sentenças normativas; (art. 2º, Lei n. 7.701/88)

SÚMULA N. 397 – Não procede ação rescisória calcada em ofensa à coisa julgada perpetrada por decisão proferida em ação de cumprimento, em face de a sentença normativa, na qual se louvava, ter sido modificada em grau de recurso, porque em **dissídio coletivo somente se consubstancia coisa julgada formal**. Assim, os meios processuais aptos a atacarem a execução da cláusula reformada são a exceção de preexecutividade e o mandado de segurança, no caso de descumprimento do art. 572 do CPC. (ex-OJ n. 116 – DJ 11.8.03)

Art. 872. Celebrado o acordo, ou transitada em julgado a decisão, seguir-se-á o seu cumprimento, sob as penas estabelecidas neste Título.

Parágrafo único – Quando os empregadores **deixarem de satisfazer o pagamento de salários, na conformidade da decisão proferida, poderão os empregados ou seus sindicatos, independentes de outorga de poderes de seus associados, juntando certidão de tal decisão, apresentar reclamação à Junta ou Juízo competente**, observado o processo previsto no Capítulo II deste Título, sendo vedado, porém, questionar sobre a matéria de fato e de direito já apreciada na decisão. (Redação dada pela Lei n. 2.275, de 30.7.1954)

12. Recursos em Dissídio Coletivo

Art. 895 – Cabe recurso ordinário para a instância superior:

I – (...)

II – das decisões definitivas ou terminativas dos Tribunais Regionais, em processos de sua competência originária, no prazo de 8 (oito) dias, quer nos dissídios individuais, **quer nos dissídios coletivos.**

Art. 894. No Tribunal Superior do Trabalho cabem embargos, no prazo de 8 (oito) dias:

I – de decisão não unânime de julgamento que:

a) conciliar, julgar ou homologar conciliação em dissídios coletivos que excedam a competência territorial dos Tribunais Regionais do Trabalho e estender ou rever as sentenças normativas do Tribunal Superior do Trabalho, nos casos previstos em lei;.

Art. 7º Das decisões proferidas pelo Grupo Normativo dos Tribunais Regionais do Trabalho, caberá recurso ordinário para o Tribunal Superior do Trabalho.

Assim, a Sentença Normativa poderá ser atacada por meio de Recurso ordinário ou Recurso de Embargo (Infringentes), conforme quem a proferiu. Se oriunda de um TRT, cabe Recurso Ordinário para a Seção Especializada em Dissídios Coletivos ou Seção Normativa (SDC) do TST. Se o Dissídio Coletivo for decidido originariamente por maioria pela SDC do TST, cabe Recurso de Embargos para a própria seção Normativa.

Tanto as partes quanto o Ministério Público, como *custos legis* possuem legitimidade para recorrer. Este último mesmo no caso de acordo homologado pelo Tribunal.

§ 5º – Formalizado o acordo pelas partes e homologado pelo Tribunal, não caberá qualquer recurso, salvo por parte do Ministério Público. (art. 7º, Lei n. 7.701/88)

13. Efetividade da sentença normativa

A Sentença Normativa pela sua natureza, assim com a lei, deve ser cumprida pelos seus destinatários. Esta afirmativa, além de constituir uma obrigação que decorre naturalmente dos ditames do ordenamento jurídico, decorre dos expressos termos do *caput* do art. 872 da CLT.

Art. 872. Celebrado o acordo, ou transitada em julgado a decisão, seguir-se-á o seu cumprimento, sob as penas estabelecidas neste Título.

No Dissídio Coletivo de natureza econômica ou de interesse, a sentença é meramente constitutiva, logo, não exequível. No entanto, se não cumprida espontaneamente, poderá ser concretizada ou efetivada, por meio de procedimento individual tratado por Ação de Cumprimento, como previsto no Parágrafo único do art. 872 consolidado.

Parágrafo único – Quando os empregadores deixarem de satisfazer o pagamento de salários, na conformidade da decisão proferida, poderão os empregados ou seus sindicatos, independentes de outorga de poderes de seus associados, juntando certidão de tal decisão, apresentar reclamação à Junta ou Juízo competente, observado o processo previsto no Capítulo II deste Título, sendo vedado, porém, questionar sobre a matéria de fato e de direito já apreciada na decisão.

A Ação de Cumprimento nada mais é do que uma reclamatória Trabalhista, singular, plúrima ou geral da categoria, buscando a satisfação de direito oriundo de Sentença Normativa (constitutiva ou meramente homologatória do acordo).

Segundo o entendimento jurisprudencial, direitos oriundos em Acordo ou Convenção Coletiva, também podem ser vindicados por Ação de Cumprimento.

OJ SCD N. 01 – O ordenamento legal vigente assegura a via da ação de cumprimento para as hipóteses de inobservância de norma coletiva em vigor, razão pela qual é abusivo o movimento grevista deflagrado em substituição ao meio pacífico próprio para a solução do conflito.

Possui legitimidade para propor a Ação de Cumprimento tanto o empregado singularmente, como um grupo de empregados em uma Reclamatória plúrima ou Sindicato na condição de Substituto Processual de integrantes da respectiva categoria.

Embora nele se postulem direitos oriundos de sentença normativa proferida por Tribunal, a Ação de Cumprimento como Reclamatória Trabalhista que é, constitui ou tipifica-se como "dissídio individual", mais precisamente uma ação individual trabalhista de conhecimento condenatória, pelo que a competência para julgá-la é da Vara do Trabalho (Juiz do Trabalho) ou Juiz de Direito no exercício da jurisdição trabalhista e não do Tribunal que proferiu a respectiva sentença normativa.

Da redação do *caput* do art. 872, acima transcrito, resulta como pressuposto para a Ação de Cumprimento o trânsito em julgado da Sentença Normativa.

No entanto, posteriormente o § 6º, do art. 7º, da Lei n. 7.701/88, estabeleceu:

§ 6º A sentença normativa poderá ser objeto de ação de cumprimento a partir do 20º (vigésimo) dia subsequente ao do julgamento, fundada no acórdão ou na certidão de julgamento, salvo se concedido efeito suspensivo pelo Presidente do Tribunal Superior do Trabalho.

Neste contexto o Tribunal Superior do Trabalho editou a Súmula n. 246, deduzindo:

SÚMULA N. 246 – *É dispensável o trânsito em julgado da sentença normativa para a propositura da ação de cumprimento.*

Deve ser destacado que a legislação pertinente dispensa a devolução do recebido pelo empregado em razão da sentença normativa, espontaneamente ou por força da ação de cumprimento; é o que decorre do disposto no § 3º, do art. 6º, da Lei n. 4.625/65, *in verbis*.

§ 3º O provimento do recurso não importará na restituição dos salários ou vantagens pagos, em execução do julgado.

Por tal razão, salutar a concessão de efeito suspensivo em recurso contra a Sentença Normativa, como previsto no art. 14 da Lei n. 10.192/2001.

Art. 14. O recurso interposto de decisão normativa da Justiça do Trabalho terá efeito suspensivo, na medida e extensão conferidas em despacho do Presidente do Tribunal Superior do Trabalho.

Como na execução da sentença condenatória, na Ação de Cumprimento não se pode rediscutir o mérito dos direitos postulados, pois tal debate só poderia ter ocorrido no Dissídio Coletivo em que tais direitos se originaram. Assim, a matéria de defesa do reclamado na Ação de Cumprimento é restrita, como nos Embargos à Execução, cabendo objeções relativas ao cumprimento da norma coletiva, acordo, quitação ou prescrição, aqui dos direitos e não dos créditos.

Com relação à prescrição específica estabelece a Súmula n. 350 do TST:

Súmula N. 350 – *O prazo de prescrição com relação à ação de cumprimento de decisão normativa flui apenas da data de seu trânsito em julgado.*

Aplicáveis ao caso as regras do art. 767 da CLT e Súmula n. 153 do TST.

Art. 767 – *A compensação, ou retenção, só poderá ser arguida* **como matéria** *de defesa.*

Súmula n. 153 – Não se conhece de prescrição não arguida na instância ordinária.

Também pode ser invocada como matéria de defesa a impossibilidade econômica ou financeira de suportar os ônus ou a não incidência das normas coletivas objetos da Ação de Cumprimento.

§ 3º Será facultado à empresa não excluída do campo de incidência do aumento determinado na forma deste artigo comprovar, na ação de cumprimento, sua incapacidade econômica, para efeito de sua exclusão ou colocação em nível compatível com suas possibilidades. (art. 11 da Lei n. 6.708/79 e da Lei n. 7.238/84)

OJ SDC N. 02 – ACORDO HOMOLOGADO. EXTENSÃO A PARTES NÃO SUBSCREVENTES. INVIABILIDADE. *É inviável aplicar condições constantes de acordo homologado nos autos de dissídio coletivo, extensivamente, às partes que não o subscreveram, exceto se observado o procedimento previsto no art. 868 e seguintes da CLT.*

Deve ser ressaltado que o trânsito em julgado da sentença proferida na Ação de Cumprimento é condicionado à manutenção da Decisão em que se originou o direito nela concedido.

OJ SDI 1 N. 277 – AÇÃO DE CUMPRIMENTO FUNDADA EM DECISÃO NORMATIVA QUE SOFREU POSTERIOR REFORMA QUANDO JÁ TRANSITADA EM JULGADO A SENTENÇA CONDENATÓRIA. COISA JULGADA. NÃO CONFIGURAÇÃO. ***A coisa julgada produzida na ação de cumprimento é atípica, pois dependente de condição resolutiva***, *ou seja, da não modificação da decisão normativa por eventual recurso. Assim, modificada a sentença normativa pelo TST, com a consequente extinção do processo, sem julgamento do mérito, deve-se extinguir a execução em andamento, uma vez que a norma sobre a qual se apoiava o título exequendo deixou de existir no mundo jurídico.*

A execução da sentença proferida na Ação de Cumprimento obedece as mesmas regras aplicáveis à execução de qualquer reclamatória trabalhista, constantes dos arts. 876 a 892 da CLT.

14. Extensão das decisões normativas

Prevê a Consolidação nos arts. 868 a 871, que na hipótese de o Dissídio Coletivo ser instaurado em proveito de apenas parte dos empregados de uma empresa ou de uma categoria, as condições estabelecidas na Sentença Normativa, satisfeitos os pressupostos estabelecidos nos referidos arts. 868 a 871 da Consolidação das Leis do Trabalho, poderão ser estendidas, pelo Tribunal competente, aos demais trabalhadores da empresa ou categoria.

A exigência do comum acordo para a instauração do Dissídio Coletivo de natureza econômica, pelo novo § 2º do art. 114 da Constituição Federal (EC 45/04), salvo melhor juízo inviabiliza a extensão nos moldes previstos na CLT. Neste sentido afirma Amauri Mascaro Nascimento: "*A exigência do comum acordo inviabiliza a extensão.*" (*Iniciação ao Processo do Trabalho*. 1. ed. São Paulo: Saraiva, 2005. p. 408)

15. Revisão da sentença normativa

Estabelece o art. 873 da CLT: "*Decorrido mais de 1 (um) ano de sua vigência, caberá revisão das decisões que fixarem condições de trabalho, quando se tiverem modificado as circunstâncias que as ditaram, de modo que tais condições se hajam tornado injustas ou inaplicáveis*". O artigo seguinte prevê que a revisão poderá ser de iniciativa do Tribunal ou do Ministério Público.

Assim como ocorre com a extensão, as regras relativas à Revisão, constantes dos arts. 873 a 875 CLT, ante a exigência do comum acordo como acima referido, tornaram-se inócuas, em especial a possibilidade da revisão ser de iniciativa do Tribunal ou do Ministério Publico do Trabalho.

Nesta direção: "*O tribunal não pode promovê-la* ex officio, *nem a Procuradoria do Trabalho, mas só as partes interessadas e de comum acordo*" (Amauri, ob. cit., p. 408). Na mesmo acepção, Bezerra Leite: "*Parece-nos, porém, que nem o Presidente do Tribunal nem o Ministério Público do Trabalho têm legitimidade para a propositura do dissídio coletivo revisional, pois sendo este uma espécie de dissídio coletivo de natureza econômica, somente as partes interessadas poderão fazê-lo, por força do § 2º do art. 114 da CF, com a redação dada pela EC n. 45/2004...*"

A revisão hoje só poderá ocorrer mediante a propositura de novo dissídio coletivo (dissídio coletivo de revisão), satisfeitos todos os requisitos (pressupostos e condições da ação), previstos no título próprio deste capítulo.

Capítulo 11

Do Sistema Recursal Trabalhista

1. Considerações Preliminares

Com o banimento da autodefesa o Estado precisou oferecer meio e mecanismo para a garantia e efetivação dos direitos dos cidadãos. O Brasil, constitucionalmente assegura "*o contraditório e ampla defesa com os meios e recursos a ela inerentes*" (art. 5º, Inciso LV). Esta garantia se efetiva por meio da jurisdição.

Se fossemos capazes de estabelecer um sistema jurisdicional ideal ele deveria ser célere e ao mesmo tempo seguro.

A Constituição Federal de 1988, em seu art. 5º, entre outras garantias, estabelece:

LV – aos litigantes, em processo judicial ou administrativo, e aos acusados em geral são assegurados o contraditório e a ampla defesa, com os meios e recursos a ela inerentes;

LXXVIII – a todos, no âmbito judicial e administrativo, são assegurados a razoável duração do processo e os meios que garantam a celeridade de sua tramitação. (Incluído pela Emenda Constitucional n. 45, de 2004)

A atual realidade da Justiça do Trabalho brasileira destoa em muito do mandamento constitucional, pois não oferece segurança nem celeridade.

Por um lado, vigoram hoje mais de um mil e quinhentas Súmulas e Orientações Jurisprudenciais do TST, atestando as enormes divergências entre os órgãos julgadores.

Por outro, estamos longe de atingirmos a celeridade desejada. Em artigo pertinente afirmou-se que o prazo médio de tramitação dos processos trabalhistas gira em torno de sete anos. Emílio Rothefuchs Neto, em artigo publicado na Zero Hora de 24.11.99, afirma "*Há ações individuais sem complexidade que se arrastam por seis, oito e até dez anos*".

Devemos admitir que muitas medidas (ou tentativas) foram e estão sendo tomadas para alterar esta realidade, entre elas podem ser salientadas:

a) a irrecorribilidade das decisões interlocutórias (art. 893, § 1º; 799, § 2º, da CLT e Súmula n. 214 do TST);

b) a tentativa de impedir recursos meramente protelatórios (exigência do depósito recursal – art. 899 da CLT, Leis ns. 8.542/92 e 12.275/2010)

c) a adoção do Procedimento Sumaríssimo (Lei n. 9.957 de 12.1.2000), que em matéria recursal limita os Recursos de Revista, estabelece prazo breve para o Relator, dispensa a Revisão e o parecer escrito do Ministério Público do Trabalho e simplifica a redação do Acórdão;

d) a possibilidade de o Relator, nos caso que a lei enumera, decidir monocraticamente o recurso (art. 557 do CPC e Instrução Normativa n. 17 doTST, de 5 de outubro de 2000);

e) a eliminação de alguns recursos (Embargos de Nulidade para a SDI. Lei n. 11.496, de 26.7.2007).

No entanto, a falibilidade humana, razões pessoais ou até mesmo psicológicas (convicção, litigância de boa-fé), aplicação de um mesmo direito em um país continental e heterogêneo e a segurança jurídica impõem a adoção do duplo grau de jurisdição e um sistema recursal compatível.

Os recursos têm por objetivo a reapreciação, revisão ou modificação de uma decisão originária, por um órgão superior, geralmente colegiado e teoricamente mais experiente ou mais bem capacitado a bem decidir, o que proporcionaria uma satisfação ou conformidade do jurisdicionado.

2. Sistemas Recursais

> *Oriundo do grego **systema**, o vocábulo expressa o conjunto de partes, ordenadas entre si, de modo a constituir um todo, em regra, harmonioso. Sugere, em suma, a ideia central de combinação de meios ou técnicas destinados a obter certo resultado, prático ou especulativo.* (TEIXEIRA FILHO, Manoel Antonio. *Sistema dos Recursos Trabalhistas* – 10. ed. São Paulo: LTr, 2003. p. 19)

a) **Irrecorribilidade:**

Nos primórdios da Justiça do Trabalho brasileira, as decisões proferidas pelos Tribunais Rurais, Juntas de Conciliação e Julgamento e Comissões Mistas eram irrecorríveis. Estavam sujeitas, no entanto, ao chamado *procedimento avocatório* que para alguns autores era uma medida jurídica, visando à desconstituição do julgado contra a lei ou ao direito, e para outros uma medida política que possibilitava a intervenção do Ministro do Trabalho em favor de uma das partes.

Essa situação perdurou até a edição do Decreto n. 6.596 de 12.12.1940, que, regulamentando o Decreto-lei n. 1.237 de 2.5.1939, reestruturou a Justiça do Trabalho, estabelecendo a segunda e terceira instâncias (Conselhos Regionais e Conselho Nacional do Trabalho) e consequentemente a recorribilidade ou "duplo grau de jurisdição".

A irrecorribilidade ainda prevalece, como exceção, em hipóteses expressamente previstas em lei, como é o caso do processo de alçada e condenação, inexpressivas ou relativas a questões admitidas por entes públicos.

§ 4º *Salvo se versarem sobre matéria constitucional,* **nenhum recurso caberá das sentenças proferidas nos dissídios da alçada** *a que se refere o parágrafo anterior, considerado, para esse fim, o valor do salário mínimo à data do ajuizamento da ação.* (§ 4º do art. 2º da Lei n. 5.584, de 26 de junho de 1970, com a redação dada pela Lei n. 7.402, de 1985)

Súmula N. 303 – FAZENDA PÚBLICA. DUPLO GRAU DE JURISDIÇÃO.

I – Em dissídio individual, está sujeita ao duplo grau de jurisdição, mesmo na vigência da CF/88, decisão contrária à Fazenda Pública, salvo:

a) quando a condenação não ultrapassar o valor correspondente a 60 (sessenta) salários mínimos;

b) quando a decisão estiver em consonância com decisão plenária do Supremo Tribunal Federal ou com súmula ou orientação jurisprudencial do Tribunal Superior do Trabalho.

II – Em ação rescisória, a decisão proferida pelo juízo de primeiro grau está sujeita ao duplo grau de jurisdição obrigatório quando desfavorável ao ente público, exceto nas hipóteses das alíneas "a" e "b" do inciso anterior.

Art. 12. Não estão sujeitas ao duplo grau de jurisdição obrigatório as sentenças proferidas contra a União, suas autarquias e fundações públicas, quando a respeito da controvérsia o Advogado-Geral da União ou outro órgão administrativo competente houver editado súmula ou instrução normativa determinando a não interposição de recurso voluntário. (Medida Provisória 2.180-35, 24.08.201)

b) **Sistema restritivo ou limitativo:**

Seria um sistema que, valorizando a decisão ou decisões próximas (fase ordinária em especial primeira instância e primando pela celeridade processual), só admitiria alguns recurso ou recursos em situações especiais.

c) **Sistema Ampliativo — Livre recorribilidade:**

Consistiria na adoção ou admissão de todos os recursos possíveis em todas as instâncias, o que atentaria contra a celeridade processual.

2.1. Sistema Recursal Trabalhista Brasileiro

Para Campos Batalha, o sistema recursal trabalhista brasileiro é *numerus clausus*. Para Manuel Antônio Teixeira Filho o Sistema é de *"Enumeração é taxativa em relação ao CPC"*. Para Amauri o Sistema é ampliativo, pois contempla uma gama de recursos que permitem a ampla defesa.

3. Compreensão e Conceitos

a) **Compreensão:**

Em sentido amplo, recurso é todo o *remédio, ação* ou *medida* ou todo o *socorro*, indicados por lei, para que se proteja ou se defenda o direito ameaçado ou violentado. (De Plácido e Silva. *Vocabulário Jurídico*. Rio de Janeiro: Forense, 1999, 16. ed. p. 684)

Em sentido restrito, recurso corresponde ao *provocatio* dos romanos: é a provocação a novo exame dos autos para a emenda ou modificação da primeira sentença. (João Monteiro, *apud* De Plácido e Silva, p. 684)

Para Manoel Antonio Teixeira Filho, recurso em sentido amplo compreende: Recursos; Ações Autônomas de Impugnação; Medidas Saneadoras; Providências Corretivas; Providências adequadas de Procedimentos e Atos Protetivos (Ob. cit., p. 21).

Assim teríamos:

a) Recursos: Fase processual, que na instância superior, busca a anulação ou reforma da decisão não transitada em julgado (arts. 893 e seguintes da CLT);

b) Ações Autônomas de Impugnação: novo processo, proposto na instância superior, visando desconstituir a Decisão transitada em julgado (Ação Rescisória — art. 836, da CLT);

c) Medidas Saneadoras: Visam, perante o mesmo juízo, enfrenta ou espancar contradições, obscuridades, omissões do julgamento (sentença ou acórdão). É Meio Processual — Embargos da Declaração (art. 897-A, da CLT);

d) Providências Corretivas: Procedimento de ofício, de provimento (MP) ou a requerimento das partes, visando, no mesmo processo e juízo, sanar erros de materiais de escrita, cálculos, etc. (art. 833 e parágrafo único, do art. 897-A, da CLT);

e) Providências adequadas de Procedimentos: visando corrigir irregularidades ou anomalias procedimentais do julgador, tendo como exemplo típico a Correição Parcial, contemplada no art. 709 da CLT, e regimentos internos dos Tribunais Trabalhistas.

f) Atos Protetivos: medida admitida contra ato não atacável eficientemente por recurso ou impugnação, visando proteger direitos subjetivos dos interessados. Meio: Mandado de Segurança (Lei n. 1.533/51 e art. 5º, LXIX, CF/88).

b) **Conceitos:**

> *Recurso é o direito que a parte vencida ou o terceiro prejudicado, possui de, na mesma relação processual e atendidos os pressupostos de admissibilidade, submeter a matéria contida na decisão recorrida a reexame, pelos mesmo órgão prolator ou por distinto órgão e hierarquicamente superior com o objetivo de anulá-la ou reformá-la total ou parcialmente.* (TEIXEIRA FILHO, Manoel Antonio. *Sistema dos recursos trabalhistas.* 10. ed. São Paulo: LTr, 2003. p. 75).

> É o meio pelo qual se provoca o reexame da decisão recorrida. (Oliveira e Cruz)

> É o remédio idôneo a obter, dentro do mesmo processo, a reforma, a invalidação, o esclarecimento ou a integração da prestação jurisdicional. (Sentença, Acórdão / C. P. Tostes Malta)

> São atos processuais que têm por finalidade a obtenção de novo exame, total ou parcial, de um ato jurídico. (Frederico Marques)

4. Evolução do Sistema Brasileiro

Enquanto os conflitos trabalhistas eram resolvidos, sucessivamente, pelos Conselhos Permanentes de Conciliação e Arbitragem; Tribunais Rurais; Juntas de Conciliação e Julgamento, subordinados ao Poder Executivo, vigora a **irrecorribilidade** das decisões.

Com a reestruturação da Justiça do Trabalho e a instauração das instâncias, passou-se a admitir os recursos previstos na legislação esparsa vigorante à época.

Originariamente, na Consolidação da Leis do Trabalho — CLT, o sistema recursal trabalhista compreendia:

Art. 893. Das decisões são admissíveis os seguintes recursos:

I – embargos;

II – recurso ordinário;

III – recurso extraordinário;

IV – agravo.

Parágrafo único. Os incidentes do processo são resolvidos pelo próprio juízo ou tribunal, admitindo-se a apreciação do merecimento das decisões interlocutórias somente em recurso da decisão definitiva.

Com a edição da Lei n. 861, de 13.10.1949, passou o referido artigo a possuir a redação que prevalece até os dias de hoje.

Art. 893. Das decisões são admissíveis os seguintes recursos:

I – embargos;

II– recurso ordinário;

III – recurso de revista;

IV – agravo.

Manteve-se a irrecorribilidade das decisões interlocutórias:

"§ 1º Os incidentes do processo são resolvidos pelo próprio Juízo ou Tribunal, admitindo-se a apreciação do merecimento das decisões interlocutórias somente em recursos da decisão definitiva".

Posteriormente, a Lei n. 5.584, de 26 de julho de 1970, instituiu o "***Recurso Revisional***" ou pedido de Revisão (do valor da causa) e a Lei n. 9.957, de 12 de janeiro de 2000, acrescentou no rol os **Embargos de Declaração** (art. 897-A, da CLT).

Inicialmente prazos variáveis:

Embargos, cinco (5) dias;

Recurso Ordinários 10 (dez) dias;

Recurso Extraordinário e posteriormente o Recurso de Revista, 15 (quinze) dias;

Agravo o prazo era de 5 (cinco) dias.

A Lei n. 5.584, de 26 de julho de 1970, ao mesmo tempo que no art. 6º, uniformizou o prazo recursal trabalhista em 8 dias. Como toda a regra, esta também possui exceções. Recurso revisional, no prazo de 48 horas e Embargos de Declaração no prazo de 5 dias.

A ampliação da competência material da Justiça do Trabalho decorrente da Emenda Constitucional n. 45/04 tende a proporcionar a ampliação dos remédios ou impugnações em razão das novas matérias apreciadas e natureza dos direitos vindicados.

5. Normas Legais Pertinentes

Os recursos trabalhistas são regidos pelos arts. 893 a 901 da Consolidação das Leis do Trabalho (CLT); Legislação Processual Trabalhista extravagante, entre as quais devem ser destacadas as Leis n. 7.701, de 21 de dezembro de 1988; Lei n. 5.584, de 26 de junho de 1970 e a Lei n. 10.192/2001. Em razão do reduzido número de dispositivos legais, normatizando os recursos trabalhistas, várias questões são reguladas por meio do Regimento Interno dos Tribunais; Instruções Normativas e Resoluções do TST e, ainda, Súmulas, Orientações Jurisprudenciais do TST e Súmulas de outros Tribunais Superiores.

6. Recursos Admissíveis

O Processo do Trabalho hoje admite uma gama de recursos que, para efeitos didáticos, podemos classificar como Recursos Típicos, Atípicos, peculiares, regimentais e adotados.

I – **Típicos:**

Recurso de Embargos, (art. 894, CLT e §§ 2º e 3º da Lei n. 7.701/88):

Embargos Infringentes;

Embargos de Divergência;

Recurso Ordinário art. 895, CLT;

Recurso de Revista — art. 896, CLT;

Agravo, art. 894, § 4º e 896, § 12, CLT e arts. 239 e 240 do RI/TST);

Agravo de Petição — art. 897, "a", CLT;

Agravo de Instrumento — art. 897, "b", CLT;

Embargos de Declaração — art. 897-A (Lei n. 9957/00).

II – **Atípicos** (previstos na CLT):

Correição Parcial (art. 709, II CLT);

Agravo Regimental na Correição Parcial (art. 719, § 1º — CLT).

III – **Recurso Peculiar:**

a) Recurso Revisional (§ 1º, art. 2º, Lei n. 5.584/70);

b) "Protesto Antipreclusivo", admitido pela práxis dos pretórios, que faz as vezes de um Agravo Retido.

IV) **Recursos Regimentais:**

Agravo Regimental (arts. 243 e 244 do RI/TST);

Agravo (arts. 245 e 246, do RI/TST);

III) **Adotados:**

a) Recurso Extraordinário (recurso ecumênico)- art. 893, § 2º, CLT (art. 102, III, CF/88);

b) Recurso Adesivo (Súmula n. 283 do TST).

SÚMULA N. 283 – *O recurso adesivo é compatível com o processo do trabalho e cabe, no prazo de 8 (oito) dias, nas hipóteses de interposição de recurso ordinário, de agravo de petição, de revista e de embargos, sendo desnecessário que a matéria nele veiculada esteja relacionada com a do recurso interposto pela parte contrária. n. (Res. 16/1988, DJ 18.3.1988)*

Peculiaridades do Sistema Recursal Trabalhista

a) **Princípio da Concentração** – Irrecorribilidade imediata das decisões interlocutórias, art. 893, § 1º, § 2º do art. 799 da CLT e Súmula n. 214 do TST;

b) Irrecorribilidade das decisões nos processo de alçada ou rito sumário, como estabelecido no § 4º do art. 2º da Lei n. 5.584/70 e Súmula n. 336 do TST.

7. Atos Recorríveis

A recorribilidade ou não do ato decorre da natureza da decisão que se pretende atacar. Por vezes, além da natureza do ato, deve levar-se em conta a natureza da matéria discutida.

A nova redação dada ao art. 895 da CLT, pela Lei n. 11.925/09, estabelece como atos recorríveis as decisões definitivas ou terminativas.

Decisões Definitivas, ou finais ou ainda de Mérito, são as que põem fim ao processo ou fase deste, apreciando o mérito da questão.

Decisões Terminativas são aquelas que põem fim ao processo, sem, no entanto, apreciar o mérito da causa, objeto do pedido.

Assim, Decisões Definitivas são as sentenças que apreciam o mérito da reclamatória, ação trabalhista, dissídio coletivo, resolvendo o mérito da controvérsia, encerrando a fase de conhecimento ou de execução.

Decisões Terminativas, como dito, não apreciam o mérito, mas põem fim a reclamatória ou ação trabalhistas, como aquelas que: determinam o arquivamento da reclamatória (arts. 844, 852, § 1º e 786 da CLT), acolhem a incompetência absoluta da Justiça do Trabalho, incompetência territorial remetendo a reclamatória para outro Tribunal Regional; as que extinguem processo em razão da carência da ação, da ilegitimidade de parte, de defeito de representação, da inépcia da inicial, da litispendência ou coisa julgada, além de outras hipóteses que podem ocorrer em outras ações trabalhistas de competência da Justiça do Trabalho em face da ampliação de sua competência pela Emenda Constitucional n. 45/04.

8. Atos Não Recorríveis

Não são recorríveis, por não constituírem decisões terminativas ou definitivas, os despachos, decisões interlocutórias, como as que desacolhem as exceções de incompetência, suspeição ou impedimento. As que acolhem as exceções de suspeição, impedimento ou incompetência em razão do local, salvo quando o acolhimento desta última determinar a remessa do processo a outro Tribunal Regional (Súmula n. 214).

A estes atos do juiz, a parte pode opor-se por meio do protesto consignado em ata, hoje chamado de protesto antipreclusivo, recorrendo da mesma quando do recurso principal, na forma prevista no § 1º do art. 893, da CLT.

A decisão homologatória dos cálculos de liquidação de sentença, também é irrecorrível, no entanto pode ser atacada, salvo na hipótese de preclusão, por meio de Impugnação pelo credor e Embargos pelo devedor, na fase de execução (§ 3º, art. 884, CLT).

A sentença homologatória de acordo em dissídio individual ou coletivo não é recorrível pelas partes. A União (Previdência Social) pode recorrer no individual (art. 831, § único, art. 832, § 5º e art. 897, §8º, da CLT) e o Ministério Público no Coletivo (§ 5º do art. 7º da Lei n. 7.701/88).

Por fim, também constituem ato irrecorrível as Sentenças em Dissídio de Alçada (Rito Sumário, art. 2º, Lei n. 5.584/70), salvo quando a matéria for constitucional ou impuser condenação a Ente Público, em valor superior a 60 salários mínimos (Súmula n. 303).

Alguns autores posicionaram-se pela extinção da irrecorribilidade após a Constituição de 1988, em razão da garantia de Ampla Defesa com os recursos a ela inerentes (art. 5º, LV) e a Proibição de Vinculação ao Salário Mínimo para qualquer fim (art. 7º, IV da CF/88). Tal posição não prevaleceu entre os Tribunais Superiores, como exemplifica a Súmula n. 356 do TST.

Súmula n. 336 – *O art. 2º, § 4º, da Lei n. 5.584, de 26.06.1970 foi recepcionado pela CF/1988, sendo lícita a fixação do valor da alçada com base no salário mínimo.* (Res. TST 75/1997, DJ 19.12.1997)

Fl.____

RECORRENTE: CONFEDERAÇÃO DA AGRICULTURA E PECUÁRIA DO

BRASIL – CNA

RECORRIDO: ALTINO GABRIEL DE SOUZA (ESPÓLIO DE)

Relator: Desembargador Jales Valadão Cardoso

Revisor: Desembargador Sebastião Geraldo de Oliveira

Em 2014, o Tribunal da Terceira Região, reiterou a irrecorribilidade das sentenças proferidas em processo de alçada decidindo:

RECURSO ORDINÁRIO – **INADMISSIBILIDADE** – **DISSÍDIO DE ALÇADA.** *Pelas regras dos parágrafos 3º e 4º do art. 2º da Lei n. 5.584/70, não cabe recurso contra a sentença proferida em dissídio de alçada, ou seja, aquele cujo valor da causa não excede duas vezes o salário mínimo, vigente na data da propositura da ação. Vistos os autos, relatado e discutido o presente Recurso Ordinário.* (**TRT- 00952-2011-051-03-00-0-RO**)

Em matéria constitucional a divergência é quanto ao recurso cabível, se Ordinário ou Extraordinário. O STF admite o extraordinário como se vê da Súmula a seguir transcrita:

SÚMULA N. 640 – STF – É cabível recurso extraordinário contra decisão proferida por juiz de primeiro grau nas causas de alçada ou por turma recursal de juizado especial cível e criminal.

Penso que tal admissibilidade não afasta a possibilidade de adotar a via recursal regular, Recurso Ordinário, Recurso de Revista e Recurso Extraordinário. Salvo melhor juízo parece ser esta a posição atual do STF quanto às Reclamações do art. 102, l, da CF/88.

Deve ser destacado que a alçada não se aplica em Mandado de Segurança.

Súmula n. 356 – *Não se aplica a alçada em ação rescisória e em mandado de segurança.* (ex-OJs ns. 8 e 10, ambas inseridas em 1º.2.1995)

A decisão em revisão necessária também possui tratamento próprio no Processo do Trabalho.

Súmula n. 303

I – Em dissídio individual, está sujeita ao duplo grau de jurisdição, mesmo na vigência da CF/88, decisão contrária à Fazenda Pública, salvo:

a) quando a condenação não ultrapassar o valor correspondente a 60 (sessenta) salários mínimos; (ex-OJ n. 09 incorporada pela Res. n. 121/03, DJ 21.11.03)

b) quando a decisão estiver em consonância com decisão plenária do Supremo Tribunal Federal ou com súmula ou orientação jurisprudencial do Tribunal Superior do Trabalho. (ex-Súmula n. 303 – Res. 121/2003, DJ 21.11.03)

II – Em ação rescisória, a decisão proferida pelo juízo de primeiro grau está sujeita ao duplo grau de jurisdição obrigatório quando desfavorável ao ente público, exceto nas hipóteses das alíneas *"a"* e *"b"* do inciso anterior. (ex-OJ n. 71 – inserida em 3.6.96)

III – Em mandado de segurança, somente cabe remessa *ex offício* se, na relação processual, figurar pessoa jurídica de direito público como parte prejudicada pela concessão da ordem. Tal situação não ocorre na hipótese de figurar no feito como impetrante e terceiro interessado pessoa de direito privado, ressalvada a hipótese de matéria administrativa. (ex-OJs n. 72 – Inserida em 25.11.96 e n. 73 – inserida em 3.6.96)

Por pertinente, transcreve-se decisão do Superior Tribunal de Justiça, relativa ao tema.

A Corte Especial reiterou que as sentenças ilíquidas proferidas contra a União, Distrito Federal, estados, municípios e suas respectivas autarquias e fundações de direito público estão sujeitas ao reexame necessário (duplo grau de jurisdição), não incidindo sobre ela a exceção prevista no § 2º do art. 475 do CPC. Precedente citado: EREsp 934.642-PR, DJe 26/11/2009. **EREsp 701.306-RS, Rel. Min. Fernando Gonçalves, julgados em 7/4/2010 (Informativo n. 414).**

O J SDI 1 N. 334. *Remessa ex officio. Recurso de revista. Inexistência de recurso ordinário voluntário de ente público. Incabível. Incabível recurso de revista de ente público que não interpôs recurso ordinário voluntário da decisão de primeira instância, ressalvada a hipótese de ter sido agravada, na segunda instância, a condenação imposta. ERR 522601/1998, Tribunal Pleno. Em 28.10.2003, o Tribunal Pleno decidiu, por maioria, ser incabível recurso de revista de ente público que não interpôs recurso ordinário voluntário.*

9. Princípios:

a) "*O* **princípio da unirrecorribilidade** *significa que a lei não prevê mais de um recurso para cada hipótese*"...;

b) "*Pelo* **princípio da variabilidade** *permite-se à parte variar o recurso interposto, fazendo com que o posterior, que é o correto, substitua o anterior, equivocado*";

c) "*O* **princípio da fungibilidade** *proclama que o juiz poderá conhecer de um recurso por outro*" (*conversibilidade*)

Súmula N. 421 – EMBARGOS DECLARATÓRIOS

II – Postulando o embargante efeito modificativo, os embargos declaratórios deverão ser submetidos ao pronunciamento do Colegiado, **convertidos em agravo**, em face dos princípios da fungibilidade e celeridade processual. (ex-OJ n. 74 – inserida em 08.11.2000)

OJ SDI 2 N. 69 - Fungibilidade recursal. Indeferimento liminar de ação rescisória ou mandado de segurança. Recurso para o TST. Recebimento como agravo regimental e devolução dos autos ao TRT. **Recurso ordinário interposto contra despacho monocrático indeferitório da petição inicial de ação rescisória ou de mandado de segurança pode, pelo princípio de fungibilidade recursal, ser recebido como agravo regimental.** Hipótese de não conhecimento do recurso pelo TST e devolução dos autos ao TRT, para que aprecie o apelo como agravo regimental. (**20.9.00**)

Segundo o entendimento jurisprudencial o erro grosseiro afasta a incidência do princípio da fungibilidade:

OJ-SDI2- N. 152 – FUNGIBILIDADE – ERRO GROSSEIRO AFASTA A – *A interposição de recurso de revista de decisão definitiva de Tribunal Regional do Trabalho em ação rescisória ou em mandado de segurança, com fundamento em violação legal e divergência jurisprudencial e remissão expressa ao art. 896 da CLT, configura erro grosseiro, insuscetível de autorizar o seu recebimento como recurso ordinário, em face do disposto no art. 895, "b", da CLT.*

Súmula n. 272 – STF

Não se admite como Ordinário o recurso Extraordinário de decisão denegatória de Mandado de Segurança.

OJ – SDI1 412. AGRAVO INOMINADO OU AGRAVO REGIMENTAL. INTERPOSIÇÃO EM FACE DE DECISÃO COLEGIADA. NÃO CABIMENTO. ERRO GROSSEIRO. INAPLICABILIDADE DO PRINCÍPIO DA FUNGIBILIDADE RECURSAL. (DEJT divulgado em 14, 15 e 16.2.2012) É incabível agravo inominado (art. 557, §1º, do CPC) ou agravo regimental (art. 235 do RITST) contra decisão proferida por Órgão colegiado. Tais recursos destinam-se, exclusivamente, a impugnar decisão monocrática nas hipóteses expressamente previstas. Inaplicável, no caso, o princípio da fungibilidade ante a configuração de erro grosseiro.

d) Do princípio do *Non reformatio in pejus* (ou *in peius*), decorre a impossibilidade de o Tribunal reformar a decisão em prejuízo do recorrente. A reforma em decorrência do Recurso Adesivo não afronta o mencionado princípio.

Regras ou Critérios Prevalentes:

No Sistema Recursal Trabalhista admite-se a aplicação imediata da lei processual nova (art. 912, CLT); aplicação da lei vigente na data da decisão recorrida (art. 915, CLT); a livre desistência do recurso (art. 501 do CPC); a devolução dos prazos em caso de doença ou morte de quem deveria assinar o recurso (arts. 775 da CLT e 507 do CPC). Admite-se, ainda, que o recurso do litisconsórcio aproveita os demais (art. 509 do CPC).

O recurso adesivo é decorrente e vinculado ao recurso principal:

Nos termos do art. 500, III, do CPC, somente há direito ao exame do recurso adesivo quando tenha sido conhecido o recurso principal, ou seja, o interesse da parte no recurso adesivo é secundário e dependente do interesse da parte que interpôs o recurso principal; se esta se conforma com o não conhecimento do seu recurso principal, não cabe àquela em nome alheio postular o contrário. Nesse contexto, a decisão recorrida não incorreu em violação aos dispositivos invocados pelo reclamante. 5 – Agravo de instrumento a que se nega provimento. **(TST-AIRR-9300-27.2009.5.06.0018)**

Nos recursos trabalhistas a regra é o efeito meramente devolutivo, permitida a execução provisória, até a penhora (art. 899, da CLT), possibilitando-se a execução definitiva da parte que não foi objeto do recurso (art. 897, § 1º da CLT).

10. Pressupostos

b) Pressupostos Subjetivos:

Pressupostos Subjetivos ou intrínsecos, dizem respeito a pessoa do recorrente. (Carlos H. Bezerra Leite, p. 512)

São as pessoas que podem recorrer. (Amauri Mascaro Nascimento, p. 201)

Pressuposto subjetivo é a legitimidade para recorrer. (Wagner D. Giglio, p. 418)

Constituem pressupostos subjetivos ou intrínsecos a serem verificados por ocasião da proposita do recurso: Capacidade; Interesse e à Legitimação. Significa ter capacidade, possuir interesse jurídico e econômico e estar legitimado a recorrer ou ter legitimidade para recorrer no momento da interposição do recurso. Melhor explicando:

Capacidade:

Trata-se da capacidade jurídica para recorrer, como aferida na proposita da reclamatória ou ação trabalhista. No caso de incapacidade, a representação se dará, neste ato, da mesma forma como seria regularizada na proposita da ação.

Interesse:

Decorre da existência de razões ou motivos de fato e de direito, jurídicos ou econômicos de ver reapreciada a decisão. Manoel Antonio Teixeira Filho fala em *"estado de desfavorabilidade"*. Outros autores afirmam que interesse se constitui ou decorre da sucumbência.

Legitimidade:

Têm Legitimação para recorrer as **partes** (o preposto, o sindicato e o colega nas hipóteses previstas no art. 843, §§ 2º e 3º não são partes); o Substituto Processual (Entidade Sindical); o terceiro interessado (União, sucessores e outros em ações trabalhistas oriundas de relações de trabalho). O Ministério Público do Trabalho, possui legitimidade tanto como parte, como terceiro interessado, como na condição de *custus legis* (art. 7º, §§ 2º e 5º, Lei n. 7.701/88, art. 449, § 2º CPC)

O recurso pode ser interposto pela parte vencida, pelo terceiro prejudicado e pelo Ministério Público.

(...)

O Ministério Público trem legitimidade para recorrer assim no processo em que é parte, como naquele em que oficiou como fiscal da lei (art. 499, CPC, caput, e § 2º).

OJ SDI 1 – N. 237. Ministério Público do Trabalho. Ilegitimidade para recorrer. O Ministério Público não tem legitimidade para recorrer na defesa de interesse patrimonial privado, inclusive de empresas públicas e sociedades de economia mista. **(20.6.01)**

OJ SDI1 N. 318 – *Representação Irregular. Autarquia.* **Os estados e os municípios não tem legitimidade para recorrer em nome da autarquias detentoras de personalidade jurídica própria**, devendo ser representadas pelos procuradores que fazem parte de seus quadros ou por advogados constituídos

OJ SDI 1 – N. 338. Ministério Público do Trabalho. Legitimidade para recorrer. Sociedade de economia mista e empresa pública. Contrato nulo. Há interesse do Ministério Público do Trabalho para recorrer contra decisão que declara a existência de vínculo empregatício com sociedade de economia mista, após a CF/88, sem a prévia aprovação em concurso público. **(DJ 4.5.04 – Parágrafo único do art. 168 do Regimento Interno do TST)**

Perito Judicial não possui legitimidade para recorrer, assim decidiu a 2ª Turma do TST no RR-26000 – 41.2003.5.12.0012, em acórdão publicado em 03 de agosto de 2010. Destacou o Relator: *"o perito exerce função meramente administrativa (art. 139 do CPC), não lhe sendo atribuída condição para que componha a relação jurídica discutida no processo. O ministro destacou ainda que o perito também não pode ser considerado terceiro interessado, pois inexiste nexo de interdependência entre o seu interesse e a relação jurídica submetida à apreciação judicial."* Citou precedentes.

ACÓRDÃO- RR 24300-15.2000.5.09.0660

RECURSO DE REVISTA INTERPOSTO POR PERITO JUDICIAL. LEGITIMIDADE PARA RECORRER. AUSÊNCIA.

O perito judicial não detém legitimidade para recorrer visando ao pagamento de honorários periciais, não sendo considerado terceiro prejudicado, na forma do art. 499 do CPC, e sim auxiliar da justiça (CPC, art. 139). Precedentes do TST e do STJ.

Recurso de revista de que não se conhece.(Brasília, 21 de setembro de 2011)

A remessa oficial ou reexame necessário será de iniciativa do julgador.

a) **Pressupostos Objetivos:**

Pressupostos objetivos ou extrínsecos são os que dizem respeito ao recurso, aos seus requisitos formais materiais. Dizem respeito a ocorrência do ato que enseja o recurso satisfação das formalidades e encargos inerentes ao recurso.

b) **Recorribilidade do ato:**

A recorribilidade ou não do ato decorre da natureza da decisão que se pretende atacar. Por vezes, além da natureza do ato, deve levar-se em conta a natureza da matéria discutida.

O Processo do Trabalho só admite recurso contra decisão definitiva ou terminativa do feito (pelo menos perante a Justiça do Trabalho – arts. 893, § 1º, 799, § 2º e Súmula n. 214 do TST).

§ 1º Os incidentes do processo são resolvidos pelo próprio Juízo ou Tribunal, admitindo-se a apreciação do merecimento das decisões interlocutórias somente em recursos da decisão definitiva. (art. 893, § 1º, CLT)

§ 2º Das decisões sobre exceções de suspeição e incompetência, salvo, quanto a estas, se terminativas do feito, não caberá recurso, podendo, no entanto, as partes alegá-las novamente no recurso que couber da decisão final. (799, § 2º, da CLT)

Súmula n. 214 – DECISÃO. INTERLOCUTÓRIA. IRRECORRIBILIDADE

Na Justiça do Trabalho, nos termos do art. 893, § 1º, da CLT, as decisões interlocutórias não ensejam recurso imediato, salvo nas hipótese de decisão:

a) de Tribunal Regional do Trabalho contrária à Súmula ou Orientação Jurisprudencial do Tribunal Superior do Trabalho;

b) suscetível de impugnação mediante recurso para o mesmo Tribunal;

c) que acolhe exceção de incompetência territorial, com a remessa dos autos para Tribunal Regional distinto daquele a que se vincula o juízo excepcionado, consoante o disposto no art. 799, § 2º, da CLT.

Como exceção a esta regra pode ser mencionado o Recurso Revisional (§ 4º, art. 2º, Lei n. 5.584/70)

São irrecorríveis as sentenças proferidas em "processo de alçada" (art. 2º, Lei n. 5.584/70), salvo:

a) – quando a decisão versar sobre matéria constitucional;

§ 4º – Salvo se versarem sobre matéria constitucional, nenhum recurso caberá das sentenças proferidas nos dissídios da alçada a que se refere o parágrafo anterior, considerado, para esse fim, o valor do salário mínimo à data do ajuizamento da ação.

b) quando for condenado ente público, nos termos da Súmula n. 303 do TST.

Súmula n. 303 – FAZENDA PÚBLICA. DUPLO GRAU DE JURISDIÇÃO. (incorporadas as Orientações Jurisprudenciais ns. 9, 71, 72 e 73 da SBDI-1)

I – Em dissídio individual, está sujeita ao duplo grau de jurisdição, mesmo na vigência da CF/1988, decisão contrária à Fazenda Pública, salvo:

a) quando a condenação não ultrapassar o valor correspondente a 60 (sessenta) salários mínimos; (ex-OJ n. 09 incorporada pela Res. n. 121/2003, DJ 21.11.2003)

b) quando a decisão estiver em consonância com decisão plenária do Supremo Tribunal Federal ou com súmula ou orientação jurisprudencial do Tribunal Superior do Trabalho. (ex-Súmula n. 303 – Res. n. 121/2003, DJ 21.11.2003)

II – Em ação rescisória, a decisão proferida pelo juízo de primeiro grau está sujeita ao duplo grau de jurisdição obrigatório quando desfavorável ao ente público, exceto nas hipóteses das alíneas "a" e "b" do inciso anterior. (ex-OJ n. 71 – Inserida em 3.6.1996)

III – Em mandado de segurança, somente cabe remessa "ex officio" se, na relação processual, figurar pessoa jurídica de direito público como parte prejudicada pela concessão da ordem. Tal situação não ocorre na hipótese de figurar no feito como impetrante e terceiro interessado pessoa de direito privado, ressalvada a hipótese de matéria administrativa. (ex-OJs n. 72 – Inserida em 25.11.1996 e n. 73 – Inserida em 3.6.1996)

SENTENÇA ILÍQUIDA. REEXAME NECESSÁRIO.

*A Corte Especial reiterou que as sentenças **ilíquidas** proferidas contra a União, Distrito Federal, estados, municípios e suas respectivas autarquias e fundações de direito público estão sujeitas ao reexame necessário (duplo grau de jurisdição), não incidindo sobre ela a exceção prevista no § 2º do art. 475 do CPC. Precedente citado: EREsp 934.642-PR, DJe 26/11/2009. EREsp 701.306-RS, rel. Min. Fernando Gonçalves, julgados em 7.4.2010 (ver Informativo n. 414).*

Medida Provisória 2.180-35, de 24.8.2001

Art. 12. *Não estão sujeitas ao duplo grau de jurisdição obrigatório as sentenças proferidas contra a União, suas autarquias e fundações públicas, quando a respeito da controvérsia o Advogado-Geral da União ou outro órgão administrativo competente houver editado súmula ou instrução normativa determinando a não interposição de recurso voluntário.*

CPC

Art. 475. Está sujeita ao duplo grau de jurisdição, não produzindo efeito senão depois de confirmada pelo tribunal, a sentença: (Redação dada pela Lei n. 10.352, de 26.12.2001)

I – proferida contra a União, o Estado, o Distrito Federal, o Município, e as respectivas autarquias e fundações de direito público;

II – que julgar procedentes, no todo ou em parte, os embargos à execução de dívida ativa da Fazenda Pública (art. 585, VI).

§ 1º Nos casos previstos neste artigo, o juiz ordenará a remessa dos autos ao tribunal, haja ou não apelação; não o fazendo, deverá o presidente do tribunal avocá-los.

§ 2º Não se aplica o disposto neste artigo sempre que a condenação, ou o direito controvertido, for de valor certo não excedente a 60 (sessenta) salários mínimos, bem como no caso de procedência dos embargos do devedor na execução de dívida ativa do mesmo valor.

§ 3º Também não se aplica o disposto neste artigo quando a sentença estiver fundada em jurisprudência do plenário do Supremo Tribunal Federal ou em súmula deste Tribunal ou do tribunal superior competente.

O JURISPR N. 10 ALÇADA. MANDADO DE SEGURANÇA.

Não se aplica a alçada em mandado de segurança.

O JURISPR N. 334 REMESSA "EX OFFICIO". RECURSO DE REVISTA.

Incabível recurso de revista de ente público que não interpôs recurso ordinário voluntário da decisão de primeira instância, ressalvada a hipótese de ter sido agravada, na segunda instância, a condenação imposta.

ERR 522601/98, Tribunal Pleno

Em 28.10.03, o Tribunal Pleno decidiu, por maioria, ser incabível recurso de revista de ente público que não interpôs recurso ordinário voluntário.

O J SDI 1 N. 260. *Agravo de instrumento. Recurso de revista. Procedimento sumaríssimo. Lei n. 9.957/00. Processos em curso.*

I – É inaplicável o rito sumaríssimo aos processos iniciados antes da vigência da Lei n. 9.957/00.

II – No caso de o despacho denegatório de recurso de revista invocar, em processo iniciado antes da Lei n. 9.957/00, o § 6º do art. 896 da CLT (rito sumaríssimo), como óbice ao trânsito do apelo calcado em divergência jurisprudencial ou violação de dispositivo infraconstitucional, o Tribunal superará o obstáculo, apreciando o recurso sob esses fundamentos.

a) Adequação

Em cada situação concreta só será cabível ou admitido o recurso específico, segundo a norma de regência. O Princípio da Fungibilidade relativisa a aplicação deste pressuposto.

c) **Tempestividade** (Prazo para Recorrer):

A partir da edição da Lei n. 5.584/70, o prazo dos recursos trabalhistas foi uniformizado em oito (8) dias (**art. 6º**, Lei n. 5.584/70)

Como exceção à regra do prazo uniforme, deve ser destacado que o prazo para o Recurso Revisional é de 48 horas (§ 1º, art. 2º, Lei n. 5584/70) e dos Embargos de Declaração é de cinco (5) dias (art. 897-A da LCT).

Para o Pedido de Reconsideração (recurso contra a decisão que fixou o valor da causa no processo de alçada (art. 2º, Lei n. 5.584/70), o prazo é de 48 (quarenta e oito) horas, conforme o § 4º do mesmo artigo.

Para o Recurso Extraordinário em matéria trabalhista, o prazo é de quinze (**15**) dias (art. 508 do CPC).

Os Entes Públicos de natureza não econômica têm o **prazo em dobro** para recorrer. (art. 1º, II, DL n. 799/69)

Quanto à tempestividade, Manoel Antonio Teixeira Filho, *in Sistema Recursal Trabalhista*, LTr, salienta que devem ser considerados os:

— princípio da utilidade dos prazos;

O legislador fixou o prazo ideal para o ato. Se a parte foi impedida de usar o prazo de lei, poderá postular a sua devolução total ou parcial

— princípio da continuidade;

Os prazos só se interrompem ou suspendem nas hipóteses autorizadas por lei

— princípio da inalterabilidade;

Nem partes, nem o juiz podem alterar os prazos legais, ressalvada a possibilidade de dilatar ou devolver, com amparo legal.

— princípio da peremptoriedade;

Os prazos se extinguem automaticamente, independentemente de declaração judicial (art. 183 CPC).

— princípio da preclusão;

Perda da faculdade processual, de recorrer por exemplo, no prazo legal.

Contagem do prazo recursal no Processo do trabalho

Art.774. *Salvo disposição em contrário, os prazos previstos neste Título contam-se, conforme o caso, a partir da data em que for feita pessoalmente, ou recebida a notificação, daquela em que for publicado o edital no jornal oficial ou no que publicar o expediente da Justiça do Trabalho, ou, ainda, daquela em que for afixado o edital na sede da Junta, Juízo ou Tribunal.*

SÚMULA N. 16 do TST – *Presume-se recebida a notificação 48 (quarenta e oito) horas depois de sua postagem. O seu não recebimento ou a entrega após o decurso desse prazo constitui ônus de prova do destinatário.*

Tal presunção ão é adotada pelo STJ:

Súmula n. 429 – STJ – *A citação postal, quando autorizada por lei, exige o aviso de recebimento.*

Parágrafo único – *Tratando-se de notificação postal, no caso de não ser encontrado o destinatário ou no de recusa de recebimento, o Correio ficará obrigado, sob pena de responsabilidade do servidor, a devolvê-la, no prazo de 48 (quarenta e oito) horas, ao Tribunal de origem.*

Art. 775. *Os prazos estabelecidos neste Título contam-se com exclusão do dia do começo e inclusão do dia do vencimento, e são contínuos e irreleváveis, podendo, entretanto, ser prorrogados pelo tempo estritamente necessário, pelo juiz ou tribunal, ou em virtude de força maior, devidamente comprovada.*

Parágrafo único – *Os prazos que se vencerem em sábado, domingo ou feriado, terminarão no primeiro dia útil seguinte.*

CONTAGEM DO PRAZO NO PROCESSO INFORMATIZADO

Art. 4º **da Lei n. 11.419** de 11.12.2006

§ 3º *Considera-se como data da publicação o primeiro dia útil seguinte ao da disponibilização da informação no Diário da Justiça eletrônico.*

§ 4º *Os prazos processuais terão início no primeiro dia útil que seguir ao considerado como data da publicação.*

DISPONIBILIZAÇÃO ELETRÔNICA — Diário de Justiça Eletrônico

Segundo a nova disciplina legal da Lei n. 11.419/06, a contagem do prazo processual deve desprezar o dia da disponibilização da informação, ou seja, da veiculação do ato judicial no Diário de Justiça Eletrônico. (Ac. 011335-2007-04-00-9 – 3ª T. – TRT4)

Peculiaridades normatizadas pela Jurisprudência:

Súmula n. 1 – PRAZO JUDICIAL – *Quando a intimação tiver lugar na sexta-feira, ou a publicação com efeito de intimação for feita nesse dia, o prazo judicial será contado da segunda-feira imediata, inclusive, salvo se não houver expediente, caso em que fluirá no dia útil que se seguir. (RA n. 28/1969, DO-GB 21.08.1969)*

Súmula N. 262. – NOTIFICAÇÃO OU INTIMAÇÃO EM SÁBADO.

I – Intimada ou notificada a parte **no sábado**, o início do prazo se dará no primeiro dia útil imediato e a contagem, no subsequente. (ex-Súmula n. 262 – Res. n. 10/1986, DJ 31.10.1986)

II – O recesso forense e as férias coletivas dos Ministros do Tribunal Superior do Trabalho (art. 177, § 1º, do RITST) suspendem os prazos recursais. (ex-OJ n. 209 – Inserida em 8.11.2000)

SÚMULA N. 385 – TST –

FERIADO LOCAL. AUSÊNCIA DE EXPEDIENTE FORENSE. PRAZO RECURSAL. PRORROGAÇÃO. COMPROVAÇÃO. NECESSIDADE ATO ADMINISTRATIVO DO JUÍZO "A QUO" (redação alterada na sessão do Tribunal Pleno realizada em 14.9.2012) – Res. n. 185/2012, DEJT divulgado em 25, 26 e 27.09.2012)

I – Incumbe à parte o ônus de provar, **quando da interposição** do recurso, a existência de feriado local que autorize a prorrogação do prazo recursal.

II – Na hipótese de feriado forense, incumbirá à autoridade que proferir a decisão de admissibilidade certificar o expediente nos autos.

III – Na hipótese do inciso II, admite-se a reconsideração da análise da tempestividade do recurso, mediante prova documental superveniente, em Agravo Regimental, Agravo de Instrumento ou Embargos de Declaração.

A ocorrência de feriado regional que justifique a prorrogação de prazo para a interposição de recurso deve ser comprovada pela parte recorrente. Caso contrário, o recurso será considerado intempestivo (interposto após o prazo recursal). O entendimento, que faz parte da jurisprudência do Tribunal Superior do Trabalho (Orientação Jurisprudencial n. 161 da SOI-1) foi o fundamento adotado pela Subseção 1 Especializada em Dissídios Individuais para não conhecer (rejeitar) um agravo de instrumento interposto pela Companhia Riograndense de Saneamento (CORSAN). (E-AIRR-27639/2002-900-04-00.4)

A simples transcrição do ato administrativo que estabelece feriado, com indicação da lei municipal, não é suficiente para a demonstração da suspensão do prazo processual. A Seção Especializada em Dissídios Individuais (SDI-1) do Tribunal Superior do Trabalho rejeitou recurso do Banco Itaú S.A., mantendo assim a decisão que considerou intempestivo o agravo de instrumento da empresa por falta de certidão ou documento adequado que comprove a falta de expediente local. (E--AG-AIRR-1185/1993-025-02-40.8 – Notícias TST 25.9.2009)

No mesmo sentido o entendimento do Supremo:

Incumbe ao recorrente, no momento da interposição do recurso, o ônus da apresentação de elementos suficientes, incontestáveis, que demonstrem sua tempestividade, sendo impossível fazê-lo quando os autos já se encontrarem neste Tribunal. Alguns precedentes citados: RE 452780/MG (DJU de 18.6.2006); AI 413956 AgR/SP (DJU de 3.9.2004); RE 148835 AgR/MG (DJU de 7.11.1997); AI 288066 AGR/MG; (DJU de 30.3.2001); AI 526479/AL (DJU de 6.10.2006). (RE 536881 AGR/MG, Rel. M Eros Grau, 8.10.2008)

SÚMULA N. 387 – RECURSO. FAC-SÍMILE. LEI N. 9.800/1999.

I – A Lei n. 9.800/1999 é aplicável somente a recursos interpostos após o início de sua vigência. (ex-OJ n. 194 – Inserida em 8.11.2000)

II – A contagem do quinquídio para apresentação dos originais de recurso interposto por intermédio de fac-símile começa a fluir do dia subsequente ao término do prazo recursal, nos termos do art. 2º da Lei n. 9.800/1999, e não do dia seguinte à interposição do recurso, se esta se deu antes do termo final do prazo. (ex-OJ n. 337 – primeira parte – DJ 4.5.2004)

III – Não se tratando a juntada dos originais de ato que dependa de notificação, pois a parte, ao interpor o recurso, já tem ciência de seu ônus processual, não se aplica a regra do art. 184 do CPC quanto ao dies a quo, podendo coincidir com sábado, domingo ou feriado. (ex-OJ n. 337 – in fine – DJ 4.5.2004)

Art. 184 – CPC – Salvo disposição em contrário, computar-se-ão os prazos, excluindo o dia do começo e incluindo o do vencimento.

§ 1º Considera-se prorrogado o prazo até o primeiro dia útil se o vencimento cair em feriado ou em dia em que:

I – for determinado o fechamento do fórum;

II – o expediente forense for encerrado antes da hora normal.

§ 2º Os prazos somente começam a correr do primeiro dia útil após a intimação (art. 240 e parágrafo único).

Súmula n. 30 – INTIMAÇÃO DA SENTENÇA – Quando não juntada a ata ao processo em 48 horas, contadas da audiência de julgamento (art. 851, § 2º, da CLT), o prazo para recurso será contado da data em que a parte receber a intimação da sentença. (RA 57/1970, DO-GB 27.11.1970)

Súmula n. 197 – PRAZO – O prazo para recurso da parte que, intimada, não comparecer à audiência em prosseguimento para a prolação da sentença conta-se de sua publicação. (Res. 3/1985, DJ 1º.4.1985)

OJ SDI 1 n. 20 – Agravo de instrumento. Ministério Público. Pressupostos extrínsecos. Para aferição da tempestividade do AI interposto pelo Ministério Público, desnecessário o traslado da certidão de publicação do despacho agravado, bastando a juntada da cópia da intimação pessoal na qual conste a respectiva data de recebimento (LC n. 75/1993, art. 84, IV). **(inserido em 13.2.01)**

OJ SDI 1 N. 285 – Agravo de instrumento. Traslado. Carimbo do protocolo do recurso ilegível. Inservível. O **carimbo do protocolo** *da petição recursal constitui elemento indispensável para aferição da tempestividade do apelo, razão pela qual* **deverá estar legível***, pois um dado ilegível é o mesmo que a inexistência do dado.*

RE: admissibilidade e protocolo ilegível

A 1ª Turma, por maioria, deu provimento a agravo regimental interposto de decisão do Min. Eros Grau, que negara seguimento a recurso extraordinário, do qual relator, por não constar protocolo na petição recursal. O Min. Luiz Fux, relator, considerou não ser possível sobrepujar esse aspecto formal do carimbo de protocolo ilegível em detrimento do direito quase que natural e inalienável de recorrer ao STF. Reputou inadmissível o particular sofrer prejuízo por força da máquina judiciária, que não efetuara o carimbo de forma apropriada. Em acréscimo, o Min. Marco Aurélio salientou que o recurso, na origem, teria sido considerado tempestivo, haja vista que o Presidente do tribunal a quo determinara o seu processamento. Vencido o Min. Dias Toffoli, que negava provimento ao recurso. RE 611743 AgR/PR, rel. Min. Luiz Fux, 25.9.2012. (RE-611743)

EXTEMPORANEIDADE

Súmula n. 418 do STJ: *"É inadmissível o recurso especial interposto antes da publicação do acórdão dos embargos de declaração, sem posterior ratificação".*

Súmula n. 434 – TST – RECURSO. INTERPOSIÇÃO ANTES DA PUBLICAÇÃO DO ACÓRDÃO IMPUGNADO. EXTEMPORANEIDADE.

I) É extemporâneo recurso interposto antes de publicado o acórdão impugnado. (ex-OJ n. 357 da SBDI-1 – inserida em 14.3.2008)

II) A interrupção do prazo recursal em razão da interposição de embargos de declaração pela parte adversa não acarreta qualquer prejuízo àquele que apresentou seu recurso tempestivamente.

Súmula n. 418 – STJ – É inadmissível o recurso especial interposto antes da publicação do acórdão dos embargos de declaração, sem posterior ratificação. (CANCELADA pela Res. n. 198 do TST, de 9.6.2015)

PRELIMINAR DE INTEMPESTIVIDADE SUSCITADA EM IMPUGNAÇÃO. RECURSO DE EMBARGOS PRECOCEMENTE INTERPOSTO. EXTEMPORANEIDADE.

O Tribunal Pleno desta Corte superior, no julgamento do incidente de uniformização de jurisprudência suscitado no Processo n. ED-RO-AR-11.607/2002-000-02-00.4, pacificou a jurisprudência no sentido de reconhecer a intempestividade do recurso protocolizado antes da publicação do acórdão impugnado. Todavia, se o recurso é considerado extemporâneo, em virtude de ter sido precocemente interposto, nenhum efeito se pode dele extrair, nem aqueles relativos à preclusão consumativa. Do contrário, estar-se-ia a admitir a preclusão consumativa da oportunidade de recorrer antes mesmo do início do prazo recursal, o que repugna à lógica. Assim, em face da interposição oportuna do novo apelo, no prazo recursal, resulta inafastável o seu conhecimento. Preliminar rejeitada. (PROC. N. TST-E-ED-RR-583/2003-064-03-40.7 – SDI 1)

APLICAÇÃO RESTRITA

RECURSO DE REVISTA – INTEMPESTIVIDADE. RECURSO ORDINÁRIO INTERPOSTO ANTES DA PUBLICAÇÃO DA SENTENÇA. Esta Corte vem firmando entendimento no sentido de que a Súmula n. 434, I, do TST (conversão da OJ 357 da SBDI-1 do TST) deve ser interpretada restritivamente, aplicando-se somente nos casos de interposição de recurso em face de acórdãos proferidos pelos Tribunais Trabalhistas. Precedentes. Recurso de Revista não conhecido. (RR n. TST--RR-219800-11.2003.5.15.0122, publicado em 04.2013)

Esta Corte Trabalhista sedimentou entendimento no sentido de que o item I da Súmula n. 434 do TST deve ser interpretado restritivamente, aplicando-se somente nos casos de interposição de recurso em face de acórdãos proferidos pelos Tribunais Trabalhistas, diante da informalidade na primeira instância, podendo as partes ser intimadas das decisões por diversas formas. Assim, o fato de o recurso ordinário ter sido interposto antes da publicação da sentença no órgão oficial não o torna extemporâneo. Recurso de revista conhecido por violação do art. 5º, LV, da Constituição Federal e provido. (TST-RR-177-03.2012.5.04.0811 Divulgado in Newsletter Lex Magister – Edição 2000 – 31.3.2014)

Esta Corte vem firmando entendimento no sentido de que a Súmula n. 434, I, do TST (conversão da OJ 357 da SBDI-1 do TST) deve ser interpretada restritivamente, aplicando-se somente nos casos de interposição de recurso em face de acórdãos proferidos pelos Tribunais Trabalhistas, tendo em vista a informalidade que permeia a primeira instância, onde as partes podem ser intimadas das decisões, dentre outras formas, ainda em audiência (art. 852 da CLT).

Nesse sentido, citam-se os seguintes precedentes:

RECURSO DE REVISTA. TEMPESTIVIDADE DO RECURSO ORDINÁRIO. INTERPOSIÇÃO ANTES DA PUBLICAÇÃO DA SENTENÇA IMPUGNADA. CIÊNCIA POR INICIATIVA DO PRÓPRIO ÓRGÃO JUDICIAL, MEDIANTE SISTEMA INFORMATIZADO (PUSH). *1. A incidência do entendimento consagrado na Orientação Jurisprudencial n.º 357 da SBDI-1 deve ficar restrita aos recursos interpostos em face de acórdãos prolatados pelos Tribunais Trabalhistas, não alcançando os recursos interpostos a sentenças prolatadas pelo Juízo de primeira instância. 2. Se foi possível à parte tomar conhecimento do teor da sentença, por meios lícitos, antes da sua publicação no Diário Eletrônico, não se pode cogitar em interposição prematura do recurso, uma vez que a lei faculta às partes tomar ciência pessoalmente das intimações judiciais, independente de publicação. 3. Raciocínio que se aplica com maior razão a hipótese em que a parte é cientificada do inteiro teor da decisão, anteriormente à sua publicação, por iniciativa do próprio órgão judicial, mediante sistema informatizado de acompanhamento processual – push. Conquanto a lei não reconheça a tal sistema efeitos intimatórios, resulta forçoso admitir que a ciência do ato judicial restou inequivocamente caracterizada no momento em que a parte se manifestou nos autos – ou seja, quando da interposição do recurso ordinário. Inteligência dos arts. 852 da Consolidação das Leis do Trabalho, 238, parte final, 242, § 1º, c/c 506, I e II, do Código de Processo Civil e 5º e incisos, da Lei n. 11.419, de 19.12.2006. Precedentes desta Corte superior. 4. Recurso de revista conhecido e provido. (TST-RR-50-21.2010.5.03.0146, 1ª Turma, rel. Min. Lelio Bentes Corrêa, DEJT de 9.3.2012) (g.n.)*

... A jurisprudência do Tribunal Superior do Trabalho tem se firmado no sentido da inaplicabilidade da Orientação Jurisprudencial n. 357, da SDI-1 quando se tratar de recurso em face de sentença. Desse modo, o não conhecimento do recurso ordinário pelo Tribunal de origem consiste violação ao princípio da ampla defesa, previsto no art. 5º, inciso LV, da Constituição da República. Recurso de revista conhecido e provido. (RR – 157900-38.2009.5.09.0072 Data de Julgamento: 15/02/2012, relator Ministro: José Roberto Freire Pimenta, 2ª Turma, Data de Publicação: DEJT 02/03/2012)

A hipótese dos autos não se adequa ao entendimento consubstanciado na OJ n. 357 da SDI-1/TST, segundo a qual – é extemporâneo recurso interposto antes de publicado o acórdão impugnado-, por constar da movimentação processual, que a sentença esteve disponível às partes em momento anterior à sua publicação no Diário Oficial, quando noticiado o julgamento no sistema informatizado do Tribunal Regional, na mesma data de sua prolação em 16/07/2010, o que leva à inferência de que a interposição do recurso ordinário em 26/07/2010 deu-se tempestivamente. Recurso de revista conhecido e provido. (TST--RR-3289800-70.2009.5.09.0015, 6ª Turma, rel. Min. Aloysio Corrêa da Veiga, DEJT de 28.10.2011)

No mesmo sentido (TST-RR-383500-16.2007.5.09.0018, 7ª Turma, Rel.ª Min.ª Delaíde Miranda Arantes, DEJT de 07/10/2011).

O Supremo Tribunal Federal, em fevereiro de 2015, Ao julgar o Agravo de Instrumento n. 703269 entendeu que não pode ser considerado intempestivo um recurso apresentado dentro do prazo, ainda que antes da publicação do acórdão. Vários precedentes neste sentido foram referidos.

SITUAÇÃO PECULIAR – Recurso em Dissídio Coletivo (**art. 7º da Lei n. 7.701/88**)

§ 2º Não publicado o acórdão nos 20 (vinte) dias subsequentes ao julgamento, poderá qualquer dos litigantes ou o Ministério Público do Trabalho interpor recurso ordinário, fundado, apenas, na certidão de Julgamento, inclusive com pedido de efeito suspensivo, pagas as custas, se for o caso. Publicado o acórdão, reabrir-se-á o prazo para o aditamento do recurso interposto.

§ 3º Interposto o recurso na forma do parágrafo anterior, deverão os recorrentes comunicar o fato à Corregedoria-Geral, para as providências legais cabíveis.

§ 4º Publicado o acórdão, quando as partes serão consideradas intimadas, seguir-se-á o procedimento recursal como previsto em lei, com a intimação pessoal do Ministério Público, por qualquer dos seus procuradores.

CONCLUSÃO

Com o cancelamento da Súmula n. 434/TST, a tendência é ser considerado tempestivo o recurso interposto antes da publicação do acórdão, como exemplifica a decisão proferida no AIRO 0010133-38.2015.5.18.0006 (disponibilizado em novembro de 2015).

EMENTA: RECUSTO ORDINÁRIO. INTERPOSIÇÃO ANTES DA PUBLICAÇÃO DA SENTENÇA. TEMPESTIVIDADE. CANCELAMENTO DA SÚMULA N. 434 DO C. TST. A apresentação prematura de recurso não caracteriza intempestividade. no processo judicial eletrônico, as sentenças, assim que assinadas, ficam disponibilizadas, tornando-se públicas antes mesmo de serem publicadas no órgão oficial, o que permite a oposição tempestiva dos atos recursais. A não admissão do recurso nesses termos implica em exagero de formalidade e ofensa ao princípio da celeridade. Entendimento solidificado com o cancelamento da Súmula n. 434 do TST.

d) **Representação**:

Em primeiro lugar deve-se ter presente que o Direito Processual do Trabalho assegura o "**Jus Postulandi Trabalhista**", ao empregado e ao empregador, pelo que os mesmos, em decorrência do disposto no art. 791 da CLT, podem propor e contra-arrazoar (assinar) recursos. No entanto, o TST, por meio da Súmula n. 425, TST, limitou este direito peculiar à fase ordinária, pelo que só poderiam as partes propor Recurso Ordinário, Agravo de Petição, Agravo de Instrumento e Regimental, para o Tribunais Regionais.

Art. 37. Sem instrumento de mandato, o advogado não será admitido a procurar em juízo. ... (CPC)

Art. 5º O advogado postula, em juízo ou fora dele, fazendo prova do mandato.(Lei n. 8.906/94)

SÚMULA N. 164 – PROCURAÇÃO. JUNTADA – Nova redação –

O não cumprimento das determinações dos §§ 1º e 2º do art. 5º da Lei n. 8.906, de 04.07.1994 e do art. 37, parágrafo único, do Código de Processo Civil importa o não conhecimento de recurso, por inexistente, exceto na hipótese de mandato tácito.

Art. 5º O Advogado postula, em juízo ou fora dele, fazendo prova do mandato.(Lei n. 8.906/94)

EMENTA: RECURSO ORDINÁRIO. AUSÊNCIA DE PROCURAÇÃO. NÃO CONHECIMENTO. Não se conhece de recurso ordinário interposto por advogado sem procuração nos autos, por irregularidade de representação processual. Nesse sentido, a Súmula n. 164 do TST. (TRT 3 – 01209201301903001RO – Disponibilizado em 11.2014)

OJ SDI-1, N. 373 – IRREGULARIDADE DE REPRESENTAÇÃO. PESSOA JURÍDICA. Não se reveste de validade o instrumento de mandato firmado em nome de pessoa jurídica em que não haja a sua identificação e a de seu representante legal, o que, a teor do art. 654, § 1º, do Código Civil, acarreta, para a parte que o apresenta, os efeitos processuais da inexistência de poderes nos autos.

OJ-SDI1 N. 255 – MANDATO. CONTRATO SOCIAL. DESNECESSÁRIA A JUNTADA. O art. 12, VI, do CPC não determina a exibição dos estatutos da empresa em juízo como condição de validade do instrumento de mandato outorgado ao seu procurador, salvo se houver impugnação da parte contrária.

Nos termos da OJ 255 da SBDI-1 desta Corte, "o art. 12, VI, do CPC não determina a exibição dos estatutos da empresa em juízo como condição de validade do instrumento de mandato outorgado ao seu procurador, salvo se houver impugnação da parte contrária". Recurso de revista conhecido e provido. (TST-RR-899-58.2012.5.03.0134)

SÚMULA – N. 383 – MANDATO. ARTS. 13 E 37 DO CPC. FASE RECURSAL. INAPLICABILIDADE.

I – É inadmissível, em instância recursal, o oferecimento tardio de procuração, nos termos do art. 37 do CPC, ainda que mediante protesto por posterior juntada, já que a interposição de recurso não pode ser reputada ato urgente. (ex-OJ n. 311 – DJ 11.8.2003)

II – Inadmissível na fase recursal a regularização da representação processual, na forma do art. 13 do CPC, cuja aplicação se restringe ao Juízo de 1º grau. (ex-OJ n. 149 – Inserida em 27.11.1998)

Art. 13. Verificando a incapacidade processual ou a irregularidade da representação das partes, o juiz, suspendendo o processo, marcará prazo razoável para ser sanado o defeito. (CPC)

Art. 37. Sem instrumento de mandato, o advogado não será admitido a procurar em juízo. Poderá, todavia, em nome da parte, intentar ação, a fim de evitar decadência ou prescrição, bem como intervir, no processo, para praticar atos reputados urgentes. Nestes casos, o advogado se obrigará, independentemente de caução, a exibir o instrumento de mandato no prazo de 15 (quinze) dias, prorrogável até outros 15 (quinze), por

SÚMULA – N. 395 – MANDATO E SUBSTABELECIMENTO. CONDIÇÕES DE VALIDADE.

I – Válido é o instrumento de mandato com prazo determinado que contém cláusula estabelecendo a prevalência dos poderes para atuar até o final da demanda. (ex-OJ n. 312 – DJ 11.08.2003)

II – Diante da existência de previsão, no mandato, fixando termo para sua juntada, o instrumento de mandato só tem validade se anexado ao processo dentro do aludido prazo. (ex-OJ n. 313 – DJ 11.08.2003)

III – São válidos os atos praticados pelo substabelecido, ainda que não haja, no mandato, poderes expressos para substabelecer (art. 667, e parágrafos, do Código Civil de 2002). (ex-OJ n. 108 – Inserida em 01.10.1997)

IV – Configura-se a irregularidade de representação se o substabelecimento é anterior à outorga passada ao substabelecente. (ex-OJ n. 330 – DJ 09.12.2003)

OJ SDI 1 N. 52 – Mandato. Procurador da União, Estados, Municípios e Distrito Federal, suas autarquias e fundações públicas. Dispensável a juntada de procuração. (Medida Provisória n. 1561/1996 – DOU 20.12.1996).

SÚMULA N. 644 do STF

Ao titular do cargo de procurador de autarquia não se exige a apresentação de instrumento de mandato para representá--la em juízo.

OJ SDI 1 N. 110 – Representação irregular. Procuração apenas nos autos de agravo de instrumento.

Em 17.12.1996, a SDI-Plena resolveu, por maioria, firmar entendimento de que a existência de instrumento de mandato nos autos de agravo de instrumento, ainda que em apenso, não legitima a atuação de advogado nos autos de que se originou o agravo.

OJ – SDI 1 – N. 200 – **Mandato tácito. Substabelecimento inválido.** É inválido o substabelecimento de advogado investido de mandato tácito.

OJ – SDI 1 N. 286 – Agravo de Instrumento. Traslado. Mandato Tácito. Ata de Audiência. Configuração. A juntada Ada Ata de Audiência, em que está consignada a presença do advogado do Agravado, desde que não estivesse atuando com mandato expresso, torna dispensável a procuração deste, porque demonstrada a existência de mandato tácito.

*OJ SDI1 N. 318 – Representação Irregular. Autarquia. Os estados e os municípios não tem legitimidade para recorrer em nome da autarquias detentoras de personalidade jurídica própria, **devendo ser representadas pelos procuradores que fazem parte de seus quadros ou por advogados constituídos.***

d) Preparo

DEPÓSITO RECURSAL

A despeito de todos os ataques e críticas que recebeu logo após a edição da Constituição de 1988, para garantir o recebimento dos créditos trabalhistas, normalmente de caráter alimentar, e evitar recursos meramente protelatórios foi mantida a exigência da garantia do juízo recursal, mediante Depósito Recursal nos limites e forma estabelecidos na legislação, normativas e jurisprudência trabalhista.

O Depósito Recursal Trabalhista foi instituído e normatizado originariamente no art. 899 da CLT, alterado inúmeras vezes pela legislação processual extravagante. Atualmente é regulamentado pela Instrução Normativa n. 03, de 05 de março de 1993, com a redação atualizada pela Resolução n. 168, de 09 de agosto de 2010.

Por se tratar de uma peculiaridade do Processo do Trabalho reproduziremos a seguir os dispositivos legais pertinentes, antes da de tratar dos detalhes do instituto.

DA EXIGIBILIDADE:

CLT

Art. 899 – Os recursos serão interpostos por simples petição e terão efeito meramente devolutivo, salvo as exceções previstas neste Título, permitida a execução provisória até a penhora. (Redação dada pela Lei n. 5.442, de 24.5.1968)

§ 1º Sendo a condenação de valor até 10 (dez) vezes o salário mínimo regional, nos dissídios individuais, só será admitido o recurso, inclusive o extraordinário, mediante prévio depósito da respectiva importância. Transitada em julgado a decisão recorrida, ordenar-se-á o levantamento imediato da importância de depósito, em favor da parte vencedora, por simples despacho do juiz. (Redação dada pela Lei n. 5.442, 24.5.1968)

§ 2º Tratando-se de condenação de valor indeterminado, o depósito corresponderá ao que for arbitrado, para efeito de custas, pela Junta ou Juízo de Direito, até o limite de 10 (dez) vezes o salário mínimo da região. (Redação dada pela Lei n. 5.442, 24.5.1968)

§ 4º O depósito de que trata o § 1º far-se-á na conta vinculada do empregado a que se refere o art. 2º da Lei n. 5.107, de 13 de setembro de 1966, aplicando-se-lhe os preceitos dessa Lei observado, quanto ao respectivo levantamento, o disposto no § 1º. (Redação dada pela Lei n. 5.442, 24.5.1968)

§ 5º Se o empregado ainda não tiver conta vinculada aberta em seu nome, nos termos do art. 2º da Lei n. 5.107, de 13 de setembro de 1966, a empresa procederá à respectiva abertura, para efeito do disposto no § 2º. (Redação dada pela Lei n. 5.442, 24.5.1968)

§ 6º Quando o valor da condenação, ou o arbitrado para fins de custas, exceder o limite de 10 (dez) vezes o salário mínimo da região, o depósito para fins de recursos será limitado a este valor. (Incluído pela Lei n. 5.442, 24.5.1968)

§ 7º No ato de interposição do agravo de instrumento, o depósito recursal corresponderá a 50% (cinquenta por cento) do valor do depósito do recurso ao qual se pretende destrancar. (Incluído pela Lei n. 12.275, de 2010)

LEI N. 7.701, DE 21 DE DEZEMBRO DE 1988.

Art. 13 – O depósito recursal de que trata o **art. 899** e seus parágrafos, da Consolidação das Leis do Trabalho, fica limitado, no recurso ordinário, a 20 (vinte) vezes o valor de referência e, no de revista, a 40 (quarenta) vezes o referido valor de referência. Será considerado valor de referência aquele vigente à data da interposição do recurso, devendo ser complementado o valor total de 40 (quarenta) valores, no caso de revista.

LEI N. 8.177, DE 1º DE MARÇO DE 1991.

Art. 40. O depósito recursal de que trata o art. 899 da Consolidação das Leis do Trabalho fica limitado a Cr$ 20.000.000,00 (vinte milhões de cruzeiros), nos casos de interposição de recurso ordinário, e de Cr$ 40.000.000,00 (quarenta milhões de cruzeiros), em se tratando de recurso de revista, embargos infringentes e recursos extraordinários, sendo devido a cada novo recurso interposto no decorrer do processo. (Redação dada pela Lei n. 8.542, de 1992).

§ 1º Em se tratando de condenação imposta em ação rescisória, o depósito recursal terá, como limite máximo, qualquer que seja o recurso, o valor de Cr$ 40.000.000,00 (quarenta milhões de cruzeiros). (Redação dada pela Lei n. 8.542, de 1992).

§ 2º A exigência de depósito aplica-se, igualmente, aos embargos, à execução e a qualquer recurso subsequente do devedor. (Redação dada pela Lei n. 8.542, de 1992).

§ 3º O valor do recurso ordinário, quando interposto em dissídio coletivo, será equivalente ao quádruplo do previsto no *caput* deste artigo. (Incluído pela Lei n. 8.542, de 1992).

§ 4º Os valores previstos neste artigo serão reajustados bimestralmente pela variação acumulada do INPC do IBGE dos dois meses imediatamente anteriores. (Incluído pela Lei n. 8.542, de 1992).

LEI N. 8.542, DE 23 DE DEZEMBRO DE 1992.

Art. 8º O art. 40 da Lei n. 8.177, de 1º de março de 1991, passa a vigorar com a seguinte redação:

Art. 40. O depósito recursal de que trata o art. 899 da Consolidação das Leis do Trabalho fica limitado a Cr$ 20.000.000,00 (vinte milhões de cruzeiros), nos casos de interposição de recurso ordinário, e de Cr$ 40.000.000,00 (quarenta milhões de cruzeiros), em se tratando de recurso de revista, embargos infringentes e recursos extraordinários, sendo devido a cada novo recurso interposto no decorrer do processo.

§ 1º Em se tratando de condenação imposta em ação rescisória, o depósito recursal terá, como limite máximo, qualquer que seja o recurso, o valor de Cr$ 40.000.000,00 (quarenta milhões de cruzeiros).

§ 2º A exigência de depósito aplica-se, igualmente, aos embargos, à execução e a qualquer recurso subsequente do devedor.

§ 3º O valor do recurso ordinário, quando interposto em dissídio coletivo, será equivalente ao quádruplo do previsto no *caput* deste artigo.

§ 4º Os valores previstos neste artigo serão reajustados bimestralmente pela variação acumulada do INPC do IBGE dos dois meses imediatamente anteriores.

SÚMULA TST N. 161

Se não há condenação a pagamento em pecúnia, descabe o depósito de que tratam os §§ 1º e 2º do art. 899 da CLT. Ex-Prejulgado n. 39.

Além da legislação federal acima reproduzida e da já referida Instrução Normativa n. 03/93, que interpreta a legislação ordinária aplicável, tratam ainda do Depósito Recursal Trabalhista Instrução Normativa TST n. 15/98 que *Aprova normas relativas ao depósito recursal na Justiça do Trabalho*; Instrução Normativa TSAT n. 21/2003, que "*Estabelece, na Justiça do Trabalho, modelo único de guia de depósito judicial para pagamentos, garantia de execução, encargos processuais e levantamento de valores, excetuados os depósitos recursais*"; Instrução Normativa TST n. 26/2004, que "*Dispõe sobre a guia de recolhimento do depósito recursal*"; Provimento TST n. 02/2003, que "*Determina as instruções para o preenchimento do modelo único de Guia de Depósito Judicial Trabalhistas, estabelecido na Instrução Normativa n. 21/03*".

O limite máximo para o Depósito em cada recurso é fixado anualmente por Ato do Gabinete da Presidência do Tribunal Superior do Trabalho. Hoje vigora o ATO N. 372/SEGJUD.GP, DE 16.07.2014, que fixa: "*Os novos valores referentes aos limites de depósito recursal previstos no art. 899 da Consolidação das Leis do Trabalho, reajustados pela variação acumulada do INPC do IBGE, no período de julho de 2013 a junho de 2014, serão de:*

a) R$ 7.485,83 (sete mil, quatrocentos e oitenta e cinco reais e oitenta e três centavos), no caso de interposição de Recurso Ordinário;

b) R$ 14.971,65 (quatorze mil, novecentos e setenta e um reais e sessenta e cinco centavos), no caso de interposição de Recurso de Revista, Embargos e Recurso Extraordinário;

c) R$ 14.971,65 (quatorze mil, novecentos e setenta e um reais e sessenta e cinco centavos), no caso de interposição de Recurso em Ação Rescisória."

Assim o deposito recursal será o valor da condenação ou limite máximo fixado pelo TST para o período, o que for menor.

A partir das normas aplicáveis, em especial da instrução Normativa no 03/93, podemos estabelecer

a) Natureza Jurídica do Depósito Recursal:

I – Os depósitos de que trata o art. 40 e seus parágrafos, da Lei n. 8.177/91, com a redação dada pelo art. 8º da Lei n. 8.542/92, não têm natureza jurídica de taxa de recurso, mas de *garantia do juízo recursal*, que pressupõe decisão condenatória ou executória de obrigação de pagamento em pecúnia, com valor líquido ou arbitrado.

b) Hipótese de exigibilidade do depósito:

O Depósito Recursal, tendo natureza de garantia do juízo ou da condenação, só será exigível quando houver condenação em pecúnia (obrigação de dar). Em recurso contra sentença de sentença meramente declaratória ou constitutiva e em sentença condenatória em obrigação de fazer tal depósito não será exigível.

Súmula N. 161 – *Se não há condenação a pagamento em pecúnia, descabe o depósito de que tratam os §§ 1º e 2º do art. 899 da CLT. Ex-Prejulgado n. 39.*

O Depósito Recursal, sempre que houver condenação em pecúnia, será exigido no Recurso Ordinário; Recurso de Revista; Recurso de Embargos de Divergência, nos pertinentes Recursos Adesivos, no Agravo de Instrumento.

No primeiro recurso em Ação Rescisória, independentemente de ter havido depósitos no processo original, sendo imposta condenação em pecúnia, será exigível do recorrente condenado o depósito recursal no valor da condenação ou no limite máximo fixado pelo TST.

III – Julgada procedente ação rescisória e imposta condenação em pecúnia, será exigido um único depósito recursal, até o limite máximo de R$ 11.779,02 (onze mil, setecentos e setenta e nove reais e dois centavos), ou novo valor corrigido, dispensado novo depósito para os recursos subsequentes, salvo o depósito do agravo de instrumento, previsto na Lei n. 12.275/2010 (IN 03/93)

SÚMULA N. 99 – *Havendo recurso ordinário em sede de rescisória, o depósito recursal só é exigível quando for julgado procedente o pedido e imposta condenação em pecúnia, devendo este ser efetuado no prazo recursal, no limite e nos termos da legislação vigente, sob pena de deserção.*

Por não haver condenação não será exigível o depósito em Recurso Ordinário ou Embargos Infringentes em Dissídio Coletivo.

O depósito recursal não será exigido em recursos dos Entes da Administração Pública e do Ministério Público.

Art. 1º-A. Estão dispensadas de depósito prévio, para interposição de recurso, as pessoas jurídicas de direito público federais, estaduais, distritais e municipais. (Medida provisória n. 2.180-35, de 2001)

Também não se exige o depósito recursal:

a) Em Recursos interpostos por Massa Falida;

SÚMULA N. 86 – *Não ocorre deserção de recurso de massa falida por falta de pagamento de custas ou de depósito do valor da condenação. Este privilégio, todavia, não se aplica à empresa em liquidação extrajudicial.*

b) Em Recursos interpostos no Processo ou na fase de Execução.

SÚMULA TST N. 128

I – (...)

II – Garantido o juízo, na fase executória, a exigência de depósito para recorrer de qualquer decisão viola os incisos II e LV do art. 5º da CF/1988. Havendo, porém, elevação do valor do débito, exige-se a complementação da garantia do juízo.

Sobre a questão, consta da Instrução Normativa n. 03/93:

IV – A exigência de depósito no processo de execução observará o seguinte:

a) a inserção da vírgula entre as expressões "... aos embargos" e "à execução..." é atribuída a erro de redação, devendo ser considerada a locução "embargos à execução";

b) dada a natureza jurídica dos embargos à execução, não será exigido depósito *para a sua oposição quando estiver suficientemente garantida a execução por depósito recursal já existente nos autos, efetivado no processo de conhecimento, que permaneceu vinculado à execução, e/ou pela nomeação ou apreensão judicial de bens do devedor, observada a ordem preferencial estabelecida em lei;*

c) garantida integralmente a execução nos embargos, só haverá exigência de depósito em qualquer recurso subsequente do devedor se tiver havido elevação do valor do débito, hipótese em que o depósito recursal corresponderá ao valor do acréscimo, sem qualquer limite;

Alguns autores, a partir dos disposto no parágrafo segundo do art. 40 da Lei n. 8.177/91, com redação dada pelo art. 8º da Lei n. 8.542/92, (§ 2º *A Exigência do depósito aplica-se, igualmente aos embargos à execução e a qualquer recurso subsequente do devedor*) discordam do entendimento do TST, nesta hipótese.

> *Por outro lado, a lei não abre exceção quanto ao depósito: sem ele, nenhum recurso será admitido (art. 899, § 1º)... A penhora oferece apenas "garantia à execução"... e não se confunde com o depósito da condenação, que tem outros propósitos... de desestímulo aos recursos protelatórios e a rápida solução do julgado;* (Wagner D. Giglio. *Direito Processual do Trabalho*. São paulo: Saraiva, 13. ed. p. 453)

Manoel Antonio Teixeira Filho, em *Sistema Recursal Trabalhista*, após corroborar a posição de Wagner, conclui: *Qualquer discussão acerca do assunto, após a edição da Lei n. 8.542/92, parece injustificável, diante da clareza literal da* norma: "*A exigência do depósito aplica-se, igualmente, aos embargos, à execução e a qualquer recurso subsequente do devedor*". (§ 2º do art. 40, da Lei n. 8.177/91)

No entanto, na jurisprudência dos Tribunais trabalhistas prevalece o entendimento do TST. No mesmo sentido Bezerra Leite:

> *Já houve discussão doutrinária e jurisprudencial acerca da exigência do depósito recursal e do pagamento das custas para a interposição do agravo de petição. A Lei n. 8.177/91 (art. 40) deixa claro que o depósito recursal é devido apenas no caso de recurso ordinário, de revista ou de embargos, não mencionando o agravo de petição.* (BEZERRA LEITE, Carlos Henrique. *Curso de Direito Processual do Trabalho*. 7. ed. São Paulo: LTr, 2009. p. 728.)

c) Em recursos subsequentes, quando já depositado o valor integral da condenação:

SÚMULA TST N. 128

I – *É ônus da parte recorrente efetuar o depósito legal, integralmente, em relação a cada novo recurso interposto, sob pena de deserção.* **Atingido o valor da condenação, nenhum depósito mais é exigido para qualquer recurso**.

II – (...)

Neste caso, (depositado o valor integral da condenação) a exigibilidade ou não do Depósito Recursal relativo ao Agravo de Instrumento, a questão é controvertida, como se demonstra a seguir:

Estabelece § 7º do art. 899 da CLT:

§ 7º – No ato da interposição do agravo de instrumento o depósito recursal corresponderá a 50% (cinquenta por cento) do valor do depósito do recurso que se pretende destranca.

A Instrução Normativa n. 3 de 15 de março de 1993, com redação dada pela Resolução n. 168 de 09 de agosto de 2010, em seu inciso III estabelece:

III – Julgada procedente ação rescisória e imposta condenação em pecúnia, será exigido um único depósito recursal, até o limite máximo de R$ 11.779,02 (onze mil, setecentos e setenta e nove reais e dois centavos), ou novo valor corrigido, dispensado novo depósito para os recursos subsequentes, salvo o depósito do agravo de instrumento, previsto na Lei n. 12.275/2010.

A mesma Instrução Normativa dispõe:

I – Os depósitos de que trata o art. 40, e seus parágrafos, da Lei n. 8.177/1991, com a redação dada pelo art. 8º da Lei n. 8.542/1992, e o depósito de que tratam o § 5º, I, do art. 897 e o § 7º do art. 899, ambos da CLT, com a redação dada pela Lei n. 12.275, de 29.6.2010, não têm natureza jurídica de taxa de recurso, mas de garantia do juízo recursal, que pressupõe decisão condenatória ou executória de obrigação de pagamento em pecúnia, com valor líquido ou arbitrado.

b) depositado o valor total da condenação, nenhum depósito será exigido nos recursos das decisões posteriores, salvo se o valor da condenação vier a ser ampliado;

Por sua vez estabelece a SÚMULA N. 128 do TST:

I – *É ônus da parte recorrente efetuar o depósito legal, integralmente, em relação a cada novo recurso interposto, sob pena de deserção.* **Atingido o valor da condenação, nenhum depósito mais é exigido para qualquer recurso**.

Diante desses dispositivos divergentes senão contraditórios transcritos neste tópico, conclui-se que não fazendo a Lei n. 9.756/98, que inseriu o § 7º, art. 899 da CLT qualquer ressalva, o depósito relativo ao Agravo de Instrumento será devido mesmo que já se tenha depositado o valor integral da condenação nos recursos anteriores, **ou** prevalece a regra do TST, insculpida na letra *"b"* do inciso I, da IN 03/93 e parte final do item I da Súmula n. 128 (*Atingido o valor da condenação, nenhum depósito mais é exigido para qualquer recurso*), corroborada pela natureza do depósito de garantia do juízo recursal, item I, *caput*)?

d) Em outros recursos trabalhistas não enumerados, nos atos normativos do TST.

XI – Não se exigirá a efetivação de depósito em qualquer fase ou grau recursal do processo, fora das hipóteses previstas nesta Instrução Normativa. (IN n. 03/93)

e) Quando o recorrente for, na forma da lei e jurisprudência, beneficiário de assistência judiciária.

A assistência judiciária compreende as seguintes isenções:

(...)

VII – Dos depósitos previstos em lei para a interposição de recursos, ajuizamento de ações e demais atos processuais inerentes ao exercício da ampla defesa e do contraditório. (art. 3º, Lei n. 1.060/50 – acrescentado pela. LC 132/2009)

c) Valor de cada depósito:

Como já se disse, o valor de cada depósito corresponderá ao valor da condenação, limitado ao teto máximo estabelecido pelo TST, para cada recurso. Deposita-se o valor da condenação ou a diferença entre o valor já depositado e o valor arbitrado para a condenação, o que for menor.

Para bem entender, é interessante oferecer exemplos. Levando em conta o valor fixado no ATO **N. 397/SEGJUD. GP, DE 9 DE JULHO DE 2015**, da presidência do TST, em vigor:

a) R$ 8.183,06 (oito mil, cento e oitenta e três reais e seis centavos), no caso de interposição de Recurso Ordinário;

b) R$ 16.366,10 (dezesseis mil, trezentos e sessenta e seis reais e dez centavos), no caso de interposição de Recurso de Revista, Embargos e Recurso Extraordinário.

1º Exemplo: Condenação arbitrada em	**R$ 5.000,00**
No Recurso Ordinário depósito de	R$ 5.000,00
No Recurso de Revista e subsequentes	*niil*

(Salvo se houver aumento na condenação, hipótese em que será depositado o valor do aumento ou o limite, o que for menor)

2º Exemplo: Condenação arbitrada em	**R$ 20.000,00**
No Recurso Ordinário depósito de	R$ 8.183,06
No Recurso de Revista depósito de	R$ 11.916,94

(Diferença entre o valor do primeiro depósito e o valor da condenação por ser menor que o limite máximo para o Recurso de Revista R$ 16.366,10).

Nos recursos subsequentes (salvo aumento na condenação) *niil*

3º Exemplo — Condenação arbitrada em	**R$ 100.000,00**
No Recurso Ordinário depósito de	R$ 8.183,06
No Recurso de Revista depósito de	R$ 16.366,10
No Agravo de Instrumento (para subir para o TST)	R$ 8.183,06

(50% do recurso do valor do depósito do recurso que visa destrancar)

Nos Embargos de Divergência para a SDI	R$ 16.366,10
No Recurso Extraordinário + o depósito de	R$ 16.366,10

Assim, no primeiro recurso deposita-se o valor da condenação ou o limite máximo fixado pelo TST, para este recurso, o que for menor. Nos subsequentes a diferença entre o que já foi depositado e o valor da condenação ou integralmente o valor máximo fixado pelo TST, para cada novo recurso.

Se o Reclamado for vencedor na primeira instância e revertida a decisão no TRT, condenando-o, para interpor o Recurso de Revista deverá depositar o valor da condenação no Tribunal imposta ou o limite máximo (teto) fixado pelo TST, para o Recurso de Revista.

Se depositou integralmente a condenação imposta na Vara e o TRT aumentar o valor, para o Recurso de Revista deverá depositar o valo do aumento ou do limite teto, o que for menor.

SÚMULA TST N. 128

I – É ônus da parte recorrente efetuar o depósito legal, integralmente, em relação a cada novo recurso interposto, sob pena de deserção. Atingido o valor da condenação, nenhum depósito mais é exigido para qualquer recurso.

II – (...)

III – Havendo condenação solidária de duas ou mais empresas, o depósito recursal efetuado por uma delas aproveita as demais, quando a empresa que efetuou o depósito não pleiteia sua exclusão da lide.

O Recorrente deve ter o máximo cuidado em relação a este pressuposto objetivo (preparo), pois qualquer irregularidade, por mais irrelevante que pareça ser, pode levar à rejeição do recurso (deserção).

OJ SDI 1 N. 140. – *Depósito recursal e custas. Diferença ínfima. Deserção. Ocorrência. Ocorre deserção do recurso pelo recolhimento insuficiente das custas e do depósito recursal, ainda que a diferença em relação ao quantum devido seja ínfima, referente a centavos.*

— Preparo incorreto impede julgamento de recurso pela SDI 1 – EAIRR 1775200306715404;

— Diferença de **0,3 (três)** centavos no depósito leva à deserção – Rev. Cons. Juríd. 06.11.2007;

— Empresa perde recurso por diferença de **0,18** (dezoito centavos) – AIRR 16440242004517005;

— Diferença de **0,10** (dez centavos) leva à rejeição de recurso trabalhista AIRR 1301199800510000;

— Confirmada deserção de recurso da Andrade Gutierrez por diferença de R$ 1,70 — AgR-E--RR-1123-11.2011.5.10.0821;

— Diferença de um centavo no depósito recursal não configura deserção — AIRR-110700-31.2007.5.05.0132.

d) — Meio ou forma de Realização do Depósito

Nos dissídios individuais singulares o depósito será efetivado pelo recorrente, mediante a utilização das guias correspondentes, (Guia de recolhimento do FGTS e Informações à Previdência Social – GFIP) na conta do empregado no FGTS – Fundo de Garantia do Tempo de Serviço, em conformidade com os §§ 4º e 5º, do art. 899 da CLT, ou fora dela, desde que feito na sede do Juízo e permaneça à disposição deste, mediante guia de depósito judicial extraída pela Secretaria Judiciária; (Item II, "d" – IN n. 03/93)

SÚMULA 427: – DEPÓSITO RECURSAL. UTILIZAÇÃO DA GUIA GFIP. OBRIGATORIEDADE. *Nos dissídios individuais o depósito recursal será efetivado mediante a utilização da Guia de Recolhimento do FGTS e Informações à Previdência Social – GFIP, nos termos dos §§ 4º e 5º do art. 899 da CLT, admitido o depósito judicial, realizado na sede do juízo e à disposição deste, na hipótese de relação de trabalho não submetida ao regime do FGTS.*

— Depósito recursal deve ser feito em conta vinculada ao FGTS — RR 359007420085020263;

— Guia inapropriada – Deserção — TRT15 RO 0000015-31.2011.5.15.0669;

— Guia inadequada gera deserção — RR 91700-09.2006.5.18.0006;

— Recurso é considerado deserto por uso de guia imprópria — Ag-AIRR-284-26.2010.5.01.0027.

SÚMULA N. 217 – *O credenciamento dos bancos para o fim de recebimento do depósito recursal é fato notório, independendo da prova.*

SÚMULA N. 264 – *Não é essencial para a validade da comprovação do depósito recursal a indicação do número do PIS/PASEP na guia respectiva.*

e) Prazo para o recolhimento e comprovação no processo:

O Depósito recursal deve ser feito e comprovado no prazo recursal.

Sendo a condenação de valor ..., só será admitido o recurso, inclusive o extraordinário, **mediante prévio depósito** *da respectiva importância.* (art. 899,CLT).

Art 7º – A comprovação do depósito da condenação (CLT, art. 899, §§ 1º a 5º) terá que ser feita dentro do prazo para a interposição do recurso, sob pena de ser este considerado deserto. (Lei n. 5.584/70)

VIII – O depósito judicial, realizado na conta do empregado no FGTS ou em estabelecimento bancário oficial, mediante guia à disposição do juízo, será da responsabilidade da parte quanto à exatidão dos valores depositados e deverá ser comprovado, nos autos, pelo recorrente, no prazo do recurso a que se refere, independentemente da sua antecipada interposição, observado o limite do valor vigente na data da efetivação do depósito, bem como o contido no item VI, salvo no que se refere à comprovação do depósito recursal em agravo de instrumento, que observará o disposto no art. 899, § 7º, da CLT, com a redação da Lei n. 12.275/2010. (IN 03/93)

RECURSO DE REVISTA – DESERÇÃO – RECURSO ORDINÁRIO – CUSTAS PROCESSUAIS – AUSÊNCIA DE COMPROVAÇÃO DENTRO DO PRAZO RECURSAL – DOCUMENTO INCOMPLETO. ***Compete à parte vencida efetuar o pagamento*** *e comprovar nos autos o preparo recursal – custas processuais e depósito recursal – invariavelmente dentro do prazo alusivo ao recurso, consoante o disposto nos arts. 789, § 1º, e 899, § 1º, da CLT. Optando a parte pelo uso do peticionamento eletrônico, deve se cercar de todas as garantias para que os documentos apresentados sejam devidamente digitalizados e recebidos. A responsabilidade pela confecção e transmissão da petição e documentos via e-DOC é do usuário. Recurso de revista não conhecido. (...)* (RR – 973-46.2010.5.04.0202, relator Ministro: Luiz Philippe Vieira de Mello Filho, 7ª Turma, Data de Publicação: DEJT 15.4.2014) – destaquei.

Caberia à parte, de forma diligente, no prazo de interposição do recurso ordinário, apresentar cópia autenticada do comprovante bancário emitido no caixa eletrônico, a fim de garantir a regular demonstração do preparo, conforme o disposto no parágrafo 1º do art. 789 da CLT e no item XI da Instrução Normativa TST n. 20, de 24 de setembro de 2002. Recurso de revista de que não se conhece. (TST-RR-212300-47.2008.5.02.0002 – Disponibilizado em 08.2014)

f) Destino do Depósito:

a) Liberação em favor do Exequente: Itens, III, "b", IV, "e";

b) com o trânsito em julgado da decisão, se condenatória, o valor depositado e seus acréscimos serão considerados na execução; se absolutória, será liberado o levantamento do valor do depositado e seus acréscimos. (III)

c) com o trânsito em julgado da decisão que liquidar a sentença condenatória, serão liberados em favor do exequente os valores disponíveis, no limite da quantia exequenda, prosseguindo, se for o caso, a execução por crédito remanescente, e autorizando-se o levantamento, pelo executado, dos valores que acaso sobejarem. (IV)

d) – Liberação em Favor do Recorrente, Item III, "b", final;

e) com o trânsito em julgado da decisão, se condenatória, o valor depositado e seus acréscimos serão considerados na execução; **se absolutória, será liberado o levantamento do valor do depositado e seus acréscimos.** (III)

e.1) Determinado pelas partes – Acordo, Item XII.

XIII – Havendo acordo para extinção do processo, as partes disporão sobre o valor depositado. Na ausência de expressa estipulação dos interessados, o valor disponível será liberado em favor da parte depositante.

e.2) Custas:

Arts. 789 a 790-B, CLT

Arts. 66 a 68 da Consolidação dos Provimentos da Corregedoria Geral da Justiça do Trabalho:

Instrução Normativa TST N. 09/96

Uniformiza procedimentos para o arbitramento das custas processuais

Instrução Normativa TST N. 20/002

Dispõe sobre o procedimento para o recolhimento das custas e emolumentos devidos à União no âmbito da Justiça do Trabalho.

Provimento N. 4/99

Regulamenta, na Justiça do Trabalho, comprovação do pagamento de custas processuais

Provimento n. 3/2004

Dispõe sobre o procedimento para a comprovação do recolhimento de custas na Justiça do Trabalho.

(Súmulas TST ns. 25; 36; 53; 86 e 170 – Súmula n. 223 do STF)

1. Ônus: Vencido/Recorrente:

As custas serão pagas pelo vencido (§ 1º, do art. 789 da CLT), com as peculiaridades especificadas na jurisprudência na Súmula do TST, abaixo reproduzida. A União, os Estados, o Distrito Federal, as respectivas autarquias e fundações públicas, que não explorem atividades econômicas e o Ministério Público do Trabalho, estão isentos do pagamento de custas, como previsto no art. 790-A da CLT.

Súmula TST N. 25 – *A parte vencedora na primeira instância, se vencida na segunda, está obrigada, independentemente de intimação, a pagar as custas fixadas na sentença originária, das quais ficará isenta a parte então vencida.* (RA 57/1970, DO-GB 27.11.1970)

OJ SDI 2 N. – 148 – *É responsabilidade da parte, para interpor recurso ordinário em mandado de segurança, a comprovação do recolhimento das custas processuais no prazo recursal, sob pena de deserção.*

OJ SDI 1 N. 186 – *Custas. Inversão do ônus da sucumbência. Deserção. Não ocorrência. No caso de inversão do ônus da sucumbência em segundo grau, sem acréscimo ou atualização do valor das custas e se estas já foram devidamente recolhidas, descabe um novo pagamento pela parte vencida, ao recorrer. Deverá ao final, se sucumbente, ressarcir a quantia.* (8.11.00)

OJ SDC N. 27 – DISSÍDIO COLETIVO. CUSTAS. AUSÊNCIA DE INTIMAÇÃO. DESERÇÃO. CARACTERIZAÇÃO. *A deserção se impõe mesmo não tendo havido intimação, pois incumbe à parte, na defesa do próprio interesse, obter os cálculos necessários para efetivar o preparo.*

Súmula TST nN. 86 – *Não ocorre deserção de recurso da massa falida por falta de pagamento de custas ou de depósito do valor da condenação. Esse privilégio, todavia, não se aplica à empresa em liquidação extrajudicial.*

Súmula TST n. 170 – *Os privilégios e isenções no foro da Justiça do Trabalho não abrangem as sociedades de economia mista, ainda que gozassem desses benefícios anteriormente ao Decreto-lei n. 779, de 21.8.1969.*

OJ SDI 1 n. 269 – O benefício da justiça gratuita pode ser requerido a qualquer tempo ou grau de jurisdição, desde que, na fase recursal, seja o requerimento formulado no prazo do alusivo recurso.

OJ SDI 1 N. 331 – Desnecessária a outorga de poderes especiais ao patrono da causa para firmar declaração de insuficiência econômica, destinada à concessão dos benefícios da justiça gratuita.

2. Prazo pagamento e comprovação:

Dentro do prazo recursal, art. 789, § 1º, CLT;

SÚMULA N. 53 – CUSTAS – PRAZO PARA PAGAMENTO

O prazo para pagamento das custas, no caso de recurso, é contado da intimação do cálculo.

OJ SDI 1 N. **104**. *Custas. Condenação acrescida. Inexistência de deserção quando não expressamente calculadas, e não intimada a parte, devendo então ser pagas ao final. E-RR 27991/1991, SDI-Plena. Em 17.12.1996, a SDI-Plena resolveu, por maioria, firmar entendimento no sentido de rejeitar a preliminar de deserção, por não se caracterizar, na hipótese, a deserção apontada, uma vez que as custas não foram calculadas, fixado o seu valor.*

OJ SDI 2 N. 148 – *Custas. Mandado de segurança. Recurso ordinário. Exigência do pagamento. É responsabilidade da parte, para interpor recurso ordinário em mandado de segurança, a* **comprovação do recolhimento das custas processuais no prazo recursal, sob pena de deserção.**

O J SDI 1 N. 033 – Deserção. Custas. Carimbo do Banco. Validade. O carimbo do banco recebedor na guia de comprovação de recolhimento das custas supre a ausência da autenticação mecânica.

O J SDI 1 N. 158 – Custas. Comprovação de Recolhimento. DARF Eletrônico. Validade. O denominado DARF Eletrônico é válido para comprovar o recolhimento de custas por entidade da administração pública federal, emitido pela IN-SRF N. 162, DE 4-11-1988.

3. Valor:

Dois por cento (2%) sobre o valor da causa, ou valor líquido ou arbitrado para a condenação, conforme a espécie da decisão recorrida (*Caput* e incisos I a IV, do art. 789, da CLT). Geralmente o valor vem determinado na senteça.

Percentual do Item I, do art. 789.

ORIENTAÇÃO JURISPRUDENCIAL:

Súmula TST N. 36 – Nas ações plúrimas, as custas incidem sobre o respectivo valor global.

OJ SDI 1 N. 140. – Depósito recursal **e custas**. Diferença ínfima. Deserção. Ocorrência. (**nova redação, DJ 20.4.2005**). Ocorre deserção do recurso pelo recolhimento insuficiente das custas e do depósito.

SÚMULA N. 25 – CUSTAS – SENTENÇA REFORMADA(*)

A parte vencedora na primeira instância, se vencida na segunda, está obrigada, independentemente de intimação, a pagar as custas fixadas na sentença originária, das quais ficara isenta a parte então vencida. (RA 57/1970, DO-GB 27.11.1970)

O J SDI 1 N. 186 – Custas. Inversão do Ônus da Sucumbência. Deserção. Não ocorrência. No caso de inversão do ônus da sucumbência, em segundo grau, sem acréscimo ou atualização do valor das custas e se estas já forma devidamente recolhidas, descabe novo pagamento pela parte vencida, ao recorrer. Deverá ao final, se sucumbente, ressarcir a quantia.

OJ SDC N. 27 – DISSÍDIO COLETIVO. CUSTAS. AUSÊNCIA DE INTIMAÇÃO. DESERÇÃO. CARACTERIZAÇÃO. *A deserção se impõe mesmo não tendo havido intimação, pois incumbe à parte, na defesa do próprio interesse, obter os cálculos necessários para efetivar o preparo.*

11. Juízo de admissibilidade (Exame dos pressupostos)

O juízo de admissibilidade consiste na verificação pela autoridade ou órgão competente da satisfação ou não dos pressupostos subjetivos e objetivos do respectivo recurso.

Em regra, ocorrem dois juízos de admissibilidade. O primeiro pelo juízo recorrido (*a quo*) e o segundo no juízo (tribunal — *ad quem*) competente para julgar o respectivo recurso, como se deflui das normas processuais pertinentes.

No Juízo *a quo*

Art. 659. Competem privativamente aos Presidentes das Juntas, (Juiz do Trabalho titular ou substituto ou Juiz de direito no exercício da jurisdição trabalhista) *além das que lhes forem conferidas neste Título e das decorrentes de seu cargo, as seguintes atribuições:* (*Vide* Constituição Federal de 1988)

I – (...)

VI – despachar os recursos interpostos pelas partes, fundamentando a decisão recorrida antes da remessa ao Tribunal Regional, ou submetendo-os à decisão da Junta, no caso do art. 894;

VII – (...)

Art. 896 – (CLT)

(...)

§ 1º O recurso de revista, dotado de efeito apenas devolutivo, será interposto perante o Presidente do Tribunal Regional do Trabalho, que, por decisão fundamentada, poderá recebê-lo ou denegá-lo.

RI – TST

Art. 36. Compete ao Vice-Presidente:

I – (...)

V – exercer o juízo de admissibilidade dos recursos extraordinários;

Pode-se dizer que o procedimento pertinente, ante a lacuna do Direito Processual do Trabalho, é regido, no que compatível, pelas regras do processo comum.

Art. 518 do CPC – *Interposta a apelação, o juiz, declarando os efeitos em que a recebe, mandará dar vista ao apelado para responder.*

§ 2º *Apresentada a resposta, é facultado ao juiz, em cinco dias, o reexame dos pressupostos de admissibilidade do recurso.*

No juízo *ad quem:*

§ 3º O Ministro Relator denegará seguimento aos embargos: (Incluído pela Lei n. 13.015, de 2014)

I – se a decisão recorrida estiver em consonância com súmula da jurisprudência do Tribunal Superior do Trabalho ou do Supremo Tribunal Federal, ou com iterativa, notória e atual jurisprudência do Tribunal Superior do Trabalho, cumprindo--lhe indicá-la; (Incluído pela Lei n. 13.015, de 2014)

II – nas hipóteses de intempestividade, deserção, irregularidade de representação ou de ausência de qualquer outro pressuposto extrínseco de admissibilidade. (Incluído pela Lei n. 13.015, de 2014)

§ 4º Da decisão denegatória dos embargos caberá agravo, no prazo de 8 (oito) dias. (Incluído pela Lei n. 13.015, de 2014)

RI – TST

Art. 106. Compete ao Relator:

I – (...)

X – decidir por despacho, ou negar seguimento a recurso, na forma da lei;

(...)

Sobre a matéria estabelecia o parágrafo 5º do art. 896 da CLT, até ser alterado pela Lei n. 13.015 de 2014.

§ 5º *Estando a decisão recorrida em consonância com enunciado da Súmula da Jurisprudência do Tribunal Superior do Trabalho, poderá o Ministro Relator, indicando-o, negar seguimento ao Recurso de Revista, aos Embargos, ou ao Agravo de*

Instrumento. Será denegado seguimento ao Recurso nas hipóteses de intempestividade, deserção, falta de alçada e ilegitimidade de representação, cabendo a interposição de Agravo. (art. 896 da CLT)

Pertinentemente o CPC, ainda em vigor, dispõe:

Art. 557. O relator negará seguimento a recurso manifestamente inadmissível, improcedente, prejudicado ou em confronto com súmula ou com jurisprudência dominante do respectivo tribunal, do Supremo Tribunal Federal ou de Tribunal Superior.

Admitindo o recurso na origem, a autoridade competente, antes de encaminhá-lo ao Tribunal competente para julga-lo, oportunizará contrarrazões à parte contrária (art. 900 – CLT). Com ou sem as contrarrazões remeterá ao juízo *ad quem*.

Art. 900. *Interposto o recurso, será notificado o recorrido para oferecer as suas razões, em prazo igual ao que tiver tido o recorrente.*

Art. 6º *Será de **8 (oito) dias** o prazo para interpor e **contra-arrazoar** qualquer recurso* (CLT, art. 893).

Denegando seguimento, ensejará, na forma prevista no art. 897, letra "b", da CLT a interposição de Agravo de Instrumento, visando à subida do Recurso ao Tribunal competente para julgá-lo. Interposto o dito Agravo de Instrumento, sem entrar no mérito do mesmo, salvo quanto à possibilidade de retratação, o juízo recorrido possibilizará a apresentação de contrarrazões ao Agravo e ao recurso principal, e, com ou sem estas, remeterá o processo para a instância superior competente para o julgamento.

Afirmou-se acima "sem entrar no mérito do Agravo de Instrumento", posto que o juízo recorrido não pode denegar seguimento a este recurso secundário.

Art. 528. **O juiz não poderá negar seguimento ao agravo, ainda que interposto fora do prazo legal.** Mesmo revogado este art. 527 do CPC, seu entendimento ainda prevalece, de forma que o Juízo recorrido não pode deixar de remeter o Agravo (no Processo do Trabalho, **de Instrumento**) ao Tribunal competente para julgar o recurso principal a que ele se refere.

SÚMULA N. 727 do STF

Não pode o magistrado deixar de encaminhar ao Supremo Tribunal Federal o agravo de instrumento interposto da decisão que não admite recurso extraordinário, ainda que referente a causa instaurada no âmbito dos juizados especiais.

Assim está previsto na legislação de regência:

Art. 897. Cabe agravo, no prazo de 8 (oito) dias.

a) (...)

b) de instrumento, dos despachos que denegarem a interposição de recursos.

No caso de denegação de seguimento do Recurso de Embargos para o TST e de Recurso de Revista, o remédio previsto em lei é o Agravo ou Agravo inominado com se vê dos parágrafos do art. 894 e 896 da CLT, a seguir transcritos.

Art. 894 da CLT:

(...)

§ 4º *Da decisão denegatória dos embargos caberá agravo, no prazo de 8 (oito) dias.* (Incluído pela Lei n. 13.015, de 2014)

Art. 896 – CLT

(...)

§ 12. *Da decisão denegatória caberá agravo, no prazo de 8 (oito) dias.*

O juízo de admissibilidade do Órgão recorrido não vincula o tribunal competente para julgar o recurso.

... o despacho denegatório do recurso de revista é decisão sem conteúdo de mérito, definitivo e conclusivo da lide, e não vincula o juízo ad quem, enquanto o agravo de instrumento tem efeito que permite a devolução da matéria impugnada ao TST, pelo que eventual falha na decisão agravada não acarreta prejuízo que justifique a declaração de nulidade (art. 794 da CLT) ... (TST-AIRR-9300-27.2009.5.06.0018).

SÚMULA N. 285 – *O fato de o Juízo primeiro de admissibilidade do recurso de revista entendê-lo cabível apenas quanto à parte das matérias veiculadas não impede a apreciação integral pela Turma do TST, sendo imprópria a interposição de agravo de instrumento.*

O J SDI 1 N. 282. *Agravo de instrumento.* **Juízo de admissibilidade ad quem.** *No julgamento de Agravo de Instrumento ao afastar o óbice apontado pelo TRT para o processamento do recurso de revista, pode o juízo "ad quem" prosseguir no exame dos demais pressupostos extrínsecos e intrínsecos do recurso de revista, mesmo que não apreciados pelo TRT.* (DJ 11.8.03)

O juízo de admissibilidade do Recurso Especial está sujeito a duplo controle. Assim, a aferição da tempestividade do apelo pela instância a quo não vincula este Superior Tribunal de Justiça (AgRg no A INSTRUMENTO N. 862.187 – RS (2007/0032980-2)

Cabível, ainda, ressaltar que o fato de o Tribunal a quo, na decisão de admissibilidade do recurso de revista, não ter assinalado o vício formal, não vincula este Tribunal Superior quanto ao exame dos pressupostos extrínsecos da revista. (RR 164500-73.2003.5.01.0342 – D. Publ. 08.2013)

Contra a denegação de seguimento do recurso principal que já chegou ao Tribunal competente para o julgamento ou que excepcionalmente fora interposto diretamente neste tribunal, o remédio tradicional era o Agravo Regimental, como previsto nos Regimentos Internos do TST e de TRTs.

RI/TST

Art. 235. *Cabe agravo regimental, no prazo de oito dias, para o Órgão Especial, Seções Especializadas e Turmas, observada a competência dos respectivos órgãos, nas seguintes hipóteses:*

I – do despacho do Presidente do Tribunal que denegar seguimento aos embargos infringentes;

(...)

VII – do despacho do Relator que negar prosseguimento a recurso, ressalvada a hipótese do art. 239;

Pode-se afirmar que hoje, nesta hipótese, denegação de seguimento de recurso pelo Relator é atacável por meio de Agravo, também denominado agravo inominado, como se vê nos dispositivos abaixo:

Estabelecia o § 5º do art. 896 da CLT, antes de ser alterado pela Lei n. 13.015 de 2014:

*§ 5º Estando a decisão recorrida em consonância com enunciado da Súmula da Jurisprudência do Tribunal Superior do Trabalho, poderá o Ministro Relator, indicando-o, negar seguimento ao Recurso de Revista, aos Embargos, ou ao Agravo de Instrumento. Será denegado seguimento ao Recurso nas hipóteses de intempestividade, deserção, falta de alçada e ilegitimidade de representação, cabendo a interposição de **Agravo**.*

O mesmo remédio está previsto no CPC, adotado pelo Processo do Trabalho, pela Instrução Normativa TST, N. 17/2000 e art. 239 do RI/TST, com o prazo de 8 dias:

§ 1º Da decisão caberá agravo, no prazo de 5 dias, ao órgão competente para o julgamento do recurso, e, se não houver retratação, o relator apresentará o processo em mesa, proferindo voto; provido o agravo, o recurso terá seguimento.

Art. 239. Caberá agravo ao órgão colegiado competente para o julgamento do respectivo recurso, no prazo de oito dias, a contar da publicação no órgão oficial:

I – da decisão do Relator, tomada com base no § 5º do art. 896 da CLT;

II – da decisão do Relator, dando ou negando provimento ou negando seguimento a recurso, nos termos do art. 557 e § 1º-A do CPC.

Na legislação vigente, art. 894 da CLT, com a redação dada pela Lei n. 13.015/2014:

§ 3º O Ministro Relator denegará seguimento aos embargos:

I – se a decisão recorrida estiver em consonância com súmula da jurisprudência do Tribunal Superior do Trabalho ou do Supremo Tribunal Federal, ou com iterativa, notória e atual jurisprudência do Tribunal Superior do Trabalho, cumprindo-lhe indicá-la.

II – nas hipóteses de intempestividade, deserção, irregularidade de representação ou de ausência de qualquer outro pressuposto extrínseco de admissibilidade.

§ 4º Da decisão denegatória dos embargos caberá **agravo**, no prazo de 8 (oito) dias.

A não satisfação dos pressupostos pode ser levantada nas contrarrazões ou, quando no tribunal *ad quem*, no Parecer do Ministério Público.

12. Efeitos em que são recebidos os Recursos

12.1. Efeito Devolutivo

Os recursos poderão ser recebidos apenas no efeito devolutivo ou no duplo efeito, devolutivo e suspensivo. Em Dissídios Individuais os recursos serão recebidos no efeito meramente devolutivo (art. 899 da CLT):

*Art. 899. Os recursos serão interpostos por simples petição e **terão efeito meramente devolutivo**, salvo as exceções previstas neste Título, permitida a execução provisória até a penhora (CLT). Não há mais exceção, tendo em vista a nova redação do § 1º, do art. 896, da CLT, pela Lei n. 9.756/98.*

A excepcionalidade prevista na segunda parte do art. 899, acima transcrita referia-se ao estabelecido na antiga redação do § 2º, do art. 896, com a redação de lhe havia dado a Lei n. 7.701/88:

*§ 2º Recebido o Recurso, a autoridade recorrida declarará o efeito em que o recebe, podendo a parte interessada requerer carta de sentença para a execução provisória, **salvo se for dado efeito suspensivo ao Recurso**.* (Redação dada pela lei n. 7.701, de 1988)

O efeito suspensivo deixou de ser previsto, a partir da Lei n. 9.756/98, e continua inexistente na nova regra, decorrente da Lei n. 13.015/2014, que alterou totalmente o art. 896 da LCT, passando a tratar do instituto, no parágrafo primeiro, como se vê dos respectivos dispositivos abaixo transcritos:

§ 1º O Recurso de Revista, dotado de efeito apenas devolutivo, será apresentado ao Presidente do Tribunal recorrido, que poderá recebê-lo ou denegá-lo, fundamentando, em qualquer caso, a decisão. (Redação dada pela Lei n. 9.756, de 17.12.1998)

§ 1º O recurso de revista, dotado de efeito apenas devolutivo, será interposto perante o Presidente do Tribunal Regional do Trabalho, que, por decisão fundamentada, poderá recebê-lo ou denegá-lo. (Redação dada pela Lei n. 13.015, de 2014)

Mesmo sem expressa previsão legal, quando as circunstâncias do caso justificarem, poderá ser obtido o efeito suspensivo por meio de ação cautelar, como se deflui do contido na parte final do inciso I, da Súmula n. 414 do TST.

SÚMULA N. 414

I – *A antecipação da tutela concedida na sentença não comporta impugnação pela via do mandado de segurança, por ser impugnável mediante recurso ordinário.* ***A ação cautelar é o meio próprio para se obter efeito suspensivo a recurso.***

Em relação às sentenças condenando à obrigação de fazer, em razão da irreversibilidade do seus efeitos, sustenta-se a pertinência da concessão do efeito suspensivo, sendo uma hipótese de aplicação do permissivo previsto na referida súmula.

A decisão a seguir transcrita exemplifica a possibilidade:

Interposta medida cautelar incidental, pela impetrante, com o fim de obter efeito suspensivo ao recurso de revista (fls. 118-20), foi deferida liminar, pela Presidência deste TST, – para conceder efeito suspensivo ao recurso de revista, impedindo-a de sofrer novas autuações até o julgamento da ação cautelar, ou até o final do termo de compromisso, 25/6/2007, o que acontecer primeiro. (fl. 147) (PROCESSO N. TST-RR-89500-45.2006.5.02.0080 – Ac – 3ª TURMA – Publ. em Nov. 2012)

Do efeito devolutivo decorre a possibilidade de o órgão ***ad quem*** reapreciar as questões apreciadas na fase e decisão recorrida. Fala-se em "***tantum devolutum quantum appellatum***".

Em razão do princípio da simplicidade que norteia ou deveria nortear o Direito Processual Trabalhista e inspirou a redação do *caput* do art. 899, acima transcrito, não tem por objetivo este trabalho se aprofundar no trato de questões doutrinárias como a extensão e profundidade do efeito devolutivo, que, salvo melhor juízo, pertinem mais à Teoria Geral do Processo ou até mesmo ao Direito Processual comum, limitando-se a mencionar o tratamento legal jurisprudencial sobre a questão.

Diz o art. 769 da CLT:

Art. 769. *Nos casos omissos, o direito processual comum será fonte subsidiária do direito processual do trabalho, exceto naquilo em que for incompatível com as normas deste Título.*

Estabelece o Processo comum:

Art. 515. *A apelação devolverá ao tribunal o conhecimento da matéria impugnada.*

§ 1º Serão, porém, objeto de apreciação e julgamento pelo tribunal todas as questões suscitadas e discutidas no processo, ainda que a sentença não as tenha julgado por inteiro.

§ 2º Quando o pedido ou a defesa tiver mais de um fundamento e o juiz acolher apenas um deles, a apelação devolverá ao tribunal o conhecimento dos demais.

O recurso ordinário é equivalente à apelação no processo civil e, em virtude disso, aplica-se o disposto no art. 515, § 1º, do CPC, que autoriza a análise das questões suscitadas e discutidas no processo, ainda que a sentença não as tenha julgado por inteiro. Diante dessa possibilidade, não seria declarável, nesta oportunidade, a nulidade do acórdão do Regional por negativa de prestação jurisdicional. Preliminar rejeitada. RODC – 3699/2007-000-01-00 Relator – GMKA DJ – 22.5.2009.

Art. 515 do CPC:

§ 3º Nos casos de extinção do processo sem julgamento do mérito (art. 267), o tribunal pode julgar desde logo a lide, se a causa versar questão exclusivamente de direito e estiver em condições de imediato julgamento. (Incluído pela Lei n. 10.352, de 26.12.2001)

Art. 267. *Extingue-se o processo, sem julgamento do mérito:*

(...)

IV – quando se verificar a ausência de pressupostos de constituição e de desenvolvimento válido e regular do processo;

V – quando o juiz acolher a alegação de perempção, litispendência ou de coisa julgada;

VI – quando não concorrer qualquer das condições da ação, como a possibilidade jurídica, a legitimidade das partes e o interesse processual;

(...)

§ 3º O juiz conhecerá de ofício, em qualquer tempo e grau de jurisdição, enquanto não proferida a sentença de mérito, da matéria constante dos ns. IV, V e VI; todavia, o réu que a não alegar, na primeira oportunidade em que lhe caiba falar nos autos, responderá pelas custas de retardamento.

É controvertida a possibilidade de o juízo **ad quem** conhecer de ofício da prescrição, em razão do efeito devolutivo.

Súmula TST n. 393 – *O efeito devolutivo em profundidade do recurso ordinário, que se extrai do § 1º do art. 515 do CPC, transfere automaticamente ao Tribunal a apreciação de fundamento da defesa não examinado pela sentença, ainda que não renovado em contrarrazões. Não se aplica, todavia, ao caso de pedido não apreciado na sentença. (ex-OJ n. 340 – DJ 22.6.04)*

SÚMULA N. 100

VII – Não ofende o princípio do duplo grau de jurisdição a decisão do TST que, após afastar a decadência em sede de recurso ordinário, aprecia desde logo a lide, se a causa versar questão exclusivamente de direito e estiver em condições de imediato julgamento. (ex-OJ n. 79 – inserida em 13.3.02).

Referentemente à "teoria da causa madura":

No exame de apelação interposta contra sentença que tenha julgado o processo sem resolução de mérito, o Tribunal pode julgar desde logo a lide, mediante a aplicação do procedimento previsto no art. 515, § 3º, do CPC, na hipótese em que não houver necessidade de produção de provas (causa madura), ainda que, para a análise do recurso, seja inevitável a apreciação do acervo probatório contido nos autos. De fato, o art. 515, § 3º, do CPC estabelece, como requisito indispensável para que o Tribunal julgue diretamente a lide, que a causa verse questão exclusivamente de direito. Entretanto, a regra do art. 515, § 3º, deve ser interpretada em consonância com a preconizada pelo art. 330, I, cujo teor autoriza o julgamento antecipado da lide "quando a questão de mérito for unicamente de direito, ou, sendo de direito e de fato, não houver necessidade de produzir prova em audiência". Desse modo, se não há necessidade de produção de provas, ainda que a questão seja de direito e de fato, poderá o Tribunal julgar a lide no exame da apelação interposta contra a sentença que julgara extinto o processo sem resolução de mérito. Registre-se, a propósito, que configura questão de direito, e não de fato, aquela em que o Tribunal tão somente extrai o direito aplicável de provas incontroversas, perfeitamente delineadas, construídas com observância do devido processo legal, caso em que não há óbice para que incida a regra do art. 515, § 3º, porquanto discute, em última análise, a qualificação jurídica dos fatos ou suas consequências legais. EREsp 874.507-SC, Rel. Min. Arnaldo Esteves Lima, julgado em 19/6/2013.

É concernente aqui trazer o entendimento peculiar referente à prescrição.

Súmula n. 153 – *Não se conhece de prescrição, não arguida na instância ordinária.*

12.2. Efeito Suspensivo

Em Dissídio Coletivo, no entanto, os recursos serão recebidos no duplo efeito. O efeito suspensivo é expressamente previsto para os recursos contra as Sentenças Normativas.

A concessão do efeito suspensivo na hipótese está expressamente prevista no art. 14, da Lei n. 10.192 de 14.2.2001.

Art. 14. O recurso interposto de decisão normativa da Justiça do Trabalho terá efeito suspensivo, na medida e extensão conferidas no despacho do Presidente do Tribunal Superior do Trabalho.

Quanto ao procedimento estabelece o art. 35 do Regimento Interno do Tribunal Superior do Trabalho (RI/TST):

Art. 35. Compete ao Presidente:

XXIX – decidir os efeitos suspensivos, os pedidos de suspensão de segurança e de suspensão de decisão proferida em ação cautelar inominada e em tutela antecipada, assim como despachar os documentos e os expedientes que lhe sejam submetidos, inclusive as cartas previstas em lei;

Art. 237. O recurso interposto de decisão normativa da Justiça do Trabalho terá efeito suspensivo, na medida e extensão conferidas em despacho do Presidente do Tribunal Superior do Trabalho.

Art. 238. O pedido de concessão de efeito suspensivo de recurso em matéria normativa deverá ser instruído com as seguintes peças: decisão normativa recorrida; petição de recurso ordinário, prova de sua tempestividade e respectivo despacho de admissibilidade; guia de recolhimento de custas, se houver; procuração conferindo poderes ao subscritor da medida; e outras que o requerente reputar úteis para o exame da solicitação. (RI/TST 2008)

Embora hoje não se admita Dissidio Coletivo relativamente aos Servidores públicos (regime único ou relação de natureza administrativa), não foi expressamente revogado o art. 8º da Lei n. 5.584/70, que estabelece.

Art 8º Das decisões proferidas nos dissídios coletivos poderá a União interpor recurso, o qual será sempre recebido no efeito suspensivo quanto à parte que exceder o índice fixado pela política salarial do Governo.

13. Forma do Recurso

Na parte pertinente, estabelece o art. 899 da CLT que "o*s recursos serão interpostos por simples petição."*

Art. 899. *Os recursos serão interpostos por simples petição e terão efeito meramente devolutivo, salvo as exceções previstas neste Título, permitida a execução provisória até a penhora.*

Numa interpretação literal do referido dispositivo poder-se-ia afirmar que a parte poderia recorrer apenas comunicando ao juízo recorrido sua inconformidade com a decisão pedindo que a mesma fosse reexaminada pelo órgão superior competente. Nesta linha, quando exercido o *jus postulandi* pelas partes, o recurso poderia ser verbal, tomado a termo.

Salvo melhor juízo, essa interpretação não pode mais prevalecer diante da garantia constitucional de ampla defesa. Como se opor a um recurso sem fundamentação.

Alguns autores afirmam que a parte inicial do art. 899 não fora recepcionado no novo ordenamento constitucional. Manoel Antonio Teixeira Filho, até fala em revogação do art. 899, da CLT, pelo contido nos arts. 133 da CF/88 e 1º da Lei n. 8.906/94 – (*Sistema dos Recurso Trabalhistas*. 10. ed. São Paulo: LTr. p. 141).

A partir dos argumentos acima, levando em conta a posição jurisprudencial sumulada, a limitação *jus postulandi* pela Súmula n. 425 do TST e o inegável desuso desse instituto pela partes, podemos dizer que os recursos devem ser formais e fundamentados, elaborados e apresentados em suas peças, uma petição de apresentação dirigida ao órgão recorrido e outra peça, com as razões da inconformidade dirigida ao órgão *ad quem*.

A jurisprudência sumulada a seguir reproduzida corrobora a conclusão dedutiva acima registrada.

OJ SDI 1 N. 120. Recurso. Assinatura da petição ou das razões recursais. Validade. (nova redação, DJ 20.4.05). O recurso sem assinatura será tido por inexistente. Será considerado válido o apelo assinado, ao menos, na petição de apresentação ou nas razões recursais.

SÚMULA TST N. 422 – *Não se conhece de recurso para o TST, pela ausência do requisito de admissibilidade inscrito no art. 514, II, do CPC, quando as razões do recorrente não impugnam os fundamentos da decisão recorrida, nos termos em que fora proposta. (ex-OJ n. 90 – inserida em 27.5.02)*

OJ SDI 1 N. 257. *Recurso. Fundamentação. Violação legal. Vocábulo violação. Desnecessidade. A invocação expressa, quer na Revista, quer nos Embargos, dos preceitos legais ou constitucionais tidos como violados não significa exigir da parte a utilização das expressões "contrariar", "ferir", "violar" etc. (13.3.02)*

Quanto à abrangência, o recurso pode ser total ou parcial, conforme o interesse do recorrente, podendo abranger toda a condenação imposta ou apenas parte dela. A inconformidade com a decisão pode ser de ambas as partes que poderão recorrer, uma visando ao aumento outra à redução ou elisão total da imposição.

A imposição de requisitos formais aos recursos, como, por exemplo, as feitas por meio do Ato n. 713/SEGJUD. GP e da Instrução Normativa n. 23/2003 do TST, sobre Petições de Recurso de Revista fortalece a afirmação do que os recursos precisão ser escritos, formais e fundamentados.

O referido Ato n. 713/SEGJUD.GP: art. 1º Na petição de recurso de embargos (art. 231 do RITST), embargos infringentes (art. 232 do RITST), agravo regimental (art. 235 do RITST), agravo (art. 239 do RITST) e embargos de declaração (art. 241 do RITST), o embargante/agravante informará o respectivo número de inscrição no cadastro de pessoas físicas ou jurídicas mantido pela Secretaria da Receita Federal do Brasil, salvo impossibilidade que comprometa o acesso à Justiça, expressamente justificada na própria petição. A IN/TST 23/03, sugere conteúdo às razões do Recurso de Revista.

14. Instrução dos Recursos

A instrução dos recurso consiste na anexação ou juntada com o recurso, dos documentos que comprovam a satisfação dos pressupostos subjetivos, objetivos e especiais ou peculiares do respectivo recurso.

Documentos relativos à prova da legitimidade na condição de sucessor do trabalhador, obtido junto à previdência social, ou termo de inventariante, no caso de sucessão do trabalhador falecido, este último também em relação ao empregador pessoa física falecido. Certidão comprovando o feriado local ou a inexistência de expediente forense, para comprovar a tempestividade do recurso. O instrumento de mandato ou substabelecimento de novo procurador.

Os documentos que comprovam o preparo quando exigido (Guia de Recolhimento do FGTS e Informações à Previdência Social — GFIP, relativo ao depósito recursal e Guia de Recolhimento da União — GRU relativa às custas pagas, no prazo recursal.

No Recurso de Revista e nos Embargos para o TST, poderá ser juntado, ainda, o acórdão que comprova a divergência (Certidões ou Cópias de Repertorio Autorizado).

Outros documentos, mormente os relativos a provas, só excepcionalmente poderão ser juntados com os recursos, como se vê do entendimento do TST, expresso por meio da Súmula n. 8, a seguir transcrita:

SÚMULA N. 08 – *A juntada de documentos na fase recursal só se justifica quando provado o justo impedimento para sua oportuna apresentação ou se referir a fato posterior à sentença.*

Por óbvio que a restrição à juntada de documentos ao recurso não se aplica ao Agravo de Instrumento, pois a instrução está em sua essência.

Conforme a legislação de regência (§ 5º do art. 897 da CLT) o Agravo de instrumento será instruído **obrigatoriamente**, com cópias da decisão agravada, da certidão da respectiva intimação, das procurações outorgadas aos advogados do agravante e do agravado, da petição inicial, da contestação, da decisão originária, do depósito recursal referente ao recurso que se pretende destrancar, da comprovação do recolhimento das custas e do depósito recursal a que se refere o § 7º do art. 899 desta Consolidação; e, **facultativamente**, com outras peças que o agravante reputar úteis ao deslinde da matéria de mérito controvertida.

A instrução, acima referida, do Agravo de Instrumento interposto na primeira instância, poderá ser física, enquanto não adotado integralmente o processo eletrônico; no entanto, quando interposto nos Tribunais Regionais para o TST, ela será digital, como previsto na Resolução Administrativa TST n. 1.418, de 30 de agosto de 2010.

Art. 1º *O agravo de instrumento interposto de despacho que negar seguimento a recurso para o Tribunal Superior do Trabalho deve ser processado nos autos do recurso denegado.*

Por meio da jurisprudência Sumulada o TST, estabeleceu uma série de exigências e formalidades quanto à idoneidade dos documentos que instruem os recursos, como se vê nas súmulas e orientações jurisprudenciais abaixo transcritas:

OJ SDI 1 N. 287 – Autenticação. Documentos distintos. Despacho denegatório do recurso de revista e certidão de publicação. Distintos os documentos contidos no verso e anverso, é necessária a autenticação de ambos os lados da cópia. (DJ 11.8.03)

OJ SDI 1 N. 22 – Autenticação. Documentos distintos. Cópia. Verso e anverso. Necessidade. Distintos os documentos contidos no verso e anverso, é necessária a autenticação de ambos os lados da cópia. (inserido em 13.2.01) Cancelado – convertido no tema n. 287 da Orientação Jurisprudencial da SDI-I – (dj 24.11.03)

OJ SDI 1 N. 23 – Autenticação. Documento único. Cópia. Verso e anverso. Inexistindo impugnação da parte contrária, bem como o disposto no art. 795 da CLT, é válida a autenticação aposta em uma face da folha que contenha documento que continua no verso, por constituir documento único. (inserido em 13.2.01)

Prova da Satisfação dos Pressupostos;

Excepcionalmente outros documentos;

Súmula N. 8 – RECURSO – JUNTADA DE DOCUMENTO

A juntada de documentos na fase recursal só se justifica quando provado o justo impedimento para sua oportuna apresentação ou se referir a fato posterior à sentença. (RA 28/1969, DO-GB 21.8.1969)

LOCAL E FORMAS DE INTERPOSIÇÃO DOS RECURSOS

Os recursos trabalhistas são interpostos perante o juízo recorrido, assim: Recurso Ordinário e Agravo de Petição, contra decisões do Juiz ou Vara do Trabalho, neste juízo serão protocolados. Recurso Ordinário e de Revista contra decisão originária em ações especiais ou em Dissídio Coletivo e contra acórdão do TRT no julgamento de Recurso Ordinário e excepcionalmente no julgamento de Agravo de Petição serão propostos perante este Tribunal.

Em relação a estes procedimentos estabelecem as normas de regência:

Art. 659 – CLT – *Competem privativamente oas Presidentes das Varas, além das que lhe forem conferidas neste Título e as decorrentes de seu cargo, as seguintes atribuições:*

(...)

VI – Despachar os recursos interpostos pelas partes, fundamentando a decisão recorrida antes da remessa ao Tribunal Regional, ou submeter a decisão da Junta no caso do art. 894;

Art. 682 – CLT – *Competem privativamente oas Presidentes dos Tribunais Regionais, além das que lhe forem conferidas neste Título e as decorrentes de seu cargo, as seguintes atribuições:*

(...)

IX – Despachar os recursos interpostos pelas partes.

Art. 184. *Recebido e protocolado, o recurso será submetido a despacho, nos termos deste Regimento.* (RI/TRT4)

Art. 226. *O recurso de revista, interposto na forma da lei,* **é apresentado no Tribunal Regional do Trabalho** *e tem seu cabimento examinado em despacho fundamentado pelo Presidente do Tribunal de origem, ou pelo Juiz designado para esse fim, conforme o Regimento Interno do Tribunal Regional do Trabalho.* (RI/TST)

Interposição de recurso por meio eletrônico dirigido a órgão impróprio acarreta o não conhecimento do recurso. (Ag AIRR 327-54.2001.5.04.0023 – Ac. publicado em 02.2014)

Os recursos poderão ser interpostos fisicamente, protocolados no setor competente do juízo recorrido ou a este enviados por meio de fac-símile ou eletronicamente.

A interposição de recurso por maio de fac-símile no Processo do Trabalho está normatizada pela Súmula n. 287 do TST:

SÚMULA N. 387 – RECURSO. FAC-SÍMILE. LEI N. 9.800/1999. (CONVERSÃO DAS ORIENTAÇÕES JURISPRUDENCIAIS NS. 194 E 337 DA SDI-1 – RES. 129/05 – DJ 20.4.05)

I – A Lei n. 9.800/1999 é aplicável somente a recursos interpostos após o início de sua vigência. (ex-OJ n. 194 – Inserida em 8.11.00)

II – A contagem do quinquídio para apresentação dos originais de recurso interposto por intermédio de fac-símile começa a fluir do dia subsequente ao término do prazo recursal, nos termos do art. 2º da Lei n. 9.800/1999, e não do dia seguinte à interposição do recurso, se esta se deu antes do termo final do prazo. (ex-OJ n. 337 – primeira parte – DJ 4.5.2004)

III – Não se tratando a juntada dos originais de ato que dependa de notificação, pois a parte, ao interpor o recurso, já tem ciência de seu ônus processual, não se aplica a regra do art. 184 do CPC quanto ao dies a quo, podendo coincidir com sábado, domingo ou feriado. (ex-OJ n. 337 – in fine – DJ 4.5.2004)

IV – A autorização para utilização do fac-símile, constante do art. 1º da Lei n. 9.800/1999, somente alcança as hipóteses em que o documento é dirigido diretamente ao órgão jurisdicional, não se aplicando à transmissão ocorrida entre particulares.

A interposição de recurso aos Tribunais Trabalhistas por meio de procedimento ou peticionamento eletrônico são aplicáveis às seguintes normas gerais e peculiares:

Lei n. 11.419, de 19 de dezembro de 2006:

Art. 1º O uso de meio eletrônico na tramitação de processos judiciais, comunicação de atos e transmissão de peças processuais será admitido nos termos desta Lei.

§ 1º Aplica-se o disposto nesta Lei, indistintamente, aos processos civil, penal e trabalhista, bem como aos juizados especiais, em qualquer grau de jurisdição.

§ 2º Para o disposto nesta Lei, considera-se:

I – meio eletrônico qualquer forma de armazenamento ou tráfego de documentos e arquivos digitais;

II – transmissão eletrônica toda forma de comunicação a distância com a utilização de redes de comunicação, preferencialmente a rede mundial de computadores;

III – assinatura eletrônica as seguintes formas de identificação inequívoca do signatário:

a) assinatura digital baseada em certificado digital emitido por Autoridade Certificadora credenciada, na forma de lei específica;

b) mediante cadastro de usuário no Poder Judiciário, conforme disciplinado pelos órgãos respectivos.

Art. 2º O envio de petições, de recursos e a prática de atos processuais em geral por meio eletrônico serão admitidos mediante uso de assinatura eletrônica, na forma do art. 1º desta Lei, sendo obrigatório o credenciamento prévio no Poder Judiciário, conforme disciplinado pelos órgãos respectivos.

Art. 3º Consideram-se realizados os atos processuais por meio eletrônico no dia e hora do seu envio ao sistema do Poder Judiciário, do que deverá ser fornecido protocolo eletrônico.

Parágrafo único. Quando a petição eletrônica for enviada para atender prazo processual, serão consideradas tempestivas as transmitidas até as 24 (vinte e quatro) horas do seu último dia.

Sistema e-DOC

§ 1º O e-DOC é um serviço de uso facultativo, disponibilizado no Portal-JT, na Internet. (IN/TST n. 30/2006)

O TST, por meio da Instrução Normativa n. 28/05, (DJ 07.06.2005), instituiu o Sistema Integrado de Protocolização e Fluxo de Documentos Eletrônicos da Justiça do Trabalho (**e-DOC**), o ajuizamento de Petições por meio da Internet, nas condições que estabelece. Como os recursos são instrumentalizados por meio de petições, o sistema viabilizará a interposição de recurso via internet. A Instrução Normativa N. 28/05 foi revogada por Resolução de 2007. Hoje o **meio eletrônico de tramitação de processos judiciais** na Justiça do Trabalho é regulado pela Instrução Normativa n. 30, de 13.9.2007.

Art. 3º No âmbito da Justiça do Trabalho, o envio de petições, de recursos e a prática de atos processuais em geral por meio eletrônico serão admitidos mediante uso de assinatura eletrônica.

Art. 5º A prática de atos processuais por meio eletrônico pelas partes, advogados e peritos será feita, na Justiça do Trabalho, através do Sistema Integrado de Protocolização e Fluxo de Documentos Eletrônicos (e-DOC).

DO PROTOCOLO INTEGRADO

O Protocolo Integrado, em nosso estado, é previsto na Resolução n. 380/2001. do Conselho de Magistratura do Rio Grande do Sul. Só era admitido para os recursos dirigidos ao Tribunal de Justiça e ao Tribunal Regional Federal, como se via do entendimento consubstanciado na Súmula n. 256 do STJ.

Tal entendimento restritivo devia-se à expressão "*aí protocolado*", contida no art. 542 do CPC. A Lei n. 10.352, de 26.12.2001, retirou esta expressão do mencionado artigo, pelo que deveria-se entender que recursos aos Tribunais Superiores também poderiam ser oferecidos por meio do dito Protocolo Integrado ou Unificado. Este entendimento, no entanto, ainda não é pacífico.

Não há razão para a adoção deste sistema pela Justiça do Trabalho, uma vez que os recursos são propostos (protocolados) perante o juízo recorrido. No entanto, segundo a Min. Rosa Maria Weber, o TST, após o cancelamento da OJ SDI1 n. 320, já pacificou o entendimento da admissibilidade do recurso mediante protocolo integrado, na forma prevista no parágrafo único do art. 557 do CPC (AIRR n. 136/2002-100-03-00.1)

OJ SDI 1 N. 320. *Sistema de protocolo integrado. Norma interna. Eficácia limitada a recursos da competência do TRT que a editou. art. 896, § 2º, da CLT. O sistema de protocolo integrado, criado pelos Tribunais Regionais do Trabalho, que autoriza as Varas localizadas no interior do Estado a receberem e a protocolarem documentos de natureza judiciária ou administrativa, destinados a outras Varas ou ao TRT local,* **tem aplicação restrita ao âmbito de competência do Tribunal que o editou, não podendo ser considerado válido em relação a recursos de competência do Tribunal Superior do Trabalho.** (DJ 11.8.03) (Cancelada pela SDI-I – DJ 14.9.04)

II – *O sistema de protocolo integrado instituído pelo e. Tribunal Regional não vincula o TST à sua observância, pois a eficácia da referida resolução está limitada aos recursos interpostos no âmbito da sua competência jurisdicional.* (Orientação Jurisprudencial n. 320 da SDI-1). PROC. N. TST-RR-1672/2001-020-03-00.0

15. Competência para julgar

Os recursos serão sempre julgados por um órgão superior ao recorrido e, salvo as expressas exceções, por um colegiado. A competência para decidir os recursos trabalhistas é fixada, conforme o caso, em razão:

a) da origem da decisão recorrida;

b) da natureza do conflito onde foi proferida a decisão recorrida;

c) A espécie do recurso interposto.

No juízo *ad quem*, o órgão competente será definido pelas normas legais ou regimentais pertinentes, como se especificará a seguir:

CLT

Art. 678. Aos Tribunais Regionais, quando divididos em Turmas, compete:

I – ao Tribunal Pleno, especialmente:

d) julgar em única ou última instâncias:

II – às Turmas: (Incluído pela Lei n. 5.442, de 24.5.1968)

a) julgar os recursos ordinários previstos no art. 895, alínea "a";

b) julgar os agravos de petição e de instrumento, estes de decisões denegatórias de recursos de sua alçada;

Art. 679. Aos Tribunais Regionais não divididos em Turmas, compete o julgamento das matérias a que se refere o artigo anterior, exceto a de que trata o inciso I da alínea "c" do Item I, como os conflitos de jurisdição entre Turmas. (Redação dada pela Lei n. 5.442, de 24.5.1968)

REGIMENTO INTERNO – TRT4

Art. 37. Compete a cada Turma:

a) julgar os recursos ordinários;

b) julgar os agravos de petição, ressalvados os demais casos previstos neste Regimento Interno, e de instrumento, estes de despachos denegatórios de recursos de sua competência;

c) julgar as medidas cautelares nos feitos a ela submetidos;

d) julgar os agravos interpostos das decisões dos Relatores proferidas na forma do art. 557 do CPC e dos despachos que concederem ou denegarem liminares em ações cautelares, ou quando contrários às disposições regimentais, observado o procedimento previsto nos arts. 201 a 205 deste Regimento;

e) julgar os embargos de declaração opostos a suas próprias decisões.

LEI N. 7.701, DE 21 DE DEZEMBRO DE 1988

Art. 2º Compete à seção especializada em dissídios coletivos, ou seção normativa:

I – originariamente:

II – em última instância julgar:

a) os recursos ordinários interpostos contra as decisões proferidas pelos Tribunais Regionais do Trabalho em dissídios coletivos de natureza econômica ou jurídica;

b) os recursos ordinários interpostos contra as decisões proferidas pelos Tribunais Regionais do Trabalho em ações rescisórias e mandados de segurança pertinentes a dissídios coletivos;

c) (...)

d) os embargos de declaração opostos aos seus acórdãos e os agravos regimentais pertinentes aos dissídios coletivos;

e) as suspeições arguidas contra o Presidente e demais Ministros que integram a seção, nos feitos pendentes de sua decisão; e

f) os agravos de instrumento interpostos contra despacho denegatório de recurso ordinário nos processos de sua competência.

Art. 3º Compete à Seção de Dissídios Individuais julgar:

I – originariamente:

III – em última instância:

a) os recursos ordinários interpostos contra decisões dos Tribunais Regionais em processos de dissídio individual de sua competência originária;

(...)

d) os embargos de declaração opostos aos seus acórdãos;

(...)

f) os agravos de instrumento interpostos contra despacho denegatório de recurso ordinário em processo de sua competência.

REGIMENTO INTERNO DO TST

Da Competência da Seção Especializada em Dissídios Coletivos (SDC)

Art. 70. À Seção Especializada em Dissídios Coletivos compete:

II – em última instância, julgar:

a) os recursos ordinários interpostos contra as decisões proferidas pelos Tribunais Regionais do Trabalho em dissídios coletivos de natureza econômica ou jurídica;

b) os recursos ordinários interpostos contra decisões proferidas pelos Tribunais Regionais do Trabalho em ações rescisórias e mandados de segurança pertinentes a dissídios coletivos e a direito sindical e em ações anulatórias de acordos e convenções coletivas;

c) (...)

d) os agravos de instrumento interpostos contra despacho denegatório de recurso ordinário nos processos de sua competência.

Seção V

Da Competência da Seção Especializada em Dissídios Individuais

Art. 71. À Seção Especializada em Dissídios Individuais, em composição plena ou dividida em duas Subseções, compete:

II – à Subseção I:

III – à Subseção II:

c) **em última instância**:

1. julgar os recursos ordinários interpostos contra decisões dos Tribunais Regionais em processos de dissídio individual de sua competência originária; e

2. julgar os agravos de instrumento interpostos contra despacho denegatório de recurso ordinário em processos de sua competência.

Competência Peculiar monocrática — CLT

Lei n. 5.869, de 11.01.1973 — **CPC**

Art. 557. O relator negará seguimento a recurso manifestamente inadmissível, improcedente, prejudicado ou em confronto com súmula ou com jurisprudência dominante do respectivo tribunal, do Supremo Tribunal Federal, ou de Tribunal Superior. (Redação dada pela Lei n. 9.756, de 17.12.1998)

§ 1º A Se a decisão recorrida estiver em manifesto confronto com súmula ou com jurisprudência dominante do Supremo Tribunal Federal, ou de Tribunal Superior, o relator poderá dar provimento ao recurso. (Incluído pela Lei n. 9.756, de 17.12.1998)

§ 1º Da decisão caberá agravo, no prazo de cinco dias, ao órgão competente para o julgamento do recurso, e, se não houver retratação, o relator apresentará o processo em mesa, proferindo voto; provido o agravo, o recurso terá seguimento. (Incluído pela Lei n. 9.756, de 17.12.1998)

APLICAÇÃO SUBSIDIÁRIA AO PROCESSO DO TRABALHO

INSTRUÇÃO NORMATIVA N. 17

*Uniformiza a interpretação da **Lei n. 9.756**, de 17 de dezembro de 1998, com relação ao recurso de revista.*

I – (...)

II – (...)

III – Aplica-se ao Processo do Trabalho o **art. 557**, *caput*, e §§ 1º-A, 1º e 2º do Código de Processo Civil, segundo a redação dada pela **Lei n. 9.756/98**, adequando-se o prazo do agravo ao prazo de oito dias.

LIMITES DA COMPETÊNCIA MONOCRÁTICA

REPETITIVO. EDCL. ART. 557 DO CPC. INSCRIÇÃO. CADIN.

A Lei n. 9.756/1998, que atribuiu poderes para o relator decidir monocraticamente, não faz menção aos recursos aos quais ela se aplica. Assim, uma vez interpostos os embargos de declaração de decisão colegiada, pode o relator negar-lhes seguimento monocraticamente, lastreado no caput do art. 557 do CPC; pois, dessa forma, não alterará a referida decisão. Contudo, não poderá dar provimento aos embargos para suprir a omissão, aclarar obscuridade ou sanar contradição no julgado com fundamento no § 1º-A do mencionado dispositivo, visto que, assim fazendo, modificaria monocraticamente decisão da Turma, Seção ou Câmara da qual faz parte. (Resp. n. 1.049.974-SP, rel. Min. Fux. Julgamento 2.6.2010)

Tramitação do Recurso

Como já se disse acima os recursos serão interpostos perante o juízo recorrido, neste quem detém a competência para tal (Juiz do Trabalho, Juiz de Direito com jurisdição trabalhista, Presidente ou Vice-Presidente do Tribunal, conforme estabelecer o respectivo Regimento Interno), fará o primeiro juízo de admissibilidade. Admitindo, oportunizará contrarrazões ao recorrido. Não admitindo e interposto Agravo de Instrumento, terá que oportunizar contrarrazões ao Agravo e ao Recurso principal. Após, na primeira ou na segunda hipótese, concluso, para o despacho de remessa ao Tribunal.

No Tribunal competente, o recurso chega no setor de protocolo, que o registra e renumera com precedendo o número com as iniciais do respectivo recurso (RO ou AI/RO; AP ou AI/AP ; RR ou AI/RR, e etc.). Distribui, conforme o critério do tribunal e o remete ao órgão competente (Turma ou Seção). Lá são determinados o Relator e o Revisor.

Na sequência o processo é entregue ao Relator, que, inicialmente, fará o reexame dos pressupostos (juízo de admissibilidade no órgão *ad quem*). Entendendo não satisfeitos, denega seguimento. Desta decisão cabe Agravo Regimental e nos Recursos de Revista e Embargos no TST, Agravo. Acolhido o Agravo pelo Relator (retratação) prossegue a tramitação do recurso original. Não acolhido, o Agravo será submetido ao colegiado (à mesa). Improvido o agravo pelo colegiado, encerra-se a tramitação do recurso, salvo nas hipóteses de cabimento de Embargos para a SDI (Súmula n. 353 do TST). Provido o Agravo, prossegue a tramitação do recurso principal. A seguir será encaminhado ao Revisor que o devolverá com o "Visto" à Secretaria do colegiado, que, conforme o caso, o encaminhará ao Ministério Publico para Parecer ou de imediato coloca-o na pauta de julgamento, notificando-se as partes para os devidos fins (memoriais ou habilitação para sustentação oral).

Na cessão de julgamento, após o pregão, é apresentado o relatório pelo seu autor; em seguida, a sustentação oral e se for o caso manifestação do Ministério Público. Após esta (ou estas), vota o Relator e se não houver pedido de vistas, o Revisor e o outro integrante do colegiado. Volta o processo à Secretaria para a publicação da Certidão do Julgamento e após o processo é encaminhado ao Relator ou ao autor do voto vencedor, para a elaboração do respectivo Acórdão.

Devolvido o processo com o Acórdão este é disponibilizado, iniciando o prazo para novo recurso, que normalmente é precedido de Embargos de Declaração para sanar omissões ou prequestinamento. Se for interposto e recebido novo recurso, iniciará a tramitação deste. Se não for interposto novo recurso, transitada em julgado a decisão o processo retornará à origem, para iniciar ou prosseguir (no caso de execução provisória) a execução definitiva ou, ainda, para arquivamento e extinção do processo, na inexistência de condenação.

Para bem entender a tramitação do recurso, transcreve-se abaixo, na ordem cronológica dos atos, a tramitação de recurso no Tribunal Regional e no TST.

ANDAMENTO DO RECURSO ORDINÁRIO NO TRT 4

25.1.2008 Vara PETIÇÃO PROTOCOLADA

Tipo: 13 CUSTAS – comprovação

Parte: RDA

Valor: R$300,00

25.1.2008 Vara PETIÇÃO PROTOCOLADA

Tipo: 33 RECURSO – interposição (Recurso Ordinário)

Parte: RDA

Valor: R$4.993,78

30.1.2008 Vara EXPEDIDA NOTIFICAÇÃO

Modelo: **Contrarrazões de recurso**

Destinatário: Pontes de Miranda (050128/RS)

Tipo dest.: Adv.Rte.

Data Disp. D.O.: 07/02/2008

Prazo: 8 dias

11.2.2008 Vara PROCESSO EM CARGA COM O ADVOGADO

Nome Advogado: Pontes de Miranda

OAB: 050128RS

Parte: RTE

Prazo: 15.2.2008

Número: 230

Folhas: 210

Volumes: 1

15.2.2008 Vara PROCESSO DEVOLVIDO À VARA

15.2.2008 Vara PETIÇÃO PROTOCOLADA

Tipo: 33 RECURSO – interposição (**Recurso Adesivo**)

Parte: RTE

11.3.2008 Vara EXPEDIDA NOTIFICAÇÃO

Modelo: Contrarrazões de recurso (**Adesivo**)

Destinatário: Cláudio Alves Malgarin (006158/RS)

Tipo dest.: Adv.Rda.

Data Disp. D.O.: 17.3.2008

Prazo: 8 dias

24.3.2008 Vara PETIÇÃO PROTOCOLADA

Tipo: 11 **CONTRARRAZÕES** / CONTRAMINUTA / CONTESTAÇÃO – juntada

Parte: RDA

Observação: Apres. contrarrazões ao RA

25.3.2008 – terça-feira Richard Pires Lara Diretor de Secretaria Substituto Remetam-se os autos à apreciação do E. TRT. Em 25.3.2008. ANDRE IBANOS PEREIRA Juiz do Trabalho

27.3.2008 Vara DECISÃO / DESPACHO

Despacho: CERTIDÃO E CONCLUSÃO CERTIFICO que as contrarrazões ao recurso adesivo, protocolizadas pela ré, foram apresentadas dentro do prazo legal. AUTOS CONCLUSOS. Em 7.4.2008 Vara REMETIDO AO TRT

Motivo: RO

Folhas: 227

Volumes: 01

INSS Recte/Rcdo: Sim

10.4.2008 Tribunal Autuado o Processo

10.4.2008 Tribunal Remetidos os Autos

Para: Tribunal Pleno

14.4.2008 Tribunal Distribuído

Relator: LEONARDO MEURER BRASIL

Órgão: 5ª Turma

14.4.2008 Tribunal Aguardando Remessa ao Relator

18.4.2008 Tribunal Conclusos ao Relator

2.5.2008 Tribunal Remetidos os Autos / Para: Secretaria do Órgão Julgador

2.5.2008 Tribunal Recebidos os Autos do Relator para inclusão em Pauta

13.5.2008 Tribunal Conclusos ao Revisor

Revisor: BERENICE MESSIAS CORRÊA

15.5.2008 Tribunal Publicada Pauta de Julgamento

30.5.2008 Tribunal Abertura de Volume

5.6.2008 Tribunal Incluído em Pauta

Sessão: tarde

Tipo da pauta: normal

Ordem na pauta: 051

5.6.2008 Tribunal Pedido de Sustentação Oral

Advogado e Parte: Dr. *Cláudio Malgarin* pelo recorrente-reclamado.

5.6.2008 Tribunal Juiz Vogal

Participa do Julgamento: REJANE SOUZA PEDRA

5.6.2008 Tribunal Decisão

— Decidiu a Turma, à unanimidade de votos, dar provimento ao recurso ordinário interposto pelo reclamado, absolvendo-o de toda a condenação imposta na origem. À unanimidade de votos, negar provimento ao recurso adesivo interposto pelo reclamante.

5.6.2008 Tribunal Acórdão (não vale como publicação oficial)

5.6.2008 Tribunal Acórdão Lavrado

EMENTA: DANO MORAL. O nexo causal e a imputabilidade são elementos essenciais para a responsabilização civil do empregador por dano moral. Não demonstrados esses requisitos, não há falar em obrigação.

Assinado digitalmente por: LEONARDO MEURER BRASIL

6.6.2008 Tribunal Liberação da Consulta à Certidão de Julgamento

17.6.2008 Tribunal Publicado Acórdão (autos na sala 102)

23.6.2008 Tribunal Protocolizada Petição / Documento

Tipo: EMBARGOS DE DECLARAÇÃO

Parte: Silva Dias

Complemento: via fax

Número de protocolo: 044168

Destino: 5a. Turma

25.6.2008 Tribunal Protocolizada Petição / Documento

Tipo: OUTROS

Parte: Silva Dias

Complemento: VIA ECT — 23.6.2008 — JUNTADA DO ORIGINAL DOS ED

Número de protocolo: 045163

Destino: 5ª Turma

26.6.2008 Tribunal Remetidos os Autos

Para: 5ª Turma

1º.7.2008 Tribunal Conclusos ao Relator para Embargos de Declaração

10.7.2008 Tribunal Julgamento

Sessão: tarde

Tipo da pauta: Embargos de Declaração em Mesa

Ordem na pauta 188

10.7.2008 Tribunal Decisão

— Decidiu a Turma, à unanimidade de votos, negar provimento aos embargos de declaração do reclamante. Acórdão pelo Exmo. Juiz-Relator.

10.7.2008 Tribunal Juiz Vogal

Participa do Julgamento: REJANE SOUZA PEDRA

10.7.2008 Tribunal Juiz Vogal

Participa do Julgamento: TÂNIA MACIEL DE SOUZA

10.7.2008 Tribunal Acórdão Lavrado

10.7.2008 Tribunal Acórdão (não vale como publicação oficial)

EMENTA: EMBARGOS DE DECLARAÇÃO. *Hipótese em que a Turma Julgadora adota tese expressa quanto à matéria abordada no recurso da parte contrária, reformando a sentença, sem afronta às disposições legais.*

Assinado digitalmente por: LEONARDO MEURER BRASIL

14.7.2008 Tribunal Liberação da Consulta à Certidão de Julgamento

22.7.2008 Tribunal Publicado Acórdão (autos na sala 102)

30.7.2008 Tribunal Protocolizada Petição de **Recurso de Revista**

Tipo: RECURSO DE REVISTA

Parte: Silva Dias

Complemento: VIA FAX.

Número de protocolo: 055499

Destino: Serviço Processual

1º.8.2008 Tribunal Remetidos os Autos

Para: Serviço Processual

1º.8.2008 Tribunal Protocolizada Petição / Documento

Tipo: OUTROS

Parte: Silva Dias

Complemento: VIA ECT — 31.07.2008 — juntada do original do RR

Número de protocolo: 055964

Destino: Serviço Processual

14.8.2008 Tribunal Publicação do Projeto Conciliação — **R.A. 15/06** (autos na sala 410)

Publicado no Diário Oficial do Estado. Ficam as partes intimadas para manifestar eventual interesse na realização de audiência conciliatória. Prazo de 15 dias.

4.9.2008 Tribunal Concluso Recurso de Revista à Assessoria Judiciária da Presidência

22.9.2008 Tribunal Despacho de Recurso de Revista — Texto Integral

Processo: RO-00113-2007-702-04-00-8 PODER JUDICIÁRIO JUSTIÇA DO TRABALHO TRT 4ª Região RO-00113-2007-702-04-00-8 — 5ª Turma Recurso de Revista Relator

22.9.2008 Tribunal Análise do Recurso de Revista Solucionada

30.9.2008 Tribunal Remetidos os Autos / Para: Serviço Processual

Lote: 04

8.10.2008 Tribunal Publicado Despacho do **Recurso de Revista** (autos na sala 102)

Recorrente: Silva Dias

Não Admitido

Esta informação foi disponibilizada no DJE do dia útil anterior ao desta publicação, nos termos do Provimento n. 03/2008.

17.10.2008 Tribunal Transitado em Julgado

22.10.2008 Tribunal Remetidos os Autos / Para: Seção de Expedição / Motivo: Baixa à Origem

24.10.2008 Tribunal Remetidos os Autos / Para: Origem

28.10.2008 Vara PROCESSO RETORNOU DO TRT

Pendente AI: Não

28.10.2008 Vara DECISÃO / DESPACHO

Despacho: *Libere-se o depósito recursal da fl. 208 à ré. Ciência à perita quanto à dispensa dos honorários, nos termos do acórdão das fls. 234/241. Notifiquem-se, ainda, as partes para retirarem os documentos juntados aos autos, em trinta dias, sob pena de destruição. Decorrido o prazo, arquive-se. Em 28/10/2008. ANDRE IBANOS PEREIRA Juiz do Trabalho*

17.11.2008 Vara EXPEDIDA NOTIFICAÇÃO

Modelo: Retirar Documentos

Destinatário: Pontes de Miranda (050128/RS)

Tipo dest.: Adv.Rte.

Data Disp. D.O.: 21.11.2008

Prazo: 30 dias

17.11.2008 Vara EXPEDIDA NOTIFICAÇÃO

Modelo: Texto Livre

Destinatário: Júlia Roberts (PSIQ)

Tipo dest.: Perito

Data Expedição: 18.11.2008

Prazo: 10 dias

13.5.2009 Vara PROCESSO ARQUIVADO

Nro. Guia: 39

Ano Guia: 2009

Tipo: sem dívida

22.12.2009 Vara PROCESSO RENUMERADO – RES.65/2008 DO CNJ

Nro. Antigo: 00113-2007-702-04-00-8

Nro. Novo: 0011300-10.2007.5.04.0702

TRAMITAÇÃO RECURSO DE REVISTA E AGRAVOS NO TST

19/07/2011	Cadastro pré-autuação
19/07/2011	Andamento inicial Coordenadoria de Cadastramento Processual
22/07/2011	Remetidos os autos à CPE para identificação de peças Coordenadoria de Processos Eletrônicos
23/08/2011	Processo eletrônico iniciado
23/08/2011	Remetidos os autos para a CCADP/SRCP para triagem Seção de Registro de Conteúdo Processual
25/08/2011	Remetidos os autos para a CCADP para autuar e distribuir Coordenadoria de Classificação, Autuação e Distribuição de Processos
10/09/2011	Autuado
12/09/2011	Distribuído ordinariamente ao Exmº Ministro WOC – T1 em 12/09/2011
15/09/2011	Concluso ao Relator Gabinete do Ministro Walmir Oliveira da Costa
26/07/2012	Instrumento de Mandato **706680/2012**

19/12/2012	Remetidos os Autos para Secretaria da 1ª Turma para publicar decisão monocrática
04/02/2013	**Negado seguimento ao recurso.**
05/02/2013	Publicado despacho em 05/02/2013
08/02/2013	**Petição: 11883/2013 – Agravo**
21/02/2013	Classe Processual alterada para **Agravo** – (reautuado)
21/02/2013	Conclusos para voto/decisão (Gabinete do Ministro Walmir Oliveira da Costa)
27/02/2013	Remetidos os Autos para Secretaria da 1ª Turma para incluir em pauta
05/03/2013	Disponibilizado(a) pauta de julgamento no Diário da Justiça Eletrônico
06/03/2013	Incluído em pauta o processo para o dia 13/03/2013 às 09:00.
13/03/2013	**Adiado o julgamento**
13/03/2013	Conclusos para Relator – processo em pauta (Gabinete do Ministro Walmir Oliveira da Costa)
18/03/2013	Remetidos os Autos para Secretaria da 1ª Turma para prosseguir no julgamento
20/03/2013	**Dado provimento ao Agravo para processar o Recurso**
21/03/2013	Classe Processual alterada para RR (em razão do provimento do AIRR – RA 928/2003) – Recurso de Revista
21/03/2013	Disponibilizado(a) certidão de julgamento no Diário da Justiça Eletrônico
22/03/2013	Publicada certidão de julgamento em 22/03/2013
03/04/2013	**Dado provimento parcial**
04/04/2013	Disponibilizado(a) acórdão no Diário da Justiça Eletrônico
05/04/2013	**Publicado acórdão em 05/04/2013**
10/04/2013	**Petição: 49076/2013 – Embargos Declaratórios**
10/04/2013	**Petição: 49023/2013 – Embargos Declaratórios**
17/04/2013	Classe Processual alterada para Embargos de Declaração – (reautuado)
17/04/2013	Conclusos para voto/decisão (Gabinete do Ministro Walmir Oliveira da Costa)
17/04/2013	Remetidos os Autos para Secretaria da 1ª Turma para julgamento
17/04/2013	Em Mesa
24/04/2013	**Negado provimento aos Embargos Declaratórios**
25/04/2013	Disponibilizado(a) acórdão no Diário da Justiça Eletrônico
26/04/2013	**Publicado acórdão em 26/04/2013**
06/05/2013	**Petição: 64588/2013 – Embargos**
16/05/2013	Classe Processual alterada para **Embargos** – (reautuado)
16/05/2013	Conclusos para despacho (art. 81, IX, do RITST) (Gabinete do Ministro Lelio Bentes Corrêa)
27/09/2013	Remetidos os Autos para Secretaria da 1ª Turma publicar despacho (art.81, IX, do RITST)
30/09/2013	**Não admitidos os Embargos**
01/10/2013	Publicado despacho em 01/10/2013
21/10/2013	Transitado em Julgado em 16/10/2013

21/10/2013	Remetidos os Autos para Tribunal Regional do Trabalho da 4ª Região para encaminhar à origem
22/10/2013	Recebidos os autos (retorno do TST)
22/10/2013	Remetidos os Autos Eletrônicos à Origem
22/10/1013 – Tribunal	Baixa Definitiva
23/10/2013 – **Vara SM**	AGRAVO DE INSTRUMENTO JULGADO PELO TRT/TST
24/10/2013	Notificação ao Perito
24/10/2013	Apresentar Novos Cálculos

Capítulo 12

Recurso Ordinário

1. Considerações Preliminares

Como o nome indica, o Recurso Ordinário é o recurso comum, é o remédio próprio para atacar as decisões recorríveis (terminativas ou definitivas) prolatadas na fase de conhecimento, quer nos processos que tramitam originariamente pelas Varas do Trabalho (Dissídios Individuais: Reclamatórias Trabalhistas, vinculadas à relação de emprego ou Ações Trabalhistas, relativas a conflitos decorrentes de relação de trabalho) ou nos Tribunais Regionais do Trabalho (Ações Especiais Individuais: mandados de Segurança, ações rescisórias, ações anulatórias singulares ou plúrimas etc., e Ação ou Procedimentos Especiais Coletivos ou em matéria coletiva, como Dissídio Coletivo original ou de revisão, Ação anulatória, Mandado de Segurança em matéria coletiva).

Poder-se-ia comparar o recurso ordinário à Apelação do Processo comum, no entanto o Recurso ordinário é mais restrito no Processo do Trabalho só cabe na fase de conhecimento, pois na apelação o recurso próprio e equivalente é o Agravo de petição.

Por outro lado o Recurso Ordinário trabalhista nada tem a ver com o Recurso Ordinário de que tratam os arts. 102, II, e 105, II, CF/88.

Sendo um recurso comum, ordinário, nele pode ser veiculada tanto matéria fática, prova, como matéria jurídica, veiculada na fase de conhecimento ou apreciada na decisão recorrida.

2. Atos Recorríveis

Constituem atos recorríveis, em relação ao Recurso Ordinário, as Sentenças Terminativas ou Definitivas das Varas do Trabalho na fase de conhecimento; as Sentenças Terminativas ou Definitivas dos Juízes de Direito, no exercício da jurisdição trabalhista, na fase de conhecimento e as Decisões Terminativas ou definitivas dos órgãos dos TRTs, em Dissídios Coletivos, ou Ações Especiais em matéria individual ou coletiva de sua competência originária.

3. Cabimento

O art. 895 da Consolidação das leis do Trabalho, de forma sintética dispõe:

Art. 895. *Cabe recurso ordinário para a instância superior:* (Redação após a Lei n. 11.925, de 2009).

I – *das decisões definitivas ou terminativas das Varas e Juízos, no prazo de 8 (oito) dias; e II – das decisões definitivas ou terminativas dos Tribunais Regionais, em processos de sua competência originária, no prazo de 8 (oito) dias, quer nos dissídios individuais, quer nos dissídios coletivos.*

Nos dissídios individuais ou reclamações sujeitas ao procedimento sumaríssimo, cabe o recurso ordinário, nas mesmas hipóteses que o mesmo é cabível em dissídio que tramita pelo rito ordinário, pois o inciso I do § 1º que previa: "reclamações sujeitas ao procedimento sumaríssimo, o recurso ordinário "*somente será cabível por violação literal da lei, contrariedade a súmula de jurisprudência uniforme do Tribunal Superior do Trabalho ou violação direta da Constituição da República, não se admitindo recurso adesivo*", foi vetado.

Razões do veto

Por derradeiro, não seria conveniente manter a regra insculpida no inciso I do § 1º do art. 895, que contém severa limitação do acesso da parte ao duplo grau de jurisdição, máxime quando já se está restringindo o acesso ao Tribunal Superior do Trabalho.

Assim, cabe Recurso ordinário:

a) Decisões Terminativas:

Decisões Terminativas em Reclamatórias (decorrentes da relação de emprego) ou Ações Trabalhistas decorrentes da relação de trabalho, entre elas as que:

Determinarem o arquivamento da reclamatória (rito ordinário e sumaríssimo);

Acolherem a incompetência em razão da pessoa ou da matéria;

Acolherem a incompetência em razão da matéria estabelecendo a competência de outro Tribunal Regional (letra "c" da Súmula n. 214);

Determinarem a extinção do processo por:

Indeferimento da inicial;

Falta dos pressupostos de constituição e desenvolvimento válido e regular do processo;

Falta das condições da ação;

Por falta de interesse processual;

Ilegitimidade de parte;

Ocorrência de litispendência ou coisa julgada;

— Decisões Terminativas do TRT, no exercício da competência originária, em Ação Rescisória, Mandado de Segurança, *Habeas Corpus*, Cautelar, por falta de condições da ação ou requisitos processuais

— Decisões Terminativas em Dissídio Coletivo (Falta de condições da ação ou requisitos processuais: ausência da prova da tentativa de conciliação, do comum acordo ou de documento imprescindível e etc.)

b) Decisões Definitivas ou de Mérito:

— Decisões Definitivas ou de Mérito das Varas do Trabalho em dissídio individual trabalhista (Reclamatórias Trabalhistas: processos ordinários e processos especiais decorrentes da relação de emprego — rito ordinário ou sumaríssimo — ou Ações Trabalhistas, decorrentes de relação de trabalho) e em ações de cumprimento;

— Decisões Definitivas ou de Mérito do TRT em Ação Rescisória, Mandado de Segurança, *Habeas Corpus*, Cautelar (competência originária);

— Decisões Definitivas ou de Mérito do TRT no julgamento de Dissídio Coletivo (Sentença Normativa — competência originária).

A jurisprudência sumulada corrobora o acima exposto e regula algumas situações peculiares:

Súmula TST N. 158 – R. O. CONTRA DECISÃO EM AÇÃO RESCISÓRIA

Da decisão de Tribunal Regional do Trabalho, em ação rescisória, é cabível recurso ordinário para o Tribunal Superior do Trabalho, em face da organização judiciária trabalhista. Ex-prejulgado n. 35.

Súmula TST N. 201 – RECURSO ORDINÁRIO EM MANDADO DE SEGURANÇA – Da decisão de Tribunal Regional do Trabalho em mandado de segurança cabe recurso ordinário, no prazo de 8 (oito) dias, para o Tribunal Superior do Trabalho, e igual dilação para o recorrido e interessados apresentarem razões de contrariedade.

SÚMULA N.414

I – A antecipação da tutela concedida na sentença não comporta impugnação pela via do mandado de segurança, por ser impugnável **mediante recurso ordinário.**

II ... IIII

Súmula TST n. 158 – R. O. CONTRA DECISÃO EM AÇÃO RESCISÓRIA

Da decisão de Tribunal Regional do Trabalho, em ação rescisória, é cabível recurso ordinário para o Tribunal Superior do Trabalho, em face da organização judiciária trabalhista. Ex-prejulgado n. 35.

4. Inadmissibilidade

Não cabe Recurso Ordinário contra decisões (sentenças) proferidas em processo que tramitou pelo rito sumário, ações de alçada.

Pertinentemente estabelece o art. 2º, § 4º, da Lei n. 5.584/70:

§ 4º Salvo se versarem sobre matéria constitucional, nenhum recurso caberá das sentenças proferidas nos dissídios da alçada a que se refere o parágrafo anterior, considerado, para esse fim, o valor do salário mínimo à data do ajuizamento da ação. (Redação dada pela Lei n. 7.402, de 1985)

Mesmo quando versar sobre matéria constitucional, é controvertido o cabimento, na hipótese, do Recurso Ordinário, pois estabelece a Constituição Federal de 1988:

Art. 102. *Compete ao Supremo Tribunal Federal, precipuamente, a guarda da Constituição, cabendo-lhe:*

(...)

III – *julgar, mediante recurso extraordinário,* **as causas decididas em única** *ou última* **instância***, quando a decisão recorrida:*

a) *Contrariar dispositivo desta Constituição;*

(...)

O entendimento Súmulado do Supremo Tribunal Federal, induz que neste caso cabe diretamente o Recurso Extraordinário.

SÚMULA STF N. 640 – *É cabível recurso extraordinário contra decisão proferida por juiz de primeiro grau nas causas de alçada, ou por turma recursal de juizado cível e criminal.*

Com a máxima vênia, mesmo ante os termos da Súmula acima transcrita e da posição de ilustres autores, entendo que, mesmo em matéria constitucional, deve-se percorrer a trajetória recursal trabalhista regular. Recurso Ordinário, Recurso de Revista, Recurso de Embargos no TST e se for o caso o Recurso Extraordinário, se não por outras razões, pela sobrecarga da Suprema Corte e consequente sistemática denegação de seguimento aos recursos interpostos naquele Tribunal. As recentes decisões em Reclamações corroboram este entendimento.

Também não cabe Recurso Ordinário conta despachos; decisões interlocutórias, entre outras a que: acolhe ou desacolhe exceção de suspeição ou impedimento; acolhe exceção de incompetência em razão do local; desacolhe exceção de incompetência; que acolhe ou rejeita cálculos ou impugnação de cálculos em liquidação de sentença.

Esta inadmissibilidade decorre dos princípios da concentração e celeridade que inspiram o § 1º do art. 893 e o § 2º do art. 799 da CLT, explicitados pela Súmula n. 214 do TST.

Art. 893 – CLT

§ 1º *Os incidentes do processo são resolvidos pelo próprio Juízo ou Tribunal, admitindo-se a apreciação do merecimento das decisões interlocutórias somente em recursos da decisão definitiva.*

Art. 799

§ 2º *Das decisões sobre exceções de suspeição e incompetência, salvo, quanto a estas, se terminativas do feito, não caberá recurso, podendo, no entanto, as partes alegá-las novamente no recurso que couber da decisão final.*

Súmula n. 214 – DECISÃO. INTERLOCUTÓRIA. IRRECORRIBILIDADE

Na Justiça do Trabalho, nos termos do art. 893, § 1º, da CLT, as decisões interlocutórias não ensejam recurso imediato*, salvo nas hipótese de decisão:*

a) *de Tribunal Regional do Trabalho contrária à Súmula ou Orientação Jurisprudencial do Tribunal Superior do Trabalho;*

b) *suscetível de impugnação mediante recurso para o mesmo Tribunal;*

c) *que acolhe exceção de incompetência territorial, com a remessa dos autos para Tribunal Regional distinto daquele a que se vincula o juízo excepcionado, consoante o disposto no art. 799, § 2º, da CLT.*

São, ainda, pertinentes à questão:

OJ TST PLENO N. 05 – *Não cabe recurso ordinário contra decisão em agravo regimental interposto em reclamação correicional ou pedido de providência.*

OJ SDI 2 N. 100 – *Não cabe recurso ordinário para o TST de decisão proferida pelo Tribunal Regional do Trabalho em agravo regimental interposto contra despacho que concede ou não liminar em ação cautelar ou em mandado de segurança, uma vez que o processo ainda pende de decisão definitiva do Tribunal a quo. (27.9.02)*

OJ SDI 2 N. 69 – NÃO CABE RO INDEFERIMENTO INICIAL DE RESCISIORIA Fungibilidade recursal. *Recurso ordinário interposto contra despacho monocrático indeferitório da petição inicial de ação rescisória ou de mandado de segurança pode, pelo princípio de fungibilidade recursal, ser recebido como agravo regimental. Hipótese de não conhecimento do recurso pelo TST e devolução dos autos ao TRT, para que aprecie o apelo como agravo regimental. (20.9.00)*

5. Forma do Recurso

O art. 899 da CLT estabelece:

Art. 899. **Os recursos serão interpostos por simples petição** e terão efeito meramente devolutivo, salvo as exceções previstas neste Título, permitida a execução provisória até a penhora.

Como prevalece o *jus postulandi* das partes, nesta fase (art. 791 da CLT, combinado com a Súmula n. 425 do TST), poder-se-ia dizer que sendo o Recurso Ordinário interposto diretamente pelas partes, poderia o mesmo ser por simples petição, dispensando fundamentação e rigorismo formal. No entanto, como se demonstrou exaustivamente no Capítulo 10, esta possibilidade, até mesmo em proveito das partes, deve ser rejeitada.

Assim, o Recurso ordinário deve ser formulado em duas peças. Petição ou Requerimento de apresentação, dirigido ao juízo recorrido a uma segunda peça com as razões do recurso, como os motivos ou fundamento de fato e de direito que justificam a reforma da decisão recorrida, dirigida ao órgão *ad quem*.

Repete-se aqui a transcrição de dispositivos legais e jurisprudência sumulada que, salvo melhor juízo, corroboram a conclusão acima.

Art. 769. Nos casos omissos, o Direito Processual comum será fonte subsidiária do Direito Processual do Trabalho, exceto naquilo em que for incompatível com as normas deste Título.

Art. 514. *A apelação, interposta por petição dirigida ao juiz, conterá:*

I – *os nomes e a qualificação das partes;*

II – *os fundamentos de fato e de direito;*

III – *o pedido de nova decisão.*

OJ SDI 1 N. 120 – *O recurso sem assinatura será tido por inexistente. Será considerado válido o apelo assinado, ao menos, na petição de apresentação ou nas razões recursais.*

Súmula TST n. 422 – *Não se conhece de recurso para o TST, pela ausência do requisito de admissibilidade inscrito no art. 514, II, do CPC,* **quando as razões do recorrente não impugnam** *os fundamentos da decisão recorrida, nos termos em que fora proposta.*

Os Tribunais Regionais vêm adotando este entendimento:

VIOLAÇÃO AO PRINCÍPIO DA DIALETICIDADE RECURSAL – AFRONTA AO DISPOSTO NO ART. 514, INCISO II, DO CÓDIGO DE PROCESSO CIVIL – RECURSO NÃO CONHECIDO

Não basta que a parte indique, como razões do recurso, os fundamentos fáticos e jurídicos lançados em sua peça inicial ou de defesa. É **indispensável, para o conhecimento do recurso, a indicação específica dos fundamentos de fato e de direito que norteiam a lide, além do pedido de nova decisão**. (TRT15 -RO- 0000858-57.2013.5.15.0026 – Disponibilizado. 07.2015)

6. Pressupostos

Subjetivos:

Legitimação:

A legitimação é tanto condição da ação como pressuposto do recurso, verificada, neste último caso, por ocasião da interposição do recurso. Algumas peculiaridades legais e jurisprudências:

Art. 898. *Das decisões proferidas em dissídio coletivo que afete empresa de serviço público, ou, em qualquer caso, das proferidas em revisão, poderão recorrer, além dos interessados, o Presidente do Tribunal e a Procuradoria da Justiça do Trabalho.*

§ 2º Não publicado o acórdão nos 20 (vinte) dias subsequentes ao julgamento, poderá qualquer dos litigantes ou o Ministério Público do Trabalho interpor recurso ordinário, fundado, apenas, na certidão de Julgamento, inclusive com pedido de efeito suspensivo, pagas as custas, se for o caso. Publicado o acórdão, reabrir-se-á o prazo para o aditamento do recurso interposto. (Lei n. 7.701/88)

OJ SDI 1 N. 237 – *O Ministério Público não tem legitimidade para recorrer na defesa de interesse patrimonial privado, inclusive de empresas públicas e sociedades de economia mista.*

Capacidade:

Como já mostrado no Capítulo 11 a capacidade para recorrer, isto é, no momento do protocolo do respectivo recurso.

Interesse:

A demonstração do prejuízo econômico ou jurídico causado pelo ato recorrido, verificado no momento em que o recorrente se contrapõe ao *decisum*.

Excepcionalmente, além das partes o Ministério Público possui interesse: nem só as partes.

Consta do art. 7º da Lei n. 7.701/88:

§ 4º Publicado o acórdão, quando as partes serão consideradas intimadas, seguir-se-á o procedimento recursal como previsto em lei, com a intimação pessoal do Ministério Público, por qualquer dos seus procuradores.

§ 5º Formalizado o acordo pelas partes e homologado pelo Tribunal, não caberá qualquer recurso, salvo por parte do Ministério Público.

OJ SDI 1 N. 238 – *Há interesse do Ministério Público do Trabalho para recorrer contra decisão que declara a existência de vínculo empregatício com sociedade de economia mista, após a CF/88, sem a prévia aprovação em concurso público.*

Objetivos:

Recorribilidade do ato:

Como já se viu, ensejam Recurso Ordinário: a) Decisão **Terminativa** de primeira instância trabalhista (Vara ou juiz, no exercício da jurisdição trabalhista) ou originárias de Tribunais Regionais do Trabalhos; b) Nas mesmas condições Decisão Definitiva de Vara ou TRT. (art. 895 — CLT)

Como regra, não constitui ato recorrível a decisão terminativa ou de mérito, proferida em reclamatória trabalhista que tramitou pelo rito sumário (procedimento da alçada, de que trata o art. 2º da Lei. n. 5.584/70.

§ 4º Salvo se versarem sobre matéria constitucional, nenhum recurso caberá das sentenças proferidas nos dissídios da alçada a que se refere o parágrafo anterior, considerado, para esse fim, o valor do salário mínimo à data do ajuizamento da ação.

Súmula TST N. 356 – *O art. 2º, § 4º, da Lei n. 5.584, de 26.6.1970 foi recepcionado pela CF/1988, sendo lícita a fixação do valor da alçada com base no salário mínimo.*

Por outro lado:

SÚMULA N. 365 – Não se aplica a alçada em mandado de segurança.

Excepcionalmente também por falta de interesse econômico ou deixam de constituir ato recorrível decisões contra a Fazenda Pública:

Súmula TST N. 303 – FAZENDA PÚBLICA. DUPLO GRAU DE JURISDIÇÃO.

*I – Em dissídio individual, está sujeita ao duplo grau de jurisdição, mesmo na vigência da CF/1988, decisão contrária à Fazenda Pública, **salvo**:*

a) quando a condenação não ultrapassar o valor correspondente a 60 (sessenta) salários mínimos; *(ex-OJ n. 09 incorporada pela Res. 121/2003, DJ 21.11.2003)*

b) quando a decisão estiver em consonância com decisão plenária do Supremo Tribunal Federal ou com súmula ou orientação jurisprudencial do Tribunal Superior do Trabalho. (ex-Súmula n. 303 – Res. 121/2003, DJ 21.11.2003)

II – Em ação rescisória, a decisão proferida pelo juízo de primeiro grau está sujeita ao duplo grau de jurisdição obrigatório quando desfavorável ao ente público, exceto nas hipóteses das alíneas "a" e "b" do inciso anterior. (ex-OJ n. 71 – Inserida em 03.06.1996)

III – Em mandado de segurança, somente cabe remessa "ex officio" se, na relação processual, figurar pessoa jurídica de direito público como parte prejudicada pela concessão da ordem. Tal situação não ocorre na hipótese de figurar no feito como impetrante e terceiro interessado pessoa de direito privado, ressalvada a hipótese de matéria administrativa. (ex-OJs n. 72 – Inserida em 25.11.1996 e n. 73 – Inserida em 3.6.1996)

Tempestividade:

Como se não bastasse a regra geral estabelecida no art. 6º, da Lei n. 5.584/79, já mencionado (art. 6º **Será de 8 (oito) dias o prazo para interpor e contra-arrazoar qualquer recurso** — CLT, art. 893), o art. 895, enfatiza que o prazo para interpor o recurso ordinário é de oito (8) dias.

Quanto ao início e contagem do prazo prevalece a regra geral, como já estudado a aqui reiterado.

Art. 851. Os trâmites de instrução e julgamento da reclamação serão resumidos em ata, de que constará, na íntegra, a decisão.

§ 1º (...)

§ 2º A ata será, pelo presidente ou juiz, junta ao processo, devidamente assinada, no prazo improrrogável de 48 (quarenta e oito) horas, contado da audiência de julgamento, e assinada pelos juízes classistas presentes à mesma audiência.

Art. 852. Da decisão serão os litigantes notificados, pessoalmente, ou por seu representante, na própria audiência. No caso de revelia, a notificação far-se-á pela forma estabelecida no § 1º do art. 841.

§ 3º As partes serão intimadas da sentença na própria audiência em que prolatada. (art. 852-I, CLT)

Pertinentemente ao Recurso Ordinário em Dissídio Coletivo, menciona-se o que prevê o art. 867 da CLT e a excepcionalidade do § 2º, do art. 7º da Lei n. 7.701/88:

Art. 867. Da decisão do Tribunal serão notificadas as partes ou seu representantes, em registro postal, com franquia, fazendo-se, outrossim, a sua publicação no jornal oficial para ciência dos demais interessados.

§ 2º Não publicado o acórdão nos 20 (vinte) dias subsequentes ao julgamento, poderá qualquer dos litigantes ou o Ministério Público do Trabalho interpor recurso ordinário, fundado, apenas, na certidão de Julgamento, inclusive com pedido de efeito suspensivo, pagas as custas, se for o caso. Publicado o acórdão, reabrir-se-á o prazo para o aditamento do recurso interposto.

Quanto à disponibilização eletrônica dispõem os parágrafos do art. 4º da Lei n. 11.419 de 11.12.2006:

§ 3º Considera-se como data da publicação o primeiro dia útil seguinte ao da disponibilização da informação no Diário da Justiça eletrônico.

§ 4º Os prazos processuais terão início no primeiro dia útil que seguir ao considerado como data da publicação.

Reiteram-se, quanto à contagem do Prazo, as regras insculpidas nos arts. 774 e 775, CLT.

Art. 774. Salvo disposição em contrário, os prazos previstos neste Título contam-se, conforme o caso, a partir da data em que for feita pessoalmente, ou recebida a notificação, daquela em que for publicado o edital no jornal oficial ou no que publicar o expediente da Justiça do Trabalho, ou, ainda, daquela em que for afixado o edital na sede da Junta, Juízo ou Tribunal.

Parágrafo único – Tratando-se de notificação postal, no caso de não ser encontrado o destinatário ou no de recusa de recebimento, o Correio ficará obrigado, sob pena de responsabilidade do servidor, a devolvê-la, no prazo de 48 (quarenta e oito) horas, ao Tribunal de origem.

Art. 775. Os prazos estabelecidos neste Título contam-se com exclusão do dia do começo e inclusão do dia do vencimento, e são contínuos e irreleváveis, podendo, entretanto, ser prorrogados pelo tempo estritamente necessário pelo juiz ou tribunal, ou em virtude de força maior, devidamente comprovada.

Parágrafo único – Os prazos que se vencerem em sábado, domingo ou dia feriado, terminarão no primeiro dia útil seguinte.

Valem para os Recursos Ordinários, as peculiaridades jurisprudenciais sobre a tempestividade.

SÚMULA N. 16 – *Presume-se recebida a notificação 48 (quarenta e oito) horas depois de sua postagem. O seu não recebimento ou a entrega após o decurso desse prazo constitui ônus de prova do destinatário.*

Súmula N. 262 – PRAZO JUDICIAL. NOTIFICAÇÃO OU INTIMAÇÃO EM SÁBADO. RECESSO FORENSE.

I – Intimada ou notificada a parte no sábado, o início do prazo se dará no primeiro dia útil imediato e a contagem, no subsequente. (ex-Súmula n. 262 – Res. n. 10/1986, DJ 31.10.1986)

II – O recesso forense e as férias coletivas dos Ministros do Tribunal Superior do Trabalho. (art. 177, § 1º, do RITST) suspendem os prazos recursais. (ex-OJ n. 209 – Inserida em 8.11.2000)

SÚMULA N. 30 – INTIMAÇÃO DA SENTENÇA

Quando não juntada a ata ao processo em 48 horas, contadas da audiência de julgamento (art. 851, § 2º, da CLT), o prazo para recurso será contado da data em que a parte receber a intimação da sentença.

Súmula N. 1 – **PRAZO JUDICIAL** *Quando a intimação tiver lugar na sexta-feira, ou a publicação com efeito de intimação for feita nesse dia, o prazo judicial será contado da segunda-feira imediata, inclusive, salvo se não houver expediente, caso em que fluirá no dia útil que se seguir. (RA 28/1969, DO-GB 21.08.1969)*

SÚMULA N. 385 – FERIADO LOCAL. AUSÊNCIA DE EXPEDIENTE FORENSE

Cabe à parte comprovar, quando da interposição do recurso, a existência de feriado local ou de dia útil em que não haja expediente forense, que justifique a prorrogação do prazo recursal.

DISPONIBILIZAÇÃO ELETRÔNICA – Diário de Justiça Eletrônica.

Segundo a nova disciplina legal da Lei n. 11.419/06, a contagem do prazo processual deve desprezar o dia da disponibilização da informação, ou seja, da veiculação do ato judicial no Diário de Justiça Eletrônico (Ac. 011335-2007-04-00-9 – 3ª T – TRT4)

SÚMULA N. 387 – RECURSO. FAC-SÍMILE. LEI N. 9.800/1999.

I – A Lei n. 9.800/1999 é aplicável somente a recursos interpostos após o início de sua vigência. (ex-OJ n. 194 – Inserida em 8.11.2000)

II – A contagem do quinquídio para apresentação dos originais de recurso interposto por intermédio de fac-símile começa a fluir do dia subsequente ao término do prazo recursal, nos termos do art. 2º da Lei n. 9.800/1999, e não do dia seguinte à interposição do recurso, se esta se deu antes do termo final do prazo. (ex-OJ n. 337 – primeira parte – DJ 4.5.2004)

III – Não se tratando a juntada dos originais de ato que dependa de notificação, pois a parte, ao interpor o recurso, já tem ciência de seu ônus processual, não se aplica a regra do art. 184 do CPC quanto ao "dies a quo", podendo coincidir com sábado, domingo ou feriado. (ex-OJ n. 337 – "in fine" – DJ 4.5.2004)

OJ-SDI1-357 – *É extemporâneo recurso interposto antes de publicado o acórdão impugnado.*

Algumas decisões do TST, mandam aplicar literal e restritivamente a Orientação Jurisprudencial n. 357, acima transcrita, entendendo que não há extemporaneidade em recurso ordinário contra sentença de primeira instância, porque o enunciado acima refere-se exclusivamente a acórdão, no que é seguido por Regionais.

— Extemporaneidade só se aplica em relação a Acórdão – RR 219800-11.5.15.0122.

— Turma considera válido recurso interposto antes da publicação da sentença RR-177-03.2012.5.04.0811.

— Extemporaneidade – Inadmissível em Recurso contra Sentença de 1º Grau – RR 219800-11.2003.5.15.0122 – Ac. De 21.08.2012 — No mesmo sentido: TST-RR-383500-16.2007.5.09.0018 – E EDS RR 583/2003-064-03-40.7 — 21.9800-11.2003.5.15.0122 e RR 50-21.2010.5.03.0146.

Representação:

Como pressuposto objetivo exige-se a regularidade de representação par a interposição do recurso. Se o advogado já vinha atuando regulamente (com mandato expresso ou tácito) na fase de conhecimento e representação estará regular. Se for constituído ou substituído o advogado pera interpor o recurso, este deve ser previamente constituído apor meio do instrumento de procuração ou substabelecimento juntado a processo no prazo recursal.

Se aplica ao caso de recurso ordinário o entendimento jurisprudencial já mencionado no Capítulo 11, que, para facilitar o estudo evitando a remissão, é a seguir reproduzido.

Súmula N. 164 – PROCURAÇÃO. JUNTADA – Nova redação – Res. 121/2003, DJ 21.11.2003

O não cumprimento das determinações dos §§ 1º e 2º do art. 5º da Lei n. 8.906, de 4.7.1994 e do art. 37, parágrafo único, do Código de Processo Civil importa o não conhecimento de recurso, por inexistente, exceto na hipótese de mandato tácito.

Súmula n. 383 – MANDATO. ARTS. 13 E 37 DO CPC. FASE RECURSAL. INAPLICABILIDADE.

I – É inadmissível, em instância recursal, o oferecimento tardio de procuração, nos termos do art. 37 do CPC, ainda que mediante protesto por posterior juntada, já que a interposição de recurso não pode ser reputada ato urgente. (ex-OJ n. 311 – DJ 11.8.2003)

II – Inadmissível na fase recursal a regularização da representação processual, na forma do art. 13 do CPC, cuja aplicação se restringe ao Juízo de 1º grau. (ex-OJ n. 149 – Inserida em 27.11.1998)

SÚMULA N. 395 – MANDATO E SUBSTABELECIMENTO. CONDIÇÕES DE VALIDADE.

I – Válido é o instrumento de mandato com prazo determinado que contém cláusula estabelecendo a prevalência dos poderes para atuar até o final da demanda. (ex-OJ n. 312 – DJ 11.8.2003)

II – Diante da existência de previsão, no mandato, fixando termo para sua juntada, o instrumento de mandato só tem validade se anexado ao processo dentro do aludido prazo. (ex-OJ n. 313 – DJ 11.8.2003)

III – São válidos os atos praticados pelo substabelecido, ainda que não haja, no mandato, poderes expressos para substabelecer (art. 667, e parágrafos, do Código Civil de 2002). (ex-OJ n. 108 – Inserida em 1º.10.1997)

IV – Configura-se a irregularidade de representação se o substabelecimento é anterior à outorga passada ao substabelecente. (ex-OJ n. 330 – DJ 9.12.2003)

OJ SDI 1 N. 318 – ORGÃOS PÚBLICOS – NECESSIDADE DE PROCURADOR

Os Estados e os Municípios não têm legitimidade para recorrer em nome das autarquias detentoras de personalidade jurídica própria, devendo ser representados pelos procuradores que fazem parte de seus quadros ou por advogados constituídos.

OJ SDI 1 N. 319 – ESTAGIÁRIO – VALIDADE DOS ATOS

Válidos são os atos praticados por estagiário se, entre o substabelecimento e a interposição do recurso, sobreveio a habilitação, do então estagiário, para atuar como advogado.

Preparo:

Custas:

Como parte do preparo, o pagamento das custas fixadas na decisão recorrida, no prazo recursal, é condição *sine qua non* para o recebimento do Recurso Ordinário, independentemente da espécie do dissídio (ação trabalhista individual ou coletiva), salvo se o recorrente estiver atuando sob o benefício da Justiça gratuita, ou legalmente dispensado do pagamento (Leis ns. 5.584/70, 1.060/50 ou Decreto-lei n. 779/69, art. 799-A, CLT e Súmula n. 86).

Art. 789. Nos dissídios individuais e nos dissídios coletivos do trabalho, nas ações e procedimentos de competência da Justiça do Trabalho, bem como nas demandas propostas perante a Justiça Estadual, no exercício da jurisdição trabalhista, as custas relativas ao processo de conhecimento incidirão à base de 2% (dois por cento), observado o mínimo de R$ 10,64 (dez reais e sessenta e quatro centavos) e serão calculadas: (Redação dada pela Lei n. 10.537, de 27.8.2002)

I – (...)

§ 1º As custas serão pagas pelo vencido, após o trânsito em julgado da decisão. No caso de recurso, as custas serão pagas e comprovado o recolhimento dentro do prazo recursal.

OJ SDI 1 n. 29 – Custas. Mandado de Segurança. Recurso Ordinário. Exigência do pagamento.

Súmula TST n. 25 *— A parte vencedora na primeira instância, se vencida na segunda, está obrigada, independentemente de intimação, a pagar as custas fixadas na sentença originária, das quais ficara isenta a parte então vencida.*

Como já foi dito alhures o recolhimento das custas deverá ser feito por meio de Guia de Recolhimento da União — GRU Judicial.

As demais Súmulas e Orientações Jurisprudenciais que tratam genericamente de outros detalhes e requisitos sobre a satisfação deste pressuposto, constam do Capítulo 11 deste livro.

Emolumentos:

Os emolumentos, normatizados pelo art. 789-B da CLT, seriam devidos pela utilização de algum dos serviços lá arrolados. Após a alteração do art. 839 da CLT, permitindo que se juntem aos processos cópias declaradas autênticas pelo advogado constituído pela parte, dificilmente haverá necessidade de tais serviços e consequente pagamento.

Depósito Recursal:

Além do que já foi dito sobre o Depósito Recursal no Capítulo 10, deve ser aqui especificado. Sempre que houver condenação do Reclamado em valor em pecúnia, por ocasião da interposição do Recurso Ordinário, será exigível o referido depósito.

Por outro lado, "*Se não há condenação a pagamento em pecúnia, descabe o depósito de que tratam os §§ 1º e 2º do art. 899 da CLT*". (**Súmula N. 161**). Portanto, em Recurso Ordinário em Dissídio Coletivo (sentença normativa — meramente constitutiva ou declaratória) não se exige depósito recursal

O depósito corresponderá ao valor da condenação ou o limite máximo fixado, na forma da lei pelo TST, o que for menor. O ATO N. 372/SEGJUD.GP, DE 16.7.2014, que hoje vigora, estabelece para o Recurso Ordinário o valor máximo de R$ 7.485,83. Assim, na hipótese de condenação arbitrada em R$ 5.000,00, este será o valor a depositar. Se a condenação, no entanto, fora arbitrada, em valor superior ao limite máximo, por exemplo em R$ 20.000,00, o valor do depósito recursal, que deverá ser pago e ter comprovado o seu pagamento, no prazo do respectivo Recurso Ordinário corresponderá ao limite teto fixado pelo TST, ou seja, hoje, R$ 7.485,83.

Quanto aos demais detalhes do depósito recursal, como natureza, forma de recolhimento, forma e prazo de comprovação, acréscimo do valor, dispensa do pagamento, destino, remetemos o leitor ao já referido Capítulo 11, onde além de normas, comentários, estão transcritas as Súmulas e Orientações Jurisprudenciais relativas a este pressuposto objetivo.

Por atinente ao Recurso Ordinário reproduzimos aqui a Súmula n. 99 do TST.

SÚMULA N. 99 – AÇÃO RESCISÓRIA. DESERÇÃO. PRAZO. *Havendo recurso ordinário em sede de rescisória, o depósito recursal só é exigível quando for julgado procedente o pedido e imposta condenação em pecúnia, devendo este ser efetuado no prazo recursal, no limite e nos termos da legislação vigente, sob pena de deserção. (ex-Súmula n. 99 – RA. 62/1980, DJ 11.06.1980 e alterada pela Res. 110/2002, DJ 11.04.2002 e ex-OJ n. 117 – DJ 11.08.2003)*

7. Formas de interposição

Diretamente no Protocolo da Vara:

Art. 659 – *Compete privativamente ao juiz (Titular ou Substituto no exercício) ... as seguintes atribuições:*

(...)

VI – *despachar os recursos interpostos pelas partes, fundamentando a decisão recorrida antes da remessa ao Tribunal Regional...;*

Protocolo Postal:

Via Fax Símile

SÚMULA N. 387 – RECURSO. FAC-SÍMILE. LEI N. 9.800/1999.

I – A Lei n. 9.800/1999 é aplicável somente a recursos interpostos após o início de sua vigência. (ex-OJ n. 194 – Inserida em 08.11.2000)

II – A contagem do quinquídio para apresentação dos originais de recurso interposto por intermédio de fac-símile começa a fluir do dia subsequente ao término do prazo recursal, nos termos do art. 2º da Lei n. 9.800/1999, e não do dia seguinte à interposição do recurso, se esta se deu antes do termo final do prazo. (ex-OJ n. 337 – primeira parte – DJ 04.05.2004)

III – Não se tratando a juntada dos originais de ato que dependa de notificação, pois a parte, ao interpor o recurso, já tem ciência de seu ônus processual, não se aplica a regra do art. 184 do CPC quanto ao "dies a quo", podendo coincidir com sábado, domingo ou feriado. (ex-OJ n. 337 – "in fine" – DJ 04.05.2004)

SÚMULA N. 194 – FAC-SÍMILE. LEI N. 9.800/99. APLICÁVEL SÓ A RECURSOS INTERPOSTOS NA SUA VIGÊNCIA. Inserida em 08.11.00 (Convertida na Súmula n. 387, DJ 20.04.2005)

Por peticionamento eletrônico:

LEI N. 11.419, DE 19 DE DEZEMBRO DE 2006.

Art. 1º O uso de meio eletrônico na tramitação de processos judiciais, comunicação de atos e transmissão de peças processuais será admitido nos termos desta Lei.

§ 1º Aplica-se o disposto nesta Lei, indistintamente, aos processos civil, penal e trabalhista, bem como aos juizados especiais, em qualquer grau de jurisdição.

§ 2º Para o disposto nesta Lei, considera-se:

I – meio eletrônico qualquer forma de armazenamento ou tráfego de documentos e arquivos digitais;

II – transmissão eletrônica toda forma de comunicação a distância com a utilização de redes de comunicação, preferencialmente a rede mundial de computadores;

III – assinatura eletrônica as seguintes formas de identificação inequívoca do signatário:

a) assinatura digital baseada em certificado digital emitido por Autoridade Certificadora credenciada, na forma de lei específica;

b) mediante cadastro de usuário no Poder Judiciário, conforme disciplinado pelos órgãos respectivos.

Art. 2º O envio de petições, de recursos e a prática de atos processuais em geral por meio eletrônico serão admitidos mediante uso de assinatura eletrônica, na forma do art. 1º desta Lei, sendo obrigatório o credenciamento prévio no Poder Judiciário, conforme disciplinado pelos órgãos respectivos.

Art. 3º Consideram-se realizados os atos processuais por meio eletrônico no dia e hora do seu envio ao sistema do Poder Judiciário, do que deverá ser fornecido protocolo eletrônico.

Parágrafo único. Quando a petição eletrônica for enviada para atender prazo processual, serão consideradas tempestivas as transmitidas até as 24 (vinte e quatro) horas do seu último dia.

8. Instrução do recurso

Mesmo tratando-se do recurso comum, em que é possível discutir fatos e provar, não se admite a juntada de documentos com o recurso ordinário, salvo excepcionalmente como previsto na Súmula n. 8 e o que provam a satisfação dos respectivos pressupostos.

Súmula n. 8 – RECURSO – JUNTADA DE DOCUMENTO[*]

A juntada de documentos na fase recursal só se justifica quando provado o justo impedimento para sua oportuna apresentação ou se referir a fato posterior à sentença.

Quando cabível a juntada, o documento deve se revestir de idoneidade, aplicando-se no caso as regras legais, (art. 830, da LCT) e o entendimento jurisprudencial, colacionado no Capítulo anterior.

9. Juízo de admissibilidade

Como já se disse, o juízo de admissibilidade consiste na verificação pela autoridade ou órgão competente da satisfação ou não dos pressupostos subjetivos e objetivos do respectivo recurso.

No Recurso Ordinário ocorrem dois juízos de admissibilidade. O primeiro pelo juízo recorrido (*a quo*) e o segundo no juízo (tribunal — *ad quem*) competente para julgar o respectivo recurso, como se deflui das normas processuais pertinentes.

O Primero, no Juízo Recorrido (Vara do Trabalho ou Tribunal Regional do Trabalho), a legislação pertinente, ao definir a competência funcional dos órgãos do Judiciário trabalhista, quanto a juízo de admissibilidade estabelece, respectivamente:

Art. 659. *Compete privativamente ao juiz (Titular ou Substituto no exercício) ... as seguintes atribuições*:

(...)

VI – *despachar os recursos interpostos pelas partes, fundamentando a decisão recorrida antes da remessa ao Tribunal Regional ...;*

Em relação à decisão recorrida originária de Tribunal Regional:

Art. 682 – Competem privativamente aos Presidentes dos Tribunais Regionais, além das que forem conferidas neste e no título e das decorrentes do seu cargo, as seguintes atribuições:

IX – despachar os recursos interpostos pelas partes; (Redação dada pelo Decreto-lei n. 8.737, de 19.1.1946)

Admitido o recurso ordinário, oportunizar-se-ão as contrarrazões. Denegando-se seguimento, ensejará a interposição de Agravo de Instrumento. Interposto este, o recorrido será notificado para contra-arrazoar o Agravo e recurso principal. Por ter sido admitido ou em razão do Agravo de Instrumento, com ou sem contrarrazões, será determinada a remessa ao tribunal *ad quem*. Provido este, converter-se-á no julgamento do recurso ordinário.

O segundo juízo de admissibilidade ocorrerá no Tribunal, pelo relator. Admitindo-o, prosseguirá o julgamento do Recurso Ordinário. Não sendo admitido, cabe Agravo Regimental. Interposto este Agravo *interna corporis* o Relator poderá retratar-se ou não. Retratando-se, prosseguirá a tramitação do recurso ordinário.

Se o Relator não se retratar deverá submeter o Agravo Regimental ao colegiado competente para julgar o recurso principal. Provido o Agravo, prosseguirá o julgamento do Recurso Ordinário.

10. Efeito

Em Dissídio Individual, o Recurso terá apenas o efeito devolutivo como se vê da parte pertinente do art. 899 da Consolidação:

Art. 899 da CLT – *Os recursos... **terão efeito meramente devolutivo**...*

Em razão da similitude ou correspondência entre o Recurso Ordinário e a Apelação, e em face do disposto no art. 769 da CLT, podemos buscar subsídios analógicos no Direito Processual comum.

Art. 769. Nos casos omissos, o direito processual comum será fonte subsidiária do direito processual do trabalho, exceto naquilo em que for incompatível com as normas deste Título.

Art. 515. *A apelação devolverá ao tribunal o conhecimento da matéria impugnada.*

Assim, conclui-se que o Recurso ordinário devolverá ao órgão *ad quem* a apreciação de todas as questões fáticas e jurídicas apreciadas na sentença recorrida.

É possível que o mesmo produza o chamado efeito devolutivo em profundidade, como atesta o entendimento jurisprudencial a seguir reproduzido:

Súmula TST N. 393 – RECURSO ORDINÁRIO. EFEITO DEVOLUTIVO EM PROFUNDIDADE. ART. 515, § 1º, DO CPC. O efeito devolutivo em profundidade do recurso ordinário, que se extrai do § 1º do art. 515 do CPC, transfere automaticamente ao Tribunal a apreciação de fundamento da defesa não examinado pela sentença, ainda que não renovado em contrarrazões. Não se aplica, todavia, ao caso de pedido não apreciado na sentença. (ex-OJ n. 340 – DJ 22.6.2004)

Algumas situações outras peculiares também são resolvidas pela jurisprudência sumulada.

Súmula n. 100

VII – Não ofende o princípio do duplo grau de jurisdição a decisão do TST que, após afastar a decadência em sede de recurso ordinário, aprecia desde logo a lide, se a causa versar questão exclusivamente de direito e estiver em condições de imediato julgamento.

Mesmo que a regra seja o efeito meramente devolutivo em recursos nos dissídios individuais, para evitar prejuízo iminente e irreparável pode o interessado postular o efeito suspensivo por meio de cautelar no tribunal em que tramita o recurso.

Súmula n. 414

I – (...) A ação cautelar é o meio próprio para se obter efeito suspensivo a recurso.

Em Dissídio Coletivo, no entanto, o Recurso Ordinário terá também o efeito suspensivo, por expressa previsão legal.

Art. 14. *O recurso interposto de decisão normativa da Justiça do Trabalho terá efeito suspensivo na medida e extensão conferidas em despacho do Presidente do Tribunal Superior do Trabalho* (Lei n. 10.192/2001).

Entendo que o efeito suspensivo, neste caso, é plenamente justificável, em razão de normas ou regras peculiares atinentes, inspiradas no princípio protecionista, tais como o § 6º do art. 7º e art. 9º da Lei n. 7.701/88, Súmula n. 246 do TST e § 3º do art. 6º da Lei n. 4.725/65, abaixo transcritas.

§ 6º A sentença normativa poderá ser objeto de ação de cumprimento a partir do 20º (vigésimo) dia subsequente ao do julgamento, fundada no acórdão ou na certidão de julgamento, salvo se concedido efeito suspensivo pelo Presidente do Tribunal Superior do Trabalho.

Art. 10. Nos dissídios coletivos de natureza econômica ou jurídica de competência originária ou recursal da seção normativa do Tribunal Superior do Trabalho, a sentença poderá ser objeto de ação de cumprimento com a publicação da certidão de julgamento.

Súmula n. 246 – *É dispensável o trânsito em julgado da sentença normativa para a propositura da ação de cumprimento.*

§ 3º – O provimento do recurso não importará na restituição dos salários ou vantagens pagos, em execução do julgado. (art. 6º, Lei n. 47325/65)

Ainda quanto ao efeito suspensivo:

OJ SDI 2 N. 113. – *Ação cautelar.* **Efeito suspensivo** *ao recurso ordinário em mandado de segurança. Incabível. Ausência de interesse. Extinção. É incabível medida cautelar para imprimir efeito suspensivo a recurso interposto contra decisão proferida em mandado de segurança, pois ambos visam, em última análise, à sustação do ato atacado. Extingue-se, pois, o processo, sem julgamento do mérito, por ausência de interesse de agir, para evitar que decisões judiciais conflitantes e inconciliáveis passem a reger idêntica situação jurídica.* (DJ 11.8.03)

11. Competência para julgar

A competência para julgar o Recurso Ordinário, em cada caso (Dissídio Individual, Dissídio Coletivo e Ações especiais), é determinada pela legislação pertinente, complementada ou regulamentada pelos Regimentos Internos do Tribunais.

Art. 678. *Aos Tribunais Regionais, quando divididos em Turmas, compete:*

(...)

II – às Turmas: (Incluído pela Lei n. 5.442, de 24.5.1968)

a) *julgar os recursos ordinários previstos no art. 895*, inciso I;

Art. 679. *Aos Tribunais Regionais não divididos em Turmas, compete o julgamento das matérias a que se refere o artigo anterior, exceto a de que trata o inciso I da alínea "c" do Item I, como os conflitos de jurisdição entre Turmas.*

Art. 37. Compete a cada Turma:

a) julgar os recursos ordinários;

(...) (REGIMENTO INTERNO – TRT4)

Lei n. 7.701/88

Art. 2º Compete à seção especializada em dissídios coletivos, ou seção normativa:

I – (...)

II – *em última instância julgar*:

a) *os recursos ordinários interpostos contra as decisões proferidas pelos Tribunais Regionais do Trabalho em dissídios coletivos de natureza econômica ou jurídica;*

b) *os recursos ordinários interpostos contra as decisões proferidas pelos Tribunais Regionais do Trabalho em ações rescisórias e mandados de segurança pertinentes a dissídios coletivos;*

Art. 70. À Seção Especializada em Dissídios Coletivos compete:

II – em última instância, julgar:

a) os recursos ordinários interpostos contra as decisões proferidas pelos Tribunais Regionais do Trabalho em dissídios coletivos de natureza econômica ou jurídica;

b) os recursos ordinários interpostos contra decisões proferidas pelos Tribunais Regionais do Trabalho em ações rescisórias e mandados de segurança pertinentes a dissídios coletivos e a direito sindical e em ações anulatórias de acordos e convenções coletivas; (REGIMENTO INTERNO DO TST)

Art. 3º – *Compete à Seção de Dissídios Individuais julgar:*

I – (...)

II –

III – *em última instância*:

a) – *os recursos ordinários interpostos contra decisões dos Tribunais Regionais em processos de dissídio individual de sua competência originária;*

Art. 71. À Seção Especializada em Dissídios Individuais, em composição plena ou dividida em duas Subseções, compete:

II – à Subseção I:

III – à Subseção II:

c) em última instância:

1. julgar os recursos ordinários interpostos contra decisões dos Tribunais Regionais em processos de dissídio individual de sua competência originária; e

12. Tramitação

Conforme detalhado no Capítulo 11, a tramitação do Recurso Ordinário compreende os seguintes atos ou passos:

No órgão de origem:

Exame dos pressupostos;

Oportunidade de Contrarrazões;

Remessa ao Tribunal:

Recurso Principal;

Agravo de Instrumento com o Recurso Principal.

No Órgão competente para o Julgamento;

Protocolo;

Distribuição;

Sorteio do Relator e do Revisor;

Envio para o Relator,

Retorno à Secretaria do Relatório;

Carga do Revisor;

Retorno à Secretaria com Vista;

Vistas ao MPT se for o caso;

Inclusão na Pauta de Julgamento;

Ciência às partes do de Julgamento.

Seção de Julgamento:

Relatório;

Sustentação oral;

Manifestação do MPT se for o caso.

Voto do Relator;

Voto do Revisor;

Voto dos demais integrantes da Turma ou Seção;

Publicação da decisão;

Suspensão para lavratura do acórdão;

Publicação do Acórdão.

Prosseguimento do processo:

Interposição e Tramitação de Novo Recurso;

Retorno à origem, execução ou arquivamento.

Capítulo 13

Recurso de Revista

1. Considerações Preliminares

O Recurso de Revista é um remédio eminentemente jurídico, que tem por objetivo atacar a má interpretação e aplicação do Direito Federal infraconstitucional e, também, constitucional, que pela afronta à norma ou por interpretá-la de forma diferente do que o fez outro Tribunal Regional ou a SDI. Inegável é a sua condição de recurso especial ou mesmo extraordinário, tanto que inicialmente chamava-se recurso extraordinário. Por esta razão, ter natureza jurídica ou mais técnica, se assim podemos dizer, originariamente seu prazo de interposição era de quinze dias.

Estava previsto na CLT:

Art. 893. Das decisões são admissíveis os seguintes recursos:

I – embargos;

II – recurso ordinário;

III – recurso extraordinário;

IV – agravo.

Art. 896. Cabe recurso extraordinário das decisões de última instância, quando:

§ 1º O recurso extraordinário, cabível, no prazo de quinze dias. (Redação dada pela Decreto Lei n. 8.737, de 1946)

A Lei n. 861, de 13.10.1949, até para evitar confusão com o recurso ecumênico ou constitucional (extraordinário para o STF), passou a denominá-lo de Recurso de Revista.

A partir do disposto no art. 6º da Lei n. 5.584/70, seu prazo de interposição passou, assim como os demais recursos a ser de oito dias.

A Lei n. 7.701/88, de forma específica e expressa manteve, a alteração de prazo para oito dias, ao dispor:

§ 1º O Recurso de Revista será apresentado no prazo de 8 (oito) dias ao Presidente do Tribunal recorrido, que poderá recebê-lo ou denegá-lo, fundamentando, em qualquer caso, o despacho. (Redação dada pela Lei n. 7.701, de1988)

A mudança na denominação e prazo não alterou sua natureza e a limitação da matéria nele veiculada, como se vê na Súmula n. 126 do TST.

SÚMULA N. 126 – Incabível o **recurso de revista** ou de embargos (arts. 896 e 894, *b*, da CLT) para **reexame de fatos** e provas. (RA n. 84/1981, DJ 6.10.1981)

Por se tratar de um recurso especial, jurídico, o Recurso de Revista exige pressupostos objetivos peculiares, como se verá adiante.

2. Ato recorrível

Constituem ato recorrível ensejadores do Recurso de Revista, a decisão (acórdão) de TRT, no julgamento do Recurso Ordinário, assim como também, nas hipóteses expressamente previstas, aquelas proferidas no julgamento de Embargos à execução.

Art. 896. Cabe Recurso de Revista para Turma do Tribunal Superior do Trabalho das decisões proferidas em grau de recurso ordinário, em dissídio individual, pelos Tribunais Regionais do Trabalho, quando:

(...)

*§ 2º Das decisões proferidas pelos Tribunais Regionais do Trabalho ou por suas Turmas, em execução de sentença, inclusive em processo incidente de embargos de terceiro, não caberá Recurso de Revista, **salvo na hipótese** de ofensa direta e literal de norma da Constituição Federal.*

(...)

§ 10. *Cabe recurso de revista por violação a lei federal, por divergência jurisprudencial e por ofensa à Constituição Federal nas execuções fiscais e nas controvérsias da fase de execução que envolvam a Certidão Negativa de Débitos Trabalhistas (CNDT), criada pela **Lei n. 12.440, de 7 de julho de 2011**.* (Incluído pela Lei n. 13.015, de 2014)

3. Hipóteses de cabimento

No Procedimento Ordinário:

CLT

Art. 896. *Cabe Recurso de Revista para Turma do Tribunal Superior do Trabalho das decisões proferidas em grau de recurso ordinário, em dissídio individual, pelos Tribunais Regionais do Trabalho, quando:* (Redação dada pela Lei n. 9.756, de 17.12.1998)

a) *derem ao mesmo dispositivo de lei federal interpretação diversa da que lhe houver dado outro Tribunal Regional, no seu Pleno ou Turma, ou a Seção de Dissídios Individuais do Tribunal Superior do Trabalho, ou a Súmula de Jurisprudência Uniforme dessa Corte;* (Redação dada pela Lei n. 9.756, de 17.12.1998)

b) *derem ao mesmo dispositivo de lei estadual, Convenção Coletiva de Trabalho, Acordo Coletivo, sentença normativa ou regulamento empresarial de observância obrigatória em área territorial que exceda a jurisdição do Tribunal Regional prolator da decisão recorrida, interpretação divergente, na forma da alínea "a";* (Redação dada pela Lei n. 9.756, de 17.12.1998)

c) *— proferidas com violação literal de disposição de lei federal ou afronta direta e literal à Constituição Federal.* (Redação dada pela Lei n. 9.756, de 17.12.1998)

§ 2º *Das decisões proferidas pelos Tribunais Regionais do Trabalho ou por suas Turmas, em execução de sentença, inclusive em processo incidente de embargos de terceiro, não caberá Recurso de Revista, salvo na hipótese de ofensa direta e literal de norma da Constituição Federal.* (Redação dada pela Lei n. 9.756, de 1998)

§ 9º *Nas causas sujeitas ao procedimento sumaríssimo, somente será admitido recurso de revista por contrariedade a súmula de jurisprudência uniforme do Tribunal Superior do Trabalho ou súmula vinculante do Supremo Tribunal Feral e violação direta da Constituição Federal.* (Incluído pela Lei n. 13.015, de 2.014)

§ 10. *Cabe recurso de revista por violação a lei federal, por divergência jurisprudencial e por ofensa à Constituição Federal nas execuções fiscais e nas controvérsias da fase de execução que envolvam a Certidão Negativa de Débitos Trabalhistas (CNDT), criada pela Lei n. 12.440, de 7 de julho de 2011.* (Incluído pela Lei n. 13.015, de 2014)

Portanto, são hipóteses de cabimento do Recurso de Revista:

a) decisões de TRT, que no julgamento de Recurso Ordinário, divergirem de decisão de outro TRT (Pleno ou Turma), ou de decisão da SDI na aplicação de lei federal;

b) decisões de TRT, que no julgamento de Recurso Ordinário, divergirem de decisão de outro TRT (Pleno ou Turma), ou de decisão da SDI na aplicação de lei estadual, Convenção Coletiva de Trabalho, Acordo Coletivo, Sentença Normativa ou Regulamento empresarial de observância obrigatória em área territorial que exceda a jurisdição do Tribunal Regional;

c) decisões de TRTs, no julgamento de Recurso Ordinário que afrontar literalmente Lei Federal ou afronta direta e literal à Constituição Federal;

d) decisões de TRTs no julgamento ao recurso de Agravo de Petição em Execução Trabalhista, inclusive em Embargos de Terceiros, quando esta ofenderem, afrontarerm, direta e literalmente a norma da Constituição Federal;

e) decisões de TRTs, no julgamento de Recurso Ordinário em dissídio individual que tramita pelo rito sumaríssimo que contraria súmula de jurisprudência uniforme do Tribunal Superior do Trabalho ou súmula vinculante do Supremo Tribunal Federal e violação direta da Constituição Federal;

f) decisões de TRTs, no julgamento Agravo de Petição em execuções fiscais e em controvérsias da fase de execução que envolvam a Certidão Negativa de Débitos Trabalhistas (CNDT),que violarem a lei federal, divergirem de decisão de outro TRT (Pleno ou Turma), ou de decisão da SDI ou, ainda, ofenderem a Constituição Federal.

A despeito de ser um recurso extraordinário na esfera trabalhista, em Recurso de Revisa se admite o recurso adesivo:

Súmula n. 283 — RECURSO ADESIVO

*O recurso adesivo é compatível com o processo do trabalho e cabe, no prazo de 8 (oito) dias, nas hipóteses de interposição de **recurso** ordinário, de agravo de petição, **de revista** e de embargos, sendo desnecessário que a matéria nele veiculada esteja relacionada com a do recurso interposto pela parte contrária. (Res. n. 16/1988, DJ 18.3.1988)*

4. Inadmissibilidade

a) Na inocorrência do Recurso Ordinário (Revisão necessária):

OJ 334 SDI-2 – ITST – REMESSA EX OFFICIO – RECURSO DE REVISTA – INEXISTÊNCIA DE RECURSO ORDINÁRIO VOLUNTÁRIO DE ENTE PÚBLICO. *Incabível recurso de revista de ente público que não interpôs recurso ordinário voluntário da decisão de primeira instância, ressalvada a hipótese de ter sido agravada, na segunda instância, a condenação imposta. ERR 522.601/1998, Tribunal Pleno. Em 28.10.2003, o Tribunal Pleno decidiu, por maioria, ser incabível recurso de revista de ente público que não interpôs recurso ordinário voluntário;*

b) Em processo que tramitou pelo rito sumaríssimo, salvo por contrariedade súmula de jurisprudência uniforme do Tribunal Superior do Trabalho ou súmula vinculante do Supremo Tribunal Federal e violação direta da Constituição Federal

OJ-SDI1-N. 352 – INADMISSIBILIDADE EM PROCEDIMENTO SUMARÍSSIMO. *Nas causas sujeitas ao procedimento sumaríssimo, não se admite recurso de revista por contrariedade à Orientação Jurisprudencial do Tribunal Superior do Trabalho (Livro II, Título II, Capítulo III, do RITST), por ausência de previsão no art. 896, § 6º, da CLT.*

c) Em recurso na fase de execução:

Art. 896, CLT

§ 2º *Das decisões proferidas pelos Tribunais Regionais do Trabalho ou por suas Turmas, em execução de sentença, inclusive em processo incidente de embargos de terceiro, não caberá Recurso de Revista, salvo na hipótese de ofensa direta e literal de norma da Constituição Federal.* (Redação dada pela Lei n. 9.756, de 17.12.1998)

Súmula N. 266 – A admissibilidade do recurso de revista interposto de acórdão proferido em agravo de petição, na liquidação de sentença ou em processo incidente na execução, inclusive os embargos de terceiro, depende de demonstração inequívoca de violência direta à Constituição Federal. (Res. n. 1/1987, DJ 23.10.1987 e DJ 14.12.1987)

d) Divergência no mesmo Tribunal:

OJ SDI 1 – n. 95 – EMBARGOS PARA SDI. DIVERGÊNCIA ORIUNDA DA MESMA TURMA DO TST. INSERVÍVEL. Inserida em 30.5.97

ERR 125320/94, SDI-Plena

Em 19.5.97, a SDI-Plena, por maioria, decidiu que acórdãos oriundos da mesma Turma, embora divergentes, não fundamentam divergência jurisprudencial de que trata a alínea "b", do art. 894 da Consolidação das Leis do Trabalho para embargos à Seção Especializada em Dissídios Individuais, Subseção I.

OJ SDI 1 – N. 111 – DIVERGÊNCIA JURISPRUDENCIAL DO MESMO TRIBUNAL REGIONAL.

Não é servível ao conhecimento de recurso de revista aresto oriundo de mesmo Tribunal Regional do Trabalho, salvo se o recurso houver sido interposto anteriormente à vigência da Lei n. 9.756/98.

e) Divergência na interpretação de norma com vigência limitada à jurisdição do Tribunal:

OJ SDI – N. 147. *Lei estadual, norma coletiva ou norma regulamentar. Conhecimento indevido do recurso de revista por divergência jurisprudencial. (nova redação em decorrência da incorporação da Orientação Jurisprudencial n. 309 da SDI-1, DJ 20.4.05).*

I – É inadmissível o recurso de revista fundado tão somente em divergência jurisprudencial, se a parte não comprovar que a lei estadual, a norma coletiva ou o regulamento da empresa extrapolam o âmbito do TRT prolator da decisão recorrida. (ex-OJ n. 309 da SDI-1 – inserida em 11.8.03).

II – É imprescindível a arguição de afronta ao art. 896 da CLT para o conhecimento de embargos interpostos em face de acórdão de Turma que conhece indevidamente de recurso de revista, por divergência jurisprudencial, quanto a tema regulado por lei estadual, norma coletiva ou norma regulamentar de âmbito restrito ao Regional prolator da decisão.

f) Divergência superada por jurisprudência atual:

Súmula N. 333 – *Não ensejam recursos de revista ou de embargos decisões superadas por iterativa, notória e atual jurisprudência do Tribunal Superior do Trabalho.*

g) Contra decisão proferida em Agravo de Instrumento:

Súmula N. 218 – *É incabível recurso de revista interposto de acórdão regional prolatado em agravo de instrumento.* (Res. 14/1985, DJ 19.9.1985)

h) Contra decisão que deu interpretação Razoável:

SÚMULA N. 221

I – (...)

II – *Interpretação razoável de preceito de lei, ainda que não seja a melhor, não dá ensejo à admissibilidade ou ao conhecimento dos recursos de revista ou de embargos com base nas alíneas c do art. 896 e na alínea b do art. 894 da CLT. A violação há de estar ligada à literalidade do preceito;*

Súmula N. 23 – *Não se conhece de recurso de revista ou de embargos, se a decisão recorrida resolver determinado item do pedido por diversos fundamentos e a jurisprudência transcrita não abranger a todos. (RA 57/1970, DO-GB 27.11.1970)*

5. Forma do recurso

Além do que já se disse até aqui sobre a rejeição do recurso por simples petição, sendo o Recurso de Revista um recurso eminentemente jurídico ("extraordinário") com mais razão inaplicável ao mesmo a regra do *caput* do art. 899 da CLT *("Os recursos serão interpostos por simples petição ...")*, pois sua natureza exige fundamentação.

Tal exigência hoje é imposição legal, decorrente dos termos do novo art. 896 da Consolidação, pela redação dada pela Lei n. 13.015/14, que expressamente estabelece:

§ 1º-A. Sob pena de não conhecimento, é ônus da parte: (Incluído pela Lei n. 13.015, de 2014)

I – indicar o trecho da decisão recorrida que consubstancia o prequestionamento da controvérsia objeto do recurso de revista; (Incluído pela Lei n. 13.015, de 2014)

II – indicar, de forma explícita e fundamentada, contrariedade a dispositivo de lei, súmula ou orientação jurisprudencial do Tribunal Superior do Trabalho que conflite com a decisão regional; (Incluído pela Lei n. 13.015, de 2014)

III – expor as razões do pedido de reforma, impugnando todos os fundamentos jurídicos da decisão recorrida, inclusive mediante demonstração analítica de cada dispositivo de lei, da Constituição Federal, de súmula ou orientação jurisprudencial cuja contrariedade aponte.

O entendimento jurisprudencial e normativo do Tribunal Superior do Trabalho já era neste sentido.

Súmula N. 422 – Não se conhece de recurso para o TST, pela ausência do requisito de admissibilidade inscrito no art. 514, II, do CPC, quando as razões do recorrente não impugnam os fundamentos da decisão recorrida, nos termos em que fora proposta. (ex-OJ n. 90 – inserida em 27.5.02)

Assim, inegável que o Recurso de Revista deve ser elaborado em duas peças distintas, como já foi mencionado alhures, uma peça contendo a petição de encaminhamento dirigida ao órgão *a quo* e outra peça contendo as razões jurídicas pelas quais se ataca a decisão recorrida, dirigia ao tribunal ***ad quem***.

Neste diapasão, a mais alta Corte Trabalhista sugere algum requisitos formais relativos à elaboração das razões do Recurso de Revista.

O TST, por meio da Instrução Normativa 23/2003, quanto às petições de recurso de revista, resolve:

I – Recomendar sejam destacados os tópicos do recurso e, ao demonstrar o preenchimento dos seus pressupostos extrínsecos, sejam indicadas as folhas dos autos em que se encontram:

a) a procuração e, no caso de elevado número de procuradores, a posição em que se encontra(m) o(s) nome(s) do(s) subscritor(es) do recurso;

b) a ata de audiência em que o causídico atuou, no caso de mandato tácito;

c) o depósito recursal e as custas, caso já satisfeitos na instância ordinária;

d) os documentos que comprovam a tempestividade do recurso (indicando o início e o termo do prazo, com referência aos documentos que o demonstram).

II – Explicitar que é ônus processual da parte demonstrar o preenchimento dos pressupostos intrínsecos do recurso de revista, indicando:

a) qual o trecho da decisão recorrida que consubstancia o prequestionamento da controvérsia trazida no recurso;

b) qual o dispositivo de lei, súmula, orientação jurisprudencial do TST ou ementa (com todos os dados que permitam identificá-la) que atrita com a decisão regional.

III – Reiterar que, para comprovação da divergência justificadora do recurso, é necessário que o recorrente:

a) junte certidão ou cópia autenticada do acórdão paradigma ou cite a fonte oficial ou repositório em que foi publicado;

b) transcreva, nas razões recursais, as ementas e/ou trechos dos acórdãos trazidos à configuração do dissídio, demonstrando os conflitos de teses que justifiquem o conhecimento do recurso, ainda que os acórdãos já se encontrem nos autos ou venham a ser juntados com o recurso.

IV – Aplica-se às contrarrazões o disposto nesta Instrução, no que couber.

6. Pressupostos

O Recurso de Revista, como qualquer outro recurso, exige a satisfação dos pressupostos subjetivos (legitimação, capacidade e interesse), por ocasião de sua interposição, assim com dos pressupostos objetivos (recorribilidade do ato, adequação, tempestividade, regularidade de representação e preparo), estes dois últimos com algumas peculiaridades.

Quanto à regularidade de representação, deve ser destacado que não se admite o *jus postulandi* em relação a Recurso de Revista, o mesmo não pode ser interposto pessoalmente pelo reclamante e reclamado. As partes devem estar regulamente representadas pelo advogado habilitado, constituído regularmente, por mandato expresso ou tácito.

Súmula n. 425 – *JUS POSTULANDI* **NA JUSTIÇA DO TRABALHO. ALCANCE** – *O jus postulandi das partes, estabelecido no art. 791 da CLT, limita-se às Varas do Trabalho e aos Tribunais Regionais do Trabalho, não alcançando a ação rescisória, a ação cautelar, o mandado de segurança e os recursos de competência do Tribunal Superior do Trabalho.*

As súmulas abaixo retificam e complementam, trazem peculiaridades sobre a exigível regularidade de representação relativa à representação no Recurso de Revista

Súmula n. 164 – PROCURAÇÃO. JUNTADA – Nova redação – Res. n. 121/2003, DJ 21.11.2003

O não cumprimento das determinações dos §§ 1º e 2º do art. 5º da Lei n. 8.906, de 04.07.1994 e do art. 37, parágrafo único, do Código de Processo Civil importa o não conhecimento de recurso, por inexistente, exceto na hipótese de mandato tácito.

Súmula n. 383 – MANDATO. ARTS. 13 E 37 DO CPC. FASE RECURSAL. INAPLICABILIDADE.

I – É inadmissível, em instância recursal, o oferecimento tardio de procuração, nos termos do art. 37 do CPC, ainda que mediante protesto por posterior juntada, já que a interposição de recurso não pode ser reputada ato urgente. (ex-OJ n. 311 – DJ 11.8.2003)

II – Inadmissível na fase recursal a regularização da representação processual, na forma do art. 13 do CPC, cuja aplicação se restringe ao Juízo de 1º grau. (ex-OJ n. 149 – Inserida em 27.11.1998)

OJ SDI 1 N. 110. Representação irregular. Procuração apenas nos autos de agravo de instrumento. *E-RR 32440/1991, SDI-Plena. Em 17.12.1996, a SDI-Plena resolveu, por maioria, firmar entendimento de que a existência de instrumento de mandato nos autos de Agravo de Instrumento, ainda que em apenso, não legitima a atuação de advogado nos autos de que se originou o agravo.*

Quanto ao **preparo**, deve ser ressaltado que por ocasião da interposição do Recurso de Revista, normalmente as custas já foram recolhidas e comprovado seu recolhimento, quando da interposição do Recurso Ordinário, só havendo exigência de custas neste recurso nas hipóteses de reversão da condenação em razão de Recurso Ordinário do vencido na primeira instância e/ou acréscimo da condenação em razão de Recurso Ordinário ou Recurso Adesivo do vencedor parcial na fase de conhecimento, e, ainda, se o interponente do Recurso de Revista não for beneficiário da Justiça gratuita. Relaltivamente a estas questões a jurisprudência sumulada:

Súmula TST N. 25 – *A parte vencedora na primeira instância, se vencida na segunda, está obrigada, independentemente de intimação, a pagar as custas fixadas na sentença originária, das quais ficara isenta a parte então vencida. (RA 57/1970, DO-GB 27.11.1970)*

OJ SDI 1 N. 186 – *No caso de inversão do ônus da sucumbência em segundo grau, sem acréscimo ou atualização do valor das custas e se estas já foram devidamente recolhidas, descabe um novo pagamento pela parte vencida, ao recorrer. Deverá ao final, se sucumbente, ressarcir a quantia.*

OJ SDI 1 N. 104. Custas. Condenação acrescida. Inexistência de deserção.

Em 17.12.1996, a SDI-Plena resolveu, por maioria, firmar entendimento no sentido de rejeitar a preliminar de deserção, por não se caracterizar, na hipótese, a deserção apontada, uma vez que as custas não foram calculadas, fixado o seu valor, nem foi a parte intimada, devendo as custas serem pagas ao final. (1º.10.97)

Já o depósito recursal será realizado nas hipóteses e valores em que este é exigível, ressaltando-se que na forma prevista na Súmula n. 128 do TST apesar de ser exigível a integralidade em cada novo recurso (I — *É ônus da parte recorrente efetuar o depósito legal, integralmente, em relação a cada novo recurso interposto, sob pena de deserção. Súmula n. 128, do TST)* : **a)** depositado integralmente o valor da condenação na interposição do Recurso Ordinário, nada há a depositar, no Recurso de Revista (I ... *Atingido o valor da condenação, nenhum depósito mais é exigido para qualquer recurso* — Súmula n. 128*)* ; **b)** — Depositando-se parcialmente o valor da condenação no Recurso Ordinário, depositar-se-á a diferença entre o limite-teto do Recurso e o valor da condenação, como abaixo exemplificado.

Condenação arbitrada em **R$ 6.000,00**, depositado este valor no Recurso Ordinário. Não aumentada a condenação no TRT, nada será depositado no Recurso de Revista. Condenação arbitrada em **R$ 12.000,00;** depositado o limite teto no Recurso Ordinário, (Ato – GP/TST 397/2015) ou seja, **R$ 8.183,06,** preparando o Recurso de Revista depositar-se-ão **R$ 3.816,94,** valor com o qual se garantirá integralmente a condenação.

Se a condenação for arbitrada em **R$ 30.000,00** ou mais, no Recurso de Revista, a título de preparo, deverá ser feito o depósito integral, ou seja depositado o limite máximo ou teto, fixado pelo TST para este recurso, ou seja, **R$ 16.366,10**.

Costumo afirmar que no Brasil resolvem-se os processos e não as causas ou os litígios. Acompanhando os *sites* jurídicos conclui-se, salvo melhor juízo, que a grande maioria dos recursos que aportam aos tribunais superiores, não tem o seu mérito apreciado, são fulminados por questões processuais, pressupostos, tanto é assim que os Tribunais Superiores criaram, embora sem este nome, núcleos especializados em fulminar recurso, por isso, mesmo parecendo prescindível ou até mesmo enfadonho, vamos ressaltar alguns entendimentos já referidos no capítulo que trata da Teoria Geral dos Recursos.

A preceito ou em regra são recorríveis (**recorribilidade do ato**) acórdãos de TRTs no julgamento de Recurso Ordinário em Dissídio Individual, como elencados acima. Excepcionalmente, os Acórdãos prolatados pelos TRTs no julgamento de Agravo de Petição, como também, retroespecificado. Portanto, Acórdãos prolatados em Dissídio Coletivo, mesmo que de natureza jurídica, assim como outras decisões originárias dos TRTs, não ensejam o Recurso de Revista. Considerando, ainda, o que resulta do pressuposto da **adequação**, a interposição de Recurso de Revista nestas situações, não encontra socorro, nem mesmo no princípio da fungibilidade, por se constituir, segundo o entendimento do TST, erro grosseiro.

OJ-SDI2- N. 152 – FUNGIBILIDADE – ERRO GROSSEIRO AFASTA A – *A interposição de recurso de revista de decisão definitiva de Tribunal Regional do Trabalho em ação rescisória ou em mandado de segurança, com fundamento em violação legal e divergência jurisprudencial e remissão expressa ao art. 896 da CLT, configura erro grosseiro, insuscetível de autorizar o seu recebimento como recurso ordinário, em face do disposto no art. 895, "b", da CLT.*

Em relação à tempestividade, ressalte-se que o prazo para a interposição do Recurso de Revista é de oito dias, em face do previsto nas Leis ns. 5.584/70 e 7.701/88, como referido na introdução deste capítulo, a contar da ciência da decisão recorrida prolatada nos respectivos Embargos de Declaração.

A contagem deste prazo obedece às regras estabelecidas nos arts. 774 e 775 da CLT, com as peculiaridades das Súmulas ns. 16, 01, 262, 385 e 387, e, ainda, as Orientações Jurisprudenciais da SDI 357, 17 e 18, todas do TST.

SÚMULA N. 16 – *Presume-se recebida a notificação 48 (quarenta e oito) horas depois de sua postagem. O seu não recebimento ou a entrega após o decurso desse prazo constitui ônus de prova do destinatário.*

Súmula n. 1 – PRAZO JUDICIAL. *Quando a intimação tiver lugar na sexta-feira, ou a publicação com efeito de intimação for feita nesse dia, o prazo judicial será contado da segunda-feira imediata, inclusive, salvo se não houver expediente, caso em que fluirá no dia útil que se seguir. (RA 28/1969, DO-GB 21.08.1969)*

Súmula N. 262 – PRAZO JUDICIAL. NOTIFICAÇÃO OU INTIMAÇÃO EM SÁBADO. RECESSO FORENSE.

I – Intimada ou notificada a parte no sábado, o início do prazo se dará no primeiro dia útil imediato e a contagem, no subsequente.

II – O recesso forense e as férias coletivas dos Ministros do Tribunal Superior do Trabalho (art. 177, § 1º, do RITST) suspendem os prazos recursais.

SÚMULA N. 385 – FERIADO LOCAL. AUSÊNCIA DE EXPEDIENTE FORENSE.

Cabe à parte comprovar, quando da interposição do recurso, a existência de feriado local ou de dia útil em que não haja expediente forense, que justifique a prorrogação do prazo recursal

SÚMULA N. 387 – RECURSO. FAC-SÍMILE. LEI N. 9.800/1999.

I – A Lei n. 9.800/1999 é aplicável somente a recursos interpostos após o início de sua vigência. (ex-OJ n. 194 – Inserida em 8.11.2000)

II – A contagem do quinquídio para apresentação dos originais de recurso interposto por intermédio de fac-símile começa a fluir do dia subsequente ao término do prazo recursal, nos termos do art. 2º da Lei n. 9.800/1999, e não do dia seguinte à interposição do recurso, se esta se deu antes do termo final do prazo. (ex-OJ n. 337 – primeira parte – DJ 4.5.2004)

III – Não se tratando a juntada dos originais de ato que dependa de notificação, pois a parte, ao interpor o recurso, já tem ciência de seu ônus processual, não se aplica a regra do art. 184 do CPC quanto ao "dies a quo", podendo coincidir com sábado, domingo ou feriado. (ex-OJ n. 337 – "in fine" – DJ 4.5.2004)

OJ-SDI1-357 – *É extemporâneo recurso interposto antes de publicado o acórdão impugnado.*

OJ SDI 1 N. 17. (Transitória) *Agravo de instrumento interposto na vigência da Lei n. 9.756/1998. Embargos declaratórios. Para comprovar a tempestividade do Recurso de Revista, basta a juntada da certidão de publicação do acórdão dos Embargos Declaratórios opostos perante o Regional, se conhecidos.*

O J SDI 1 N. 18. *Agravo de instrumento interposto na vigência da Lei n. 9.756/1998. Peça indispensável. Certidão de publicação do acórdão regional. Necessária a juntada, salvo se nos autos houver elementos que atestem a tempestividade da revista. A certidão de publicação do acórdão regional é peça essencial para a regularidade do traslado do agravo de instrumento, porque imprescindível para aferir a tempestividade do recurso de revista e para viabilizar, quando provido, seu imediato julgamento, salvo se nos autos houver elementos que atestem a tempestividade da revista.* (inserido em 13.2.01)

A contagem quando da disponibilização eletrônica é exemplificada no acórdão abaixo:

DISPONIBILIZAÇÃO ELETRÔNICA – Diário de Justiça Eletrônica

Segundo a nova disciplina legal da Lei n. 11.419/06, a contagem do prazo processual deve desprezar o dia da disponibilização da informação, ou seja, da veiculação do ato judicial no Diário de Justiça Eletrônico. (Ac. 011335-2007-04-00-9 – 3ª T – TRT4)

Pressupostos específicos do Recurso de Revista.

Como condição para o recebimento do Recurso de Revista, além de satisfazer os pressupostos subjetivos e objetivos gerais, como acima referido, o recorrente terá que satisfazer, ainda, dois outros pressupostos (extrínsecos) especiais ou próprios deste recurso, quais sejam: prequestionamento e prova da divergência apta.

Novo § 1º-A, do art. 896 da CLT, incluído pela Lei n. 13.015/2014, determina:

§ 1º-A. Sob pena de não conhecimento, é ônus da parte: (Incluído pela Lei n. 13.015, de 2014)

I – indicar o trecho da decisão recorrida que consubstancia o prequestionamento da controvérsia objeto do recurso de revista; (Incluído pela Lei n. 13.015, de 2014)

II – indicar, de forma explícita e fundamentada, contrariedade a dispositivo de lei, súmula ou orientação jurisprudencial do Tribunal Superior do Trabalho que conflite com a decisão regional; (Incluído pela Lei n. 13.015, de 2014)

III – expor as razões do pedido de reforma, impugnando todos os fundamentos jurídicos da decisão recorrida, inclusive mediante demonstração analítica de cada dispositivo de lei, da Constituição Federal, de súmula ou orientação jurisprudencial cuja contrariedade aponte.

Quanto ao prequestionamento estabelece a jurisprudência sumulada já estabelecia:

OJ 62 SDI-IITST – Prequestionamento. *Pressuposto de recorribilidade em apelo de natureza extraordinária. Necessidade, ainda que a matéria seja de incompetência absoluta;*

Súmula N. 184 – EMBARGOS DECLARATÓRIOS. OMISSÃO EM RECURSO DE REVISTA. PRECLUSÃO

Ocorre preclusão se não forem opostos embargos declaratórios para suprir omissão apontada em recurso de revista ou de embargos.

Súmula n. 297 – PREQUESTIONAMENTO – OPORTUNIDADE – CONFIGURAÇÃO – NOVA REDAÇÃO

1. Diz-se prequestionada a matéria ou questão quando na decisão impugnada haja sido adotada, explicitamente, tese a respeito.

2. Incumbe à parte interessada, desde que a matéria haja sido invocada no recurso principal, opor embargos declaratórios objetivando o pronunciamento sobre o tema, sob pena de preclusão.

3. Considera-se prequestionada a questão jurídica invocada no recurso principal sobre a qual se omite o Tribunal de pronunciar tese, não obstante opostos embargos de declaração.

OJ 1S1 SDI-2 – TST – PREQUESTIONAMENTO – DECISÃO REGIONAL QUE ADOTA A SENTENÇA – AUSÊNCIA DE PREQUESTIONAMENTO. *Decisão regional que simplesmente adota os fundamentos da decisão de primeiro grau não preenche a exigência do prequestionamento, tal como previsto no Enunciado n. 297;*

OJ 119 – SDI-2 – TST – PREQUESTIONAMENTO – INEXIGÍVEL. *Violação nascida na própria decisão recorrida. En. 297. Inaplicável;*

OJ 118 SDI-2- TST – PREQUESTIONAMENTO. *Havendo tese explícita sobre a matéria, na decisão recorrida, desnecessário contenha nela referência expressa do dispositivo legal para ter-se como prequestionado este. Inteligência do E. 297;*

Das normas legais e jurisprudenciais trazidas neste item, atestam que o Recurso de Revista só será admitido se a matéria nele veiculada tenha sido prequestionada.

Por outro lado, embora a questão não seja pacífica, algumas decisões sugerem o prequestionamento implícito ou tácito, que dispensaria o prequestionamento específico e expresso por meio dos Embargos de Declaração. Vide exemplo:

III - PREQUESTIONAMENTO.

Apenas para que não se tenha a presente decisão por omissa, cumpre referir que a matéria contida nas disposições legais e constitucionais invocadas foi devidamente apreciada na elaboração deste julgado.

Nesse sentido, a Orientação Jurisprudencial n. 118 da SDI-I do TST:

PREQUESTIONAMENTO. TESE EXPLÍCITA. INTELIGÊNCIA DA SÚMULA N. 297. *Havendo tese explícita sobre a matéria, na decisão recorrida, desnecessário contenha nela referência expressa do dispositivo legal para ter-se como prequestionado este.* (ACÓRDÃO TRT4 N. 0000088-48.2014.5.04.0701 RO – Julho 2015)

b) Demonstração e prova da divergência:

Em relação ao tema em foco, em razão de alteração trazida pela Lei n. 13.015/2014, estabelece hoje o art. 896 da CLT:

§ 7º *A divergência apta a ensejar o recurso de revista deve ser atual, não se considerando como tal a ultrapassada por súmula do Tribunal Superior do Trabalho ou do Supremo Tribunal Federal, ou superada por iterativa e notória jurisprudência do Tribunal Superior do Trabalho.* (Incluído pela Lei n. 13.015, de 2014)

§ 8º *Quando o recurso fundar-se em dissenso de julgados, incumbe ao recorrente o ônus de produzir prova da divergência jurisprudencial, mediante certidão, cópia ou citação do repositório de jurisprudência, oficial ou credenciado, inclusive em mídia eletrônica, em que houver sido publicada a decisão divergente, ou ainda pela reprodução de julgado disponível na internet, com indicação da respectiva fonte, mencionando, em qualquer caso, as circunstâncias que identifiquem ou assemelhem os casos confrontados.*

Antes das novas normas legais acima transcritas a matéria era tratada detalhadamente pela jurisprudência sumulada que estabelecia:

SÚMULA N. 337 – COMPROVAÇÃO DE DIVERGÊNCIA JURISPRUDENCIAL. RECURSOS DE REVISTA.

I – Para comprovação da divergência justificadora do recurso, é necessário que o recorrente:

a) Junte certidão ou cópia autenticada do acórdão paradigma ou cite a fonte oficial ou o repositório autorizado em que foi publicado; e

b) Transcreva, nas razões recursais, as ementas e/ou trechos dos acórdãos trazidos à configuração do dissídio, demonstrando o conflito de teses que justifique o conhecimento do recurso, ainda que os acórdãos já se encontrem nos autos ou venham a ser juntados com o recurso. (ex-Súmula n. 337 – Res. 121/2003, DJ 21.11.2003)

II – A concessão de registro de publicação como repositório autorizado de jurisprudência do TST torna válidas todas as suas edições anteriores. (ex-OJ n. 317 – DJ 11.08.2003)

Súmula n. 296 – DIVERGÊNCIA – JURISPRUDENCIAL. ESPECIFICIDADE.

I – A divergência jurisprudencial ensejadora da admissibilidade, do prosseguimento e do conhecimento do recurso há de ser específica, revelando a existência de teses diversas na interpretação de um mesmo dispositivo legal, embora idênticos os fatos que as ensejaram. (ex-Súmula n. 296 – Res. n. 6/1989, DJ 14.4.89)

II – Não ofende o art. 896 da CLT decisão de Turma que, examinando premissas concretas de especificidade da divergência colacionada no apelo revisional, conclui pelo conhecimento ou desconhecimento do recurso. (ex-OJ n. 37 – Inserida em 1º.2.95)

OJ SDI 1 N. 219 – *É válida, para efeito de conhecimento do recurso de revista ou de embargos, a invocação de Orientação Jurisprudencial do Tribunal Superior do Trabalho, desde que, das razões recursais, conste o seu número ou conteúdo. (2.4.01)*

Súmula n. 312 – *CABIMENTO NA INTERPR DIV DE NORMA COLETIVA OU CONTRATUAL*

É constitucional a alínea "b" do art. 896 da CLT, com a redação dada pela Lei n. 7.701, de 21.12.1988. (Res. n. 4/1993, DJ 22.9.1993)

Quanto à idoneidade do acórdão paradigma estabelecia o art. 116 do Regimento Interno do TST.

Parágrafo único – São fontes oficiais de publicação dos julgados o Diário Eletrônico da Justiça do Trabalho, o Diário da Justiça da União e dos Estados, a Revista do Tribunal Superior do Trabalho, as revistas publicadas pelos Tribunais Regionais do Trabalho, os sítios do Tribunal Superior do Trabalho e dos Tribunais Regionais do Trabalho na internet e os repositórios autorizados a publicar a jurisprudência trabalhista.

Nas hipóteses de cabimento, por violação à lei ou à Constituição, estabelece a jurisprudência sumulada:

OJ SDI 1 N. 115. *O conhecimento do recurso de revista ou de embargos, quanto à preliminar de nulidade por negativa de prestação jurisdicional, supõe indicação de violação do art. 832 da CLT, do art. 458 do CPC ou do art. 93, IX, da CF/1988.*

OJ SDI 1 N. 257. *A invocação expressa, quer na Revista, quer nos Embargos, dos preceitos legais ou constitucionais tidos como violados não significa exigir da parte a utilização das expressões "contrariar", "ferir", "violar" etc. (13.3.02)*

Súmula N. 221 –

I – A admissibilidade do recurso de revista e de embargos por violação tem como pressuposto a indicação expressa do dispositivo de lei ou da Constituição tido como violado. (ex-OJ n. 94 – Inserida em 30.5.97)

II – Interpretação razoável de preceito de lei, ainda que não seja a melhor, não dá ensejo à admissibilidade ou ao conhecimento de recurso de revista ou de embargos com base, respectivamente, na alínea *"c"* do art. 896 e na alínea *"b"* do art. 894 da CLT. A violação há de estar ligada à literalidade do preceito. (ex-Súmula n. 221 – Res. 121/03, DJ 21.11.03)

OJ 118 SDI-2 - TST — *Havendo tese explícita sobre a matéria, na decisão recorrida, desnecessário contenha nela referência expressa do dispositivo legal para ter-se como prequestionado este. Inteligência do E. 297;*

c) Transcendência:

Art. 896-A – CLT — *O Tribunal Superior do Trabalho, no recurso de revista, examinará previamente se a causa oferece transcendência com relação aos reflexos gerais de natureza econômica, política, social ou jurídica.* (Incluído pela Medida Provisória n. 2.226, de 4.9.2001)

A doutrina e a jurisprudência sistematicamente rejeitam normas processuais editadas por meio de Medida Provisória. Embora não tenha havido a expressa declaração de inconstitucionalidade formal do art. 896-A, o TST não está exigindo a satisfação deste pressuposto, como se pode ver no Acórdão RR 746200000710854, no qual o TST rejeitou sua arguição pelo Ministério Público do Trabalho.

Sempre disse a meus alunos que não há razoabilidade no exame dos pressupostos e consequentemente nas decisões em juízo de admissibilidade de recurso (digo o que talvez não devesse escrever: *"em matéria processual, em especial com relação á admissibilidade de recursos, não se pode dar chance ao azar."*

No entanto, parece que o legislador, em relação à questão, começa a adotar mais flexibilidade (sensatez), ao aditar o § 11 do atual art. 896 da CLT:

§ 11. *Quando o recurso tempestivo contiver defeito formal que não se repute grave, o Tribunal Superior do Trabalho poderá desconsiderar o vício ou mandar saná-lo, julgando o mérito.* (Incluído pela Lei n. 13.015, de 2014)

7. Formas de interposição

a) Diretamente no Protocolo da Vara:

Como se depreende dos arts. 659 e 682 da CLT os recursos no Processo do Trabalho serão interpostos perante os órgãos recorridos (*a quo*).

Art. 659 – Competem privativamente aos Presidentes das Juntas, além das que lhes forem conferidas neste Título e das decorrentes de seu cargo, as seguintes atribuições:

VI – *despachar os recursos interpostos pelas partes, fundamentando a decisão recorrida antes da remessa ao Tribunal Regional, ou submetendo-os à decisão da Junta, no caso do art. 894;*

Art. 682 – Competem privativamente aos Presidentes dos Tribunais Regionais, além das que forem conferidas neste e no título e das decorrentes do seu cargo, as seguintes atribuições:

IX – despachar os recursos interpostos pelas partes; (Redação dada pelo Decreto-lei n. 8.737, de 19.1.1946)

Este entendimento é corroborado pelo Regimento Interno do TST:

Art. 226 – RI-TST — *O recurso de revista, interposto na forma da lei, é apresentado no Tribunal Regional do Trabalho e tem seu cabimento examinado em despacho fundamentado pelo Presidente do Tribunal de origem, ou pelo Juiz designado para esse fim, conforme o Regimento Interno do Tribunal Regional do Trabalho.*

b) Via Fax Símile

Lei n. 9.800 de 26 de maio de 1999.

Art. 1º É permitida às partes a utilização de sistema de transmissão de dados e imagens tipo fac-símile ou outro similar, para a prática de atos processuais que dependam de petição escrita.

Art. 2º A utilização de sistema de transmissão de dados e imagens não prejudica o cumprimento dos prazos, devendo os originais ser entregues em juízo, necessariamente, até cinco dias da data de seu término.

Parágrafo único. Nos atos não sujeitos a prazo, os originais deverão ser entregues, necessariamente, até cinco dias da data da recepção do material.

SÚMULA N. 387 – RECURSO. FAC-SÍMILE. LEI N. 9.800/1999.

I – A Lei n. 9.800/1999 é aplicável somente a recursos interpostos após o início de sua vigência. (ex-OJ n. 194 – Inserida em 08.11.2000)

II – A contagem do quinquídio para apresentação dos originais de recurso interposto por intermédio de fac-símile começa a fluir do dia subsequente ao término do prazo recursal, nos termos do art. 2º da Lei n. 9.800/1999, e não do dia seguinte à interposição do recurso, se esta se deu antes do termo final do prazo. (ex-OJ n. 337 – primeira parte – DJ 4.5.2004)

III – Não se tratando a juntada dos originais de ato que dependa de notificação, pois a parte, ao interpor o recurso, já tem ciência de seu ônus processual, não se aplica a regra do art. 184 do CPC quanto ao "dies a quo", podendo coincidir com sábado, domingo ou feriado. (ex-OJ n. 337 – "in fine" – DJ 4.5.2004)

SÚMULA N. 194 – FAC-SÍMILE. LEI N. 9.800/99. APLICÁVEL SÓ A RECURSOS INTERPOSTOS NA SUA VIGÊNCIA. Inserida em 08.11.00 (Convertida na Súmula n. 387, DJ 20.04.2005)

c) Meio Eletrônico — e-DOC

Lei n. 11.419, de 19 de dezembro de 2006.

Art. 2º O envio de petições, de recursos e a prática de atos processuais em geral por meio eletrônico serão admitidos mediante uso de assinatura eletrônica, na forma do art. 1º desta Lei, sendo obrigatório o credenciamento prévio no Poder Judiciário, conforme disciplinado pelos órgãos respectivos.

Art. 1º O uso de meio eletrônico na tramitação de processos judiciais, comunicação de atos e transmissão de peças processuais será admitido nos termos desta Lei.

*§ 1º **Aplica-se o disposto nesta Lei**, indistintamente, **aos processos** civil, penal e **trabalhista**, bem como aos juizados especiais, em qualquer grau de jurisdição.*

§ 2º Para o disposto nesta Lei, considera-se:

I – meio eletrônico qualquer forma de armazenamento ou tráfego de documentos e arquivos digitais;

II – transmissão eletrônica toda forma de comunicação a distância com a utilização de redes de comunicação, preferencialmente a rede mundial de computadores;

III – assinatura eletrônica as seguintes formas de identificação inequívoca do signatário:

a) assinatura digital baseada em certificado digital emitido por Autoridade Certificadora credenciada, na forma de lei específica;

b) mediante cadastro de usuário no Poder Judiciário, conforme disciplinado pelos órgãos respectivos.

Instrução Normativa TST n. 30/2007

Art. 1º O uso de meio eletrônico na tramitação de processos judiciais, comunicação de atos e transmissão de peças processuais, na Justiça do Trabalho, será disciplinado pela presente instrução normativa.

Art. 3º No âmbito da Justiça do Trabalho, o envio de petições, de recursos e a prática de atos processuais em geral por meio eletrônico serão admitidos mediante uso de assinatura eletrônica.

Art. 5º A prática de atos processuais por meio eletrônico pelas partes, advogados e peritos será feita, na Justiça do Trabalho, através do Sistema Integrado de Protocolização e Fluxo de Documentos Eletrônicos (e-DOC).

§ 1º O e – DOC é um serviço de uso facultativo, disponibilizado no Portal–JT, na Internet.

§ 2º É vedado o uso do e-DOC para o envio de petições destinadas ao Supremo Tribunal Federal.

Via Fax Símile:

SÚMULA N. 387 — RECURSO. FAC-SÍMILE. LEI N. 9.800/1999.

I – A Lei n. 9.800/1999 é aplicável somente a recursos interpostos após o início de sua vigência. (ex-OJ n. 194 – Inserida em 08.11.2000)

II – A contagem do quinquídio para apresentação dos originais de recurso interposto por intermédio de fac-símile começa a fluir do dia subsequente ao término do prazo recursal, nos termos do art. 2º da Lei n. 9.800/1999, e não do dia seguinte à interposição do recurso, se esta se deu antes do termo final do prazo. (ex-OJ n. 337 – primeira parte – DJ 04.05.2004)

III – Não se tratando a juntada dos originais de ato que dependa de notificação, pois a parte, ao interpor o recurso, já tem ciência de seu ônus processual, não se aplica a regra do art. 184 do CPC quanto ao "dies a quo", podendo coincidir com sábado, domingo ou feriado. (ex-OJ n. 337 – "in fine" – DJ 04.05.2004)

Peticionamento Eletrônico:

INSTRUÇÃO NORMATIVA N. 30/2006 — TST

Art. 5º A prática de atos processuais por meio eletrônico pelas partes, advogados e peritos será feita, na Justiça do Trabalho, através do Sistema Integrado de Protocolização e Fluxo de Documentos Eletrônicos (e-DOC).

§ 1º O e-DOC é um serviço de uso facultativo, disponibilizado no Portal-JT, na Internet.

§ 2º É vedado o uso do e-DOC para o envio de petições destinadas ao Supremo Tribunal Federal.

Art. 7º O envio da petição por intermédio do e-DOC dispensa a apresentação posterior dos originais ou de fotocópias autenticadas, inclusive aqueles destinados à comprovação de pressupostos de admissibilidade do recurso.

Art. 8º O acesso ao e-DOC depende da utilização, pelo usuário, da sua assinatura eletrônica.

8. Instrução do recurso

Consiste na prova da Satisfação dos Pressupostos pertinentes.

OJ SDI 1 N. 287 – Despacho denegatório do recurso de revista e certidão de publicação. Distintos os documentos contidos no verso e anverso, é necessária a autenticação de ambos os lados da cópia.

OJ PROV SDII 1 N. 22. – Autenticação. Documentos distintos. Cópia. Verso e anverso. Necessidade. Distintos os documentos contidos no verso e anverso, é necessária a autenticação de ambos os lados da cópia. (inserido em 13.2.01) Cancelado – convertido no tema n. 287 da Orientação Jurisprudencial da SDI-1 – (DJ 24.11.03)

OJ PROV SDI 1 N. 23. – Autenticação. Documento único. Cópia. Verso e anverso. Inexistindo impugnação da parte contrária, bem como o disposto no art. 795 da CLT, é válida a autenticação aposta em uma face da folha que contenha documento que continua no verso, por constituir documento único. (inserido em 13.2.01)

9. Juízo de admissibilidade

Competência e Natureza:

O juízo de admissibilidade do Recurso Especial está sujeito a duplo controle. Assim, a aferição da tempestividade do apelo pela instância a quo não vincula este Superior Tribunal de Justiça (AgRg no A INSTRUMENTO N. 862.187 – RS (2007/0032980-2)

OJ SDI 1 N. 282. Agravo de instrumento. Juízo de admissibilidade ad quem. No julgamento de Agravo de Instrumento ao afastar o óbice apontado pelo TRT para o processamento do recurso de revista, pode o juízo "ad quem" prosseguir no exame dos demais pressupostos extrínsecos e intrínsecos do recurso de revista, mesmo que não apreciados pelo TRT. (DJ 11.8.03)

Súmula n. 285 – O fato de o juízo primeiro de admissibilidade do recurso de revista entendê-lo cabível apenas quanto à parte das matérias veiculadas não impede a apreciação integral pela Turma do Tribunal Superior do Trabalho, sendo imprópria a interposição de agravo de instrumento. (Res. n. 18/1988, DJ 18.3.1988)

Tribunal *a quo*:

a) Recebimento do Recurso;

Processamento na forma da Lei e Regimentos Internos dos Tribunais;

b) Não recebimento(denegação) do Recurso;

Agravo de Instrumento art. 897, "*b*", CLT — Remessa ao Tribunal "*ad quem*";

Tribunal *ad quem*

Art. 895 — CLT

§ 5º *Estando a decisão recorrida em consonância com enunciado da Súmula da Jurisprudência do Tribunal Superior do Trabalho,* **poderá o Ministro Relator***, indicando-o, negar seguimento ao Recurso de Revista, aos Embargos, ou ao Agravo de Instrumento. Será denegado seguimento ao Recurso nas hipóteses de intempestividade, deserção, falta de alçada e ilegitimidade de representação, cabendo a interposição de Agravo.* (Redação dada pela Lei n. 7.701, de 21.12.1988)

INSTRUÇÃO NORMATIVA – TST — N. 17/1999

III – Aplica-se o "caput" do art. 557 do Código de Processo Civil, segundo a redação dada pela Lei n. 9756/1998, ao Processo do Trabalho, salvo no que tange aos recursos de revista, embargos e agravo de instrumento que continuam regidos pelo § 5º do art. 896 da Consolidação das Leis do Trabalho – CLT, que regulamenta as hipóteses de negativa de seguimento a recurso.

Assim, ressalvadas as exceções apontadas, **o relator negará seguimento a recurso** *manifestamente inadmissível, improcedente, prejudicado ou em confronto com súmula ou com jurisprudência dominante do respectivo Tribunal, do Supremo Tribunal Federal, ou de Tribunal Superior.*

CPC

Art. 557. *O relator negará seguimento a recurso manifestamente inadmissível, improcedente, prejudicado ou em confronto com súmula ou com jurisprudência dominante do respectivo tribunal, do Supremo Tribunal Federal, ou de Tribunal Superior.* (Redação dada pela Lei n. 9.756, de 17.12.1998)

a) Denegação do Recurso:

Agravo Regimental. (arts. 227 a 230 – RI/TST)

Ou

Agravo: art. 139 e 140, RI-TST

b) Recebimento Recurso ou Agravo:

Prosseguimento do julgamento (ou processamento) no Tribunal (órgão) competente.

10. Efeito

Meramente Devolutivo

Art. 896

§ 2º Recebido o Recurso, a **autoridade recorrida declarará o efeito em que o recebe**, podendo a parte interessada requerer carta de sentença para a execução provisória, salvo se for dado efeito suspensivo ao Recurso. (Redação dada pela Lei n. 7.701, de 1988)

§ 1º *O Recurso de Revista, dotado de efeito apenas devolutivo, será apresentado ao Presidente do Tribunal recorrido, que poderá recebê-lo ou denegá-lo, fundamentando, em qualquer caso, a decisão.* (Redação dada pela Lei n. 9.756, de 17.12.1998)

Súmula n. 414 – EFEITO SUSPENSIVO

I – A ação cautelar é o meio próprio para se obter efeito suspensivo a recurso.

11. Competência para julgar

Lei n. 7.701/88

Art. 5º *As* **Turmas** *do Tribunal Superior do Trabalho* **terão***, cada uma, a seguinte* **competência***:*

a) julgar os recursos de revista interpostos de decisões dos Tribunais Regionais do Trabalho, nos casos previstos em lei;

b) julgar, em última instância, os agravos de instrumento dos despachos de Presidente de Tribunal Regional que denegarem seguimento a recurso de revista, explicitando em que efeito a revista deve ser processada, caso providos;

c) julgar, em última instância, os agravos regimentais; e

d) julgar os embargos de declaração opostos aos seus acórdãos.

Art. 896 — CLT

§ 5º *Estando a decisão recorrida em consonância com enunciado da Súmula da Jurisprudência do Tribunal Superior do Trabalho, poderá o Ministro Relator, indicando-o, negar seguimento ao Recurso de Revista, aos Embargos, ou ao Agravo de Instrumento. Será denegado seguimento ao Recurso nas hipóteses de intempestividade, deserção, falta de alçada e ilegitimidade de representação, cabendo a interposição de Agravo.* (Redação dada pela Lei n. 7.701, de 21.12.1988)

INSTRUÇÃO NORMATIVA - TST — N. 17/1999

Outrossim, quanto ao mesmo tema, aplicam-se ao Processo do Trabalho os parágrafos 1ºA, e 1º e 2º do art. 557 do Código de Processo Civil, adequando-se o prazo do agravo à sistemática do Processo do Trabalho, portanto de oito dias.

Art. 557 — CPC

§ 1º-A – Se a decisão recorrida estiver em manifesto confronto com súmula ou com jurisprudência dominante do Supremo Tribunal Federal, ou de Tribunal Superior, o relator poderá dar provimento ao recurso. (Incluído pela Lei n. 9.756, de 17.12.1998)

§ 1º Da decisão caberá agravo, no prazo de cinco dias, ao órgão competente para o julgamento do recurso, e, se não houver retratação, o relator apresentará o processo em mesa, proferindo voto; provido o agravo, o recurso terá seguimento. (Incluído pela Lei n. 9.756, de 17.12.1998)

Assim, se a decisão recorrida estiver em manifesto confronto com súmula ou com jurisprudência dominante no Supremo Tribunal Federal, ou de Tribunal Superior, o relator poderá dar provimento ao recurso, cabendo agravo, no prazo de oito dias, ao órgão competente para o julgamento do recurso, e, se não houver retratação, o relator, após incluir o processo em pauta, proferirá o voto; provido o agravo, o recurso terá seguimento (NR).

As demais disposições oriundas da alteração do Processo Civil, resultantes da referida lei, consideram-se inaplicáveis ao Processo do Trabalho, especialmente o disposto no art. 511, *caput*, e seu § 2º.

§ 2º Quando manifestamente inadmissível ou infundado o agravo, o tribunal condenará o agravante a pagar ao agravado multa entre um e dez por cento do valor corrigido da causa, ficando a interposição de qualquer outro recurso condicionada ao depósito do respectivo valor. (Incluído pela Lei n. 9.756, de 17.12.1998)

12. Procedimentos relativos à solução de demandas repetitivas

Salvo melhor juízo, ver, atentando para as duas maiores postulações ou aspirações dos jurisdicionados o legislador, por meio dos procedimentos estabelecidos nos novos arts. 896-B e 896-C, inseridos na Consolidação das Leis do Trabalho pela Lei n. 13.015, de 20 de julho de 2014, abaixo reproduzidos com legendas, procurou dar maior segurança e celeridade na solução das questões que se repetem na esfera trabalhista.

RECURSO REPETITIVO

*Art. 896-B. Aplicam-se ao recurso de revista, no que couber, as normas da **Lei n. 5.869, de 11 de janeiro de 1973** (**Código de Processo Civil**), relativas ao julgamento dos recursos extraordinário e especial repetitivos.*

PROCEDIMENTO EM RECURSO REPETITIVO

Art. 896-C. Quando houver multiplicidade de recursos de revista fundados em idêntica questão de direito, a questão poderá ser afetada à Seção Especializada em Dissídios Individuais ou ao Tribunal Pleno, por decisão da maioria simples de seus membros, mediante requerimento de um dos Ministros que compõem a Seção Especializada, considerando a relevância da matéria ou a existência de entendimentos divergentes entre os Ministros dessa Seção ou das Turmas do Tribunal.

§ 1º O Presidente da Turma ou da Seção Especializada, por indicação dos relatores, afetará um ou mais recursos representativos da controvérsia para julgamento pela Seção Especializada em Dissídios Individuais ou pelo Tribunal Pleno, sob o rito dos recursos repetitivos.

§ 2º O Presidente da Turma ou da Seção Especializada que afetar processo para julgamento sob o rito dos recursos repetitivos deverá expedir comunicação aos demais Presidentes de Turma ou de Seção Especializada, que poderão afetar outros processos sobre a questão para julgamento conjunto, a fim de conferir ao órgão julgador visão global da questão.

§ 3º O Presidente do Tribunal Superior do Trabalho oficiará os Presidentes dos Tribunais Regionais do Trabalho para que suspendam os recursos interpostos em casos idênticos aos afetados como recursos repetitivos, até o pronunciamento definitivo do Tribunal Superior do Trabalho.

§ 4º Caberá ao Presidente do Tribunal de origem admitir um ou mais recursos representativos da controvérsia, os quais serão encaminhados ao Tribunal Superior do Trabalho, ficando suspensos os demais recursos de revista até o pronunciamento definitivo do Tribunal Superior do Trabalho.

§ 5º O relator no Tribunal Superior do Trabalho poderá determinar a suspensão dos recursos de revista ou de embargos que tenham como objeto controvérsia idêntica à do recurso afetado como repetitivo.

§ 6º O recurso repetitivo será distribuído a um dos Ministros membros da Seção Especializada ou do Tribunal Pleno e a um Ministro revisor.

§ 7º O relator poderá solicitar, aos Tribunais Regionais do Trabalho, informações a respeito da controvérsia, a serem prestadas no prazo de 15 (quinze) dias.

*§ 8º O relator poderá admitir manifestação de pessoa, órgão ou entidade com interesse na controvérsia, inclusive como assistente simples, na forma da **Lei n. 5.869, de 11 de janeiro de 1973 (Código de Processo Civil).***

§ 9º Recebidas as informações e, se for o caso, após cumprido o disposto no § 7º deste artigo, terá vista o Ministério Público pelo prazo de 15 (quinze) dias.

§ 10. Transcorrido o prazo para o Ministério Público e remetida cópia do relatório aos demais Ministros, o processo será incluído em pauta na Seção Especializada ou no Tribunal Pleno, devendo ser julgado com preferência sobre os demais feitos.

§ 11. Publicado o acórdão do Tribunal Superior do Trabalho, os recursos de revista sobrestados na origem:

I – terão seguimento denegado na hipótese de o acórdão recorrido coincidir com a orientação a respeito da matéria no Tribunal Superior do Trabalho; ou

II – serão novamente examinados pelo Tribunal de origem na hipótese de o acórdão recorrido divergir da orientação do Tribunal Superior do Trabalho a respeito da matéria.

§ 12. Na hipótese prevista no inciso II do § 11 deste artigo, mantida a decisão divergente pelo Tribunal de origem, far-se-á o exame de admissibilidade do recurso de revista.

§ 13. Caso a questão afetada e julgada sob o rito dos recursos repetitivos também contenha questão constitucional, a decisão proferida pelo Tribunal Pleno não obstará o conhecimento de eventuais recursos extraordinários sobre a questão constitucional.

RECURSO EXTRAORDINÁRIO EM MATÉRIA TRABALHISTA

*§ 14. Aos recursos extraordinários interpostos perante o Tribunal Superior do Trabalho será aplicado o procedimento previsto no **art. 543-B da Lei n. 5.869, de 11 de janeiro de 1973 (Código de Processo Civil)**, cabendo ao Presidente do Tribunal Superior do Trabalho selecionar um ou mais recursos representativos da controvérsia e encaminhá-los ao Supremo Tribunal Federal, sobrestando os demais até o pronunciamento definitivo da Corte, na forma do **§ 1º do art. 543-B da Lei n. 5.869, de 11 de janeiro de 1973 (Código de Processo Civil).***

§ 15. O Presidente do Tribunal Superior do Trabalho poderá oficiar os Tribunais Regionais do Trabalho e os Presidentes das Turmas e da Seção Especializada do Tribunal para que suspendam os processos idênticos aos selecionados como recursos representativos da controvérsia e encaminhados ao Supremo Tribunal Federal, até o seu pronunciamento definitivo.

§ 16. A decisão firmada em recurso repetitivo não será aplicada aos casos em que se demonstrar que a situação de fato ou de direito é distinta das presentes no processo julgado sob o rito dos recursos repetitivos.

REVISÃO DA DECISÃO *ERGA OMNES*

§ 17. Caberá revisão da decisão firmada em julgamento de recursos repetitivos quando se alterar a situação econômica, social ou jurídica, caso em que será respeitada a segurança jurídica das relações firmadas sob a égide da decisão anterior, podendo o Tribunal Superior do Trabalho modular os efeitos da decisão que a tenha alterado.

13. Tramitação do Recurso de Revista

Uma vez que este tópico foi desenvolvido plenamente no Capítulo 11, sobre a Teoria Geral dos Recursos Trabalhistas, faremos aqui apenas uma síntese da tramitação do Recurso de Revista, com suas peculoiaridades.

Na origem:

Art. 895, CLT

§ 1º O Recurso de Revista, dotado de efeito apenas devolutivo, será apresentado ao Presidente do Tribunal recorrido, que poderá recebê-lo ou denegá-lo, fundamentando, em qualquer caso, a decisão. (Redação dada pela Lei n. 9.756, de 17.12.1998)

RESOLUÇÃO ADMINISTRATIVA N. 15/2006 – TRT/4

Art. 1º Nos processos em que forem interpostos recursos de revista, protocolados a partir de 07/12/2006, excluídos aqueles em que figurem como parte pessoa jurídica de direito público, antes do despacho de que trata o § 1º do art. 896 da CLT, as partes, por seus advogados, serão intimadas para, no prazo de 10 (dez) dias, manifestar interesse quanto à realização de audiência com vista à conciliação do feito.

Art. 2º As audiências de conciliação serão designadas e realizadas pelo Juízo de Conciliação em 2º grau.

Art. 3º Não havendo manifestação das partes ou não se obtendo a conciliação, o feito retomará a sua normal tramitação.

Exame dos Pressupostos;

Oportunização das Contrarrazões;

Remessa ao Tribunal Competente.

No Tribunal competente para o Julgamento;

Protocolo;

Exame dos Pressupostos;

Processamento

Art. 896 — CLT

§ 5º *Estando a decisão recorrida em consonância com enunciado da Súmula da Jurisprudência do Tribunal Superior do Trabalho, poderá o Ministro Relator, indicando-o, negar seguimento ao Recurso de Revista, aos Embargos, ou ao Agravo de Instrumento. Será denegado seguimento ao Recurso nas hipóteses de intempestividade, deserção, falta de alçada e ilegitimidade de representação, cabendo a interposição de Agravo.*

CPC

Art. 557. O relator negará seguimento a recurso manifestamente inadmissível, improcedente, prejudicado ou em confronto com súmula ou com jurisprudência dominante do respectivo tribunal, do Supremo Tribunal Federal, ou de Tribunal Superior. (Redação dada pela Lei n. 9.756, de 17.12.1998)

Agravo Regimental.

Agravo – art. 139 e 140, RI-TST

Reconsideração;

Manutenção da Decisão Monocrática

Subsunção ao Colegiado

Tramitação ordinária

Apreciação Monocrática

Provimento

Improvimento do Recurso:

Agravo (art. 139 e 140 – RI-TST)

ou

Trânsito em julgado

Remessa à Origem;

ou

Embargos de Divergência para a SDI

Decisão Colegiado

Relatório

Visto do Relator

Parecer do Ministério Público do Trabalho;

Cessão de Julgamento

CPC

Art. 560. Qualquer questão preliminar suscitada no julgamento será decidida antes do mérito, deste não se conhecendo se incompatível com a decisão daquela. (Redação dada pela Lei n. 5.925, de 1º.10.1973)

Parágrafo único. Versando a preliminar sobre nulidade suprível, o tribunal, havendo necessidade, converterá o julgamento em diligência, ordenando a remessa dos autos ao juiz, a fim de ser sanado o vício. (Redação dada pela Lei n. 5.925, de 1º.10.1973)

Art. 561. Rejeitada a preliminar, ou se com ela for compatível a apreciação do mérito, seguir-se-ão a discussão e julgamento da matéria principal, pronunciando-se sobre esta os juízes vencidos na preliminar.

Sustentação Oral;

Decisão do Colegiado;

Publicação Certidão do Julgamento;

Lavratura do Acórdão

Disponibilização Eletrônica do Acórdão

Prazo para:

Embargos de Declaração;

Recurso de Embargos para a SDI 1

Art 135 – *As decisões do Tribunal Superior do Trabalho são irrecorríveis, salvo se contrariarem esta Constituição, caso em que caberá recurso para o Supremo Tribunal Federal. (CF 1967)*

Art. 894. *No Tribunal Superior do Trabalho cabem embargos, no prazo de 8 (oito) dias*: (Lei n. 11.496, de 2007)

I – (...)

II – *das decisões das Turmas que divergirem entre si, ou das decisões proferidas pela Seção de Dissídios Individuais, salvo se a decisão recorrida estiver em consonância com súmula ou orientação jurisprudencial do Tribunal Superior do Trabalho ou do Supremo Tribunal Federal.* (Incluído pela pela Lei n. 11.496, de 2007)

ou

Trânsito em Julgado

Retorno à origem — Execução da Sentença

O J SDI 1 N.260. Agravo de instrumento. Recurso de revista. Procedimento sumaríssimo. Lei n. 9.957/00. Processos em curso.

I – *É inaplicável o rito sumaríssimo aos processos iniciados antes da vigência da Lei n. 9.957/00.*

II – *No caso de o despacho denegatório de recurso de revista invocar, em processo iniciado antes da Lei n. 9.957/00, o § 6º do art. 896 da CLT (rito sumaríssimo), como óbice ao trânsito do apelo calcado em divergência jurisprudencial ou violação de dispositivo infraconstitucional, o Tribunal superará o obstáculo, apreciando o recurso sob esses fundamentos. (27.9.2002)*

Capítulo 14

Recurso de Embargos no TST

1. Considerações Preliminares

O Recurso de Embargos no Tribunal Superior do Trabalho, assim como o Recurso de Revista, também é um recurso eminentemente jurídico (especial ou extraordinário), só admissível para rediscutir questões de direito. Neste sentido a jurisprudência sumulada do TST:

SÚMULA N. 126 – **Incabível** o recurso de revista ou de **embargos** (arts. 896 e 894, "b", da CLT) para **reexame de fatos** e provas. (RA n. 84/1981, DJ 6.10.1981)

Embora os dispositivos legais pertinentes tratem-no simplesmente como Embargos, a doutrina, a jurisprudência e o Regimento Interno do TST classificam-no em duas espécies distintas. **Embargos Infringentes**, cabíveis em Dissídios Coletivos e **Embargos de Divergência** em Dissídios Individuais.

Já se admitiu Embargos de Nulidade em Dissídios Individuais, no entanto estes foram suprimidos pela Lei n. 11.496/2007.

Os Embargos no TST hoje são regidos pelo art. 894 da CLT com a redação atualizada pela Lei n. 13.015, de 21 de julho de 2014, que agora vigora com este teor:

Art. 894. No Tribunal Superior do Trabalho cabem embargos, no prazo de 8 (oito) dias:

I – de decisão não unânime de julgamento que:

a) conciliar, julgar ou homologar conciliação em dissídios coletivos que excedam a competência territorial dos Tribunais Regionais do Trabalho e estender ou rever as sentenças normativas do Tribunal Superior do Trabalho, nos casos previstos em lei; e

b) (VETADO)

II – das decisões das Turmas que divergirem entre si ou das decisões proferidas pela Seção de Dissídios Individuais, ou contrárias a súmula ou orientação jurisprudencial do Tribunal Superior do Trabalho ou súmula vinculante do Supremo Tribunal Federal.

Parágrafo único. (Revogado).

§ 2º A divergência apta a ensejar os embargos deve ser atual, não se considerando tal a ultrapassada por súmula do Tribunal Superior do Trabalho ou do Supremo Tribunal Federal, ou superada por iterativa e notória jurisprudência do Tribunal Superior do Trabalho.

§ 3º O Ministro Relator denegará seguimento aos embargos:

I – se a decisão recorrida estiver em consonância com súmula da jurisprudência do Tribunal Superior do Trabalho ou do Supremo Tribunal Federal, ou com iterativa, notória e atual jurisprudência do Tribunal Superior do Trabalho, cumprindo-lhe indicá-la;

II – nas hipóteses de intempestividade, deserção, irregularidade de representação ou de ausência de qualquer outro pressuposto extrínseco de admissibilidade.

§ 4º Da decisão denegatória dos embargos caberá agravo, no prazo de 8 (oito) dias.

2. Ato Recorrível

Decisões da Seção Especializada em Dissídios Coletivos do TST (SDC);

Decisões das Turmas do Tribunal Superior do Trabalho.

3. Cabimento

Quanto ao cabimento do Recurso de Embargos no TST, estabelece a Consolidação das Lei do Trabalho (CLT):

Art. 894. No Tribunal Superior do Trabalho cabem embargos, no prazo de 8 (oito) dias:

I – de decisão não unânime de julgamento que:

a) conciliar, julgar ou homologar conciliação em dissídios coletivos que excedam a competência territorial dos Tribunais Regionais do Trabalho e estender ou rever as sentenças normativas do Tribunal Superior do Trabalho, nos casos previstos em lei; e

b) (VETADO)

II – das decisões das Turmas que divergirem entre si ou das decisões proferidas pela Seção de Dissídios Individuais, ou contrárias a súmula ou orientação jurisprudencial do Tribunal Superior do Trabalho ou súmula vinculante do Supremo Tribunal Federal.

Por sua vez o Regimento Interno do Tribunal Superior do Trabalho especifica:

Art. 231. *Cabem embargos, por divergência jurisprudencial, das decisões das Turmas do Tribunal, no prazo de oito dias, contados de sua publicação, na forma da lei.*

Art. 232. *Cabem embargos infringentes das decisões não unânimes proferidas pela Seção Especializada em Dissídios Coletivos, no prazo de oito dias, contados da publicação do acórdão no órgão oficial, nos processos de Dissídios Coletivos de competência originária do Tribunal.*

Assim, cabem Embargos:

a) Decisão não unânime da SDC em Dissídio Coletivo de sua competência originária (art. 894, I, CLT e letra "*c*", inciso II, art. 2º, Lei n. 7.701/88);

b) Decisões divergentes entre turmas e entre turmas e a SDI, no TST (art. 894, II, CLT e letra "*b*"; inc. III, art. 3º, Lei n. 7.701/88)

c) Decisões de Turma em AGRAVO contra decisões Monocráticas do Relator divergentes de Ac. de Turma ou da SDI (art. 557, CPC e § 5º do art. 896, CLT)

d) Decisões de Turmas em Agravos; (interno) Agravo de Instrumento e Regimentais, nas hipóteses da Súmula n. 353, abaixo transcrita:

SÚMULA N. 353 – EMBARGOS. AGRAVO – CABIMENTO – NOVA REDAÇÃO

Não cabem embargos para a Seção de Dissídios Individuais **de decisão** de Turma **proferida em agravo**, salvo:

a) da decisão que não conhece de agravo de instrumento ou de agravo pela ausência de pressupostos extrínsecos;

b) da decisão que nega provimento a agravo contra decisão monocrática do Relator, em que se proclamou a ausência de pressupostos extrínsecos de agravo de instrumento;

c) para revisão dos pressupostos extrínsecos de admissibilidade do recurso de revista, cuja ausência haja sido declarada originariamente pela Turma no julgamento do agravo;

d) para impugnar o conhecimento de agravo de instrumento;

e) para impugnar a imposição de multas previstas no art. 538, parágrafo único, do CPC, ou no art. 557, § 2º, do CPC.

f) contra decisão de Turma proferida em agravo em recurso de revista, nos termos do art. 894, II, da CLT.

Algumas peculiaridades relativas ao cabimento do Recurso de Embargos de Divergência são estabelecidos pela jurisprudência sumulada.

OJ SDI 1 N. 219. *É válida, para efeito de conhecimento do recurso de revista ou de embargos, a invocação de Orientação Jurisprudencial do Tribunal Superior do Trabalho, desde que, das razões recursais, conste o seu número ou conteúdo.*

SÚMULA N. 296 – RECURSO. DIVERGÊNCIA JURISPRUDENCIAL. ESPECIFICIDADE.

I – A divergência jurisprudencial ensejadora da admissibilidade, do prosseguimento e do conhecimento do recurso há de ser específica, revelando a existência de teses diversas na interpretação de um mesmo dispositivo legal, embora idênticos os fatos que as ensejaram. (ex-Súmula n. 296 – Res. 6/1989, DJ 14.4.89)

II – Não ofende o art. 896 da CLT decisão de Turma que, examinando premissas concretas de especificidade da divergência colacionada no apelo revisional, conclui pelo conhecimento ou desconhecimento do recurso. (ex-OJ n. 37 – Inserida em 1º.2.95)

OJ SDI 1 N. 293 – *São cabíveis Embargos para a SDI contra decisão de Turma proferida em Agravo interposto de decisão monocrática do relator, baseada no art. 557, § 1º, do CPC.*

SÚMULA N. 433 – RECURSO DE EMBARGOS EM EXECUÇÃO – ADMISSIBILIDADE

A admissibilidade do recurso de embargos contra acórdão de Turma em Recurso de Revista em fase de execução, publicado na vigência da Lei n. 11.496, de 26.6.2007, condiciona-se à demonstração de divergência jurisprudencial entre Turmas ou destas e a Seção Especializada em Dissídios Individuais do Tribunal Superior do Trabalho em relação à interpretação de dispositivo constitucional.

OJ SDI 1 N.147. *Lei estadual, norma coletiva ou norma regulamentar. Conhecimento indevido do recurso de revista por divergência jurisprudencial. (nova redação em decorrência da incorporação da Orientação Jurisprudencial n. 309 da SDI-1, DJ 20.4.05).*

I – (...) recurso de revista.

II – É imprescindível a arguição de afronta ao art. 896 da CLT para o conhecimento **de embargos interpostos** *em face de acórdão de Turma que conhece indevidamente de recurso de revista, por divergência jurisprudencial, quanto a tema regulado por lei estadual, norma coletiva ou norma regulamentar de âmbito restrito ao Regional prolator da decisão.*

4. Inadmissibilidade

Não cabem Embargos no TST:

a) Quando a decisão da SDC for consonante com jurisprudência Sumulada do TST;

Art. 894. *No Tribunal Superior do Trabalho cabem embargos, no prazo de 8 (oito) dias:*

I – (...)

II – *das decisões das Turmas que divergirem entre si, ou das decisões proferidas pela Seção de Dissídios Individuais,* **salvo se a decisão recorrida estiver em consonância com súmula ou orientação jurisprudencial do Tribunal Superior do Trabalho ou do Supremo Tribunal Federal.**

b) Quando o entendimento adotado na decisão paradigma, estiver superada;

SÚMULA N. 333 – RECURSOS DE REVISTA E DE EMBARGOS – CONHECIMENTO

Não ensejam recursos de revista ou de **embargos** *decisões* **superadas por iterativa***, notória e atual jurisprudência do Tribunal Superior do Trabalho.*

c) Quando a divergência for inespecífica;

SÚMULA N. 23 – RECURSO – EMBARGOS – NÃO CONHECIMENTO[*]

Não se conhece *de recurso de revista ou de* **embargos***, se a decisão recorrida resolver determinado item do pedido por diversos fundamentos e a jurisprudência transcrita não abranger a todos. (RA 57/1970, DO-GB 27.11.1970)*

d) Divergência entre decisões da mesma Turma do TST;

OJ SDI 1 N. 95 – *Em 19.5.97, a SDI-plena, por maioria, decidiu que* **acórdãos oriundos da mesma Turma***, embora divergentes não fundamentam divergência jurisprudencial de que trata a alínea "b", do art. 894 da Consolidação das Leis do Trabalho para embargos à Seção Especializada em Dissídios Individuais, subseção I.*

e) Decisões proferidas em Agravos;

SÚMULA N. 353 – *Não cabem embargos para a Seção de Dissídios Individuais* **de decisão** *de Turma* **proferida em agravo***, salvo:*

(...)

f) Decisão Monocrática do Relator (art. 557, CPC e § 5º, art. 896, CLT);

OJ SDI 1 – n. 378. embargos. interposição contra decisão monocrática. não cabimento.

Não encontra amparo no art. 894 da CLT, quer na redação anterior quer na redação posterior à Lei n. 11.496, de 22.6.2007, recurso de embargos interposto à decisão monocrática exarada nos moldes dos arts. 557 do CPC e 896, § 5º, da CLT, pois o comando legal restringe seu cabimento à pretensão de reforma de decisão colegiada proferida por Turma do Tribunal Superior do Trabalho.

g) Decisões das Turmas ou da SDI, que violarem lei ou a Constituição;

Como já foi referido os Embargos de Nulidade, que eram admitidos contra decisões de Turmas do TST que contrariassem a lei ou a Constituição, foram extintos pela Lei n. 11.496/2007, portanto, hoje não cabem mais Embargos no TST por afronta ou violação da Constituição da República ou de Lei Federal.

5. Forma do Recurso

Forma/Peças:

Forma Escrita;

Requerimento

Razões do Recurso;

Requisitos Formais das Razões Recursais.

SÚMULA N. 422 – *Não se conhece de recurso para o TST, pela ausência do requisito de admissibilidade inscrito no art. 514, II, do CPC,* **quando as razões** *do recorrente* **não impugnam** *os fundamentos da decisão recorrida, nos termos em que fora proposta.*

6. Pressupostos:

Gerais:

Subjetivos:

Legitimação;

Capacidade;

Interesse.

Objetivos:

Recorribilidade do ato;

Ver admissibidade.

Tempestividade;

Art. 6º **Será de 8** *(oito) dias o prazo para interpor e contra-arrazoar qualquer recurso (CLT, art. 893).*

Contagem do Prazo: art. 774 e 775, CLT.

Art. 774. Salvo disposição em contrário, os prazos previstos neste Título contam-se, conforme o caso, a partir da data em que for feita pessoalmente, ou recebida a notificação, daquela em que for publicado o edital no jornal oficial ou no que publicar o expediente da Justiça do Trabalho, ou, ainda, daquela em que for afixado o edital na sede da Junta, Juízo ou Tribunal.

Parágrafo único – Tratando-se de notificação postal, no caso de não ser encontrado o destinatário ou no de recusa de recebimento, o Correio ficará obrigado, sob pena de responsabilidade do servidor, a devolvê-la, no prazo de 48 (quarenta e oito) horas, ao Tribunal de origem.

Art. 775. Os prazos estabelecidos neste Título contam-se com exclusão do dia do começo e inclusão do dia do vencimento, e são contínuos e irreleváveis, podendo, entretanto, ser prorrogados pelo tempo estritamente necessário pelo juiz ou tribunal, ou em virtude de força maior, devidamente comprovada.

Parágrafo único – Os prazos que se vencerem em sábado, domingo ou dia feriado, terminarão no primeiro dia útil seguinte.

SÚMULA N. 16 – *Presume-se recebida a notificação 48 (quarenta e oito) horas depois de sua postagem. O seu não recebimento ou a entrega após o decurso desse prazo constitui ônus de prova do destinatário.*

Súmula N. 262 – PRAZO JUDICIAL. NOTIFICAÇÃO OU INTIMAÇÃO EM SÁBADO. RECESSO FORENSE.

I – Intimada ou notificada a parte no sábado, o início do prazo se dará no primeiro dia útil imediato e a contagem, no subsequente.

II – O recesso forense e as férias coletivas dos Ministros do Tribunal Superior do Trabalho (art. 177, § 1º, do RITST) suspendem os prazos recursais.

Súmula N. 1 – PRAZO JUDICIAL – *Quando a intimação tiver lugar na sexta-feira, ou a publicação com efeito de intimação for feita nesse dia, o prazo judicial será contado da segunda-feira imediata, inclusive, salvo se não houver expediente, caso em que fluirá no dia útil que se seguir. (RA 28/1969, DO-GB 21.8.1969)*

SÚMULA N. 385 – FERIADO LOCAL. AUSÊNCIA DE EXPEDIENTE FORENSE

Cabe à parte comprovar, quando da interposição do recurso, a existência de feriado local ou de dia útil em que não haja expediente forense, que justifique a prorrogação do prazo recursal

DISPONIBILIZAÇÃO ELETRÔNICA – Diário de Justiça Eletrônica

Segundo a nova disciplina legal da Lei n. 11.419/06, a contagem do prazo processual deve desprezar o dia da disponibilização da informação, ou seja, da veiculação do ato judicial no Diário de Justiça Eletrônico. (Ac. 011335-2007-04-00-9 – 3ª T. – TRT4)

SÚMULA N. 387 — RECURSO. FAC-SÍMILE. LEI N. 9.800/1999.

I – A Lei n. 9.800/1999 é aplicável somente a recursos interpostos após o início de sua vigência. (ex-OJ n. 194 – Inserida em 08.11.2000)

II – A contagem do quinquídio para apresentação dos originais de recurso interposto por intermédio de fac-símile começa a fluir do dia subsequente ao término do prazo recursal, nos termos do art. 2º da Lei n. 9.800/1999, e não do dia seguinte à interposição do recurso, se esta se deu antes do termo final do prazo. (ex-OJ n. 337 – primeira parte – DJ 4.5.2004)

III – Não se tratando a juntada dos originais de ato que dependa de notificação, pois a parte, ao interpor o recurso, já tem ciência de seu ônus processual, não se aplica a regra do art. 184 do CPC quanto ao "dies a quo", podendo coincidir com sábado, domingo ou feriado. (ex-OJ n. 337 – "in fine" – DJ 4.5.2004)

OJ-SDI1-357 – É extemporâneo recurso interposto antes de publicado o acórdão impugnado.

Súmula n. 418 do STJ. *"É inadmissível o recurso especial interposto antes da publicação do acórdão dos embargos de declaração, sem posterior ratificação".*

Representação:

Súmula n. 383 – MANDATO. ARTS. 13 E 37 DO CPC. FASE RECURSAL. INAPLICABILIDADE.

I – É inadmissível, em instância recursal, o oferecimento tardio de procuração, nos termos do art. 37 do CPC, ainda que mediante protesto por posterior juntada, já que a interposição de recurso não pode ser reputada ato urgente. (ex-OJ n. 311 – DJ 11.8.2003)

II – Inadmissível na fase recursal a regularização da representação processual, na forma do art. 13 do CPC, cuja aplicação se restringe ao Juízo de 1º grau.

OJ SDI 1 N. 110 – *Em 17.12.1996, a SDI-Plena resolveu, por maioria, firmar entendimento de que a existência de instrumento de **mandato nos autos de Agravo de Instrumento, ainda que em apenso, não legitima a atuação de advogado nos autos de que se originou o agravo.***

Preparo:

Custas:

a) Inversão da condenação:

Súmula TST N. 25 – *A parte vencedora na primeira instância, se vencida na segunda, está obrigada, independentemente de intimação, a pagar as custas fixadas na sentença originária, das quais ficara isenta a parte então vencida.*

b) Aumento da condenação:

OJ SDI 1 N. 186 – *No caso de inversão do ônus da sucumbência em segundo grau, sem acréscimo ou atualização do valor das custas e se estas já foram devidamente recolhidas, descabe um novo pagamento pela parte vencida, ao recorrer. Deverá ao final, se sucumbente, ressarcir a quantia.*

Depósito Recursal: Complementação ou integral até o limite máximo;

Dispensa no caso depósito integral do valor da condenação.

Art. 899 – CLT: *Sendo a condenação de valor até 10 (dez) vezes o valor de referência regional, **nos dissídios individuais**, só será admitido o recurso, inclusive o extraordinário, mediante prévio depósito **da respectiva importância**.*

Art. 40 da Lei n. 8.177/91, com redação dada pelo art. 8º da Lei n. 8.542/92:

*O depósito recursal de que trata o art. 889 da CLT, (...) sendo devido **a cada novo recurso interposto** no decorrer do processo.*

SÚMULA TST N. 128

*I – É ônus da parte recorrente efetuar o depósito legal, **integralmente**, em relação a cada novo recurso interposto, sob pena de deserção. **Atingido o valor da condenação, nenhum depósito mais é exigido para qualquer recurso**.*

OJ SDI 1 N. 140 – *Ocorre deserção do recurso pelo recolhimento insuficiente das custas e **do depósito recursal**, ainda que a diferença em relação ao* quantum *devido seja ínfima, referente a centavos.*

Específicos:

Prequestionamento:

SÚMULA N. 297 – PREQUESTIONAMENTO – OPORTUNIDADE – CONFIGURAÇÃO – NOVA REDAÇÃO

1. Diz-se prequestionada a matéria ou questão quando na decisão impugnada haja sido adotada, explicitamente, tese a respeito.

2. *Incumbe à parte interessada, desde que a matéria haja sido invocada no recurso principal, opor embargos declaratórios objetivando o pronunciamento sobre o tema, sob pena de preclusão.*

3. *Considera-se prequestionada a questão jurídica invocada no recurso principal sobre a qual se omite o Tribunal de pronunciar tese, não obstante opostos embargos de declaração*

SÚMULA N. 184 – EMBARGOS DECLARATÓRIOS – OMISSÃO EM EMBARGOS – PRECLUSÃO

Ocorre preclusão se não forem opostos embargos declaratórios para suprir omissão apontada em recurso de revista **ou de embargos***.*

Prova da divergência:

SÚMULA N. 337 – COMPROVAÇÃO DE DIVERGÊNCIA JURISPRUDENCIAL.

I – Para comprovação da divergência justificadora do recurso, é necessário que o recorrente:

a) Junte certidão ou cópia autenticada do acórdão paradigma ou cite a fonte oficial ou o repositório autorizado em que foi publicado; e

b) Transcreva, nas razões recursais, as ementas e/ou trechos dos acórdãos trazidos à configuração do dissídio, demonstrando o conflito de teses que justifique o conhecimento do recurso, ainda que os acórdãos já se encontrem nos autos ou venham a ser juntados com o recurso.

II – A concessão de registro de publicação como repositório autorizado de jurisprudência do TST torna válidas todas as suas edições anteriores. (ex-OJ n. 317 – DJ 11.8.03)

OJ SDI 1 n. 336 – Embargos. Recurso não conhecido com base em Orientação Jurisprudencial. Desnecessário o exame das violações legais e constitucionais alegadas na revista. Estando a decisão recorrida em conformidade com orientação jurisprudencial, desnecessário o exame das divergências e das violações legais e constitucionais alegadas, salvo nas hipóteses em que a orientação jurisprudencial não fizer qualquer citação do dispositivo constitucional.

OJ SDI 1 n. 095 – Embargos para sdi. Divergência oriunda da **mesma Turma. Inservível***. Em 19.5.97, a sdi-plena, por maioria, decidiu que acórdãos oriundos da mesma Turma, embora divergentes não fundamentam divergência jurisprudencial de que trata a alínea b, do art. 894 da Consolidação das Leis do Trabalho para embargos à Seção Especializada em Dissídios Individuais, subseção I.*

SÚMULA 294. *Embargos à SDI contra decisão em recurso de revista não conhecido quanto aos pressupostos intrínsecos. Necessária a indicação expressa de ofensa ao art. 896 da CLT. Para a admissibilidade e conhecimento de embargos, interpostos contra decisão mediante a qual não foi conhecido o recurso de revista pela análise dos pressupostos intrínsecos, necessário que a parte embargante aponte expressamente a violação ao art. 896 da CLT. (DJ 11.8.03)*

7. Formas de Interposição

Diretamente no Protocolo do Órgão recorrido;

Via Fax Símile: Lei n. 9.800/1999;

Meio Eletrônico: IN/TST .30/2007

8. Instrução do Recurso

Prova da Satisfação dos Pressupostos gerais e especiais.

— Custas (em caso de reversão);

— Depósito Recursal, quando for o caso;

— Instrumento de Mandato ou de habilitação (se for o caso);

— Comprovante da divergência.

9. Juízo de admissibilidade

Competência:

Turmas do TST, SDC ou SDI;

O juízo de admissibilidade do Recurso Especial está sujeito a duplo controle. Assim, a aferição da tempestividade do apelo pela instância a quo não vincula este Superior Tribunal de Justiça (AgRg no A INSTRUMENTO N. 862.187 – RS (2007/0032980-2)

Consequência da Decisão

Processamento do recurso;

Agravo:

Agravo Regimental.

Agravo (art. 240 RI/TST)

10. Efeito

Art. 899 – CLT : *Os recursos ...... terão efeito meramente devolutivo ......*

Efeito Devolutivo em profundidade:

OJ SDI 1 N. 295 – A SDI, ao conhecer dos Embargos por violação do art. 896 – por má aplicação de Súmula ou de orientação jurisprudencial pela Turma –, julgará desde logo o mérito, caso conclua que a revista merecia conhecimento e que a matéria de fundo se encontra pacificada neste Tribunal.

Efeito Suspensivo:

Lei n. 10.192/2001

Art. 14. *O recurso interposto de decisão normativa da Justiça do Trabalho terá efeito suspensivo na medida e extensão conferidas em despacho do Presidente do Tribunal Superior do Trabalho.*

Súmula N. 414 – EFEITO SUSPENSIVO

I – (...) *A ação cautelar é o meio próprio para se obter efeito suspensivo a recurso.*

11. Competência para Julgar

Art. 2º – Compete à seção especializada em dissídios coletivos, ou seção normativa (Lei n. 7.701/88):

(...)

II – em última instância julgar:

(...)

c) *os embargos infringentes interpostos contra decisão não unânime proferida em processo de dissídio coletivo de sua competência originária, salvo se a decisão atacada estiver em consonância com procedente jurisprudencial do Tribunal Superior do Trabalho ou da Súmula de sua jurisprudência predominante;*

Art. 3º – Compete à Seção de Dissídios Individuais julgar:

III – em última instância:

b) *os embargos das decisões das Turmas que divergirem entre si, ou das decisões proferidas pela Seção de Dissídios Individuais;* (Redação dada pela Lei n. 11.496, de 2007)

12. Tramitação

No Órgão competente para o Julgamento;

Protocolo;

Exame dos Pressupostos;

Processamento;

Agravo Regimental;

Apreciação Monocrática;

Trânsito em julgado;

Remessa à Origem;

Agravo;

Reconsideração;

Manutenção da Decisão Monocrática;

Subsunção ao Colegiado;

Tramitação ordinária (RI/TST).

RI/TST

Art. 231. *Cabem embargos, por divergência jurisprudencial, das decisões das Turmas do Tribunal, no prazo de oito dias, contados de sua publicação, na forma da lei.*

Parágrafo único — *Registrado o protocolo na petição a ser encaminhada à Coordenadoria da Turma prolatora da decisão embargada, esta juntará o recurso aos autos respectivos e abrirá vista à parte contrária para impugnação no prazo legal. Transcorrido o prazo, o processo será remetido à unidade competente para ser imediatamente distribuído.*

SÚMULA 295. *Embargos. Revista não conhecida por má aplicação de Súmula ou de orientação jurisprudencial. Exame do mérito pela SDI. A SDI, ao conhecer dos Embargos por violação do art. 896 – por má aplicação de Súmula ou de orientação jurisprudencial pela Turma –,* **julgará desde logo o mérito**, *caso conclua que a revista mereça conhecimento e que a matéria de fundo se encontra pacificada neste Tribunal. (DJ 11.8.03).*

Capítulo 15

Agravo de Petição

1. Propedêutica

O Agravo de Petição no Processo do Trabalho é o recurso específico, para atacar decisões recorríveis (terminativas ou definitivas) na fase de execução da sentença. É o recurso comum, equivalendo à Apelação no processo comum. Difere-se do Recurso Ordinário do Processo do Trabalho, quanto à fase processual. O Recurso Ordinário é específico para a fase de conhecimento, já este, é exclusivo para a fase de execução. Embora possa versar sobre fatos e direitos, a matéria é mais restrita do que a passível de discussão no Ordinário.

Embora o parágrafo terceiro do art. 897 da CLT restrinja a matéria, ao determinar: "*§ 1º O agravo de petição só será recebido quando o agravante delimitar, justificadamente, as matérias e os valores impugnados, permitida a execução imediata da parte remanescente até o final, nos próprios autos ou por carta de sentença*" é possível arguir, além das referidas nos §§ 1º e 5º, do art. 884 da CLT, outras matérias jurídicas e processuais, relativas a questões processuais, como legitimidade, capacidade, representação, relativas a natureza e condições do crédito discutido, como inexigibilidade, prescrição intercorrente; sobre a penhora, como excesso de penhora, impenhorabilidade dos bens etc.

O Agravo de Petição rege-se pelas disposições contidas na CLT, principalmente no art. 897. Quanto a tramitação e competência, também aplicam-se as normas *interna corporis* ou regimentais.

O prazo é o comum dos demais recursos trabalhistas, oito dias, como estabelecidos de forma genérica no art. 6º, da Lei n. 5.584/70 e expressamente no *caput* do art. 897, consolidado.

2. Ato Recorrível

De forma objetiva e sintética constituem ato recorrível por meio de Agravo de Petição as Decisões Terminativas ou Definitivas das Varas e excepcionalmente dos Tribunais do Trabalho na fase de execução.

3. Cabimento

Art. 897 – *Cabe agravo, no prazo de 8 (oito) dias*:

a) ***de petição***, *das decisões do Juiz ou Presidente, nas execuções;*

b) (...)

Assim, seguindo a regra geral, cabe Agravo de Petição das decisões que julgar os Embargos à Execução; Embargos à Penhora, Embargos à Arrematação; Embargos à Adjudicação; Embargos de Terceiros.

No entanto, outras decisões na execução, que tenham caráter ou efeito terminativo ou definitivo, das quais possa resultar um prejuízo irreparável à parte, enseja o recurso de Agravo de Petição, como, por exemplo, o despacho que rejeita os embargos por intempestivos, o que rejeita os artigos definitivos de liquidação, o que determina o levantamento do depósito antes do julgamento definitivo, ou o que determina a complementação do pagamento etc.

Não se admite Agravo de Petição para atacar despacho, sentença de liquidação, que acolhe ou desacolhe os cálculos de liquidação apresentados por parte ou pelo perito do juízo. Não cabe, ainda, o Agravo de Petição, em reclamatória que tenha tramitado pelo rito sumário de que trata a Lei n. 5.584/70 (processo de alçada).

Quanto à inadmissibilidade contra a sentença de Liquidação, além do disposto no parágrafo terceiro do art. 884 da CLT ("*somente nos embargos à penhora poderá o executado impugnar a sentença de liquidação, cabendo ao exequente igual direito e no mesmo prazo*" a jurisprudência sumulada já consagrava esta inadmissibilidade:

SÚMULA N. 196 TFR – Cabem embargos, e não agravo de petição, da sentença de liquidação no processo de execução trabalhista.

4. Forma do Recurso

A regra do art. 899 da CLT ("*Os recursos serão interpostos por simples petição...*"), em face do estabelecido no § 1º do art. 897, abaixo transcrito, não se aplica ao Agravo de Petição, que exige razões fundamentadas, portanto exige-se:

Art. 897 — CLT

§ 1º O agravo de petição só será recebido quando o agravante delimitar, justificadamente, as matérias e os valores impugnados, permitida a execução imediata da parte remanescente até o final, nos próprios autos ou por carta de sentença. (Redação dada pela Lei n. 8.432, 11.6.1992)

§ 8º Quando o agravo de petição versar apenas sobre as contribuições sociais, o juiz da execução determinará a extração de cópias das peças necessárias, que serão autuadas em apartado, conforme dispõe o § 3º, parte final, e remetidas à instância superior para apreciação, após contraminuta. (Parágrafo incluído pela Lei n. 10.035, de 25.10.2000)

Assim, o Agravo de Petição deve ser elaborado em duas peças, uma constando a petição ou requerimento de encaminhamento, dirigida ao juízo recorrido, postulando o recebimento e a devida tramitação ao recurso e outra, (o recurso propriamente dito) com as razões expressas, detalhadas e fundamentadas, pelas quais se ataca o ato recorrido.

Diferentemente dos demais recursos, o Agravo de Petição pode tramitar nos próprios autos ou em carta de sentença (instrumento ou processo) formado com as cópias necessárias ao seu conhecimento e julgamento, como se vê nos §§ 3º e 8º do art. 897 consolidado.

*§ 3º Na hipótese da alínea a deste artigo, o agravo será julgado pelo próprio tribunal, presidido pela autoridade recorrida, salvo se se tratar de decisão de Juiz do Trabalho de 1ª Instância ou de Juiz de Direito, quando o julgamento competirá a uma das Turmas do Tribunal Regional a que estiver subordinado o prolator da sentença, observado o disposto no art. 679, **a quem este remeterá as peças necessárias para o exame da matéria controvertida, em autos apartados, ou nos próprios autos, se tiver sido determinada a extração de carta de sentença**. (Redação dada pela Lei n. 10.035, de 25.10.2000)*

*§ 8º Quando o agravo de petição versar apenas sobre as contribuições sociais, o juiz da execução determinará a **extração de cópias das peças necessárias**, que serão autuadas em apartado, conforme dispõe o § 3º, parte final, e remetidas à instância superior para apreciação, após contraminuta. (Parágrafo incluído pela Lei n. 10.035, de 25.10.2000)*

O Tribunal Regional da Quarta Região, pertinentemente ao meio pelo qual tramitará pela O JURISPR-TRT4 N. 36 — AGRAVO DE PETIÇÃO EM AUTOS APARTADOS. FORMAÇÃO DEFICIENTE, estabeleceu:

A falta de peças essenciais para o julgamento de agravo de petição interposto em autos apartados acarreta o seu não conhecimento, salvo quando o próprio Juízo determina sua formação sem oportunizar às partes a indicação e a conferência das peças.

5. Pressupostos

Para ser admitido, o Agravo de Petição deve satisfazer os pressupostos subjetivos exigíveis em qualquer recurso (legitimação, capacidade e interesse, no momento da interposição), como detalhado no Capítulo 11 deste.

Também os pressupostos objetivos (recorribilidade do ato, adequação, tempestividade e representação), devem ser cumpridos, como em qualquer outro recurso trabalhista, como já estudado.

As peculiaridades ficam por conta do preparo. Por ocasião da interposição do Agravo de Petição, geralmente já tramitaram os recurso cabíveis quanto ao mérito da questão (Ordinário, Revista, Embargos no TST). Esses recursos exigem como pressuposto pagamento e comprovação do recolhimento das custas, pelo tal pressuposto já foi cumprido.

O mesmo pode ser dito em relação ao depósito recursal de que trata o art. 899 da CLT. Se não bastasse isso, por dedução, pode-se chegar à conclusão de prescindibilidade do depósito. O Agravo de Petição destina-se a atacar a sentença que julgou os Embargos à Execução, e, este (Embargos), tem como requisito, a garantia do juízo. Como a natureza do Depósito Recursal é a garantia do juízo e não taxa recursal, com a garantia da execução, satisfeito estará este pressuposto.

A partir do disposto no parágrafo primeiro do art. 899 da Consolidação e principalmente de interpretação literal do contido no § 2º do art. 40 da Lei n. 8177/91, abaixo transcritos, concluem pela exigibilidade no caso do depósito recursal.

Art. 899, da CLT:

§ 1º Sendo a condenação de valor até 10 (dez) vezes o salário mínimo regional, nos dissídios individuais só será admitido o recurso inclusive o extraordinário, mediante prévio depósito da respectiva importância. Transitada em julgado a decisão recorrida, ordenar-se-á o levantamento imediato da importância de depósito, em favor da parte vencedora, por simples despacho do juiz.

Art. 40 da Lei n. 8177/91, com redação dada pelo art. 8º da Lei n. 8.542/92:

§ 2º A Exigência do depósito aplica-se, igualmente, aos embargos à execução e a qualquer recurso subsequente do devedor.

No entanto, o TST deu uma interpretação "conforme", normatizado:

Item IV — Instrução Normativa n. 03/93 do TST:

b) dada a natureza jurídica dos embargos à execução, não será exigido depósito para a sua oposição quando estiver suficientemente garantida a execução por depósito recursal já existente nos autos, efetivado no processo de conhecimento, que permaneceu vinculado à execução, e/ou pela nomeação ou apreensão judicial de bens do devedor, observada a ordem preferencial estabelecida em lei;

c) garantida integralmente a execução nos embargos, só haverá exigência de depósito em qualquer recurso subsequente do devedor se tiver havido elevação do valor do débito, hipótese em que o depósito recursal corresponderá ao valor do acréscimo, sem qualquer limite;

XI – Não se exigirá a efetivação de depósito em qualquer fase ou grau recursal do processo, fora das hipóteses previstas nesta Instrução Normativa.

A jurisprudência sumulada, coerentemente, segue a mesma linha:

SÚMULA N. 128

I – (...)

II – Garantido o juízo, na fase executória, a exigência de depósito para recorrer de qualquer decisão viola os incisos II e LV do art. 5º da CF/1988. Havendo, porém, elevação do valor do débito, exige-se a complementação da garantia do juízo.

Com o devido respeito dos que afirmam o contrário, uma vez que o Depósito Recursal visa garantir o juízo recursal, parece que a razão está com o TST, no entendimento consubstanciado no item II da Súmula n. 128, acima transcrita.

6. Formas de Interposição

Como os demais recursos trabalhistas o Agravo de Petição também é interposto perante o Juízo recorrido. Pode ser proposto de forma física (peças impressas) protocolado diretamente no setor próprio do juízo competente para recebê-lo, ou remetido via fac-símile. Pode ser também interposto por peticionamento eletrônico.

Pela semelhança quanto à interposição, com o Recurso Ordinário, e para facilitar o estudo, ao invés de remeter o leito é preferível transcrever as normas aplicáveis.

LEI N. 9.800, DE 26 DE MAIO DE 1999.

Permite às partes a utilização de sistema de transmissão de dados para a prática de atos processuais.

O PRESIDENTE DA REPÚBLICA Faço saber que o Congresso Nacional decreta e eu sanciono a seguinte Lei:

Art. 1º É permitida às partes a utilização de sistema de transmissão de dados e imagens tipo fac-símile ou outro similar, para a prática de atos processuais que dependam de petição escrita.

(...)

A interposição por *fac-símile* normatizada no Processo do Trabalho foi expressamente admitida por meio da Súmula do TST n. 387, que estabelece:

SÚMULA N. 387 – RECURSO. FAC-SÍMILE. LEI N. 9.800/1999.

I – A Lei n. 9.800/1999 é aplicável somente a recursos interpostos após o início de sua vigência. (ex-OJ n. 194 – Inserida em 08.11.2000)

II – A contagem do quinquídio para apresentação dos originais de recurso interposto por intermédio de fac-símile começa a fluir do dia subsequente ao término do prazo recursal, nos termos do art. 2º da Lei n. 9.800/1999, e não do dia seguinte à interposição do recurso, se esta se deu antes do termo final do prazo. (ex-OJ n. 337 – primeira parte – DJ 04.05.2004)

III – Não se tratando a juntada dos originais de ato que dependa de notificação, pois a parte, ao interpor o recurso, já tem ciência de seu ônus processual, não se aplica a regra do art. 184 do CPC quanto ao "dies a quo", podendo coincidir com sábado, domingo ou feriado. (ex-OJ n. 337 – "in fine" – DJ 04.05.2004)

SÚMULA N. 194 – FAC-SÍMILE. LEI N. 9.800/99. APLICÁVEL SÓ A RECURSOS INTERPOSTOS NA SUA VIGÊNCIA. Inserida em 08.11.00 (Convertida na Súmula n. 387, DJ 20.04.2005)

Por peticionamento eletrônico

LEI N. 11.419, DE 19 DE DEZEMBRO DE 2006.

Art. 1º O uso de meio eletrônico na tramitação de processos judiciais, comunicação de atos e transmissão de peças processuais será admitido nos termos desta Lei.

§ 1º Aplica-se o disposto nesta Lei, indistintamente, aos processos civil, penal e trabalhista, bem como aos juizados especiais, em qualquer grau de jurisdição.

§ 2º Para o disposto nesta Lei, considera-se:

I – meio eletrônico qualquer forma de armazenamento ou tráfego de documentos e arquivos digitais;

II – transmissão eletrônica toda forma de comunicação a distância com a utilização de redes de comunicação, preferencialmente a rede mundial de computadores;

III – assinatura eletrônica as seguintes formas de identificação inequívoca do signatário:

a) assinatura digital baseada em certificado digital emitido por Autoridade Certificadora credenciada, na forma de lei específica;

b) mediante cadastro de usuário no Poder Judiciário, conforme disciplinado pelos órgãos respectivos.

Art. 2º O envio de petições, de recursos e a prática de atos processuais em geral por meio eletrônico serão admitidos mediante uso de assinatura eletrônica, na forma do art. 1º desta Lei, sendo obrigatório o credenciamento prévio no Poder Judiciário, conforme disciplinado pelos órgãos respectivos.

Art. 3º Consideram-se realizados os atos processuais por meio eletrônico no dia e hora do seu envio ao sistema do Poder Judiciário, do que deverá ser fornecido protocolo eletrônico.

Parágrafo único. Quando a petição eletrônica for enviada para atender prazo processual, serão consideradas tempestivas as transmitidas até as 24 (vinte e quatro) horas do seu último dia.

Sistema e-DOC

§ 1º O e-DOC é um serviço de uso facultativo, disponibilizado no Portal-JT, na Internet. (IN/TST 30/2006)

Quanto à competência para recebe e despachar os recursos, entre eles o Agravo de Petição, prevê a legislação de regência:

Nas Varas do Trabalho:

Art. 659 – da CLT – *Compete privativamente ao juiz (Titular ou Substituto no exercício) ... as seguintes atribuições*:

(...)

VI – *despachar os recurso interpostos pelas partes, fundamentando a decisão recorrida antes da remessa ao Tribunal Regional...;*

Nos Tribunais Regionais:

Art. 682. Competem privativamente aos Presidentes dos Tribunais Regionais, além das que forem conferidas neste e no título e das decorrentes do seu cargo, as seguintes atribuições:

I – (...)

IX – despachar os recursos interpostos pelas partes;

(...)

7. Instrução do Recurso

Ressalvada a hipótese da formação da Carta de Sentença para a tramitação do Agravo de Petição, ou eventual situação excepcional, neste recurso também não se admite a juntada de documentos probatórios. Prevalece o entendimento consubstanciado na Súmula n. 8, do TST.

SÚMULA N. 8 – *A juntada de documentos na fase recursal só se justifica quando provado o justo impedimento para sua oportuna apresentação ou se referir a fato posterior à sentença.*

A instrução consiste na juntada, quando for o caso, de documentos que comprovam a satisfação de pressupostos do próprio recurso.

Uma vez que geralmente discutem-se valores, cálculos e para tal, muitas vezes se recorre a profissionais habilitados a fazê-los (peritos), planilhas ou outros demonstrativos devem ser inseridos nas razões do Agravo de Petição.

8. Juízo de admissibilidade

O juízo de admissibilidade consiste na verificação pela autoridade ou órgão competente da satisfação ou não dos pressupostos subjetivos e objetivos do respectivo recurso. No Agravo de petição interposto perante o órgão inferior prolator da decisão recorrida, são dois juízos de admissibilidade. O primeiro pelo juízo recorrido (*a quo*) e o segundo no juízo (tribunal – *ad quem*) competente para julgar o respectivo recurso, como se deflui das normas processuais pertinentes.

A competência e procedimentos pertinentes ao juízo de admissibilidade do Agravo de Petição são iguais aos relativos aos Recursos Ordinários, pelo que, para facilitar a leitura, transcrevemos aqui parte do que lá foi dito.

No Juízo *a quo*

Art. 659. Competem privativamente aos Presidentes das Juntas, (Juiz do Trabalho titular ou substituto ou Juiz de direito no exercício da jurisdição trabalhista) *além das que lhes forem conferidas neste Título e das decorrentes de seu cargo, as seguintes atribuições:*

I – (...)

VI – *despachar os recursos interpostos pelas partes, fundamentando a decisão recorrida antes da remessa ao Tribunal Regional, ou submetendo-os à decisão da Junta, no caso do art. 894;*

VII – (...)

Do poder jurisdicional para despachar os recursos interpostos, conferido ao Juiz do Trabalho e ao presidente do TRT, advém a competência para realizar o primeiro juízo de admissibilidade.

Admitindo o recurso na origem, a autoridade competente, antes de encaminhá-lo ao Tribunal competente para julgá-lo, oportunizará contrarrazões à parte contrária (art. 900 — CLT). Com ou sem as contrarrazões remeterá ao juízo *ad quem*.

Art. 900. *Interposto o recurso, será notificado o recorrido para oferecer as suas razões, em prazo igual ao que tiver tido o recorrente.*

Art. 6º *Será de **8 (oito) dias** o prazo para interpor e **contra-arrazoar** qualquer recurso* (CLT, art. 893).

Exemplo de despacho de acolhimento de Agravo de Petição:

DECISÃO / DESPACHO

Despacho Vistos, etc. Recebo o agravo de petição das fls. 879/894, por tempestivo. Garantido o juízo, delimitados a matéria e o valor objeto da discordância, encontram-se preenchidos os pressupostos extrínsecos e intrínsecos de admissibilidade do agravo de petição. **Contraminute, querendo, o autor.** *Após, subam os autos ao E. TRT. da 4ª Região para processamento e julgamento do apelo interposto. Em 6.7.2015. Xxxxxx Juiz do Trabalho* – Processo : 0037000-51.2008.5.04.0702 – Numero Antigo: 00370-2008-702-04-00-0.

Denegando seguimento, ensejará, na forma prevista no art. 897, letra "b", da CLT a interposição de Agravo de Instrumento, visando à subida do Recurso ao Tribunal competente para julgá-lo. Interposto o dito Agravo de Instrumento, sem entrar no mérito do mesmo, salvo quanto à possibilidade de retratação, o juízo recorrido possibilitará a apresentação de contrarrazões ao Agravo e ao recurso principal, e, com ou sem estas, remeterá o processo para a instância superior competente para o julgamento.

O Agravo de Petição, se recebido originariamente ou em razão da interposição de Agravo Regimental, será remetido ao órgão *ad quem*. Lá, depois de reautuado, procedida a numeração das letras AP ou AI/AP, será distribuído e, no órgão competente para julgá-lo, será submetido a novo juízo de admissibilidade, feito, no tribunal, pelo relator sorteado.

Se admitido, prossegue o julgamento. Se denegado pelo Relator, enseja a interposição de Agravo Regimental ou Agravo, conforme dispuser o Regimento Interno do respectivo Tribunal Regional.

Quanto ao Segundo Juízo de Admissibilidade, convém destacar o que determina o art. 557 do CPC, eis que compatível com o Processo do Trabalho e consagrado nos regimentos internos dos Tribunais Regionais.

Art. 557. O relator negará seguimento a recurso manifestamente inadmissível, improcedente, prejudicado ou em confronto com súmula ou com jurisprudência dominante do respectivo tribunal, do Supremo Tribunal Federal ou de Tribunal Superior.

Se denegado seguimento por não satisfação de seus pressupostos, cabe agravo regimental. Se improvido com base no art. 557 do CPC, cabe Agravo ou Agravo Inominado.

9. Efeito

Como se trata de um recurso em dissídio individual a ele se aplica a regra geral sobre o efeito, insculpida no art. 899 da CLT.

Art. 899 – CLT : Os recursos... terão efeito meramente devolutivo...

Por outro lado deve ser ressaltada que a legislação processual trabalhista não atribui expressamente efeito suspensivo aos efeitos do Agravo de Petição. No entanto, de uma interpretação lógica dedutiva do disposto na parte final do parágrafo primeiro do art. 897 da CLT, pode-se concluir que pelo menos faticamente o Agravo de Petição acarreta um sobrestamento na execução da parte agravada.

Art. 897, CLT

§ 1º *O agravo de petição só será recebido quando o agravante delimitar, justificadamente, as matérias e os valores impugnados, **permitida a execução imediata da parte remanescente até o final, nos próprios autos ou por carta de sentença**.*

à mesma conclusão dedutiva se chega do que estabelece a Súmula n. 416 do TST, abaixo reproduzida.

SÚMULA N. 416 – AGRAVO DE PETIÇÃO – SOBRESTAMENTO DA EXECUÇÃO

Devendo o agravo de petição delimitar justificadamente a matéria e os valores objeto de discordância, não fere direito líquido e certo o prosseguimento da execução quanto aos tópicos e valores não especificados no agravo. (ex-OJ n. 55 – inserida em 20.9.00).

Assim, a despeito da inexistência de previsão legal específica, o Agravo de Petição acarreta, se não formalmente, a suspensão da execução, faticamente determina um sobrestamento nesta até que seja julgado definitivamente.

Pode-se dizer que esta conclusão resulta, também, do disposto na parte final ao § 1º do art. 897 *"permitida a execução imediata da parte remanescente até o final, nos próprios autos ou por carta de sentença"*, pois se só a parte que não foi objeto do Agravo de Petição pode ser executada até o final, é porque este (Agravo de Petição), determina a suspensão em relação à parte atacada pelo mesmo.

Por derradeiro, quanto ao efeito, deve ser referido que se o prosseguimento da execução possa causar ao executado grave dano de difícil reparação, o efeito suspensivo pode ser requerido ao Relator por meio de cautelar, como prevê o inciso I da Súmula n. 414 do TST.

Súmula N. 414 – EFEITO SUSPENSIVO

I – (...) *A ação cautelar é o meio próprio para se obter efeito suspensivo a recurso.*

Exemplificativamente, refere-se que o Regimento Interno do Tribunal Regional da 4ª Região prevê a possibilidade de deferimento do efeito suspensivo, neta hipótese.

Art. 172. Se julgar relevante o fundamento do pedido e se do ato impugnado puder resultar a ineficácia da medida, caso deferida, o Relator concederá liminar ordenando que se suspenda sua execução.

Parágrafo único. Da decisão de que trata este artigo cabe agravo regimental, no prazo de oito dias, observado o procedimento estabelecido nos arts. 201 a 205 deste Regimento.

Embora inserida em dispositivo que trata de Dissídio Coletivo, o contido no § 3º do art. 6º da Lei n. 4.725/65, reforça a necessidade de concessão de efeito suspensivo nesta situação.

O Provimento do recurso não importará na restituição dos salários ou vantagens pagos em execução do julgado (§ 3º, art. 6º, da Lei n. 4.725, de 13 de julho de 1965).

10. Competência para Julgar

A competência para julgar o Agravo de Petição é do Tribunal Regional do Trabalho, pelo Pleno ou Turma, conforme a sua estrutura e dispuser seu Regimento Interno (arts. 678 e 680 da CLT), corroborado pelo disposto no parágrafo terceiro do art. 897, da mesma Consolidação.

Art. 897 – CLT

§ 3º *Na hipótese da alínea "a" deste artigo, o agravo será julgado pelo próprio tribunal, presidido pela autoridade recorrida, salvo se se tratar de decisão de Juiz do Trabalho de 1ª Instância ou de Juiz de Direito, quando o julgamento competirá a uma das Turmas do Tribunal Regional a que estiver subordinado o prolator da sentença, observado o disposto no art. 679, a quem este remeterá as peças necessárias para o exame da matéria controvertida, em autos apartados, ou nos próprios autos, se tiver sido determinada a extração de carta de sentença.* (Redação dada pela Lei n. 10.035, de 25.10.2000)

RI/TRT4

Art. 37. Compete a cada Turma:

a) (...)

b) *julgar os agravos de petição*, ressalvados os demais casos previstos neste Regimento Interno;

11. Tramitação

No Órgão de Origem:

Exame dos pressupostos;

Oportunidade de Contrarrazões;

Remessa ao Tribunal;

Recurso Principal;

Agravo de Instrumento com o Recurso Principal;

No Órgão competente para o Julgamento;

Protocolo;

Distribuição;

Sorteio do Relator e do Revisor;

Envio para o Relator;

Retorno a Secretaria do Relatório;

Carga do Revisor;

Retorno à Secretaria com Vista;

Vistas ao MPT se for o caso;

Inclusão na Pauta de Julgamento;

Ciência às partes do de Julgamento;

Seção de Julgamento;

Relatório;

Sustentação oral;

Manifestação do MPT se for o caso;

Voto do Relator;

Voto do Revisor;

Voto dos demais integrantes da Turma ou Seção;

Publicação da decisão;

Suspensão para lavratura do acórdão;

Publicação do Acórdão.

Prosseguimento do processo:

Excepcional Interposição e Tramitação de Novo Recurso;

Art. 896, CLT

§ 2º *Das decisões proferidas pelos Tribunais Regionais do Trabalho ou por suas Turmas, em execução de sentença, inclusive em processo incidente de embargos de terceiro, não caberá Recurso de Revista, salvo na hipótese de ofensa direta e literal de norma da Constituição Federal.* (Redação dada pela Lei n. 9.756, de 17.12.1998)

Súmula N. 266 – *A admissibilidade do recurso de revista interposto de acórdão proferido em agravo de petição, na liquidação de sentença ou em processo incidente na execução, inclusive os embargos de terceiro, depende de demonstração inequívoca de violência direta à Constituição Federal.* (Res. n. 1/1987, DJ 23.10.1987 e DJ 14.12.1987)

Não sendo interposto ou denegado o Recurso de Revista, retorna o processo à origem para prosseguir a execução.

Capítulo 16

Agravo de Instrumento

1. Considerações Preliminares

O Agravo de Instrumento no Processo do Trabalho é o recurso que tem por objetivo específico e único de atacar o despacho denegatório de seguimento de recurso na origem. Como os recursos principais ou de mérito no Processo do Trabalho são interpostos perante o juízo prolator da decisão recorrida, o Agravo de Instrumento é interposto perante o juízo recorrido que denegou seguimento ao recurso principal.

O objetivo único do Agravo de Instrumento é fazer com que o recurso principal seja encaminhado ao juízo *ad quem*. Isto é, ele visa dar andamento (determinar a remessa ou subida ao tribunal competente) ao recurso denegado. O que acabará sempre acontecendo, ou porque o juízo que denegou se retrata e admite e dá seguimento ao recurso a que se refere o Agravo de Instrumento, ou porque por meio do Agravo de Instrumento, que não pode ser denegado pelo juízo *a quo*, o Recurso é remetido ao tribunal *ad quem.*

Diferentemente do Agravo de Petição que no Processo do Trabalho é um recurso principal que visa atacar decisões de mérito ou terminativas, o Agravo de Instrumento pode ser classificado como um recurso incidental, assessório, ou derivado, pois não tem existência autônoma, depende ou fica vinculado a outro recurso, visando dar prosseguimento a este recurso no qual foi interposto e denegado na origem, para que o mesmo chegue ao Tribunal competente para o seu julgamento.

O Agravo de Instrumento no Processo do Trabalho rege-se pelas disposições constantes no art. 897, *caput*, letra "*b*"; §§ 2º, e 4º a 7º, e, ainda pelo § 7º do art. 899, também da CLT.

Subsidiariamente, quanto à forma e conteúdo do Recurso, aplica-se o art. 524 do CPC, corroborado pelo disposto no art. 194 do Regimento Interno do Tribunal Superior do Trabalho.

A Resolução Administrativa TST n. 1.418, de 30 de agosto de 2010, regulamenta o processamento do Agravo de Instrumento interposto de despacho que negar seguimento a recurso de competência do Tribunal Superior do Trabalho.

2. Ato Recorrível

Despacho (decisão) denegatória de seguimento de recurso no juízo recorrido como se depreende do contido na letra "*b*", art. 897, da CLT, que por atecnia fala em denegar a interposição, quando na verdade é denegar seguimento a recurso já interposto;

3. Cabimento

Art. 897 – CLT:

Cabe agravo, no prazo de 8 (oito) dias:

a) (...)

b) de instrumento, dos despachos que denegarem a interposição de recurso.

Assim, **cabe Agravo de Instrumento**:

— Contra despacho denegatório Recurso Ordinário ou Agravo de Petição do Juiz do Trabalho (Vara do Trabalho);

— Contra despacho denegatório de Recurso Ordinário ou Agravo de Petição pelo Juiz de Direito com jurisdição trabalhista;

— Contra despacho denegatório do Presidente (ou Vice-Presidente, conforme prevê o respectivo Regimento Interno) do TRT, em Recurso Ordinário ou Recurso de Revista;

Obs.: Contra despacho do presidente do TST que denega seguimento ao Recurso Extraordinário também cabe o Agravo de Instrumento, no entanto, neste caso o prazo será de dez (10) dias (art. 544 do CPC).

Art. 269. *Cabe agravo de instrumento contra despacho denegatório do recurso extraordinário, **no prazo de dez** dias, contados de sua publicação no órgão oficial.* (RI/TST)

4. Forma do Recurso

O objetivo imediato do Agravo de Instrumento é demonstrar que o despacho denegatório do recurso principal não possui suporte fático ou amparo legal. Portanto, este recurso precisa ser (até exaustivamente) fundamentado, logo o mesmo não pode ser interposto por simples petição.

Assim, o recurso de Agravo de Instrumento deve ser elaborado em duas peças, a petição dirigida ao juízo recorrido, prolator do despacho denegatório, postulando, que em face dos fundamentos expostos na peça que o acompanha (Razões do Agravo de Instrumento), o prolator do despacho denegatório o reconsidere e/ou de andamento Agravo encaminhando ele e o recurso denegado ao tribunal competente para julgá-los.

A outra peça, denominada razões, razões do recurso ou razões do Agravo de Instrumento, endereçada ao órgão *ad quem* competente, contendo os fundamentos de fato ou jurídicos determinantes da reforma da decisão recorrido, no sentido de dar prosseguimento ao recurso.

Neste sentido as disposições do art. 524 do atual CPC, aplicáveis subsidiariamente, na forma prevista no art. 769 da LCT:

Art. 524. O agravo de instrumento será dirigido diretamente ao tribunal competente, através de petição com os seguintes requisitos:

I – a exposição do fato e do direito;

II – as razões do pedido de reforma da decisão; (CPC)

Complementada por norma regimental.

Art. 194. *A petição do agravo de instrumento conterá a exposição do fato e do direito, e as razões do pedido de reforma da decisão, devendo ser instruída*: (RI/TST)

5. Pressupostos

a) Pressupostos Subjetivos

O Agravo de Instrumento, como recurso que é, deverá satisfazer, no que pertinente para este remédio, os pressupostos processuais subjetivos e objetivos, como já estudado. Assim, o recorrente deve ter, no momento de sua interposição, capacidade, legitimidade e interesse.

b) Pressupostos Objetivos

Por outro lado, quanto aos pressupostos objetivos ou extrínsecos, o ato deve ser recorrível de imediato, o Agravo de Instrumento deve ser o remédio adequado para a hipótese, deve ser interposto dentro do prazo legal, assinado por quem detenha habilitação para tal, normalmente advogado revestido de mandato regular (representação). À luz do art. 791 da CLT, mesmo com o limite imposto pela Súmula n. 425 do TST, empregado e empregador, poderiam propô-lo diretamente ante Tribunal Regional, no entanto não é usual nem aconselhável em razão da necessidade de conhecimento jurídico para regular interposição e fundamentação. Por fim, quanto ao preparo, a partir da Lei n. 12.275/2010, passou a ser exigível o depósito recursal.

Para melhor compreensão faremos breve análise de cada pressuposto objetivo, numa síntese do que constou no Capítulo introdutório dos Recursos Trabalhistas.

A Recorribilidade do ato (despacho denegatório de seguimento na origem ou juízo recorrido) é inquestionável ante os expressos termos da letra *"b"* do art. 897 da Consolidação das Lei do Trabalho.

Art. 897. **Cabe agravo**, no prazo de 8 (oito) dias:

a) (...)

*b) de instrumento, dos **despachos que denegarem a interposição de recursos**.*

Tempestividade:

O Agravo de Instrumento deve ser interposto no prazo de oito (8) dias, contados as partir do dia subsequente à ciência da decisão (despacho denegatório) atacada, como decorre do disposto no art. 6º da Lei n. 5.584/70 e *caput* do art. 897 da CLT.

Art. 6º **Será de 8** (oito) dias o prazo para interpor e contra-arrazoar qualquer recurso (CLT, art. 893).

Art. 897. **Cabe agravo** ("**de Instrumento**"), no prazo de 8 (oito) dias.

A contagem do prazo obedece os critérios determinados nos art. 774 e 775 da CLT, complementados ou com os detalhes peculiares trazidos pela jurisprudência sumulada a seguir reproduzidos.

Art. 774. Salvo disposição em contrário, os prazos previstos neste Título contam-se, conforme o caso, a partir da data em que for feita pessoalmente, ou recebida a notificação, daquela em que for publicado o edital no jornal oficial ou no que publicar o expediente da Justiça do Trabalho, ou, ainda, daquela em que for afixado o edital na sede da Junta, Juízo ou Tribunal.

Parágrafo único – Tratando-se de notificação postal, no caso de não ser encontrado o destinatário ou no de recusa de recebimento, o Correio ficará obrigado, sob pena de responsabilidade do servidor, a devolvê-la, no prazo de 48 (quarenta e oito) horas, ao Tribunal de origem.

Art. 775. Os prazos estabelecidos neste Título contam-se com exclusão do dia do começo e inclusão do dia do vencimento, e são contínuos e irreleváveis, podendo, entretanto, ser prorrogados pelo tempo estritamente necessário pelo juiz ou tribunal, ou em virtude de força maior, devidamente comprovada.

Parágrafo único – Os prazos que se vencerem em sábado, domingo ou dia feriado, terminarão no primeiro dia útil seguinte.

SÚMULA N. 16 – *Presume-se recebida a notificação 48 (quarenta e oito) horas depois de sua postagem. O seu não recebimento ou a entrega após o decurso desse prazo constitui ônus de prova do destinatário.*

Súmula n. 262 – PRAZO JUDICIAL. NOTIFICAÇÃO OU INTIMAÇÃO EM SÁBADO. RECESSO FORENSE.

I – Intimada ou notificada a parte no sábado, o início do prazo se dará no primeiro dia útil imediato e a contagem, no subsequente.

II – O recesso forense e as férias coletivas dos Ministros do Tribunal Superior do Trabalho (art. 177, § 1º, do RITST) suspendem os prazos recursais.

Súmula n. 1 – PRAZO JUDICIAL – *Quando a intimação tiver lugar na sexta-feira, ou a publicação com efeito de intimação for feita nesse dia, o prazo judicial será contado da segunda-feira imediata, inclusive, salvo se não houver expediente, caso em que fluirá no dia útil que se seguir. (RA n. 28/1969, DO-GB 21.8.1969)*

SÚMULA N. 385 – FERIADO LOCAL. AUSÊNCIA DE EXPEDIENTE FORENSE

Cabe à parte comprovar, quando da interposição do recurso, a existência de feriado local ou de dia útil em que não haja expediente forense, que justifique a prorrogação do prazo recursal

DISPONIBILIZAÇÃO ELETRÔNICA – Diário de Justiça Eletrônica

Segundo a nova disciplina legal da Lei n. 11.419/06, a contagem do prazo processual deve desprezar o dia da disponibilização da informação, ou seja, da veiculação do ato judicial no Diário de Justiça Eletrônico (Ac. 011335-2007-04-00-9 – 3ª T – TRT4)

SÚMULA N. 387 — RECURSO. FAC-SÍMILE. LEI N. 9.800/1999.

I – A Lei n. 9.800/1999 é aplicável somente a recursos interpostos após o início de sua vigência. (ex-OJ n. 194 – Inserida em 08.11.2000)

II – A contagem do quinquídio para apresentação dos originais de recurso interposto por intermédio de fac-símile começa a fluir do dia subsequente ao término do prazo recursal, nos termos do art. 2º da Lei n. 9.800/1999, e não do dia seguinte à interposição do recurso, se esta se deu antes do termo final do prazo. (ex-OJ n. 337 – primeira parte – DJ 4.5.2004)

III – Não se tratando a juntada dos originais de ato que dependa de notificação, pois a parte, ao interpor o recurso, já tem ciência de seu ônus processual, não se aplica a regra do art. 184 do CPC quanto ao "dies a quo", podendo coincidir com sábado, domingo ou feriado. (ex-OJ n. 337 – "in fine" – DJ 4.5.2004)

OJ-SDI1-357 – *É extemporâneo recurso interposto antes de publicado o acórdão impugnado.*

OJ SDI 1 N. 284 – ETIQUETA ADESIVA IMPRESTÁVEL PARA AFERIÇÃO DA TEMPESTIVIDADE.

A etiqueta adesiva na qual consta a expressão "no prazo" não se presta à aferição de tempestividade do recurso, pois sua finalidade é tão somente servir de controle processual interno do TRT e sequer contém a assinatura do funcionário responsável por sua elaboração.

OJ SDI 1 N. 20 – *Agravo de instrumento. Ministério Público. Pressupostos extrínsecos. Para aferição da tempestividade do AI interposto pelo Ministério Público, desnecessário o traslado da certidão de publicação do despacho agravado, bastando a juntada da cópia da intimação pessoal na qual conste a respectiva data de recebimento (LC n. 75/1993, art. 84, IV).*

OJ SDI 1 n. 285 – *Agravo de instrumento. Traslado. Carimbo do protocolo do recurso ilegível. Inservível. O carimbo do protocolo da petição recursal constitui elemento indispensável para aferição da tempestividade do apelo, razão pela qual deverá estar legível, pois um dado ilegível é o mesmo que a inexistência do dado.*

OJ SDI 1 n. 18 – Agravo de instrumento interposto na vigência da Lei n. 9.756/1998. Peça indispensável. Certidão de publicação do acórdão regional. *Necessária a juntada, salvo se nos autos houver elementos que atestem a tempestividade da revista. A certidão de publicação do acórdão regional é peça essencial para a regularidade do traslado do agravo de instrumento, porque imprescindível para aferir a tempestividade do recurso de revista e para viabilizar, quando provido, seu imediato julgamento, salvo se nos autos houver elementos que atestem a tempestividade da revista.*

Adequação:

Ante a expressa previsão legal, "**Cabe agravo... de instrumento, dos despachos que denegarem a interposição de recursos** (art. 897, "b", da CLT). Este é o recurso adequado para atacar o despacho que, no juízo recorrido, denega seguimento (a subida) de recurso para o órgão *ad quem* competente para julgá-lo.

Representação:

Quando assinado por procurador, deverá ser comprovada a regularidade do mandato, na forma do art. 5º da Lei n. 8.906/94 e arts. 36 e 37 do CPC. O mandado poderá ser expresso (comprovado pelo instrumento do procuração) ou tácito, demonstrado pela Ata da audiência com registro da presença do advogado, como mandatário da parte.

Diante da ausência de dispositivos legais tratando dos requisitos para a regular representação, buscam-se subsídios na jurisprudência sumulada que é pródiga em detalhes.

SÚMULA N. 164 – PROCURAÇÃO. JUNTADA – Nova redação –

O não cumprimento das determinações dos §§ 1º e 2º do art. 5º da Lei n. 8.906, de 04.07.1994 e do art. 37, parágrafo único, do Código de Processo Civil importa o não conhecimento de recurso, por inexistente, exceto na hipótese de mandato tácito.

SÚMULA – N. 383 – MANDATO. ARTS. 13 E 37 DO CPC. FASE RECURSAL. INAPLICABILIDADE.

I – É inadmissível, em instância recursal, o oferecimento tardio de procuração, nos termos do art. 37 do CPC, ainda que mediante protesto por posterior juntada, já que a interposição de recurso não pode ser reputada ato urgente. (ex-OJ n. 311 – DJ 11.08.2003)

II – Inadmissível na fase recursal a regularização da representação processual, na forma do art. 13 do CPC, cuja aplicação se restringe ao Juízo de 1º grau. (ex-OJ n. 149 – Inserida em 27.11.1998)

OJ SDI 1 n. 52 – Mandato. Procurador da União, Estados, Municípios e Distrito Federal, suas Autarquias e Fundações Públicas. Dispensável a juntada de procuração. (Lei n. 9.469, de 10 de julho de 1997). **(Inserido dispositivo e atualizada a legislação, DJ 20.4.05)** A União, Estados, Municípios e Distrito Federal, suas autarquias e fundações públicas quando representadas em juízo, ativa e passivamente, por seus procuradores, estão dispensadas da juntada de instrumento de mandato.

OJ SDI 1 n. 286 – Agravo de instrumento. Traslado. Mandato tácito. Ata de audiência. Configuração. *A juntada da ata de audiência, em que está consignada a presença do advogado do agravado, desde que não estivesse atuando com mandato expresso, torna dispensável a procuração deste, porque demonstrada a existência de mandato tácito.*

OJ SDI 1 N. 110.- *Em 17.12.1996, a SDI-Plena resolveu, por maioria, firmar entendimento de que a existência de instrumento de mandato nos autos de agravo de instrumento, ainda que em apenso, não legitima a atuação de advogado nos autos de que se originou o agravo.*

OJ – SDI 1 – N. 200 – **Mandato tácito. Substabelecimento inválido**. *É inválido o substabelecimento de advogado investido de mandato tácito.*

Preparo:

O Agravo de Instrumento, como recurso acessório que é, com tramitação vinculada ao Recurso Principal, não exigia preparo, salvo o pagamento de emolumentos quanto ao fornecimento e autenticação de peças. Não exige o pagamento de custas. No entanto, a partir da edição da Lei n. 12.275/2010, passou-se a exigir o depósito recursal, nos termos do § 7º do art. 899, abaixo transcrito.

Art. 899 – CLT

(...)

§ 7º No ato de interposição do agravo de instrumento, o depósito recursal corresponderá a 50% (cinquenta por cento) do valor do depósito do recurso ao qual se pretende destrancar." (Inciso com redação da Lei n. 12.275, de 29.6.2010).

A indagação que se faz é: se depositado integramente o valor da condenação, no caso de novo recurso denegado é exigível o depósito relativo ao Agravo de Instrumento? Poder-se-ia responder afirmativamente a partir do seguinte raciocínio: o § 7º, do art. 899, da CLT que não estabeleceu qualquer condição ou restrição para a realização do depósito recursal no Agravo de Instrumento, combinado com o disposto no Item III, da Instrução Normativa n. 3/93, pode levar à conclusão de que este depósito é exigível independentemente do limite da condenação ou do teto máximo fixado por Ato da presidência do TST. Poder-se-ia concluir também que mesmo não sendo devido o depósito no recurso que se pretende destrancar, o relativo ao Agravo de Instrumento seria exigível. A jurisprudência deverá estabelecer o entendimento oficial. Onde a lei não restringe ou não condiciona, não compete ao intérprete ou aplicador condicionar.

Por outro lado, poder-se-á concluir ao contrário argumentando que o depósito "não tem natureza jurídica de taxa de recurso, mas de garantia do juízo recursal", pelo que, estando garantido o juízo, nos termos da Instrução Normativa n. 03/93, *"nenhum depósito será exigido nos recursos das decisões posteriores, salvo se o valor da condenação vier a ser ampliado"*. Com argumentos metajurídicos ou de ordem fática, por argumentar-se que não sendo devido o depósito no recurso principal, não existe base de incidência ou de cálculo para o depósito recursal relativo ao Agravo de Instrumento, pelo que o mesmo seria inexigível. Espera-se que o Tribunal Superior do Trabalho posicione-se a respeito, por meio da jurisprudência.

INSTRUÇÃO NORMATIVA N. 3 de 15.3.1993(*)

Interpreta o art. 8º da Lei n. 8542, de 23.12.92 (DOU de 24.12.1992), que trata do depósito para recurso nas ações na Justiça do Trabalho e a Lei n. 12.275, de 29 de junho de 2010, que altera a redação do inciso I do § 5º do art. 897 e acresce o § 7º ao art. 899, ambos da Consolidação das Leis do Trabalho – CLT, aprovada pelo Decreto-lei n. 5.452, de 1º de maio de 1943.

(...)

II) (...)

a) *para o recurso de agravo de instrumento, o valor do "depósito recursal corresponderá a 50% (cinquenta por cento) do valor do depósito do recurso ao qual se pretende destrancar";*

b) *depositado o valor total da condenação, nenhum depósito será exigido nos recursos das decisões posteriores, salvo se o valor da condenação vier a ser ampliado;*

c) *se o valor constante do primeiro depósito, efetuado no limite legal, é inferior ao da condenação, será devida complementação de depósito em recurso posterior, observado o valor nominal remanescente da condenação e/ou os limites legais para cada novo recurso;*

(...)

III – *Julgada procedente ação rescisória e imposta condenação em pecúnia, será exigido um único depósito recursal, até o limite máximo de R$11.779,02 (onze mil, setecentos e setenta e nove reais e dois centavos), ou novo valor corrigido, dispensado novo depósito para os recursos subsequentes,* **salvo o depósito do agravo de instrumento, previsto na Lei n. 12.275/2010***, observando-se o seguinte:*

6. Formas de Interposição

O Agravo de Instrumento é interposto perante o juízo recorrido, portanto, poderá ser:

a) Protocolado direto no setor competente do órgão (Vara ou Tribunal) recorrido; ou

b) Remetido via Fac-Símile para juízo recorrido (Lei n. 9.800/1999).

SÚMULA N. 387 – RECURSO. FAC-SÍMILE. LEI N. 9.800/1999.

I – A Lei n. 9.800/1999 é aplicável somente a recursos interpostos após o início de sua vigência. (ex-OJ n. 194 – Inserida em 8.11.2000)

II – A contagem do quinquídio para apresentação dos originais de recurso interposto por intermédio de fac-símile começa a fluir do dia subsequente ao término do prazo recursal, nos termos do art. 2º da Lei n. 9.800/1999, e não do dia seguinte à interposição do recurso, se esta se deu antes do termo final do prazo. (ex-OJ n. 337 – primeira parte – DJ 4.5.2004)

III – Não se tratando a juntada dos originais de ato que dependa de notificação, pois a parte, ao interpor o recurso, já tem ciência de seu ônus processual, não se aplica a regra do art. 184 do CPC quanto ao "dies a quo", podendo coincidir com sábado, domingo ou feriado. (ex-OJ n. 337 – "in fine" – DJ 04.05.2004)

Encaminhado via Peticionamento Eletrônico (Lei n. 11.419/2006).

INSTRUÇÃO NORMATIVA N. 30/2006 — TST

Art. 5º A prática de atos processuais por meio eletrônico pelas partes, advogados e peritos será feita, na Justiça do Trabalho, por meio do Sistema Integrado de Protocolização e Fluxo de Documentos Eletrônicos (e-DOC).

§ 1º O e-DOC é um serviço de uso facultativo, disponibilizado no Portal-JT, na Internet.

§ 2º É vedado o uso do e-DOC para o envio de petições destinadas ao Supremo Tribunal Federal.

Art. 7º O envio da petição por intermédio do e-DOC dispensa a apresentação posterior dos originais ou de fotocópias autenticadas, inclusive aqueles destinados à comprovação de pressupostos de admissibilidade do recurso.

Art. 8º O acesso ao e-DOC depende da utilização, pelo usuário, da sua assinatura eletrônica.

7. Instrução do Agravo de Instrumento (§ 5º, I e II, art. 897, CLT)

Atualmente, a instrução do Agravo de Instrumento dependerá da origem do despacho denegatório de seguimento de recurso. Se o recurso (Ordinário ou Agravo de Petição) for denegado na Vara (despacho denegatório do Juiz do Trabalho), o Agravo de Instrumento deverá ser instruído como determina o parágrafo quinto do art. 897 da CLT. No entanto, se o despacho denegatório do recurso (Ordinário ou de Revista) for proferido em Tribunal Regional, a instrução obedecerá o previsto na RESOLUÇÃO ADMINISTRATIVA — TST N. 1418, DE 30 DE AGOSTO DE 2010.

Agravo de Instrumento interposto contra despacho denegatório de recurso na primeira instância (Vara, juiz do trabalho ou juiz de direito no exercício da jurisdição trabalhista), deverá conter as peças enumeradas no § 5º do art. 897 da CLT, abaixo reproduzido.

Art. 897 – CLT:

§ 5º *Sob pena de não conhecimento, as partes promoverão a formação do instrumento do agravo de modo a possibilitar, caso provido, o imediato julgamento do recurso denegado, instruindo a petição:*

I – *obrigatoriamente, com cópias da decisão agravada, da certidão da respectiva intimação, das procurações outorgadas aos advogados do agravante e do agravado, da petição inicial, da contestação, da decisão originária, do depósito recursal referente ao recurso que se pretende destrancar, da comprovação do recolhimento das custas e do depósito recursal a que se refere o § 7º do art. 899 desta Consolidação.* (Inciso com redação da Lei n. 12.275, de 29.6.2010)

I) Obrigatoriamente: (Inciso I, § 5º, art. 897, CLT)

Cópia da Decisão Agravada;

Certidão da Respectiva Intimação;

Cópia das Procurações do Agravante e do Agravado;

Cópia da Petição Inicial;

Cópia da Contestação;

Cópia da Decisão atacada pelo Recurso Principal;

Comprovante do Depósito Recursal relativo ao Recurso Principal;

Comprovante do recolhimento das custas processuais.

Outras peças que o agravante julgar necessárias ou úteis (Inciso II).

O § 7º, do art. 897, estabelece: "*Provido o Agravo a Turma deliberará sobre o julgamento do recurso principal*", pelo Agravo de Instrumento será formado, pelas peças exigidas pelo inciso I, do referido artigo, acima arroladas e mais:

Requerimento de encaminhamento do Agravo de Instrumento,

Razões do Agravo de Instrumento;

Razões do Recurso Principal Denegado;

Contrarrazões do Recurso Principal e do Agravo se houver;

Declaração de Autenticidade das Peças (cópias)

Outras Peças que o agravante ou o agravado julgar úteis;

Quanto à idoneidade dos documentos:

CLT:

Art. 830. *O documento em cópia oferecido para prova poderá ser declarado autêntico pelo próprio advogado, sob sua responsabilidade pessoal.* (Redação dada pela Lei n. 11.925, de 2009)

Parágrafo único. *Impugnada a autenticidade da cópia, a parte que a produziu será intimada para apresentar cópias devidamente autenticadas ou o original, cabendo ao serventuário competente proceder à conferência e certificar a conformidade entre esses documentos.*

CPC – art. 544

§ 1º *O agravo de instrumento será instruído com as peças apresentadas pelas partes, devendo constar obrigatoriamente, sob pena de não conhecimento, cópias do acórdão recorrido, da certidão da respectiva intimação, da petição de interposição do recurso denegado, das contrarrazões, da decisão agravada, da certidão da respectiva intimação e das procurações outorgadas aos advogados do agravante e do agravado. As cópias das peças do processo poderão ser declaradas autênticas pelo próprio advogado, sob sua responsabilidade pessoal.* (Redação dada pela Lei n. 10.352, de 26.12.2001)

Em relação à matéria estabelece, de forma complementar, a jurisprudência do TST:

OJ-SDI 1 n. 16 (Transitória). TRASLADO DE PEÇAS. OBRIGATORIEDADE. *Não há como dizer que a exigência de traslado de peças necessárias ao julgamento de ambos os recursos (o agravo e o recurso principal) somente se tornou obrigatória após a edição da Instrução Normativa n. 16/99, pois trata-se apenas de meio destinado à interpretação acerca das novas exigências que se tornaram efetivas a partir da vigência da Lei n. 9.756/1998.*

OJ SDI 1 n. 19. Agravo de instrumento. Interposto na vigência da Lei n. 9.756/1998. Peças dispensáveis à compreensão da controvérsia. Desnecessária a juntada. Mesmo na vigência da Lei n. 9.756/1998, a ausência de peças desnecessárias à compreensão da controvérsia, ainda que relacionadas no inciso I do § 5º do art. 897 da CLT, não implica o não conhecimento do Agravo. (inserido em 13.2.01)

OJ SDI 1 n. 217. *Agravo de Instrumento. Traslado. Lei n. 9.756/1998. Guias de Custas e de depósito recursal. Para a formação do Agravo de Instrumento, não é necessária a juntada de comprovantes de recolhimento de custas e de depósito recursal relativamente ao Recurso Ordinário, desde que não seja objeto de controvérsia no Recurso de Revista a validade daqueles recolhimentos.*

OJ SDI 1 n. 21. *Agravo de instrumento. Traslado. Certidão. IN n. 6/1996 do TST. Certidão do Regional afirmando que o AI está formado de acordo com IN n. 6/96 do TST não confere autenticidade às peças.*

OJ SDI 1 n. 281 – AUSÊNCIA DE ASSINATURA NO. ACÓRDÃO DO TRT

Nos Agravos de Instrumentos interpostos anteriormente à edição da Instrução Normativa n. 16/99, a ausência de assinatura na cópia não a torna inválida, desde que dela conste o carimbo, aposto pelo servidor, certificando que confere com o original.

OJ SDI 1 n. 283 – TRASLADO REALIZADO PELO AGRAVADO.

É válido o traslado de peças essenciais efetuado pelo agravado, pois a regular formação do agravo incumbe às partes e não somente ao agravante.

OJ SDI 1 n. 284 – AUSÊNCIA DE CERTIDÃO DE PUBLICAÇÃO.

A etiqueta adesiva na qual consta a expressão "no prazo" não se presta à aferição de tempestividade do recurso, pois sua finalidade é tão somente servir de controle processual interno do TRT e sequer contém a assinatura do funcionário responsável por sua elaboração.

OJ SDI 1 n. 285 – CARIMBO DO PROTOCOLO DO RECURSO ILEGÍVEL. INSERVÍVEL.

O carimbo do protocolo da petição recursal constitui elemento indispensável para aferição da tempestividade do apelo, razão pela qual deverá estar legível, pois um dado ilegível é o mesmo que a inexistência do dado.

OJ SDI 1 n. 134. Autenticação. Pessoa jurídica de direito público. *São válidos os documentos apresentados, por pessoa jurídica de direito público, em fotocópia não autenticada, posteriormente à edição da Medida Provisória n. 1.360/1996 e suas reedições.*

OJ SDI 1 n. 287. Autenticação. Documentos com anverso e verso. *Distintos os documentos contidos no verso e anverso, é necessária a autenticação de ambos os lados da cópia.*

OJ-SDI 1 n. 52 – Transitória. – ACÓRDÃO DO TRT NÃO ASSINADO.

Nos agravos de instrumento interpostos anteriormente à edição da Instrução Normativa n. 16/1999, a ausência de assinatura na cópia não a torna inválida, desde que conste o carimbo aposto pelo servidor certificando que confere com o original.

OJ-SDI 2 n. 91 – *Autenticação de cópias pelas secretarias dos Tribunais Regionais do Trabalho.. Não sendo a parte beneficiária da assistência judiciária gratuita, inexiste direito líquido e certo à autenticação, pelas Secretarias dos Tribunais, de peças extraídas do processo principal, para formação do agravo de instrumento.*

Por outro lado, o Agravo de Instrumento interposto contra despacho do Presidente ou Vice-Presidente de TRT, denegando seguimento ao Recurso Ordinário para a SDC ou SDI e Recurso de Revista para Turma do TST, não exige instrução (juntada de peças ou formação de instrumento específico), pois tal Agravo tramitará eletronicamente, nos autos do recurso principal já digitalizado pelo Tribunal Regional, conforme previsto na Resolução Administrativa — TST n. 1.418, de 30 de agosto de 2010, que estabelece em seu artigo primeiro:

Art. 1º O agravo de instrumento interposto de despacho que negar seguimento a recurso para o Tribunal Superior do Trabalho deve ser processado nos autos do recurso denegado.

8. Juízo de admissibilidade

A despeito de o Agravo de Instrumento ser interposto no juízo *ad quo*, a competência para decidir sobre sua admissibilidade é do tribunal *ad quem*. Com a devida adaptação, as regras pertinentes do Processo comum, constantes dos arts. 524 e 272 do CPT, abaixo transcritos:

Art. 524. (CPC) *O agravo de instrumento será dirigido diretamente ao tribunal competente, através de petição com os seguintes requisitos:*

(...)

Art. 272. *Os autos devidamente preparados serão conclusos ao Vice-Presidente do Tribunal, que reformará ou manterá o despacho agravado, podendo, se o mantiver, ordenar a extração e a juntada, em igual prazo, de outras peças dos autos principais.* (RI/TST)

Mesmo revogado o art. 528 do CPC "*O juiz não poderá negar seguimento ao agravo, ainda que interposto fora do prazo legal*" esta regra prevalece.

SÚMULA N. 727 STF – "*Não pode o magistrado deixar de encaminhar ao Supremo Tribunal Federal o agravo de instrumento interposto da decisão que não admite recurso extraordinário, ainda que referente a causa instaurada no âmbito dos juizados especiais.*"

Ao analisar a Reclamação (RCL) 8000, apresentada pelo espólio, Peluso ressaltou que "*é velha e saturada a jurisprudência desta Corte, no sentido de que o tribunal* a quo *não pode obstar ao processamento de agravo de instrumento contra decisão que não admite recurso*".

A competência do juízo ad quem, não se limita ao que decidiu o órgão *ad quo*, no juízo de admissibilidade do recurso principal denegado, que ensejou a interposição do Agravo de Instrumento, como se vê na Orientação Jurisprudencial da Seção Especializada em Dissídios Individuais do TST.

OJ SDI 1 N. 282 – JUÍZO DE ADMISSIBILIDADE "AD QUEM".

No julgamento de Agravo de Instrumento, ao afastar o óbice apontado pelo TRT para o processamento do recurso de revista, pode o juízo *"ad quem"* prosseguir no exame dos demais pressupostos extrínsecos e intrínsecos do recurso de revista, mesmo que não apreciados pelo TRT.

SÚMULA N. 285 – *O fato de o juízo primeiro de admissibilidade do recurso de revista entendê-lo cabível apenas quanto à parte das matérias veiculadas não impede a apreciação integral pela Turma do Tribunal Superior do Trabalho, sendo imprópria a interposição de agravo de instrumento.*

Se o Agravo de Instrumento for recebido e provido, seguirá o julgamento do recurso principal, que estava sobrestado em razão da denegação na origem, que veio para o Tribunal competente, integrando o Instrumento formado na instrução deste Agravo, de acordo com o procedimento previsto no § 7º do art. 897 da LCT.

§ 7º *Provido o agravo, a Turma deliberará sobre o julgamento do recurso principal, observando-se, se for o caso, daí em diante, o procedimento relativo a esse recurso.* (Lei n. 9.756/98)

Se for admitido, mas denegado ou improvido o Agravo de Instrumento não será apreciado o recurso principal e os autos retornarão à origem, pois não cabe outro recurso neste caso.

Quando denegado o Agravo de Instrumento por seus pressupostos extrínsecos, e, quando provido este no Tribunal Superior do Trabalho, caberá o recurso de Embargos para a SDI, como previsto na Súmula n. 353 do TST.

SÚMULA 353 – EMBARGOS. EM AGRAVO

Não cabem embargos para a Seção de Dissídios Individuais de decisão de Turma proferida em agravo, salvo:

a) da decisão que não conhece de agravo de instrumento ou de agravo pela ausência de pressupostos extrínsecos;

b) (...);

c) (...);

d) para impugnar o conhecimento de agravo de instrumento;

e) (...)

9. Efeito

Como aos demais recursos trabalhistas em dissídios individuais, a legislação não lhe atribui efeito suspensivo. Ao contrário, as normas pertinentes estabelecem: "*Os recursos... terão efeitos meramente devolutivos...* (art. 899 (CLT) e *O Agravo de Instrumento interposto contra o despacho que não receber agravo de petição não suspende a execução da sentença* (§ 2º, do art. 897, CLT). A despeito disso, a execução definitiva só ocorrerá com o retornos dos autos após o trânsito em julgado a que esteve atrelado o Agravo de Instrumento.

10. Competência para o julgamento

A competência para julgar o Agravo de Instrumento é do órgão que detém a competência para o julgamento do recurso principal ao qual ele corresponde. Assim, conforme o recurso a que ele está vinculado o julgamento do Agravo Regimental poderá competir à Turma do TRT, Turma do TST, Seção Especializada em Dissídios Coletivos ou Seção Especializada em Individuais, como se verifica na legislação de regência abaixo transcrita.

ART. 897 – CLT:

§ 4º *Na hipótese da alínea "b" deste artigo, o Agravo será julgado pelo Tribunal que seria competente para conhecer do recurso cuja interposição foi denegada.*

A competência para julgar os Agravos de Instrumento destinados ao Tribunal Superior do Trabalho está definida nos arts. 2º, 3º e 5º da Lei n. 7.701/88, complementada pelas disposições particulares e específicas do Regimento Interno daquele tribunal.

Art. 2º – *Compete à seção especializada em dissídios coletivos, ou seção normativa:*

I – (...)

II – *em última instância julgar:*

f) *os agravos de instrumento interpostos contra despacho denegatório de recurso ordinário nos processos de sua competência.*

Art. 3º *Compete à Seção de Dissídios Individuais julgar:*

I – (...)

III – *em última instância:*

f) *os agravos de instrumento interpostos contra despacho denegatório de recurso ordinário em processo de sua competência.*

Art. 5º As Turmas do Tribunal Superior do Trabalho terão, cada uma, a seguinte competência:

a) (...)

b) *julgar, em última instância, os agravos de instrumento dos despachos de Presidente de Tribunal Regional que denegarem seguimento a recurso de revista, explicitando em que efeito a revista deve ser processada, caso providos;*

Nos Tribunais Regionais do Trabalho compete às Seções Especializadas e Turmas, julgar o Agravo de Instrumento, conforme dispuserem os respectivos Regimentos Internos.

Os TRTs deverão disciplinar os procedimentos quanto ao processamento do Agravo de Instrumento no âmbito de sua jurisdição. (art. Provimento TST/CGJT N. 1/2001)

11. Tramitação

Como ocorre com os recursos em geral, o Agravo de Instrumento no Processo do Trabalho é interposto perante o órgão recorrido e não no tribunal *ad quem*. Neste juízo serão praticados os atos seguintes:

Juízo de retratação ou confirmação;

(art. 2º, Res. Administrativa TST N. 1418, de 30.08.2010);

Oportunidade de resposta;

Oportunização das Contrarrazões no Recurso Principal;

Autuação no TST ou Remessa para o TST para autuação (§ 2º, art. 2º, /RA 1418)

Remessa ao Tribunal Competente.

No Tribunal competente para o Julgamento haverá:

Protocolo;

Exame dos Pressupostos;

Pauta de Julgamento (Agravo e Recursos).

O § 5º do art. 145 do Regimento Interno do TST estabelece:

§ 5º Não haverá sustentação oral em: (Redação dada pela Emenda Regimental n.2/2011)

I – (...);

II – (...);

III – agravo de instrumento;

Decisão:

Improvimento do Agravo de Instrumento:

Remédio

SÚMULA N. 218 – RECURSO DE REVISTA – EM AGRAVO DE INSTRUMENTO(*)

É incabível recurso de revista interposto de acórdão regional prolatado em agravo de instrumento. (Res. 14/1985, DJ 19.9.1985)

SÚMULA N. 353 – EMBARGOS em AGRAVO DE INSTRUMENTO – CABIMENTO

Não cabem embargos para a Seção de Dissídios Individuais de decisão de Turma proferida em agravo, salvo:

a) da decisão que não conhece de agravo de instrumento ou de agravo pela ausência de pressupostos extrínsecos;

b) da decisão que nega provimento a agravo contra decisão monocrática do Relator, em que se proclamou a ausência de pressupostos extrínsecos de agravo de instrumento;

c) para revisão dos pressupostos extrínsecos de admissibilidade do recurso de revista, cuja ausência haja sido declarada originariamente pela Turma no julgamento do agravo;

d) para impugnar o conhecimento de agravo de instrumento;

e) para impugnar a imposição de multas previstas no art. 538, parágrafo único, do CPC, ou no art. 557, § 2º, do CPC.

Provimento do Agravo de Instrumento:

Certidão do Julgamento

Publicação da Certidão

Deliberação quanto ao julgamento do Recurso Principal.

Art. 897 – CLT

§ 7º Provido o agravo, a Turma deliberará sobre o julgamento do recurso principal, observando-se, se for o caso, daí em diante, o procedimento relativo a esse recurso.

Assim, na sequência, quando ao recurso principal haverá:

Relatório;

Possibilidade de Sustentação Oral e Parecer do Ministério Público;

Voto do Relator;

Voto do Revisor;

Voto dos Demais Membros;

Julgamento e Certidão do Julgamento;

Exemplo deste procedimento.

AGRAVO DE INSTRUMENTO.

EXECUÇÃO PREVIDENCIÁRIA. CONTRIBUIÇÕES SOCIAIS DEVIDAS A TERCEIROS. INCOMPETÊNCIA DA JUSTIÇA DO TRABALHO. PROVIMENTO.

Ante uma possível ofensa ao art. 114, VIII, da Constituição Federal, o provimento do agravo de instrumento para exame do recurso de revista é medida que se impõe.

Agravo de instrumento a que se dá provimento.

RECURSO DE REVISTA.

1. EXECUÇÃO PREVIDENCIÁRIA. CONTRIBUIÇÕES SOCIAIS DEVIDAS A TERCEIROS. INCOMPETÊNCIA DA JUSTIÇA DO TRABALHO. PROVIMENTO.

Nos termos do art. 114, VIII, da Constituição Federal, com a redação conferida pela EC n. 45/2004, a Justiça do Trabalho é competente para executar, de ofício, as contribuições sociais previstas no art. 195, I, "a", e II, da Constituição Federal, decorrentes das sentenças que proferir.

Por sua vez, o art. 240 da Constituição Federal excepciona do rol previsto no art. 195 as contribuições de terceiros, consideradas como tais aquelas destinadas a entidades privadas de serviço social e de formação profissional.

Em vista disso, há que se concluir que a competência da Justiça do Trabalho não abrange as referidas contribuições. Precedentes desta Corte.

Recurso de revista de que se conhece e a que se dá provimento.

(TST-RR-69100-25.2009.5.05.0014)

Resolução Administrativa n. 1.418/2010

Art. 3º Nos processo em que haja agravo de instrumento e também recurso admitido, se provido o agravo, publicar-se-á certidão para efeitos de intimação das partes, dela constando que o julgamento de ambos os recursos dar-se-á na primeira sessão ordinária subsequente à data da publicação, determinando-se ainda a reautuação do processo e a alteração dos registros.

Lavratura do Acórdão e publicação do Acórdão

§ 1º Julgados os recursos lavrar-se-á um único acórdão, que consignará também os fundamentos do provimento do agravo de instrumento, fluindo a partir da data da publicação do acórdão o prazo para a interposição de recursos.

§ 2º Se não for conhecido ou provido o agravo de instrumento, será de imediato julgado o recurso, com lavratura de um único acórdão, que consignará os fundamentos de ambas as decisões.

Art. 4º Interposto apenas o agravo de instrumento, se lhe for dado provimento, obeservar-se-á o procedimento descrito no art. 3º, § 1º.

Por fim, poderá haver novo recurso ou remessa à origem;

É pertinente trazer para o encerramento deste capítulo o contido na Resolução Administrativa TST 1418/2010, que trata da interposição, instrução e tramitação do Agravo de Instrumento no TST.

RESOLUÇÃO ADMINISTRATIVA – TST N. 1418, DE 30 DE AGOSTO DE 2010

Regulamenta o processamento do Agravo de Instrumento interposto de despacho que negar seguimento a recurso de competência do Tribunal Superior do Trabalho.

O EGRÉGIO ÓRGÃO ESPECIAL DO TRIBUNAL SUPERIOR DO TRABALHO, em sessão extraordinária hoje realizada, sob a Presidência do Ex.mo Sr. Ministro Milton de Moura França, Presidente do Tribunal, presentes os Ex.mos Srs. Ministros João Oreste Dalazen, Vice-Presidente, Antônio José de Barros Levenhagen, Ives Gandra Martins Filho, Brito Pereira, Maria Cristina Irigoyen Peduzzi, Renato de Lacerda Paiva,Emmanoel Pereira, Lelio Bentes Corrêa, Aloysio Corrêa da Veiga, Horácio de Senna Pires, Rosa Maria Weber Candiota da Rosa e Luiz Philippe Vieira de Mello Filho e o Ex.mo Sr. Vice-Procurador--Geral do Trabalho, Dr. Jeferson Luiz Pereira Coelho,

Considerando o Ato.SEJUD.GP n. 342/2010, que implantou e regulamentou o processo eletrônico no âmbito do Tribunal Superior do Trabalho, por força da Lei n. 11.419, de 19 de dezembro de 2006;

Considerando que, em razão dessa nova realidade normativa, já não há mais razão para o trâmite de processos físicos nesta Corte;

Considerando que a existência do processo judicial eletrônico deve substituir o processo físico e que a coexistência de ambos resulta emduplicidade antieconômica;

Considerando a digitalização de processos, pelos Tribunais Regionais, para a remessa ao Tribunal Superior do Trabalho, conforme previsto no Ato Conjunto TST.CSJT n. 10/2010;

Considerando que a remessa eletrônica de processos dos Tribunais Regionais para o Tribunal Superior do Trabalho não impede o prosseguimento dos procedimentos concernentes à execução na origem,

RESOLVE:

Art. 1º O agravo de instrumento interposto de despacho que negar seguimento a recurso para o Tribunal Superior do Trabalho deve ser processado nos autos do recurso denegado.

Art. 2º Após a juntada da petição de agravo de instrumento, o processo será concluso ao juiz prolator do despacho agravado, para sua reforma ou confirmação.

§ 1º Mantido o despacho e não havendo outro recurso admitido, o agravo de instrumento será autuado no TRT.

§ 2º Havendo agravo de instrumento e também recurso admitido, o processo será remetido ao TST com a classe processual anterior à interposição dos recursos, cabendo ao TST proceder à devida autuação do processo.

Art. 3º Nos processos em que haja agravo de instrumento e também recurso admitido, se provido o agravo, publicar-se-á certidão para efeito de intimação das partes, dela constando que o julgamento de ambos os recursos dar-se na primeira sessão ordinária subsequente à data da publicação, determinando-se ainda a reatuação do processo e a alteração dos registros.

§ 1º Julgados os recursos, será lavrado um único acórdão, que consignará também os fundamentos do provimento do agravo de instrumento, fluindo a partir da data da publicação do acórdão o prazo para interposição de recursos.

§ 2º Se não for conhecido ou provido o agravo de instrumento, será de imediato julgado o recurso, com lavratura de um único acórdão, que consignará os fundamentos de ambas as decisões.

Art. 4º Interposto apenas agravo de instrumento, se lhe for dado provimento, observar-se-á o procedimento descrito no art. 3º, § 1º.

Art. 5º Esta Resolução Administrativa entra em vigor na data da sua publicação.

Brasília, 30 de agosto de 2010.

Ministro MILTON DE MOURA FRANÇA

Presidente do Tribunal Superior do Trabalho

Capítulo 17

Agravo Regimental

1. Considerações Preliminares

Como se depreende do próprio nome deste recurso, o Agravo Regimental é um recurso previsto e normatizado nos Regimentos Internos dos Tribunais, pode-se dizer que é um recurso *"interna corporis"*, destinado a atacar decisões singulares ou monocráticas proferidas no tribunais em recursos que já chegaram ou são interpostos nos tribunais ou processo que só lá tramitam.

Quanto à tramitação dos Recursos Trabalhistas para o Tribunal Superior do Trabalho o Agravo Regimental perdeu importância com a redação dada ao parágrafo quinto do art. 896 da CLT, pela Lei n. 7.701, que previu que as denegações de seguimento do Recurso pelo Relator seriam atacadas por meio de AGRAVO (Agravo Inominado ou Agravo Interno). Agora, com a Edição da Lei n. 13.014 de 20 de julho de 2014, que expressamente previu o mesmo no Recurso de Embargos no TST, o Agravo Regimental, ficou praticamente limitado a outras decisões monocráticas de Presidente do Tribunal, de Seções, ou Turmas, do Corregedor, e, excepcionalmente, do Relator.

Quanto ao objeto, relativamente aos recursos, pode-se dizer que o Agravo Regimental visa dar seguimento a julgamento do recurso que já chegou ou foi interposto perante o tribunal competente para julgá-lo. Difere-se do Agravo de Instrumento, que tem por objetivo fazer andar, subir o recurso, ser remetido ao tribunal competente para julgá-lo. Agravo de Instrumento visa dar andamento ao recurso; o Agravo Regimental visa o prosseguimento do julgamento do recurso que já subiu ou já está no tribunal.

Está escrito no art. 6º da Lei n. 5.584/70: será de 8 (oito) dias o prazo para interpor e contra-arrazoar qualquer recurso (CLT art. 893). Assim, como recurso que é, seu prazo é de oito dias. Alguns Tribunais Regionais, entendendo, talvez, que a parte final do art. 6º retrotranscrito (CLT art. 893), limita sua aplicação aos recursos expressamente previstos na CLT, fixam o prazo em cinco dias. Assim, mesmo sendo de duvidosa legalidade esta redução do prazo, os interessados devem estar atentos a este detalhe.

2. Ato Recorrível

a) Decisão denegatória de seguimento de recurso no Tribunal competente para julgá-lo;

b) Outras decisões e despachos do Presidente do Tribunal, do Presidente de Turma, do Relator e do Corregedor, para os quais não seja previsto outro recurso;

Poderíamos sintetizar dizendo: ato recorrível é toda a decisão monocrática proferida no Tribunal, contra a qual não exista a previsão de outro recurso. Costumo brincar com meus alunos afirmando que o Agravo Regimental é o remédio de mil e uma utilidades.

3. Hipótese de Cabimento

Em razão de sua natureza, recurso *interna-corporis*, as hipótese de cabimento do Agravo Regimental no Processo do Trabalho são elencadas, como regra, nos Regimentos Internos dos tribunais trabalhistas, em especial no Regimento Interno do Tribunal Superior do Trabalho. Como exceção à regra, o § 1º do art. 709 da CLT traz uma hipótese de cabimento: "§ 1º *Das decisões proferidas pelo Corregedor, no caso do artigo, caberá agravo regimental, para o Tribunal Pleno.*"

No tocante ao cabimento estabelece o Regimento Interno do TST:

Art. 243. Cabe agravo regimental, no prazo de 8 (oito) dias, para o Tribunal Pleno, Seção Administrativa, Seções Especializadas e Turmas, observada a competência dos respectivos Órgãos, nas seguintes hipóteses:

I – do despacho do Presidente do Tribunal que denegar seguimento aos embargos infringentes;

II – do despacho do Presidente do Tribunal que suspender execução de liminares ou de decisão concessiva de mandado de segurança;

III – do despacho do Presidente do Tribunal que conceder ou negar suspensão da execução de liminar ou da sentença em cautelar;

IV – do despacho do Presidente do Tribunal concessivo de liminar em mandado de segurança ou em ação cautelar;

V – do despacho do Presidente do Tribunal proferido em efeito suspensivo;

VI – das decisões e despachos proferidos pelo Corregedor-Geral;

VII – do despacho do Relator que negar prosseguimento a recurso, exceção feita ao disposto no art. 245;

VIII – do despacho do Relator que indeferir inicial de ação de competência originária do Tribunal; e

IX – do despacho ou da decisão do Presidente do Tribunal, de Presidente de Turma, do Corregedor Geral ou Relator que causar prejuízo ao direito da parte, ressalvados aqueles contra os quais haja recursos próprios previstos na legislação ou neste Regimento.

Apenas para exemplificar o que estabelecem Tribunais Regionais, abaixo as disposições pertinentes do Tribunal Regional da 4ª Região:

SEÇÃO VI

Do Agravo Regimental

Art. 201. Cabe agravo regimental, no prazo de oito dias:

I – para o Tribunal Pleno:

a) dos despachos dos Relatores que concederem ou denegarem liminares em ações da competência do órgão;

b) dos despachos dos Relatores que indeferirem a petição inicial dos processos que lhes tenham sido distribuídos. *(Inciso acrescentado pelo Assento Regimental n. 02/2004 – aprovado pela Resolução n. 14/2004, renumerando os incisos subsequentes)*

II – para o Órgão Especial:

a) das decisões do Presidente do Tribunal de que não caibam outros recursos previstos na lei e neste Regimento;

b) dos despachos dos Presidentes das Seções Especializadas ou dos Presidentes de Turmas, contrários às disposições regimentais;

c) nos casos de descumprimento das disposições regimentais pelas Seções Especializadas ou Turmas, exceto quando apresentado como recurso contra o julgamento propriamente dito; *(Com a redação dada pelo Assento Regimental n. 02/03 – aprovado pela Resolução n. 11/2003)*

d) das decisões do Corregedor Regional;

e) dos despachos dos Relatores que concederem ou denegarem liminares em ações da competência do órgão.

III – Para as Seções Especializadas, dos despachos dos Relatores que indeferirem a petição inicial dos processos que lhes tenham sido distribuídos e concederem ou denegarem liminares em ações de sua competência;

IV – Para as Turmas, das decisões dos Relatores proferidas na forma do art. 557 do CPC e dos despachos que concederem ou denegarem liminares em ações cautelares, ou quando contrários às disposições regimentais.

§ 3º O agravo será processado em autos apartados e, após o julgamento definitivo, apensado aos autos do processo do qual se originou, exceto quando se voltar contra decisão proferida nos termos do art. 557 do CPC, hipótese em que tramitará nos próprios autos do processo. *(Com a redação dada pelo Assento Regimental n. 02/03 – aprovado pela Resolução n. 11/2003)*

§ 4º O Relator do agravo redigirá o respectivo acórdão, ainda que tenha sido reformada, pelo Colegiado, a decisão agravada.

SÚMULA N. 353 – EMBARGOS. AGRAVO – CABIMENTO -NOVA REDAÇÃO –

*Não cabem embargos para a Seção de Dissídios Individuais **de decisão** de Turma **proferida em agravo**, salvo:*

a) da decisão que não conhece de agravo de instrumento ou de agravo pela ausência de pressupostos extrínsecos;

b) da decisão que nega provimento a agravo contra decisão monocrática do Relator, em que se proclamou a ausência de pressupostos extrínsecos de agravo de instrumento;

c) para revisão dos pressupostos extrínsecos de admissibilidade do recurso de revista, cuja ausência haja sido declarada originariamente pela Turma no julgamento do agravo;

d) para impugnar o conhecimento de agravo de instrumento;

e) para impugnar a imposição de multas previstas no art. 538, parágrafo único, do CPC, ou no art. 557, § 2º, do CPC.

f) contra decisão de Turma proferida em agravo em recurso de revista, nos termos do art. 894, II, da CLT.

4. Forma do Recurso

Com o Agravo Regimental o recorrente visa demonstrar que o despacho denegatório do recurso principal não possui suporte fático ou amparo legal. Portanto este recurso, da mesma forma que o agravo de instrumento, precisa ser (até exaustivamente) fundamentado, logo o mesmo não pode ser interposto por simples petição, no sentido que lhe é próprio.

O Agravo Regimental pode ser elaborado em duas, a petição dirigida ao Relator, prolator do despacho denegatório, postulando que em face dos fundamentos expostos na peça que o acompanha (Razões do Agravo de Regimental), este reconsidere e/ou dê andamento ao Agravo encaminhando recurso denegado ao tribunal ou o Agravo Regimental e o Recurso denegado ao colegiado competente para julgá-los.

A outra peça, denominada razões, razões do recurso ou razões do Agravo de Regimental, endereçada ao órgão *ad quem* competente, contendo os fundamentos de fato ou jurídicos determinantes da reforma da decisão do recorrido, no sentido de dar prosseguimento ao recurso.

Como recurso *interna corporis* que é, salvo melhor juízo não haveria repercussão processual o fato de ser elaborado em uma única peça, denominada simplesmente de Agravo Regimental dirigida ao Relator ou ao órgão colegiado, contendo as razões e os pedidos de reconsideração ou reforma do despacho atacado, para efeito de julgamento do recurso principal.

5. Pressupostos

O Agravo Regimental como recurso que é, deverá satisfazer, no que pertinente para este remédio, os pressupostos processuais subjetivos e objetivos, como já estudado. Assim, o recorrente deve ter, no momento de sua interposição, capacidade, legitimidade e interesse.

Por outro lado, quanto aos pressupostos objetivos ou extrínsecos, a ato deve ser recorrível de imediato, o Agravo Regimental deve ser o remédio adequado para a hipótese, deve ser interposto dentro do prazo legal ou regimental, assinado por quem detenha habilitação para tal, normalmente advogado revestido de mandato regular (representação). À luz do art. 791 da CLT, mesmo com o limite imposto pela Súmula n. 425 do TST, empregado e empregador, poderiam propô-lo diretamente, no entanto não é usual nem aconselhável em razão da necessidade de conhecimento jurídico para regular interposição e fundamentação.

Deve ser ressaltado, finalmente, quanto aos pressupostos, que o Agravo Regimental não exige preparo.

6. Formas de Interposição

Diversamente dos recursos até aqui estudados, o Agravo Regimental não é interposto em órgão *a quo*, e sim diretamente perante o órgão em que foi proferida a decisão que se pretende atacar (Tribunal Regional ou Tribunal Superior do Trabalho).

As formas de interposição são as mesmas dos demais recursos, ou seja, protocolado diretamente no setor competente do tribunal onde tramita o recurso denegado ou enviado via *fac-símile* ou interposto, ainda naquele tribunal, por meio de peticionamento eletrônico, como já estudado.

7. Instrução do Agravo Regimental

O Agravo Regimental é interposto e tramita no próprio processo que já se encontra no Tribunal competente para julgá-lo, logo não exige instrução. Só excepcionalmente poderá ser juntado algum documento relativo a seus pressupostos, como substabelecimento.

A jurisprudência corrobora esta afirmação:

> O. JUR SDI 1 n. 132. *Agravo regimental. Peças essenciais nos autos principais. Inexistindo lei que exija a tramitação do agravo em autos apartados, tampouco previsão no Regimento Interno do Regional, não pode o agravante ver-se apenado por não haver colacionado cópia de peças dos autos principais, quando o ag deveria fazer parte dele. (27.11.98)*

8. Efeito

O Agravo Regimental possui efeito meramente devolutivo, no entanto, sua interposição produz um sobrestamento no andamento do processo principal, pois embora sua interposição não impeça a execução provisória, a execução definitiva só ocorrerá ou continuará com o retorno dos autos, o só se dará após o julgamento do referido Agravo.

9. Juízo de admissibilidade

As regras relativas ao processamento dos Agravos Regimentais inseridas nos Regimentos Internos dos Tribunais induzem à conclusão de que não há, em sentido estrito, juízo de admissibilidade do Agravo Regimental, como ocorre em outros recursos. Em razão disso afirma-se que interposto o Agravo Regimental o Relator ou se retrata e dá prosseguimento ao recurso que fora denegado ou submete este agravo à mesa ou órgão colegiado.

Não há previsão de recurso contra decisão do relato que denega seguimento ao Agravo Regimental, por seus pressupostos extrínsecos, apenas quando tal decisão for de turma (Súmula n. 353 do TST, letra "a").

Ao despachar o Agravo Regimental, a decisão do Relator envolve o mérito do mesmo, pois reconsidera-o ou mantém o despacho agravado.

10. Competência para Julgar

Lei n. 7.701/88

Art. 2º Compete à seção especializada em dissídios coletivos, ou seção normativa:

I – (...)

II – em última instância julgar:

*d) os embargos de declaração opostos aos seus acórdãos e os **agravos regimentais** pertinentes aos dissídios coletivos;*

Art. 3º Compete à Seção de Dissídios Individuais julgar:

I – (...)

II – em única instância:

a) os agravos regimentais interpostos em dissídios individuais; e

III – em última instância:

*c) os **agravos regimentais** de despachos denegatórios dos Presidentes das Turmas, em matéria de embargos, na forma estabelecida no Regimento Interno;*

Art. 5º – As Turmas do Tribunal Superior do Trabalho terão, cada uma, a seguinte competência:

c) julgar, em última instância, os agravos regimentais; e

No TST — RI

Art. 71. *À Seção Especializada em Dissídios Individuais, em composição plena ou dividida em duas Subseções, compete:*

(...)

II – à **Subseção I** (SDI 1):

(...)

*b) julgar os agravos e os **agravos regimentais** interpostos contra despacho exarado em processos de sua competência.*

III – à **Subseção II:** (SDI 2)

(...)

b) em única instância:

*1. julgar os agravos e **os agravos regimentais** interpostos contra despacho exarado em processos de sua competência; e*

Art. 72. Compete a cada uma das **Turmas** julgar:

(...)

III – *os agravos e os **agravos regimentais** interpostos contra despacho exarado em processos de sua competência; e*

Os Tribunais Regionais podem estabelecer regras peculiares sobre a competência para o julgamento. A título de exemplo, o Regimento Interno (RI) do TRT da Quarta Região prevê que a competência para o julgamento pode ser, conforme o procedimento do Tribunal Pleno; do Órgão Especial; das Seções Especializadas ou das Turma, como se vê no art. 201 do RI daquele Tribunal.

11. Tramitação

A tramitação do Agravo Regimental é efêmera, pois se reconsiderada a decisão denegatória o agravo perde o objeto, se provido pelo colegiado, julgar-se-á o recurso principal a que se refere, se improvido, acabará sua tramitação, junto com a do recurso principal. A despeito disso, os tribunais normatizam a tramitação, pelo que esta pode variar de tribunal para tribunal, como se vê exemplificativamente, nas partes pertinentes dos regimentos internos abaixo reproduzidas.

No Regimento Interno do Tribunal Superior do Trabalho:

Art. 236. O agravo regimental será concluso ao prolator do despacho, que poderá reconsiderá-lo ou determinar sua inclusão em pauta visando apreciação do Colegiado competente para o julgamento da ação ou do recurso em que exarado o despacho.

§ 1º Os agravos regimentais contra ato ou decisão do Presidente do Tribunal, do Vice-Presidente e do Corregedor-Geral da Justiça do Trabalho, desde que interpostos no período do respectivo mandato, serão por eles relatados. Os agravos regimentais interpostos após o término da investidura no cargo do prolator do despacho serão conclusos ao Ministro sucessor.

§ 2º Os agravos regimentais interpostos contra despacho do Relator, na hipótese de seu afastamento temporário ou definitivo, serão conclusos, conforme o caso, ao Juiz convocado ou ao Ministro nomeado para a vaga.

§ 3º Os agravos regimentais interpostos contra despacho do Presidente do Tribunal, proferido durante o período de recesso e férias, serão julgados pelo Relator do processo principal, salvo nos casos de competência específica da Presidência da Corte.

§ 4º O acórdão do agravo regimental será lavrado pelo Relator, ainda que vencido.

Já o Tribunal Regional do Trabalho da 4ª Região, quanto à tramitação, estabelece:

Art. 202. O agravo regimental será protocolado no Tribunal e, após a autuação, encaminhado ao Juiz prolator do despacho agravado.

Art. 203. Recebido o agravo, o Relator reformará ou manterá o despacho dentro de cinco dias, cabendo-lhe determinar, se o mantiver, a extração e a juntada, em dois dias, de outras peças dos autos que, a seu juízo, sejam necessárias ao julgamento do agravo, apresentando-o em mesa na primeira sessão subsequente ao órgão julgador, exceto no agravo contra decisões proferidas na forma do art. 557 do CPC, em que o Relator determinará a inclusão do processo em pauta. *(Com a redação dada pelo Assento Regimental n. 02/03 - aprovado pela Resolução n. 11/2003)*

Art. 204. O despacho que receber o agravo declarará os efeitos em que o recebe.

Art. 205. No julgamento, ocorrendo empate, prevalecerá o despacho agravado.

Assim, a tramitação dependerá da natureza do ato atacado e do Tribunal em que tramita o processo. A Decisão em processo correicional terá a mesma tramitação dos recursos principais.

Já o Agravo Regimental contra Despacho Denegatório de Recurso, será submetido ao prolator. Se houver retratação: segue o julgamento do recurso a que se refere. Se mantida a decisão agravada o AR será submetido ao Colegiado competente. Não há previsão de sustentação oral. Será sempre lavrado pelo Relator.

O § 5º do art. 145 do Regimento Interno terá agora a seguinte redação:

"Art. 145 (...)

(...)

§ 5º Não haverá sustentação oral em: (...)

(...)

IV – agravos e agravos regimentais previstos neste Regimento Interno;" (Dez. 2014)

Acolhido o Agravo Regimental prossegue o julgamento do Recurso Principal, no qual o mesmo foi interposto. A partir daí a tramitação será a normal do recurso principal: inserção na pauta de julgamento. Na cessão, teremos o relatório; a possibilidade de Sustentação Oral; Voto do Relator; Voto do Revisor; Voto dos Demais Membros; Certidão do Julgamento; Publicação da Certidão de Julgamento; Lavratura do Acórdão; Publicação (disponibilização) do Acórdão. Em seguida, poderá haver novo recurso, se cabível ou se não cabível ou não interposto retorna à origem, para execução do julgado ou providências complementares e arquivamento.

Se não acolhido o Agravo Regimental, com a publicação da decisão encerra a tramitação deste e do processo principal. Em regra, não cabe recurso contra a decisão que denega o Agravo Regimental. Neste sentido a jurisprudência:

O. JUR SDI 1 n. 70. Recurso ordinário. Cabimento. Inserida em 13.9.94 (**cancelada em decorrência da sua conversão na Orientação Jurisprudencial n. 5 do Tribunal Pleno, DJ 20.4.2005**). Não cabe recurso ordinário contra decisão de agravo regimental interposto em reclamação correicional.

OJ TST PLENO n. 05 – Não cabe recurso ordinário contra decisão de agravo regimental interposto em reclamação correicional.

SÚMULA n. 353 : *Não cabem embargos para a Seção de Dissídios Individuais, de decisão de turma proferida em Agravo...*

Capítulo 18

Agravo ou Agravo Inominado ou Interno

1. Considerações Preliminares

Salvo melhor juízo, o legislador ao arrolar no art. 893 da Consolidação das Leis do Trabalho de 1943, entre os recursos admissíveis no Processo do Trabalho, Agravo, tinha em mente o Agravo de Petição e o Agravo de Instrumento previstos nas letras *"a"* e *"b"* do art. 897, da CLT.

Não trava o texto consolidado do AGRAVO, também chamado de Agravo inominado, ou Agravo interno, que só apareceu na CLT como recurso distinto dos antes mencionados em 1988 quando foi inserido o parágrafo 5º no art. 896, pela Lei n. 7.701/88, prevendo:

§ 5º Estando a decisão recorrida em consonância com enunciado da Súmula da Jurisprudência do Tribunal Superior do Trabalho, poderá o Ministro Relator, indicando-o, negar seguimento ao Recurso de Revista, aos Embargos, ou ao Agravo de Instrumento. Será denegado seguimento ao Recurso nas hipóteses de intempestividade, deserção, falta de alçada e ilegitimidade de representação, **cabendo a interposição de Agravo.**

Posteriormente, a matéria ganhou novo tratamento no Código de Processo Civil, quando a Lei n. 9.756 de 17.12.1998 deu a atual redação do art. 557 do CPC ainda em vigor, dispondo:

Art. 557. O relator negará seguimento a recurso manifestamente inadmissível, improcedente, prejudicado ou em confronto com súmula ou com jurisprudência dominante do respectivo tribunal, do Supremo Tribunal Federal, ou de Tribunal Superior. (Redação dada pela Lei n. 9.756, de 17.12.1998)

§ 1º-A Se a decisão recorrida estiver em manifesto confronto com súmula ou com jurisprudência dominante do Supremo Tribunal Federal, ou de Tribunal Superior, o relator poderá dar provimento ao recurso.

§ 1º Da decisão caberá agravo, no prazo de cinco dias, ao órgão competente para o julgamento do recurso, e, se não houver retratação, o relator apresentará o processo em mesa, proferindo voto; provido o agravo, o recurso terá seguimento.

§ 2º Quando manifestamente inadmissível ou infundado o agravo, o tribunal condenará o agravante a pagar ao agravado multa entre um e dez por cento do valor corrigido da causa, ficando a interposição de qualquer outro recurso condicionada ao depósito do respectivo valor.

A INSTRUÇÃO NORMATIVA N. 17 do TST, de 05 de outubro de 2000, a despeito do disposto no § 5º, do art. 896, supratranscrito, por mais abrangente previu a aplicação subsidiária desta norma do Processo comum ao Processo do Trabalho, estabelecendo, na parte pertinente:

Uniformiza a interpretação da Lei n. 9.756, de 17 de dezembro de 1998, com relação ao recurso de revista.

(...)

III - Aplica-se ao processo do trabalho o caput do art. 557 do Código de Processo Civil, com a redação dada pela Lei n. 9.756/98, salvo no que tange aos recursos de revista, embargos e agravo de instrumento, os quais continuam regidos pelo § 5º do art. 896 da Consolidação das Leis do Trabalho – CLT, que regulamenta as hipóteses de negativa de seguimento a recurso.

Assim, ressalvadas as exceções apontadas, o relator negará seguimento a recurso manifestamente inadmissível, improcedente, prejudicado o em confronto com súmula ou com jurisprudência dominante do respectivo Tribunal, do Supremo Tribunal Federal ou de Tribunal Superior.

Outrossim, aplicam-se ao processo do trabalho os §§ 1º-A e 1º e 2º do art. 557 do Código de Processo Civil, adequando-se o prazo do agravo à sistemática do processo do trabalho (oito dias).

Desse modo, se a decisão recorrida estiver em manifesto confronto com súmula ou com jurisprudência dominante do Supremo Tribunal Federal ou de Tribunal Superior, o relator poderá dar provimento ao recurso, **cabendo agravo, no prazo de oito dias, ao órgão competente para o julgamento do recurso.** *Se não houver retratação, o relator, após incluir o processo em pauta, proferirá o voto. Provido o agravo, o recurso terá seguimento. (NR)*

Complementando esta etapa, REGIMENTO INTENO DO TST, estabeleceu:

Art. 239. Caberá agravo ao órgão colegiado competente para o julgamento do respectivo recurso, no prazo de oito dias, a contar da publicação no órgão oficial:

I – da decisão do Relator, tomada com base no § 5º do art. 896 da CLT;

II – da decisão do Relator, dando ou negando provimento ou negando seguimento a recurso, nos termos do art. 557 e § 1º-A do CPC.

Hoje, em razão das normas pertinentes inseridas na CLT pela Lei n. 13.015, de 21 de julho de 2014, podemos afirmar que o Agravo (Agravo inominado ou Agravo Interno) é um recurso típico do Direito Processual do Trabalho, arrolado no art. 893 e regulamentado nos arts. 894 e 896 da Consolidação, nos termos a seguir reproduzidos:

a) no Recurso de Embargos no TST:

Art. 894, com a nova redação dada pela Lei n. 13.015/15, dispõe:

§ 3º O Ministro Relator denegará seguimento aos embargos:

I – se a decisão recorrida estiver em consonância com súmula da jurisprudência do Tribunal Superior do Trabalho ou do Supremo Tribunal Federal, ou com iterativa, notória e atual jurisprudência do Tribunal Superior do Trabalho, cumprindo-lhe indicá-la;

II – nas hipóteses de intempestividade, deserção, irregularidade de representação ou de ausência de qualquer outro pressuposto extrínseco de admissibilidade.

*§ 4º **Da decisão denegatória dos embargos caberá agravo, no prazo de 8 (oito) dias.***

b) No Recurso de Revista:

Art. 896 da CLT, na redação da Lei n. 13.015/14:

§ 1º-A – Sob pena de não conhecimento, é ônus da parte:

I – indicar o trecho da decisão recorrida que consubstancia o prequestionamento da controvérsia objeto do recurso de revista;

II – indicar, de forma explícita e fundamentada, contrariedade a dispositivo de lei, súmula ou orientação jurisprudencial do Tribunal Superior do Trabalho que conflite com a decisão regional;

III – expor as razões do pedido de reforma, impugnando todos os fundamentos jurídicos da decisão recorrida, inclusive mediante demonstração analítica de cada dispositivo de lei, da Constituição Federal, de súmula ou orientação jurisprudencial cuja contrariedade aponte.

*§ 12. – **Da decisão denegatória caberá agravo, no prazo de 8 (oito) dias.***

2. Ato Recorrível

O ato recorrível é a decisão do relator em sentido amplo ou decisão em sentido estrito e despacho do relator, proferida em recurso nos Tribunais Regionais e Tribunal Superior do Trabalho, nas hipóteses previstas em lei.

Especificando podemos dizer que são atos recorríveis:

a) Despacho do Relator denegando seguimento a recurso de Embargos e de Revista (arts. 894, § 4º e 896, § 12, CLT);

b) Decisão monocrática de mérito do Relator, improvendo ou provendo o recurso, em face de entendimento pacífico de Tribunal Superior (art. 557, CPC, aplicável ao Processo do Trabalho na forma da Instrução Normativa 17/2000 e art. 237, II, do Regimento Interno do TST).

3. Hipóteses de Cabimento

São Hipóteses de Cabimento:

a) Decisão Monocrática do Relator no TST que denegar seguimento a Recurso de Embargos de Divergência por estar a decisão recorrida em consonância da Jurisprudência pacífica do STF ou TST (§§ 3º e 4º do art. 894, CLT);

b) Despacho do Relator no TST que negar seguimento a Recurso de Embargos de Divergência por não satisfação de pressupostos (§§ 3º e 4º, do art. 894, CLT);

c) Decisão Monocrática do Relator no TST que denegar seguimento a Recurso de Embargos Infringentes em Dissídio Coletivo por estar a decisão recorrida em consonância de Jurisprudência pacífica do STF ou TST (§§ 3º e 4º do art. 894, CLT);

d) Despacho do Relator no TST que negar seguimento a Recurso de Embargos Infringentes em Dissídio Coletivo, por não satisfação de pressupostos (§§ 3º e 4º, do art. 894, CLT);

e) Despacho do Relator no TST que não conhecer Recurso de Revista (§ 12, combinado com o § 1º, do art. 896 da CLT);

f) Despacho de Relator que negar seguimento a recurso manifestamente inadmissível, improcedente ou prejudicado (art. 557 do CPC, combinado com IN 17/2000 e art. 239 do RI/TST);

g) Decisão Monocrática do Relator, em TRT ou no TST, que **im**prover recurso, quando a decisão recorrida estiver de acordo com jurisprudência sumulada de Tribunal Superior (art. 557 do CPC, combinado com IN 17/2000 e art. 239 do RI/TST);

h) Decisão Monocrática do Relator em TRT e TST que **prover** recurso por estar a decisão recorrida em manifesto confronto com jurisprudência Sumulada do STF OU TST (§ 1º-A, do art. 557 do CPC, combinado com IN n. 17/2000 e art. 239 do RI/TST).

i) Decisão monocrática do Relator, em que se proclamou a ausência de pressupostos extrínsecos de agravo de instrumento (Súmula n. 353, letra "b", do TST);

Deve ser reiterado que este despacho ou decisão do Relator como acima referido é atacável por Agravo (Agravo Inominado) e não por Recurso de Revista ou de Embargos.

OJ SDI 1 n. 378. EMBARGOS. INTERPOSIÇÃO CONTRA DECISÃO MONOCRÁTICA. NÃO CABIMENTO. *Não encontra amparo no art. 894 da CLT, quer na redação anterior quer na redação posterior à Lei n. 11.496, de 22.06.2007, recurso de embargos interposto à decisão monocrática exarada nos moldes dos arts. 557 do CPC e 896, § 5º, da CLT, pois o comando legal restringe seu cabimento à pretensão de reforma de decisão colegiada proferida por Turma do Tribunal Superior do Trabalho.*

Da decisão do Colegiado que julgar o Agravo é que cabem Embargos de Divergência no TST.

OJ SDI 1 n. 293. *Embargos à SDI contra decisão de Turma do TST em agravo do art. 557, § 1º, do CPC. Cabimento.* **São cabíveis Embargos para a SDI contra decisão de Turma proferida em Agravo** *interposto de decisão monocrática do relator, baseada no art. 557, § 1º, do CPC.*

Tal decisão nos Regionais ensejará o Recurso de Revista, pois provido o Agravo, passar-se-á ao julgamento do Recurso Ordinário no qual ele, Agravo, foi interposto contra a decisão monocrática de provimento ou improvimento.

Forma deste Recurso

Com o Agravo ou Agravo Inominado o recorrente visa demonstrar que o despacho denegatório do recurso principal não possui suporte fático ou amparo legal. Portanto, este recurso, da mesma forma que o agravo de instrumento e regimental precisa ser rigorosamente fundamentado; assim, a tal recurso, não se aplica a parte inicial do *caput* do art. 899 da CLT, que prevê, genericamente, que os recursos podem ser interpostos por simples petição, no sentido que lhe é próprio.

O Agravo ou Agravo Inominado pode ser elaborado em duas peças: uma petição dirigida ao Relator, prolator do despacho denegatório, postulando, que em face dos fundamentos expostos na peça que o acompanha (Razões do Agravo — Inominado), este reconsidere a decisão atacada submetendo-o ao colegiado (submetendo o recurso denegado ao órgão colegiado competente). Em não se retratando, de andamento ao Agravo, Agravo encaminhando este e o recurso denegado ao órgão competente do tribunal.

A outra peça, denominada razões, razões do recurso ou razões do Agravo de Regimental, endereçada ao órgão colegiado competente, contendo os fundamentos de fato ou jurídicos determinantes da reforma da decisão recorrida, no sentido de dar prosseguimento ao recurso. A apresentação em duas peças decorre do entendimento consubstanciado na Orientação Jurisprudencial n. 120 da SDI 1.

OJ SDI 1 n. 120 – *O recurso sem assinatura será tido por inexistente. Será considerado válido o apelo assinado, ao menos, na petição de apresentação ou nas razões recursais.*

Como recurso *interna corporis* que é, salvo melhor juízo não haveria repercussão processual no fato de ser elaborado em uma única peça, denominada simplesmente de Agravo (ou Agravo Inominado ou Interno) dirigida ao Relator ou ao órgão colegiado, contendo as razões e os pedidos de reconsideração ou reforma do despacho atacado, para efeito de julgamento do recurso principal.

Pela aplicação subsidiária dos arts. 524 e 514 do CPC, as razões do Agravo devem conter os motivos de fato e razão de direitos que justifiquem a reforma da decisão recorrida.

Art. 524. O agravo de instrumento será dirigido diretamente ao tribunal competente, através de petição com os seguintes requisitos:

I – a exposição do fato e do direito;

II – as razões do pedido de reforma da decisão;(CPC)

Art. 514. *A apelação, interposta por petição dirigida ao juiz, conterá*:

I – *os nomes e a qualificação das partes;*

II – *os fundamentos de fato e de direito;*

III – *o pedido de nova decisão.*

Este entendimento é corroborado pelo disposto em Regimento Interno de Tribunais e no novo inciso III do § 1º-A do art. 896, da CLT.

Art. 194. *A petição do agravo de instrumento conterá a exposição do fato e do direito, e as razões do pedido de reforma da decisão, devendo ser instruída*: (RI/TRT4)

§ 1º-A – Sob pena de não conhecimento, é ônus da parte: (Incluído pela Lei n. 13.015, de 2014)

I – (...)

II – (...)

III – expor as razões do pedido de reforma, impugnando todos os fundamentos jurídicos da decisão recorrida, inclusive mediante demonstração analítica de cada dispositivo de lei, da Constituição Federal, de súmula ou orientação jurisprudencial cuja contrariedade aponte. (Lei n. 13.015, de 2014)

A jurisprudência sumulada confirma e ratifica o entendimento acima.

SÚMULA TST N. 422 – *Não se conhece de recurso para o TST, pela ausência do requisito de admissibilidade inscrito no art. 514, II, do CPC, quando as razões do recorrente não impugnam os fundamentos da decisão recorrida, nos termos em que fora proposta.*

OJ SDI 1 N. 257 – *Recurso. Fundamentação. Violação legal. Vocábulo violação. Desnecessidade. A invocação expressa, quer na Revista, quer nos Embargos, dos preceitos legais ou constitucionais tidos como violados não significa exigir da parte a utilização das expressões "contrariar", "ferir", "violar" etc.*

4. Pressupostos

O Agravo (Agravo Inominado ou Interno) como recurso que é, deverá satisfazer, no que pertinente para este remédio, os pressupostos processuais subjetivos e objetivos, como já estudado. Assim, o recorrente deve ter, no momento de sua interposição, capacidade, legitimidade e interesse.

Por outro lado, quanto aos pressupostos objetivos ou extrínsecos, a ato deve ser recorrível de imediato, o Agravo Inominado deve ser o remédio adequado para a hipótese, deve ser interposto dentro do prazo legal ou regimental, assinado por quem detenha habilitação para tal, normalmente advogado revestido de mandato regular (representação). Em razão da legitimação processual peculiar estabelecida no art. 791 da CLT, reclamante e reclamado poderiam interpô-lo perante os TRTs, no entanto não é usual nem aconselhável em razão da necessidade de conhecimento jurídico para regular interposição e fundamentação. No entanto, em razão da limitação ao *jus postulandi* imposta pela Súmula n. 425 do TST, perante o TST, só o advogado regularmente constituído pode interpor.

Deve ser ressaltado, finalmente quanto aos pressupostos, que o Agravo Inominado não exige preparo.

5. Formas de Interposição

Diversamente dos recursos até aqui estudados, o Agravo Inominado não é interposto em órgão *a quo*, e sim diretamente perante o órgão em que foi proferida a decisão que se pretende atacar (Tribunal Regional ou Tribunal Superior do Trabalho).

As formas de interposição são as mesmas dos demais recursos, ou seja, protocolado diretamente no setor competente do tribunal onde tramita o recurso denegado ou enviado via fac-símile ou interposto, ainda naquele tribunal, por meio de peticionamento eletrônico, como já estudado.

6. Instrução do Agravo Regimental

O Agravo (Inominado ou Interno) Regimental é interposto e tramita no próprio processo que já se encontra no Tribunal competente para julgá-lo, logo não exige instrução. Só excepcionalmente poderá ser juntado algum documento relativo a seus pressupostos, como substabelecimento.

O entendimento jurisprudencial relativo ao Agravo Regimental, é pertinente e corrobora a afirmação quanto à inexigibilidade de intrução no Agravo Inominado.

O. JUR SDI 1 n. 132 – *Agravo regimental. Peças essenciais nos autos principais. Inexistindo lei que exija a tramitação do agravo em autos apartados, tampouco previsão no Regimento Interno do Regional, não pode o agravante ver-se apenado por não haver colacionado cópia de peças dos autos principais, quando o ag deveria fazer parte dele. (27.11.98)*

7. Efeito

O Agravo ora estudado possui efeito meramente devolutivo, no entanto, sua interposição produz um sobrestamento no andamento do processo principal, pois embora sua interposição não impeça a execução provisória, a execução definitiva só ocorrerá ou continuará com o retorno dos autos, o que só se dá após o julgamento do referido Agravo.

8. Juízo de admissibilidade

As regras relativas ao processamento dos Agravos inseridas nos Regimentos Internos dos Tribunais induzem à conclusão de que não há, em sentido estrito, juízo de admissibilidade do Agravo Regimental, como ocorre em outros recursos. Em razão disso afirma-se que, interposto o Agravo Inominado o Relator ou se retrata e dá prosseguimento ao recurso que fora denegado ou submete este agravo ao órgão colegiado competente.

Não há previsão de recurso contra decisão do relato que denega seguimento ao Agravo, por seus pressupostos extrínsecos, apenas em relação à decisão do Colegiado (Súmula n. 353 do TST).

9. Competência para julgar

O Regimento Interno do TST, nos arts. 71 e 72, aponta o órgão, que naquele Tribunal, exerce a competência estabelecida nos art. 2º, 3º e 5º, da Lei n. 7.701/88, em cada caso específico.

Art. 71. *À Seção Especializada em Dissídios Individuais, em composição plena ou dividida em duas Subseções, compete:*

(...)

II – à **Subseção I** (SDI 1):

(...)

b) *julgar os **agravos** e os agravos regimentais interpostos contra despacho exarado em processos de sua competência.*

III – à **Subseção II**: (SDI 2)

(...)

b) em única instância:

1. *julgar os **agravos** e os agravos regimentais interpostos contra despacho exarado em processos de sua competência; e*

Art. 72. Compete a cada uma das **Turmas** julgar:

....

III – *os **agravos** e os agravos regimentais interpostos contra despacho exarado em processos de sua competência; e*

Nos limites estabelecidos nos art. 677 a 681 da CLT, os Regimentos internos dos Tribunais Regionais definem os órgãos competentes em cada caso, para julgar os Agravos, como mostra, exemplificativamente o art. 37 do RI/TRT4, na parte abaixo transcrita.

Art. 37. Compete a cada Turma:

(...)

d) – *julgar os **agravos** interpostos das decisões dos Relatores proferidas na forma do **art. 557 do CPC** e dos despachos que concederem ou denegarem liminares em ações cautelares, ou quando contrários às disposições regimentais, observado o procedimento previsto nos arts. 201 a 205 deste Regimento;*

10. Tramitação

Os Regimentos internos estabelecem os procedimentos pertinentes à tramitação do Agravo, em cada tribunal. O contido na parte dos artigos abaixo transcritos mostra a tramitação do Agravo perante o TST.

Art. 240. Para o julgamento do processo, observar-se-á o disposto neste Regimento.

Art. 231. (...)

Parágrafo único. Registrado o protocolo na petição a ser encaminhada à Coordenadoria da Turma prolatora da decisão embargada, esta juntará o recurso aos autos respectivos e abrirá vista à parte contrária para impugnação no prazo legal. Transcorrido o prazo, o processo será remetido à unidade competente para ser imediatamente distribuído.

Art. 236. O agravo regimental será concluso ao prolator do despacho, que poderá reconsiderá-lo ou determinar sua inclusão em pauta visando apreciação do Colegiado competente para o julgamento da ação ou do recurso em que exarado o despacho.

(...)

§ 4.º O acórdão do agravo regimental será lavrado pelo Relator, ainda que vencido.

Nos Tribunais Regionais do Trabalho, procedimento semelhante é estabelecido nos respectivos Regimentos Internos.

11. Recursos

Conforme a hipótese de cabimento do Agravo a respectiva decisão, poderá ensejar Embargos de Declaração e excepcionalmente Recurso de Revista ou Embargos no TST.

OJ SDI 1 n. 293 – *Embargos à SDI contra decisão de Turma do TST em agravo do art. 557, § 1º, do CPC. Cabimento. São cabíveis Embargos para a SDI contra decisão de Turma proferida em Agravo interposto de decisão monocrática do relator, baseada no art. 557, § 1º, do CPC.*

SÚMULA N. 353 – EMBARGOS. AGRAVO – CABIMENTO -NOVA REDAÇÃO –

Não cabem embargos para a Seção de Dissídios Individuais **de decisão** de Turma **proferida em agravo**, salvo:

a) (...)

b) da decisão que nega provimento a agravo contra decisão monocrática do Relator, em que se proclamou a ausência de pressupostos extrínsecos de agravo de instrumento;

c) (...)

d) (...)

e) (...)

f) contra decisão de Turma proferida em agravo em recurso de revista, nos termos do art. 894, II, da CLT.

Capítulo 19

Jurisprudência Atual em Matéria Processual Trabalhista

Neste capítulo suplementar trazendo recentes decisões atinentes aos temas debatidos nos capítulos anteriores, visamos reforçar a ideia de que o operador do Direito deve conhecer o Direito Processual do Trabalho como os tribunais competentes o entende e o aplica nas causas sujeitas a sua jurisdição.

DIREITO PROCESSUAL DO TRABALHO – CRÍTICA

NOS TRIBUNAIS SUPERIORES JULGAM-SE OS PROCESSOS NÃO AS CAUSAS

— Desvirtuamento do Direito Processual – Prevalência da forma – Resp 944.040 (2007/0091038-0 Rel. Min. Nancy Andrichi);

— Núcleo (de extinção) de Agravos se consolida como eficiente instrumento de gestão;

— Em **60 dias**, STJ rejeitou mais de **2.600** Agravos de Instrumento;

— Instituto da Repercussão Geral reduz em quase 41% volume de processo no STF;

— STF reduz em 38,5% os processos em tramitação <http://twitter.com/stf>;

— STF muda processamento de Agravos de Instrumento e arquiva 20,44% dos recursos — Push STF;

— SNJ extingue "Serial Killer Processual" — OAB — Informativo 9.6.2010;

— Turma confirma intempestividade de recurso interposto em órgão incompetente – Ag.AIRR 327-54.2011.5.04.0023;

— Empregado perde justiça gratuita por não declarar hipossuficiência – RR 173500-20.5.20.0001 (pub. 19.2.2014);

— Recurso bom é recurso morto — Lenio Luiz Streck — Consultor Jurídico 29.12.2014.

01 — DIREITO PROCESSUAL DO TRABALHO E PRINCÍPIOS

— Aplicação da Lei brasileira a empregado brasileiro que labora no exterior TST E RR 10032066720035010900

— Princípio da celeridade? Falta de acordo leva TST julgar ação que tramita há 25 anos — AI-RR 88400-80.1989.5.01.0141 — Disponibilizado em 2.6.2014

NATUREZA COGENTE DAS NORMAS PROCESSUAIS

— Incabível o deferimento de prazo suplementar — RO. 757-19.2011.5.09-0000;

— Falta de declaração de pobreza acarreta perda da JG – RR. 173500-20.2006.5.20.0001.

INTEGRAÇÃO — APLICAÇÃO SUBSIDIÁRIA DO DIREITO COMUM

— Art. 940 do Código Civil não é compatível com o Processo do Trabalho – TRT3 RO 0000538-16.2011.5.03.0089.

APLICAÇÃO DA LEGISLAÇÃO PROCESSUAL NO ESPAÇO

— Legislação brasileira é aplicável à empregada de navio italiano Proc. TRT4 0000444-60.2012.5.04.0233;

— Empregado contratado no Brasil para laborar no estrangeiro — Lei brasileira — RR 1003206-67.2003.501.0900;

— Prevalência da Lei Brasileira sobre a do local da prest. do serviço. — RR 1003296-67.2003.5.01.0900 — ED – TRT3 – 0000354-93.2013.5.03.0023.

1.3 – FORMAS DE SOLUÇÃO DE CONFLITOS

— 3ª T do TST restringe a aplicação do instituto da arbitragem 13.4.2009;

— 6ª Turma TST declara nula sentença arbitral 19.5.2009;

— TST reafirma que arbitragem é inaplicável na rel de emprego — 6ª T TST, 20.6.2009;

— Invalidada a arbitragem para homologação de rescisão do C do Trab. SDI 1, 26.3.2010;

— Arbitragem é incompatível com o Dir. do Trab. RR 189600-42.2008.5.07.0001;

— Empresa é condenada por ajuizar Reclamatória para homologar rescisões RR 200-20.2006.5.08.0011 e — Ação Resc. 0003386-85.2012.5.04.0000 2ª SDI/TRT4 03.2012;

— A existência da CCP (art. 625-CLT), afasta a arbitragem (Lei n. 9958/00) na J. Trab. — RO 00471201207503-000 TRT3;

— Empresa é condenada por usar a Justiça para homologar rescisões – RR 200-20.2006.508.0011;

— Câmara de Mediação e Arbitragem não pode atuar em Conflitos Trabalhistas–Proc. RR -25900-67.2008.5.03.0075 – Ac. Disponibilizado em 04.2015.

02 – JUDICIÁRIO TRABALHISTA
03 – JURISDIÇÃO E COMPETÊNCIA DA JUSTIÇA DO TRABALHO
CONFLITOS ORIUNDOS DA RELAÇÃO DE TRABALHO

— Incompetência em relação à matéria – Substituição de tabelião – RO 00115357-24-2004.518.0013;

— Competência conflitos de terceiros envolvidos em conflito entre empregado e empregador CC 118842 STJ;

— Comp. da J do Trab. Em relação a empréstimo do empregador ao empregado — STJ em 16.4.32013;

— Comp da J do Trab. Para julgar reintegração de posse – RO-trt3 0000620-17-2011.503.0099;

— Art. 114 CF/88-EC n. 45/04 **Inciso I** — as ações oriundas da relação de trabalho, abrangidos os **entes de direito público externo**...

3.1 — IMUNIDADE DE JURISDIÇÃO DOS ORGANISMOS INTERNACIONAIS

— UNESCO possui imunidade de jurisdição Proc. 01080-2009-009-10-00-0 TRT10ª;

— Reclamação Trabalhista contra a ONU/PNUD: Imunidade de Jurisdição e Execução – (STF – RE 578543 – e 577368 de 7.5.2009);

— Organismo Internacional possui imunidade — E- RR 51900-55.2004.5.10.0009 de 4.10.2010;

— Contratados por organismos internacionais não se submetem à lei trabalhista brasileira (E-ED-RR 1260-2004-019-10-00.4 publicado em 10.11.2009);

— Judiciário não pode afastar a imunidade de organ. internacionais RR 1865/2002-005-07-00.7 de 24.11.2009;

— STF reconhece imunidade da ONU/PNUD em ações trabalhistas (REs 578543 e 597368) 15.5.2013.

3.1.1 – RELATIVIZAÇÃO DA IMUDIDADE DE JURISDIÇÃO

— Imunidade de jurisdição do Estado estrangeiro é relativa — STF AgR RE 222.368-4 PE 30.4.2002;

— TST afasta mais uma vez imunidade de jurisdição – (RR 295/2004-019-10-00.6 de 06.04.2009);

— Imunidade de jurisdição — Reclamação trabalhista — Litígio entre Estado Estrangeiro e Empregado brasileiro (2.2.2003);

— Relativização da imunidade de jurisdição — acórdão TST-RXOF e ROAR 242/2005-000-10.1 de12.9.2008;

— Convênio não garante imunidade (RR 815069/2001.8, publicado em 18.3.2009);

— Imunidade de organismo internacional não é absoluta RR 1.260/2004.019.10.00-4 (2009);

— Justiça do Trabalho é competente para julgar reclamatória envolvendo ato de gestão de organismo internacional TRT — Proc. 00658-2007-018-04-00-2 — (TRT4 — 21.5.2009);

— Extinção de proc. contra Estado estrangeiro — Newsletter Lex Magister 30.8.2013;

— Turma reconhece a imunidade de jurisdição da UNESCO **RR-9900-70.2009.5.15.0059 (13.04.2015)**.

IMUNIDADE DE EXECUÇÃO

— A imunidade de jurisdição, de um lado, e a imunidade de execução, de outro, constituem categorias autônomas, juridicamente inconfundíveis STF AgReg RE 222.368-4 (PE) — Ac. 2ª T., 30.4.2002;

— Consulado de Portugal em SP terá bens penhorados para pagamento de dívida trabalhista — RR-130500-78.2006.5.02.0030 – Disp. em 18.3.2015;

— Mantida a decisão que redirecionou para a União execução contra Organismo Internacional — AP 0031400-66.2007.5.10.0007;

— Penhorado prédio da antiga embaixada da Arábia Saudita – AIRR 18614-08.2005.5.10.0018;

Art. 114 CF/88-EC 45/04 **Inciso I** — as ações oriundas da relação de trabalho, abrangidos os entes de direito público... **da administração pública direta e indireta da União, dos Estados, do Distrito Federal e dos Municípios.**

3.1.2 COMPETÊNCIA DA J DO TRAB EM RELAÇÃO A SERVIDORES PÚBLICOS — (ADIn n. 3.395-6)

— art. 114 não se aplica em relação jurídica estatutária — ADIn 3.395-6;

— Dissídio Coletivo de Servidores Estaduais — ADIn n. 4.417;

— Contratação Temporária e competência da Justiça Comum — STF RE 573202 de 28.8.2008;

— STF entende que não há relação de trabalho entre administração e funcionários temporários — Reclamação 4464 e Reclamação 6667 de 20.5.2009;

— Justiça Federal é competente para analisar contratos temporários com ente federal — RE n. 573.202;

Cabe à Justiça Trabalhista reconhecer vínculo empregatício permanente ou temporário (STJ 27.8.2008);

— Cargos em Comissão — Competência da Justiça Comum — Reclamação: 4924 de 25.4.2007;

— Ação de servidor celetista é julgada pela Justiça do Trabalho — AI RR 558/2001-305004-40.3 de 13.3.2007;

— Regime celetista de servidor municipal determina competência da Just do Trabalho **CC 116308** STJ, 7.3.2012;

— Servidor celetista, competência da Justiça Trabalho RO TRT3 0000508-16.2011.5.03.0045 — Ag. 2012;

Art. 114 cf-EC n. 45/04 **Inciso II** — as ações que envolvam exercício do direito de greve;

— Justiça trabalhista deve decidir percentual mínimo de frota de ônibus em caso de greve;

— STJ suspende greve nacional dos servidores do INSS marcada para amanhã (15.6.2009);

— Suspensa tramitação de dissídio de greve de policiais paulistas na Justiça do Trabalho Ccl 6568 — em 15.9.2008;

Art. 114 cf-EC 45/04 **Inciso III** — as ações sobre representação sindical, entre sindicatos, entre sindicatos e trabalhadores, e entre sindicatos e empregadores;

— Justiça comum deve julgar ação entre sindicato e associado — STJ;

— Supremo entende que STJ é competente para julgar ação sobre recolhimento de contribuição sindical — Notícia;

Art. 114 cf-EC n. 45/04 **Inciso IV** — os mandados de segurança, *habeas corpus* e *habeas data*, quando o ato questionado envolver matéria sujeita à sua jurisdição.

COMPETÊNCIA CRIMINAL DA JUSTIÇA DO TRABALHO

— PEC quer conceder competência penal à Justiça do Trabalho (PEC n. 327/09 – Ag. da Câmara)

— TST rejeita competência criminal da Justiça do Trabalho ROAG 891/2005-000-12-00.1;

— TST concede liberdade a depositário infiel HC 3331-19.2010.5.00.000;

— TST extingue processo de depositária infiel NM 30.3.2010;

— Crime contra organização do trabalho é julgado pela Justiça Federal – Decisões do STJ;

— 1º *H Corpus* pelo PJe – TRT5 0002091-83-2012-5-05-0000 — 14.8.2012;

— Art. 114 cf-EC 45/04 **Inciso V** — os conflitos de competência entre órgãos com jurisdição trabalhista, ressalvado o disposto no art. 102, I, "o";

COMPETÊNCIA FUNCIONAL

— Competência para julgar suspeição de Juiz é do TRT Proc. 2009.29.05494-01 TRT2

— STF declara inconstitucional instituto da Reclamação previsto no Regimento Interno do TST

Art. 114 cf-EC n. 45/04 **Inciso VI** — as ações de indenização por dano moral ou patrimonial, decorrentes da relação de trabalho;

— STF — competência da Justiça trabalhista para julgamento das ações de indenização por danos morais e patrimoniais decorrentes de acidente do trabalho — CC 7204 publicada em 29.6.2005

— Supremo reafirma jurisprudência sobre competência da Justiça Comum e do Trabalho — danos materiais e morais — RE n. 600.091

— Ação indenizatória por acidente de trabalho será analisada pela Justiça especializada — Reclamação 10405

— Indenização reparatória de dano moral é direito personalíssimo TRT2 01113200601702007 em 3.9.2008;

— Herdeiros têm direito a receber indenização por acidente de trabalho postulada pelo empregado — TRT 3 RO 01448200503203001 — publicada em 10.9.2008;

— TST **adota regra de transição** para indenização por acidente de trabalho RR 679200526202406 em 2.12.2008;

— Indenização por danos decorrentes de acidente do trabalho e competência RE n. 509.352 SP Competência. Indenização. Herdeiros. Acidente de Trabalho — STJ — Conflito de Competência 6.959;

— Corte Especial determina cancelamento de súmula sobre indenização por acidente de trabalho (21.9.2009 — Súmula n. 366)

— Legitimidade para postular danos morais por morte de trabalhador é do herdeiro, e não do espólio — TRT3 RO 00481200613903008;

— Espólio pode propor ação de indenização por dano moral — TST RR 40500-98.2006.5.04.0281;

— Dano moral à doméstica cometido por patrões deve ser analisado pela Justiça Comum — STJ cc 111988-SC — publicado em 15.3.2011;

Art. 114 cf-EC n. 45/04 **Inciso VII** — as ações relativas às penalidades administrativas impostas aos empregadores pelos órgãos de fiscalização das relações de trabalho;

— Justiça do Trabalho deve julgar ação por erro em dados fiscais do empregado — STJ Conflito de Competência 115226

Art. 114 cf-EC n. 45/04 **Inciso VIII** — a execução, de ofício, das contribuições sociais previstas no art. 195, I, "a", e II, e seus acréscimos legais, decorrentes das sentenças que proferir;

— Justiça do Trabalho não pode executar contribuição de terceiros — Ac. 1ª T TST 12.2.2010

— JT é incompetente para executar contribuições do Sistema "S" – RR 1758-58.2010.5.08.0117

— JT não é competente para executar ação declaratória – RE n. 569056;

— Competência da J do Trabalho — Segura de Vida em Grupo — AIRR 95-73.2011.505.01.33

— Art. 114 cf-EC 45/04 **Inciso IX** — outras controvérsias decorrentes da relação de trabalho, na forma da lei.

— Projeto de Lei do Senado n. 288/2001 — dispõe sobre a nova competência dos juízes do trabalho.

— Projeto de Lei n. 6542 — Nova Competência — Regulamenta o Inciso IX do art. 114 CF

— Justiça do Trabalho é competente para julgar ação contra cheque depositado indevidamente (RO 00289-2007-008-10-00-8 – TRT 10 — 14.9.2007);

— JT é competente para apreciar reclamação contra engenheiro RO 00311-2008-095-03-00-5 – TRT3 de 10.7.2008;

— JT é competente para julgar ações de complementação da aposentadoria AIRO 0944-2007-069-03-40-00 TRT3 em 1º.8.2008;

— Cabe à Justiça do Trabalho julgar ações de segurança bancária RR 1738/2001-002-22-00.6 em 6.4.2009).

— Repres Comerc. – Comp. Just. Do Trab. – RO TRT4 00186.2006-601-04-00-4

— RO TRT3 000906-2011-018-03-00-7

— RR 186/2006-601-04-04.9

— REPERCUÇÃO GERAL — REXP 606.003-RGSul — 20.3.2012.

— Ressarcimento de dano — compt. J. Trabalho STJ CC 80.365-RS

— Risco na fabricação de máquina perigosa com JT — CC 118763 STJ.

— JT comp. Médico x Plano de Saúde – RR. 1685.76.2010.5.09.0012

CONFLITOS EXCLUÍDOS DA COMPETÊNCIA DA JUSTIÇA DO TRABALHO

a) ENTRE FUNCIONÁRIOS E ENTES PÚBLICOS

Interpretação conforme, Liminar na **ADI 492-1:**

Suspendo, *ad referendum*, toda e qualquer interpretação dada ao inciso I do art. 114 da CF, na redação dada pela EC n. 45/2004, que inclua, na competência da Justiça do Trabalho, a "... apreciação... de causas que... sejam instauradas entre o Poder Público e seus servidores, a ele vinculados por típica relação de ordem estatutária ou de caráter jurídico-administrativo".

b) QUE SE CARACTERIZAM COMO RELAÇÃO DE CONSUMO

EMENTA: COMPETÊNCIA DA JUSTIÇA DO TRABALHO. HONORÁRIOS DE ADVOGADO. O contrato de advogado e de honorários advocatícios não enseja a acepção de relação de trabalho da nova competência da jurisdição trabalhista, porque o mandato é preponderante e a relação de trabalho secundária ou acessória. E, no mister de advogar, o profissional prestador do serviço está empreendendo uma atividade e não alcançando propriamente uma prestação de trabalho caracterizada pela energia despendida por uma pessoa natural. Recurso não provido.

— Não compete à Justiça do Trabalho apreciar honorários de advogado dativo — E-RR 1392008620085030081

— Incomp. a JT — honorários entre cliente e advogado — RR 1494-65.2011.5.22.0004

— Honorários Adv. Incomp. JT — relação de consumo — RR 44900-38.2008.5.15.0051

— JT não tem competência em questões envolvendo transportador autônomo de cargas RR-516-67.2012.5.04.0291

— JT é incompetente para julgar ação visando o reembolso de honorários contratuais TRT3 AP 0000539-87.2013.5.03.0070 – Disponibilizado em 5.3.2015

— JT é incompetente Para Julgar Ação de Indenização Por Danos Decorrentes do Suicídio de Ex-Empregada Quase Dois Anos Após a Rescisão do Contrato — PJe: 0010606-25.2014.5.03.0055-RO, Publicação: 10.9.2014

c) OUTRAS RELAÇÕES DE TRABALHO

— É comp. a JT para julgar ação entre serventuário e Cartório – TST RO 0000808-96.2001.5.03.0135

CONFLITOS QUE DECORREM DA RELAÇÃO DE EMPREGO OU TRABALHO

— JT é comp. Para julgar mútuo entre empregado e empregador — STJ — CC 124894-SP

— Comp. JT alcança terceiros envolvidos em conflito entre empreg. e empregador. — STJ — CC 118842

— JT é competente para reintegração de posse em adjudicação — TRT3 — RO 0000620-17.2011.5.03.00999

— JT é competente para apreciar políticas contra trabalho infantil RO 32100-09.2009.5.16.0006 — Disponibilizado em 10.8.2015

CONFLITOS TRAB. EXCLUÍDOS DA COMP. DA JUST. DO TRABALHO

— Justiça do Trabalho não julga ações que envolvam representação comercial típica (8.5.2009)

— JT é incomp. para julgar conflitos entre P. Jurídicas — TRT3-RO 000143620125.03.0008

— JT não é competente para julgar reclamação de presidiário RR 1072/2007-011-06040.4 em 9.3.2009

— Ação relativa a anúncios discriminatórios – incomp. JT — RR 96000-63.2008.5.02.0014

— Retificação de Tempo de Serv. Previdenc – Incomp. JT – RR 162900-79-2006.5.15.0032

— Incompetência da Justiça do Trabalho em relação a honor advoc. Defensor dativo – RO 40145-07.2014.503.0083

— JT é incompetente para julgar ação visando o reembolso de honorários contratuais TRT3 AP 0000539-87.2013.5.03.0070 – Disponibilizado em 5.3.2015

— JT é incompetente para julgar ação de grande empreiteiro e dono da obra TRT3 RO 0001724-36.2011.5.03.0134

— Inc. JT p apreciar suspensão seguro-desemprego – RR. 54900.38.2009.5.02.0065

— Litígio entre empregados – RO 0002456.57.2012.5.22.0003

COMPETÊNCIA TERRITORIAL

(INCOMPETÊNCIA TERRITORIAL)

— Cláusula de arbitragem que elege foro em país estrangeiro é inválida – RR 2820/2001-033-02- 00.5 de 13.11.2009;

— JT aceita reclamação ajuizada onde trabalhador foi recrutado — RR 445-19.2010.5.03.0047 de 25.05.2011;

— Reconhecido o direto de ajuizar a Reclamatória no local onde mora — ED-TRT3 0002344-11.2011.5.03.0017

— Competência em razão do lugar visa beneficiar o trabalhador — TRT4 — RO 0001295-17.2011.5.04.04401

— Local da prestação de serviços — **extensão** — ARR-258.47.2013.5.12.0017

— Admitida Reclamatória rural fora do local da prestação de serviço — RR 520.10.2011.522.0107

— Ação não pode ser ajuizada no domicílio do empregado RO TRT3 5070-05.2013.503.0082

— Admite a competência da residência do empregado. RO 0001655-76.2012.5.03.0034

— Comp. da Vara da residência do empregado — ED RO — 0002344.11.2011.5.03.0017

— Dificuldade financeira não prorroga comp. territorial — RR 38511-2010.5.05.0461

— Admitida a competência do local residência contratação distante — 0000760.2014.06.5.03.0000

— Competência do local onde pegava transporte da empresa — AIRR — 218.47.2013.5.12.0017

— TST nega trâmite de ação em novo domicilio – ERR. 420.37.2012.5.04.0102

— Ação Ajuizada Fora do Local de Trabalho Por Herdeiras Menores de Trabalhador Morto TST — RR-377-37.2010.5.15.0079 — (art. 147, I CDC).

— Base Territorial do Sindicato substituto. Processual determina a competência territorial em reclamatória trabalhista **Processo: 117600-30.2007.5.05.0035 (06.2015)**

04 – PARTES E PROCURADORES

4.1 — CAPACIDADE

— Tribunal se recusa a homologar acordo celebrado por menor de idade TRT18 — AP 00692200611118003 — em 11.5.2009

4.2 – LEGITIMIDADE — LEGITIMAÇÃO

— TST considera o MPT legítimo para representar grupo de trabalhadores — RR 1310/2001-095-03-00 — Publicação em 23.9.2009

— MP tem legitimidade para cobrar recolhimento do FGTS – TST RR 77600.06.2003.5.07.2004;

— Turma afasta legitimidade do MPT para anular PDV — RR 125840.5.15.0009;

— Espólio pode propor ação de indenização por dano moral — TST RR 40500-98.2006.5.04.0281;

— Herdeiros necessários podem ajuizar ação sem abertura do inventário TRTM MG RR 01306-2007;

— Reconhecida legitimidade de herdeiros necessários para cobrar crédito trabalhista (n. 01242-2012-055-03-00-2-TRT3)

— Legitimidade Ativa da Ex-mulher do empregado RR 33100-92.2009.5.19.0060

— Perito não tem legitimidade para executar honorário ED-RR 24300-15.2000.5.09.0660

— Processo extinto pela morte do reclamante antes da audiência. Inaugural – RR 128340-70.2007.5.04.0004

— Federação pode atuar como subst proc de categoria profissional não organizada em sindicato — (0001406-77.2013.5.03.0071 ED – TRT3)

— Outra família não retira a legitimação da viúva – RR 33100-92.2009.519.0060

— Rescisória do MPT contra acordo homologado – RO – AR 3600-50.2008.510.000

4.3 – JUS POSTULANDI TRABALHISTA

— Decisão na ADI 1127 – art. 1º, I, Lei n. 8906/94

— Recurso para o TST assinado por eletricista não é aceito (ROAG 1.144/2007-000-03-00.1)

— TST não admite o *Jus postulandi* trabalhista em Ação Rescisória AR 185359/2007-000-00-00.1

— Para o STJ é obrigatória a presença do advogado na audiência de conciliação Cível – REsp 336848

4.4 – REPRESENTAÇÃO – PRESENÇA OBRIGATÓRIA NA AUDIÊNCIA

— A esposa só pode representar o marido reclamante se for sua curadora RO 0000090-77.2014.5.10.013 (04/2015)

— Preposto tem que ser empregado — Pastor não é empregado de Igreja RR 69300-05.2004.5.17.0004;

— Ausência da carta de preposição não configura irregularidade (RR 1300-2003-093-15-00.0);

— Preposto que não é empregado — revelia da empresa — AIRR 1372/2004-059-01-4-.8)

— Preposto não fala nada em audiência empresa é condenada à revelia — (E-RR 25400-39.2005.5.10.0001)

— Atraso de nove (9) minutos — Revelia — RR 1080/2004-005-04-00.2

— Advogado munido de procuração não evita revelia — RO/TRT-2 N. 02265003620095020063

— Rejeitado preposto não empregado — confissão ficta RR 1074-04.2011.5.09.0657

— Processo extinto pela morte do reclamante antes da audiência inaugural – RR 128340-70.2007.5.04.0004

— Turma aplica revelia à empresa que enviou preposto que não era empregado RR 197-71.2001.5.02.0362

— Afastada revelia por atraso de seis minutos da empresa para a audiência RR-185-83.2013.5.08.0115

— Nome errado do preposto não configura irregularidade a justificar revelia RR-1522-86.2011.5.06.0001

— Empresa é condenada à revelia mesmo com presença do advogado em audiência — AIRR-329-05.2013.5.06.0312

— Revelia por inércia do preposto — AIRR 1405-83.2011.0.01.0050 — Disponibilizado em 02.2015

— Preposto não empregado — Revelia — RR 219800-56.2007.509.0245

— Turma afasta revelia por não transmissão de defesa antes da audiência – RO 0011161-43.2013.503.0163

— Afastada a revelia por atraso em audiência – RR 265500-36.2005.502.0046

AUDIÊNCIA DE PROSSEGUIMENTO

— TST a falta de intimação pessoal afasta a confissão **Processo: RR-248000-25.2009.5.02.0075**

4.5 — MANDATO E SUBSTABELECIMENTO

— Empresa que muda de nome tem que apresentar nova procuração (E-ED-Ag-AIRR 37450-93.1994.5.17.0002);

— Cópia não autenticada da procuração torna representação inválida – AIRR 1696/2005-010-17-40.3);

— Procuração que não identifica quem assina é considerada inválida E- Ag. RR 68600-24.2006.5.03.0012);

— Procuração que não identifica que assinam é considerada inválida — RR 538-2002-381-04-00.1);

— Falta de identificação do cargo de quem assina — Mand Inválido — AIRR 8738400-38.2003.5.02.0900;

— Procuração outorgada pelo Estado é irregular para defesa de Fundação Estadual A-AIRR 484/2006-041-02-40.0;

— Esgotado o prazo o mandato é inválido — (AIRR 18140-14-2007.5.05,0007);

— Anulado processo em que o réu foi defendido por estagiários — HC 89222

— Cópia digitalizada de procuração não é admitida — RR 697005719965020023

— TST admite cópia não autenticada de procuração RR 1132-24.2011.523.0008

— Estagiária que virou advogada não precisa de novo instrumento de mandato — RR 103800-46.2008.506.0010

4.6 — SUCESSÃO PROCESSUAL

— Reconhecida legitimidade de herdeiros necessários para cobrar crédito trabalhista (n. 01242-2012-055-03-00-2-TRT3)

— Morte do reclamante antes da audiência não extingue processo — sucessão RR 128340-70.2007.504.0004

4.7 – SUBSITITUIÇÃO PROCESSUAL TRABALHISTA

— Substituição Processual — Posições do STF e do TST – Rex. 214668 e AGRAG 135.148;

— SPT — Ampla e Irrestrita — Novo Entendimento da 8ª T. do TST RR 1581/2000-012-15.00.3

— SPT Tanto em direitos individuais comuns como homogêneos — Ac. STF REx 214668

— Sindicato não precisa procuração para representar a categoria — Ac 3ª T TST 24.10.2007

— Sindicato não precisa de autorização de associado para subprocessual — 4ª T TRT 3

— *Idem* — Integra do Ac. do TRT 15ª — RO 00534-2008-134-03-00-0

— Sindicato é legítimo para buscar diferenças salariais em juízo SDI 1 — ERR 538671/99-0

— Sindicato tem legitimidade para reclamar horas extras e adicional noturno SDI1 — 12.02.2010

— Federação pode atuar como SPT de categoria não organizada em sindicato EDRO 0001406-77.2013.5.03.0071

— SPT ampla e Irrestrita — Ac. do TRT 15ª R 00534-2008-134-03-00-0-RO

— Substituição processual inclusive em Cautelar — RR 590.378/99-2

— Abrangência da SPT prevista no art. 8º, III, da CF/88 — ERR 509819/1998.0

— Turma do TST assegura *Sub Proc Trab* em ação sobre horas extras — RR 67000-55.2009.5.09.0671;

— Empregados podem desistir da Ação movida pelo Substituto RR 38017/2002-900-16-00.2

— TST afirma a prerrogativa da *Substituição Processual* pelo Sindicato — ERR 509819/1998.0)

— MPT: Legitimidade como substituto processual — RR 1310/2001-095-03-00.1

— TST rejeita a desistência dos substituídos E-ED-RR- 371300-05-2003-5.12.0027

— Federação pode atuar como subst proc de categoria profissional não organizada em sindicato — (0001406-77.2013.5.03.0071 ED – TRT3)

— Turma rejeita atuação de Sindicato como substituto processual de número ínfimo de substituídos (Proc. 0001102-17.2012.5.03.0135 RO — TRT3)

— Sindicato não possui legitimidade para postular direitos individuais heterogêneos — RO 000094518.2012.510.0016

— MP não pode negociar direito do trabalho. ARR 1291.87.2013.5.24.0001

SUBSTITUIÇÃO PROCESSUAL AMPLA E IRRESTIRA

— Admitida a Substituição processual de um único representado – RR 397-89.2010.503.0102

— Turma rejeita atuação de Sindicato como substituto processual de número ínfimo de substituídos (Proc. 0001102-17.2012.5.03.0135 RO — TRT3)

— Admitida a Substituição Processual de um único empregado — direito singular — TST RR 1847-17.2010.5.15.0043 — Disp. em 29.8.14

— Admitida a Substituição processual de um único representado — RR 397-89.2010.503.0102

— Vara de Juiz de Fora não admite a substituição de um único empregado — Processo 342-09.2014.5.03.0035

— TST admite a substituição processual de **um único** trabalhador RR-1477-08.2010.5.03.0064 – Disponibilizado em 05.2015.

4.7.1 — SUBST PROC TRAB — LITISPENDÊNCIA E COISA JULGADA

— Existe litispendência entre ação individual e sindical — RR 1363/2005-028-01-00.5 (18.3.09);

— Ação do sindicato não gera litispendência TRT3 — RO 00011355-302010.5.03.0020;

— Improc. da AC Pública não gera efeitos em reclamatória individual — RO 00365-2008-080-03-00-1 — TRT3

— Litispendência — Direito já vindicado pelo SPT — RR-21300-91.2008.5.22.0004

— Julgamento A. Colet. Não impede individual — RR 990-62.2010.5.09.0002

— TST admite litispendência em A. Cole e Indiv. — RR 21300-91.2008.5.22.0004

— TST admite litispendência em A. Cole e Indiv. — E-RR 2099-67.2008.5.22.0003

— Existe litispendência ente ação individual e sindical — 7ª T do TST 18.03.2009

— Ação individual extinta por litispendência com Subst. Processual RR 3900-67.2008.522.0003

— Negado direito individual já reivindicado por Subst. Processual — RR 21300-91.2008.522.0004

— Afastada vinculação entre ação individual de auxiliar da Corsan e ação coletiva de sindicato — RO : 145500-64.2008.5.04.0751 — (Disponibilizado em 08.2015)

4.8.1 — HONORÁRIOS EM RECLAMATÓRIA TRABALHISTA

— Honorários só na hipótese da Súmula n. 219 — RR 99513009620065090562

— Sindicato receberá **hon advoc** na condição de S Proc RR 96400-40.2003.5.03.0074;

— Só são devidos honorários ao Substituto se comprovada e hipossuficiência dos substituídos ERR 45400-2920005172005

— Sindicato SP condenado a pagar honorários advocatícios RR 180402120075020061

— Sindicato recebe Honorários se atua como S. Proc. — RR 505200513503002

— O pagamento de Honorários Advocatícios na Justiça do Trabalho está vinculado à Assistência Sindical — RR 98200-52.2005.5.04.0512 — publicado em 5.5.2011 (ver OJ-SDI 1 n. 305)

— Deferimento de Honorários adv. *Ex officio* — TRT3 RO 01192-20110038-03-00-9

— Substituto Proc. Faz jus a honorários advocatícios — RR 21200-66.2004.5.05.0161

— Subst. Proc. Rejeitada por não se tratar de dir. homogêneos — RR 11740-18.2009.5.04.0702

— TRT 3 — Concede Hon adv. RO 01101-2012-025-03-00-0 — Public em 24.9.2013

— STJ nega ressarcimento honorários contratuais — (AR 4.683). (EREsp 1.155.527) — 02.2015.

— Timbre do sindicato na procuração comprova a credenciamento do advogado para fins de sucumbência em honorários RR 102-50.2012.5.10.0017

— Turma deferiu honorários sem credenciamento formal — RR. 1527.26.2012.5.09.0669

4.8.1.1 – RESSARCIMENTO HONORÁRIOS

— Não cabe indenização de gastos com advogado RR 1675004320075020462;

— Empregado não é obrigado a reembolsar honorários — REsp 1084084

— Empregado pode cobrar da empresa honorários de seu patrono — REsp 1027797;

— Empregador deve pagar honorários contratuais do empregado — REsp 1.155.527

— Empresa é condenada a reembolsar honorários RO 00547201115603001 — TRT3;

— Denegada a indenização de honorários contratuais RR 33200-68.2008.5.15.0068

— Turma defere indenização de honorários — TRT3 — ED 0001416192012.5.3.0084

— JT condena empresa a honorários fora da previsão da S 229 — RO 011.2012.025.03.00-0

— Negado ressarcimento de honorários contratuais — RO 0001788-40.2013.510.018

— Turma deferiu ressarcimento honorários advocatícios — RO 0001842-75.2011.5.03.0016

4.8.2 — HONORÁRIOS EM AÇÃO TRABALHISTA

— Contratante de Serviços Autônomos que perdeu ação deve pagar honorários RR 125200807309;

— Em Ações decorrentes de relação de trabalho — Mera sucumbência RR 1430200504202002;

— Nas ações decorrentes das relação de trabalho os honorários decorrentes da mera sucumbência — RO 0055100-48.2007.5.03.0110

4.8.3 — JUSTIÇA GRATUITA — HONORÁRIOS – CUSTAS

— Mera declaração basta para a concessão de J. Gratuita Proc. 00911200970204001 — 2ª V. SM

— Sindicato não tem direito a justiça gratuita AIRO 7844-17.2007.5.01.0000 — SDI 2

— Mantida decisão que rejeitou just grat à P. Jurídica ROAG 478/20089090940 SDI 2

— TST assegura Justiça Gratuita após condenação em 1ª Instância — RR 6040200203612000

— Possibilidade de isenção de custas à Pessoa Jurídica — RR 25520067020440

— Estar empregado não afasta o dir. a Just. Gratuita — RR 845-33.2012.5.02.0444

— Acolhido pedido de justiça gratuita em sede de embargos de declaração RO-986-94.2011.5.09.0000

— Empresa perde recurso por entender que gratuidade judiciária incluía depós. judicial — AIRR 1317-94.2012.5.10.0103

— Justiça gratuita ao empregador não se aplica ao depósito recursal — Proc. 00003694820115020318 — AIRO — Ac. 20140661748) — Disponibilizado em Fevereiro de 2015

— Trabalhador faz jus a Justiça gratuita mesmo possuindo emprego — RR 845-33.2010.502.04344

— *Idem* — RO. 0000687.04.2010.5.03.0006

— AJ — dispensas pagamento de honorários periciais — RR 1337-37.2011.505.0013

— Justiça Gratuita não se estende à empresa — RO 0000915-57.2013.5.03.0043

— Extingue-se processo que não comprovou insuficiência econômica — RO 797-19.2011.5.09.0000

— Deferida justiça gratuita para empregado que ganha R$ 4.000,00 — TST — RR11000-61.2001.5.02.0040 — Disponibilizado em 16.5.2014

— Boa condição econômica do **empregado** impede o deferimento de Justiça Gratuita — RR 575-25.2011.5.15.0084

— Concedida Justiça Gratuita em sede ED — RO 98694.2011.5.09.0000

— Concessão de Justiça gratuita após pagamento de custas ressarcimento — RR 6300.05.2010.5.04.0004

— Empresário que comprova insuficiência tem AJG RR — 801.42.2012.5.04.0006

— Falta de declaração de hipossuficiência cancela AJG 3 RR 113500-20.2006.5.20.0001

OUTROS ÔNUS DA SUCUMBÊNCIA

— TRT4 — condena a indenização por assédio processual — RO 0001265-61.2012.5.04.0331

— Empregado condenado por litigância de má-fé TRT3 — AIRR 0000834-50.2011.5.03.0085

— Condenação de trabalhador por litigância de má-fé — RR 334-80.2013.5.18.0251

— Litigância de má-fé não é incompatível com Just. gratuita — AIRO . 0000834-50.2011.5.03.0085

— Litigância de Má-Fé — Conluio entre Pai e Filho — RO-0000249-46.2014.5.18.0191 (Disponibilizado em 04.2015)

4.8.4 — HONORÁRIOS PERICIAIS

— Sindicato condenado a pagar honorários periciais — Proc. 01139006820095040402 TRT 4;

— Exigência de depósito prévio é ilegal — TST-RO 323-93.2010.5.05.0000;

— Justiça Gratuita — União suporta honorários periciais: Proc.: 00113-2007-702-04-00-8 – 2ªV SM

— Justiça Gratuita — União suporta honorários periciais — RO 00682-2004-661-04-00.0 — TRT4

— TST entende que AJG não inclui deposito recursal — AIRR 1317-94.2012.5.10.0103

— Perito não tem legitimidade para executar honorários — ED-RR 24300-15.2000.5.09.0660

ADIANTAMENTO DE HONORÁRIOS PERICIAIS

— Hon periciais devem ser pagos ao final — SDI 2 — RO 18000-62.2012.5.16.0000

4.9 — INTERVENÇÃO DE TERCEIROS NO PROC. DO TRABALHO

— Turma admite ação regressiva nos mesmos autos TRT 23 — RO 01412200703123004

05 — DISSÍDIO INDIVIDUAL TRABALHISTA

DIREITO DE AÇÃO — E CONDIÇÕES DA AÇÃO

A lei não excluirá da apreciação do poder judiciário lesão ou ameaça à direito — Inciso XXXV, art. 5º — CF/88

CLT

Art. 625-D. Qualquer demanda de natureza trabalhista será submetida à Comissão de Conciliação Prévia se, na localidade da prestação de serviços, houver sido instituída a Comissão no âmbito da empresa ou do sindicato da categoria.

Art. 625-E. Aceita a conciliação, será lavrado termo assinado pelo empregado, pelo empregador ou seu proposto e pelos membros da Comissão, fornecendo-se cópia às partes.

Parágrafo único. O termo de conciliação é título executivo extrajudicial e terá eficácia liberatória geral, exceto quanto às parcelas expressamente ressalvadas.

— Empregador não pode impedir empregado de exercer direito de ação RO 00144200904203008 — TRT3

— Exigência de subsunção a Comissão de Conciliação Prévia (CCP), como condição da Reclamatória Trabalhista, ofende o inciso XXXV, do art. 5º da CF/88 — Liminar ADIns 2.139 e 2.160;

— Ementas das decisões das ADINs 2.139 e 2.160

— Comissão de Conciliação Prévia gera decisões opostas no TST — RR 924200549101008

— TST uniformiza jurisprudência sobre Conciliação Prévia — E-ED-RR 349200424102004

— 2ª Turma do TST não extingue conflito não submetido à CCP — AI/RR 448497520085020021

— Acordo sem ressalva impede posterior Reclamatória — RR 6200601101009 — 6ª T. — TST

— Rescisão homologada por CCP tem eficácia plena — RR 1614200530201003

— Sem ressalva acordo perante CCP vale como quitação plena — RR 1614006520055010302

— Obrigatoriedade ou não da Submissão à CCP — Texto

— Regra da CCP não é condição insuperável — RR 1306009120035020465 — 4ª T TST

— Acordo homologado na CCP não possui efeito liberatório geral — RR 414001120075030108

— Falta de conciliação prévia não gera a extinção do processo — RR 528200309515005

— Transação extrajudicial não caracteriza renúncia — RR 49719200290002001

— Acordo extrajudicial não conseguiu evitar reintegração de empregado AI/RR 11640182001504005

— Anulada a desistência de ação de trabalhadores que ainda trabalhavam na empresa — EDRR 371300.05.2003.512.0027

LEGÍTIMO INTERESSE

— Empresa é condenada por usar a Justiça para homologar rescisões — RR 200-20.2006.508.0011

CONDIÇÕES DA AÇÃO DE PPRESSUPOSTOS PROCESSUAIS

— Trabalho em casa de bingo não gera vínculo de emprego — TRT3 0000053-37.2014.5.03.0145 RO

— Anulado processo por falta de intimação pessoal do trabalhador — RR 43300-34.2009.502.0028

— Anulada a intimação feito a advogado distinto do indicado — RR 1010-82.2010.502.0023

5.1 — FASE POSTULATÓRIA (RECLAMATÓRIA)

— TST aceita a utilização de protocolo integrado em tribunal estadual — EAIRR 136200210003001

— Correio eletrônico equipara-se a fac-símile pra envio de recurso — TST Proc. 1246200207915412

— Petição envida pela internet não exige apresentação do original — RR 2808200503912402

— Concessão do rito sumaríssimo em ordinário — RR 805264/2001 — RR 803560/2001.2

— Turma do TST mantém **aditamento** de pedido no decorrer de ação trabalhista RR 794001120035010065

— Manifestação escrita à mão no processo não é aceita na Justiça do Trabalho — AP 00767200801803006 — TRT 3

— Indeferida petição com muitas folhas — Agr Pet 0000576-44.2010.5.03.0095 — TRT 3

CUSTAS

— JUST. Gratuita — Inexigência de poderes especial RO — TRT3 0001791-77.2011-5.03.0044

AUDIÊNCIA DE CONCILIAÇÃO — PREPOSTO

— Atraso de nove minutos causa condenação à revelia (RR 1080/2004-005-04-00.2)

—Presença do advogado com defesa não impede pena de confissão (RR 1080/2004-005-04-00.2)

— Preposto empregador rural não precisa ser empregado RR 1390-60.2011.5.09.0093

— Afastada revelia por atraso de seis minutos da empresa para a audiência RR-185-83.2013.5.08.0115

— Revelia pela não apresentação de carta de preposto no prazo deferido — RO 00010468.2012.5.03.0108

— Nome errado do preposto não justifica revelia — RR 1522-86.2011.5.06.0001

ACORDO HOMOLOGADO

— Rescisória do MP anula acordo homologado ROAR 3600-50.2008.5.10.0000

— MP desconstitui acordo por simulação — TRT4 — AR 0003386-85.2012.5.04.0000

— A. de Consignação — dissimulação de acordo — Nulidade — RR 200-20.2006.5.08.0011

— Nulidade de Acordo para prejudicar terceiros — SDI2 RO-AR 3600-50.2008.5.10.0000

— Coação presumida anula acordo homologado — TRT3 — AR 0000480-52.2012.5.03.0000

5.2 – DEFESA DO RECLAMADO — AUDIÊNCIA — REVELIA

— Não corre prescrição contra herdeiros menores — TRT4 RO 00485200522104000

— Determinada reabertura de instrução para garantir defesa — RR 73165200390002004

— Cerceamento de defesa — Dispensa de testemunha — RR 906001120075040382

— Prazo de 15 dias para apresentar defesa em reconvenção não é válido no Proc do Trabalho — RR — RO — AR 4940072200610000

— Vínculo de emprego é negado apesar de empresa ser julgada à revelia — RO-AR 988003720075090909 — TRT 9

— Inércia de preposto leva à revelia — AIRR 1405-83.2011.5.04.0050

— Atraso trânsito leva à revelia — AIRR 1091-55.2011.5.03.0027

— Prescrição não pode ser declarada *ex oficio* — RO 0001594-52.2012.5.03.0056

— Presença do Advogado não evita revelia — (Proc. 02265003620095020063 RO — TRT 2ª)

— Nulidades devem ser arguidas na 1ª oportunidade — TRT4 01009001020065020063

— Preposto empregador rural não precisa ser empregado; RR 1390-60.2011.5.09.0093

— Afastada revelia por atraso de seis minutos da empresa para a audiência RR-185-83.2013.5.08.0115

— Presença de advogado não impede revelia — AIRR 329-05.2013.5.06.0312

— Advogado munido de procuração não evita revelia — RO 02266500-36.2009.5.02.0063

CERCEAMENTO DE DEFESA

— Falta de instrução na Execução pode caracterizar cerceamento de defesa — AP 00785200702904005 TRT4

— Preposto não fala nada em audiência empresa é condenada à revelia — (E-RR 25400-39.2005.5.10.0001)

— Indeferimento de sustentação oral determina a nulidade: TST-RR-2582-64.2011.5.12.0054

— Anulação de Sentença por cerceamento de defesa — RR 383-40.2012.515.0090

— Anulada a sentença por falta de transcrição de depoimento — nulidade — RO 0020.259-07.2013.504.0751

— Indeferimento de depoimento do RTE — cerceamento de defesa — RO 0001018-88.2013.5.18.0191

— Indeferimento notificação de testemunha não convidada não gera cerceamento de defesa E-ED--ARR-346-42.2012.5.08.0014

5.3 — FASE PROBATÓRIA

PRINCÍPIOS

— Prova só é válida com comprovação e contraditório (**0000518-23.2011.5.04.0016 AP – 21.02.2013**)

São inadmissíveis, no processo, as provas obtidas por meios ilícitos; (art. 5º, LVI -CF/88)

— Turma considera lícita gravação de conversa telefônica sem conhecimento do outro interlocutor RO 0000.201-85.2011.503.0102

Aos litigantes, em processo judicial ou administrativo, e aos acusados em geral são assegurados o contraditório e a ampla defesa, com os meios e recursos a ela inerentes — art. 5º, LV, CF/88

ÔNUS DA PROVA

"A prova das alegações incumbe à parte que as fizer" (art. 818 CLT)

— Vínculo de emprego é negado apesar de empresa ser julgada à revelia — RO-AR 988003720075090909 — TRT 9

— Trabalhador perde ação por confiar no comparecimento de testemunha — RR 1062001320065060007

— Sem provar necessidade trabalhador não é beneficiado por vale transporte — RR 1500047200750300079

— Empregado só recebe salário-família se provar a existência de filho — RR 19461001820015090015

— Cabe ao empregador provar que não deve FGTS — E-RR 117800-10.1990.5.02.0464

— Confissão ficta — rejeição preposto — RR 1074-04.2011.5.09.0657

NECESSIDADE E MOMENTO DA PROVA

— Falta de instrução na Execução pode caracterizar cerceamento de defesa — AP 00785200702904005 — TRT4

— 7ª T do TRT admite juntada de documentos depois da defesa — RR 6837620105240007

— Falta de protesto oportuno impede a rediscussão da prova — RO 0000727-76.2012.5.03.0018

MEIOS — ESPÉCIES

— Admite-se prova oral quanto a dano estético — RR 99541004020065090678

— Gravação de conversa pode ser usada como prova — RR 1626003520065060011

— *Orkut* serve de prova na Justiça do Trabalho — Proc. 00111001220105130002 – 2ª V. — J. Pessoa

— Turma considera lícita gravação telefônica — TRT3 — RO 0000201-85.2011.5.03.0102

— Postagem no Facebook é admitida como prova: TRT9 — RO 7933-2009-020-09-00-0

— Turma considera lícita gravação de conversa telefônica sem conhecimento do outro interlocutor RO 0000.201-85.2011.503.0102

— Gravação sem consentimento é aceita como prova — ED 0001581-30.2011.5.03.0075

a) PROVA ORAL — DIREÇÃO/DELIMITAÇÃO — VALIDADE (contradita)

— Juiz não é obrigado a aceitar substituição de testemunha suspeito — AI/RR 1540049200150505521

— Não há cerceamento de defesa em negar testemunho sobre assunto pacificado — RR 00176200727104008 TRT4;

— Troca de favores entre parte e testemunha invalida depoimento — RR 16963009020055090006

— Indeferimento do depoimento pessoal — nulidade TRT — RO — 0001018-88.2013.5.18.0191

PROVA CONFISSIONAL

— Depoimento de empregado pode configurar confissão sobre os fatos — RO 0002592-29.2011.503,0032

— Indeferimento do depoimento do Reclamante caracteriza cerceamento de defesa — 0001018.88.2012.5.18.0191

— TST anula confissão ficta por falta de intimação pessoal da reclamante **Processo: RR-248000-25.2009.5.02.0075**

CONTRADITA — IMPEDIDOS DE TESTEMUNHAR

— Relacionamento em *Face Book* não caracteriza amizade íntima — RO 0001180-57.2003.503.0076

b) — PROVA DOCUMENTAL OU MATERIAL

IDONEIDADE DO DOCUMENTO — AUTENTICAÇÃO — art. 830-CLT

— Advogado pode autenticar documentos — RO-MS 705000102008501000 — TRT 1ª

— Extinto processo por falta de autenticação de documento — ROMS 2027001720095040000 — TST

— Cópia carbonada corresponde ao original — RR 1423003620075.06.01202

c) PROVA PERICIAL ou TÉCNICA

— Prova pericial só será validada se a parte for intimada — RO 2229006620045030091 — TRT3

— Inexigibilidade de antecipação hon. Periciais TST — RO em MS 9023-69.2010.5.01.0000

d) PROVA INSPECIONAL

INVERSÃO DO ÔNUS DA PROVA

— Cabe ao empregador provar a inexistência de FGTS a pagar — ERR 117800-10.1998.502.0464

PROCEDIMENTO PROBATÓRIO

— Anulada a sentença por falta de transcrição de depoimento — nulidade — RO 0020.259-07.2013.504.0751

— Falta de registro de protesto de indeferimento de contradita leva à preclusão — RO 0000727-76.2012.503.0018

5.4 — FASE DECISÓRIA

RAZÕES FINAIS

— O não deferimento de prazo para memoriais não implica em nulidade RO 19990357784

— A não concessão de prazo não implica em cerceamento de defesa RO 1911200804702002

RENOVAÇÃO DA PROPOSTA DE CONCILIAÇÃO

— Homologação de acordo pelo Juiz não é obrigatória — RO-AG 700200800015402 — TRT 15ª

— Rejeitado apelo de empresa que pretendia desconstituir acordo homologado — RO-AR 13700642008510000 — SDI 2

— Consequências da falta de tentativa de conciliação — RO 0462-2000 TRT 23 e 2716397 TRT 15

— Conluio entre empregador e empregado — anulação de conciliação — RO 204200500024002 -24ªR;

— MP pode propor anulação de acordo por conluio — RO-AR 114400832003515000 — SDI 2

— Fraude invalida acordo em CCP RO 00902200708703007 — TRT3ª

DA DECISÃO — DECISÃO — SENTENÇA CONTEÚDO REQUISITOS

— Multa por litigância de má fé — E AI RR 1001409420035020021

— Antecipação da tutela no Processo do Trabalho — ROMS — SDI2 353800-53.2008.5.04.0000

— Turma admite sentença sobre questão de direito sem realização de audiência AIRR-232600-92.2009.5.20.0002

— Reformada sentença que concedeu adicional não requerido — RO 0000497-73.2010.5.15.0049

— Prescrição não poder ser concedida de ofício — 0001594-52.2012.5.03.0056

— Turma rejeita condenação não pedida — RR 165-97.2010.5.01.0081

— Decisão *extra petita* é reformada pelo TST — RR 1192-10.2010.515.0087

NATUREZA DOS ATOS DO JUIZ

— Decisão terminativa Vara de Juiz de Fora não admite a substituição de um único empregado e extingue o processo — Processo 342-09.2014.5.03.0035

EFEITOS DA SENTENÇA — COISA JULGADA

— Rejeitada a ação sobre honorários ajuizada após acordo homologado AIRR 1662-46.2012.512.0025

— Não se admite anulatória para atacar acordo homologado RO 0002308-57.2012.503.0041

— Rescisória — Desconstituição de Acordo — Simulação — AR 0003386-85.2012.504-0000

— Rescisória do MPT contra acordo Homologado — RO — AR 3600-50.2008.510.000

— TRT Anula acordo que não refletia livre vontade do trabalhador AR 0000480-52.2012.503.0000

— Turma reduz multa após o trânsito em julgado — ARR 94800-71.2001.503.0100

ANTECIPAÇÃO DE TUTELA

— Liminar suspende processo justiça trabalho por descumprimento decisão do STF — RE 542231

AÇÃO RESCISÓRIA NO PROCESSO DO TRABALHO

— SDI 2 nega ação rescisória com base em suspeição de juiz — RO 427900-26.2009.501.000

— Ação rescisória extinta por falta de depósito prévio — RO 2737.2011.5.05.0000

06 — EFETIVAÇÃO DA SENTENÇA

6.1 — LIQUIDAÇÃO DA SENTENÇA TRABALHISTA

— Cálculos homologados sem vista à parte contrária pode ser contestados em Embargos à Execução AP 0000018-10.2012.503.0093

— O juiz não é obrigado abrir prazo para impugnação da homologação dos cálculos — AP 000284-79.2012.5.03.0098

— Liminar suspende execução de massa falida — RCL 17563

6.2 – EXECUÇÃO NO PROCESSO DO TRABALHO

— Anteprojeto de Lei (TST) de alteração da Execução Trabalhista

— Falta de intimação do devedor anula execução — RR 95510-26.2008.5.03.0060

— Execução em Vara Diversa — TST CC 1421-83.2012.5.00.0000

APLICAÇÃO SUBSIDIÁRIA DO CPC NA EXEC TRABALHISTA

— Multa do Art. 475 J é compatível com o Proc do Trabalho — TRT3 RO 00761201007703000

— Multa do Art. 475 J é compatível com o Proc do Trabalho — TRT3 RO 00955200906703005

— Multa do Art. 475 J **é compatível** com o Proc do Trabalho — RR 1358008720065130006

— Turma aplica multa do 475 J do CPC — TRT 3 — AP 0113000-49.2009.5.03.0035

— Para o STJ aplica-se o 475 J ao Proc. do Trabalho — REsp 1111686/RN

— Prazo do art. 475 J é compatível com a CLT — AP 00880200614703003 – TRT3

— **Inaplicabilidade** do art. 475 J ao Proc. do Trabalho — TST RR 33300332008530108

— **Inaplicabilidade** do art. 475 J ao Proc. do Trabalho — TRT$ — AP 00525200302604401

— Rejeitada a liberação de depósito recursal com base no art. 475 do CPC — RR 101400-12.2009.5.03.0009

— Não cabe multa de 20% na execução trabalhista — RR 41187.2012.5.08.0114

— Inaplicável no processo do trabalho o art. 745 — A do CPC — AP 0000075-78.2012.5.03.0044

— Multa de 10% do CPC não cabe em execução **provisória** trabalhista RR 314200502303410

— Multa do Art.475 J não pode ser aplicada ao Proc do Trabalho — RR 604003120075160012

— Multa do Art.475 J é inaplicável ao Proc do Trabalho — E RR 383004720055010052

— Turma determina liberação dos depósitos recursais em execução provisória — 0000965-75.2014.5.03.0099 AP — TRT3

COMPETÊNCIA PARA A EXECUÇÃO

— A execução pode ser realizada fora da Vara originária — TST CC 1421-83.2012.5.00.0000

LEGITIMAÇÃO — POLOS ATIVO E PASSIVO

— Mantida a decisão que redirecionou para a União execução contra Organismo Internacional — AP 0031400-66.2007.5.10.0007

GARANTIA DO JUÍZO E PENHORA

— TST torna insubsistente penha *on line* em execução provisória — ROMS 289008220095170000

— Não se admite penhora *on line* na exec. provisória se existem outros bens — SDI 2 RO-MS 1196000420085040000

— Empresa obtém liminar que suspende penhora em dinheiro — AI RR 2121332009 00000006

— TST reconhece a validade de hipoteca judiciária — RR 33300-33.2008.5.03.0108

— Anulada a penhora de bem de família — SDI 2 — RO 83100-48.2007.5.12.2009

— Depósito judicial afasta a incidência de juros — REsp 1122017

— Depósito judicial em garantia não afasta a correção monetária — AP 01049200502503002 — TRT 3

— Carta de fiança vale como dinheiro — RO 937500802008507000 — SDI 2

— Penhora *on line* de imóveis já é possível na 15ª Região

— Impenhorabilidade dos salários não é absoluta — TRT3 AP 00600200010903005

— Aposentadoria não pode ser penhorada — RO-MS 61000262009505000 — SDI 2

— É possível penhor da Poupança — TRT3 — AP 00744200803703000

— TST manda sequestrar precatório em favor de idoso com câncer — RO 26989420105040000

— Penhora *On Line* de dinheiro do Advogado tido como dirigente de empresa estrangeira AIRR 2464-59.2012.502.0035

— Suspensa Penhora *Online* p/ divida de terceiro: TST RR — 947-78.2012.5.02.0252

— Negada liberação depósito antes final do processo — RR 101400-12.2009.5.03.0009

— Anulada penhora de imóvel bem de família — RR 2600-08.1995.5.15.0040

— Turma libera depósito recursal em Execução provisória — TRT3 — AP 0000965-75.2014.5.03.0099

08 – EMBARGOS À EXECUÇÃO NO PROCESSO DO TRABALHO

EMBARGOS DE TERCEIROS

— Esposa anula penhora de imóvel do marido — RR 1788-43.2010.5.03.0114

PRAZO

— Eficácia do art. 1º-b da Lei n. 9.494/97 — ADC 11 — Distrito Federal

— STF — prazo de 30 dias — CC 5758

— TST suspende a declaração de inconstitucionalidade do novo prazo dos embargos à execução E-RR — 110200-18.2003.5.21.0921 — Decidido em 3.9.2013

— decisão que deixa de receber embargos à execução trabalhista opostos no prazo do art. 1º-B da Lei n. 9.494/1997, descumpre a decisão proferida n. 11-MC/DF

— No mesmo sentido,: Rcl 5.669/RS, Rcl 6.186/RS, Rcl 6.173/RS, Rcl 6.221/DF; Rcl 6.187/PR, Rcl 6.151/PR, Rcl 5.759/RS, Rcl 5.758-MC/SP, e Rcl 5.665-MC/RS

MATÉRIA

— Prescrição *"ex officio"* — inviabilidade — TRT3 RO 01511200912903009

— Prescrição não pode ser determinada de ofício na J do Trabalho — RR 1419413120055030073

— Prescrição de ofício é incompatível com o Proc do Trab — TST RR 40420060280300.6

— Processo do Trab. não admite a prescrição intercorrente — AP 0011100-98.2002.5.03.0057

— Prescrição de ofício decretada em ação de dano moral — SDI 2 — RO 154004120095100000

— Prescrição intercorrente admitida no TRT4 — AP 01971199577104000

— TST admite a prescrição intercorrente — E-RR 404200602800.6

— Turma afasta a prescrição intercorrente RR 112400-95.1995.5.18.0004 de 01.2013

— Prescrição Interrcorrente — Reclamação para o STF 10776

— Processo do Trabalho não admite prescrição Intercorrente — TRT3 AP 0011100-98.2002.5.03.0057

— Reclamação para o STF contra rejeição da prescrição intercor. — Recl 10776

EFEITO dos embargos

— Sobrestada a alienação de bens da SATA — CC 115080 — STJ

EMBARGOS À PENHORA

— Esposa anula penhora do imóvel do marido em Exec. Trabalhista — RR 1788-43.2010.5.03.0114

09 — SISTEMA DOS RECURSOS TRABALHISTAS

9.1 — PRINCÍPIOS

— Unirrecorribilidade — Parte não pode apresentar dois recursos em relação à mesma decisão — STJ Ag 682477

— Unirrecorribilidade — Inadmissível concomitância de E. Decl. e RO — Ac. 0001978-73.2011.5.03.0145 — TRT3 — Nov. 2012;

— Fungibilidade — Erro grosseiro impede fungibilidade — E-ED-AIRR 406/1990.038.01.40-0

— Fungibilidade — Erro grosseiro impede fungibilidade — Acórdão em ACP REsp 1130862-ES

— Variabilidade — 2º recurso é válido após o 1º ser considerado intempestivo E-ED RR 583200306403407

— Erro grosseiro afasta a fungibilidade — RO por AP — TRT 15 Proc. 0142600-85.2007.5.15.0089

— Fungibilidade — SDI considera erro grosseiro embargos contra sua própria decisão — RR 528500-78.2006.5.09.0892

9.2. PRESSUPOSTOS SUBJETIVOS

9.2.1 — LEGITIMIDADE

— Falta de interesse e legitimidade leva a Pirelli a ter recurso rejeitado — RR 17460073200651150122

— MPT defende demitidos em massa que não receberam verbas rescisórias — ERR 7450065200251000001

— Dependente habilitado perante a PS possui legitimidade — Ac. TRT3 — 01242-2012-055-03-00-2-RO

— Rec. Em nome de outra Empresa do mesmo Grupo — ilegitimidade RR 103800-60.2009.5.01.0039

— Ilegitimidade do MP para recorrer como *custos legis* — RO 00001382-54.2012.5.24.0021

— Copeira não tem legitimidade para representar Santa Casa — RR 1074-04-2011.5.09.0657

— MPT, como *custos legis* não tem legitimidade para recorrer postulando AJ para sindicato. TRT 24 — RO 0001382-5420125240021

9.2.2 — CAPACIDADE

9.2.3 — INTERESSE

— Ausência de interesse de agir — RO 4644199993162000 — TRT 17ªR

— Extinto o processo que passou pela Comissão de Conciliação — RR 483004420065010223

— TST aplica multa por Tese *acintosa* — (ED-Ag-AIRR n. 96800-88.2009.5.04.0018). Disponibilizado em junho 2015

— Multa por recurso infundado — AI/RE — Processo: 92840-68.2007.5.02.0045

— Falta de interesse e legitimidade leva a Pirelli a ter recurso rejeitado — RR 17460073200651150122

9.3 — PRESUPOSTOS OBJETIVOS

9.3.1 — RECORRIBILIDADE DO ATO:

— Decisão em Proc de Alçada (l. 5.584/70) é irrecorrível — Ac.TRT3 – 0000952-31.2011.5.03.051- RO

— Decisão interlocutória de Juizado Especial é recorrível — STF RE 576847

— Não cabe reclamação com base em súmula — RCL 11235 — STF

— Incabível Reclamação contra decisão de 1º grau — RCL 10793 — STF

— Recurso do INSS na fase de conhecimento — RR 29941-92.2003.5.04.0732

— TST admite RR por contrariedade de súmula vinculante do STF RR 70300-28.2009.5.04.0521

9.3 2 – ADEAQUAÇÃO

— TRT 15 não admite Recurso Ordinário por Agravo de Petição Proc. 0142600-85.2007.5.15.0089

9.3.3 – REPRESENTAÇÃO

— Cópia não autenticada de procuração torna representação inválida AIRR 1696/2005-010-17-40.3

— *Idem* — AIRR 1201-54.2011.5.11.0052

— Procuração sem indicação do cargo do subscritor invalida recurso — Ac. 2ª T TST 03.2010 e EA-GRR-68600-24.2006.5.03.0012

— Empresa que muda de nome tem que apresentar nova procuração E-ED-AG-AIRR-37540-93.1994.5.17.0002

— Irregularidade de representação — Rejeição Recurso — A-AIRR 484/2006-04102-40.0

— Procuração incorreta invalidade recurso — 538-2002-381-04-00.1 — STS;

— Requisitos do substabelecimentos — AIRR 140040-39.2000.5.01.0047

— Recurso assinado por eletricista não é aceito ROAG 1.144/2007-000-03-00.1

— Regularidade de Representação — E. Declaração OJ 373-SDI2 — ED-ROAR 186600-83.2006.5.15.0000

— Irregularidade de Representação impede julgamento de recurso — AIRR 18140-14.2007.5.03.0007

— Falta de identificação do outorgante torna irregular a representação — TRT3 — AP 0163700-90.2008.5.03.0026

— Falta de identificação do outorgante — Irreg. De Repres. — AP 0163700-90.2008.5.03.0026

— Procuração apenas com o nome do representante da empresa é considerada válida — RR 915-22.2011.506.0018

— Mudança da razão social determina renovação do mandato — RR 144000-70.2005.5.15.0036

— Turma admite procuração via e-DOC sem cópia autenticada — RR 387-07.2012.5.01.0013

— Recurso não recebido por irregularidade de representação — RR 2779-46.2011.5.15.0018

9.3.4 — TEMPESTIVIDADE

— Contagem do prazo não exige a publicação do inteiro teor do julgado — HC 103232 TJ-SP

— Contagem do Prazo — Disponibilização Eletrônica RO-TRT4 01335-2007-232-04-00-9

— Intimação por via postal não altera prazo legal do recurso — A-RO –MS 3248200700004005 — TST

— Data do protocolo no TST é que vale em recurso pelo correio — AIRR 7547200290606412

— Falta de acesso ao *e-Doc* não justifica descumprimento de prazo RO 01039-2009-138-03-00-5 (trt3);

— Pane no sistema eletrônico afasta a intempestividade RR1500000820085180001

— Informações sobre processo na Internet não dispensa publicação oficial — STJ Recl 4179

— É tempestivo recurso enviado às 23 horas — RR 112700-90.2009.5.03.0131

— Recurso Eletrônico — Prazo expira às 24 h — RR 116200-30.2007.5.02.0466;

— É tempestiva petição protocolada pela via eletrônica após as 18 h — RO 0525008920095150097 — TRT 15ª

— Sistema indisponível — prorroga prazo para o 1º dia útil — RO 0110796-2013.5.03.0093

— Só petição eletrônica de Agravo — Admissibilidade — AIRR 61940-10.2005.05.0039

— Pane no sistema do Tribunal — prorrogação prazo — RR 150000-08.2008.5.18.0001

— Empresa perde prazo por encaminhamento incorreto de petição eletrônica — AIRR 468200614715402

— Ford perde recurso enviado por fax sem comprovação — RR 12440023200650110067

— Embargos opostos na data da publicação da decisão no DO são tempestivos — RR 1139008120045010061

— Recurso remetido pelo correio — prazo — OAB

— Turma considera tempestivo recurso apresentado sem devolução dos autos — RR 908002420085180081

— Recurso interposto após greve de servidores foi considerado intempestivo — E RR 862001920025050020

— Republicação de Acórdão sem alteração de conteúdo não altera prazo recursal — RR 4480038200050050006

— Embargos de Decl. rejeitados não interrompem o prazo recursal — E-RR 544/2005-075-02-00.6

— Doença de Advogado não prorroga prazo recursal — AIRO 667-61.2011.5.15.0000 trt/15

— Turma adia prazo por falta de acesso ao sistema e-Doc — RR 1920-45.2011.5.03.0024;

— TST admite que recorrente prove atraso na Notificação — E-RR 179440-792004.5.15.0031

— Incapacidade de um advogado não devolve prazo recursal — AIRO6671620015.15.0000

— Turma confirma intempestividade de recurso interposto em órgão incompetente — Ag.AIRR 327-54.2011.5.04.0023

— Certidão da intimação não é a única prova da tempestividade do Agravo — RESP 1409357

— Recurso intempestivo por falta de comprovação fim da greve bancária — RR — 1167-37.2010.5.01.0038

— Indisponibilidade do E-doc não terá intempestividade eE-EDRR 1940-61.2010.5.06.0000

— Turma afasta intempestividade por indisponibilidade do e-DOC — RR 1026-23.2010.509.0029

— TST admite que parte prova do atraso na Notificação — E-RR 179440-79.2004.5.15.0031

RECURSO EXTEMPORÂNEO

— Inexigibilidade de ratificação — RR 18100-16.2007.5.21.0012

— Reformulada a decisão que exigia a ratificação do recurso — RR 181001620075210012

— Não cabe Revista antes da publicação Ac. Embargos — AIRR 86946/2003-900-04-00.8

— SDI 1 afasta prematuridade de Recurso — E-AIRR- 69240-93.2003.5.04.0015

— Recurso Extemporâneo — intempestividade — RO — TRT3 00392-2009-106-03-00-3

— Extemporaneidade — Interposição de RE antes de julgado ED — Necessidade de Ratificação AI1415983/RS

— É extemporâneo o RO interposto antes da decisão do ED da Sentença RO 0001978-73.2011.5.03.0145 — TRT 3 — Nov. 2012

— Extemporaneidade — Inadmissível em Recurso contra Sentença de 1º Grau — RR 219800-11.2003.5.15.0122 – Ac. De 21.08.2012 — Cita vários precedentes

— É extemporâneo o RO proposto antes da publ. da Sentença — Ac. 0001819-45.2011.5.03.0044 — TRT3

— Rec ord interposto antes do julgamento dos emb de declaração é intempestivo — 0001978-73.2011.5.03.0145 RO-TRT3

— Admitido recurso intempestivo antes da publicação sentença — RR 177-03.2012.5.04.0811

— Extemporaneidade só se aplica em relação a Acórdão — RR 219800-11.5.15.0122

— Turma considera válido recurso interposto antes da publicação da sentença RR-177-03.2012.5.04.0811

— No mesmo sentido: TST-RR-383500-16.2007.5.09.0018 — E EDS RR 583/2003-064-03-40.7 — 21.9800-11.2003.5.15.0122 e RR 50-21.2010.5.03.0146

— RO interposto antes do julgamento do ED é intempestivo — RO 0001978-73.2011.503.0145

— Admitido o recurso interposto antes do pagamento do ED — RR 1821-06.2010.5.02.0035

— Não admitido RO interposto antes do acordão do ED — RO 000157-76.2012.5.03.0056

FERIADO LOCAL

— Feriado local — necessidade de comprovação prévia e válida E-ED-AIRR 114040-04.2005.5.03.0004

— Não comprovação de feriado local — denegação — AI/RR 127040-58.2007.5.02.0318

— Volkswagen perde recurso por não provar que dia do servidor público é feriado E-Ag-AIRR 1457406820035020465

— Feriado local não comprovado — Intempestividade — RR 580003520085190009

— Publicação do tribunal não é apto para comprovar feriado local E-ED-AIRR 114400420053030004

— Notificação do TRT dispensa comprovação de feriado local — RR 346001520085010034

— Cópia da Internet é válida para comprovar feriado jurídico — E-AIRR 1101200410215403

— É considerado tempestivo recurso apresentado na 5ª fª após o carnaval — AIRR 472402920075030002

— Não comprovação de feriado emendado (feriadão — Inad. do recurso — Ag AIRR 2963300-70.2005.5.02.0006 - 8ª T do TST — Publ. em 2012

— STF admite comprovação após o protocolo — Ag. — R. Ex 1368507 —

9.3.5 – PREPARO

— Preparo incorreto impede julgamento de recurso pela SDI 1 — EAIRR 1775200306715404

— Turma rejeita agravo com autenticação bancária ilegível — AIRR 185000-19.2007.5.15.0056

9.3.5.1 — DEPÓSITO RECURSAL

— 2ª Turma do TST admite que três empregadores façam um único depósito recursal — RR 162004920065170010;

— Depósito recursal deve ser feito em conta vinculada ao FGTS — RR 359007420085020263;

— Justiça gratuita não isenta a realização de depósito recursal — AIRR 13271200290009000

— Diferença de **0,3 (três)** centavos no depósito leva à deserção — Rev. Cons. Juríd. 06.11.2007

— Empresa perde recurso por diferença de **0,18 (dezoito centavos)** — AIRR 16440242004517005;

— Diferença de **0,10 (dez centavos)** leva à rejeição de recurso trabalhista AIRR 1301199800510000;

— Diferença de R$ 1,70 gera deserção — AGR-RR 1123-11.2011.5.10.0821

— Dif. de **um centavo** não configura deserção AIRR — 110700-31.2007.5.05.0132;

— Guia de depósito sem autenticação — Recurso deserto — RR 1927200104401005;

— Turma admite depósito recursal sem número do processo — RR 1134001620075170012;

— Razoabilidade no exame dos pressupostos RR 19008120065230021

— Turma rejeita agravo com autenticação bancária ilegível — AIRR 185000-19.2007.5.15.0056

— Carimbo ilegível na Guia — deserção AI-RR 245-73.2012.5.04.0341

— Guia inapropriada — Deserção — TRT15 RO 0000015-31.2011.5.15.0669

— Turma rejeita Agravo por autenticação bancária ilegível — AIRR 185000-19.2007.5.15.0056

— Deserção a despeito da Just. Gratuita ou As. Jud. — AIRR 98-15.2011.5.09.0651

— Guia inadequada gera deserção RR 91700-09.2006.5.18.0006

— Carimbo Ilegível na guia de dep. recursal gera deserção AIRR 1850000-19.2007.5.15.0056

— Recurso é considerado deserto por uso de guia imprópria — Ag-AIRR-284-26.2010.5.01.0027

— Confirmada deserção de recurso da Andrade Gutierrez por diferença de R$ 1,70 — AgR-E-RR-1123-11.2011.5.10.0821

— Acolhido recurso de trabalhador que comprovou indisponibilidade do e-Doc — E-ED-ED-RR-1940-61.2010.5.06.0000

— SDI reverte decisão que deixou de julgar recurso porque dados bancários se apagaram com o tempo RR-127600-85.2007.5.04.040

— Guia sem autenticação bancária — Deserção — RR 212300-47.2008.502.0002

— *Idem* AIRR 16000-66.2009.5.05.0464

— Dispensas de depósito recursal quando a condenação é exclusiva em honorários — RR 20100-16.2007.5.02.0077, Disponibilizado em 28.5.2014

— Pagamento não constituiu deposito recursal — AP 000473-24.2010.5.03.0067

— Falta da expressão "para fins recursais" leva à deserção — RR 41800-55.2006.5.02.0443

— Letra ilegível na guia — deserção — RR 1550-15.2011.5.03.0004

— Guia imprópria gera deserção — AIRR — 284-26.2010.5.01.0027

— Insuficiência provada dispensa depósito recursal — RR 801-42.2012.5.04.006

— Empresa perde recurso por achar que gratuidade incluía o depósito recursal — AIRR 1317-94.2012.5.40.0103

— Complementação depósito recursal independente de notificação — AR 2028006-80.2008.5.00.0000

— Justiça Gratuita não dispensa depósito recursal — AIRR 98-15.2011.5.09.0651 (Esta decisão contraria o inciso VII do art. 3º, Lei n. 1.060/1950)

9.5.5.2 — CUSTAS

— Benefícios da Justiça Gratuita é aplicável a empregador condenado — TRT 9ª

— Recolhimento de custas independe de cálculo ou intimação — AGROMS 382008501000 — TRT 1

— Deserção mesmo tento recolhido o valor **errado** constante da sentença — AIRR 1666200006202403

— No recurso ordinário as custas de liquidação devem ser recolhidas com as custas da condenação — AI 00394200800723013

— Comprovante de custas transmitido por fax invalida recurso 0 E ED RR 1378200504901004

— TST assegura Justiça Gratuita após condenação em 1ª Instância — RR 6040200203612000

— Autenticação bancária ilegível acarreta deserção — RO 00009014520105030151 — TRT3

— Custas processuais podem ser comprovadas por protocolo integrado — AI-RO 1380200600015419 — TRT 15;

— Possibilidade de isenção de custas à Pessoa Jurídica — RR 25520067020440

— Pagamento eletrônico da Guia DARF dispensa autenticação — RR 2752200503112000

— Irregularidade no preenchimento do DARF não acarreta deserção – RR 266408320045040771

— Falta de pagamento de custas sobre honorários periciais não dá deserção RR 171630035200015090012

— Turma rejeita agravo com autenticação bancária ilegível — AIRR 185000-19.2007.5.15.0056

— Preenchimento incorreto de DARF não acarreta deserção — RR 92800-49.2008.5.03.0037

— Guias sem autenticação geram deserção — RO 01121.2011.145.03.002 — TRT/3

— O não recolhimento de custa no A. Pet não gera deserção — RR 62800-24.2001.5.15.0087

— Autenticação bancária ilegível na guia de custas — deserção AIRR 73.2010.5.04.0341

— Custas na execução podem ser pagas ao final — RR 62800-24.2001.5.15.0087

— Fotocópia da Guia de Custas sem autenticação — Deserção TRT3 — RO 01121201114503002

— Turma afasta deserção por falta de autenticação de guia em peticionamento eletrônico RR 11709620105180012

— Depósito fora da conta do FGTS leva deserção — RR 3386/2006.007-09.00.0

DESTINO DO DEPÓSITO RECURSAL

— TRT3 — Autoriza recorrido a levantar depósito em face de estado de necessidade — AP 00017068520105030025

FORMAS DE INTERPOSIÇÃO

— Transmissão somente da petição de Agr. de Instrumento por fax é válida — AIRR 34134077200350120035

— Provimento 01/2003 — Institui o sistema de Protocolo Postal no TRT4

— TST aceita a utilização de protocolo integrado em tribunal estadual — EAIRR 136200210003001

— Correio eletrônico equipara-se a fac-símile para envio de recurso — TST Proc. 1246200207915412

— Petição envida pela internet não exige apresentação do original — RR 2808200503912402

— Original tem que ter todas as peças envidas por fax — E-IA-RR 1101200410215403

— Falta de uma página do Recurso de Revista implica em inexistência do mesmo E-A-AIRR 8220055170007

— Petição enviada por fax deve ser entregue, posteriormente, no protocolo físico do TST — E-RR 272200-12.2007.5.09.0095

— TST receberá processos por fax até se adaptar para certificação digital — Informativo. *On Line* OAB 6.3.2012

— Falta de assinatura do advogado — rec. Inexistente — RR 164500-73.2003.5.01.0342

— RO interposto por Sistema de Protocolo Postal não é conhecido por falta da fita personalizada provando a postagem RR-11063-32.2012.5.04.0271 (04/2015)

FORMA DO RECURSO — SIPLES PETIÇÃO X RAZÕES FUNDAMENTADAS

— Por Falta de fundamentação Turma rejeita Agravo de Petição — AP 00534-2008-042-03-00-7 –TRT3

— Ausência de assinatura digital no sistema e-Doc — Deserção RO 0000301-30.2012.5.03.0035 – TRT/3

— Recurso rejeitado por falta de fundamento — TRT3 RO 0001189-23.2012.5.03.0086

— Excesso de página — Rejeição de recurso via e-Doc AIRR 88400-63.2009.5.24.0007

— Excesso de página — Rejeição de recurso via virtual TRT3 AP 0000576-44.2010.5.03.0095

— Recurso via e-Doc sem assinatura digital é considerado deserto TRT3 RO 0000371-30.2012.5.03.

— Inexistência RR sem assinatura eletrônica — RR 383-39.2010.5.08.0126

— Turma afasta limitação número de laudas — RR — 383-58.2010.5.03.0150

— Recurso não assinado é tido como inexistente — AIRR 211300-27.2008.5.02.0011

— Reformada decisão que rejeitou petição pelo excesso de páginas — ARR 451-62.2012.5.10.0014

— Assinatura eletrônica substitui nome na petição — RR 297-05.2012.5.04.0663

— **Erro no número não impede reconhecimento do RO — EDRO 0001431-35.2013.5.03.0057**

FORMAS DE INTERPOSIÇÃO

— TST receberá processo por fax até se adaptar à certificação digital — OAB *On Line* 6.3.2012

— Petição envida por fax deve ser, posteriormente, entregue no protocolo físico do TST E-RR 272200-12.2007.5.09.0095

— Interposto em órgão distinto é considerado intempestivo — AGRR 327-54.2011.5.04.0023

INSTRUÇÃO DO RECURSO

— Cópias sem autenticação levam à rejeição de Mandado de Segurança — ROMS 12472200300002005

— Decisão sem assinatura do Juiz leva à extinção do processo em fase recursal — RO-AR 55284009320015010000

— Cópia digitalizada de procuração não é admitida — RR 697005719965020023

— Cópias autenticadas indevidamente por advogado resultam em extinção do processo — ROAR 8080002920065070000 TRT7

— Falta de autenticação de peça inviabiliza recurso — RO MS 45008220085010000 — TST

— Autenticação de Documentos — entendimento da SDI 1 — E- AI-RR 1608200346302401

— Cópias não autenticadas levam à rejeição de Recurso em Rescisória — RO-AR 316200700017003

— Cópia não autenticada de procuração inviabiliza recurso do Senai — AIRR — 1201-54.2011.5.11.0052

— Documento sem autenticação leva à denegação RO p SDI — RO/MS117710-89.2010.5.02.0000

9.4 — JUÍZO DE ADMISSIBILIDADE

— Duplo controle – *a quo e ad quem* — STJ AgRg no AI 862187/RS

— Erro na indicação do número do processo impede conhecimento de recurso (TRT3 — 0001431-35.2013.5.03.0057 ED)

10 — RECURSO ORDINÁRIO

11 — AGRAVO DE PETIÇÃO

— É cabível A. de Petição contra decisão de conteúdo decisório Ac. TRT3 01056-2005-034-03-42

— Pagamento condenação impede Agravo de Petição — AP 0000473-24.2010.5.03.0067

12 — RECURSO DE REVISTA

— Prequestionamento — Embargos devem ser apresentados no primeiro momento — RR515200707703000

— Divergência — Cópia de decisão extraída da Internet é válida para comprovar — REsp 1073015;

— Divergência — Cópia de Acórdão retirado da Internet deve identificar Site do TST — E RR 81506920018

— Transcrição de acórdão da Internet só é válida se indicar fonte — E ED AIRR 369200202804400;

— Transcendência: TST rejeita a arguição por não regulamentada — RR 746200000710854 ;

— Admitida Revista em Execução sobre contribuições previdenciárias AIRR 1899199743202405;

— Admitido por contrariedade de Súmula VINCULANTE RR 70300-28.2009.5.04.0521

— Violação a súmula do STJ não justifica subida de recurso de revista para análise do TST — AIRR-139200-62.1990.5.02.0302

— RR em agravo de petição — RR 130500-78.2006.5.02.0030

— RR em AP anulação execução por falta intimação — RR 9500-26.2008.5.03.0060

Recurso de Revista — MATÉRIA

— TST rejeita recurso que pretendia o reexame de fatos e provas — RR 739-75.2012.5.04.0305

— Rejeitado RR que pretendia ver reexaminada matéria de fato — RR 126000-57-2009.5.01.0202

— Não se admite Recurso de Revista para discutir situação econômico-financeira do trabalhador — RR 575-25.2011.5.15.0084 — Disp. em 26.11.2014

— Não cabe RR por violação de Súmula do STJ — AIRR 139200-62.1990.5.02.0302

13 — RECURSO DE EMBARGOS

— Prequestionamento — Embargos devem ser apresentados no primeiro momento — RR515200707703000

— Embargos são rejeitados por falta de especificidade processual — RR 1225003920075180053

13.1 — EMBARGOS INFRINGENTES

13.2 — EMBARGOS DE DIVERGÊNCIA

— Apenas a publicação no DJ não é suficiente para comprovar divergências RR 1259001820045030107

— Lei n. 11.341de 07.08.2006 — Admite decisões disponíveis em mídia eletrônica

— Divergência copiada da Internet tem que trazer endereço completo — E ED RR 688005520065030101

— Divergência — Cópia de Acórdão retirado da Internet deve identificar Site do TST — E RR 81506920018

— SDI1 rejeita recurso fundamentado em súmula — E ED RR 26008720085040030

EMBARGOS DE DECLARAÇÃO

— Exigência de contrarrazões — Cerceamento de defesa SDI 1 RR 193002719965010036

— Concessão de efeito modificativo E-RR 48900-38.2008.5.15.0051

14 — AGRAVO DE INSTRUMENTO

— Transmissão somente da petição de Agr. de Instrumento por fax é válida — AIRR 34134077200350120035

— A. I. é reconhecido mesmo com falha em peça obrigatória — ASTJ AG 1322327

— Agravo será julgado sem translado de cópia de procuração RR 814858820035150029

— Rejeitado o Agravo por ausência de autenticação na procuração — AG-E-A-AIRR 15274028200350020463

— Autenticação de Documentos — entendimento da SDI 1 — E- AI-RR 1608200346302401

— Multa por litigância de má-fé — E AI RR 1001409420035020021

— Sistema **Push** não tem valor legal como intimação — AIRR 1167006920085240007

15 — AGARVO REGIMENTAL

16 — AGRAVO (ou AGRAVO INOMINADO)

— Súmula n. 435 do TST

— Aplica-se subsidiariamente ao processo do trabalho o art. 557 do Código de Processo Civil.

17 — DISSÍDIO COLETIVO

— Dissídios Coletivos: Modificações introduzidas pela Emenda Constitucional n. 45/2004 — A

— Sentença condenatória em D. Coletivo — RODC 20192/2007-000-**02.4**

17.1 — COMPETÊNCIA NORMATIVA

— Juiz ou Vara é incompetente para decretar nulidade de cláusula coletiva RO 00929-2009-145-03-00-8 TRT/3

17.2 — LEGITIMAÇÃO

17.3 — PRESSUPOSTOS E INTRUÇÃO

— Dissídio coletivo extinto por falta de comum acordo RO 2003900-29.2010.5.02.000 e RO 45600-36.2009.5.17.0000 — SDC TST — Publ. em 14.3.2013

17.4 — SENTENÇA NORMATIVA

— Vigência das normas contidas na S. Normativa — E-ED-RR 674746882000505555

— Vigência — novas regras — RR 37500-76.5.15.0004

— Sent. Normativa pode ser condenatória — RODC 20192/2007-000-02-00.4 – SDC

— Turma aplica nova redação da Súmula n. 277 — RR 37500-76.2005.5.15.0004

— Turma restringe vigência antes da alteração SUM 277 — RR 1308100-19.2006.5.09.016

17.5 — AÇÃO DE CUMPRIMENTO

— Extinção de dissídio coletivo suspende ação de cumprimento de reajuste — ROMS 1096200600002001-SDI 2

Referências Bibliográficas

ALMEIDA, Cleber Lúcio de Almeida. *Direito processual do trabalho*. Belo Horizonte: Del Rey, 2008.

BATALHA, Wilson de Souza Campos. *Tratado elementar de direito processual do trabalho*. Rio de Janeiro: José Konfino, 2008.

BEZERRA LEITE, Carlos Henrique. *Curso de direito processual do trabalho*. 10. ed. São Paulo: LTr, 2012.

GIGLIO, Wagner D.; CORRÊA, Claudia Gíglio Vetri. *Direito processual do trabalho*. 15. e 16. eds. São Paulo: Saraiva, 2009.

MALGARIN, Claudio Alves. *Curso didático de direito processual do trabalho*. 1. ed. São Paulo: LTr, 1996.

MARTINS, Sergio Pinto. *Direito processual do trabalho*. 32 ed. São Paulo: Atlas, 2012.

NASCIMENTO, Amauri Mascaro. *Curso de direito processual do trabalho*. 27. ed. São Paulo: Saraiva, 2012.

SAAD, Eduardo Gabriel. *Direito processual do trabalho*. 5. ed. São Paulo: LTr, 2007.

SARAIVA, Renato. *Curso de direito processual do trabalho*. 7. ed. São Paulo: Método, 2010.

SCHIAVI, Mauro. *Manual de direito processual do trabalho*. 2. ed. São Paulo: LTr, 2009.

TEIXEIRA FILHO, Manoel Antonio. *Curso de direito processual do trabalho*. 1. ed. São Paulo: LTr, 2009.